Luthers Werke

in Auswahl

Erster Band

Luthers Werke

in Auswahl

Unter Mitwirkung von Albert Leitzmann

herausgegeben

von

Otto Clemen

Erster Band
Schriften von 1517 bis 1520

Sechste, durchgesehene Auflage

Walter de Gruyter & Co., Berlin 1966

Bisher erschienen (ohne Auflagenbezeichnung):
Die erste Auflage im Verlag Marcus & Weber, Bonn, im Jahre
1912. Die nächsten Auflagen erschienen im Verlag Walter de
Gruyter & Co., Berlin, und zwar die

zweite Auflage 1929/1930
dritte Auflage 1933/1935
vierte Auflage 1950
fünfte verb. Aufl. 1959

Photomechanischer Nachdruck 1983
ISBN 978-3-11-055198-3

Aus dem Vorwort zur ersten Ausgabe

Die neue auf vier bände berechnete Lutherausgabe, deren ersten band wir hiermit vorlegen, soll in erster linie eine studentenausgabe sein und zu seminarübungen und zum selbststudium für junge und alte studenten dienen. Eine solche ausgabe fehlte bisher.

Unsere ausgabe ist rein historisch orientiert. Sie soll Luthers stellung in der religions-, kirchen-, dogmen-, kultur- und literaturgeschichte klarmachen und, obgleich nur ein kleiner teil der werke Luthers dargeboten werden kann, doch den „ganzen Luther" zeigen, ihn nach allen seiten seiner tätigkeit und bedeutung hin, als reformator und „begründer einer neuen kultur", als erbauungsschriftsteller, bibelübersetzer und -erklärer, polemiker, satiriker zur geltung bringen.

Beschränkung musste sich der herausgeber auferlegen besonders bei den polemischen schriften, die meist nur zugleich mit der gegnerischen schrift studiert werden können.

Dagegen durfte von schriften, die zusammengehören, einen komplex bilden und erst zusammen Luthers meinungen und willensabsichten erkennen lassen, keine weggelassen werden, wenn auch dabei wiederholungen nicht zu vermeiden waren.

Nicht weggelassen werden durften ferner kirchen- und literaturgeschichtlich berühmte schriften und solche, die gegenwärtig und voraussichtlich auch noch zukünftig im vordergrunde des interesses stehen.

Bei den deutschen schriften ist der originaldruck diplomatisch getreu reproduziert worden. Nur ganz offenbare druckfehler sind verbessert worden; jedoch ist dann immer die lesart des originaldrucks in den anmerkungen zu finden. Auch die interpunktion ist nur an ganz wenigen stellen, wo die des originals geeignet ist, ein andauerndes missverständnis zu erzeugen, geändert worden; aber auch in diesen fällen ist die interpunktion des originals in den anmerkungen angegeben worden. Diese form der darbietung der deutschen schriften Luthers wird voraussichtlich zunächst manchen befremden oder gar abstossen. Für das studium ist sie aber die einzig richtige, weil einzig zuverlässige. Mit modernisierenden ausgaben oder gar Lutheranthologieen, wie sie im laufe der letzten jahre üppig ins kraut geschossen sind, sollte sich ein student nie befassen. Hat er einmal die ersten elementaren schwierigkeiten überwunden, so wird er auch an diesem quellenstudium immer seine helle freude haben. Ueber weiterhin begegnende schwierigkeiten aber helfen die anmerkungen hinweg.

Bei den lateinischen texten musste aus drucktechnischen gründen auf die absolut genaue wiedergabe der urdrucke verzichtet werden. Hier konnte auch durch eine massvolle modernisierung der interpunktion das verständnis erleichtert werden, ohne dass die gefahr drohte, die intentionen des autors dadurch zu verwischen.

Die einleitungen sind möglichst kurz gehalten. Sie führen immer nur bis an die schwelle der betr. schrift, geben die veranlassung und die zeit an, in der die schrift verfasst und gedruckt worden ist, zeigen gesichtspunkte an, unter denen sie zu lesen ist, erwähnen beachtenswerte neueste literatur, nehmen aber von dem inhalt der schrift selbst nichts vorweg, greifen der lektüre nicht vor und überlassen dem leser die bildung des urteils.

Wie alle Luthereditionen und -publikationen der letzten Jahre lehnt sich unsere ausgabe an die kritische gesamtausgabe (die sog. Weimarer) an. Immerhin darf sie auch dieser gegenüber anspruch auf selbstständige bedeutung erheben. Die dort vorgetragenen forschungsergebnisse sind nie ungeprüft übernommen worden. Und die einleitungen und anmerkungen besonders zu Luthers früheren schriften bringen manche nicht unwichtige ergänzung und berichtigung.

Um schnelle auffindung von zitaten zu ermöglichen, sind am rande die seiten der Erlanger und·Weimarer ausgabe angegeben worden.

Herrn Professor Albert Leitzmann bin ich für die durchsicht der texte und meiner anmerkungen vom standpunkte des germanisten aus zu herzlichem danke verpflichtet.

O. Clemen

Vorwort zur sechsten Ausgabe

Angesichts der gestiegenen Produktionskosten müsse der Preis der neuen Auflage erhöht werden, selbst wenn nichts an ihr geändert werde, lautete anfangs das Votum des Verlages. Es ist trotzdem möglich gewesen, die notwendigen Zusätze und Verbesserungen anzubringen und den Preisanstieg gleichzeitig in relativ erträglichem Ausmaß zu halten. Nachdem bei der vorigen Auflage die Umstellung der Angaben von der Erlanger und anderen älteren Ausgaben auf die WA erfolgt war, ebenso wie zahlreiche Berichtigungen und Ergänzungen, in einzelnen Fällen sogar Textänderungen vorgenommen worden waren, war die Zahl der unbedingt notwendigen Korrekturen und Zusätze auch vergleichsweise gering. Die Überlegungen zu einer Erweiterung der Ausgabe sind weitergegangen: zunächst ist an einen Band mit einer Auswahl aus den Disputationsthesen und Vorreden Luthers sowie an einen Band „Deutsche Bibel" gedacht.

Münster/Westf., den 30. März 1966   K. Aland

Inhaltsverzeichnis zu Band I—VIII

in chronologischer Anordnung

---

      * = nicht vollständig wiedergegeben.

1530

1531

Parallelenregister zu Band I—VIII

Weimarer Ausgabe				Diese Ausgabe	
I	20—29	=	V	406—417
I	104—106	=	V	417—419
I	111—115	=	V	419—424
I	138—141	=	V	424—428
I	145—151	=	V	312—320
I	224—228	=	V	320—326
I	233—238	=	I	3—9
I	243—246	=	I	11—14
I	353—374	=	V	377—404
I	525—628	=	I	16—147
II	69—73	=	I	149—153
II	136—142	=	I	154—160
II	244—249	=	VII	356—362
II	685—697	=	I	161—173
II	713—723	=	I	174—184
II	727—737	=	I	185—195
II	742—758	=	I	196—212
*)III	11—652	=	V	46—78. 84—166. 208—216
*IV	1—462	=	V	78—84 166—208
*IV	466—526	=	V	41—46
IV	590—595	=	V	20—26
IV	595—604	=	V	26—37
IV	645—650	=	V	428—434
*V	19—673	=	VII	3—7
VI	63—75	=	I	213—226
VI	202—276	=	I	227—298
VI	285—324	=	I	324—361
VI	353—378	=	I	299—322
VI	404—469	=	I	363—425
VI	497—573	=	I	426—512

---

*) = nicht vollständig wiedergegeben.

Weimarer Ausgabe			Diese Ausgabe	
VII	3—11.			
	20—38	= II	2—27	
VII	161—182	= II	28—37	
VII	204—229	= II	38—59	
VII	309—457	= II	60—132	
VII	544—604	= II	133—187	
VIII	573—669	= II	188—298	
VIII	676—687	= II	300—310	
*IX	5—27	= V	2—4	
*IX	29—94	= V	4—18	
*IX	97—104	= V	306—310	
X, I 2	429—441	= VII	40—55	
X, II	11—41	= II	311—334	
X, II	164—168	= VII	7—11	
X, II	265—266.			
	275—304	= II	335—359	
X, III	1—64	= VII	363—387	
XI	245—280	= II	360—394	
XI	408—416	= II	395—403	
XII	11—30	= II	404—423	
XII	35—37	= II	424—426	
XII	205—220	= II	427—441	
XII	438—452	= VII	387—392	
XV	27—53	= II	442—464	
XV	293—322	= III	1—46	
XVII, I	32—36	= VII	392—397	
XVII, I	37—38	= VII	397—398	
XVII, I	38—45	= VII	398—403	
XVII, I	469—474	= VII	40—55	
XVIII	291—334	= III	47—68	
XVIII	357—361	= III	69—74	
XVIII	384—401	= III	75—93	
XVIII	600—787	= III	94—293	
XIX	72—113	= III	294—309	
XIX	537—541	= III	310—316	
XIX	623—662	= III	317—351	
XX	534—535	= VII	403—404	

Parallelenregister

Weimarer Ausgabe		Diese Ausgabe	
XXII	302—311	= VII	61—68
*XXVI	4—120	= VII	13—15
XXVI	261—509	= III.	352—516
XXVIII	70—200	= VII	209—259
XXIX	219—226	= VII	96—100
XXIX	226—233	= VII	100—105
XXIX	234—240	= VII	105—109
XXIX	240—248	= VII	109—114
XXIX	248—253	= VII	114—117
XXIX	254—269	= VII	118—132
XXIX	269—281	= VII	133—138
XXIX	281—291	= VII	138—142
XXIX	292—302	= VII	142—146
XXIX	302—310	= VII	146—151
XXIX	311—323	= VII	151—156
XXIX	345—351	= VII	156—159
XXIX	351—358	= VII	160—164
XXIX	359—365	= VII	164—168
XXIX	366—373	= VII	168—172
XXIX	373—376	= VII	173—175
XXIX	376—379	=, VII	175—178
XXIX	642—656	= VII	178—182
XXIX	657—669	= VII	183—187
XXIX	669—678	= VII	187—193
XXIX	679—684	= VII	193—196
XXIX	685—691	= VII	196—200
XXX, I	129—233	= IV	1—99
XXX, II	268—356	= IV	104—143
XXX, II	517—588	= IV	144—178
XXX, II	632—646	= IV	179—193
XXX, III	74—80	= IV	100—103
XXX, III	276—320	= IV	194—228
*XXXI, I	464—480	= V	216—221
*XXXI, II	1—585	= VII	11—13
XXXII	1—4	= VII	201—204
XXXII	4—7	= VII	204—208
XXXVI	180—184	= VII	15—18
XXXVI	237—254	= VII	405—411
XXXVI	416—477	= VII	259—278
XXXVI	478—696	= VII	279—355
XXXVII	111—115	= VII	70—74

Weimarer Ausgabe			Diese Ausgabe	
XXXVII	168—171	=	VII	85—93
XXXVII	480—483	=	VII	74—77
XXXVIII	195—256	=	IV	239—291
*XXXIX, I	419—485	=	VII	19—20
XLI	696—700	=	VII	56—61
L	192—253	=	IV	292—320
L	452—460	=	IV	229—238
LI	123—134	=	VII	411—417
LI	469—572	=	IV	322—378
LII	404—412	=	VII	77—84
LIII	190—201	=	IV	380—385
LIII	404—405	=	IV	386—387
LIV	179—187	=	IV	421—428
LIV	191—194	=	IV	388—391
LIV	389—411	=	IV	400—420
LIV	425—443	=	IV	392—398
*LVI	3—528	=	V	222—304
*LVII (2)	5—108	=	V	327—343
*LVII (3)	5—238	=	V	344—374

WA Br Bd 1—11 = diese Ausgabe Bd VI 1—432

Weimarer Ausgabe		Diese Ausgabe	Weimarer Ausgabe		Diese Ausgabe
1	50 = VI	1	2	396—398 = VI	75—77
1	70—71 = VI	1—3	2	399 = VI	77
1	90 = VI	3—4	2	402—403 = VI	77—79
1	99 = VI	4—5	2	404—405 = VI	79—80
1	119—120 = VI	5—7	2	406—408 = VI	80—84
1	133—134 = VI	7—9	2	409—410 = VI	84—85
1	153—154 = VI	9—10	2	412 = VI	85—86
1	160 = VI	10—11	2	413 = VI	86—87
1	193—194 = VI	11—13	2	414—415 = VI	87—88
1	257—258 = VI	13—15	2	422—423 = VI	88—91
1	344—345 = VI	15—18	2	424—427 = VI	91—95
1	361—363 = VI	18—20	2	430—434 = VI	95—99
1	386—387 = VI	20—21	2	443—444 = VI	100
1	513—515 = VI	21—24	2	448—449 = VI	101
			2	454—457 = VI	102—106
2	245—246 = VI	24—26	2	544—545 = VI	106—108
2	263—264 = VI	26—28	2	567—568 = VI	108—110
2	332—333 = VI	28—30	2	625—626 = VI	110—111
2	334—335 = VI	30—31	2	630—631 = VI	111—113
2	335—336 = VI	31			
2	331—332 = VI	32	3	49—50 = VI	113—114
2	330—331 = VI	32—33	3	54—55 = VI	115—116
2	337—338 = VI	33—36	3	96—97 = VI	116—118
2	347—349 = VI	36—40	3	155—156 = VI	118—120
2	354—355 = VI	40—42	3	160—161 = VI	120—122
2	356—359 = VI	42—46	3	270—271 = VI	122—124
2	364—365 = VI	46—47	3	357—358 = VI	125
2	361—363 = VI	47—50	3	393—394 = VI	126
2	366 = VI	50	3	474—475 = VI	127—128
2	367 = VI	51	3	480—482 = VI	128—131
2	368—369 = VI	52—53	3	522 = VI	131
2	370—372 = VI	53—56	3	525—526 = VI	132—133
2	373—376 = VI	56—60	3	531 = VI	133—134
2	377—378 = VI	60—61	3	533 = VI	134—135
2	379—381 = VI	61—64	3	534 = VI	135
2	382—386 = VI	64—69	3	535 = VI	135—136
2	387—389 = VI	69—71	3	536—537 = VI	136
2	390—391 = VI	71—72	3	537—538 = VI	137
2	391—392 = VI	72—73	3	539 = VI	137—138
2	395 = VI	74	3	540 = VI	138—139

Weimarer Ausgabe	Diese Ausgabe	Weimarer Ausgabe	Diese Ausgabe
3 541	= VI 139—140	4 207—208	= VI 179
3 543	= VI 140	4 201—202	= VI 179
3 594—596	= VI 140—142	4 210—211	= VI 180
3 628—629	= VI 143—144	4 212	= VI 180—181
3 634	= VI 144—145	4 213	= VI 181—182
		4 214	= VI 182
4 140	= VI 145—146	4 214—215	= VI 182—183
4 147—148	= VI 146—147	4 215—216	= VI 183—184
4 149	= VI 147—148	4 216	= VI 184
4 149—151	= VI 148—150	4 219—220	= VI 184—185
4 152	= VI 150	4 220	= VI 185—186
4 153—154	= VI 151—152	4 221	= VI 186
4 155—156	= VI 152—153	4 222	= VI 186—187
4 157—158	= VI 154—155	4 224	= VI 187
4 159	= VI 155—156	4 226—227	= VI 187—188
4 160	= VI 156—157	4 228—229	= VI 188—189
4 161	= VI 157	4 ⌐226	= VI 190
4 162	= VI 157—158	4 232—233	= VI 190—191
4 163	= VI 158	4 234	= VI 191—192
4 164	= VI 158—159	4 235	= VI 192—193
4 164—165	= VI 159	4 236	= VI 193
4 165—166	= VI 160	4 237	= VI 193—194
4 167	= VI 160—161	4 238	= VI 194
4 167—168	= VI 161	4 238—239	= VI 195
4 168	= VI 162	4 241—242	= VI 195—196
4 169—170	= VI 162—163	4 243	= VI 196—197
4 174	= VI 163	4 244	= VI 197—198
4 174	= VI 164	4 245	= VI 198
4 175	= VI 164—165	4 247	= VI 199
4 176	= VI 165	4 248	= VI 199—200
4 177—178	= VI 165—166	4 251	= VI 200—201
4 180—181	= VI 167—168	4 252	= VI 201
4 192	= VI 168	4 253—254	= VI 201—202
4 193	= VI 168—169	4 258—259	= VI 202—203
4 194	= VI 169—170	4 261—262	= VI 203—205
4 195	= VI 170	4 263	= VI 205—206
4 196	= VI 170—171	4 264—265	= VI 206
4 197	= VI 171—172	4 265—266	= VI 207—208
4 198	= VI 172	4 266	= VI 208
4 199	= VI 172—173	4 268—269	= VI 209—210
4 210	= VI 173—174	4 270	= VI 210
4 200	= VI 174	4 271—272	= VI 211—212
4 200—201	= VI 174—175	4 274	= VI 212—213
4 202	= VI 175—176	4 274—275	= VI 213—214
4 203	= VI 176	4 276	= VI 214—215
4 205	= VI 177	4 277	= VI 215
4 206	= VI 178	4 278	= VI 215—216
4 207	= VI 178	4 279—280	= VI 216—218

Weimarer Ausgabe		Diese Ausgabe	Weimarer Ausgabe		Diese Ausgabe
4	281	= VI 218—219	5	325—327	= VI 268—272
4	282	= VI 219	5	339—340	= VI 272—275
4	283	= VI 219—220	5	342—343	= VI 275—276
4	284	= VI 220	5	345	= VI 276—277
4	285—286	= VI 221—222	5	346	= VI 277—278
4	287	= VI 222—223	5	347—348	= VI 278—279
4	288—289	= VI 223—224	5	349—350	= VI 279—280
4	290—291	= VI 224	5	350—351	= VI 280—282
4	291	= VI 225	5	354	= VI 282
4	294—295	= VI 225—227	5	372—373	= VI 282—283
4	297—298	= VI 227—228	5	374—375	= VI 283—285
4	298	= VI 228	5	376	= VI 285—286
4	299—300	= VI 229	5	377—378	= VI 286—287
4	300—301	= VI 230	5	381	= VI 287—288
4	301—302	= VI 230—231	5	382	= VI 288—289
4	303	= VI 231—232	5	330—332	= VI 289—293
4	305—306	= VI 232—234	5	333	= VI 293—294
4	307	= VI 234—235	5	385	= VI 294—295
4	310	= VI 235	5	399—400	= VI 296—298
4	311	= VI 236	5	401	= VI 298
4	312	= VI 236—237	5	405—407	= VI 299—304
4	312—313	= VI 237	5	409—410	= VI 304—306
4	313—314	= VI 237—238	5	411—413	= VI 306—309
4	511	= VI 238	5	414—415	= VI 309—310
4	595	= VI 239	5	416—417	= VI 310—312
			5	417—418	= VI 312—313
5	138—139	= VI 239—240	5	422	= VI 314—315
5	144	= VI 240—241	5	435—436	= VI 315—316
5	154	= VI 241—243	5	439	= VI 316
5	239—241	= VI 243—245	5	440	= VI 316—318
5	275	= VI 246—247	5	441—442	= VI 318—319
5	277—278	= VI 247—248	5	445	= VI 320
5	280—281	= VI 249—250	5	453—455	= VI 320—323
5	283	= VI 250—251	5	456—457	= VI 324
5	284	= VI 251	5	458—459	= VI 325—326
5	285—286	= VI 252—253	5	467	= VI 327
5	289	= VI 253—254	5	469	= VI 327—328
5	290—291	= VI 254—256	5	470	= VI 328—329
5	296—297	= VI 256	5	471	= VI 329—330
5	297—298	= VI 256—257	5	472—473	= VI 330—331
5	293—295	= VI 258—259	5	479—480	= VI 331—333
5	309	= VI 260—261	5	481—482	= VI 333—334
5	316—317	= VI 261—263	5	485—486	= VI 334—335
5	318	= VI 263	5	487	= VI 335—336
5	319—320	= VI 264—265	5	488	= VI 336—337
5	320—321	= VI 265—266	5	492—495	= VI 337—342
5	323—324	= VI 266—267	5	495—496	= VI 342—343
5	322	= VI 267—268	5	498—499	= VI 344—345

Weimarer Ausgabe	Diese Ausgabe	Weimarer Ausgabe	Diese Ausgabe
5 500—501 = VI	345—347	5 631—632 = VI	394—395
5 502 = VI	347—348	5 632—633 = VI	396
5 506 = VI	348—348	5 633—634 = VI	396—397
5 516—517 = VI	349—350	5 634 = VI	397
5 518—520 = VI	350—352	5 643 = VI	398
5 520—521 = VI	352	5 642 = VI	399
5 522 = VI	353—354	5 640—641 = VI	399—400
5 523—524 = VI	354—355	5 644—645 = VI	400—401
5 525—527 = VI	356—358	5 645—646 = VI	401—402
5 530—532 = VI	358—360	5 639 = VI	402—403
5 544—545 = VI	361		
5 545—546 = VI	361—362	6 270 —271 = VI	404—405
5 547 = VI	362—363		
5 548 = VI	363—365	7 91 = VI	405—406
5 549 = VI	365—366	7 163—164 = VI	406—407
5 550 = VI	366		
5 551—552 = VI	367—368	8 50—51 = VI	407—409
5 554 = VI	368—369	8 89—91 = VI	409—411
5 559—560 = VI	369—370	8 625—626 = VI	411—413
5 561 = VI	370—371		
5 572—574 = VI	371—375	9 168 = VI	413—415
5 575—576 = VI	375	9 171—173 = VI	415—417
5 577—578 = VI	376—378	9 174—175 = VI	417—418
5 579—580 = VI	378	9 205 = VI	418—419
5 582—583 = VI	378—380	9 518—519 = VI	419
5 584 = VI	380		
5 586 = VI	381	10 147 = VI	420
5 587—588 = VI	381—383	10 149—150 = VI	420—421
5 608—609 = VI	383—384		
5 609—610 = VI	384—385	11 149—150 = VI	422—424
5 617—618 = VI	385—386	11 225—226 = VI	424
5 619—620 = VI	386—387	11 269 = VI	425
5 620 = VI	388	11 275—276 = VI	425—427
5 622—623 = VI	388—390	11 284 = VI	427
5 625—626 = VI	390—391	11 286—287 = VI	427—430
5 627—628 = VI	391—392	11 291 = VI	430—431
5 628—630 = VI	392—394	11 300 = VI	431—432

WA TR Bd I—VI = diese Ausgabe Bd VII 20—38; VIII 1—354[1]

Aufgenommen sind die Nummern: 3. 5. 7. 12. 13. 15. 17. 18. 19.
22. 24. 30. 31. 33. 36. 37. 43. 47. 49. 50. 51. 52. 53. 54. 55. 56. 57.
59. 60. 61. 62. 63. 64. 65. 66. 67. 69. 70. 71. 72. 73. 74. 76. 77. 78.
79. 80. 81. 82. 83. 84. 85. 86. 87. 88. 90. 91. 92. 93. 94. 95. 96. 97.
98. 99. 100. 101. 102. 103. 109. 110. 111. 113. 114. 115. 116. 117.
118. 119. 120. 121. 122. 124. 125. 126. 127. 128. 129. 130. 131. 132.
134. 135. 136. 137. 138. 139. 140. 141. 142. 143. 145. 146. 147. 148.
149. 150. 151. 152. 153. 154. 155. 156. 157. 158. 159. 160. 161. 162.
170. 172. 173. 174. 175. 176. 177. 179. 180. 181. 185. 188. 189. 192.
194. 197. 199. 202. 203. 204. 205. 206. 213. 214. 217. 219. 221. 222.
223. 225. 228. 230. 233. 234. 238. 240. 241. 244. 246. 247. 248. 249.
250. 251. 252. 253. 254. 255. 256. 258. 259. 260. 261. 263. 266. 267.
271. 272. 273. 274. 275. 276. 284. 285. 286. 289. 291. 295. 304. 305.
306. 311. 312. 314. 315. 316. 318. 319. 323. 325. 326. 327. 330. 333.
335. 339. 340. 342. 344. 345. 347. 348. 352. 353. 357. 358. 359. 360.
361. 366. 367. 372. 374. 385. 387. 388. 389. 390. 391. 392. 393. 394.
397. 398. 401. 404. 406. 407. 408. 409. 416. 417. 421. 423. 425. 426.
428. 429. 430. 432. 433. 435. 437. 439. 442. 443. 445. 446. 447. 448.
451. 452. 453. 455. 461. 463. 466. 467. 468. 469. 471. 473. 474. 475.
476. 477. 478. 479. 480. 481. 483. 484. 485. 486. 487. 488. 489. 491.
493. 494. 495. 496. 497. 502. 503. 504 (auch VII, 20). 505 (VII, 21).
507. 508. 509. 510. 516. 519. 521. 522. 524. 525. 526. 528. 529. 530.
532. 533. 533a. 534. 535. 538. 542. 544. 547. 548. 549. 552. 553. 555.
556. 557. 564. 566. 568. 574. 582. 583. 584. 587. 588. 589. 590. 593.
602. 603. 604. 605. 610. 613. 614. 617. 618. 623. 624. 626. 631. 634.
643. 643a. 644. 648. 653. 654. 660 (Ntr.). 687 (VII, 21). 730 (Ntr.).
790 (VII, 21f.). 868 (VII, 22). 880 (Ntr.). 965 (VII, 22). 978 (Ntr.).
1002 (VII, 22f.). 1004 (Ntr.). 1032 (Ntr.). 1059 (Ntr.). 1237 (Ntr.).
1312 (VII, 23). 1334 (VII, 23). 1406 (Ntr.). 1425 (Ntr.). 1521 (VII, 23).
1529 (Ntr.). 1559 (Ntr.). 1586 (VII, 23). 1590 (VII, 23f.). 1615 (Ntr.).
1631 (Ntr.). 1638 (Ntr.). 1650 (VII, 24). 1685 (VII, 24). 1712 (Ntr.).

---

[1] Im Gegensatz zu den Briefen, die in dieser Ausgabe mit
Band und Seitenzahl zitiert werden, wird hier und anderswo auf
die Tischreden für gewöhnlich mit ihren Nummern in WA verwiesen.
Deshalb war eine Aufzählung der Nummern ausreichend. Dabei
sind die in Band VIII in den Nachträgen (S. 346—354) gebrachten
Tischreden (= Ntr.) ebenso eingeordnet wie die in Bd VII auf-
genommenen (mit Angabe von Band und Seitenzahl).

4110. 4112. 4133. 4134. 4135. 4138. 4139. 4141. 4143. 4144. 4145.
4146. 4154. 4156. 4162. 4166. 4167. 4168. 4170, 4174. 4178. 4179.
4180. 4181. 4182. 4183. 4184. 4185. 4187. 4188. 4192. 4193. 4195.
4197. 4198. 4200. 4201. 4309 (Ntr.). 4353 (Ntr.). 4364 (Ntr.). 4367
(Ntr.). 4426 (VII, 31). 4450 (Ntr.). 4512 (VII, 31). 4569 (Ntr.). 4612
(VII, 31f.). 4619 (VII, 32). 4657 (VII, 32). 4719 (VII, 32f.). 4720
(Ntr.). 4759 (VII, 33). 4765 (VII, 33). 4812 (VII, 33f.). 4859. 4860.
4863. 4864. 4865. 4868. 4875. 4876. 4879. 4881. 4885. 4886. 4887.
4899. 4902. 4905. 4907. 4908. 4909. 4910. 4911. 4913. 4915. 4917.
4918. 4919. 4920. 4922. 4925. 4936. 4937. 4938. 4939. 4940. 4943.
4948. 4949. 4953. 4957. 4961. 4964. 4965. 4966. 4977. 4979. 4984.
4985. 4986. 4987. 4989. 4990. 4991. 4994. 4995. 4996. 4997. 4998.
5001. 5002. 5003. 5006. (VII, 34) 5007. 5008. 5009. 5010. 5012.
5013. 5014. 5015. 5016. 5017. 5022. 5023. 5027. 5028. 5034. 5035.
5038. 5041. 5042. 5046. 5047 (VII, 34f.). 5050. 5052. 5054. 5058.
5062. 5067. 5069. 5070. 5081. 5084. 5085. 5088b. 5091. 5094. 5096.
5098. 5099 (VII, 35). 5107. 5113. 5116. 5117. 5121. 5123. 5124.
5126. 5129. 5130. 5131. 5137. 5144. 5149. 5151. 5157. 5158. 5160.
5161. 5164. 5165. 5167. 5169. 5170. 5171a. 5171b (VII, 35), 5173.
5174. 5175. 5176. 5177. 5178. 5179. 5181. 5182. 5184. 5187. 5189.
5190. 5191. 5192. 5196. 5197 .5198 (VII, 35). 5199 (VII, 35f.). 5205.
5207. 5210. 5215. 5216. 5221. 5224. 5227. 5228. 5230. 5231. 5232a.
5232b. 5237. 5238. 5239. 5247. 5252. 5253. 5254. 5257. 5258. 5259.
5260. 5264. 5265. 5271. 5282. 5284. 5285. 5286. 5289. 5293 (VII, 36).
5297. 5305. 5306. 5310. 5316. 5317. 5318. 5323. 5324. 5327. 5328.
5335. 5336. 5337. 5340. 5379. 5380. 5381. 5386. 5388 (auch VII, 36).
5389. 5391. 5392. 5393. 5396. 5397. 5398. 5399. 5400. 5407. 5408.
5409. 5414. 5415. 5416. 5418. 5419. 5420. 5421. 5422. 5424. 5425.
5426. 5428. 5429. 5430. 5431. 5433. 5434. 5437. 5438. 5439a. 5440.
5441. 5442. 5443. 5444. 5449. 5451. 5455. 5458. 5461. 5465. 5468.
5469. 5470. 5474. 5475. 5476. 5477. 5478. 5480. 5484. 5485. 5486.
5488. 5489 (auch VII, 36). 5490a. 5491. 5492. 5493. 5494. 5496.
5497. 5498. 5499. 5500. 5502. 5503. 5505. 5508. 5511. 5513. 5516.
5517. 5518. 5519. 5523. 5524. 5525. 5528. 5531. 5532. 5533. 5534.
5537. 5539. 5541. 5545. 5546. 5547. 5552. 5553. 5557. 5559. 5560.
5562. 5563. 5565. 5572. 5573. 5574. 5577. 5585. 5589. 5591. 5592.
5593. 5601. 5602. 5603. 5673 (VII, 36f.). 5947 (VII, 37). 6035 (Ntr.).
6099 (Ntr.). 6102 (Ntr.). 6107 (Ntr.). 6146 (Ntr.). 6287 (VII, 37f.).
6420 (Ntr.). 6421 (Ntr.). 6509. 6526. 6527. 6528. 6562. 6565. 6576.
6635. 6793 (VII, 38). 6796. 6809. 6816. 6934. 6962. 6963. 6964. 6975.

---

* Aufgenommen sind nur die Stücke, bei welchen die Erlanger Ausgabe benutzt bzw. nachgewiesen ist. Eine Vervollständigung war nicht möglich, da die anderen Schriften in der EA zum überwiegenden Teil nicht vorhanden sind, bzw. nicht nötig, da die Hinweise auf die EA am Rande künftig ohnehin fortfallen werden.

Abkürzungsverzeichnis

ARG
= Archiv für Reformationsgeschichte, Berlin 1904 ff.

Bek.Schriften
= Die Bekenntnisschriften der Evangelisch-Lutherischen Kirche, 3. verb. Aufl., Göttingen 1956.

CR
= Corpus Reformatorum ed. C. G. Bretschneider, Halle 1834 ff.

CSEl.
= Corpus scriptorum ecclesiasticorum latinorum, Wien 1865 ff.

Denifle
= H. Denifle, Luther und Luthertum in der ersten Entwickelung, 2 Bde., Mainz 1904/09.

Dietz
= Ph. Dietz, Wörterbuch zu Dr. Martin Luthers deutschen Schriften (unvollständig), 2 Bde., Leipzig 1870.

v. Dommer
= Lutherdrucke auf der Hamburger Stadtbibliothek 1516—1523, Leipzig 1888.

D. Wb.
= Deutsches Wörterbuch, hrsg. von J. und W. Grimm u. a., Leipzig 1854 ff.

E
= (in den Anmerkungen und einleitenden Texten) Dr. Martin Luther's Briefwechsel, hrsg. von E. L. Enders u. a., Frankfurt a. M. 1884 ff.
= (am Rande der Seiten) Dr. Martin Luther's sämmtliche Werke, Erlangen 1826 ff.

E¹
= 1. Auflage der Erlanger Ausgabe, 1826 ff.

E²
= 2. Auflage der Erlanger Ausgabe, 1862 ff., beides nur verwandt, sofern Bände in zwei Auflagen vorliegen (das sind die Bände 1—20, II; 24—26).

E. opp. v. a.
= D. Martini Lutheri opera latina varii argumenti ad Reformationis historiam imprimis pertinentia, Frankfurt a. M. und Erlangen 1865 ff.

Flugschriften
= O. Clemen, Flugschriften aus den ersten Jahren der Reformation, 4 Bde., Halle 1906 bis 1911.

Franz, Messe
= A. Franz, Die Messe im deutschen Mittelalter, Freiburg i. Br. 1902.

Horawitz-Hartfelder
= Briefwechsel des Beatus Rhenanus. Gesammelt und hrsg. von A. Horawitz und K. Hartfelder, Leipzig 1886.

Kawerau	= Kaweraus Übersetzung von De captivitate babylonica in: Luthers Werke für das christliche Haus, Bd. 2, 1890.
K. K.	= J. Köstlin und G. Kawerau, Martin Luther, sein Leben und seine Schriften, 2 Bde., 5. Aufl. Berlin 1903.
Kirchenlexikon²	= Wetzer und Welte's Kirchenlexikon, 2. Aufl., Freiburg i. Br. 1882 ff.
Köhler	= W. Köhler, Luther und die Kirchengeschichte, Erlangen 1900.
Köhler, Dokumente	= W. Köhler, Dokumente zum Ablaßstreit von 1517, Tübingen und Leipzig 1902.
Köhler, Thesen	= W. Köhler, Luthers 95 Thesen samt seinen Resolutionen sowie den Gegenschriften von Wimpina-Tetzel, Eck und Prierias und den Antworten Luthers darauf, Leipzig 1903.
MSL	= Migne, Patrologiae cursus completus, series latina, Paris 1866 ff.
opera v. a.	= E. opp. v. a.
Panzer	= G. W. Panzer, Annalen der älteren deutschen Litteratur, 2 Bde. und Suppl., Nürnberg und Leipzig 1788—1902/05.
RE³	= Realenzyklopädie für protestantische Theologie und Kirche, 3. Aufl., hrsg. von J. J. Herzog und A. Hauck, Leipzig 1896 ff.
Schade	= O. Schade, Satiren und Pasquille aus der Reformationszeit, 3 Bde., 2. Aufl. Hannover 1856/58.
Schäfer	= E. Schäfer, Luther als Kirchenhistoriker, Gütersloh 1897.
Scheel	= O. Scheels Übersetzung von de votis monasticis in: Luthers Schriften für das christliche Haus, Erg.Bd. I, 1905, bzw. de servo arbitrio, Erg.Bd. II, 1905.
StKr	= Theologische Studien und Kritiken, Hamburg 1828 ff.
ThLZ	= Theologische Literaturzeitung, Leipzig 1876 ff.
Thiele	= E. Thiele, Luthers Sprichwörtersammlung, Weimar 1900. (Diese Ausgabe wird stets nach ihren Nummern zitiert, die denen der Neuausgabe von E. Thiele und O. Brenner in WA 51, 645—662, die Erklärungen dazu ebda S. 663—726 entsprechen. Es kann also ohne weiteres auch hier nachgeschlagen werden, jedoch ist der Kommentar in der Ausgabe von 1900 oft ausführlicher.)
W (bzw. W. A.)	= D. Martin Luthers Werke, Kritische Gesamtausgabe, Weimar 1883 ff.
WABr	= Weimarer Ausgabe, Briefe Bd. 1—11, 1930 ff.
WATR	= Weimarer Ausgabe, Tischreden Bd. 1—6, 1912 ff.

WADB   = Weimarer Ausgabe, Deutsche Bibel, 1906 ff.

Wackernagel   = Ph. Wackernagel, Das deutsche Kirchenlied von der ältesten Zeit bis zu Anfang des XVII. Jahrhunderts, 5 Bde., Leipzig 1864 bis 1877.

Wander   = K. F. W. Wander, Deutsches Sprichwörterlexikon, 5 Bde., Leipzig 1863—80.

Weller   = E. Weller, Repertorium typographicum, 1 Bd. und 2 Suppl., Nördlingen 1864—85.

ZKG   = Zeitschrift für Kirchengeschichte, Gotha u. a. 1877 ff.

Inhaltsverzeichnis zum 1. Band

Disputatio pro declaratione virtutis indulgentiarum. 1517.

Zur einleitung vgl. K. K. 1, 152 ff., auch Pastor, Gesch. der Päpste IV, 1.—4. Aufl., s. 240 ff. Zum dogmengeschichtl. verständnis unent-
5 behrlich ist die kenntnis der Instructio summaria Albrechts von Mainz, vgl. W. Köhler, L. und die Kirchengesch. I, Erlangen 1900, s. 7 ff., abgedruckt bei dems., Dokumente zum Ablaßstreit von 1517, Tübingen 1902, ²1937, s. 104 ff.; s. 1 ff. Literaturverzeichnis. Vgl. ferner ders., L.s 95 Thesen samt seinen Resolutionen sowie den Gegenschriften
10 von Wimpina-Tetzel, Eck und Prierias, Leipzig 1903. Nur folgende fragen sind genauer zu beantworten: Hat L. die 95 thesen selbst in druck gegeben? Vor oder erst nach dem 31. okt. 1517? [Damit zu-sammenhängend:] Hat er sie gedruckt oder geschrieben angeschlagen und an Albrecht von Mainz geschickt? — Folgende quellenstellen sind
15 zu beachten:

1. Die überschrift auf dem ersten plakatdruck (s. u.): ‚. . . . hec subscripta disputabuntur Wittenberge . . . Quare petit, vt, qui non possunt verbis presentes nobiscum disceptare, agant id literis absentes . . . '

2. Dazu stimmt in dem briefe L.s an seinen ordinarius, den bischof
20 von Brandenburg, vom 13. febr. 1518[1]: ‚Itaque emisi disputationem, in-vitans et rogans publice omnes, privatim vero, ut nosti ‚quosque doctis-simos, ut vel per literas suam sententiam aperirent' (WABr1, 138, 17 ff.)

3. Auf jene überschrift beruft sich L. auch papst Leo X. gegen-über am 30. mai 1518[2]: Itaque schedulam disputatoriam edidi, invitans
25 tantum doctiores, si qui vellent mecum disceptare, sicut manifestum esse etiam adversariis oportet ex praefatione eiusdem disceptationis' (WA Br1 528, 24 ff.)

4. Sehr lehrreich ist L.s brief an Christoph Scheurl in Nürnberg vom 5. märz 1518: ‚non fuit consilium neque votum eas [positiones] evulgari,
30 sed cum paucis apud et circum nos habitantibus primum super ipsis conferri, ut sic multorum iudicio vel damnatae abolerentur vel probatae ederentur. At nunc longe ultra spem toties excuduntur et transferuntur, ut me poeniteat huius foeturae, non quod veritatem non faveam cognitam fieri vulgo, imo id unice quaerebam, sed quod ille modus non est idoneus,
35 quo vulgus erudiatur. Sunt enim nonnulla mihi ipsi dubia, longeque aliter et certius quaedam asseruissem vel omissem, si id futurum spe-rassem' (WABr1, 152, 2 ff.).

5. Dazu stimmt wieder in dem briefe L.s an Jodocus Trutfetter in Erfurt vom 9. mai 1518: ‚De aliis autem Positionibus indulgentiarum
40 prius tibi scripsi[3] mihi non placere earum tam vastam invulgationem. Nusquam enim id auditum est fieri nec potui sperare futurum, quod in istis solis contigit; alioqui clarius eas posuissem'(WABr1, 170, 41 ff.).

6. Vgl. endlich auch Asterisci Lutheri adversus obeliscos Eckii (spätestens am 19. mai 1518 vollendet: ZKG. 27, 100 ff.): ‚Nam cum
45 ego non lingua vulgari aediderim nec latius quam circum nos emiserim, adde solum doct[i]oribus obtulerim et amicis eruditioribus ..' (W. A. 1, 311, z. 19 f.;9;778).

Hiernach hat L. selbst die thesen gleichzeitig auf doppelte weise

---

1) Zur datierung vgl.Clemen WABr1, 135 ff.

2) Ueber das verhältnis dieser dedikationsepistel zu den resolutionen s. WABr1, 136 ff. vgl. auch u. s. 16, a. 1.

3) d. h. in einem verloren gegangenen briefe, den L. Spalatin gegenüber am 22. febr. 1518 erwähnt (WABr1, 150, 21)

(unterschieden in 1. 2) veröffentlicht (emittere = edere): 1. durch anschlag für die disputation an Allerheiligen, 2. durch mitteilung an einige gelehrte freunde in und um Wittenberg (4—6). Beide male wandte er sich nur an fachgenossen (3). Von ihrem urteile wollte er es abhängig machen, ob die thesen dann wieder verschwinden oder eventuell verbessert in weitere kreise ausgehen sollten (4). Ganz wider erwarten (4. 5) fanden nun aber die thesen in dieser ihrer ersten form schnell weitere verbreitung auch in laienkreisen[1], und sie wurden so oft im lateinischen urtext und in deutscher übersetzung gedruckt [nachgedruckt! s. u.], dass L. sein hinaustreten in die öffentlichkeit bereute (4). [10]

Vorstellen kann man sich diese entwicklung der dinge nur, wenn man annimmt, dass L. vor dem anschlag die thesen durch den druck vervielfältigen liess, zunächst alle exemplare zu seiner verfügung behielt[2] und nur einige wenige ausgab[3], diese aber in kreise drangen, für die sie nicht bestimmt waren, so dass die thesen durch (abschrift und) nachdruck immer weiter verbreitet werden konnten. [15] Dann hat aber L. auch gewiss ein druckexemplar der thesen angeschlagen[4] und ein druckexemplar an demselben 31. okt. 1517 an Albrecht von Mainz geschickt[5].

Der von L. autorisierte plakatdruck wurde höchst wahrscheinlich von Joh. Grunenberg in Wittenberg hergestellt (F Falk, Katholik 1891 [20] I, 482). Es ist jedoch kein exemplar davon nachweisbar. Dagegen sind zwei andere Folioeinblattdrucke belegt: der eine (= W. A. 1, 230 A), der nach Proctor[6] aus der Presse Hieronymus Hölzels in Nürnberg, nach Joh. Luther[7] aus der Melchior Lotthers in Leipzig hervorgegangen ist, durch Exemplare in der Preuß. Staatsbibl. und im Britischen Museum[25] der andere (= B), von Jakob Thanner in Leipzig hergestellt[8], im Geh. Staatsarchiv zu Berlin, in der Michaeliskirchenbibl. Zeitz und in der Gymnasialbibl. zu Brieg[9]. Außerdem gibt es einen gar nicht so sel-

---

1) Wenn L. später (1541) in „Wider Hans Worst" schreibt, die thesen „liefen schier in vierzehn tagen durch ganz Deutschland" (WA 51,5;0),so ist das natürlich ebenso rhetorische übertreibung, wie die bekannte stelle bei Friedrich Myconius (K. K. 1, 162) oder die bei Henricus Phoeniceus (= Urbanus Rhegius ?), L.s „disputatz zedel" sei „in alle land gefiret" worden (Beitr. z. bayer. KG. 9, 74).

2) So hat er es z. b. auch mit den asterisci gemacht (ZKG. 27, 104).

3) Am 11. nov. 1517 schickte er eines seiner privatexemplare an Joh. Lang in Erfurt: ¡Ecce alia denuo Paradoxa mitto' (WABr1,121,4).

4) Die stelle aus Scheurls „Geschichtbuch der Christenheit" (1511 bis 1523; zitiert W. A. 1, 229), L. habe die thesen aufgestellt, „gewisslich nit in Meinung, dass die weiter gelangen sollten, dann sie blosslich geschrieben waren", ist wiedergabe und folgerung aus dem oben unter 4 angeführten briefe L.s an ihn, den Scheurl sorgsam aufbewahrt hat (WABr1,151),also sekundär und unbeachtlich.

5) Zu diesem briefe WABr1,Nr48 vgl. besonders auch F. Falk, Katholik 1891 I, 483 ff.

6) An Index to the Early Printed Books in the British Museum. Part II Section I. Germany. London 1903. S. 98 Nr. 11017.

7) Joh. Luther, Vorbereitung und Verbreitung von Martin Luthers 95 Thesen, Berlin-Leipzig 1933, S. 15 ff.

8) ebd. S. 19 f.

9) F. Nieländer ZKG 35, 151 ff. N. sieht B als die Originalausgabe an. in Wittenberg hergestellt mit Typen Melchior Lotthers aus Leipzig.

tenen nachdruck in Buchform (= C), 4 Quartblätter umfassend, der
bei Adam Petri in Basel erschienen ist. Eine faksimilereproduktion
des Berliner exemplars von A ist diesem bande beigegeben, in dem
folgenden abdruck sind die druckfehler verbessert, die abbreviaturen
5 aufgelöst und ist die interpunktion modernisiert; unterm strich sind
die wichtigeren varianten aus B und C (nach W. A.) angegeben. Zur
Fortführung dieser Vorrede vgl. Kl. Texte 142 (hrsg. v. K. Aland),
1962 (dort auch weitere Quellen), K. Aland, M. Luthers 95 Thesen,
1965 u. Heft 11, 1965 von ,,Geschichte in Wissenschaft und Unter-
10 richt", S. 661—699 (Diskussion d. Probleme auf d. Dt. Historikertag
1965 Berlin).

Amore et studio elucidande veritatis hec subscripta dis- ^{opp. v. a.}
putabuntur Wittenberge, Presidente R. P. Martino Lutther, ^{1, 285 E}
Artium et S. Theologie Magistro eiusdemque ibidem lectore ^{1, 233 W}
Ordinario. Quare petit, vt, qui non possunt verbis presentes
15 nobiscum disceptare, agant id literis absentes. In nomine
domini nostri hiesu christi, Amen.

1) Dominus et magister noster Jesus christus dicendo:
Penitentiam agite etc. omnem vitam fidelium penitentiam esse
voluit.
20 2) Quod verbum de penitentia sacramentali (id est confessionis et satisfactionis, que sacerdotum ministerio celebratur) non potest intelligi.

3) Non tamen solam intendit interiorem, immo interior
nulla est, nisi foris operetur varias carnis mortificationes.
25 4) Manet itaque pena, donec manet odium sui (id est
penitentia vera intus), scilicet vsque ad introitum regni ce-
lorum.

5) Papa non vult nec potest vllas penas remittere praeter
eas, quas arbitrio vel suo vel canonum imposuit.
30 6) Papa non potest remittere vllam culpam nisi declarando et approbando remissam a deo, Aut certe remittendo
casus reseruatos sibi, quibus contemptis culpa prorsus re-
maneret.

7) Nulli prorsus remittit deus culpam, quin [|] simul eum ^{2 86 E}
35 subijciat humiliatum in omnibus sacerdoti suo vicario.

8) Canones penitentiales solum viuentibus sunt impositi,
nihilque morituris secundum eosdem debet imponi.

13 Lutther † Eremitano Augustiniano B   18 Mt. 4, 17   21 verbum † poenitentia C

2*

9) Inde bene nobis facit spiritussanctus in papa, ex-
cipiendo in suis decretis semper articulum mortis et necessitatis.

10) Indocte et male faciunt sacerdotes ii, qui morituris
penitentias canonicas in purgatorium reseruant.   5

11) Zizania illa de mutanda pena Canonica in penam
purgatorij videntur certe dormientibus episcopis seminata.

12) Olim pene canonice non post, sed ante absolutionem
imponebantur, tanquam tentamenta vere contritionis.

234 W | 13) Morituri per mortem omnia soluunt, et legibus ca- 10
nonum mortui iam sunt, habentes iure earum relaxationem.

14) Imperfecta sanitas seu charitas morituri necessario
secum fert magnum timorem, tantoque maiorem, quanto minor
fuerit ipsa.

15) Hic timor et horror satis est se solo (ut alia ta- 15
ceam) facere penam purgatorij, cum sit proximus desperationis horrori.

16) Videntur infernus, purgatorium, celum differre, sicut
desperatio, prope desperatio, securitas differunt.

17) Necessarium videtur animabus in purgatorio sicut 20
minui horrorem, ita augeri charitatem.

18) Nec probatum videtur vllis aut rationibus aut scripturis, quod sint extra statum meriti seu augende charitatis.

19) Nec hoc probatum esse videtur, quod sint de sua
beatitudine certe et secure, saltem omnes, licet nos certis- 25
simi simus.

287 E   20) Igitur papa per remissionem plenariam | omnium
penarum non simpliciter omnium intelligit, sed a seipso tantummodo impositarum.

21) Errant itaque indulgentiarum praedicatores ii, qui 30
dicunt per pape indulgentias hominem ab omni pena solui
et saluari.

22) Quin nullam remittit animabus in purgatorio, quam
in hac vita debuissent secundum Canones soluere.

23) Si remissio vlla omnium omnino penarum potest 35
alicui dari, certum est eam non nisi perfectissimis, id est
paucissimis dari.

24) Falli ob id necesse est maiorem partem populi per
indifferentem illam et magnificam pene solute promissionem.

25) Qualem potestatem habet papa in purgatorium ge- 40

---

6 Mt. 13, 24 ff.   15 alea A *druckf.*   20 videt B   23 agende
A *druckf.*

neraliter, talem habet quilibet Episcopus et Curatus in sua
diocesi et parochia specialiter.

26) Optime facit papa, quod non potestate clauis (quam
nullam habet), sed per modum suffragij dat animabus remis-
5 sionem.

27) Hominem predicant, qui statim, vt iactus nummus
in cistam tinnierit, euolare dicunt animam.

28) Certum est nummo in cistam tinniente augeri
questum et auariciam posse, suffragium autem ecclesie in
10 arbitrio dei solius est.

29) Quis scit, si omnes anime in purgatorio velint redimi,
sicut de s. Seuerino et paschali factum narratur.

30) Nullus est securus de veritate sue contritionis, multominus de consecutione plenarie remissionis.

15 31) Quam rarus est vere penitens, tam rarus est vere
indulgentias redimens, id est rarissimus.

32) Damnabuntur ineternum cum suis magi|stris, qui per ²⁸⁸ᴱ
literas veniarum securos sese credunt de sua salute.

| 33) Cauendi sunt nimis, qui dicunt venias illas Pape ²³⁵ᵂ
20 donum esse illud dei inestimabile, quo reconciliatur homo Deo.

34) Gratie enim ille veniales tantum respiciunt penas
satisfactionis sacramentalis ab homine constitutas.

3 5) Non christiana predicant, qui docent, quod redem-
pturis animas vel confessionalia non sit necessaria contritio.

25 36) Quilibet christianus vere compunctus habet remissionem plenariam a pena et culpa, etiam sine literis veniarum
sibi debitam.

37) Quilibet verus christianus, siue viuus siue mortuus,
habet participationem omnium bonorum Christi et Ecclesie,
30 etiam sine literis veniarum a deo sibi datam.

38) Remissio tamen et participatio Pape nullo modo
est contemnenda, quia (vt dixi) est declaratio remissionis
diuine.

39) Difficillimum est etiam doctissimis Theologis simui
35 extollere veniarum largitatem et contritionis veritatem coram
populo.

40) Contritionis veritas penas querit et amat, Veniarum
autem largitas relaxat et odisse facit, saltem occasione.

---

7 tinnuerit B   7 Nik. Paulus, Joh. Te⁺zel, Der Ablaßprediger,
Mainz 1899, s. 138 ff., Katholik 1901 I, 568 ff.   12 vgl. die bei
Köhler, L.s 95 Thesen s. 107, a. 4 zitierte stelle aus Joh. Paltz   24 re-
demptoris A druckf.   27 deditam A druckf.   32 These 6
34 acutissimis C

41) Caute sunt venie apostolice praedicande, ne populus false intelligat eas praeferri ceteris bonis operibus charitatis.

42) Docendi sunt christiani, quod Pape mens non est redemptionem veniarum vlla ex parte comparandam esse operibus misericordie.

43) Docendi sunt christiani, quod dans pauperi aut mutuans egenti melius facit, quam si venias redimeret.

44) Quia per opus charitatis crescit charitas et fit homo melior, sed per venias non fit melior, sed tantummodo a pena liberior.

289 E   45) Docendi sunt christiani, quod, qui videt egenum, et neglecto eo dat pro veniis, non indulgentias Pape, sed indignationem dei sibi vendicat.

46) Docendi sunt christiani, quod, nisi superfluis abundent, necessaria tenentur domui sue retinere et nequaquam propter venias effundere.

47) Docendi sunt christiani, quod redemptio veniarum est libera, non precepta.

48) Docendi sunt christiani, quod Papa, sicut magis eget, ita magis optat in venijs dandis pro se deuotam orationem, quam promptam pecuniam.

49) Docendi sunt christiani, quod venie Pape sunt vtiles, si non in eas confidant, Sed nocentissime, si timorem dei per eas amittant.

50) Docendi sunt christiani, quod, si Papa nosset exactiones venialium praedicatorum, mallet Basilicam s. Petri in cineres ire, quam edificari cute, carne et ossibus ouium suarum.

51) Docendi sunt christiani, quod Papa, sicut debet, ita vellet, etiam vendita (si opus sit) Basilica s. Petri, de suis pecunijs dare illis, a quorum plurimis quidam concionatores veniarum pecuniam eliciunt.

236 W   52) Vana est fiducia salutis per literas veniarum, etiam si Commissarius, immo Papa ipse suam animam pro illis impigneraret.

53) Hostes christi et Pape sunt ii, qui propter venias praedicandas verbum dei in alijs ecclesijs penitus silere iubent.

54) Iniuria fit verbo dei, dum in eodem sermone equale vel longius tempus impenditur venijs, quam illi.

55) Mens Pape necessario est, quod, si venie (quod minimum est) vna campana, vnis pompis et ceremonijs cele-

brantur, Euangelium (quod maximum ¹ est) centum campanis, ₂₉₀ E
centum pompis, centum cerimonijs predicetur.

56) Thesauri ecclesie, vnde Papa dat indulgentias, neque
satis nominati sunt, neque cogniti apud populum christi.

5   57) Temporales certe non esse patet, quod non tam
facile eos profundunt, sed tantummodo colligunt multi con-
cionatorum.

58) Nec sunt merita christi et sanctorum, quia hec
semper sine Papa operantur gratiam hominis interioris, et
10 crucem, mortem infernumque exterioris.

59) Thesauros ecclesie s. Laurentius dixit esse pauperes
ecclesie, sed locutus est vsu vocabuli suo tempore.

60) Sine temeritate dicimus claues ecclesie (merito Christi
donatas) esse thesaurum istum.

15   61) Clarum est enim, quod ad remissionem penarum et
casuum sola sufficit potestas Pape.

62) Verus thesaurus ecclesie est sacrosanctum euangelium
glorie et gratie dei.

63) Hic autem est merito odiosissimus, quia ex primis
20 facit nouissimos.

64) Thesaurus autem indulgentiarum merito est gratissi-
mus, quia ex nouissimis facit primos.

65) Igitur thesauri Euangelici rhetia sunt, quibus olim
piscabantur viros diuitiarum.

25   66) Thesauri indulgentiarum rhetia sunt, quibus nunc
piscantur diuitias virorum.

67) Indulgentie, quas concionatores vociferantur maximas
gratias, intelliguntur vere tales quoad questum promouendum.

68) Sunt tamen re vera' minime ad gratiam dei et crucis
30 pietatem comparate.

69) Tenentur Episcopi et Curati veniarum apostolicarum
Commissarios cum omni reuerentia admittere.

70) Sed magis tenentur omnibus oculis intenᶦdere, omni- ₂₉₁ E
bus auribus aduertere, ne pro commissione Pape sua illi
35 somnia praedicent.

71) Contra veniarum apostolicarum veritatem qui loquitur,
sit ille anathema et maledictus.

ᶦ 72) Qui vero contra libidinem ac licentiam verborum ₂₃₇ W
Concionatoris veniarum curam agit, sit ille benedictus.

40   73) Sicut Papa iuste fulminat eos, qui in fraudem negocij
veniarum quacunque arte machinantur,

---

74) Multomagis fulminare intendit eos, qui per veniarum pretextum in fraudem sancte charitatis et veritatis machinantur.

75) Opinari venias papales tantas esse, vt soluere possint hominem, etiam si quis per impossibile dei genitricem violasset, 5 Est insanire.

76) Dicimus contra, quod venie papales nec minimum veñialium peccatorum tollere possint quo ad culpam.

77) Quod dicitur, nec si s. Petrus modo Papa esset, maiores gratias donare posset, est blasphemia in sanctum 10 Petrum et Papam.

78) Dicimus contra, quod etiam iste et quilibet papa maiores habet, scilicet Euangelium, virtutes, gratias curationum etc. vt I. Co. xij.

79) Dicere Crucem armis papalibus insigniter erectam 15 cruci christi equiualere, blasphemia est.

80) Rationem reddent Episcopi, Curati et Theologi, Qui tales sermones in populum licere sinunt

81) Facit hec licentiosa veniarum praedicatio, vt nec reuerentiam Pape facile sit, etiam doctis viris, redimere a 20 calumnijs aut certe argutis quaestionibus laicorum.

82) Scilicet: Cur Papa non euacuat purgatorium propter sanctissimam charitatem et summam animarum necessitatem,
²⁹²E vt causam omnium iustissi ¦ mam, Si infinitas animas redimit propter pecuniam funestissimam ad structuram Basilice, vt 25 causam leuissimam?

83) Item: Cur permanent exequie et anñiuersaria defunctorum, et non reddit aut recipi permittit beneficia pro illis instituta, cum iam sit iniuria pro redemptis orare?

84) Item: Que illa noua pietas Dei et Pape, quod impio 30 et inimico propter pecuniam concedunt animam piam et amicam dei redimere, Et tamen propter necessitatem ipsius met pie et dilecte anime non redimunt eam gratuita charitate?

85) Item: Cur Canones penitentiales re ipsa et non vsu iam diu in semet abrogati et mortui, adhuc tamen pecunijs 35 redimuntur per concessionem indulgentiarum tanquam viuacissimi?

86) Item: Cur Papa, cuius opes hodie sunt opulentissimis crassis crassiores, non de suis pecunijs magis quam pauperum fidelium struit vnam tantummodo basilicam sancti Petri? 40

---

5 Paulus, Tetzel s. 56 ff.   7 Diximus A *druckf*.   8 possunt
B   14 1. Ko. 12, 28   18 spargi sinunt C   24 Cum tamen C
25 Basilicae, quae est causa levissima C

87) Item: Quid remittit aut participat Papa iis, qui per ₂₂₈ W
contritionem perfectam ius habent plenarie remissionis et
participationis?

88) Item: Quid adderetur ecclesie boni maioris, Si Papa,
5 sicut semel facit, ita centies in die cuilibet fidelium has
remissiones et participationes tribueret?

89) Ex quo Papa salutem querit animarum per venias
magis quam pecunias, Cur suspendit literas et venias iam olim
concessas, cum sint eque efficaces?

10   90) Hec scrupulosissima laicorum argumenta sola potestate
compescere, nec reddita ratione diluere, Est ecclesiam et
Papam hostibus ridendos exponere et infelices christianos
facere.

91) Si ergo venie secundum spiritum et mentem Pape
15 praedicarentur, facile illa omnia soluerentur, immo non essent.

92) Valeant itaque omnes illi prophete, qui dicunt populo ₂₉₃ E
Christi: Pax, pax, et non est pax.

93) Bene agant omnes illi prophete, qui dicunt populo
Christi: Crux, crux, et non est crux.

20   94) Exhortandi sunt Christiani, vt caput suum christum
per penas, mortes infernosque sequi studeant,

95) Ac sic magis per multas tribulationes intrare celum,
quam per securitatem pacis confidant.

M. D.Xvij.

---

5 vgl. in den beicht- und ablaßbriefen das 'semel in vita et in
mortis articulo'.   16 Jer. 6, 14.   22 AG. 14, 22.

Ein Sermon von Ablass und Gnade. 1518.

In dem in der vorigen einleitung erwähnten briefe an Scheurl vom 5. märz 1518 schrieb L. (WABr1,152,20 ff.), dass er ausser den Resolutiones disputationum de indulgentiarum virtute, die er noch nicht habe herausgeben dürfen, weil ihm das urteil des bischofs von Branden- 5 burg darüber noch nicht zugegangen sei, ein büchlein in deutscher sprache über die kraft des ablasses ausgehen lassen wolle, das die wider seinen willen in weite volkskreise eingedrungenen 95 thesen ver- drängen solle ('ut opprimam Positiones illas vagantissimas'). Er plante also gewissermassen eine zweite verbesserte und dem verständnis der 10 laien angepasste ausgabe der thesen in der volkssprache (vgl. auch die unten nochmals zu verwertende stelle aus L.s briefe an Trutfetter WABr1,170,43f.: 'alioqui clarius eas posuissem, sicut feci in sermone vulgari'). Er verwirklichte sehr bald darauf diesen plan mit dem unten folgenden „Sermon von Ablass und Gnade". Bedenken wir, dass gegen- 15 wärtig noch über 20 verschiedene druckausgaben dieser schrift durch zahlreiche exemplare belegt sind, während von den thesen nur 3 nachdrucke in z.T. wenigen exemplaren vertreten sind, dann will es uns scheinen, als ob der sermon wirklich die thesen totgemacht hätte.

Nach der im laufe des monats april erschienenen „Vorlegung" 20 Tetzels (Nik. Paulus, Joh. Tetzel der Ablassprediger, Mainz 1899, s. 54) ist der sermon „yn der fasten iungst vorschinen" — Ostern fiel 1518 auf den 4. april — gedruckt worden (W. A. 1, 239). Diese datierung wird durch folgende drei beobachtungen bestätigt und präzisiert:

1. Ende märz oder anfang april schrieb L. an Spalatin (W A. 25 Br1,162,10 ff.), „gestern" sei der abt von Lehnin im namen und in stellvertretung des bischofs von Brandenburg bei ihm gewesen und habe ihm in dessen auftrage eröffnet, er bitte dringend, dass Luther die aus- gabe der Resolutiones und anderer abhandlungen, die er etwa noch in petto habe, ein weilchen aufschiebe, und nun heisst es weiter: 'de 30 indulgentiis tum sermonem vulgarem editum valde nollet, et deinceps non edendum nec vendendum rogavit', was ich nur so verstehen kann: die [eben erfolgte] ausgabe eines sermons über den ablass in der volks- sprache aber bedaure er sehr und bitte, den weiteren verkauf zu inhibieren. 35

2. Am 9. mai schrieb L. an Trutfetter (WABr1, ~0,43ff.), klarer als in den Thesen habe er sich ausgedrückt 'in sermone vulgari, qui tibi plus iis omnibus displicet'. Sein missfallen über den „Sermon von Ablass und Gnade" muss Trutfetter in einem verloren gegangenen briefe (vgl. WABr1,169,5 f.) geäussert haben, den L. kurz vor seiner abreise zum 40 generalkapitel nach Heidelberg oder in Heidelberg (so K. K. 1, 176), also etwa in der zeit vom 10. april bis 1. mai erhalten haben wird; Trutfetter könnte ihn also etwa am 5. april unter dem frischen ein- drucke der lektüre des sermons geschrieben haben.

3. Der sermon enthält „unverkennbare anspielungen" auf die von 45 Wimpina verfassten und von Tetzel am 20. januar 1518 zu Frankfurt a. O. verteidigten antithesen (Paulus, Tetzel, s. 48 ff. 170 ff. Katholik 1901 I,

554 ff., Jos. Negwer, Konrad Wimpina, Breslau 1909, s. 147 ff.). Diese
gelangten wahrscheinlich in dem zeitraum 17.—19. märz nach Wittenberg,
und dieser zeitraum würde also als der terminus ante quem non für die
abfassung des sermons zu bezeichnen sein (ZKG. 11, 120 ff.).

5   Es gibt 3 von Johann Grunenberg in Wittenberg hergestellte
drucke: W. A. 1, 240 A u. B, 9, 769. Von dem an letzter stelle
verzeichneten dritten drucke besitzt die Zwickauer Ratsschulbibl. (XIX.
VIII. 31₁₉) ein exemplar, das anscheinend in allem übrigen mit dem der
Hamburger Stadtbibl. durchaus übereinstimmt, aber 'doctorem' im titel
10 hat: **Eyn Sermon von dem Ablas** | **vnd gnade, durch den Wirdigen**
doctorem | **Martinū Luther Augustiner tzu** | **Wittenbergk** ∴ : | 4 ff. 4°.
4ᵇ weiss. Es wird sich kaum entscheiden lassen, welcher von den 3
Grunenbergschen drucken als der älteste anzusehen ist. Wir haben den
druck der Zwickauer Bibliothek abgedruckt, da er 1. in der W. A.
15 nicht berücksichtigt worden ist, 2. sich in einem sammelband findet,
der einst dem Erfurter Augustinereremitenkloster gehört hat und mehrere
dedikationsexemplare, ferner u. a. ein exemplar der Acta Augustana
ohne die geschwärzte stelle, enthält (StKr. 1899, S. 273 ff.); es ist klar,
dass damit jener druck in sehr günstige beleuchtung rückt. W. Köhler,
20 Dokumente zum Ablaßstreit von 1517, Tübingen 1902, ²1934,
s. 146 ff. hat den Sermon nach W. A. abgedruckt und die korrespondieren-
den stellen aus Tetzels „Vorlegung" eingefügt.

Eyn Sermon von dem Ablas
vnd gnade / durch den Wirdigen doctorem
25   **Martinū Luther Augustiner tzu**
                 Wittenbergk ∴ :

¶ Zum Ersten solt yhr wissen / das ettlich new lerer / als **Magister** 27, 4 E
Senten: S. Thomas / vnd yhre folger geben der puß drey Teyl / Nemlich 1, 243 W
die Rew / die Peicht / die Gnugthuung / vnnd wie woll dißer vnterscheyd
30 noch yrer meynung / schwerlich / adder auch gar nichts / gegrundet erfunden
wirt yn der heyligen schrifft / noch ynn den alten heyligen Christlichen
lerern / doch wollen wir das itzt ßo lassen bleyben / vn nach yrher weyß
reden.

¶ Zum Andernn sagen sie / Der ablaß nympt nicht hynn / das erst
35 adder ander teyll / das ist / die rew adder peycht / sundernn das dritt / nemlich die gnugthuung.

| ¶ Zum Dritten / die gnugthuūg wirt weyter geteylet / yn drey teyl / 244 W
das ist / Beeten / fasten / almoßen / alßo / das Beeten begreyff allerley werck
der seelen eygen / als leßen / tichten / hören gottis wort / ybigen / leerē vn
40 der gleychē. Fasten begreyff allerley werck der casteyung seyns fleyschs /
als wachen / erbeyten / hart lager / cleyder ꝛc.
Almußen begreyff allerley gute werck / der lieb vn barmhertickeyt gegen
den nehsten.

---

27 f. Petrus Lombardus   39 bedenken

¶ Zum Vierden / Ist bey yhn alle vngezweyffelt / das der ablas /
nympt dieselben werck der gnugthuūg / vor die sund schuldig zuthun /
adder auffgesetzt / dann ßo er / die selben werck solt all hyn nhemen / blieb
nichts gutes mehr da / das wir thun mochten.

¶ Zum Funfften. Ist bey vielen geweßt eyn große / vñ noch vn-
beschloßene opiny / ab der ablas auch etwas mehr hyn nehme / dā sulche
auffgelegte gute werck / nemlich / ab er auch die peyne / die gottlich gerechtickeyt / vor die sunde / furdert / abnehme.

¶ Zum Sechsten / Laß ich yhre opiny vnuorworfen auff das mall /
Das sag ich / das mā auß keyner schrifft beweren kann / das gottlich gerechtickeyt etwas peynn / adder gnugthuūg begere / aber fordere / von dem
sunder / dann alleyn / seyne hertzliche vñ ware rew / aber bekerung / mit
vorsatz / hynfurder / das Creutz Christi zu tragen / vnd die obgenanten
werck (auch von niemant auffgesetzt) zu vben / dañ ßo spricht er durch
Ezechie: Wann sich der sunder bekeert / vnd thut recht / ßo will ich seyner
sund nit mehr gedencken. Item also hatt er selbs all die absoluirt
Maria Mag: den gichtpruchtigen / die eebrecheryñe ꝛc. Vnd möcht woll
gerne hören / wer das anders beweren soll / vnangesehn dass ettlich
doctores ßo daucht hatt.

¶ Zum Siebendē / Das findet man woll / das gott etlich noch
seyner gerechtickeyt straffet / ab' durch peyne / bringt zu der rew / wie ym
88. ps̄. Szo seyn kyndere werden sundigen / will ich mit der ruthen /
yhre sunde heymsuchen / aber doch meyn barmhertzickeyt / nit von yhnn
wenden. Aber diße peyne / steet ynn niemandß gewalt nachzulaßen / dañ
alleyn gottis / ia er will sie nit laße / sunder vorspricht / er woll sie
aufflegen.

¶ Zum Achten / Derhalben / ßo kann man derselben gedunckten
peyn / keynen namen gebenn / weyß auch niemāt / was sie ist / ßo sie / diße
straff nit ist / auch die guten obgenanten werck nit ist.

¶ Zum Neunden. Sag ich / ob die Christeliche kirch noch heut
beschluß / vnnd auß ercleret / dass der Ablaß mehr / dañ die werck der
gnugthuūg hyn neme / ßo were es dennoch tausentmall besser / das kein
Christē mensch den ablas loßett / adder begeret / sundernn dass sie lieber
die werck theten / vnd die peyn litten / dann der ablas / nit anderst ist /
nach mag werden / dann nachlaßung guter werck / vñ heylsamer peyn / die
man billicher solt erwelen dañ vorlaßen / wie wole ettlich der newen
prediger zweyerley peyn erfunden / Medicatiuas / Satisfactorias / das ist ettlich peyn zur gnugthuung / ettlich zur besserung. Aber wir haben mehr
freyheyt zuuorachten (gott lob) sulchs / vñ des gleychen pleuberey / dan sie
haben / zu ertichten / dann alle peynn / ia als was gott aufflegt / ist besserlich / vn zutreglich den Christen.

¶ Zum zehenden / Das iſt nichts gered / das der peyn vnnd werck
zu vill ſeyn / daſs der menſch ſie nit mag volnbꝛengē / der kurtzhalben
ſeyns lebens / darumb yhm nott ſey der Ablas. Antwoꝛt ich / das das
keyn grund hab / vñ eyn lauter geticht iſt / dañ got vñ die heilige kirche /
5 legē niemãd mehꝛ auff / dañ yhm zu tragē müglich iſt / alls auch . S. Paul
ſagt / Das got nyt leßt voꝛſucht werden yemand / mehr dañ er mag tragen /
vñ es langet nit wenig zu der Chꝛiſtenheyt ſchmach / daſs man vhr ſchuld
gibt / ſie lege auff mehꝛ / dañ wir tragen kunnen.

¶ Zum Elfften. Wan gleych die puß ynn geyſtliche recht geſetzt /
10 itzt noch gingen / daſs voꝛ eyn iglich todſund / ſiebenñ iar puß auffgelegt /
were / ßo muſt doch die Chꝛiſtenheyt / die ſelben geſetzt laßen / vnnd nit
weyter[1] aufflegen / dan ſie eynem iglichen zu tragen weren. Vill weniger / Aiij
nu ſie itzt nicht ſeyn / ſall mã achten / das mehr auffgelegt werde dan
vberman woll tragen kañ.

15 ¶ Zum zwelfften / Man ſagt woll / das der ſunder mit der vbꝛigen
peyn / inßfegfewr / adder zum ablaß gewenßet ſall werdenñ / aber es wirt
woll mehꝛ dings / an grundt vñ bewerung geſagt.

¶ Zum Dꝛeyzehend ; Es iſt eyn groſser yrthum das yemad meyne /
er wolle gnugthũ voꝛ ſeyne ſund / ſo doch gott / dieſelbē altzeit vmbſunſt /
20 auß vnſchetzlicher gnad voꝛtzeyhet / nichts darfur begerend / dan hynfurder
woll leben / Die Chꝛiſtenheyt furdert woll etwas / alßo mag ſie vñ ſall
auch daſſelb nachlaſſen / vñ nichts ſchweres aber vntreglich aufflegen.

¶ Zum Viertzehenden. Ablaß / wirt zugelaſſen vmb der vnuolkomen /
vñ faulen Chꝛiſten willen / die ſich nit wollen kecklich vben yn guten
25 wercken / aber vnleydlich ſeyn / dann ablas / furdert niemant zum beſſern /
ſundern duldet / vñ zu leßet yhr vnuolkömen / darumb ſoll man nit widder
das ablaß reden / mã ſall aber auch niemãd darzu reden.

[1] ¶ Zum Funfftzehenden. Vill ſicherer / vnnd beſſerer thet der / der ⁷E
lauter vmb gottis willen / gebe zu dem gebwde . S. Petri / adder was
30 ſunſt gnant wirt / dan das er ablas darfur nehme / dann es ſerlich iſt /
daſs er ſulch gabe ; vmb des ablas willen / vñ nit vmb gottis willen gibt.

¶ Zum Sechtzehendē. Vill beſſer iſt das werck eynē durfftigen erzeygt / dañ das zum gebwde geben wirt / auch vill beſſer / dañ der ablas
dafur gegeben / dañ wie geſagt / Es iſt beſſer eyn gutes werck gethan /
35 danñ vill[1] nach gelaßen / Ablas aber / iſt nachlaſſung vill gutter werck / Aiij
aber iſt nichts nach gelaſſen.

Ja das ich euch recht vnderweyße, ßo merck auff ; du ſalt voꝛ allē dingē
(widder ſanct Peters gebwd / noch ablas angeſehen) deyne nehſtē[1] armē 246 W
geben / wiltu etwz geben / Wan es aber dahyn küpt / das niemand yn
40 deyner ſtad mehꝛ iſt d' hulff bedarff (das ob gott wil nymer geſchehen ſall)
danñ ſaltu geben / ßo du wilt / zu den kirchen / altern / ſchmuck / kilch / die

___

4 fabel   6 1. Ko. 10, 13   10 in gebrauch wären

vnn deyner ſtad ſeyn. Vnd wen das auch nu nit mehr not iſt / dañ aller
erſt / ſo du wilt / magſtu geben zu dem gebewde . S. Peters / aber
anderwo. Auch ſaltu dennoch nit das vmb ablas willen thun / dañ ſanct
Paul ſpricht. Wer ſeyn haußgenoßen nit wol thut / iſt keyn Chꝛiſten /
vnd erger dañ eyn heyde / Vnnd halt darfur frey / wer dyr anders ſagt / der 5
voꝛfurt dich / abder ſucht yhe beyn ſeel yn beynē Beutell / vñ fund er
pfennig darynne / das wer ym lieber dañ all ſeelen. Szo ſpꝛichſtu / ſo
wird ich nymer mehr ablas loßen / Antwoꝛt ich / dass hab ich ſchon oben
geſagt / das meyn will / begirde / bitt vnd radt iſt / das niemandt ablas
loße / laß die ſaulen vñ ſchlefferigen Chꝛiſten / ablas loßen / gang du 10
fur dich.

¶ Zum Sibentzehendē. Der ablas iſt nicht gepoten / auch nicht geraten / ſundern von der Dinger zall / die zu gelaßen / vnd erleubt werden /
darüb iſt es nit eyn werck des gehoꝛſams / auch nit voꝛdinſtlich / ſundern
8 E ¹ ein außzug des gehoꝛſams / Darumb wie woll man / niemand weren ſoll / 15
den zu loßen / ſo ſolt man doch alle Chꝛiſten daruon zihen / vnd zu ben
wercken vnd peynen / die do nachgelaßen / reytzen vñ ſtercken.

¶ Zum Achtzehenden / Ab die ſeelen auß dem ſegfewr gezogen werdē.
durch den ablas / weyß ich nit / vñ gleub das auch noch nicht / wie woll
[A 4] dass ettlich new ¹ doctoꝛes ſagē / aber iſt yhn vnmuglich zubewerē / auch hatt 20
es die kirche nach nit beſchloſſen / darüb zu mehrer ſicherheyt / vill beſſer
iſt es / dass du voꝛ ſie ſelbſt bitteſt / vñ wirckeſt / dan diß iſt bewerter /
vñ iſt gewiß.

¶ Ezum Neuntzehenden. In diſſen puncten hab ich nit zweyffell /
vñ ſind gnugſam yn der ſchꝛifft gegrund / Darumb ſolt yr auch keynn 25
zweyffell haben / vnnd laſt doctoꝛes Scholaſticos / ſcholaſticos ſeyn / ſie
ſeyn alſampt nit gnug / mit yhren opinien / das ſie eine pꝛediget befeſtgen /
ſolten.

¶ Ezum zwentzigſten. Ab etlich mich nu woll eynē ketzer ſcheltenn /
den ſulch warheyt ſeer ſchedlich iſt ym kaſten. Szo acht ich doch ſulch 30
geplerre nit groß / ſyntemal das nit thun / dañ ettlich finſter gehyrne /
die die Biblien nie gerochen / die Chꝛiſtenliche lerer nie geleſen / yhr eygen
lerer nie voꝛſtäden / ſundern yn yhren locherete vnd zuriſſen opinien vil
nah voꝛweſen / dann hetten ſie die voꝛſtanden / ſo wiſten ſie / dass ſie
niemand ſoltenn leſternñ / vnuoꝛhoꝛt / vnd vnvberwunden / doch gott geb 35
yhn / vñ vns rechten ſyn / Amen.

1518.

---

4 1. Ti. 5, 8   33 durchlöcherten   34 fast untergehen

Resolutiones disputationum de indulgentiarum virtute. 1518.

Wollen wir uns die entstehungsgeschichte der resolutionen vergegenwärtigen, so müssen wir ausgehen von dem, was L. am 28. (ZKG.
5 17, 167[2]) august 1518 an Spalatin schreibt: 'Mitto Resolutiones mearum propositionum, sed mendose excusas (vgl. WABr 1, 196, 16 : corruptissime excusas), ita obfuit mea aliquanta absentia' (WABr 1,190,31f.). L. erklärt hier die vielen druckfehler in dem Grunenbergschen originaldruck damit, dass er während der drucklegung längere zeit verreist gewesen
10 sei und nicht habe korrektur lesen können. M. M. n. kann er damit nur seine reise zum generalkapitel nach Heidelberg c. 11. april bis 15. mai (so E. 1, 220[2]) meinen, denn die reise nach Dresden in ordensangelegenheiten in der letzten juliwoche (K. K. 1, 187 f.), an die Brieger denkt (ZKG. 17, 177[4]), war allem anschein nach nur von kurzer dauer.
15 Dann würden die resolutionen vor c. 11. april in druck gegeben worden sein. Kurz vor ostern (4. april) hatte ja auch der bischof von Brandenburg L. seines versprechens entbunden und ihm die ausgabe der schrift freigestellt (WABr 1,164 f.).Und schon am 15. februar hatte L. ihr erscheinen Spalatin angekündigt: 'Sed plura Deo volente videbis, ubi no-
20 strarum positionum probationes edidero' (WABr 1,146, 68). Am 9. mai schrieb dann L. an Trutfetter von den resolutionen zuversichtlich als 'statim vulgandis' (WABr 1, 170, 57 f.). Der druck zog sich jedoch noch lange hin. Am 4. juni meldete L. Spalatin: 'Probationes meae laborantur sub incude' (WABr 1, 180, 19). Am 10. juli klagte er Link
25 gegenüber über Grunenbergs bummelei: 'sunt ferme 18 conclusiones absolutae, quas tentavi, ut mitterem' (WABr 1,185, 6). Damals waren also erst bogen B—F [Conclusio XVIII steht fol. Fij[b]—F 4[a]] ausgedruckt. Am 28. august schickte L. mehrere vollständige exemplare an Spalatin, der unterdessen schon am 1. september ein exemplar von einem freunde
30 erhalten und an kardinal Matthäus Schinner weitergegeben hatte (WA Br 1,201,24). An demselben 28. august schrieb Spalatin an Veit Bild in Augsburg (Zeitschrift des historischen Vereins für Schwaben und Neuburg 29, 203): 'Utinam videre posses etiam eruditissimi doctoris nostri Martini probationes positionum suarum de indulgentiis pene 34 nuper
35 impressas, principium enim et finem nondum vidi . . . Sed non habeo libellum, alioquin enim statim ad te iret'. Am 28. august hatte also Spalatin nur die bogen B—K [Conclusio XXXIV, nur 4 zeilen, steht fol. K ij[a]] in händen, es fehlte ihm aber nicht nur das ende, sondern auch der anfang. Mit 'principium' kann nur bogen A gemeint sein; auch
40 aus äusserlichen gründen erhellt, dass er erst zuletzt gedruckt und dann dem ganzen vorgesetzt worden ist; er enthält ausser dem titel das schreiben an Staupitz vom 30. mai = WABr 1 no.79 und die widmung an Leo X. = WABr 1 no.78. Beide schreiben waren von vornherein dazu bestimmt, den druck einzuleiten (ZKG 17, 169f.). L. brachte sie am
45 30. mai zu papier, in der zuversicht, dass der druck baldigst beendet sein

16 Resolutiones disputationum

würde, die manuskripte blieben dann aber bis in den august hinein liegen
und wurden dann erst dem fertigen werke vorgesetzt[1].

Da L. selbst mit dem fehlervollen Grunenbergschen urdruck (= W.
A. 1, 523 A und B) so unzufrieden war und der noch 1518 von Melchior
Lotther in Leipzig hergestellte druck (= W.A.1. 523 C) mit gutem rechte
(ZKG. 17, 178 ff.) sich als 'durch den verfasser selbst von mehreren fehlern
gesäubert' ausgibt, haben wir ein exemplar dieser ausgabe unserm abdruck
zugrunde gelegt[2]: Resolutiões dispu- | tationum F. Martini Luther |
Augustiniani, de indulgentia, vir- | tute, ab ipso ea, autore, a plu- | ribus
mendis repurgatae, | Wuittenbergae. | (Holzschnitt: Kreuzabnahme = A. 10
v. Dommer, Lutherdrucke auf der Hamburger Stadtbibl. s. 220 no. 20) |
LIBER | Candidum & liberum lectorem uolo. | 60 ff. 4°. 60b: ¶ Lipsiæ
apud Melchiorem Lottherum, Anno do- | mini Millesimo Quingētesimo
decimooctauo. | — Unterm strich sind die aus AB herübergenommenen und
neu verschuldeten druckfehler (ZKG. 17, 178 ff.) korrigiert.   15

opp. v. a.   REVERENDO ET VERE PATRI SVO JOHANNI STV-
2, 129 E
1, 525 W   pitio S. T. professori, Augustinianæ familiæ Vicario,
             F. Martinus Luther discipulus, Salutem
                          & seipsum.

Memini, Reuerende Pater, inter iucundissimas et salutares 20
fabulas tuas, quibus me solet dominus Ihesus mirifice con-
130 E solari, incidisse aliquando mentio|nem huius nominis poenitentia,
ubi miserti conscientiarum multarum carnificumque illorum,
qui praeceptis infinitis eisdemque importabilibus modum docent (ut uocant) confitendi, te uelut e coelo sonantem ex- 25
cepimus, quod poenitentia uera non est, nisi quae ab amore
iusticiae et dei incipit, Et hoc esse potius principium poenitentiae, quod illis finis et consummatio censetur. Haesit hoc

1) Clemen hat selbst (vgl. WABr1, 136 ff.) seine frühere Meinung
berichtigt, dass die dedikationsepistel an den bischof von brandenburg
vom 13 febr.=WABr1 Nr. 58 den druck einleiten sollte. Ueber die früher
vertretene Position vgl. Brieger ZKG. 17, 169¹. Sie kann heute als
überholt gelten.

2) So auch W. Köhler, Luthers 95 Thesen samt seinen Resolutionen,
Leipzig 1903, s. IV. (In den folgenden anmerkungen verdanken wir
manches dieser edition.)

21 fabula = wechselrede, unterhaltung zwischen mehreren, besonders
gebildeten, vgl. fabulae convivales bei Tacitus; über Staupitzens tischreden
speziell vgl. Kolde, Die deutsche Augustinerkongregation u. Joh. v. Staupitz, Gotha 1879, s. 272.

uerbum tuum in me sicut sagitta potentis acuta, coepique
deinceps cum scripturis, poenitentiam docentibus, conferre.
Et ecce iucundissimum ludum, uerba undique mihi colludebant,
planeque huic sententiae arridebant et assultabant, ita, ut, cum
5 prius non fuerit ferme in scriptura tota amarius mihi uerbum
quam poenitentia (licet sedulo etiam coram deo simularem,
et fictum coactumque amorem exprimere conarer), Nunc nihil
dulcius aut gratius mihi sonet, quam poenitentia. Ita enim
dulcescunt praecepta dei, quando non in libris tantum, sed
10 in uulneribus dulcissimi Salvatoris legenda intelligimus. Post
haec accessit, quod studio et gratia eruditissimorum uirorum,
qui nobis graeca ⸱et hebraea officiosissime tradunt, didici,
idem uerbum graece Metanaea dici, a meta et noyn, id est, a
post et mentem, ut sit poenitentia seu metanea resipiscentia,
15 et post acceptum damnum et cognitum errorem intelligentia
sui mali, quod sine mutatione affectus et amoris fieri est
impossibile. quae omnia Paulinae Theologiae ita respondent
apte, ut nihil ferme aptius Paulum illustrare possit, meo saltem
iudicio. | Denique profeci et uidi, Metanaean non modo a post 526 W
20 et mentem, sed a trans et mentem posse deduci (sit sane
uiolentum), ut Metanaea transmutationem mentis et affectus
significet, quod non modo affectus mutationem, sed et modum
mutandi, id est, gratiam dei uidebatur spirare. Nam transitus
ille mentis, id est, uerissima poenitentia, celeberrimus est in
25 sacris literis, ut quem phase illud uetustum olim significauit,
Christus exhibuit, et longe ante Abraham quoque figurauit,
quando | transitor, id est, Ebraeus uocari coepit, traiectus scilicet 131 E
in Mesopotamiam, ut Burgensis docte docet. Huic et titulus
ille psalmi concinit, ubi idithun, id est, transiliens cantator
30 inducitur. His inhaerens ausus sum putare, eos falsos esse,
qui operibus poenitentiae tantum tribuerunt, ut poenitentiae
uix reliquum nobis foecerint praeter frigidas quasdam satisfactiones et laboriosissimam confessionem, latino scilicet uocabulo abducti, quod poenitentiam agere actionem magis sonet,
35 quam mutationem affectus, et graeco illi Metanoin nullo modo
satisfacit. Haec mea cum sic ferueret meditatio, ecce subito

---

1 Ps. 120, 4   8 grauius C *druckf.*   25 Ex. 12, 27. Vgl. aus
einem sermon L.s aus den jahren ca. 1514—1520: 'Da heisst phase id
est transitus, hoc est, ut Deo confidant' (W. A. 4, 659)   26 1. Ko.
5, 7   27 Gen. 14, 13   28 Paulus Burgensis, Additiones ad postil-
las Nicolai Lyrani. Vgl. Hurter, Nomenclator literarius theologiae catholicae II, Oeniponte 1906, p. 812—814   29 Ps. 39, 62, 77   35 nul-
modo C *druckf.*

coeperunt circum nos strepere, immo clangere noua indulgentiarum classica, et remissionum buccinae, quibus tamen non
ad strennuum belli studium animaremur. Breuiter, neglecta
uerae poenitentiae doctrina adeo magnificare praesumpserunt
non poenitentiam, non saltem uilissimam eius partem, quae 5
satisfactio dicitur, sed eiusdem uilissimae partis remissionem,
ut nunquam sit ita magnificari audita. Denique impia et
falsa et haeretica docebant, tanta autoritate (temeritate uolui
dicere), ut, qui uel contra mutiret, statim haereticus igni
deuotus esset, et aeternae maledictionis reus. Ego horum 10
furori occurrere non potens, statui modeste eis dissentire, et
in dubium uocare eorum dogmata, fretus omnium doctorum
totiusque Ecclesiae sententia, quod etiam satisfacere melius
sit, quam satisfactionem remitti, id est, indulgentias redimere,
Nec est ullus, qui aliter unquam docuit. Itaque disputaui, id 15
est, summa, media, infima, omnia in malum capitis mei irritaui,
quantum per hos pecuniarum (heus animarum dicendum fuit)
Zelatores fieri ac perfici potest. Sic enim suauissimi homines,
crassissima astutia instructi, cum negare non possint ea, quae
dixi, fingunt summi Pontificis potestatem laedi meis dispu- 20
tationibus. Haec est causa, Reuerende Pater, quod ego nunc
infoeliciter in publicum prodeo, qui semper anguli amator fui,
132 E et ipse eligens spectare pulcher rimum nostro seculo ingeniorum
ludum magis quam spectari et rideri. Sed (ut uideo) oportet
et Corchorum inter olera uideri, et nigrum statui inter alba, 25
decoris scilicet et ueneris gratia. Rogo itaque, has meas
ineptias suscipias, et qua fieri potest industria ad optimum
Pontificem, Leonem decimum, transmittas, ut sint ibi mihi
27 W aduersus¹ studia malignantium uice alicuius paracleti, non quod
te mihi coniungi periculo uelim, meo solius periculo haec 30
egisse uolo. Christus uiderit, suane sint an mea, quae dixi,
sine cuius nutu nec Summi Pontificis sermo est in lingua
eius, nec cor regis in manu sua, Hunc enim exspecto iudicem
e Romana sede pronunciantem. Caeterum minacibus illis meis
amicis nihil habeo quod respondeam, nisi illud Reuchlinianum: 35
Qui pauper est, nihil timet, nihil potest perdere. Res nec
habeo nec cupio, famam et honorem si habui, assidue nunc
perdit, qui perdit. unum superest imbecille et assiduis

---

25 Erasmus, Adagia: Etiam corchoros inter holera (Theophr.):
Dici solitum in homines nullius precij, qui tamen in numero aliquo studeant
haberi. Nam corchoros holeris genus est vilissimi   32 Spr. 21, 1
35 Vgl. L. Geiger, Joh. Reuchlin, sein Leben und seine Werke, Leipzig
1871, s. 478.

fatigatum incommodis corpusculum, quod si qua ui uel dolo
abstulerint (in obsequium dei), forte una uel duabus uitae
horis me pauperiorem facient. Sufficit mihi dulcis redemptor
et propitiator dominus meus Ihesus Christus, cui cantabo,
5 quamdiu fuero. Siquis autem noluerit cantare mecum, quid
ad me? ululet, si libet, uel secum.   Ipse dominus Ihesus
seruet te inaeternum, mi pater suauissime.   Vuittenbergae,
die Sanctae Γrinitatis, anno M. D. XVIII.

BEATISSIMO PATRI LEONI DECIMO, PONT:
10   Max: Frater Martinus Luther Augustinianus,
                aeternam Salutem.

Auditum audiui de me pessimum, Beatissime pater, quo
intelligo quosdam amicos foecisse nomen meum grauissime
coram te et tuis foetere, ut qui authoritatem et potestatem
15 clauium et summi Ponti'ficis minuere molitus sim.   inde 133 E
haereticus, apostata, perfidus et sexcentis nominibus, immo
ignominiis accusor.   Horrent aures et stupent oculi. Sed unicum stat fiduciae praesidium, innocens et quieta conscientia.
nec noua audio, Talibus enim insignibus et in nostra regione
20 me ornauerunt homines isti honestissimi et ueraces, id est,
pessime sibi conscii, qui sua portenta mihi conantur imponere,
et mea ignominia suas ignominias glorificare.   Sed rem ipsam,
Beatissime pater, digneris audire ex me infante et inculto.
Coepit apud nos diebus proximis praedicari Iubileus ille
25 indulgentiarum Apostolicarum, profecitque adeo, ut praecones
illius sub tui nominis terrore omnia sibi licere putantes
impiissima haereticaque palam auderent docere, in grauissimum
scandalum et ludibrium Ecclesiasticae potestatis, ac si decre-
tales | de Abusionibus Quaestorum nihil ad eos pertinerent. 528 W
30 Nec contenti, quod liberrimis uerbis haec sua uenena diffun-
derent, insuper libellos ediderunt et in uulgum sparserunt, in quibus, ut taceam insatiabilem et inauditam auaritiam, quam singuli pene apices olent crassissime, eadem illa impia et haeretica
statuerunt, et ita statuerunt, ut Confessores iuramento adigerent,

---

4 Ps. 104, 33   31 Hier hat L. doch wohl nur die Instructio
summaria Albrechts von Mainz im auge (gegen E. 1, 203¹, vgl. Köhler,
L. und die Kirchengesch., s. 21 ff.), nicht auch die (zuletzt bei Köhler,
Dokumente zum Ablassstreit, s. 124 ff. abgedruckten) sog. sermone Tetzels
34 vgl. aus Albrechts Instructio: Mittimus circumspectioni vestrae processum summarium in executione negotii indulgentiarum huiusmodi ob-
servandum, quem vos omnes et singuli . . . sub iuramento . . . servare
ac sequi debetis' (Köhler, Dokumente, s. 104 f. z. 27 ff.)

quo haec ipsa fidelissime instantissimeque populo inculcarent.
Vera dico, nec est, quo se abscondant a calore hoc. Exstant
libelli, nec possunt negare. Agebantur tum illa prospere, et
exugebantur populi falsis spebus, et ut Propheta ait: Carnem
desuper ossibus eorum tollebant. Ipsi uero pinguissime et 5
suauissime interim pascebantur. Vnum erat, quo scandala
sedabant, scilicet terror nominis tui, ignis comminatio et
haeretici nominis opprobrium, — Haec enim incredibile est quam
propensi sunt intentare, quandoque etiam, si in meris opiniosis-
134 E que nugis suis contradictionem ┆ senserint, — Si tamen hoc est 10
scandala sedare, ac non potius mera tyrannide schismata et
seditiones tandem suscitare. Verum nihilominus crebrescebant
fabulae per tabernas de auaritia sacerdotum, detractionesque
clauium Summique Pontificis, ut testis est uox totius huius
terrae. Ego sane (ut fateor) pro zelo Christi, sicuti mihi 15
uidebar, aut si ita placet, pro iuuenili calore urebar, nec tamen
meum esse uidebam in iis quicquam statuere aut facere.
proinde monui priuatim aliquot Magnates Ecclesiarum. Hic
ab aliis acceptabar, aliis ridiculum, aliis aliud videbar, prae-
ualebat enim nominis tui terror et censurarum intentatio. 20
Tandem, cum nihil possem aliud, uisum est saltem leuiuscule
illis reluctari, id est, eorum dogmata in dubium et disputationem uocare. Itaque schedulam disputatoriam edidi, inuitans
tantum doctiores siqui uellent mecum disceptare, sicut manifestum esse etiam aduersariis oportet ex praefatione eiusdem 25
disceptationis. Ecce, hoc est incendium, quo totum mundum
queruntur conflagrari, forte quod indignantur, me unum,
auctoritate tua Apostolica Magistrum Theologiae, ius habere in
publica schola disputandi, pro more omnium Vniuersitatum
et totius Ecclesiae, non modo de indulgentiis, uerumetiam de 30
potestate, remissione, indulgentiis diuinis, incomparabiliter
maioribus rebus. Nec tamen multum moueor, quod hanc
mihi facultatem inuideant, a tuae B. potestate concessam, qui
eis fauere cogor inuitus multo maiora, scilicet, quod Aristotelis
somnia in medias res Theologiae miscent, atque de diuina 35
Maiestate meras nugas disputant contra et citra facultatem
eis datam.

¶ Porro, quodnam fatum urgeat has solas meas disputationes prae caeteris, non solum meis, sed omnium Magistro-

4 Mi. 3, 2   13 fabulae in derselben bedeutung wie oben s. 16
z. 21; vgl. these 81 ff.   18 Albrecht von Mainz und Hieronymus
Scultetus von Brandenburg, nach Myconius auch die bischöfe von Meissen,
Zeitz und Merseburg (K. K. 1, 153)   23 vgl. oben s. 1, z. 23 ff.

rum, ut in omnem terram pene exierint, mihi ipsi miraculum
est. apud nostros et | propter nostros tantum sunt editae, et 135 E
sic editae, ut mihi incredibile sit, eas ab omnibus intelligi.
disputationes enim sunt, non doctrinae, non dogmata, obscurius
5 pro more, et enygmaticos ! positae. Alioqui si praeuidere 529 W
potuissem, certe id pro mea parte curassem, ut essent intellectu
faciliores. Nunc quid faciam? Reuocare non possum, et
miram mihi inuidiam ex ea inuulgatione uideo conflari, inuitus
uenio in publicum periculosissimumque ac varium hominum
10 iudicium, praesertim ego indoctus, stupidus ingenio, uacuus
eruditione, deinde nostro florentissimo seculo, quod pro sua
in literis et ingeniis foelicitate etiam Ciceronem cogere possit
ad angulum, lucis et publici alioqui non ignauum sectatorem,
sed cogit necessitas me anserem strepere inter olores. Itaque,
15 quo et ipsos aduersarios mitigem et desyderia multorum ex-
pleam, emitto ecce meas nugas declaratorias mearum disputationum, emitto autem, quo tutior sim, sub tui nominis prae-
sidio et tuae protectionis umbra, Beatissime Pater, in quibus
intelligent omnes, qui uolent, quam pure simpliciterque
20 ecclesiasticam potestatem et reuerentiam Clauium quaesierim
et coluerim, simulque, quam inique et false me tot nominibus
aduersarii foedauerint. Si enim talis essem, qualem illi me
uideri cupiunt, ac non potius omnia disputandi facultate recte
a me tractata fuissent, non potuisset fieri, ut Illustriss. Prin-
25 ceps Fridericus Saxoniae dux, Elector Imperii etc., hanc
pestem in sua permitteret Vniuersitate, cum sit Catholicae et
Apostolicae ueritatis unus facile amantissimus, nec tolerabilis
fuissem uiris nostri studii acerrimis et studiosissimis. uerum
actum ago, quando illi suauissimi homines non uerentur
30 mecum et Principem et Vniuersitatem pari ignominia conficere
palam. Quare, Beatissime Pater, prostratum me pedibus tuae
B. offero cum omnibus quae sum et habeo. Viuifica, occide,
uoca, reuoca, approba, reproba, ut placuerit, uocem tuam
uocem Christi in te praesidentis et loquentis agnoscam. Si
35 mortem merui, | mori non recusabo, Domini enim est terra 136 E
et plenitudo eius, qui est benedictus in secula, Amen, qui et
te seruet inaeternum, Amen. Anno M. D. XVIII.

¶ Quia haec est Theologica disputatio, quo pacatiores
faciam animos nudo disputationis textu forte offensos, repetam
40 hic denuo protestationem in Scholis fieri solitam.

4 vgl. oben s. 1, z. 35 ff. 42   13 vgl. oben s. 18, z. 22   14 vgl.
WABr1,40,14   35 Ps. 24, 1

¶ Primum protestor, me prorsus nihil dicere aut tenere
uelle, nisi quod in et ex sacris literis primo, deinde Ecclesiasticis patribus, ab Ecclesia Romana receptis, hucusque
530 W seruatis, et ex Canonibus ac decretalibus Ponti|ficiis habetur
et haberi potest. Quod si quid ex iis probari uel improbari 5
non potest, id gratia disputationis dumtaxat, pro iudicio rationis
et experientia tenebo, semper tamen in his saluo iudicio
omnium superiorum meorum.

¶ Vnum illud addo et mihi uendico iure Christianae
libertatis, quod opiniones B. Thomae, Bonauenturae, aut 10
aliorum Scholasticorum uel Canonistarum nudas, sine textu et
probatione positas, uolo pro meo arbitrio refutare uel acceptare, secundum consilium Pauli: omnia probate, quod bonum
est tenete. Etsi scio quorundam Thomistarum sententiam,
uolentium B. Thomam ab Ecclesia esse approbatum in omni- 15
bus, Constat satis, quantum B. Thomae ualeat autoritas. Hac
mea protestatione credo satis manifestum fieri, quod errare
quidem potero, sed haereticus non ero, quantumlibet fremant
et tabescant ii, qui aliteı sentiunt uel cupiunt.

Finis.   20

¦ ¶ CONCLVSIO I.

¶ Dominus et Magister noster Ihesus Christus, dicendo:
poenitentiam agite etc. omnem uitam fidelium poenitentiam
esse uoluit.

Hanc assero, et nihil dubito.   25

¶ Probo tamen eam uel rudis ingenii causa primo ex
ipso uerbo Graeco Metanoite, id est, poenitentiam agite, quod
rigidissime transferri potest transmentamini, id est, mentem
et sensum alium induite, resipiscite, transitum mentis et phase
spiritus agite, ut scilicet nunc celestia sapiatis, qui hucusque 30
terrena sapuistis, quod Apostolus Ro. xiii. dicit: Renouamini
in nouitate mentis uestrae. Qua resipiscentia fit, ut redeat prae-
uaricator ad cor odiatque suum peccatum. Certum est autem,
quod ista resipiscentia seu odium sui tota uita fieri debeat,
iuxta illud: Qui odit animam suam in hoc mundo, in uitam 35
aeternam custodit eam. Et iterum: Qui non accipit crucem
suam et sequitur me, non est me dignus. Et ibidem: Non
ueni pacem mittere, sed gladium. Matt. v: Beati, qui lugent,

---

13 1. Th. 5, 21   17 zu dieser damals vielgebrauchten sprichwört-
lichen redensart 'Errare potero, haereticus non ero' vgl. W. A. 30², 382²
29 vgl. oben s. 17 z. 25   31 Rö. 12, 2   35 Mt. 10, 39   36 v. 38
37 v. 34   38 Mt. 5, 4

quoniam ipsi consolabuntur. Et Paulus Ro. vi. et viii. aliisque
multis locis iubet mortificare carnem, et membra, quae sunt | 531 W
super terram. Et Gal. v. docet carnem crucifigere cum con-
cupiscentiis eius. Et ii. Corin. vi. dicit: Exhibeamus nosmet-
5 ipsos in multa patientia, in ieiuniis multis etc. Haec sic late
profero, tanquam cum eis agam, qui nostra ignorant.

    ¶ Ideo secundo probo et ratione eandem. Quia Christus
Magister spiritus est, non literae, et uerba | eius sunt uita et 138 E
spiritus, ideo necesse est, ut eam doceat poenitentiam, quae
10 in spiritu et ueritate agitur, Non autem eam, quam foris agere
possunt superbissimi hypocritae, in ieiuniis suis facies ex-
terminantes, in angulis orantes, et cum tubis eleemosynam
facientes. Eam, inquam, doceat Christus oportet, quae in
omni uitae genere agi potest, quam Rex in purpura, Sacerdos
15 in munditia, Principes in dignitate non minus possunt agere,
quam monachus aut mendicus in suis ritibus et paupertate,
sicut aegerunt Daniel et socii sui in media Babylone. Omnibus enim hominibus, id est, omnium conditioni debet conuenire doctrina Christi.

20   ¶ Tertio, per totam uitam oramus et orandum est:
Dimitte nobis debita nostra, ergo tota uita poenitentiam agimus et displicemus nobis, Nisi quis sit ita stultus, ut ficte
putet orandum sibi pro remittendis debitis. uera enim sunt
et non contemnenda debita, pro quibus orare iubemur; etiamsi
25 sint uenialia, non tamen nisi eis remissis saluari possumus.

                    ¶ CONCLVSIO II.

    ¶ Quod uerbum de sacramentali poenitentia (confessionis
et satisfactionis, quae sacerdotum ministerio celebratur) non
potest intelligi.
30   Hanc etiam assero et probo.

    ¶ Primo, quia poenitentia sacramentalis est temporalis,
nec potest omni momento agi, alioquin assidue cum sacerdote
loquendum esset nec aliud quicquam agendum, nisi peccata
confitendum, atque satisfactionem impositam exsequendum.
35 Ideo non potest esse crux illa, quam Christus praecipit tollere,
nec est mortificatio passionum carnis.

    ¶ Secundo, Sacramentalis est externa tantum, et prae-
requirit internam, sine qua nihil ualet. Sed haec interna est,
et sine sacramentali esse potest.

---

    1 Rö. 6, 6; 8, 13   3 Ga. 5, 24   4 vi *fehlt* C, 2. Ko. 6, 4 f.
8 Jo. 6, 63   11 Mt. 6, 16   12 v. 5. 2

139 E   ¶ Tertio, Sacramentalis potest esse ficta, haec ¦ non nisi
uera et sincera esse potest. Quod si sincera non fuerit, hypo-
critarum est, non ea, quam Christus docet.

      ¶ Quarto, de sacramentali poenitentia nullum habetur
praeceptum Christi, sed est per Pontifices et ecclesiam statuta 5
(saltem quoad tertiam sui partem, scilicet satisfactionem), ideo
et mutabilis arbitrio ecclesiae. Sed poenitentia euangelica est
lex diuina, nulla hora mutabilis, cum ipsa sit iuge illud sacrificium, quod uocatur cor contritum et humiliatum.

      ¶ Quinto, Huc pertinet, quod uno consensu doctores 10
scholastici discernunt poenitentiam uirtutem a poenitentia sacramentali, ponentes poenitentiam uirtutem uelut materiam seu
subiectum poenitentiae sacramenti.

532 W   ¦ ¶ CONCLVSIO III.

      ¶ Non tamen solam intendit interiorem, immo interior 15
nulla est, nisi foris operetur uarias carnis mortificationes.
                    Et hanc assero et probo.

      ¶ Primo, Ro. xii. praecipit Apostolus, corpora nostra
offerre hostiam uiuentem, sanctam, deo placentem. Atque id
quomodo fiat, ibidem clare et late exponit, dum docet humi- 20
liter sapere, inuicem seruire, diligere, orationi instare, patientiam
habere etc. Quomodo et ii. Corin. vi. ait: Exhibeamus
nosmetipsos in multa patientia, in ieiuniis et uigiliis etc. Sed
et Christus Math. v. et vi. docet recte ieiunare, orare, eleemosynas dare. Item alibi: Quod superest, date eleemosynam, 25
et ecce omnia munda uobis.

      ¶ Vnde sequitur, quod illae tres partes satisfactionis,
Ieiunium, Oratio, Eleemosyna, non pertinent ad sacramentalem
poenitentiam, quoad substantiam factorum, quia sunt de prae-
140 E cepto Christi, sed per¦tinent ad eam, quoad certum modum 30
et tempus, secundum quod ecclesia ordinauerit, uidelicet quamdiu sit orandum, ieiunandum, dandum, Item, quantum et quid
orandum, quantum et quid non comedendum, quantum et
quid dandum. Verum ut sunt de euangelica poenitentia,
ieiunium habet in se omnes castigationes carnis, sine delectu 35
ciborum aut differentia uestium, Oratio uero omne studium
animi meditando, legendo, audiendo, orando, Eleemosyna uero
omne obsequium erga proximum, ut ita per ieiunium sibi

---

      9 Ps. 51, 19   11 uirtutis C und alle drucke überhaupt, korrigiert
nach Brieger, ZKG. 17, 197 f. (u. 207 ff.)   18 Rö. 12,   20 v. 3 ff.
22 2. Ko. 6, 4 f.   24 Mt. 6, 16 ff., 5 ff., 1 ff.   25 Lc. 11, 41

seruiat, per orationem deo, et per Eleemosynam proximo, per
primum uincat concupiscentiam carnis, et uiuat sobrie et caste,
Per secundum superbiam uitae, et uiuat pie, Per tertium concupiscentiam oculorum, et uiuat iuste in hoc saeculo. Quare
5 omnes mortificationes, quas homo compunctus sibi infert sunt
de poenitentia interiore, tanquam fructus eius, siue sint uigiliae,
labores, inopiae, studia, orationes, fuga sexus ac deliciarum,
inquantum promouent spiritum.

¶ Secundo, ipsemet aegit dominus, et omnes sancti
10 eius cum eo. Sic denique praecepit: Luceat lux uestra coram
hominibus, ut uideant uestra bona opera. Nam sine dubio
opera bona foris sunt fructus poenitentiae et spiritus, Cum
spiritus non faciat nisi uocem turturis, id est, gemitum cordis,
radicem operum bonorum.

15 ¶ Aduersus has tres meas conclusiones quidam indignatus
et sub pelle leonis incedens posuit deblatterans, errorem esse,
si quis uerbum illud 'poenitentia' negauerit etiam de sacramento poenitentiae intelligi. Primum, non est propositum meum
singulas eius positiones confutare, quae sunt adeo insulse et
20 indocte compositae, ut mihi impossibile sit creditu, eas fuisse
intellectas tam ab eo, cuius titulo uulgantur, quam ab eo, qui
eas conflauit, quod et cuique mediocriter ingenioso et in 533 W
scripturis ¦ erudito facile patet. tamen, ut et eis ipsis suam 141 E
inscitiam ostendam (si capaces esse poterunt), hanc primam
25 diiudicabo. Admitto, sub nomine poenitentiae posse intelligi
etiam Iudae poenitentiam, etiam dei poenitentiam, etiam
pictam, et (ut logici solent) materialiter et secundo intentio-
naliter sumptam poenitentiam, ideo et sacramentum (id est,
satisfactionem). Aut quis negat, hucusque theologis quibusdam
30 non paucis licuisse, totam ferme scripturam corrumpere
audacibus suis distinctionibus et amphibologiis nuper confictis,
adeo ut pro Paulo et Christo Paulocentonas et Christocentonas
legamus? Ego de germana et propria uerbi locutus sum
significatione, quam Christus in eo uerbo uoluit, aut saltem,
35 quam Joannes Baptista uoluit, qui non habuit authoritatem
instituendi sacramenti, et tamen uenit praedicans baptismum
poenitentiae dicens: poenitentiam agite. Quod uerbum
Christus repetiit, ac sic non de sacramento locutus satis, credo,

10 Mt. 5, 16   13 HL. 2, 14   15 gemeint sind die gegen-
thesen von Wimpina-Tetzel (s. oben s. 10, z. 45 ff.), Köhler, L.s 95 thesen,
s. 5 f.   16 Erasmus, Adagia: Asinus in pelle leonis   21 Tetzel-
Wimpina   37 Mt. 3, 2   38 Mt. 4, 17

intelligitur. Tamen esto illorum somnium uerum, uideamus quid sequatur.

¶ Christus sine dubio legislator diuinus est, et doctrina eius ius est diuinum, id est, quod nulla potestas mutare aut dispensare potest. At si poenitentia in eo loco a Christo 5 docta significat poenitentiam sacramentalem (id est, satisfactionem) et hanc potest Papa mutare, et de facto mutat pro arbitrio suo, ergo uel Papa habet in arbitrio ius diuinum, uel est in deum suum impiissimus aduersarius, irritum faciens mandatum dei. Quod si hoc audent asserere ii, qui ad 10 laudem dei et defensionem Catholicae fidei, et sanctae sedis Apostolicae honorem, et pro ueritate reuelanda et erroribus supprimendis gloriantur sese disputare, denique, si sic honorant ecclesiam tuenturque fidem, qui terrifico et immaniter (pene dixissem inaniter) iactato titulo haereticae prauitatis inquisitores 15 uolunt uideri, Quid, quaeso, relictum est uel insanissimis 142 E haereticis, | quo et ipsi Papam et sedem Apostolicam blasphement et criminentur? Hos ego non inquisitores, sed insitores haereticae prauitatis libera uoce pronunciarem. Tales et tam prudenter positae sunt fere omnes conclusiones, quas amplissima 20 illa et innocentissima Papyrus passim circumfert, subiecta uanitati non uolens. Quas si omnes uellem confutare, grandi uolumine opus foret, et totum pene Chaos Quarti Sententiarum euoluendum cum suis scribentibus. Sed tu, lector, esto liber et candidus, quo possis ex hac una discere omnes.   25

¶ CONCLVSIO IV.

¶ Manet itaque poena, donec manet odium sui (id est, poenitentia uera intus), scilicet usque ad introitum regni coelorum.

Et hanc assero et ostendo.   30

¶ Primo, Certa sequela tanquam corollarium sequitur ex dictis, quia, si omnis uita est poenitentia et crux Christi, non 534 W solum in uoluntariis afflicti onibus, sed etiam in tentationibus diaboli, mundi et carnis, Quinetiam in persecutionibus et passionibus, ut ex praedictis, ex scriptura tota, ex ipsiusmet 35 sanctisanctorum et omnium martyrum exemplis patet, Certum est, quod crux illa usque ad mortem, et sic ad introitum regni durat.

¶ Secundo, illud patet etiam in aliis sanctis. Sanctus Augustinus psal. vii poenitentiales sibi foecit scribi, et eos cum lachrymis 40

---

21 Rö. 8, 20   39 Possidius, Vita Augustini cap. 31 (MSL. 32, 63), Schäfer, L. als Kirchenhistoriker, Gütersloh 1897, s. 267

de indulgentiarum virtute. 1518. 27

orabat et meditabatur dicens, Etiamsi episcopus quicunque
iuste uixerit, non debere tamen sine poenitentia de hoc mundo
eum discedere. Ita et B. Bernardus Agonisans clamauit:
perdite uixi, quia tempus perdidi, nihil habeo, nisi quod scio,
5 quia cor contritum et humiliatum, deus, non despicies.

¶ Tertio, Ratione: tam diu Crux illa poenitentiae debet
durare, donec secundum Apostolum destruatur corpus peccati,
et pereat uetustas primi Adae cum sua imagine, et perficiatur
nouus Adam ad imaginem dei. sed peccatum manet usque
10 ad mortem, | licet quottidie minuatur per renouationem mentis 143 E
de die in diem.

¶ Quarto, saltem poena mortis manet in omnibus, timor
etiam mortis, certe poena omnium poenarum et ipsa grauior
morte, in plurimis, ut taceam de timore iudicii et inferni, de
15 tremore conscientiae etc.

¶ CONCLVSIO V.

¶ Papa non uult, nec potest remittere ullas poenas
praeter eas, quas uel suo uel Canonum arbitrio imposuit.

¶ Hanc disputo, et doceri humiliter peto, et ut in prae-
20 fatione rogaui, ita adhuc rogo, manum porrigat, qui potest, et
mea motiua attendat. Primo colligamus genera poenarum,
quas fideles possunt pati.

¶ Prima est aeterna, gehenna damnatorum, de qua nihil
ad propositum. Certum est enim, quod haec nec in summi
25 nec infimi pontificis potestate est, ut omnes in tota Ecclesia
tenent, quam solus deus per remissionem culpae remittit.

¶ Secunda est purgatorii, de qua infra uidebimus in sua
conclusione. interim accipimus, non esse eam in potestate
pontificis aut ullius hominis.

30 ¶ Tertia Ipsa uoluntaria et euangelica, de qua supra
dictum est, quod eam operetur poenitentia spiritualis, secundum
illud i. Corin. xi: Si nos ipsos iudicaremus, non utique iudica-
remur a domino. Haec est crux illa et mortificatio passionum,
ut supra conclusione iii. Cum autem haec sit praecepta a
35 Christo, et de essentia poenitentiae spiritualis, ac omnino de
necessitate salutis, nullo modo est in potestate ullius sacerdotis, neque ut augeat, neque ut minuat. Non enim ex
arbitrio pendet hominis, sed ex gratia et spiritu. immo haec
poena minus est in potestate Papae, quam omnes aliae poenae,

3 sermo 20 in Cant. n. 1 (MSL. 183, 867); vgl. Denifle, L. und
L.tum in der ersten Entwicklung² I 1, Mainz 1904, s. 43 ff.   7 Rö. 6, 6
19 vgl. oben s. 20 z. 23 ff.   32 1. Ko. 11, 31.

cuiuscunque nominis sunt. Siquidem aeternam, purgatoriam,
afflictiuam saltem oratione potest tollere apud deum, sicut
144 E potest gratiam iustificantem impetrare peccatori, Hanc autem
535 W non potest tollere, nec oratione quidem. Quin potius eam |
debet impetrare peccatori et imponere, id est, impositam 5
nunciare, non minus quam gratiam impetrat, alioquin eua-
cuaret crucem Christi, et reliquias Cananeórum copularet
filiis et filiabus suis, et hostes dei (id est, peccata) non
occideret ad internitionem, — nisi uideret aliquos nimio feruore
plus sese affligere, quam expediret eorum saluti et aliorum 10
necessitati. Tunc non solum remittere, sed prohibere debet,
sicut Sanctus Paulus Thimotheo dicit: Noli adhuc aquam
bibere etc.

¶ Quarta est Castigatoria et flagellatio dei, de qua
psalmus lxxxix: Si autem peccauerint filii eius et legem meam non 15
custodierint, uisitabo in uirga iniquitates eorum, et in uerberi-
bus hominum peccata eorum. Hanc poenam extra manum
esse pontificum, quis dubitat? Quandoquidem sese innocentibus eam dicit imponere Hiere. xlix: Ecce quibus non erat
iudicium ut biberent calicem, bibentes bibent, et tu quasi 20
innocens relinqueris? Non eris innocens, sed bibens bibes.
Et eiusdem xxv: Ecce in ciuitate, in qua inuocatum est nomen
meum, ego incipio affligere, et uos quasi innocentes eritis?
non eritis innocentes. Inde B. Petrus I. Pe. iiii: Nunc tempus
inchoandi iudicium a domo dei; quod si primum a nobis, 25
quis finis eorum, qui non credunt euangelio? Apo. iii: Ego,
quos amo, castigo, et Heb. xii. Flagellat autem omnem
filium, quem recipit. Quod si summus Pontifex hanc remittere
uellet, aut peccator remitti crederet, certe futurum est, ut adul-
terini et spurii fierent, ut Heb. xii: Si extra disciplinam 30
estis, cuius participes facti sunt omnes, ergo adulteri et non
filii estis. Hanc enim Joannes Baptista et sanctissimi per-
tulerunt. Admitterem tamen per orationes ecclesiae posse
tales aliquas pro infirmis tolli, scilicet morbos, aegritudines,
pestes, febres, sicut B. Jacobus docuit presbyteros ecclesiae 35
induci et ungi infirmum, ut dominus eum alleuiet infirmum
propter orationem fidei. Et quid moror? quasi ulli Christiano
145 E dubium | sit, flagella dei non potestate clauium, sed lachrymis
et oratione tantummodo posse tolli, et magis per impositionem
aliarum poenarum, quam per remissionem. Sicut Niniuitae 40

---

6 I. Ko. I, 17   15 Ps. 89, 31 ff.   19 Jer. 49, 12   22 Jer.
25, 29   24 I. Pt. 4, 17   26 Apk. 3, 19   27 Hbr. 12, 6   30 v. 8
35 Ja. 5, 14 ff.

per poenitentias suas humiliter sese affligentes meruerunt
auertere flagellum subuersionis eis intentatum. Alioqui, si
sacerdos ecclesiae siue summus siue infimus potest hanc poenam potestate clauium solvere, pellat ergo pestes, bella,
5 seditiones, terraemotus, incendia, caedes, latrocinia, item
turcas et tartaros aliosque infideles, quos esse flagella et
uirgam dei nemo nisi parum Christianus ignorat. Dicit enim
Isa. x: Ve Assur, uirga furoris mei et baculus ipse est.
In manu eius indignatio mea. Licet plurimi nunc et iidem
10 magni in ecclesia nihil aliud somnient quam bella aduersus
Turcam, scilicet non contra iniquitates, sed contra uirgam
iniquitatis bellaturi, deoque repugnaturi, qui per eam uirgam
sese uisitare dicit iniquitates nostras, eo quod nos non uisi-
tamus eas.
15   ¶ Quinta est Canonica poena, scilicet ab Ecclesia constituta.
Hanc esse plenario iure in manu summi Pontificis, non est
dubium, sic tamen, ut subsit (ut aiunt) iusta causa remissionis
earum, et clauis non erret.
    Verum ego ' (mea temeritate) illam iustam causam non 536 W
20 ita rigide acciperem, ut multi solent. Sufficere enim uidetur
pia uoluntas Pontificis, atque haec satis iusta sit causa. nec
uideo, quomodo in hac remissione error clauis contingat, aut
si contingit, quid noceat, cum nihilominus salua sit anima,
etiamsi poenae eiusmodi per errorem non remitterentur.
25   ¶ Illud magis aduertendum, quod summus Pontifex in
remissione plenaria nec omnes Canonicas poenas remittit,
quod patet, quia non remittit ingressionem seu intrusionem
quorundam in monasterium, quae tamen poena non incelebris
est in Canonibus, sed nec Ciuiles seu potius criminales poe-
30 nas a iure ciuili inflictas, licet id legati faciunt alicubi, ubi
personaliter sunt praesentes. Videtur ergo solum eas remittere,
quae de ieiuniis, oratio'nibus, eleemosynis aliisque laboribus 146 E
et disciplinis impositae sunt, aliae ad septennium, aliae minus,
aliae plus. Et in ista poena comprehendo etiam, quam arbitrio
35 suo imponit sacerdos ecclesiae. Nunc itaque uide et doce
me, qui potes. Quatuor priores non potest remittere, quam
aliam remittit, nisi canonicam et arbitrariam? Iterum hic
Leonte illa mihi oggannit, remitti, quae a iustitia diuina
exigitur, uel in purgatorio est luenda. Cui et ego respondeo,
40 Impiissimum esse sentire, quod Papa habeat potestatem mutandi

---

8 Jes. 10, 5   38 vgl. oben s. 25 z. 16, Wimpina-Tetzel bei
Köhler, s. 16

ius diuinum, et id relaxare, quod iustitia diuina inflixit. Non enim dicit: Quodcunque ego ligauero, tu solues, sed: quod tu solues, solutum erit; Non autem omnia ligata solues, sed a te ligata dumtaxat, non a me ligata. Illi uero sic intelligunt: Quodcunque solueris siue in coelo, siue in terra, solutum erit, 5 cum Christus 'in terra' addiderit, dedita opera restringens clauem ad terram, futurum sciens, quod perforaturi alioquin essent omnes coelos.

¶ Sexta est, Quam uolo fingere, donec aliter erudiar, quam illi dicunt secundum iusticiam diuinam requiri, ut satisfiat 10 iusticiae diuinae. Haec autem si est alia a tertia et quinta (sicut oportet, si debet sexta esse), non potest uel imaginari, nisi quod, ubi tertia et quinta non essent satis, tunc ipsa imponeretur, scilicet plus orationis, ieiunii, eleemosynae. Ac sic solo intentionis gradu distaret a quinta uel tertia. Non 15 enim potest intelligi poena ciuilis, quia hanc (ut dixi) non remittit, alioquin literae indulgentiarum tollerent omnia patibula et carnificinas per ecclesiam. Sed nec potest intelligi poena Canonica per iudicium contentiosi fori de facto imposita, quia non remittit excommunicationes, interdicta, aut ullas censuras 20
147 E ecclesiasticas inflictas, ut | patet satis ad experientiam. restat ergo, quam modo fingere me dixi. Sed quod illa nulla sit, ita mihi ipsi persuadeo.

¶ Primo, quod nulla authoritate scripturae, doctorum, Canonum, ratione probabili potest doceri, talem esse aliquam 25 poenam, et uehementer absurdum est in Ecclesia aliquid
537 W docere, | cuius nec in scriptura, nec doctoribus, neque Canonibus, neque saltem rationibus potest causa dari.

¶ Secundo, quod, si etiam esset talis poena aliqua, non tamen ad remissionem Papae pertineret, cum sit uoluntaria 30 et ultra canones imposita, immo non imposita, sed sponte´ suscepta, quia est alia ab iis, quae imponuntur, ut supra dictum, in poena quinta. Quod si diceres: Quomodo tunc satisfieret iustitiae diuinae, si quo modo Canonicae vel sacerdotales non essent satis? Respondeo: Abunde satis fit per tertiam et 35 quartam, secundum mensuram, quam nouit deus. Neque enim legitur uspiam deus aliquam requisiuisse, nisi tertiam aliquando et quartam, ut in Dauid et filiis Israel in li. Iudicum et Regum. Sed fere semper contentus est corde contrito et poena tertii generis. Et hinc ego miror quorundam 40 negligentiam, qui, ut satisfactionem astruant, dicunt, Christum absoluisse adulteram illam in euangelio sine satisfactione, Mariam uero Magdalenam non sine satisfactione. Et ideo

in Maria, non in adultera imitandum esse dominum, ut sine
satisfactione nulli remittatur peccatum. Nam nec leprosos
mundauit, nisi imposito, ut satisfacerent legi, et ostenderent
se sacerdoti. Haec ergo est illa poena, quam iustitia diuina
5 requirit ultra iam dictas? Sed respondeo: Ista adultera (meo
iudicio) plus poenarum tulit, quam Maria Magdalena, et magis
satisfecit, Nempe iam mortem patiebatur, non aliud uidens,
nisi durissimum iudicium. ideo mire cruciabatur, et dolebat
longe plus quam Maria, cui | iudicium mortis non imminebat. ¹⁴⁸ E
10 Ideo de quarta specie et tertia fuit eius poena, quia flagellum
mortis tulit in corde contrito. Maria uero Magdalena in tertia
specie poenas luebat, neque potest doceri aliam fuisse eius
poenam, ut patet. De leprosis uero dico, quod non ad satisfactionem ostendere se iussi sunt, sed ad testimonium. non
15 enim erat lepra peccatum, sed significabat peccatum, ostren-
sio autem peccati non est satisfactio, sed iudicium quaerit
sacerdotis, ut haec nota sunt satis.

¶ Secundo probo conclusionem sic: Illae duae potestates
ligandi et soluendi sunt aequales et super eandem materiam.
20 Sed summus Pontifex nullam habet ligare et imponere poenam
praeter Canonicam seu quintam, ergo nec ullam soluere et
tollere. Aut dicendum, duas illas potestates esse inaequalis
latitudinis. Quod si hoc dicitur, nemo tenetur credere, quia
nullis scripturis canonibusque probatur, cum sit clarus textus,
25 Vbi Christus ligare super terram et soluere super terram dedit,
aequaliter utramque mensurando et extendendo.

¶ Tertio, extra de pe. et re. li. v. c.: Quod autem
expresse dicit, remissiones eis non ualere, quae non fuerint
ab eorum iudice factae, cum nullus ligari aut solui possit a
30 non suo iudice. Sed certum est, quod homo non est sub
iurisditione Papae in i. ii. iii. iiii. vi. poenis, sed tantummodo in
quinta, ut clare patet, et magis infra patebit.

| ¶ Coroll. sequitur,   ⁵³⁸ W

¶ Quod Satisfactio sacramentalis non dicitur, quia pro
35 culpa satisfacit simpliciter (quia pro culpa satisfacit tertia et
quarta poena), Sed quia pro culpa secundum statuta ecclesiae
satisfacit. Maxime enim deo satisfit per nouam uitam etc.
Sed per scripturas quoque probandum est, non requiri aliquam
satisfactionem pro peccatis.

---

27 Decr. Greg. IX lib. V tit. XXXVIII de poenitentiis et remissionibus cap. IV: Quod autem consuluisti

149 E   Hic ¹ adest Joannes baptista, qui in hoc missus secundum
propositum . atque decretum dei, ut poenitentiam praedicaret,
qui et dixit: poenitentiam agite, Et iterum: agite itaque dignos
fructus poenitentiae.   quae uerba ipse exposuit, cum inter-
rogantibus turbis, quid facerent, Respondit: Qui habet duas 5
tunicas, det non habenti, et qui escas habet, similiter faciat.
Nonne uides, quod pro poenitentia non nisi obseruantiam
praeceptorum dei imposuit, atque ideo poenitentiam non nisi
conuersionem et mutationem nouae uitae intelligi uoluit? Sed
clarius: ecce uenerunt publicani, et dixerunt: Magister, quid 10
faciemus? At ille dixit: Nihil amplius, quam, quod constitutum
est uobis, faciatis.   Nunquid hic dixit: oportet uos satisfacere
pro praeteritis peccatis?   Item militibus dixit: Neminem
concuciatis, nemini calumniam faciatis, et contenti estote
stipendiis uestris.   Nunquid hic aliud quam praecepta dei 15
communia imposuit?
      Quod si hic poenitentiae doctor a deo in hoc ipsum
institutus non docuit nos satisfactionem, nimirum fefellit nos,
nec satis docuit poenitentiae officium.
      ¶ Secundus Ezechiel xviii: Si conuersus fuerit impius ab 20
impietate sua, et foecerit iudicium et iustitiam, uita uiuet, et non
morietur.   ecce nil nisi iudicium et iustitiam imponit, quae
tota uita facienda sunt, iuxta illud: Beati qui faciunt iudicium
et iusticiam in omni tempore.   Etiam hic ergo nos fefellit?
      ¶ Tertius Micheas vi: Indicabo tibi, o homo, quid sit 25
bonum, et quid dominus requirat a te, utique facere iudicium,
et diligere misericordiam, et ambulare solicitum cum deo
tuo.   Vides, quid requirat ab homine deus pro satisfactione.
denique praemittens irridet eos, qui per opera satisfacere uolunt, dicens: Quid dignum offeram domino?   Nunquid ei 30
offeram holocaustomata et uitulos anniculos? nunquid placari
150 E potest in millibus arietum? aut ¹ in multis milibus hircorum?
Nunquid dabo primogenitum meum pro scelere meo, fructum
uentris mei pro peccato animae meae? quod dicitur: non, quia
deus pro peccato nulla talia requirit, sed iudicium et miseri- 35
cordiam et timorem, ut dictum est, id est, nouam uitam.

¶ CONCLVSIO VI.

      ¶ Papa non potest remittere ullam culpam, nisi decla-
rando et approbando remissam a deo, aut certe remittendo

      3 Mt. 3, 2 Lc. 3,8   5 Lc. 3, 11   10 v. 12 f.   13 v. 14
20 Ez. 18, 21   23 Ps. 106, 3   25 Mi. 6, 8   29 v. 6 f.

casus reseruatos sibi, quibus contemptis culpa prorsus re-
maneret.

¶ Prima pars est tam manifesta, ut etiam confessi sint
quidam esse impropriam orationem, quando Papa dat re-
5 missionem culpae, Alii uero, se | non intelligere.   Omnes enim 539 W
confitentur a solo deo remitti culpam, secundum illud Esa.
xliii: Ego sum, ego sum ipse, qui deleo iniquitates tuas propter
me, et peccatorum tuorum non recordabor, et Ioan. i: Ecce
agnus dei, ecce qui tollit peccata mundi, Et psalmo cxxix: Si
10 iniquitates obseruaueris, domine, domine, quis sustinebit?
Quia apud te propitiatio est, Et infra: Apud dominum misericordia, et copiosa apud eum redemptio, Et ipse redimet
Israel ex omnibus iniquitatibus eius, Et psalmo l: Cor mundum
crea in me, deus etc.   Multa alia in scripturis.   Et Beatus
15 Augustinus contra Donatistas tam frequentibus operibus nihil
aliud agit, quam quod a solo deo remittuntur peccata.

¶ Secunda pars similiter satis patet: Quia, qui contemneret
casus reseruatos, certe non remitteretur ei ulla culpa.   Qui
uos spernit, inquit, me spernit, immo nullus uenit remissa culpa
20 a deo, nisi simul secum portet reuerentiam clauium.

¶ Hanc conclusionem quia omnes ueram concedunt,
non est necesse, ut mea assertione firmetur.   Hic tamen
signabo, quae me mouent, et iterum | confitebor ignorantiam 151 E
meam, Si quis dignetur me erudire et hanc rem planius
25 elucidare.

Primo circa primam partem uidetur esse ista oratio uel
sententia impropria et euangelico textui incongrua, quando
dicitur summum Pontificem soluere (id est, declarare solutam)
culpam seu approbare.   Textus enim non dicit: Quodcunque
30 ego soluero in coelis, tu solues super terram, Sed contra:
Quodcunque tu solueris super terram, ego soluam, seu solutum
erit in coelis.   ubi magis intelligitur deum approbare solutionem sacerdotis, quam e contra.

¶ Secundo circa secundam partem Certum est, quod, quos
35 casus soluit Papa, eosdem soluit et deus, nec potest quis deo
reconciliari, nisi reconcilietur prius ecclesiae, saltem uoto.   Nec
offensa dei tollitur, manente offensa ecclesiae.   Sed quaeritur,
utrum reconciliatus ecclesiae mox sit etiam reconciliatus deo.
Textus certe habet, quod omnia soluta in ecclesia sint et in

---

4 z. b. Joh. Paltz und Jakob v. Jüterbogk (Köhler, Dokumente,
s. 55 u. 48 f.)   7 Jes. 43, 25   8 Joann. iii *druckf.* C Jo. 1, 29
9 Ps. 130, 3 f.   11 v. 7 f.   13 Ps. 51, 12   19 Lc. 10, 16
29 39 Mt. 16, 19

coelo soluta, sed non uidetur hinc sequi, quod ideo omnia
sint simpliciter soluta in coelo, Sed ea dumtaxat, quaecunque
in ecclesia sunt soluta.   Nec sunt parui ponderis hae duae
quaestiones meo iudicio, de quibus forte in conclusione
sequenti meum iudicium latius aperiam.   5

CONCLVSIO VII.

¶ Nulli prorsus remittit deus culpam, quin simul eum
subiiciat in omnibus humiliatum sacerdoti suo uicario.

¶ Hanc assero, nec eget disputatione aut probatione,
tanto omnium consensu approbata.   Sed in eius intelligentia   10
adhuc laboro.   Et ut meum sensum stultus primo dicam: quia
ista cum sua praecedente conclusione id asserunt, quod deus
non remittat culpam, nisi sit prior remissio sacerdotis (saltem
in uoto), sicut clare textus sonat: Quodcunque ligaueris etc.,
540 W Et illud Math. vi: | Vade prius reconciliari fratri tuo, et tunc   15
ueniens offeres munus tuum, Et illud: Reddite Caesari,
152 E quae sunt | caesaris, et quae sunt dei, deo, Et oratio domi-
nica: Dimitte nobis debita nostra, sicut et nos dimittimus
debitoribus nostris, In quibus omnibus omnino prior remissio
in terra significatur, quam ea, quae est in coelis, — Merito   20
quaeritur, quomodo ante gratiam infusam (id est, ante remissionem dei) haec fieri possint, Cum sine gratia dei primo
remittente culpam nec uotum remissionis quaerendae habere
possit homo.   Hic ita dico et sapio: Quando deus incipit
hominem iustificare, prius eum damnat, et quem uult aedificare,   25
destruit, Quem uult sanare, percutit, quem uiuificare, occidit.
Sicut i. Reg. ii. et Deutero. xxxii. dicit: Ego occidam et uiuificabo
etc.   Hoc autem facit, quando hominem conterit, et in sui
suorumque peccatorum cognitionem humiliat ac tremefacit,
ut dicat miser peccator: non est pax ossibus meis a facie   30
peccatorum meorum, Non est sanitas in carne mea a facie
irae tuae.   Sic enim montes fluunt a facie Domini, Sic mittit
sagittas suas, et conturbat eos: ab increpatione tua, domine,
et ab inspiratione spiritus irae tuae.   Sic convertuntur peccatores
in infernum, et implentur facies eorum ignominia.   Quam   35
conturbationem et quassationem saepius expertus Dauid multis
eam in diuersis psalmis confitetur gemitibus.   In ista autem
conturbatione incipit salus, Quia initium sapientiae timor
domini.   Hic dominus (ut ait Nahum i.) mundans neminem

---

15 Mt. 5, 24   16 Mt. 22, 21   17 Mt. 6, 12   27 1. Sa. 2,
6 f., Dt. 32, 39   30 Ps. 38, 4   32 Ps. 97, 5   34 Ps. 18, 15 f.
38 Ps. 111, 10   39 Na. 1, 3 f.

facit innocentem, et in tempestate et turbine uiae eius, et
nebulae puluis pedum eius. hic allucent fulgura eius, uidet
et mouetur terra.   hic sagittae eius transeunt et infiguntur,
et uox tonitrui eius uoluitur, id est, rotatur, uident aquae et
5 timent.   Hic denique operatur opus alienum deus, ut operetur
opus suum.   haec est uera contritio cordis, et humiliatio
spiritus gratissimum deo sacrificium.   Hic est mactata | uictima 153 E
in membra conscissa, et pelle detracta in holocaustum incensa.
Et hic infunditur (ut uocant) gratia, sicut ait Isa. xli: perse-
10 quetur eos, transibit in pace, et lxvi: Super quem requiescet
spiritus meus, nisi super quietum et humilem, trementem
sermones meos? Et Ezechias Isa. xxxviii: Domine, si sic uiuitur,
et talibus uita spiritus mei, corripies me, et uiuificabis me.
Verum tunc adeo ignorat homo sui iustificationem, ut sese
15 proximum putet damnationi.   Nec infusionem gratiae, sed
effusionem irae dei super se hanc putet esse.   Beatus tamen,
si suffert hanc tentationem, quoniam, cum se consumptum
putauerit, orietur sicut lucifer.   Stante autem hac misera
suae conscientiae confusione non habet pacem, neque conso-
20 lationem, nisi ad potestatem ecclesiae confugiat, suisque peccatis
et miseriis per confessionem detectis postulet solatium et
remedium. neque enim suo consilio uel auxilio sese poterit
pacare, immo absorberetur tandem tristitia in desperationem.
Hic sacerdos talem uidens humilitatem et compunctionem de
25 fiducia potestatis sibi ad faciendam misericordiam traditae
plenissime praesumat et soluat, solutumque pronunciet, ac sic
pacem ei conscientiae donet.
    Absoluendus uero omni studio caueat, ne dubitet sibi
remissa esse apud deum peccata sua, sitque quietus in corde.
30 | nam etsi prae suae conscientiae confusione sit incertus (sicut 541 W
regulariter oportet fieri, si compunctio uera est), tamen stare
tenetur alterius iudicio, non propter ipsum praelatum aut
potestatem eius ullo modo, sed propter uerbum Christi, qui
mentiri non potest, dicendo: Quodcunque solueris super terram.
35 fides enim huius uerbi faciet pacem conscientiae, dum iuxta
illud sacerdos soluerit.   Qui uero pacem alia uia quaerit,
utputa experientia intus, hic certe deum uidetur | tentare, et 154 E
pacem in re, non in fide uelle habere.   Tantum enim habebis
pacis, quantum credideris uerbo promittentis: Quodcunque
40 solueris etc.   Pax enim nostra Christus est, sed in fide.   quod

---

    2 Ps. 97, 4   3 Ps. 77, 17 ff.   9 Jes. 41, 3   10 66, 2
12 38, 16   18 2. Pt. 1, 19   40 Eph. 2, 14
3*

si quis huic uerbo non credit, etiamsi plus millies absoluatur a Papa ipso, et toti mundo confiteatur, nunquam erit quietus.

¶ Haec igitur est illa dulcissima potestas, de qua summas gratias ex imo cordis agere debemus deo, qui talem dedit ⁵ potestatem hominibus, quae est unica consolatio peccatorum et infoelicium conscientiarum, si modo Christum uera promisisse credant. Ex istis nunc patet, quod supra quaerebatur, scilicet, quod, licet remissio culpae fiat per infusionem gratiae ante remissionem sacerdotis, Talis tamen est infusio gratiae, et ita ¹⁰ sub forma irae abscondita (siquidem uestigia eius non cognoscuntur, ps. lxxvi, Et semita in pedibus eius non apparet, Isa. xli), ut homo incertior sit de gratia, cum fuerit ipsa praesens, quam cum est absens. ideo ordine generali non est nobis certa remissio culpae, nisi per iudicium sacerdotis, nec ¹⁵ per ipsum quidem, nisi credas Christo promittenti: Quodcunque solueris etc. Donec autem nobis incerta est, nec remissio quidem est, dum nondum nobis remissio est, immo periret homo peius, nisi fieret certa, quia non crederet sibi remissionem factam. Sic Christus de Maria Magdalena ad ²⁰ Simonem leprosum dixit: Remittuntur ei peccata, quo utique significauit gratiam ei iam infusam. Sed hanc infusionem ipsa non cognouit, nondum erat pax ossibus suis a facie peccatorum suorum, donec ad eam conuersus diceret: remittuntur tibi peccata tua, Fides tua te saluam foecit (scilicet, ²⁵ qua credidit remittenti). Ideo sequitur: uade in pace. Et
¹⁵⁵ E adulterae illi iam remissa erant peccata, | antequam Christus se erigeret. At non illa hoc cognouit, cum tot starent circum eam accusatores, donec audiret uocem sponsi dicentis: Nemo te condemnauit, Mulier? nec ego te condemnabo. Et Dauid ³⁰ certe, cum peccasset et a Propheta Natan fuisset reprehensus ex mandato dei, mortuus fuisset subito, quando operante in eo gratia iustificationis exclamauit: Peccaui (Haec est enim vox iustorum, se ipsos primo accusantium), nisi statim uelut absoluens Natan dixisset: dominus quoque transtulit peccatum ³⁵ tuum, Non morieris. Quare enim addidit: non morieris, nisi quia uidebat eum terrore peccati sui conquassari et deficere? Ezechias quoque audito, quod moreretur, fuisset mortuus, nisi rursus ab Isaia consolationem accepisset, et signum
⁵⁴² W intrandi templum, cui credens simul et | pacem peccatorumque ⁴⁰

---

11 Ps. 77, 20   12 Jes. 41, 3   18 potius?   19 Lc. 7, 47
22 vgl. oben s. 34, z. 30   23 v. 48   25 v. 50   28 Hl. 5, 2,
Joh. 8, 10 f.   32 2. Sa. 12, 13   37 Jes. 38, 4 ff.

remissionem obtinuit, sicut ait: Proiecisti post tergum tuum
omnia peccata mea.

Et omnino in ueteri testamento, quomodo fiducia eorum
de misericordia dei ac remissione peccatorum potuisset
5 consistere, nisi deus nunc apparitionibus, nunc inspirationibus,
nunc oblationum incensionibus, nunc nebulae ostensionibus, et
aliis signis ostendisset, sese gratum habere, quicquid opera-
rentur? quod nunc uult fieri uerbo et iudicio sacerdotum.

¶ Igitur remissio dei gratiam operatur, sed remissio
10 sacerdotis pacem, quae et ipsa est gratia et donum dei, quia
fides remissionis et gratiae praesentis. Et hanc meo sensu
dicerem esse eam, quam nostri doctores dicunt per sacramenta ecclesiae efficaciter conferri, Non autem ipsam primam
iustificantem, quam ante sacramentum oportet adesse in adultis.
15 Sed, ut Ro. i. dicitur: Fides in fidem, oportet enim accedentem credere. At baptisatum oportet etiam credere, se
recte credidisse et accessisse, aut pacem nunquam habebit,
quae non nisi ᴵ ex fide habetur. Non ergo prius soluit Petrus 15 E
quam Christus, sed declarat et ostendit solutionem. Cui qui
20 crediderit cum fiducia, uere obtinuit pacem et remissionem
apud deum (id est, certus fit, se esse absolutum) non rei,
sed fidei certitudine, propter infallibilem misericorditer promittentis sermonem: Quodcunque solueris etc. Sic. Ro. v:
Iustificati gratis per gratiam ipsius pacem habemus ad deum
25 per fidem, non utique per rem etc.

¶ Quae si recte et uere sapio, non est falsum neque
improprium (ut illi uolunt) dicere, quod Papa remittat culpam;
immo remissio culpae est incomparabiliter melior, quam remissio
quarumcunque poenarum. Licet hanc ita solam praedicent,
30 ut remissionem culpae foecerint nullam esse in ecclesia, Cum
contra potius sit. ubi enim homo per remissionem culpae
(quam sibiipsi dare nequit, cum nemo sibiipsi credere
debeat, nisi qui malit ex una turbatione duas facere) per
fidem absolutionis acceptam pacatus fuerit, Omnis poena ei
35 nulla poena est. Conscientiae enim confusio facit molestam
poenam, Iucunditas uero conscientiae optabilem facit poenam.

¶ Et hanc intelligentiam in populo de potestate clauium
uidemus abundare, qui simplici fide quaerunt et accipiunt
absolutionem. Doctiores uero quidam suis nituntur sese con-
40 tritionibus et operibus atque confessionibus facere quietos, et
nihil aliud agunt, quam quod de inquietudine in inquietudinem

eunt, quia in se et sua confidunt, cum, si sentirent conscientiae malum, deberent Christo credere dicenti: Quodcunque solueris etc.   Ad hoc autem conscientiae malum Theologi
recentiores nimis foeliciter cooperantur, dum sacramentum poenitentiae sic tractant et docent, ut populus discat per suas 5
contritiones et satisfactiones confidere se peccata sua posse
delere.   quae uanissima praesumptio nihil aliud potest efficere,
157 E quam ut cum haemorrhoissa Euangelica ac consumpta | in
medicos tota substantia peius et peius habeant.   Fides primo
in Christum, gratuitum remissionis largitorem, docenda erat, 10
et desperatio propriae contritionis et satisfactionis persuadenda,
543 W ut sic fiducia et gaudio cordis, | de misericordia Christi firmati,
tandem hilariter odirent peccatum, et contemnerent, et satisfacerent.

¶ Nec Iuristae eiusdem carnificinae segnes sunt authores, 15
qui, dum nimio studio extollunt potestatem Papae, plus foecerunt
aestimari et mirari potestatem Papae, quam uerbum Christi
honorari fide, cum docendi sint homines, ut non in potestatem
Papae, sed in uerbum Christi Papae promittentis confidere
discant, Si modo uelint esse paçati in conscientiis suis.   Non 20
enim, quia Papa dat, aliquid habes, sed si credideris te accipere, habes, tantum habes, quantum credis, propter promissionem Christi.

Nisi autem potestas Clauium sic ualeret ad pacem cordis
et remissionem culpae, tum uere (ut aiunt quidam) uilifi- 25
carentur indulgentiae.   Quid enim magni confertur, si remissio
poenarum confertur, cum christianorum sit, etiam mortem contemnere?

¶ Item cur dixit Christus: Quorum remiseritis peccata,
remittuntur eis, nisi quod non sunt remissa ulli, nisi remittente 30
sacerdote credat sibi remitti?   Ideo in uerbo: Quorum remiseritis peccata, confertur potestas, sed in uerbo: remittuntur
eis, prouocatur peccator ad fidem remissionis, Sicut et in
uerbo: Quodcunque solueris, potestas datur, In uerbo: soluta
erunt, fides nostra excitatur.   poterat enim dicere: Quorum 35
remiseritis poenas uel uindictas, si uoluisset id intelligere, Sed
sciuit, quod conscientia iam iustificata per gratiam sua trepidi-
tate euomeret gratiam, nisi succurreretur ei per fidem de gratiae
158 E praesentia ministerio sacerdotis, immo pec|catum maneret, nisi

---

8 haemorrhoisse C *druckf.*, Mc. 5, 26   9 penis et peius C *druckf.*
10 docendi C *druckf.*   13 contemnerentur *druckf.* C.   Diese 4 druckfehler sind aus A B übernommen, obgleich sie in dem druckfehlerverzeich-
nis am Schlusse von B verbessert sind   29 Jo. 20, 23

remissum crederet. Non etiam sufficit remissio peccati et
gratiae donatio, Sed oportet etiam credere esse remissum. et
hoc est testimonium, quod reddit spiritus dei spiritui nostro,
quod sumus filii dei, quia esse filium dei est tam absconditum
5 (cum appareat sibi esse hostis dei), ut, nisi credatur ita esse,
non possit esse. Sic enim mirificat dominus sanctos suos,
quod nemo sustineret manum iustificantis et medentis, nisi
credat eum iustificare et mederi. Sicut medicus corporis
incidens infirmum non creditur id studio medendi facere ab
10 infirmo, nisi boni amici persuadeant ei.

¶ Siue ergo sacerdos sit causa sine qua non, siue alia
remissionis peccatorum, non curo, dum uerum esse aliquo
modo constet, sacerdotem remittere peccata et culpam. Sicut
amicis infirmi uere imputatur sanitas, dum sua suadela
15 effecerunt, ut crederet infirmus caedenti medico.

¶ Nec hic oportet cogitare: quid, si sacerdos erraret?
quia non in sacerdote, sed in uerbo Christi nititur remissio
illa. ideo siue sacerdos id faciat lucri uel honoris causa, Tu
modo optes remissionem sine fictione, et credas promittenti
20 Christo. immo etiamsi ex leuitate absolueret, adhuc obtineres
pacem ex fide tua, sicut baptismum seu eucharistiam dat,
siue ille lucrum quaerat, siue leuis ac ludens sit, tua fides
plenum accipit. Tanta res est | uerbum Christi, et fides eius. 544 W
Nam legimus inter gesta martyrum quendam Mimum ioco,
25 immo illudendo baptismum, baptisari uoluisse, et inter baptisandum conuersum, uere baptisatum a suis collusoribus gentilibus, et statim martyrio ab eisdem coronatum. Item S.
Athanasius puer pueros baptisauit, quos Episcopus Alexandriae
postea baptisatos iudicauit, ut in Eccle. hysto. Et B. Cyprianus
30 pacem ab quodam Episcopo Therapio datam praepropere re-
prehendit quidem, sed ratam esse uoluit. Igitur | fide iusti- 159 E
ficamur, fide et pacificamur, non operibus, neque poenitentiis,
aut confessionibus.

¶ Circa hanc sextam et septimam conclusionem Leonte
35 illa nostra cum gloria triumphat, immo de me cantat encomium
ante uictoriam. Et ex sentina illa opinionum aliam distinguit
poenam satisfactiuam et uindicatiuam, aliam medicatiuam et
curatiuam, quasi necesse sit, haec uel somniantibus credere,
quamquam coram populo hanc distinctionem prudentissime

---

3 Rö. 8, 16   29 Schäfer, L. als Kirchenhistoriker, s. 254
35 Erasmus, Adagia: Ante victoriam encomium canis (Athenaeus): In
eum, qui praepropere gloriatur, re nondum   confecta. Vgl.   auch
WABr1, 189; WAI, 647,14f. 34 vgl. oben s. 29, z. 38

coelant, ne uilescant ɩndulgentiae, uel potius lucra, si populus
intelligeret tam modicas et steriles uindicatiuas (id est, confictas)
remitti poenas.   deinde, ut notum faceret omnibus, sese
nescire, quid sit uel uetus uel nouum sacerdotium, introducit
aliam uerborum caliginem et distinctionem clauium, alias 5
authoritatis, alias excellentiae, alias ministeriales.   Adeo nihil
nouerunt etiam magistri nostri eximii, haereticae prauitatis
inquisitores et Catholicae fidei defensores, nisi quod ex laciniosis
et praerancidis quaestionibus quarti Sententiarum suxerunt,
uolentes forte, quod, quicquid Christus soluerit clauibus ex- 10
cellentiae in coelo (nam in terra non soluit ipse), solutum
erit in super coelo apud deum. Rursum, ut et deus sit Pontifex, alius fingendus est deus superior, apud quem sit solutum, quicquid ipse soluerit clauibus authoritatis in super coelo.
Sed facessant nugae, unas nouimus claues, tantum in terra 15
traditas.   Jam quod inferunt: Ergo errat, qui dicit, sacerdotem
nouae legis tantum approbando et declarando soluere, hoc
enim iudaici erat sacerdotii, — O acumen ingenii et pondus
ingens eruditionis, dignissimi plane viri, qui inquirant haereticos
et defendant Catholicam fidem, sed aduersus lapides et ligna. 20
Quanto rectius Apostolus Paulus sacerdotium uetus asserit
constitisse in iudicandis leprosis, in iustificationibus et munditiis
carnis, in cibo et potu, et uestitu, et festis diebus etc. Quibus
160 E   ut figura ᴵ significatae sunt iustificationes in spiritu, et mundi-
ciae cordis, quas ministerio noui sacerdotii operatur in ecclesia 25
Christus.   Quamquam igitur sextam conclusionem ipse non
posui ex animo, ut dixi ibidem, sed quia alii sic sentiunt,
tamen, quia nec ipsi aduersarii cum omnibus suis magistris
usque hodie possunt ostendere, quomodo sacerdos remittit
culpas, nisi haereticam illam, sed usitatam sententiam proferant, 30
qua dicitur sacramenta nouae legis iustificantem gratiam dare
illis, qui non ponunt obicem, Cum sit impossibile sacramentum
conferri salubriter, nisi iam credentibus et iustis et dignis, —
Oportet enim accedentem credere, deinde non sacramentum,
sed fides sacramenti iustificat, — Ideo, quicquid blatterent opiniosi 35
545 W ᴵ sophistae, uero similius est, quod sacerdos nouae legis declarat
dumtaxat et approbat solutionem dei (id est, ostendit), et hac
ostensione et iudicio suo quietat conscientiam peccatoris, qui

---

        8 laciniosus verzettelt, umständlich   9 praerancidus sehr stinkend
21 Hbr. 10, 11 f.   31 Vgl. z. b. Dieckhoff, Der Ablassstreit, Gotha
1886, s. 16 ff.   34 Hbr. 11, 6   36 uero similius nach Brieger, ZKg.
17, 178, halb ausgeführte verbesserung des verosimilimus A B, das in
den Errata zu B in verisimilius geändert ist

eius iudicio tenetur credere et pacem habere, Quomodo
uetus sacerdos quietabat eos, quos corpore uel ueste mundos
iudicabat, cum tamen ipse nullum posset mundare, nec se
ipsum. Quod enim ille in corporibus, hoc iste in conscientiis
5 operatur. Et sic respondet spiritus literae, et ueritas figurae.
Et exspecto hos Catholicae fidei defensores, quomodo sine
prauitate haeretica aliter possint exponere clauium uirtutem.

¶ CONCLVSIO VIII.

¶ Canones poenitentiales solum uiuentibus sunt imposti
10 nihilque morituris secundum eosdem debet imponi.
Hanc disputo, etsi multi sunt, qui mirentur eam esse dubiam.
¶ Primo probatur per illud Ro. vii: Lex domina¹tur in ¹⁶¹ E
homine, quanto tempore uiuit etc. Quod cum Apostolus de
lege diuina interpretetur, multo magis uerum est de lege
15 humana. vnde ibidem dicit: Cum mortuus fuerit uir eius,
soluta est mulier a lege uiri. Multo magis ipse mortuus est
solutus a lege uxoris uiuentis. Arguit enim a minori Apostolus:
Si uiuus soluitur per mortem alterius, multo magis ipse mortuus,
per quem soluitur uiuus.
20 ¶ Secundo, leges Canonicae sunt alligatae circumstantiis
temporis, loci, personarum, sicut omnes aliae leges positiuae,
dist. xxix (ut omnibus notum est). De solo enim uerbo
Christi dictum est: In aeternum, domine, permanet uerbum
tuum, in seculum seculi ueritas tua, Et: iusticia eius manet
25 in saeculum saeculi. Verbum autem et iusticia hominum manet
ad tempus dumtaxat. Quare illis mutatis cessant et leges. nisi
dicendum est, quod uastata ciuitate adhuc ipse locus desertus
teneatur ad omnia, quae prius faciebat ciuitas, quod est absurdum.
30 ¶ Tertio, Si ius cogit etiam cum uiuentibus dispensare
et legem mutare, quando legis conditio cessat uel in peius
uergit, cum (ut Leo Papa dicit) Non debet contra charitatem
militare, quod pro charitate statutum est, ita certe, quod contra
unitatem, pacem etc. coeperit militare, quanto magis morituris
35 leges sunt tollendae, cum non solum cesset ibi conditio
legum, sed ipse quoque, cui et cuius conditionibus positae
fuerunt.
¶ Quarto ex ipsis uerbis legis, in quibus exprimuntur
clare dies et anni, ieiunium, uigiliae, labores, peregrinationes

---

12 Rö. 7, 1   15 v. 2   22 Decr. P. I dist. XXIX c. I: Scien-
dum est, quod pleraque capitula ex causa, ex persona, ex loco, ex tempore consideranda sunt. Vgl. c. II. III   23 Ps. 119, 89 f.   24 Ps. 111, 3

etc. quae manifestum est esse huius uitae et per mortem
cessare, ubi homo longe in aliam uitam migrat, ubi nec
ieiunat, nec plorat, nec comedit, nec dormit, ut qui non habet
corpus. Inde Joannes Gerson damnare audet indulgentias
titulo multorum milium annorum donatas, ut mihi miraculum ₅
sit, quidnam acciderit haereticae prauitatis inquisitoribus, ut
162 E hunc uel mortuum non com|busserint, qui contra morem
546 W omnium | stationum urbis, tum maxime contra usum effusoris
illius indulgentiarum Sixti quarti tanta fiducia pronunciat, ut
etiam moneat praelatos officia sua, in his corrigendis atque ₁₀
prouidendis, fatuas et superstitiosas appellans titulationes talium
indulgentiarum etc.

¶ Quinto, respiciendo ad intentionem latoris Canonum,
quos certum est ne cogitasse quidem, ut eiusmodi Canones
imponerentur morituris. Finge enim nos interrogare Pontificem ₁₅
tales ferentem: quos intelligis, O pater, in lege tua? uiuos
an mortuos? Quid respondebit, nisi: immo uiuos, quid enim
cum mortuis agere possum, qui egressi sunt forum meum?

¶ Sexto, Crudelissime faceret sacerdos Christi, si non
relaxaret fratri, sicut sibi uellet fieri, et non est causa, quare ₂₀
non debeat, cum sit in eius potestate.

¶ Septimo, Si Canones poenitentiales manent mortuis,
eadem ratione et caeteri omnes. Celebrent ergo, agant festa
et ieiunia et uigilias, dicant horas Canonicas, non comedant oua,
lac, carnes certis diebus, Sed tantum oleum, pisces, fructus, ₂₅
legumina, induant uestes pullas uel candidas pro differentia
dierum, et alia onera grauissima, quibus nunc premitur misera
illa, olim liberrima Ecclesia Christi. Nec enim ulla est ratio,
quare aliqui cessent Canones propter tempus, et non omnes.
Quod si cessant illa, quae tamen sunt bona et meritoria ad ₃₀
uitam, cur non magis afflictiua illa et sterilia atque impeditiua?
An hic etiam permutationem nobis fingimus, ut, sicut alias
poenas pro illis proportionatas patiuntur, ita et alia opera
illis proportionata ibidem faciunt, ut nihilominus dicendi sint
legere horas Canonicas?
₃₅
¶ Octauo, De facto infirmis corpore, etsi non sunt morituri, tolluntur Canones tam poenitentiales, quam mortales.
163 E Sacerdos enim infirmus non tene|tur orare, celebrare, deinde

---

4 De indulgentiis, Opera ed L. E. Du Pin II 517 sq., Schäfer, L.
als Kirchenhistoriker, s. 448, Köhler, L. und die Kirchengesch., s. 347 f.
8 Ueber die Rombüchlein vgl. Brieger, Das Wesen des Ablasses am
Ausgange des Mittelalters, Leipzig 1897, s. 81 ff., Nik. Paulus, Ztschr.
f. kath. Theol., 24, 30 ff.

alii quoque nec ieiunare nec uigilare, nec a carnibus, ouis,
lacte abstinere. Suntque omnia non modo libera, immo prohi-
bita, quae prius erant sanis praecepta. Alioquin cum eos
iam manus domini tangat, diceretur ab eis: Quare me perse-
5 quimini sicut deus, et carnibus meis (id est, infirmitatibus)
saturamini? Arguo itaque: Canones sunt impositi non infirmis, sed sanis et ualentibus, ergo multo minus mortuis, sed
uiuentibus. aut si morituri et mortui non sunt liberi, cur
infirmi etiam non eisdem premuntur et uexantur? denique
10 recepta sanitate non tenentur repetere omissa in infirmitate,
quomodo ergo credentur post mortem repetendi aut soluendi
Canones?

¶ Sed hic dicunt quidam: Quid, si quis sanus impositas
poenitentias omiserit, et postea moriturus confiteatur? uidetur,
15 quod tales omnino necesse sit in purgatorio soluere, etiamsi
aliae non imponendae sint, aut non imponantur. Respondeo,
quod nequaquam, quia per talem omissionem nihil est factum
aliud, quam quod contra praeceptum ecclesiae peccatum est,
de quo dolendum est, non denuo repetendum ac implendum
20 pro praeterito, sed pro futuro tantum. Sufficit diei malicia
sua, crastinus sollicitus erit sibi. Quod | si praecepti trans-   547 W
gressio ullius esset repetenda, ut nulla maneret, maxime id in
dei praeceptis fieri deberet. Sed est impossibile, ut adulterium
non sit factum amissae castitatis.

25   ¶ Nono, Quicunque maiorem poenam subit, quam sibi
imposita est, huic merito et naturali iure remittuntur minores,
sed moriturus subit ultimam, summam et maximam poenarum,
silicet mortis. Quare praesente morte omnis alia debet tolli,
cum uix ullus sufficiat huic soli poenae. Et iterum finge
30 coram legislatore moriturum sese ad mortem offerentem, an
non ille suas statim retractabit?

¶ Decimo, Illustres quidam in ecclesia doctores dicunt,
quod Christianus quilibet sit ditissimus, quia per mortem
uoluntariam potest omnia soluere, et | statim euolare, Cum   164 E
35 nihil sit maius uoluntaria morte propter deum suscepta, ergo
frustra Canones illuc reseruantur. Huius sententiae sunt Vuilhel.
Parh., Gerson, et sequitur eos non irrationabilis multitudo.

¶ Vndecimo, si mors satis poenarum non est, nisi
mortuus et Canones ferat, ergo Canonum poena maior erit
40 mortis poena, quippe quae ultra mortem durat, et fiet iniuria

---

4 H1. 19, 22   20 Mt. 6, 34   24 omissae C *druckf.*   37 Köhler,
L. und die Kirchengesch., s. 349

morti Christianorum, de qua dictum est: Praeciosa in conspectu domini mors sanctorum eius.

¶ Duodecimo, Finge peccatorem rapi, et in ipsa confessione Christi statim subire martyrium, antequam canonibus satisfecit (ut de S. Bonifacio Martyre legitur), Hunc ergo 5 remorabitur purgatorium, ne sit cum Christo? Et fiet, ut oretur pro Martyre in ecclesia? At omnis uoluntarie moriens (de hoc enim loquimur, id est, de Christiano) etiam pro uoluntate dei moritur.

¶ Tertio decimo, Cur non Ciuiles quoque leges post 10 mortem manent soluendae, cum et ipsae ligent coram deo et in coelis, non sua uirtute, sed Christi et Apostolorum Petri et Pauli, qui tradunt, ex animo et propter conscientiam illis subiici oportere, quia sic est uoluntas dei?

¶ Quarto decimo, Canones cessant, Quando laicus poe- 15 nitens mutat statum, scilicet in sacerdotium, aut sacerdos in episcopatum, aut in monachatum. Et haec cessatio fit in hac uita, et non cessat in mutatione mortis? Quid absurdius?

¶ Quinto decimo, quod talis sententia de Canonibus post mortem soluendis prorsus nullam habet authoritatem scripturae, 20 canonum aut rationis probabilis, sed uidetur sola inertia et negligentia sacerdotum introducta, sicut et multa alia supersticiosa.

¶ Decimo sexto, Ad hoc habemus exempla patrum antiquorum, et certe unus Cyprianus uel rigidissimus ecclesiasti- 25
165 E carum censurarum et disciplina|rum obseruator, is tamen Epis. xvii. li. iii. praecipit pacem dandam iis, qui periculo mortis sunt obnoxii, ut ad dominum cum pace ueniant, facta confessione sua uel presbytero uel dyacono, ut ibidem dicit. At datio pacis illa nihil est, quam id, quod nunc remissio plenaria 30 uocatur, ut patet intuenti.

548 W ¶ Concludamus ergo, quod Canones non nisi uiuentibus, nec iis nisi sanis et ualentibus imponendi sunt, immo non nisi pigris, et qui sponte sua melius agere nolunt. Haec certe non tam late produxissem, si non scirem quosdam nimis 35 tenaciter asserere contrarium, quod tamen nulla uia probare possunt, nam si cum ingeniosis et eruditis uellem agere, melius tacerem, quam loquerer.

¶ At hic dicat aliquis: Sic dicere est nimis uilificare indulgentias, si solum Canonicae poenae, nec omnes tamen, 40

---

1 Ps. 116, 15   13 Mt. 22, 21, Rö. 13, 1 ff., 1. Pt. 2, 13 ff.
17 Vgl. Decr. P. II C. XXXIII qu. II c. VIII   27 Epist. 18, 1
Hartel

nec nisi huius uitae remittuntur. Respondeo: Praestat uiles
fieri indulgentias, quam Crucem Christi euacuari, et melius
est uiles habere indulgentias, quam aliquid in ecclesia docere,
quod fictionis possit argui in ecclesiae confusionem. Ego
5 sane libera fronte confiteor atque protestor, me non magno-
pere curare indulgentias, quoad remissionem poenarum (in
qua illi sola gloriantur), sed maxime ueneror, amplector,
gratulor in eis, quoad remissionem culpae, secundum sensum
meum supra positum, quam illi nullam esse putant.
10   ¶ Huic octauae obiicitur pugio unus plumbeus, quod
uidelicet in iuribus inuenitur, etiam mortuos excommunicari,
ut prae ceteris testatur c. A nobis, extra. de sen. excom.
quam timebam, ne etiam inueniri dicerent poenas sensibiles,
et satisfactiones infligi mortuis! At bene est, quod tantum
15 excommunicari dixerunt mortuos. ita et absolui mortuos, nemo est qui negat. Sed quid ista absolutio ad remissionem
poenarum? Haeccine est illa subtilissima dialectica, sine qua
docent non fieri Theologum? forte in quinta figura tenet illa
consequentia: Aliquis ¹ absoluitur ab excommunicatione, ergo 166 E
20 remittuntur ei poenae satisfactoriae?   ut quid ergo passim
indulgentias profundunt, si absolutus a peccato mox etiam
remissionem habet poenarum? Si autem absolutis adhuc
remanet satisfactio, quomodo ergo absolutio mortuis prodest
aut tollit poenam? Igitur futilis est iste syllogismus, quod,
25 sicut excommunicatio sese extendit ad mortuos, ita et remissio
poenarum. Immo, ut ipsimet iuristae dicunt: Excommunicatio
mortui mortuo nihil infert, sicut absolutio nihil confert, sed
omnia haec nobis fiunt in terrorem, nisi quod non pro tali
publice oratur. Non plus ille patitur a tali excommuni-
30 catione, quam pateretur domus uel uestis, si excommunicaretur,
sic rursus nihil plus iuuatur absolutione. Sed quiescam deinceps confutare contradictiones istas garrulas, cum nihil in se
contineant, quam opiniones scholasticas, nec in Scripturis, nec
ecclesiasticis patribus, nec Canonibus fundatas. Semper enim
35 petit principium, aut si hoc non facit, more iratarum mulier-
cularum saltem blatterat haec uerba: Errat, furit, insanit, Error,
errare. In his enim uerbis summam sapientiae et scientiae
suae constitutam uult uideri.

---

2 I. Ko. I, 17   10 Erasmus, Adagia: Plumbeo i gulare gladio:
Est futili levique argumento convincere quempiam   12 Vielmehr Decr.
Greg. IX lib. V tit. XXXIX De sententia excommunicationis cap.
XXVIII   18 in quinta figura: die mittelalterliche logik kennt nur 4

¶ CONCLVSIO IX.

¶ Inde bene nobis facit Spiritussanctus in Papa, ex-
cipiendo in suis decretis semper articulum mortis et ne-
549 W cessitatis. |

¶ Ista conclusio magis est probatio praecedentis. Certum 5
est enim, quod, si articulos necessitatis temporalis Summus
Pontifex uult exceptos, multo magis necessitatem aeternam,
Ad quam homo per mortem uadit, cum infirmus aut impeditus
legitime solum temporali impotentia teneatur. Quin etiam si
quam Summus Pontifex non excipit necessitatem, tamen excepta 10
non minus intelligitur, Cum necessitas non habeat legem. At
167 E mors necessitas necessitatum, et impedimentum impedimentorum
omnium ultimum et maximum est.

¶ CONCLVSIO X.

¶ Indocte et male faciunt sacerdotes ii, qui morituris 15
poenitentias Canonicas in purgatorium reseruant.

¶ Et haec quoque corollarium manifestum est conclusionis viii. Et certe sunt nonnulli, qui mirentur, si haec
fiant a sacerdotibus. At utique fiunt. Cum uero id sit plus
obedientiam Canonum quam obedientiam uocantis Dei ponde- 20
rare, et uiliora Canonum opera praeferre precio preciosissimae
mortis Christianorum, Nescio, si illi rectae fidei regulam teneant,
qui tali imbuti sunt opinione.

¶ Secundo id notum est, et insignibus authoribus celebre
in Ecclesia: si quem deus hominem in mediis ipsis operibus 25
obedientiae ecclesiasticae ad exstasim raperet uel singularem
illuminationem, tenetur homo tum opus intermittere et obedientiam ecclesiae relinquere et deo obsequi magis, quam
hominibus. Immo dicunt in ipsis horis canonicis attentionem
uerborum debere omitti, contra praeceptum ecclesiae, si qua 30
arriserit caelestis illustratio et affectio. Si ergo in iis uoca-
tionibus feriantur leges ecclesiae, quomodo non feriantur in
uocatione et exstasi tam magna, scilicet mortis? Nisi forte
stultorum sequi oportet multitudinem, qui in operibus suis
caerimonialibus ita haerent, ut manifestam obedientiam dei 35
et hominum propter illa saepius postponant, et recte sibi
foecisse uideantur, si illa tantum, caetera uero nunquam foecerint.

¶ Tertio, Esset sane ecclesia tum satis impia in deum,
si scilicet eum in suo foro retineret inferiori, quem deus iam
ad suum tribunal supremum uocat. Aut quando patitur Summus 40

---

18 mirantur C   28 AG. 5, 29

Pontifex reum teneri | lege iuribusque fori inferioris Episcopi 168 E
aut Praelati, postquam uocatus est suo foro sisti? an ipse id
a suis inferioribus requirit, quod ipse homo suo deo superiori
non permittit? Claudit ergo manum dei homo, et homo non
5 potest claudere homini? Absit. At certe si morituro imponit
Canones, clarum est, quod eum secundum suum forum iudicat
et punit. Haec sunt itaque uiginti rationes, quae me
mouerunt (ut spero) non temere dubitare de materia illa
canonicarum poenarum, cum in contrariam partem nulla sit
10 auctoritas, nec Canon, nec ratio, nec uniuersalis usus ecclesiae,
sed abusus quorundam tantummodo.

¶ CONCLVSIO XI. 550 W

¶ Zizania illa de mutanda poena Canonica in poenam
purgatorii uidentur certe dormientibus episcopis seminata.
15 ¶ Hic rogo, nullus existimet me calumniam R. episcopis
struere, quod dixerim eos dormiuisse. Euangelii, non mea
sunt uerba, nisi quod ibi non ponitur nomen Episcoporum,
sed hominum. Certum est tamen, quod per homines intelligit
Maiores et rectores ecclesiae, nisi per tropologiam uniuscuius-
20 que spiritum et mentem super corpus suum acceperis. Igitur
Pontifices ecclesiae ista quidem non docent, quia (ut dixi)
Nullus Canon, nullum statutum ex illis habemus, unde id possit
doceri. Frustra itaque laborant quidam Canonistae, dum
nituntur ostendere, quales sint illi anni, dies, quadragenae in
25 purgatorio, cum uere nulli sint, aut saltem esse non probetur,
sed error inde uenit, quod non aduertunt, Canones esse in
tempore huius uitae statutos, et super terram ligantes, sicut
qui mutat municipium, et iura quoque municipalia simul. Quod
si quid debet, prius cogitur satisfacere, quam mutare. Igitur
30 morituris prorsus nihil est imponendum, ne'que remittendi sunt 169 E
ad purgatorium cum residuo poenitentiae (ut Gerson in aliquo
loco asserit), sed magis (ut idem melius alibi sapit) ad mortem
constanter et uolenter pro uoluntate dei suscipiendam.

¶ Hic uidendum commentum illud et futile cauillum,
35 quo uelut puellulos terrere laruis cupiunt, dicentes: quia
sacerdos ignorat mensuram contritionis absoluendi, ideoque
forte non imponit tantam satisfactionem, quantam iustitia
diuina requirit, quare necesse est et huic uel proprio opere
uel indulgentiis satisfieri.

---

31 De indulgentiis, Opera II 517 sq. Köhler, L. und die Kirchengesch., s. 349 f.

¶ Primum uide, ut nuda sua verba pro oraculis sonent,
sine ulla probatione, cum tamen propheta dicat: Non faciet
deus uerbum, nisi reuelaverit secretum suum ad seruos suos
prophetas. Nec est credibile, cum deus noster sit, qui docet
nos utilia, sicut per prophetam loquitur, non etiam hanc suae 5
iusticiae exactionem alicubi reuelant.

¶ Deinde nescio, an sic dicentes deum uelint usurarium
aut mercatorem facere, ut qui non remittat gratis, nisi ei
uelut pretium reddatur satisfactio. An forte uolunt, ut cum
iusticia dei tractemus de nostris peccatis, coram qua nullus 10
iustificatur homo?

¶ Tertio, Si id ita est, Cur ergo Papa plenarie absoluit,
cum aeque ignoret mensuram contritionis, nec ipse potest
supplere contritionis imperfectionem? perfecta autem eius
absolutione non eget. nec habet alterius generis potestatem, 15
quam alius sacerdos, sed alterius quantitatis, quia ipse omnium
peccata, Alii aliqua remittunt, et quantam satisfactionem illi
in aliquibus, tantam ipse in omnibus potest remittere, nec
amplius. Alioqui monstrum esset ecclesia ex diuersi generis
potestate constituta.   20

^{551 W} ｜ ¶ Quarto, et Ecclesia primitiua ignorabat contritionis
mensuram et pondus spirituum, nihilo tamen minus remittebat
^{170 E} plenariae peccata post peractam [|] poenitentiam, quam satis fuisse
non potuit scire, iuxta horum sententiam.

¶ Quinto, Iterum somnium procedit ex eo, quod re- 25
missionem peccatorum non super fidem et uerbum miserentis
Christi, sed super opus currentis hominis aedificant, quia satisfactionem plenariam dari non posse fingunt, nisi perfecte
contritis, quorum nullus est in hac uita. Et tamen concedunt
eam dari a papa etiam imperfecte contritis.   30

¶ Sexto, Si iusticia dei aliquid requirit, iam extra manum
est ecclesiae, quae nihil habet mutare, quod deus uult aut
imponit. Stat enim firma sententia: Consilium meum stabit,
et uoluntas mea fiet.

¶ Eadem ratione et illud confutatur, quod alii dicunt 35
poenas Canonicas esse declaratorias poenarum a iustitia diuina
requisitarum. Primum illud non probatur, ergo eadem facilitate
contemnitur. Si declaratoriae, ergo impossibile est, ut relaxet
ecclesia easdem, quia non imposuit, sed impositas a deo de-

---

2 Am. 3, 7   5 Mi. 6, 8   10 Ps. 143, 2   27 Rö. 9, 16
33 Jes. 46, 10   38 declarat C, korrigiert nach Brieger, ZKG. 17, 196

clarat. Aut dicere cogentur, quod uerbum Christi sic sit
ordinandum: Quodcunque ego ligauero, tu solues.

¶ CONCLVSIO XII.

¶ Olim poenae Canonicae non post, sed ante absolu-
5 tionem imponebantur, tanquam tentamenta uerae contritionis.
¶ Iterum probat octauam haec duodecima, quia Canonicae
poenae adeo sunt temporales, ut finem sui habeant ipsam
absolutionem. Cum autem nullus moriturus non debeat absolui
(ceteris paribus), patet, quod non imponendae, sed etiam
10 impositae et imponendae sunt potius relaxandae. quod si
mos ille priscus ecclesiae hucusque fuisset seruatus, non fuisset
error iste natus. Nunc uero, cum absolutio praecedat poenas,
factum est, ut in absolutionis iniuriam non absolutum remittant
in mortem, et rem monstro faciant simillimam, dum absoluendo
15 non absoluunt, et absolutum eadem uoce ligant.

¶ Primo probatur conclusio ex ipso usu solennis poe- 171 B
nitentiae in Canonibus descriptae, cuius uel exemplum uel
reliquum uestigium adhuc agitur in homicidii poenitentia. Cur
enim hic uiuentem absoluunt a poena, et non remittunt eum
20 ad alias in vita agendas, qui tam rigidi sunt in morituros?
¶ Secundo, sic B. Hieronymus scribit Fabiolam suam
absolutam. Sic B. Ambrosius suum Theodosium absoluit.
denique apud nullum frequentius id legitur, quam apud
gloriosum martyrem Cyprianum, li. iii. epistolarum suarum.
25 Item in Ecclesiastica et tripartita historia. Item apud Dionysium
in ecclesiastica Hierarchia status poenitentium et energime-
norum describitur. In iis omnibus uidemus non fuisse re-
ceptos tunc ad gratiam et absolutionem peccatores, nisi peracta
poenitentia.
30 ¶ Tertio Neque Christus absoluit Mariam Magdalenam 552 W
et adulteram, nisi post lachrymas, unctionem et uehementissimam
et humillimam afflictionem.

¶ Quarto, Sic legimus Gen. xliiii, Joseph fratres suos
multis afflixisse tentationibus, ut exploraret, an uere essent
35 erga se et Beniamin affecti, quo cognito reuelauit se eis, et
in gratiam recepit.

---

17 vgl. Decr. Greg. IX lib. V tit. XXXVIII de poenitentiis et
remissionibus und den sog. tract. de poenitentia (= Decr. P. II c. XXXIII
quaest. III)   18 Decr. P. I dist. L c. XLIV   21 ep. 77 (MSL 22,
692 sq.)   22 Hist. trip. IX 30   25 in Ecclesiastica, d. h. in Rufins
übersetzung des Eusebius (Schäfer, s. 29 ff., 117 ff.)   26 cap. 3,2 Köhler,
L. u d die Kirchengesch., s. 291   28 gatiam C druckf.   30 Lc. 7,
37 ff.   31 Jo. 8, 3 ff.

¶ CONCLVSIO XIII.

¶ Morituri per mortem omnia soluunt, et legibus Canonum mortui iam sunt, habentes iure earum relaxationem.

¶ Haec concludit praedicta et satis patet. Esset enim haec·res mira satis, si moriturus soluitur ab omnibus operibus, 5 rebus, legibus, hominibus, insuper ab ipsis legibus dei, scilicet ubi praecipitur Eleemosyna, oratio, ieiunium, crux, labor, et quicquid per corpus geri potest, denique ab ipsis sanctae dilectionis (quae nunquam excidit sola) operibus erga proximum, et solae rerum sint Canones, a quibus non possit solui. Tum 10 Christianus miserabilior erit cunctis gentibus, puta, quem etiam mortuum uexent leges uiuorum, cum ipse potius talis sit, ut 172 E. etiam | inter mortuos esse debeat liber per Christum, in quo uiuit.

¶ Colligamus nunc tandem Epilogum, ut uideamus, quantis remittuntur poenae per indulgentias. Sextuplex hominum 15 genus mihi uidetur excoeptum, quod non egeat indulgentiis. Primo mortui seu morituri, Secundo infirmi, Tertio legitime impediti, Quarto qui non commiserunt crimina, Quinto qui crimina, sed non publica commiserunt, Sexto qui meliora operantur. Ostendamus haec et faciamus saltem uerisimilia. 20

¶ Primum, quod forte maxime mouet, scilicet quod publicis criminibus solum necessariae sunt indulgentiae, ut sunt adulteria, homicidia, usurae, fornicationes, ebrietas, rebelliones etc. Tales enim si fuerint occulti, ad Canones non uidentur pertinere. Primo, quod Canones statuunt publicas poenitentias, 25 nec habet ecclesia iudicare foris de occultis. Secundo, quod peccatum occultum, sicut non debet publice puniri, ita nec eget publice remitti, sed indulgentiae sunt remissiones publicae, et in facie Ecclesiae fiunt, ut patet. immo sunt nonnulli, qui nonnihil distare putant inter indulgentias publicis Bullis con- 30 cessas, et priuatim in foro conscientiae donatas. Tertio, Occultis peccatis non est offensa ecclesia, sed solummodo publicis, ideo non tenentur ad poenitentiam publicam, ut resarciant scandala, et rursum aedificent quod destruxerunt. Quarto, Et nunc iurisconsulti non damnant publice criminosos, 35 nisi fuerint iure notorii, tolerantes facto notorios. quorum sententiam certe non reprobo, neque erronea mihi uidetur, cum nulli liceat alterum iudicare, damnare, despicere quantumlibet peccatorem, nisi potestatem habuerit iudicandi super eum, 53 W ne dicatur ei: Tu quis es, qui iudicas | alienum seruum? Ne- 40

---

14 statt quantis vielleicht quam multis (vgl. unten s. 52, z. 17) zu lesen   40 Rö. 14, 4

gligentia tamen charitatis reprehendenda est, tum praelatorum,
tum subditorum, quod notorios facto ¹ sinunt libere agere, nec 173 E
curant, ut fiant notorii iure, secundum illud praeceptum Christi:
dic ecclesiae, si ecclesiam non audierit etc.

5 ¶ Secundo, Credo omnibus patere, quod solum pro criminibus imponantur poenae Canonicae, ergo indulgentiae (si
sunt remissiones Canonum) non nisi criminosis sunt utiles.
Ideo qui communi uita agunt, quae sine peccatis uenialibus
non agitur, non habent opus ueniis, Maxime cum nec debeat
10 institui poena uenialibus, immo nec confiteri teneantur; multo
minus uenias redimere opus habent. Alioquin esset necesse,
poenas Canonicas ab omnibus omni tempore ferri, cum nemo
(ut dixi) sine uenialibus uiuat. Atque amplius loquar: nec
pro omni peccato mortali sunt ueniae redimendae. quod sic
15 ostendo: Nemo certus est, se non semper peccare mortaliter,
propter occultissimum superbiae uitium. Si ergo super omni
mortali starent Canonicae poenae, non esset tota uita fidelium
ultra crucem euangelicam, nisi etiam canonicarum poenarum
carnificina. Quare et semper redimendae essent indulgentiae,
20 atque nihil aliud agendum. Quod si hoc absurdum est, patet, indulgentias non esse nisi super peccatis a Canonibus
punitis. Peccata autem a Canonibus puniri nulla possunt, nisi
certa et publica crimina, Aut si multum urgear, saltem, quae
sibi certa sunt esse crimina, ut dixi de adulterio, furto, homi-
25 cidio etc. id est, manifesta opera foris. Quare consensus cuiuscunque mortalis non pertinet ad Canonicas poenas uel
imponendas uel remittendas, ut nec uerbum oris, nisi sit
occasio operis futuri, ut etiam ex uerbis Canonum patet.

¶ Tertio, Nec sic sunt criminibus imposti Canones, quin
30 cessent, si quis melius quid operetur, ut si intret monasterium,
aut se deputet seruitio pauperum et hospitalis, aut pro Christo
patiatur, aut pro uoluntate dei moriatur, aut simile uel maius
quippiam his foecerit. in iis claret, quod Canoni|cae poenae 174 E
cessant, nec indulgentiae eis aliquid prosunt. Vnde solum
35 inertibus, frigide poenitentibus, delicatis scilicet peccatoribus,
sunt impositae, ideo et solummodo duris et impatientibus
indulgentiae proprie concedi uidentur.

¶ Quarto, Impeditis iustissima causa, ut poenas ferre
non possint, non est dubium, non impositas intelligi, ut si
40 quis captiuus esset turcis et infidelibus, si seruus alicuius

---

4 Mt. 18, 17   28 opers C *druckf.* vgl. Decr. P. II de poenitentia dist. I c. XIV: cogitationis poenam nemo patiatur

domini, cui tenetur obedire sub praecepto euangelii, Aut etiam
debitum reddere, seruire uxori et liberis, opere manuum, et
uictum quaerendo. illis enim impeditus non tenetur ea dimittere, immo tenetur ea facere et Canones omittere, et deo
obedire. quare nec remissiones illorum habet necessarias, 5
quorum non fuit capax impositionis.

¶ Quinto, Infirmis nihil imponunt Canones, sanus ergo
quaeritur, Et qui non sit de numero illorum, qui dicunt:
Manus domini tetigit me. His enim non impositio poenarum,
sed uisitatio et consolatio debetur, secundum illud Christi: 10
Infirmus fui, et non uisitastis me. Alioquin dicetur ponti-
554 W ficibus: ¦ Quoniam quem tu percussisti, persecuti sunt, et
super dolorem uulnerum meorum addiderunt. Et illud Job:
Quare me persequimini sicut deus. ergo nec his sunt necessariae ueniae.   15

¶ Sexto, Tandem mortuis et morituris, de quibus dictum
est. Vides ergo, quam multi sint Christiani, quibus ueniae
non sunt necessariae, nec utiles. sed ad conclusionem tandem
reuertor, ut hanc materiam aliquando finiam, et proprio eos
fodiam gladio. Constat apud omnes in ecclesia, quod in 20
agone et articulo mortis quilibet sacerdos Papa est, ergo omnia
remittit morituro. quod si deest sacerdos, certe uotum sufficit,
quare absolutus est ab omnibus, quibus a Papa potest absolui.
ergo indulgentiae defunctis nihil conferre uidentur prorsus,
175 E cum quic¦quid solui potest solutum sit in morte. Ex quo 25
simul patet, quod graduum et legum differentia solum super
uiuentes et sanos intelligitur. Igitur ueniae sunt utiles manifeste criminosis, uiuentibus, sanis ac ualidis, non impeditis,
et melius agere non uolentibus. Hic si erro, reuocet me, qui
potest et scierit.   30

Si autem quaeras: a quibus ergo poenis redimuntur
animae, uel quas patiuntur in purgatorio, si canonicae nihil
respondens patiuntur? Dico: Si id ego scirem, quid dispu-
tarem et quaererem? Ego non sum tam expertus et sciens,
quid deus faciat cum animabus separatis, ut illi copiosissimi 35
animarum redemptores, qui omnia adeo secure pronunciant,
ac si fuerit impossibile eos esse homines. Accedit ad diffi-
cultatem, quod sunt doctores, qui putent animas nihil ab igne,
sed in igne tantummodo pati, ut sit ignis non tortor, sed
carcer animarum. Idcirco et hic ingredior multo maxime 40

---

9 Hi. 19, 21   10 Mt. 25, 43   11 Alloquin C *druckf.*   12 Ps.
69, 27 percusisti C *druckf.*   13 Hi. 19, 22   24 conferri C *druckf.*
35 Illi C *druckf.*   38 vgl. Kirchenlexikon² IV 1294

dubiam et disputabilem materiam, et quid super iis rebus perceperim, profero.

¶ CONCLVSIO XIV.

¶ Imperfecta sanitas seu charitas morituri necessario
5 secum fert magnum timorem, tantoque maiorem, quanto minor
fuerit ipsa.

¶ Patet per illud i. Joan. iiii: Timor non est in charitate,
perfecta charitas foras mittit timorem, quia timor poenam habet.
Igitur si perfecta Charitas foras mittit timorem, necessarium
10 est, ut imperfecta timorem non mittat foras, Ac per hoc timor
sit cum charitate imperfecta. Sed ubi est illa perfecta charitas? et (ut digrediar paululum) Quis est sine timore mortis,
iudicii, inferni? nam in homine quantumcunque sancto
reliquiae sunt uetustatis et peccati, et non possunt filii Israel
15 in hoc tempore Jebusaeum, Cananaeum, et reliquas gentes
penitus delere, manet | uestigium prioris Adae. Haec autem 176 E
uetustas est error, concupiscentia, ira, timor, spes, desperatio,
mala conscientia, horror mortis etc. Haec enim sunt ueteris
et carnalis hominis, minuuntur autem in nouo homine, sed
20 non exstinguuntur, donec et ipse exstinguatur per mortem,
Sicut ait | Apostolus: licet is, qui foris est, noster homo 555 W
corrumpatur, ille, qui intus est, tamen renouatur de die in
diem. Igitur ista mala reliquiarum uetustatis per indulgentias
non tolluntur, nec per coeptam contritionem, sed incipiunt
25 tolli, ac proficiendo magis ac magis tolluntur. Haec est sanitas
spiritus, nihil aliud quam fides seu charitas in Christo.

¶ Isto sic posito patet conclusio satis, quia, si quispiam
fuerit praeoccupatus morte, priusquam sit perfectae charitatis,
quae timorem pellat, necessario cum timore et horrore moritur,
30 donec perficiatur charitas et foras mittat timorem illum. Hic
autem timor est ipsa conscientia mala et trepida propter defectum fidei. Nulla est enim formidolosa conscientia, nisi quae
fide uel uacua uel imperfecta est. Sic enim et Apostolus ait:
Sanguinem Christi liberare conscientias nostras ab operibus
35 mortuis. Et iterum Heb. x: Aspersi corda a conscientia
mala in plenitudine fidei.

¶ Breuiter, si possum probare, quod causa horroris et
timoris sit diffidentia, Rursum causa securitatis sit fides, credo
simul probatum esse, quod moriens in fide imperfecta ne-

---

cessario timet et horret. sed diffidentiam esse causam terroris,
desperationis, damnationis, in euangelio saepius legitur. Primo,
quando Petrus dominum a se iussit exire, quia homo peccator
ego sum, inquit. Secundo, quando cepit mergi propter
modicam suam fidem. Tertio, quando discipuli prae tur- 5
batione uoluerunt clamare, ubi Christum super mare ambulantem
phantasma putabant. Quarto, quando turbati existimabant
177 E se spiritum uidere, cum intraret ad eos ianuis clau|sis. In hiis
omnibus ostenditur diffidentiam esse causam timoris et horroris.
uenit ergo omnis turbatio ex diffidentia, omnis securitas ex 10
fiducia in deum. Fiducia autem ex charitate, quia necesse
est, ut is tibi placeat, in quem confidas.

¶ CONCLVSIO XV.

¶ Hic timor et horror satis est se solo facere (ut alia
taceam) poenam purgatorii, cum sit proximus desperationis 15
horrori.

¶ Nihil de igne et loco purgatorii loquor, non quod ea
negem, sed quod alia est illa disputatio nec a me nunc
instituta, deinde quod nesciam, ubi sit locus purgatorii, licet
B. Thomas illum sub terra esse putet. Ego uero interim cum 20
B. Augustino remaneo, scilicet quod receptacula animarum
abdita sint, et remota a nostra cognitione. Quae ideo dico,
ne Pighardus haereticus in me sibi uideatur obtinuisse, purgatorium non esse, quia locum eius ignotum esse confiteor,
Aut ideo Romanam ecclesiam errare, quia opinionem B. 25
Thomae non explodit. Mihi certissimum est, purgatorium esse.
nec multum me mouet, quid blatterent haeretici, quando iam
mille et plus centum anni sunt, quod B. Augustinus in suarum
confessionum li. ix. pro matre et patre suo orat et orandum petit.
Et eadem sancta mater eius moriens (ut ibi scribit) memoriam 30
sui optauerit ad altare domini, sed et a B. Ambrosio id
factum narrat. quod si etiam tempore Apostolorum non fuisset
556 W purgatorium (ut superbit | fastidiosus Pighardus), nunquid ideo
credendum est haeretico, uix quinquaginta annos nuper nato,
et fidem tot saeculorum falsam fuisse contendendum? maxime 35
cum ipse nihil aliud faciat, quam quod dicit: non credo, et sic
probauit omnia sua et improbauit omnia nostra, quasi non et
lignum et lapis non credant. Sed haec suo operi et tempori.

3 Lc. 5, 8   4 Mt. 14, 30   5 Mt. 14, 26   7 Lc. 24, 37
20 in IV. libr. sentent. dist. XXI qu. 1 art. 1 ad 2   21 Enchir. ad
Laur. cap. 109 (MSL 40, 283)   28 cap. 13 (MSL 32, 778)   30 cap.
11 (775)   33 Köhler, L. und die Kirchengesch. s. 173 ff.

Igitur concessum est, horrorem esse in animabus. nunc probo eum esse poenam purgatorii uel | maximam.   178 E

¶ Primo Omnes concedunt easdem esse poenas purgatorii et inferni, nisi quod differunt aeternitate. At scriptura describit
5 poenas inferni esse turbationem, pauorem, horrorem, fugam, ut Ps. i: Non sic impii, non sic, sed tanquam puluis, quem proiicit uentus. Sed et in Iob et Isaie et multis aliis locis impii comparantur stipulae et pulueri, turbine raptis atque dispersis. in quo nimirum significat fugam horribilem dam-
10 natorum. Item Ps. ij: Tunc loquetur ad eos in ira sua, et in furore suo conturbabit eos. Et Isaie xxviii: Qui confidit in illum, non confundetur, id est, non festinabit, non pauebit, neque fugiet confusus et horrens, utique uolens, quod non confidentes confundentur et pauebunt. prouer. i: Qui me
15 audierit, absque terrore requiescet, et abundantia perfruetur, timore malorum sublato, et Ps. cxi.: Ab auditione mala non timebit. His enim et aliis locis scripturae terror, horror, pauor, timor, tremor exprimitur poena impiorum, quando piorum contraria asserit. denique et B. Jacob. dicit, quod
20 daemones credunt et contremiscunt. Et Deut. xxxij. clare pro- nunciat, poenam impii esse pauorem, dicens: Dabit tibi dominus deus cor pauidum etc. Nam si pauor ille non esset, nec mors, nec infernus, nec ulla poena esset molesta. sicut ait in Canticis: Fortis ut mors dilectio, dura sicut infernus aemu-
25 latio. quod satis ostensum est in Martyribus adeo, ut de impiis dicat spiritus ps. xiii: Illic trepidauerunt timore, ubi non fuit timor, et prouer. xxviii: Fugit impius nemine perse- quente, Justus autem, quasi leo confidens, absque terrore erit. Alioquin, Cur unus timet mortem et dolet, alius uero
30 contemnit? nisi quia intus iusticiae fiducia destitutus timet, ubi timere non debet?

¶ Secundo, ii. Tess. i: Qui non credunt Euan|gelio, 179 E dabunt poenas in interitu aeternas, a facie domini, et a gloria uirtutis eius. quia scilicet solo uultu uirtutis suae torquet eos
35 et cruciat deus, cum sit eis insustentabilis, ideo fugient et non effugient, sed deprehendentur inter angustias. Sic illud Sap. vi: Cito apparebit uobis horrende. Et Ps.: Pones eos ut clibanum ignis in tempore uultus tui. Alioquin unde

---

3 Kirchenlexikon² IV 1292 ff.   6 Ps. 1, 4   8 comperantur C *druckf*. ut stipule C   10 Ps. 2, 5   11 Jes. 28, 16 confidunt C 14 Pr. I, 33   16 Ps. 112, 7   17 Hiis C   19 Ja. 2, 19   20 Dt. 28, 65 f.   24 HL. 8, 6   26 Ps. 14, 5   27 Pr. 28, 1   32 2. Th. 1, 8 f.   37 Wei. 6, 6 Ps. 21, 10

illa uox: Montes, cadite super nos, et colles, operite nos?
Et illud Isa. ii: Ingredere petram, et abscondere in fossa
humo, a facie furoris domini, et gloria maiestatis eius. Et
illud Job.: Quis mihi tribuat, ut in inferno protegas me, et ab-
scondas me, donec transeat furor tuus? Patet itaque, quod 5
557 W a facie domini oritur eorum maxima poena, dum confunduntur
a foedissima sua immundicia ad tantam puritatem comparata.

¶ Tertio, Et ecclesia in persona animarum psallit et gemit
ps. vi: Conturbata sunt ossa mea, et anima mea turbata
est ualde, et ps. cxiiii: Circumdederunt me dolores mortis, 10
et pericula inferni inuenerunt me. Unde et usitatissima oratio
est, ut eis requiem optemus, utique intelligentes, quod sunt
inquietae. At poenae non faciunt inquietudinem, ut patet in
Martyribus et constantibus uiris, sed horror et fuga poenarum,
quae oritur ex infirmitate fiduciae in deum. Sicut credit 15
unusquisque, sic fit ei, et tales sunt ei poenae et omnia, qualis
fuerit et ipse. inde non conturbat iustum, quicquid acciderit
ei (ait Sap.). Rursum impios terret (Leui. xvi.) sonitus
folii uolantis. Et Isa. lvii: Impii quasi mare feruens, quod
quiescere non potest, et redundant fluctus eius in conculca- 20
tionem et lutum. non est pax impiis, dicit dominus deus.

¶ Quarto, uiuentes aliqui eas poenas gustauerunt, scilicet
inferni, ergo multo magis mortuis credendum est, eas inferri
180 E in purgatorio. nam Dauid ex pertus dicit: Nisi quia dominus
adiuuit me, paulominus habitasset in inferno anima mea. Et 25
alibi: Repleta est malis anima mea, et uita mea inferno
appropinquauit. Et rursum: Dissipata sunt ossa nostra secus
infernum. Et: assimilatus sum descendentibus in lacum. Et
iterum: quam multas ostendisti mihi tribulationes magnas et
malas, et de abyssis terrae iterum reduxisti me. Ezechias 30
uero dicit: Ego dixi in dimidio dierum meorum, uadam ad
portas inferi. Et infra: Sicut leo contriuit omnia ossa mea,
quod certe non nisi intolerabili factum horrore potest intelligi.

¶ Quinto, quam multi sunt, qui usque hodie has poenas
gustant! nam et Joan. Taulerus in suis teutonicis sermonibus 35
quid aliud docet, quam earum poenarum passiones, quarum
et exempla nonnulla adducit? atque hunc doctorem scio
quidem ignotum esse Scholis Theologorum, ideoque forte con-

---

1 Ho. 10, 8   2 Jes. 2, 10   4 Hi. 14, 13   9 Ps. 6, 3 f.
10 Ps. 116, 3   18 Pr. 12, 21 Le. 26, 36   19 Jes. 57, 20 f.
21 luctum C   24 Ps. 94, 17   26 Ps. 88, 4   27 Ps. 141, 7
ossa *fehlt* C   28 Ps. 28, 1   29 Ps. 71, 20   30 Jes. 38, 10
32 Jes. 38, 13   35 Köhler, L. und die Kirchengesch., s. 251 f.

temptibilem, Sed ego plus in eo (licet totus Germanorum
uernacula sit conscriptus) reperi theologiae solidae et sincerae,
quam in uniuersis omnium uniuersitatum Scholasticis doctoribus
repertum est, aut reperiri possit in suis sententiis.

5 ¶ Sed et ego noui hominem, qui has poenas saepius
passum sese asseruit, breuissimo quidem temporis interuallo,
sed tantas ac tam infernales, quantas nec lingua dicere, nec
calamus scribere, nec inexpertus credere potest, ita ut, si
perficerentur aut ad mediam horam durarent, immo ad horae
10 decimam partem, funditus periret, et ossa omnia in cinerem
redigerentur. Hic deus apparet horribiliter iratus, et cum eo
pariter uniuersa creatura. Tum nulla fuga, nulla consolatio,
nec intus, nec foris, sed omnium accusatio. Tunc plorat hunc
uersum: Proiectus sum a facie oculorum tuorum. nec saltem
15 ¹audet dicere: Domine, ne in furore tuo arguas me. In hoc 558 W
momento (mirabile dietu) non potest anima credere, ¹sese posse 181 E
unquam redimi, nisi quod sentit nondum completam poenam.
Est tamen aeterna, neque potest eam temporalem existimare,
solum relinquitur nudum desiderium auxilii, et horrendus
20 gemitus, sed nescit unde petat auxilium. Hic est anima
expansa cum Christo, ut dinumerentur omnia ossa eius, Nec
est ullus angulus in ea non repletus amaritudine amarissima,
horrore, pauore, tristitia, sed his omnibus non nisi aeternis.
Et ut dem simile utcunque, si sphaera transeat super lineam
25 rectam, quilibet punctus lineae tactus totam fert sphaeram, non
tamen comprehendit totam sphaeram. Ita anima in suo
puncto, dum tangitur a transeunte inundatione aeterna, nihil
sentit et bibit, nisi aeternam poenam, sed non manet, iterum
enim transit. Igitur si uiuentibus contingit illa inferorum
30 poena, id est, intolerabilis ille pauor et inconsolabilis, multo
magis animarum in purgatorio uidetur talis esse poena, sed
continua. Et est ignis ille internus multo atrocior quam
externus. Quod si quis ista non credit, non contendimus,
sed id tantum efficimus, quod illi ueniarum praecones multa
35 dicunt, quae uel ignorant uel dubitant, nimis audacter. Magis
enim credendum est expertis in his, quam illis inexpertis.

¶ Sexto ad id facit auctoritas ecclesiae, quae canit: Libera

5 2. Ko. 12, 2 K. K. 1, 66 14 Ps. 31, 23 15 Ps. 6, 2
37 'Libera eas [eos C druckf.]' stelle im Offertorium der Missae pro
defunctis

eas de ore leonis, ne absorbeat eas tartarus, Item: a porta
inferi. quibus uerbis certe uidetur significari, esse animas
uelut iam in porta et introitu damnationis et initio inferni,
quod dixi prope desperationem esse, nec uana esse uerba ecclesiae credo.   5

¶ CONCLVSIO XVI.

¶ Videntur infernus, purgatorium, coelum differre, sicut
derperatio, prope desperatio, securitas differunt.

182 E   ¶ Si quis duas praecedentes conclusiones ueras¹ putauerit,
hanc quoque facile admittit, immo, cum in coelo credamus 10
regnare pacem, gaudium et securitatem in luce dei, in inferno
uero contra saeuire desperationem, dolorem et horribilem
fugam in tenebris exterioribus,

¶ Purgatorium uero sit medium inter utrunque, sic tamen,
ut propius sit inferno, quam caelo (quia non habent gaudium 15
et pacem, immo nihil de coelo participant, Cum ponatur esse
eadem poena cum inferno, sola duratione differente), satis
patet, quod et in ipso sit desperatio, fuga, horror et dolor.
Sed addidi 'prope desperationem', dicens, quia tandem cessat
illa desperatio. Alioquin reuera, dum est in illo, anima ñon 20
sentit nisi desperationem, non quod desperet, sed quod in
tanta est perturbatione et confusione pauoris, ut non sentiat
sese sperare. Solus spiritus adiuuat ibi quam maxime infirmitatem eorum in gemitibus inaenarrabilibus pro eis interpellans.
Sic enim fit et tentatis in hac uita, ut nesciant, an sperent 25
uel desperent, immo sibi desperare uidentur, solo superstite
559 W gemitu¹ pro auxilio. Ex quo signo non ipsi, sed alii intelligunt
eos adhuc sperare. sed omitto uerbosius de ea re loqui,
quae est abstrusissima, ne et mihi obiiciant ueniales quaestores,
quod sine probatione loquar, quamquam non, ut illi, assero, 30
quae ignoro, sed disputo et quaero, et eorum praesumptam
certitudinem dubiam, imo nullam esse contendo.

¶ CONCLVSIO XVII.

¶ Necessarium uidetur, animabus in purgatorio sicut minui
horrorem, ita et augeri Charitatem.   35

¶ Et haec nititur praecedentibus tribus Conclusionibus.
Sed tamen declaremus eam, et ponamus (sicut coepimus)
animarum decedentium tria genera. Primum earum, quae

---

1 'A porta inferi . . .' ein in Vesper und Laudes des Officium defunctorum vorkommender Versikel   12 seruire C, korrigiert nach Brieger
ZKG. 17, 199   23 Rö. 8 26   29 obstrusissima C *druckf.*

sunt fide omnino uacuae (id est damnatae), has necesse est
in morte excipi [1] summo horrore et desperatione, iuxta illud: 183 E
uirum iniustum mala capient in interitu; Et iterum: Mors
peccatorum pessima, scilicet, quia non habent fiduciam in
5 deo, ideo comprehendit eos ira. Secundum earum, quae sunt
fide omnino plenae atque perfectae (id est beatae), has necesse
est in morte excipi summa securitate et laeticia, iuxta illud:
Justus cum caeciderit, non collidetur, dominus enim supponit
manum suam; Et iterum: Preciosa in conspectu domini mors
10 sanctorum eius; Et iterum: Justus si morte praeoccupatus
fuerit, in refrigerio erit. Et causa utriusque est, quia iniustus
inuenit quod timuit, timuit autem semper mortem et poenam,
Justus autem satur huius uitae maxime cupiuit dissolui, ideo
desiderium eius tributum est ei. Ille non dimidiauit dies suos,
15 Iste ultra perfectum prolongauit incolatum suum. Ideo quod
ille horret, iste quaerit, diuersissimo studio affecti; quod illi
summus horror est, huic est summum lucrum et gaudium.
Tertium earum, quae sunt fide imperfectae, et hae uariae
differentes inter plenam et nullam fidem. Credo autem non
20 negari ab ullo, quasdam animas imperfectae fidei decedere,
sed tamen infra id suadebimus latius. Igitur cum imperfectio
fidei sit nihil aliud, nisi imperfecta nouitas uitae in spiritu
et adhuc reliquum de uetustate carnis et Adae (Si enim esset
perfecta, non timeret poenam, nec inuita moreretur, aut cum
25 affectu terreno huius uitae migraret), clarum uidetur, animabus
necessarium esse, non solum tollere poenas, sed etiam addere
perfectionem nouitatis, et tollere residuum uetustatis (id est,
amorem uitae et timorem mortis et iudicii). nam quantumcunque tolleretur poena (si esset possibile), non per hanc
30 ablationem esset sana, sicut nec in ista uita per ablationem
poenarum solam aliquis melior fit, sed per additionem gratiae,
et remotionem peccati. quare et illis primo peccatum [1] aufe- 184 E
rendum est, id est, imperfectio fidei, spei, charitatis.

¶ Secundo, Nulla poena uincitur fuga aut timore. uerum
35 est enim prouerbium: Qui timet infernum, descendet in eum,
immo qui timet pruinam, [1] cadet super eum nix, Iob vi, id est, 560 W
plus cadet super eum, quam timuit. Omnis poena timore
sui augetur et roboratur, sicut amore minuitur et infirmatur.
Vincitur autem poena amore et amplexu sui. deinde nulla
40 poena est molesta, dum fuerit uicta, ideo amanti poenas et

---

3 Ps. 140, 12 Ps. 34, 22   8 Ps. 37, 24   9 Ps. 116, 15
10 Wei. 4, 7   35 Thiele, L.s. Sprichwörtersammlung, no. 22   36 Hi.
6, 16

mortem non sunt molestae, sed dulces, quia per amorem et
spiritum uictae. Sunt autem molestae timenti, quia per timorem
et literam ei dominantur. Si ergo purgatorium affligit animas,
et molestus est eis pauor, euidens est eis deesse amorem et
spiritum libertatis, et adesse literam ac timorem. atque hunc 5
defectum amoris uoco imperfectam sanitatem spiritus. cum
autem sine perfecta sanitate nullus coelum intrabit, tandem
concludo, necessarium illis esse, augeri charitatem et sanitatem,
sicut minui horrorem.

Si quis ista negauerit, neque crediderit, contenderitque 10
animas esse ibi perfectas in uita spiritus solumque debita
praeterita poenarum luere,

Respondeo primum: probent et ipsi suam sententiam,
quam et ego nego, et certus sum, quod uel nullis uel in-
firmioribus rationibus sua probabunt.   Secundo age, Quero, 15
an negent triplex illud supra positum animarum genus decedentium? si admittunt tertium quoque genus, Respondeant
ad praedicta, quomodo auferatur pusillanimitas spiritus et
timor, quando perfectus homo sicut pater eius deus nihil
timet, omnia potest, omnia suffert, in omnibus gaudet ac 20
delectatur. Si non admittunt, sed in morte perfici fidem
arbitrantur, ac sic solummodo poenae absoluendae restent, et
hoc totum sit purgatorium, ratio scilicet debitarum poenarum,
Tum praeter id, quod iam fortissimum et insolubile produxi
185 E argumentum, uidelicet, quod nulla scriptura, nulla ra'tione suam 25
sententiam possint probare, tamen adhuc uia suasoria procedam. Sic enim et illi opinatores et postillatores faciunt.

Primo, ad quid deus uult puniri perfectos in spiritu?
ad satisfactionem? Contra: Super omnem satisfactionem est
charitatis satisfactio, neque enim deus ipse etiam per poenas 30
ullum aliud requirit, quam ut perficiatur charitas. Charitas
enim (nisi Apostolus mentitur) operit multitudinem peccatorum.
At illos iam esse perfectae charitatis positum fuit.

Secundo, Deo maxime satisfit per uoluntatem, ubi non
inuenit facultatem, ut cum B. Augustino sentit tota ecclesia. 35
At illi, si sunt perfectae charitatis, talem habent uoluntatem
necessario, et tamen facultatem non habent defectu uitae.
quare necessario sola uoluntate abunde satisfaciunt.

Tertio, Perfecti tales omnia reddunt deo, quaecunque
debent, quia nihil amplius debent, quam ut se totos ipsos 40

32 1. Pt. 4, 8   35 Enarratio in psalmum CIII: Coronat deus intus
voluntatem, ubi non invenit facultatem (MSL 37, 1351), Sermo XVIII:
Deus non annotat facultatem, sed coronat voluntatem (38, 131)

cum intima uoluntate offerant. deus enim ab homine nihil
requirit amplius, quam ipsum totum, sicut dicitur: praebe, fili,
cor tuum mihi. immo per poenas cogit hominem ad id, ut se
totum offerat. quomodo ergo eo facto poenae manent? ad
5 quid cogunt?

¶ Quarto, Finge animam in morte perfectae fidei et
charitatis, quae adhuc forte debeat vii dies ieiunare aut aliam
Canonicam poenam implere. Hic ergo deus tam crudelis est,
ut animam, quae summa charitate ad eum sitit|eumque super 561 W
10 omnia uehementissime diligit, quae proximo suo omnia plenissime
ignouit et sibi omnia ignosci uehementissime cupiuit, cui propter
haec etiam debita fuit apud deum et homines ignoscentia
(Talis est enim anima, quae sana charitate moritur), hic, inquam,
deus non remittit septem dies propter summam in eum et
15 proximum charitatem et humilitatem, quae sunt summae omnium
eleemosynarum, qui tamen in euangelio dicit, Omnia remitti
et munda esse|iis, qui dant non de corde, sed de his, quae 186 E
superfluunt, eleemosynas, et seruo solum roganti et nihil
facienti nisi promittenti omne debitum dimisit, etiam promissione
20 data libera? Nec saltem intuetur Deus in hac re, quod tam
facilis est uiuentibus sineque mortis periculo talia concedere,
morituris uero et summo iam periculo pressis tam difficilis
est ad remittendum tam parua tam maguae charitati? quis
credet? aut quibus id uiis suadebunt? aut ergo desinant
25 sua tam confidenter praedicare, aut melius roborent, et ista
dissoluant. Nos interim sentiemus, animas in purgatorio non
propter solam poenam, immo propter defectum charitatis laborare
in poena, quia hic noluerunt laborare ad perfectionem, aut,
si perfectae sunt, omnibus poenis amore triumphatis liberas
30 esse. nec enim sic de dei bonitate sapio, quod intuitu perfectae et aeternae charitatis non remittat quibusdam poenam
temporis breuissimi, qui propter modicam charitatem omnibus
passim remittit aeternam, et qui saepius in uita ignouit omnes
poenas pro uno opere inceptae charitatis, non remittat unquam
35 in morte aliquas poenas pro omni opere consummatae charitatis. ueruntamen haec sunt disputata, quia mirabilis est
deus in sanctis suis; melius faceremus, si tam dubia relin-
queremus, et in populum alia certiora doceremus. potens est
deus cum illis nec secundum hanc nec secundum illam
40 sententiam agere. non enim nostro, sed suo iam iudicio

2 Pr. 23, 26   16 Lc. 11, 41   18 Mt. 18, 26 ff.   36 Ps. 68, 36

subiecti, quia potest et ibi punire gratis, ut ostendat gloriam
gratiae suae, sicut foecit in Iob et Paulo.   Tamen ultimo et.

¶ Quinto suadeo conclusionem: Si purgatorium tantummodo est poenarum officina, cur non uocatur punitorium
potius quam purgatorium?   Ratio enim et uis uocabuli pur- 5
gationem aliquam importat, quae intelligi non potest nisi
187 E uetustatis et peccati relicti, quo sunt immundi, qui terrenorum
affectu fidei puritatem impedierunt.   Quod si noua (ut sunt
ad distinctiones prompti) usi aequiuocatione dixerint esse
purgationem hic idem, quod solutionem, ut tum purgatae 10
dicantur, cum poenae fuerint solutae, Respondeo: hoc eadem
facilitate contemnitur, qua probatur.   quod si et ipsi con-
tempserint uim uocabuli ad purgationem uitiorum extendi,
Esto sane, non contendo, id tamen effectum est, utrumque
esse dubium. ideo praepostere alterum illorum tanta certi- 15
tudine in populos dispersum, maxime cum nec ratio nominis
illorum sententiae conueniat.

¶ Sexto, Et ad hoc ualet illud Gregorii dis. xxv. c. qualis,
ubi non poenas tantummodo, sed culpas remitti dicit in futuro,
scilicet ueniales, ut ibidem exempla ponit.   At remissio culpae 20
non fit sine gratiae infusione, et horror mortis est sanctis peccatum ueniale, sed non paruum.

562 W   ¶ CONCLVSIO XVIII.

¶ Nec probatum uidetur ullis aut rationibus aut scripturis,
quod sunt extra statum meriti seu augendae charitatis.   25

¶ Hoc enim robustissimum est meum aduersus oppositam
opinionem argumentum, quod uidelicet sine authoritate docetur.
Nostra autem certe uel ea nititur authoritate, quod sine addita
gratia nullus timor pellitur, quem sola perfecta charitas foras
mittit.   Haec autem conclusio praeuenit argumentum eorum, 30
qui dicerent contra me: sunt extra statum meriti, quare tres
praecedentes conclusiones falsae.   Ego autem, ut opinando et
disputando, nihil asserendo, sicut coepi, prosequar, dico: Si
purgatorium solum est soluendarum poenarum officina, et
animae in illo sunt suo affectu (ut ego sentio) immundae nec 35

---

18 Decr. P. I dist. XXV c. IV: Qualis hinc quisque egreditur,
talis in iudicio praesentatur, sed tamen de quibusdam leuibus culpis esse
ante iudicium purgatorius ignis credendus est, pro eo, quod veritas dicit:
Mt. 12, 32.   In qua sententia datur intelligi quasdam culpas in hoc
saeculo, quasdam vero in futuro posse laxari . . . Sed tamen . . hoc de
parvis minimisque peccatis fieri posse credendum est, sicut est assiduus
otiosus sermo, immoderatus risus vel peccatum curae rei familiaris . . .

ab eo uitio purgantur, fieret purgatorium idem quod infernus,
quia infernus est, ubi poena est cum culpa manente. At in
animabus purgatorii est culpa, scilicet timor poenarum et de-¹ ₁₈₈ E
fectus amoris, cum iustus secundum Isa. viii nihil debeat timere
5 nisi solum deum, ergo peccant sine intermissione, quamdiu
horrent poenas et quaerunt requiem.   Quod probo, quia
quaerunt, quae sua sunt, plus quam uoluntatem dei, quod
est contra charitatem.   Quod si amant deum, amant amore
concupiscentiae (id est, uitioso), cum etiam in suis poenis
10 debeant diligere deum et glorificare ac fortiter sustinere.
Atque ut inter tot disputationum spineta etiam asseram aliquid, Ego libere confiteor me credere, nullam animam redimi
de poenis purgatorii propter suum timorem, donec posito
timore incipiat amare uoluntatem dei in tali poena, et plus
15 dei uoluntatem amet, quam poenam timeat, immo solam dei
uoluntatem diligat, poenam vero uilipendat, aut in uoluntate
dei etiam amet.   Quia oportet, ut iusticiam diligat, antequam
saluetur.   At iusticia est deus, qui hanc poenam operatur.
deinde illud Christi : qui non accipit (id est, uolens et amans
20 portat) crucem suam et sequitur me, non est me dignus. at
crux animarum est illa poena.   Quae cum ita sint, et uerissima
credo, dicat qui potest, quomodo iste amor poenarum cum
timore mutari potest sine noua gratia infusa.   Ego fateor me
nescire, nisi dixeris, quod purgatorium non habeat terrorem
25 poenarum, ac per hoc nec similem inferno contra praedicta,
atque tunc frustra oramus pro eis, quas audimus uolentes et
amantes esse poenarum suarum sine timore.

  ¶ Secundo probo, quod augeatur eis charitas. Apostolus
dicit : Diligentibus deum omnia cooperantur in bonum. hoc
30 autem bonum non potest intelligi nisi augmentum iam possessi
boni. ergo et purgatorium auget bonum dilectionis dei, immo
maxime omnium auget, dum sicut infernus dura est aemulatio,
et in tantis malis etiam diligit, sicut fornax aurum probatum
facit, ita poena dilectionem.

35 ¶ Tertio, Virtus in infirmitate perficitur. omnis enim poena, ₁₈₉ E
si praesens est charitas, est salutaris et proficua; non enim
permittit pretiosissima charitas atque foecundissima aliquid ₅₆₃ W
secum sterile.   At in purgatorio est maxima infirmitas, ergo
maxime perficit charitatem.

40 ¶ Quarto, Impossibile est esse statum in uia, uia autem

---

4 Jes. 8, 13   19 Mt. 10, 38   29 Rö. 8, 28   32 HL. 8, 6
33 Pr. 17, 3   35 2. Ko. 12, 9

dei est charitas ad deum tendens, ergo necesse est animas
uel procedere uel retrocedere a charitate dei, cum nondum
sint in termino et uisione, ut patet.

¶ Quinto, Impossibile est ulla perseuerantia creaturae,
nisi assidue accipiat magis ac magis. inde enim dicunt acuti 5
quidam, quod conseruatio rei sit eius continuata creatio. Sed
creare est semper nouum facere, ut etiam patet in riuulis,
radiis, calore, frigore, maxime dum sunt extra suum principium. Quare et spirituali calori, id est, amori dei in animabus opus est continuata conseruatio (donec absorbeantur 10
in suum principium diuinum), ac per hoc et augmentum,
etiamsi uerum esset, quod essent perfectae, licet extra deum
esse nec peruenisse, et esse perfectum sint contraria.

¶ Sed uidere dignum est, quibusnam causis mouentur,
ut animabus statum meriti negent aut negandum probent. 15

¶ Primum illud uulgatissimum B. Augustini: Hic omne
meritum comparatur, post mortem nullum. ergo, inquiunt,
purgatorium non est merendi locus.

¶ Respondeo.

B. Augustinus, et quicunque Patres similia dixerunt, ex 20
authoritate et usu scripturae loquuntur, quae multo fortius in
hanc sententiam loquitur, ut est illud Gal. vi: Operemur
bonum, dum tempus habemus; Et Christus Joan. ix: Venit
nox, quando nemo poterit operari; Et Apo. xiiii: Opera enim
illorum sequuntur illos; et illa manifestissima Heb. viii: Statutum 25
190 E est omnibus hominibus semel |mori, post hoc iudicium, deinde
finis; Gal. vi: Quaecunque enim homo seminauerit, haec et
metet; Item: oportet nos omnes manifestari ad tribunal Christi,
ut recipiat unusquisque prout gessit in corpore, siue bonum
siue malum. Et multae aliae, quae omnino sonant, ac si post 30
mortem omnino sit iudicium recipiendi, sicut gestum est, id
est, meritum hic, secundum illud Ecclesiastis: Lignum ubicunque ceciderit, ibi erit. Sed haec omnia aeque contra totum
purgatorium pugnant, quia non ponunt statum medium inter
mortuos damnatos et beatos. Si ergo illis non obstantibus 35
purgatorium defenditur uere, etiam id defendi potest, quod
augeatur illis gratia, non obstante illo quod dicitur: Hic omne
meritum comparari, quia loquitur non de purgatorio, sicut et

---

16 De praedestinatione sanctorum cap. 12 (MSL 44, 977) und De
civitate Dei lib. 21, cap. 24 (41, 740)   22 Ga. 6, 9   23 Jo. 9, 4
24 xiiii *fehlt* C Apk. 14, 13   25 Hbr. 9, 27   27 Ga. 6, 7
28 2. Ko. 5, 10   32 Prd. 11, 3.

illae authoritates nihil de purgatorio, sed de coelo uel inferno loquuntur; utrinque ergo intermittitur purgatorium. Quare illa uerba Augustini ad purgatorium non sunt tendenda: Omne meritum hic, non illic, id est, non in coelo aut inferno. deni-
5 que secundum B. Augustinum etiam hic meritum illud comparatur, quo dignus sit homo in purgatorio suffragio iuuari. Alioquin in coelo uel inferno nullum habet meritum, quo mereatur ibi iuuari, sed tunc quidem ad purgatorium respexit, hic autem nequaquam.

10 ¶ Si autem quispiam contentiosior uoluerit asserere, authoritates iam adductas nihilo aduersus purgatorium pugnare, quod saluari possunt per ¦ duplex iudicium, seu duplicem retri- 564 W butionem post mortem, Temporalem scilicet, quae est purgatorii, Aeternam, quae est inferni, et sic alius metit purgatorium,
15 alius infernum, item alium sequuntur opera sua ad purgatorium, alium ad infernum, Hic respondeo: Sic dicendo potius destruuntur illae authoritates, quam saluentur cum purgatorio, per tam uiolentam ¦ et arbitrariam aequiuocationem, cum altera 191 E pars aequiuocationis nunquam possit probari. et meo iudicio
20 non esse licitum credo, longeque pessimum usum quibusdam hucusque fuisse seruatum, scilicet scripturae sanctae simplicem sensum in aequiuocum et dubium diuidere. Rectius enim dicitur, hanc authoritatem de hac re non loqui, quam, dum de utraque re intelligere conamur, de nulla certam relinquamus.
25 pallium enim breue est (ait Isaias), utrumque operire non potest. et ut uulgo dicitur: Non est altare alterius nuditate ornandum. Igitur dicendum est, quod homo illic metit, quod hic seminauit, intelligatur de praesenti et futura uita. Messis enim sine nostra torsione et equiuocatione arbitrii nostri
30 relinquenda est in ea significatione, qua utitur scriptura, scilicet futuri et uniuersalis iudicii. Atque ita ille autoritates nihil pugnant aduersus purgatorium, non per aequiuocationis cauillum, sed per ablationis sensum. Eodem modo et illud: hic omne meritum, illic nullum. Alioquin quantus fuerat sudor ingenio
35 meo, si et ego meritum aequiuocarem duplex, scilicet post mortem non esse meritum huius temporis, sed bene meritum illius status, et Augustinum loqui de primo; sed nolui.

¶ Quid autem dicent ad illud Ecclesiastis: Lignum ubicunque ceciderit, siue ad Aquilonem, siue ad Austrum, ibi erit? —
40 Si quidem per casum intelligunt mortem. Si ergo per Aquilonem infernum, per Austrum coelum, quo cadent, qui intrant

---

25 Jes. 28, 20   26 vgl. Wander, Sprichwörterlexikon, Altar nr. 5—7   38 Prd. 11, 3

purgatorium? 'ad austrum' dicent, sed aequiuocae.   sed quid
dicent: Ibi erit?   ibi manebit?   ergo nunquam exibunt purgatorium?   An hic quoque aequiuocatur mansio, scilicet temporalis et aeterna?   claret itaque, quod haec authoritas recta
facit contra purgatorium, quin etiam per aequiuocationem sui   5
facit ex purgatorio infernum.   non potest itaque solui, nisi
192 E di|catur (sicut dixi) nihil eam de purgatorio loqui, non plus
quam illam: Liber generationis Ihesu Christi.

¶ CONCLVSIO XIX.

¶ Nec hoc probatum esse uidetur, quod sunt de sua 10
beatitudine certae et securae, saltem omnes, licet nos certissimi
simus.

¶ Nos enim, quia credimus nullam in purgatorium uenire,
nisi sit de numero saluandorum, certi sumus de beatitudine
illarum, sicut certi sumus de electorum salute.   Quamquam 15
non nimis impugno, si quis asserat eas esse certas, ego non
omnes dico esse certas.   sed quia totum negotium de animabus in purgatorio absconditissimum est, ideo suadendo magis,
quam demonstrando declaro conclusionem.

565 W   ¶ Primo ex supradictis. Si poena purgatorii est pauor ille 20
et horror damnationis et inferni, pauor autem omnis facit
animum perturbatum, incertum, inopem consilii et auxilii, et
tanto magis, quanto fuerit uehementior et inopinatior, Animarum autem est omnium uehementissimus et inopinatissimus,
ut supra dictum est, Et Christus: tanquam laqueus super- 25
ueniı dies illa, Et Apostolus: Dies domini sicut fur in nocte,
ita ueniet, Quare ualde probabile est, eas prae confusione
nescire, quo statu sint, an damnatae uel saluatae, immo sıbi
uidentur iam ire in damnationem, et descendere in lacum,
omninoque iam esse in portis inferi, sicut Ezechias dicit, sed 30
et i. Reg. ii: Dominus deducit ad inferos et reducit. igitur
nihil aliud sentiunt, quam incipere suam damnationem, nisi
quod sentiunt, nondum clausam post se portam inferi, nec-
dum etiam dimittunt uotum et desyderium auxilii, licet nusquam apparentis. sic enim loquuntur, qui id experti sunt. 35
Accipiamus simile: Si quis ad iuditium mortis inopinatus
193 E ueniat, puta incidens in latrones, qui | dum intentant illi omni
ex parte mortem, etiamsi statuerint eum terrere, non occidere,
hic ipsi certi sunt eum uicturum, Ipse uero nihil nisi, prae-

---

     8 Mt. 1, 1   25 Lc. 21, 35   26 1. Th. 5, 2   2. Pt. 3, 10
27 parabile C *druckf.*   30 Jes. 38, 10   31 1. Sa. 2, 6

sentissimam mortem uidet, atque eo ipso iam moritur, solum
id sibi reliquum est, quod nondum sit mortuus possitque
redimi a morte, sed nescit unde, uidet enim illos posse, sed
nolle, igitur fere nihil differt a mortuo. Ita uidetur in pauore
5 aeternae mortis fieri, quod non aliud quam aeternam sibi
sentiunt imminere omni ex parte. Sic canit ecclesia pro eis:
A porta inferi erue animas eorum, et: libera eas de ore leonis,
ne absorbeat eas tartarus etc.

Solum id reliquum scientiae habent, quod deus possit
10 eos redimere, sed nolle illis uidetur. Damnati uero statim
huic malo addunt blasphemiam, illi uero solam querelam et
gemitum inenarrabilem, sustentati a spiritu. Hic enim fertur
spiritus super aquas, ubi sunt tenebrae super faciem abyssi.
Sed de hoc supra latius.

15 ¶ Secundo, Multa leguntur exempla, in quibus habetur,
nonnullas animas hanc sui status incertitudinem confessas
fuisse. apparuerunt enim tanquam euntes uocati ad iuditium,
ut de S. Vincentio etc. Rursum leguntur multa, iu quibus
certitudinem suam sunt confessae. Ad quae dico: Primo,
20 me dixisse non omnes esse certas. Secundo, forte melius
secundum praedicta, eas non fuisse certas, sed prae nimio
auxilii desyderio, tanquam certae essent, uelocyus iuuari postu-
lasse, ita ut potius opinentur et timide praesumant sese certas,
quam sciant. sicut et in euangelio de daemonibus dicitur,
25 quod sciebant ipsum esse Christum, id est, uehementer
opinabantur, ut ait glosa. Ita enim fit naturaliter in omni
angustia et pauore, ut uehementer opinemur nos esse adhuc
reparabiles, cum tamen magis sit ibi cupido reparationis, quam
spes aut scientia, sicut in daemonibus plus fuit cupido sciendi,
30 quam scientia. Scientia enim salutis non pauet, neque trepidat,
sed confidit, omniaque fortissime tolerat.

Hic dicitur: 566 W

Quid ergo de iuditio particulari, | quod in morte cuius- 194 E
libet hominis fama est agi, et Innocen. testatur? uidetur enim
35 per ipsum certus fieri homo de suo statu. Respondeo, quod
non sequitur eum certum fieri, etiamsi sit particulare iudicium.
Potest fieri, ut homo mortuus iudicetur, immo accusetur, sed
tamen sententia differatur, nec ei reueletur. Interim autem

---

6 s. oben s. 57 z. 37 ff.   12 Rö. 8, 26 Gen. 1, 2,   18 Petrus
Razzanus, Vita Vincentii Ferrerii, Acta Sanctorum Apr. I 476 sqq.
26 vgl. die glossa ordinaria zu Mc. 1, 34   34 wohl Innocenz IV.,
Comment. in V. libr. Decretal. ad libr. V tit. XXXVIII cap. XIV

4*

accusante conscientia, urgentibus daemonibus et minante ira
Dei nihil aliud faciat misera anima, quam ut tremat a sententia omni momento cum horrore exspectata. sicut de cor-
porali morte facit et minatur Deu. xxviii: Dabit tibi dominus
cor pauidum, et pendebit uita tua ante te, Mane dices: Quis 5
det mihi uespere? et uespere dices: quis det mihi mane?
Ita et ibi mors aeterna simili pauore feriat, et horribili horrore cruciet animam. nec ista sententia multum absona est
ueritati, quandoquidem et Math. v. Dominus distinguit inter
reum iudicii, et reum consilii, et reum gehennae, id est, inter 10
accusatum, et conuictum, et damnatum. Sed et insignes quidam authores scientia plus quam fama audent dicere, quasdam
animas pro suae tepiditate uitae per mortem rapi, et a deo
sic proiici, ut usque in finem mundi nesciant, an sint damnatae an saluandae. Et si recipitur hystoria illa de monacho 15
morituro, et propter peccatum fornicationis uelut damnato,
iam blasphemante, deinde ad sanitatem reuerso, satis patet,
quod iuditium et accusatio inferni potest animam affligere,
et tamen nondum esse diffinitam sententiam latam. Ad idem,
id quod in homilia recitat quadam B. Greg. de iuuene, quem 20
in morte draco absorbere uolebat.

    Haec itaque de tota materia poenarum purgatorii ueri-
similiter pono, motus primum ex natura horroris et pauoris,
Deinde, quod scriptura hanc poenam tribuit damnatis, Tandem,
quod omnis ecclesia dicit, easdem esse poenas inferni et pur- 25
195 E gatorii. et ita   credo hanc nostram sententiam in scripturis
satis fundatam. Buccinatores uero indulgentiarum uidentur
poenas animarum ita imaginari, quasi ab extra inferantur
sintque penitus externae, non autem ab intra in conscientia
nascantur, quasi deus solum ab eis auferat poenas, cum sit 30
contrarium uerius, quod animas potius a poenis auferat. sicut
scriptum est: Diuertit ab oneribus dorsum eius, Non ait:
Diuertit onera a dorso eius. Et iterum: Si transibis per ignem,
flamma non nocebit te. Quomodo non nocebit? nisi quia
dat fiduciam cordi, ut ignem non timeat, Non autem, ut ignis 35
non sit, cum transeundum ei per illum sit. Quare diuersio
dorsi ab oneribus non fit, nisi sanando animae timorem, et
confortando eam, sicut et supra dictum est, quod nulla poena
uincitur timore sui, sed amore et contemptu. At timorem
non auferunt indulgentiae, imo inferunt, quantum in eis est, 40

---

4 Dt. 28, 65 ff.   9 Mt. 5, 21   13 Apk. 3, 16   32 Ps. 81, 7
(vgl. Meissinger, L.s Exegese in der Frühzeit, Leipzig 1911, s. 32) Jes.
43, 2

dum uelut odibilem rem poenas relaxandas suadent. Deus
autem proposuit habere filios impauidos, securos, generosos,
aeternaliter et perfecte,   qui prorsus nihil timeant, sed per 567 W
gratiae suae fiduciam omnia triumphent atque contemnant,
5 poenasque et mortes pro ludibrio habeant. Caeteros ignauos
odit, qui omnium timore confunduntur, etiam a sonitu folii
uolantis.

Iterum obiicitur:

    Si uolenter poenas ferunt animae, cur pro eis oramus?
10 Respondeo: Nisi eas uolenter ferrent, certe damnatae essent,
sed nunquid non ideo optare debent orationes? quando et
Apostolus optauit pro se orationes fieri, ut liberaretur ab infidelibus, et sibi ostium uerbi aperiretur, qui tamen omni
fidutia plenus mortem contemnere se gloriabatur. Etiamsi
15 animae non optarent orationes, tamen nostrum est earum
labori condolere et succurrere oratione, sicut quibuslibet aliis,
quantumlibet for|titer patientibus. Deinde cum animae non 196 E
adeo doleant poena praesenti, quam horrore instantis sibi et
intentatae perditionis, non est mirum, si cupiant suffragium,
20 ut perseuerent et non deficiant in fiducia, cum sint incertae
(ut dixi) de statu suo, nec tam timeant poenas inferni, quam
odium dei, quod est in inferno, sicut dicitur: Non est in
morte qui memor sit tui, in inferno quis confitebitur tibi?
Et sic patet, quod non timore poenae patiuntur, sed amore
25 iustitiae, ut supra. Timent enim magis, ne non laudent et
ament deum (quod fieret in inferno), quam ne patiantur.
Et hoc eorum sanctissimum, sed anxiosissimum desyderium
merito iuuat omnis ecclesia, quantum potest, Maxime quando
et Deus uult illas per ecclesiam iuuari. Et hic tandem sit
30 aliquando finis tam obscurae et dubiae disputationis de animarum poenis. Quibus qui potest meliora proferre, non in-
uidebo, modo id faciat melioribus scripturae authoritatibus nixus,
non fumosis hominum opinionibus obnubilatus.

¶ CONCLVSIO XX.

35   ¶ Igitur Papa per remissionem plenariam omnium poenarum non simpliciter omnium intelligit, sed a se ipso tantummodo positarum.
Hanc disputo, nondum pertinaciter assero. Rationes meae sunt:
    ¶ Prima, ex dictis Conclu. v., quod solum Canonica

---

6 Le. 26, 36   12 Kol. 4, 3   20 incerti C   22 Ps. 6, 6

poena remittitur per potestatem Clavium. ideo haec Conclusio
corollarium est illius, et illa negata negatur et ista.

¶ Secunda, ex ipso stilo Pontificis, quo dicit: De iniunctis
poenitentiis misericorditer relaxamus. Ergo non iniunctas a
se uel· a Canonibus non relaxat. Neque hic curandum puto 5
arbitrarium commentum quorundam, qui dicunt: Quando
197 E Pontifex ¹ non addit hanc clausulam de iniunctis poenitentiis.
tum intelligi omnium simpliciter remissionem poenarum.
Dicerem ego: Etsi non additur, tamen subintelligitur addi,
tanquam necessaria et de essentia stili clausula; aut illi probent 10
aliquo textu, quod dicunt.

568 W   ¹ ¶ Tertia: ad solitum uenio argumentum, sed omnium
fortissimum, et requiro, quibusnam authoribus probent, etiam
alias poenas per claues tolli, quam Canonicas? Et exhibent
mihi Antoninum, Petrum de Palude, Aug. de Ancona, Capre- 15
olum, deinde et Angelus summista suum Franciscum Maronis
inducit, redemptiones ueniarum eo usque uehentem, ut me-
ritorias eas pronunciare sit ausus, si Christo placet. Quasi
uero illi homines tales sint ac tanti, ut, quicquid senserint,
statim necesse sit inter articulos fidei numerare. Verum illi 20
magis sunt reprehendendi, qui ad ignominiam nostram et
iniuriam illorum allegant pro assertis, quae illi pro pio suo
studio fuerunt opinati, prorsus nihil aduertentes illud Apostoli
fidele monitorium: Omnia probate, quod bonum est tenete,
longe stultiores Pythagoricis, Quippe cum hi ea tantum assererent, 25
quae Pythagoras dixisset, Isti uero etiam ea, quae illi dubitauerunt. Sed ad originem et fontem ueniamus riuulorum
istorum, id est, B. Thomam et Bonauenturam. Ex his enim
illi partim acceperunt, partim de suo addiderunt. Hi itaque
et sancti et graues plane authoritate uiri. Verum cum et ipsi 30
magis opinentur, quam asserant, denique S. Bonauentura confiteatur esse rem dubiosissimam omninoque incertam, Nonne
clarum est, ex ipsis etiam nihil posse astrui? Tu uide, si
ullum textum aut scripturam adducant. Nec mirum, quod
ipsi nihil asserant. Cum enim haec res sit fidei quidam arti- 35
culus, si fuerit determinatus, adeo non pertinet ad doctores

---

15 Antoninus (RE⁸ 1, 604 f.), summa theologica P. I tit. 10, § 1—3
Petrus de Palude (Hurter II³, 537 sqq.), in IV. sentent. dist. 20 qu.
4 ad 2 Augustinus Triumphus (RE³ 20, 134 f.), summa de potest. eccles.
qu. 29 art. 4   Joh. Capreolus (RE⁸ 3, 722), libri IV defensionum theologiae d. doctoris Thomae de Aquino in IV. sentent. Zu dist. 20 art. 1
concl. 1   16 Ueber die Ablasslehre des Angelus de Clavassio in seiner
Summa de casibus conscientiae vgl. Dietterle ZKG 27, 302 ff.   24 I. Th.
5, 21   31 in IV. sentent. dist. 20 P. II art. 1 qu. 5

diffinire, quod etiam ad solum concilii uniuersalis iudicium sit
suspendendus, nec summus Pontifex quid temere in iis habeat 198E
statuere quae sunt fidei, Nisi soli praecones ueniarum. Illis
omnia, quae libuit, licent. Vnicam tamen habent omnes
5 rationem suae sententiae, quam et Panormitanus li. v. de poe.
et re. c.: Quod autem, affert, videlicet hanc: Si indulgentiae
solum Canonicas poenas dicuntur remittere, hoc est indulgentias
nimis uilificare. Itaque, ne uiles sint indulgentiae, magis
placuit fingere quod nesciunt, cum nullum sit periculum ani-
10 marum, si indulgentiae etiam nihil essent, nedum uiles,
miserrimum vero sit, animabus figmenta et illusiones praedicare, etiamsi indulgentiae utilissimae essent. Adeo non habetur
ratio salutis animarum, sed tantummodo, ne non optima vide-
amur docuisse, plus laboramus pro gloria nostri uerbi, etsi
15 non necessarii, quam pro fide simplicis et nobis commissi
populi sola necessaria. Sed antequam ad B. Thomam et
Bonauenturam respondeam, dignum uidetur recitare opiniones
de indulgentiis, ne ego primus aut solus eas in dubium
uocasse uidear.
20 Glosa super c.: Quod autem, li. v. de poe. et re.
assumens declarationem super efficatia et uirtute indulgentiarum
sic incipit: Quid ualeant tales remissiones, uetus querela, et
adhuc satis dubia.
Alii dicunt, quod prosunt quoad deum, sed non quoad
25 Ecclesiam. Quoniam, si quis sine mortali decedat, nondum
peracta poenitentia, minus sentiet poenas purgatorii, iuxta 569W
modum remissionis sibi factae Ecclesia tamen uiuenti non
propter hoc relaxat satisfactionem Haec opinio damnatur a
Panor. ibidem, et placet eius damnatio.
30 Alii dicunt, quod prosunt quoad poenitentiam hic iniunctam ex superabundanti, et ad cautelam, id est, tantum eas
poenas, quas non secundum modum, sed in cautelam, superabundantius, quam peccatum merebatur, imposuit. Et haec
plus damnanda, quam prior.
35 ¶ Alii, quod prosunt quoad deum et ecclesiam, Sed remit- 199E
tens onerat se ad satisfactionem pro illo. et haec est absurda.
¶ Alii, quod prosunt ad remissionem poenitentiae negligenter omissae. Hanc Panor. damnans dicit, quod ista re-

---

1 consilii C *druckf*.   5 Nicolaus de Tudesco (E. 1, 261ᵇ), ad
Decr. Greg. IX. lib. V tit. XXXVIII de poenitentiis et remissionibus
cap. IV Quod autem consuluisti   10 uides C *druckf*.   20 vgl. die
Glosse des Bernh. de Botono (RE² 2, 623) zu Decr. Greg. IX. lib. V
XXXVIII cap IV

munerat negligentiam. Sed meo iudicio haec non omnino
est falsa, quia uere remittuntūr poenae quaecunque, etiam
negligenter omissae, dummodo displiceat negligentia, immo remittuntur etiam non negligenter omissae atque adhuc per-
ficiende.   5

¶ Alii, quod ualeant ad relaxationem iniunctae poenitentiae, dummodo sacerdos, qui iniunxit poenitentiam, permittat, ut possit commutare poenitentiam cum remissionibus.
Et haec est proba sententia et uera in re, nisi quod restringit
potestatem conferentis indulgentias. Verum est enim, quod 10
iniunctas poenitentias relaxant, sed non requiritur consensus
eius, qui iniunxit.

¶ Sexta, quam ultra istas quinque in glosa praedicta
positas Panor. adducit, quod prosunt, prout sonant uerba, et
quoad deum, et quoad poenitentiam hic iniunctam, et hanc 15
dicit teneri a Goff., Host., Io. An. Et hanc ego quoque
teneo, ut iacet et sonat in uerbis. Sed non sequor intelligentiam omnium, Maxime propter istud uerbum: quoad deum.
Per quod si intelligunt etiam poenas a deo impositas remitti,
siue hic siue in purgatorio, ultra poenitentias ab Ecclesia uel 20
Canonibus iniunctas, non credo uerum, nisi sub tali mode-
ratione, Quia poenae purgatorii remittuntur sine potestate
clauium per solam contritionem. Ideo si quis perfecte fuerit
contritus, credo, quod sit, quoad deum, a purgatorio absolutus;
Quoad poenas autem huius temporis, dico, quod id nullam 25
habet auctoritatem, ut supra satis dictum est Con. v. Non
est enim nominabilis illa poena, quae quoad deum remitti
credatur. Ideo ego dicerem, quod illud 'quoad deum' debet
200 E intelligi non de poenis a deo impositis, sed | de eisdem ab
ecclesia iniunctis, ut sit sensus: Remissio illa iniunctarūm 30
poenitentiarum ab ecclesia tenet tam apud deum, quam apud
ecclesiam, Eo quod deus approbat hanc ecclesiae suae remissionem, secundum illud: Quodcunque solueris super terram,
solutum erit et in coelis. Non ait: Quodcunque solueris super
terram, aliud erit solutum in coelis, Sed: id idem, quod tu 35
soluis, et ego solutum habebo. Quia per hoc deus uult
homines subiici sacerdoti, Quod non fieret, nisi deum approbare facta sacerdotis sciremus.

¶ Vides ergo omnia adhuc in opinionibus haerere.
570 W Porro id quod Angelus | ex suo Francisco Maronis adducit, 40

---

quod indulgentiae etiam ualeant ad augmentum gratiae et
gloriae, Non aduertit, quod indulgentiae non sunt opera bona,
sed remissiones bonorum operum propter aliud minus opus.
Etsi enim opus bonum, propter quod dantur indulgentiae, sit
5 meritorium, non tamen ideo indulgentiae sunt meritoriae, cum
opus seorsum factum non minus esset meritorium et forte
magis. Indulgentiae uero seorsum sumptae potius sunt de-
meritoriae, quia remissiones bonorum operum. Igitur cum in
omni materia dubitata licitum sit unicuique disputare et
opponere, et ego quoque dico, me a B. Thoma et Bonauen-
10 tura in hac parte dissentire, donec melius probent sua atque
dissoluant nostra. Ego enim praeter opiniones nihil uideo
quod probent, nec saltem unum Canonem, cum tot scripturas
ego superius Conclu. v. produxerim pro mea parte. Et nunc,
ne sine Canonibus etiam loquar, ecce:
15 ¶ Quarta ratio, Capitulo: cum ex eo, lib. v. de pe. et
re. dicit: per indulgentias satisfactio poenitentialis eneruatur.
Hoc uerbum licet ex dolore potius quam ex gratia dicat Papa,
tamen Canonistae, sicut sonat, intelligunt. Ergo si satisfactio
eneruatur poenitentialis, patet, quod non nisi poena Canonica
20 remittitur, Cum satisfactio poenitentialis sit nihil aliud, nisi
tertia illa pars poenitentiae ecclesiasticae   et sacramentalis. 201 B
Nam de satisfactione euangelica nihil ad ecclesiam, ut supra.
¶ Quod si quis mihi obstet, Papam non negare, etiam
alias poenas eneruari, Sed affirmat duntaxat, nec exclusiue
25 loquitur, dum dicit: Satisfactio poenitentialis eneruatur, Respondeo: proba ergo, quod et alias relaxat, et non exclusiue
loquatur; quod cum non feceris, Ego probo, quod exclusiue
loquitur, per c.: Cum ex eo, ut supra, Vbi dicit, quod quaestores eleemosynarum praeter id, quod in literis eorum con-
30 tinetur, nihil permittantur proponere populo. Sed nihil continetur in ullis literis Apostolicis praeter remissiones satisfactionis sacramentalis, sicut ipsemet dicit Papa: Satisfactio
poenitentialis eneruatur per indulgentias indiscretas et superfluas. Immo hoc uerbo adhuc rigidius Papa indulgentias restringit,
35 Quia si superfluae indulgentiae solum eneruant satisfactionem
sacramentalem, ergo modestae et legitimae nec ipsam satisfactionem poenitentialem eneruant, multo minus caeteras ullas

---

15 Decr. Greg. IX. lib. V tit. XXXVIII cap. XIV: quia per indiscretas et superfluas indulgentias, quas quidam ecclesiarum praelati facere
non verentur, . . . poenitentialis satisfactio enervatur   29 Eleemosynarum quoque quaestores . . . praeter id, quod in ipsis continebitur
litteris, nihil populo proponere permittantur

poenas. Sed haec sunt non mei fori aut professionis, Viderint
Canonistae.

¶ CONCLVSIO˙ XXI.

¶ Errant itaque indulgentiarum Commissarii ii qui dicunt,
per Papae indulgentias hominem ab omni poena solui et 5
saluari.

Hanc omnino assero et probo.

¶ Quia saltem relinquitur poena tertia, id est Euangelica,
immo et quinta, puta Mors et aegritudo, et in multis illa omnium
571 W maxima poenarum, scilicet | horror mortis, tremor conscientiae, 10
infirmitas fidei, pusillanimitas spiritus, quas poenas si com-
paras ad remissas per indulgentias, sicut si rem cum umbra
compares, erit comparatio. Sed neque mens Papae est, ut
tam friuole et impune fabulentur, ut patet ex c.: Cum ex eo.
202 E   Quod si dixerint: nec nos dicimus has poenas | tolli per 15
indulgentias, Respondeo. Cur ergo populum non instruis de
cognitione poenarum, quas remittis, Sed omnino omnes
remitti clamas, quascunque pro peccatis suis luere deberet
coram deo et ecclesia? Quomodo populus per seipsum
intelliget, quod tam obscure et large loqueris?   20

¶ CONCLVSIO XXII.

¶ Quin nullam remittit animabus in purgatorio, quam
in hac uita debuissent soluere secundum Canones.

¶ Hanc non latius assero quam octauam, ex qua fluit
ceu Corollarium, quod Canones poenitentiales non transeant 25
in aliam uitam. Quia omnis poena temporalis mutatur in
poenam mortis, immo propter mortis poenam tollitur et tollenda
est. Immo finge (uel latius suadeamus), Romanam ecclesiam
esse, qualis erat etiam adhuc tempore B. Gregorii, quando
non erat super alias ecclesias, saltem Graeciae, Clarum esset, 30
quod Canonicae poenae non obligabant Graecos, sicut nec
nunc obligant, si qui sunt Christiani non subiecti Papae, ut
in Turcia, Tartaria, Liuonia. Illis ergo nulla istarum indulgentiarum est necessaria, sed tantum in orbe Romanae Ecclesiae constitutis. Si ergo istos uiuos non obligant, multo 35
minus mortuos, qui sub nulla ecclesia sunt.

---

14 s. oben s. 73 z. 15   28 Schäfer, L. als Kirchenhistorikei.
s. 45 f.   Köhler, L. und die Kirchengesch., s. 123

¶ CONCLVSIO XXIII.

¶ Si remissio ulla omnium omnino poenarum potest alicui dari, certum est, eam non nisi perfectissimis, id est paucissimis dari.

5 ¶ Hanc de poenis omnium generum intelligo et sic assero: Nam quod remissio poenitentialis satisfactionis possit unicuique dari, non est dubium, ut satis est dictum. Immo hanc conclusionem corrigo et dico, quod prorsus nullis, siue perfectissimis siue imperfectis, potest dari omnium poenarum 10 remissio. Quod probo: Nam, licet perfectissimis deus non in¦ferat flagella seu iiii. genus poenarum, saltem omnibus 203 E et semper, tamen tertia manet, scilicet Euangelica, immo et quarta, puta mors, et quae mortis et ad mortem sunt poenae. Licet enim posset deus omnes perficere in gratia, forte sine 15 poenis, non tamen statuit id facere, sed ad imaginem filii sui (id est crucem) omnes conformare. Et quid opus est multis? Quantumcunque magnifice extollatur poenarum remissio, Quid, quaeso, efficitur apud eum, qui mortem et timorem mortis atque iudicii ante oculos habet? Huic si omnis alia remissio 20 praedicetur et haec non remitti conceditur, nescio, si consolationis aliquid ⌐ reportet. Igitur horrorem mortis et inferni 572 W attende, et remissiones poenarum, uelis nolis, nihil curabis, — ac sic non nostro studio, sed rei necessitate uilificabuntur indulgentiae, quae timorem mortis non tollunt.

25 ¶ CONCLVSIO XXIV.

¶ Falli ob id necesse est maiorem partem populi per indifferentem illam et magnificam poenae solutae promissionem.

¶ Et hanc assero et scio ita contingere. Nam egoipse audiui multos non secus intellexisse, quam quod sine omni 30 poena euolarent per indulgentias. Nec mirum, quando illi sic scribunt, legunt, clamant, quod, si quis uenias consecutus ante recidiuam moreretur, statim euolaret. Haec omnia ita loquuntur, quasi non sint peccata nisi actualia, ac si fomes relictus nulla sit immundicia, nullum impedimentum, nullum 35 medium, quod moretur ingressum regni, Cum, nisi ipse sanetur, impossibile sit intrare coelum, etiam si nullum assit actuale, Nihil enim inquinatum intrabit. Quocirca horror ipse mortis, cum sit uitium fomitis et peccatum, etiam se solo impedit introitum regni. Quia qui non uoluntarie moritur, non

---

15 Rö. 8, 29   37 Apk. 21, 27

obedit uocanti deo nisi inuitus, Et tantum ibi non facit
204 E uoluntatem dei, quantum in uitus moritur, Tantum autem
peccat, quantum non obedit uoluntati dei. Ideo rarissimus est,
qui post omnes uenias non etiam in morte peccet, nisi ii,
qui cupiunt dissolui et uocant mortem. Igitur ut non omnino 5
cum eis discordem, dico, quod, si quis sit perfecte contritus
(id est odiens se uitamque suam et summe diligens mortem),
statim euolabit, remissis sibi poenis. sed quotus sit hic, tu
uideris.

¶ CONCLVSIO XXV.   10

    ¶ Qualem potestatem habet Papa in purgatorium gene-
raliter, talem habet quilibet Episcopus et Curatus in sua dioecesi et parochia specialiter.
    ¶ Haec est illa blasphemia, quae me mille mortibus
dignum foecit, iudicio scilicet Quaestorum, ne dicam quaestuari- 15
orum. Verum antequam ego hanc conclusionem ostendam,
paululum praefabor de proposito meo. Primum, dico iterum
hic me disputare, non quoad sententiam, quam intendo istis
uerbis (Hanc enim constanter assero, quia eam tenet uniuersa
Ecclesia), Sed quoad uerba. Deinde aduersarios meos etiam 20
rogo, ut ferant dolorem meum, quo crucior, dum audio, ea
praedicari in Ecclesia Christi, quae nunquam scripta et statuta
sunt, Quando sanctis olim patribus legimus uisum esse periculosissimum, aliquid ultra praescriptum coeleste doceri, ut
inquit Hilarius. et sanctus Spiridon Cypri Episcopus huius disci- 25
plinae tam rigidus obseruator fuit, ut interrumperet sermonem
573 W eius, qui tantum graeci uocabuli aequiuocatione usus: Tolle
cubile tuum et uade, dixerat pro: Tolle grabatum seu lectum
tuum et uade, reprehendens eum in re, quae sensum nihil
mutarat. Atque huius doloris mei ueniam puto mihi iustissime 30
ab illis deberi, quando nos ferre cogimur, nunquam rogati aut
moniti, eorum praesumptiones, quibus delectantur ea praedicare,
in quibus nos cruciamur audiendo.
205 E   ¶ Non haec dico aut ago, quod tam impudenter ¹ arrogans
sim, ut me inter doctos Ecclesiae sanctae numerandum putem, 35
multo minus inter eos, quorum haec sit statuere aut desti-
tuere, Atque utinam nouissimum merear Ecclesiae membrum
fieri aliquando. Sed id potius ago: Cum sint in ecclesia et
doctissimi pariter et sanctissimi uiri, ea tamen est nostri

---

13 parrochia C *druckf.*   25 Hist. trip. I, 10 Schäfer, s. 418
27 tamen C *druckf.*

saeculi infoelicitas, ut etiam tanti non possint ecclesiae succurrere. Quid enim potuerit hodie doctrina et pius zelus, satis probauit infoelix euentus eorum doctissimorum et sanctissimorum uirorum, qui sub Julio secundo studuerunt reformare ecclesiam, 5 instituto ad hanc necessitatem concilio. Sunt et alii passim, quos noui, optimi et eruditi pontifices, sed exemplum paucorum imponit silentium plurimis. Est enim tempus pessimum (ut ait Amos propheta), ideo prudens in illo tempore tacebit. Denique est nobis hodie Pontifex optimus Leo decimus, cuius 10 integritas et eruditio delitiae sunt omnibus bonis auribus. Sed quid ille suauissimus homo potest unus in tanta rerum confusione, dignus profecto, qui melioribus temporibus pontificaretur, aut meliora tempora essent sui pontificatus? Nostro saeculo digni sumus pontificari non nisi Julios Secundos, 15 Alexandros Sextos, aut si quos alios atroces Mezentios uel finxerunt poetae. Nam bonos ridet hodie etiam Roma ipsa, immo Roma omnium maxime. in qua enim orbis Christiani parte liberius ludunt etiam in summos pontifices, quam in uera illa Babylone Roma? Sed sat ista. Cum itaque praeter 20 innumeros priuatos etiam in sedibus suis habeat ecclesia doctissimos, si prudens uoluissem existimari illorum exemplo, et ipse tacerem. Sed praestat uel a stultis, a pueris, ab ebriis ueritatem dici, quam omnino taceri, ut fiducia doctiorum et sapientium animosior fiat, ubi audiunt nos rude uulgus tandem 25 | pro rei nimia indignitate clamare, sicut ait Christus: Si hi 206 E tacuerint, lapides clamabunt.

Ista itaque praefatus ad conclusionem uenio, et primo de ea secundum sententiam, deinde secundum uerba seu sententiam aliorum. Igitur in hac conclusione nihil loquor 30 de potestate iurisditionis, quam infra sequente mox conclusione nego, et supra xiⁱ. et viii. idem negaui. Hanc enim potestatem illi ex iis uerbis ceperunt, de qua dico, sicut dixi: Statuat Ecclesia alteram partem eius quaestionis, et sequar libentissime. Cessent interim temerarii suorum somniorum 35 assertores. Ego dubito et disputo, an habeat potestatem iurisdictionis in purgatorium. Et quantum hucusque lego et uideo, teneo negatiuam, paratus tenerè affirmatiuam, postquam ecclesiae sic placuerit. Interim hic loquor de potestate uirium, 574 W non iurium, de potestate operandi, non imperandi, ut sit 40 sensus: Papa nullam quidem habet potestatem in purgatorium,

3 Köhler, s. 102   8 Am. 5, 13   15 Verg. Aen. VII 648 VIII 689 O. G. Schmidt, L.s Bekanntschaft mit den alten Klassikern, Leipzig 1883, s. 31   25 Lc. 19, 40

sicut nec ullus alius Pontifex; Si autem habet aliquam, talem
certe habet, qualis sit et inferioribus participata. Haec autem
est, qua Papa et quilibet Christianus potest suffragari, orare,
ieiunare etc. pro animabus defunctis, Papa generaliter, Episcopus particulariter, Christianus indiuidualiter. Patet itaque 5
conclusio uerissima. Sicut enim Papa una cum tota ecclesia
suffragatur animabus (quale fit in die omnium animarum), Ita
quilibet Episcopus cum sua dioecesi id facere potest (sicut
fit in diebus, quos uocant communes) et Curatus in sua
parochia (sicut fit in exequiis et anniuersariis) Et quilibet 10
Christianus in sua deuotione. Aut ergo nega, suffragium esse
intercessionem, aut concede, quemlibet praelatum cum suis
subiectis posse suffragari animabus. Haec igitur puto non
esse tam dubia, quam sunt audaces illi sermones de iurisditione Ecclesiae in purgatorium.   15

CONCLVSIO XXVI.

¶ Optime facit Papa, quod non potestate clauis (quam
nullam habet), sed per modum suffragii dat animabus remissionem.

¶ Non credo necessarium iterum protestari, quid disputem 20
aut quid asseram. Sed cum nostro saeculo sint tam zelosi
haereticae prauitatis inquisitores, ut Christianissime catholicos
ui conentur ad haeresim adigere, oportunum fuerit super
singulis syllabis protestari. Nam quid aliud foecerint Joannes
Picus Mirandulanus,   Laurentius Valla,   Petrus Rauennas, 25
Joannes Vesalia, et nouissime diebus istis Joannes Reuchlin
atque Jacobus Stapulensis, ut inuiti cogerentur et bene sen-
tiendo male sentire, non facile uiderim, nisi quod omiserint
forte protestationem super singulis (ut dixi) syllabis; tanta
est hodie in Ecclesia puerorum et effeminatorum tyrannis. 30
Itaque protestor denuo, duo in ista conclusione me facturum,
Primum de potestate clauium in purgatorium disputare et
negatiuam probare, donec alius affirmatiuam melius probet,
Secundo de modo illo suffragii inquirere.

Primum probo sic: 35
Primo, per illam uulgatam Hostiensis rationem, uidelicet

---

8 dioecesi C *druckf.*   9 die mit dem sonntag nach michaelis an-
hebende woche (W. A. 30², 260³¹)   36 Heinrich v. Segusio † 1271.
Ueber seine Ablasslehre vgl. Gottlob, Kreuzablass und Almosenablass,
Stuttgart 1906, s. 288 ff., zu obiger stelle speziell Paulus, Ztschr. f. kath.
Theol. 24, 13¹

Si claues sese ad purgatorium extenderent, possent euacuare
purgatorium, Atque crudelis esset Papa, quod non euacuat
purgatorium.

Hanc soluunt sic: Papa potest, et non debet euacuare,
5 nisi subsit iusta causa et rationabilis, ne aduersus iustitiam
diuinam temere agat   Hanc frigidam et oscitantem solutionem
uix puto proferrent, nisi uel non aduerterent, quid loquuntur,
uel inter vitulos marinos profundissime stertentes se loqui
arbitrarentur.   Ita fit, ut ex uno absurdo dato plura sequantur.
10 Et ut ille ait: Septem mendaciis eget unum mendacium, ut
uerum uideatur.

⎮ Igitur argumentum uix potuit robustius firmari, quam tali 208 E
solutione.   Quaerimus enim, quod tandem nomen erit huius
causae rationabilis? ⎮ Constat autem, quod uel pro bello contra 575 W
15 infideles uel pro structura sacra aut communi aliaue necessitate huius uitae indulgentiae donantur.   Sed nulla illarum
tanta est, quin incomparabiliter maior sit Charitas, iustior et
rationabilior. Si itaque iustitia diuina non offenditur, si propter
corpora fidelium et res eorum tuenda, aut propter inani-
20 matas fabricas, aut usum huius corruptibilis uitae breuissimum
remittuntur tot, quot uoluerit (etiamsi omnes in eo numero
comprehendis, ut sic etiam euacuetur purgatorium), quanto
magis non offenditur, si pro sancta charitate redimantur omnes?
Nisi forte iustitia diuina tam est iniqua, aut forte melanco-
25 lica, ut plus faueat Charitati in corpora et pecunias uiuentium
quam in animas tam egenas exhibitae, Maxime cum tanta
res sit succurrere animabus, ut fideles debeant malle seruire
Turcis et corporaliter occidi, quam animas non redimi. Si
ergo propter id, quod minus est, infinitas, et forte per hoc
30 ipsum omnes redimet, cur non et propter id, quod maximum
est, id est Charitatem? Hic tamen ego illis angustia clausis
consilium dederim, ut dicant causam rationabilem nullam esse
posse, ut sic secure elabantur huic obiectioni.   Et ita si Papa
possit quoad se, non tamen potest quoad causam, quae non
35 esse potest

Secundo, ipse stilus Papae idem probat, in quo dicitur
de iniunctis poenitentiis.   Manifestum est autem, quod tantum
donat, quantum sonat, et eo modo donat, quo sonat, ut sic
episcopus xl, Card. c dies de iniunctis poenitentiis, Ita Papa

---

4 z. b. Paltz (Köhler, L.s 95 thesen, s. 88, a. 1)   8 Meer-
kälber   10 vgl. Wander, Sprichwörterlexikon, Lüge nr. 51, 54, 71,
147, 204, 234   38 sicut?

prorsus omnes plenarie dies de eisdem iniunctis relaxat, sed
purgatorii poenas nulla clauis iniunxit.

Hic uero bellus quidam somniator sic fabulatur: 'Quando
Papa dicit: damus indulgentias om nium peccatorum de poe-
509 E nitentia iniuncta, intelligitur de poena imposita per sacerdotem. 5
Quando autem dicit: damus indulgentias omnium peccato-
rum, de quibus contriti et confessi fuerint, tunc non remittuntur oblita uel ignorata.   Quando uero dicit: damus
remissionem omnium peccatorum, tunc euolaret, si moreretur.
Et sic in manu Papae est, quos uolet saluare'. O furor! Vide 10
pronunciatorem hunc, quam secure asserit, ac si oraculum
ederet.   Cui si dicerem: obsecro te, unde probabo haec, si
fuero iussus rationem reddere huius fidei? fortasse noua alia
finget mendacia, quibus illa priora statuat magna maioribus.
Infoelices Christiani, qui coguntur omnia audire, quaecunque 15
tandem nugari libuit ineptissimis hominibus, Ac si non habere-
mus ipsam scripturam, quam praecipiente Christo populum
doceremus, et tritici mensuram, non lapparum et tribulorum
cahos illis tribueremus.   Inter caetera portenta, quae hic sua-
uissimus author fingit, id quoque nobis audet persuadere, quod 20
in manu Papae sit remittere uel non remittere ignorata uel
oblita, quasi non sciat uniuersa Ecclesia, quod post omnem
solutionem Papae cunctis fidelibus restet dicere: Delicta quis
intelligit? ab occultis meis munda me, domine, Et quod
etiam bona opera nostra cum Job uereri oporteat, ne in- 25
576 W ueniantur apud deum hor renda peccata. At Clauis Ecclesiae,
bona opera si sint mala coram deo necue, nescit, nec iudicat,
multo minus remittit.   Secundo, procedit eius somnium ex
laboriosa illa et inutili arte confitendi, immo desperandi et per-
dendi animas, qua hucusque docti sumus arenam numerare, 30
id est singula peccata discutere, colligere atque ponderare,
ad faciendam contritionem.   Quod cum fecerimus, fit, ut
refricemus uel concupiscentias uel odia praeteritorum memoria,
et, dum conterimur de praeteritis, noue peccemus.   Aut certe,
210 E si fiat op|tima contritio, sit tantummodo uiolenta, tristis, me- 35
reque factitia, de metu poenarum simulata dumtaxat.   Sic
enim docemur peccata conteri, id est, ad impossibile uel ad
peius conari, Cum uera contritio sit incipienda a benigni-
tate et beneficiis dei, praesertim a uulneribus Christi, ut homo
ad sui ingratitudinem primo ueniat ex intuitu diuinae bonitatis, 40

---

et ex illa in odium sui ac amorem benignitatis dei. Tum
fluent lacrimae, et odiet seipsum ex corde, citra tamen desperationem. Tum odiet peccatum, non propter poenam, sed
propter intuitum bonitatis dei, qua inspecta conseruatur, ne
5 desperet, et sese ardentissime odiat, etiam cum gaudio. Sic,
dum fuerit unius peccati uera contritio, omnium simul erit.
Sic Ro. ii: Ignoras, quod benignitas dei te ad poenitentiam
adducit? O quam multi id ignorant, sancte Paule, etiam
aliorum Magistri! Sic in Numeris legimus, filios Israel non fuisse
10 a serpentibus suis ignitis liberatos per intuitum et horrorem
eorum, sed potius , auerso intuitu ab eis et ad serpentem
Aeneum (id est Christum) conuerso. Item et ab Aegyptiis
uisis territi sunt, sed dato eis dorso mare transeuntes saluati
sunt. Ita sunt peccata nostra in uulnerato Christo magis
15 quam in nostra conscientia tractanda. Illic enim mortua sunt,
hic uiuunt. Alioquin si illorum carnificina seruanda est, fieret,
ut, si quis subito ad mortem raperetur, non possit saluari,
quia non habet tempus colligendi peccata. Sed habent quod
hic dicunt.

20 ¶ Quare ad commentum illius commentatoris dici potest:
In omni remissione summi Pontificis, praesertim illa publica
et coram Ecclesia (ut fit in ueniis), debet subintelligi ista
clausula de iniunctis poenitentiis, siue sint peccata oblita,
siue ignorata. Haec enim ad forum ecclesiae non pertinent.

25 ¶ Ortum est autem istud pelagus sermonum (ut mihi
|uidetur) ex quadam incuria inspiciendae originis indulgentiarum. 211 E
Nam tunc temporis, quando uigebant Canones poenitentiales,
magnum erat relaxare iiii dies, post hoc coeperunt centum
dar , deinde mille dies, tandem multa milia dierum, et anni,
30 et annorum centenaria et millenaria. Sic enim paulatin
processit maior ac maior largitas ueniarum. Post haec coepit
septima pars omnium peccatorum remitti, Deinde tertia pars,
nouissime dimidia pars, ac sic peruentum est ad plenariam
remissionem omnium peccatorum, ut satis potest uideri adhuc
35 in stationibus urbis Romae. quod si in primis gradibus intelligitur poenitentia iniuncta, certe et in plenaria remissione
intelligenda est.

¶ Tertio, iterum stilus Papae dicentis: per modum suffragii.
Oportet enim diuersum esse modum suffragii a modo potestatis.
40 quod si ipsi Papae | (sicut debemus) plus credemus, quam illis 577 W

7 Rö. 2, 4   9 Nu. 21, 9   12 Ex. 14, 10. 22   35 vgl. oben
s. 42 z. 8 und Paulus, Hist. Jahrb. 1907, s. 1 ff.   36 certa C druckf.

et nobis ipsis, patet, nullam potestatem, sed suffragium ualere in purgatorium. Tutius est mihi cum Papa sentire, quam
cum illis. Papa non arrogat sibi potestatem, sed suffragium
sibi uendicat. Et satis miror, qua fiducia illi contra expressam
prohibitionem c.: Cum ex eo, plus audeant praedicare, quam   5
in literis Papae continetur, cum suffragii modus ibi solum
contineatur. quod si sic intelligunt, non habet potestatem
quidem iurisdictionis in purgatorium, sed tamen habet potestatem clauium applicandi suffragia in illud.

Hic dico et ego, quod hoc nemo negat. potestas appli-   10
candi, siue suffragia, siue satisfactiones, siue laudes dei, prorsus
est in manu summi Pontificis. Verum an illa potestas sic sit
solius Papae, ut non etiam aliorum pontificum sit, ut conclusione praecedente dictum est, uel quid ego nondum intelligo in isto modo applicationis, in secunda parte huius   15
conclusionis dicam.   Interim hanc primam prosequamur.

212 E   ¶ Quarto, et omnium fortissime, Christus non am¦biguis,
sed claris, apertis, rotundis uerbis dicit: Quodcunque ligaueris super terram, ligatum erit et in coelis, Et quodcunque
solueris super terram, solutum erit et in coelis.   Non frustra   20
adiecit: Super terram. Alioquin, nisi restringere uoluisset potestatem clauium, satis fuerat dixisse: Quodcunque solueris,
solutum erit.   Aut ergo Christus ut nugator superfluit uerbis,
aut potestas clauium solummodo est super terram.   Sed hic,
o bone deus, quam prompta est quorundam superstitio, qui   25
sine scitu et sine uoluntate Papae uolunt in his uerbis potestatem ei dare, ubi ipse suffragium sibi usurpat dumtaxat.
Et cum sentirent haec uerba Christi sibi fortiter resistere et
errorem confutare, non id egerunt, ut erroris patrocinium
desererent, et uerbis Christi incorruptis sensum suum ac-   30
commodarent, sed contra uerba eius sensui suo corrupto ac-
commodant et torquent, dicentes: Illud 'super terram' potest
dupliciter construi, Vno modo, ut ad soluentem, alio modo,
ut ad soluendum pertineat.   Et primo modo esse Christum
intelligendum, scilicet: Quodcunque Petrus, dum fuerit super   35
terram, soluerit, solutum erit et in coelis.   Volentes forte,
quod, etsi diabolum solueret (modo ipse soluens super terram
sit), solutus erit in coelo.   Nam qui dicit: Quodcunque, et
nihil addit quo restringat, omnia certe solubilia esse ostendit.
Nescio, quibus uerbis hanc rudem et insulsam superstitionem,   40
immo temeritatem insecter. Hieronymiano stomacho et eloquio

---

5 s. oben s. 73 z. 28

dignus hic erat autor, ut sanctorum uerborum Christi tam audax
uiolentia et corruptio uindicaretur.   Et ut omittam grammaticam, quae uel sola potuit eos docere, non posse hunc eorum
sensum istis uerbis stare, — sed magis nouas dialecticas,
5 quam ueram sequuntur grammaticam —
     Videntur isti eo usque sapuisse, quasi Christus timuerit,
ne quando talis Petrus uel Papa foret, qui | et mortuus uellet 213 E
ligare et soluere, et ideo necessarium ei fuerit, tam insignem
mortuorum pontificum ambitionem et tyrannidem praeuenire
10 ac prohibere, ne ligent aut soluant, nisi dum fuerint in uita
et super terram. Et forte (ut tam dignos scripturae interpretes 578 W
digne ludamus) nec sine causa sic timuit Christus, ne uidelicet aliquando contingeret, ut mortuus Pontifex aliquid ligaret,
et suus successor uiuus idem solueret. Tum fieret magnus
15 error in coelo, et Christus anxius ignoraret, cuius illorum
approbaret officium, ut qui temere permisisset utrisque idem
officium, nec addiderit: super terram, ut mortuus compes-
ceretur.   Si enim ita non sapiunt, Quid aestuant? quid laborant ostendere, quod 'super terram' ad soluentem pertinet?
20 Ecce o uere aureum opusculum Aurei doctoris et aureis literis
dignissimum, et, ne nihil non sit aureum, aureis discipulis
tradendum, illis uidelicet, de quibus dicitur: Simulachra gentium aurum et argentum, oculos habentia et non uidentia etc.
Recta uia isti incedunt contra Christum, Christus enim ideo
25 addidit: Super terram, ne Pontifex, qui non potest nisi super
terram esse, praesumat id ligare aut soluere, quod non sit
super terram, uelut data opera nostri temporis adulatores
foedissimos praeueniens et prohibens, qui inuito et recusanti
pontifici regnum tradere incipiunt inferorum. Hos S. Hie-
30 ronymus pro suo feruore dixisset theologos, id est deum
loquentes, eum autem puta, qui apud Vergilium magnum
uatibus inspirat furorem. Sed tamen agamus contra eos.
     ¶ Primo, Si per hanc intelligentiam claues soluunt mortuos,
ergo et ligant, quia utrinque additur: Super terram, dicendo:
35 Quodcunque ligaueris super terram.   Ergo et hic oportet
eadem industria et acumine nobis distingui, 'super terram'
dupliciter | construi, Vno modo, ut ad ligantem, Alio modo, ut 214 E
ad ligandum pertineat, ut sic concludant nobis, Pontificem posse
ligare sub terra, in purgatorio, modo id curemus (opere uide-
40 licet Medicorum), ut id uiuus faciat, et dum fuerit super

---

     20 vgl. des Cardinalis Hostiensis Summa aurea   22 Ps. 135, 15
31 Aen. VI 12?

terram, Nam mortuus non posset ligare. Quod si ista prima
pars uerborum Christi non recipit hanc torturam et uiolentam
elusionem, ut ipsimet, quantumlibet sint sine iudicio, asserunt,
Qua fronte audebunt alteri parti eam uim facere, cum sit
simili schemate per omnia composita? nisi forte illis more   5
suo omnia licuerit uniuocare et aequiuocare et amphibologi-
sare et paralogisare, sicut libuerit et ubi libuerit. Dicant
ergo, quod 'super terram' in prima parte pertinet ad ligandum,
Sed in secunda parte pertinet ad soluentem, quandoquidem
et maiora monstra in sacras etiam literas inuexerunt pro sua 10
laudabili consuetudine.

  ¶ Quare cum omnes negent, claues posse ligare in purgatorio, necesse est negare, quod possint soluere, cum sint
illae duae potestates aequales, et aequaliter a Christo ecclesiae
suae datae.   In hac sententia sunt quidam non pessimi 15
Iuristae, an saniores ceteris, uiderint illi.

  ¶ Secundo, Ex ipsa antithesi ista sententia etiam confutatur, quia, sicut 'in coelis' utique ad soluendum in coelis
respicit, ita 'super terram' ad soluendum super terram respiciat
579 W oportet, Et rursus 'In coelis' ad ligatum, | quare et 'super 20
terram' ad ligatum referri debet. Vnde Christus uelut de
industria non dixit: Ego soluam in coelis, sed: solutum erit
in coelis, ut, si quis primo uerbo, scilicet: Quodcunque solueris super terram, falsae intelligentiae calumniam quaereret,
in sequente retunderetur, nec permitteretur ad soluentem aptare, 25
quia solutum in coelis cogit certe intelligi solutum in terra,
non soluentem, et ligatum in coelis cogit intelligi non ligantem,
sed ligatum in terra, aut saltem utrunque.
215 E   ¶ Tertio, Si Clauis tenditur in purgatorium, quid frustra
laborant?   Cur non tollunt uerbum suffragii? cur non per- 30
suadent Pontifici, ut dicat per modum potestatis et auctoritate
potius quam suffragio soluere et ligare? Quippe, Quodcunque
soluerit (tantum caueat, ne sit mortuus), solutum erit.   Quid
nos obtundit uocabulo suffragii, quod nemo intelligit potestatem, sed omnes intercessionem?   35

  Quin amplius faciamus, et rogemus Papam, ut purgatorium omnino tollat de rerum natura.   Si enim Claues Ecclesiae, etiam quoad soluendum duntaxat, illuc sese extendunt,
erit in manu eius totum purgatorium.   Quod probo sic: Det
omnibus in illo existentibus remissionem plenariam, Secundo, 40

---

    25 soluendum C korr. nach Brieger, ZKG 17, 199 f.   36 facie-
mus C

omnibus morituris Christianis eandem similiter det remissionem,
Tunc certum erit, ut nullus in eo maneat, nullus in ipsum
ueniat, omnes autem euolent, et cesset purgatorium. Debet
autem id facere, et subest iustissima causa, scilicet Charitas,
5 quae per omnia, super omnia, in omnibus quaerenda. Nec
timendum est, quod iustitia diuina offendatur a charitate, ad
quam potius ipsa nos urget. Quod cum factum fuerit, de-
ponamus totum officium defunctorum, satis hodie molestum
et neglectum tamen, Mutemusque id in officia festiua.
10   ¶ Quarto et ultimo, Si purgatorii poena est castigatoria
et afflictiua, ut supra v. conclusione, tunc certum est, eam
non posse solui potestate clauium. At non esse aliam, satis
puto ex sufficienti diuisione patere. Patet itaque prima pars
huius Conclusionis, ac per hoc tota satis probabiliter firmata,
15 quod suffragium, non iurisditio intret purgatorium.
      ¶ Secundum, scilicet Modus ille suffragii. etsi non fuit
a me propositum, ut inquireretur, nec requiritur ad positiones
meas scire, quis aut qualis sit, tamen uolens exponam me in
eo, quod iuste poteram omittere, ne uidear angulum quaerere,
20 Salva sem|per mea protestatione, quod non meum, sed Pon- 216 E
tificis, immo Ecclesiastici forte Concilii sit statuere, quis sit ille
modus.   Meum est inquirere et disputare ac rationibus
adductis, quid intelligam aut nondum intelligam, indicare.
      Ergo duplici uia impenditur suffragium animabus. Primo
25 re ipsa et offitio praesente, sicut fit, cum sacerdos cum populo
orat, ieiunat, sacrificat, aliaque facit nominata opera pro
nominatis animabus, De quo suffragio nullum dubium est,
quin uehementer prosit, et redimet animas, secundum quod
deo uisum fuerit et illae meruerint, secundum B. Augustinum.
30 De isto superius dixi Conclusione praecedente, quod talem
potestatem habet Episcopus | specialiter, qualem Papa generaliter, 580 W
Scilicet non iurisditionis, sed suffragii faciendi in purgatorium.   De isto modo hic non quaeritur, ut notum est.
      ¶ Secundo, impenditur sine officio uel opere, sed mera
35 Jurisditione per literas uel uoces pronunciata. Et id quoque ex duobus Thezauris.
      ¶ Primus est Triumphantis Ecclesiae, qui est meritum
Christi et sanctorum eius superabundantius quam debuerant
merentium.   Et hunc esse relictum in Ecclesia, ut hic re-
40 muneretur et compensetur, dicunt illi.

---

9 Brieger ZKG 17, 202 korrigiert tantum   29 De civitate Dei
lib. 21, cap. 27 (MSL. 41, 149 sq)

Alter est militantis Ecclesiae, ut sunt merita, bona opera
uiuentium Christianorum, quae habeat summus Pontifex in
manu sua, applicare ea, uel pro satisfactione poenitentium,
uel suffragio defunctorum, uel pro laude et gloria dei.   Sic
enim et ego aliquando et docui et scripsi, Papam tripliciter 5
habere militantis Ecclesiae merita in potestate, Primo, ut ea
offerat deo pro satisfactione aliorum, Secundo, pro suffragio
animabus, Tertio, in laudem dei.   Et hanc facultatem spiritualem, si uera est, in suis diocesibus habere Episcopos,
firmiter credo.   Aut si erro, reuocet me qui potest.   Alioquin 10
quomodo stabunt sine errore fraternitates illae, in quibus sibi
communicant sua studia et opera tam maiores quam minores
217 E praelati? Item Monasteria et ordines? et hospitalia et parochiae?
Id enim non potest uerum intelligi, nisi quod tali modo
unius opus pro altero satisfacit, suffragatur et glorificat deum. 15

¶ Dico itaque:

Quamquam ego prorsus non intelligo, quomodo sint ista
merita militantis Ecclesiae in manu Papae, tamen interim sic
pie credam, donec suus Gordus hunc nodum dissoluat.   Causa
autem, quare non intelligam, est haec: 20
¶ Prima, Si pro uiuentibus uiuentium offert opera, iam
non uideo, quomodo sit remissio gratuita, et non potius uera
et iusta satisfactio et persolutio usque ad nouissmum quadrantem.
Licet enim ille non operetur, cui fit remissio, Alii tamen operantur et satisfaciunt.   Tunc enim id fiet, quod omnes con- 25
stanter negant, scilicet, quod concedens oneret se ad satisfactionem. uere enim Papa tunc non remitteret, sed satis-
faceret, scilicet per sibi subiectos.
¶ Secunda, quod sic Claues Ecclesiae nihil prorsus
facerent, nisi quod iam de facto fit in ecclesia, etiam sine 30
clauibus.   Nam ex lege charitatis quilibet pro quolibet tenetur
orare, Et Apostolus ait: Alter alterius onera portate, et sic
adimplebitis legem Christi.
¶ Tertia, quod nomen indulgentiae huic sententiae
repugnat, quia debet illud indulgere, id est remittere, ut non 35
faciat quod debet, non autem imponere alteri, uel impositum
dicere, ut indulgentia prorsus exstinguat debitum, non autem
per alium soluat.   Quare uidetur potius sine isto thezauro
nuda sufficere potestas Clauium ad indulgentias, maxime cum

---

remittatur tantummodo Canonica, non autem Euangelica satisfactio. Aut iterum hic dicendum erit, ut supra de remissione
culpae dictum est, quod sic etiam remittat per hunc thezaurum
poenas, id est declaret id fieri, quod etiam sine eo fit,
5 | scilicet Ecclesiam pro eo satisfacere, cui remittitur, Quomodo 218 E
B. Augustinus dicit, neminem suscitari, nisi quem suscitat 581 W
unitas Ecclesiae, ut in uidua figuratum dicit. Sed adhuc
durat ratio prima et secunda, quod sit tunc potius satisfactio
quam remissio, siue declaretur siue concedatur.
10   ¶ Quarta, Thesaurus ille Ecclesiae militantis magis operatur
gratiam spiritus, quam remissionem poenarum, et uidetur satis
uiliter tractari, si pro poenarum remissione applicetur, cum
remissio poenarum sit uilissimum donum in Ecclesia, etiam
impiis donabile, et sola clauis potestate, ut uidetur.

15   ¶ Dico Secundo:

¶ Non intelligo, quomodo aut quid fiat, quando Papa
eundem thezaurum applicat pro suffragio defunctorum. Causa
est haec:
¶ Prima, Quia iterum non plus uidetur facere, quam
20 quod de facto fit. Nam uniuersa Ecclesia de facto orat et
suffragatur pro defunctis, nisi iterum hic putetur id facere
declaratiue. Nec uideo, quid illud obstet, quod dicitur de
Missa, quae plus prodest, si per sacerdotem uni applicetur,
quam si sine applicatione pro omnibus celebret. Fateor,
25 id uerum a me credi. Sed Papa ut summus et generalis
omnium sacerdos certe non potest nisi generaliter applicare,
immo debet id facere, etiam sine literis ueniarum.
¶ Secunda. Cum per indulgentias non remittantur nisi
poenae Canonicae, prorsus non possum intelligere, quid ani-
30 mabus remittatur, cum Canones eas non ligent. Denique in
morte sunt ab illis absolutae, cum omnis sacerdos sit Papa
in hora mortis. Item quod nulla anima patitur in purgatorio
pro criminibus et mortalibus peccatis, sed tantum pro uenialibus, ut dis. xxv. c. Qualis; Canones autem uenialibus,
35 immo mortalibus occultis non sunt imposti, sed tantum
criminibus cognitis, ut supra | dictum. Dicat ergo qui potest, 219 E
quomodo indulgentiae suffragantur illis, id est remissiones

---

6 Enarratio in ps. 145 (MSL. 37, 1897): Ideo Ecclesia vidua, quasi
absente sponso, absente viro. Veniet ille, qui illam modo protegit, non
visus, sed desideratus . . .   22 Ad. Franz, Die Messe im deutschen
Mittelalter, Freiburg i. Br. 1902, s. 115   24 celebretur?   34 c. *fehlt*
C. Decr. P. I dist. XXV c. IV; s. oben s. 62 z. 18

Canonum, nisi non tantum indulgentias largiatur, immo illis
uelut in superabundantem cautelam datis (uel ut solent etiam
mortui absolui in facie Ecclesiae) simul inuoluat ultra indulgentias applicationem meritorum ecclesiae, et tunc certe indulgentiae non fiunt suffragium, Sed cum suffragio tanquam 5
altero dono dantur animabus, id est declarantur dari uel
applicantur.

¶ Dico Tertio:

¶ De Thezauro meritorum Christi et sanctorum ad remissionem poenarum applicato dicam infra in sua Conclusione 10
lviij.   Vides ergo, quam sint omnia obscurissima et dubio-
sissima, ideo periculosissima doceri.   Id unum dico et uideo,
quod Papa in Cle. de pe. et re. c. Abusionibus, damnare
uidetur hanc sententiam de redimendis animabus per indulgentias, dum dicit: Animas de purgatorio, ut asserunt menda- 15
citer, extrahunt, Vbi glosa super uerbo 'mendaciter' 'quia,
inquit, sunt iudicio dei reseruatae', Et allegat ad hoc dis. xxv.
c. Qualis. Et certe mihi uidetur recte sentire.   Nam si per
suffragium redimantur, non utique sequitur, eas statim euolare;
582 W non est idem suffragari et redimere seu liberare.   Itaque ego 20
hucusque sapio, quod uideo indulgentias et suffragium meritorum Ecclesiae esse duas res diuersissimas, alteram sine altera
et cum altera dari potentem.   Indulgentiis sufficit sola potestas
clauium sine addito illo thezauro, qui tamen potest addi uel
solus dari.   Solus datus facit participem bonorum, ut supra 25
satis est dictum.   Haec si essent certa et uera, sequeretur,
quod indulgentiae, inquantum tales, prorsus nihil prodessent
animabus, nisi quod coram Ecclesia absoluerentur, id est
denunciaretur eas esse absolutas; .Aut si prodessent, non id
220 E fieret uirtute ipsarum, sed ¦ alia adiuncta illis donatione, scilicet 30
meritorum Ecclesiae.   Quae donatio iterum distinguenda est
a generali applicatione, qua Ecclesia de facto per illa suffragatur animabus sine Papae applicatione, et uidendum quid
ipsa ualeat.   Sed etiam aliis relinquendus est inquirendi labor,
quibus est nondum fessum studium in tantis dubiis. 35

Nunc obiicitur:

¶ Primo.   Celebre habetur, quod quidam Magister

13 Clement. lib. V tit. IX de poenitentiis et remissionibus cap. II
16 Glossa ordinaria des Joh. Andreä   37 Hier meint L. wohl den
Franziskaner Joh. von Fabrica, der damals der ordenschule in Paris vorstand und in einem 1476 in Poitiers verfassten gutachten behauptete,

Parrhisiis tenuit in disputatione sua, Summum Pontificem habere potestatem in purgatorium, et Pontifex eo cognito et mortuo dedit eam assertam remissionem uelut commendans.

Respondeo:

5   ¶ Me nihil mouet, quid placeat uel displiceat summo Pontifici. Homo est, sicut et caeteri; multi fuerunt summi pontifices, quibus non solum errores et uicia, sed etiam portenta placuerunt. Ego audio Papam ut papam, id est, ut in Canonibus loquitur et secundum Canones loquitur aut cum 10 Concilio determinat, Non autem, quando secundum suum caput loquitur, ne forte cogar cum quibusdam male Christum cognoscentibus dicere, quod Iulii Secundi horrendae caedes in Christianum populum fuerint quaedam beneficia pii pastoris in oues Christi collata.

15   ¶ Secundo, B. Bonauentura li. iiij. dis. xx. Non esse resistendum importune, Si quis asseruerit, Papam habere potestatem in purgatorium. Respondeo primum: Auctoritas S. Bonauenturae in re hac non sufficit, Secundo: quando Papa id asseruerit, non erit resistendum, Tertio: Bonauentura 20 recte dicit, Quia addit seipsum exponens: 'dummodo id constet per auctoritatem manifestam aut dictamen rationabile', Sed illa nondum constat manifesta auctoritas.

Hic uero obiicitur:

¶ Primo. Sixtus quartus determinasse dicitur, quod per 25 suffragium ille modus nihil minuit plenitudinem indulgentiarum. 221 E

¶ Respondeo:

¶ Primum. Siquis pertinax esse uellet, diceret: Proba quod dicis, optime pater, maxime cum solius Papae non sit nouos fidei statuere articulos, Sed secundum statutos iudicare 30 et descidere quaestiones fidei. Hic autem erit articulus nouus; ideo ad uniuersale concilium pertinebit eius deter-| 583 W minatio, multo magis quam Conceptio B. Virginis, Praesertim

---

dass der Papst den verstorbenen die Ablässe nicht bloss per modum suffragii, sondern aliqualiter per modum auctoritatis zuwende (Paulus, Ztschr. f. kath. Theol. 24, 251 ff. u. Histor. Jahrb. der Görresgesellsch. 1900, 650 ff.)   15 Köhler, Luther und die Kirchengesch., s. 335 ff. 24 Raimund Peraudi in seiner Summaria declaratio der Ablassbulle Sixtus IV. für die Peterskirche von Saintes vom 3. Aug. 1476: 'Modus per modum suffragii non derogat modo auctoritatis' . . . (Ztschr. 24, 255¹ u. Jahrb. 1900, 655⁹)   30 descindere C, korr. nach Brieger ZKG 17, 176 (= decidere)

cum hic nullum, illic multum et magnum sit animarum periculum. Alioquin, Cum Papa sit unus homo, qui errare potest
in fide et moribus, periculo assidue laboraret totius Ecclesiae
fides, si, quicquid sibi uisum fuerit, necesse sit uerum credi.

¶ Secundo. etiam si Papa cum magna parte Ecclesiae 5
sic uel sic sentiret nec etiam erraret, adhuc non est peccatum
aut haeresis, contrarium sentire, Presertim in re non necessaria
ad salutem, donec fuerit per Concilium uniuersale alterum
reprobatum, alterum approbatum. Quod, ne multis agam,
illo unico probatur, quod Ecclesia Romana etiam cum Concilio 10
uniuersali Basiliensi ac tota ferme Ecclesia sentit, B. Virginem
sine peccato conceptam, Et tamen, quia altera pars non est
reprobata, non sunt haeretici, qui contrarium sapiunt.

¶ Tertio. Ego dico, mihi nondum uisam illam Sixti
determinationem. Sed haec mihi uisa est, quod indulgentiae 15
dantur defunctis per modum suffragii, Ex qua nondum
sequitur, quod ideo animae euolent, quibus ille modus datur.

¶ Quarto. Non possum esse alieni uerbi, multominus
Summi Pontificis interpres. Quare donec seipsum interpretetur, interim opinemur, honoris gratia, defendendo dictum 20
tale incognitum. Dupliciter potest idipsum intelligi. Primo:
Modus suffragii non minuit plenitudinem indulgentiae, id est:
222 E licet in dulgentiae dentur ibi, non per modum indulgentiae,
sed per modum suffragii, tamen tali suffragio et intercessione
nihilominus fit, ut euolent omnino, quibus fuerit impensus, 25
Ac sic non soluendo, sed intercedendo euolant. Hanc non
teneo, sed illi ita putant dictum.

¶ Secundo: Modus suffragii non minuit plenitudinem
indulgentiarum, id est: applicatio indulgentiarum per modum
suffragii permittit eas esse quod sunt, scilicet indulgentias 30
plenas, nec tollit id quod natura sua sunt, Solum quod non
agunt ut indulgentiae, sed ut suffragium. Et hanc admitto
et addo, quod, si non minuit aliquid, multo magis nihil auget
indulgentias illa applicatio suffragatoria. Ex iis sequitur, quod
non euolent animae per illum modum. Et id sonant etiam 35
uerba, Quia non dicit: 'Modus ille suffragii plene redimit
animas', sed: 'non minuit plenitudinem indulgentiae', scilicet

---

5 Köhler, s. 115 ff.   14 die bulle vom 3. aug. 1476 hat L. nicht
eingesehen, wohl aber die vom 27. nov. 1477, in der der Papst betonte:
dass der Ablass den verstorbenen per modum suffragii zugewendet werde,
sollte nur bedeuten, dass der Ablass den seelen zugute komme in derselben art und weise, wie den verstorbenen durch gebete und gute werke
geholfen werde   30 Sed indulgentias C *druckf.*

quod indulgentiae, licet plenae, tamen tantum faciunt quantum
facere potest suffragium, nec amplius.

¶ Iterum obiicitur: Forma absolutionis Apostolicae dicit:
'Remittendo tibi poenas purgatorii, inquantum Claues sanctae
5 matris Ecclesiae se extendunt', Et hanc formam seruant
poenitentiarii Papae, etiam in urbe.

¶ Respondeo:

¶ Primo. Ista sunt extra propositum, quia est forma
absoluendi uiuorum et morientium, non autem forma appli-
10 candi indulgentias iam defunctis.

¶ Secundo. Tamen quaerendae ueritatis causa dico, 584 W
quod, cum sint dubia et obscure posita ista uerba, non potest
errari in fide, siquis contra senserit quam putantur intelligenda.
Cur enim trepidat illa forma? cur uelut dubitans dicit: 'In-
15 quantum claues sese extendunt'? Suspecta est mihi ista
tremula cauda. Non teneor firmiter credere, quod ipse non
audet constanter pronunciare. Cur hic solum et nusquam 223 E
alibi adiungit: 'inquantum claues se extendunt'? An nondum
uidemus quam uigil sit Christus in Ecclesia sua, ut etiam
20 errare uolentes non permittat errare? Si tamen nosipsos,
neglecto eius monitorio, non praecipitaremus in errorem!

¶ Tertio dico sicut prius: Etiam si Papa cum suis
poenitentiariis hic non erraret, non ideo sunt haeretici, qui
negent eius sensum aut non credant, donec fuerit Concilii
25 uniuersalis iudicio utra partium definita uel reprobata. Sic
enim, licet etiam indulgentiis ornarint festum Conceptionis
tanquam rem certam fidei, non tamen damnant aut ligant
eos, qui solutionem talium indulgentiarum non quaerunt. Ita
quantumcunque donetur indulgentiarum, formam illam non
30 est necesse credere esse ueram, donec statuat Ecclesia. Et
iterum uides, quanta sit necessitas legitimi et uniuersalis
Concilii. Sed timeo, nostrum saeculum non sit dignum
donari nobis tale, sed potius ut operationibus erroris illudamur,
sicut meruimus.

35   ¶ CONCLVSIO XXVII.

¶ Hominem praedicant, qui statim, ut iactus nummus in
cistam tinnierit, euolare dicunt animam.

¶ Hominem praedicant, id est uanitatem et mendacia
secundum illud: Omnis homo mendax. Et iterum: Vanitas

26 vgl. Beissel, Gesch. der Verehrung Marias im 16. u. 17. Jahrh.,
Freiburg i. Br. 1910, s. 223 ff.   33 2. Th. 2, 11   39 Ps. 116, 11 39, 6

omnis homo uiuens. Atque ista positio, secundum meam
sententiam, non eget probatione, Probatur tamen per se-
quentem Conclusionem, Quia arbitrio dei et merito animae
ualet suffragium Ecclesiae. Ideo etiam si illorum esset uera
sententia, quod per modum suffragii prosunt, Non sequitur, 5
quod statim euolent.

¶ Primo. Non suffragium, sed exauditio suffragii eius-
que susceptio liberat, Cum non orante Ecclesia, sed operante
deo liberentur.

¶ Secundo. Natura deus sic agit, ut cito exaudiat, 10
224 E | tardet autem dare, ut patet in omnium sanctorum orationibus
et doctrinis, ut probet perseuerantiam. Ideo longe distant
suffragium, exauditio executioque eiusdem.

¶ Tercio. quod hoc ipsum noue dicitur sine authoritate
ulla contra prohibitionem Canonis, ne quid ultra quam in 15
literis continetur dicatur. Non ergo dei et Ecclesiae, id est
uera, sed sua propria, id est mendacia, loquuntur.

¶ Quinto. Non differunt ille, qui loquitur falsum scienter,
Et ille, qui asserit certum, quod nescit esse certum. Sic enim
585 W et uerum loquens ali|quando mentitur. sed illa iam dicta 20
sciunt sibi esse incerta, et tamen certa affirmant tanquam
Euangelia; nulla enim auctoritate uel ratione possunt ea certa
esse probare.

¶ Sexto. Tunc suffragium illud esset melius alieno
offitio et per accidens quam suo proprio, quia non tantum 25
prodest operario quam alteri pro quo fit; immo hoc est peri-
pateticum, ideo transeo, Maxime cum illi ausint concedere,
quod non prosint operario, sed animae etc. Possem et ego
istas fabulas ridendas agitare et illudere, sicut ipsi per eas
illudunt ueritatem, Sed desisto, ne magis dogma quam pro- 30
blema ponere uidear.

CONCLVSIO XXVIII.

Certum est, nummo in cistam tinniente, quaestum et
auaritiam augeri posse, suffragium autem Ecclesiae est in
arbitrio solius Dei.   35

¶ Mirum est, quod non tanto studio atque boatu etiam
Euangelium Christi praedicant saluberrimum. quae res su-
spectum facit negotium, quod plus quaestum quam pietatem
existimare uidentur, nisi forte iustissime excusentur per hoc,

---

18 der 4. punkt ist weggefallen   21 certa non affirmant C
druckf.   34 Ecclesiae C druckf.

quod Euangelium Christi ignorant. Igitur cum indulgentiae
sint nullius pietatis nec meriti nec praecepti, Sed licentiae 225 E
antummodo quaedam, licet opus, per quod redimuntur, sit
pium, uidetur omnino quaestus augeri per eas magis quam
5 pietas, dum tam effuse et sole tractantur Euangelio uilius uix
recitato.

¶ Probo primo, Quia suffragium Ecclesiae non est iurisditio Papae, nec in manu eius quo ad acceptationem dei,
Sed tantummodo quo ad oblationem, etiam si stet eorum
10 sententia de animarum redemptione per illud.

¶ Secundo. Falsa esset B. Augustini uulgata sententia,
quod suffragia tantum iis prosunt, qui ea sibi prodesse
meruerunt, quia potestate Papae, non autem merito animae
prodessent, cuicunque prodessent.

15 ¶ Tertio. Contra naturam et uim uocabuli est, ut sit
in potestate Papae per suffragium redimere. Nam quantumcunque opus sit excellens, si ipsum uertitur in suffragium,
non ut opus, sed ut suffragium operatur. Exauditio suffragii
potius redimit. Aut ergo aliis nominibus de re ipsa loquuntur
20 et tunc peius fallunt, Aut, si proprio uocabulo de re sua
loquuntur, tum non stat sententia eorum repugnante uocabulo suffragii significationi et intellectui potestatis.

¶ Quarto. Tunc prorsus nulla esset differentia inter
suffragium et potestatem nisi uoce tantum; re ipsa erunt idem,
25 Quia idem efficiunt sine alio requisito ultra uoluntatem Papae.
Cur ergo non tacet suffragium et cessat nos cogere alia
intelligere per suffragium quam per potestatem?

ᴵ Hic iterum protestor, optime lector, me de suffragio 586 W
eiusmodi loqui, tanquam uere esset tale. Nam meam sen-
30 tentiam dixi supra, quod dubitem nec intelligam, an sit aut
esse possit tale. Quod ideo dico, ne mihi ipsi quisquam
contrarium me sibi fingat, dum hic uelut assero suffragium,
quod prius pene negaui.

¶ CONCLVSIO XXIX.   226 E

35 ¶ Quis scit, si omnes animae uelint redimi a purgatorio, sicut de Sancto Seuerino et Paschali factum narratur.

¶ Non quidem fide dignam scripturam de iis duobus
legi. Narrari tamen audiui, quod potuissent suis meritis

---

11 Enchir. ad Laurent. cap. 110 (MSL. 40, 283): messen und al-
mosen pro defunctis nützen nur denen, qui cum viverent, ut haec sibi
postea possint prodesse, meruerunt . . .   13 non non C *druckf*.   15 sic
C *druckf*.   26 non cogere C *druckf*.

liberari, si minus uoluissent glorificari; ideo potius sustinuerunt
quam minuerent gloriam uisionis. Sed in iis credat quisque
quod uelit, mea nihil refert. Non enim negaui, quin et alias
poenas luant animae in purgatorio quam supra dixi. Sed
uolui, ut etiam illis remissis non euolarent, nisi et sanarentur 5
in gratia perfecte. Posse tamen fieri, ut aliquae nollent redimi
ex nimia dei charitate, ex eo fit uerisimile, quod Paulus et
Moses potuerunt uelle esse anathema et separatio a deo
inaeternum. Si tale in uita facere isti prompti erant, non
uidetur negandum, et a defunctis idem fieri posse, de quo 10
exemplum de quadam Virgine Vide in sermonibus Tauleri,
quae sic foecit.

¶ CONCLVSIO XXX.

¶ Nullus securus est de ueritate suae contritionis, Multominus de consecutione plenariae remissionis.   15

¶ Haec dico eorum sententia, qui uolunt, contritionem
227 E esse necessariam ad remissionem poenarum, Et non uident,
quam uehementer incerta reddant omnia. Et satis patet
conclusio: Nam primam partem omnes asserunt, Secunda
autem necessario sequitur. Meo autem iudicio potest fieri 20
certa remissio poenarum, scilicet Canonicarum, etiam si ille
dignus non fuerit nec contritus. Non enim contritio, nedum
certitudo contritionis requiritur ad poenarum remissionem,
Quia tenet remissio, etiam si fictis concedatur, cum sit in
mera potestate Papae. Illi uero, ut supra quoque dictum est, 25
si alias poenas quam criminum uolunt remitti, scilicet quo-
rumcunque mortalium peccatorum, faciunt, dum nimium
magnificant indulgentias, ut nullae sint indulgentiae. Quia
nec indulgentiae quidem sunt, si incerte sunt, Incertae uero
sunt, si nituntur super absoluendi conscientiam, non super 30
clauium potestatem, Maxime uero, si et super omnium peccatorum mortalium, non tantum criminum manifestorum
contritione nituntur, cum nullus certus sit se sine peccato
mortali esse. Certus autem esse potest, quod sine crimine
est, id est sine peccato, de quo coram Ecclesia possit accusari, 35
587 W ut supra. Ideo illam conclusionem nego esse ueram, | meo
sensu loquens. Posui autem, ut uiderent illi absurditatem
suae iactantiae, qua indulgentias extendunt.

---

6 Posset C vgl. Brieger, ZKG 17, 203 f.   8 Ex. 32, 32
Rö. 9, 3   11 Köhler, L. und die Kirchengesch., s. 248 ff.   16 contritionem C druckf.   26 quarumcunque C druckf.

¶ CONCLVSIO XXXI.

Quam rarus est uere poenitens, tam rarus est uere indulgentias redimens, id est rarissimus.

¶ Iterum eorum loquor sententia, ut uideant suae li-
5 centiosae praedicationis temeritatem, immo contradictionem, Qui cum tam multis eas prodesse clamitent, tamen confitentur paucos esse, qui angustam uiam ambulant. nondum erubescunt neque attendunt quid loquantur. Sed nec mirum. Non enim susceperunt offitium contritionis et angustae uiae
10 docendae. Meum itaque sensum dico, quod, etsi pauci sint contriti, Multi, immo omnes in tota Ecclesia possunt esse liberi a poenis Canonum per ablationem Canonum, sicut et uere nunc sunt.

¶ CONCLVSIO XXXII.

15 Damnabuntur inaeternum cum suis Magistris, qui per literas ueniarum securos sese credunt de ¦ sua salute. 228 E

Hanc assero et probo Sic: Hiere. xvij:

¶ Maledictus, qui spem suam ponit in homine et ponit carnem brachium suum. Non est enim nobis ulla
20 fiducia salutis, nisi unus Ihesus Christus, nec aliud nomen sub caelo datum, quo nos oporteat saluos fieri. Act. xv. Pereat ergo fiducia in mortuis literis, in nomine ueniarum, in nomine suffragiorum. Secundo, sicut dixi, Literae et ueniae nihil conferunt salutis, sed tantummodo auferunt poenas, nec
25 nisi Canonicas, nec has omnes tamen. Atque hic mecum utinam terra et plenitudo eius gemeret ac fleret super seductionem populi Christiani, qui passim indulgentias non aliter intelligunt quam salutares et ad fructum spiritus utiles. Nec mirum, cum non exprimatur eis rei manifesta ueritas.
30 Infoelicissimi Christiani, qui nec in suis meritis nec in sua conscientia bona possunt confidere de salute, Docentur confidere in scriptam et ceratam papyrum! Cur non ita loquar? Quid enim amplius ibi confertur, rogo? Non contritio, non fides, non gratia, sed tantummodo externi hominis
35 poenae a Canonibus statutae. atque ut paulum digrediar: Audiui ego ipse multos, qui datis pecuniis et redemptis literis totam fiduciam in illas posuerunt. Ita enim uel audierant (ut dicebant) uel (ut ego honoris gratia credo) intellexerant

---

6 clamitent, et tamen C   vgl. Brieger, ZKG 17, 196 f., 204   7 Mt.
7, 14   17 Jer. 17, 5   21 AG. 4, 12; 15, 11

praecones ueniarum docere. Non hic eos taxo, sicut nec mihi licet
qui non audiui praecones ueniales.   Excusent sese ultra niuem
candidius, mea causa licebit. Certe populi redarguendi sunt
aures tam illotae, ut illis salutaria dicentibus ipsi non nisi
pestifera audiant, Scilicet dum illi dicunt: 'Ante omnia, fratres, 5
in Christum credite atque confidite et poenitentiam agite,
588 W Crucem uestram tollite, Christum sequimini, mortificate membra
uestra, discite poenas et mortem non formidare; Ante omnia
mutuam inter uos charitatem habete, inuicem seruite etiam
229 E neglectis ueniis, primum pauperibus et egenis subuenite', 10
Haec, inquam, et similia tam pia, religiosa et sancta illis
narrantibus Insipiens uulgus, nouo miraculo subuersus, longe
alia audit, scilicet haec: 'O uos insensatos et crassi cordis
homines, bestiis prope similes, qui non percipitis tantam
effusionem gratiarum!   En coelum undique apertum nunc est! 15
Si nunc non intres, quando unquam intrabis?   En tot potestis
redimere animas! O uos duros duros et negligentes! Duodecim
denariis patrem extrahere potes, et tam ingratus parenti in-
tantis poenis non succurris?   Ego sane in extremo iudicio
excusatus sum, uosque magis accusati, quod tantam neglexeritis 20
salutem.   Dico tibi: Si uel unam solam tunicam habes,
hanc quoque exuendam et distrahendam iudico, ut tantas
gratias obtineas.'   Tum uero, ubi uentum fuerit ad oblocu-
tores gratiae, cum illi meras benedictiones inundent etiam
stat tremens uulgus et coelum ruiturum ac terram hiaturam 25
formidat, longe peiores quam infernales poenas sibi minari
audit, ut uerum forte sit, quod, ubi illi maledicunt, deus
benedicit eorum maledictionibus, et ubi benedicunt, deus
maledicit. Nam qua uia fieri potest alia, ut illi audiant tam aliena
ab iis, quae isti loquuntur? Sed nec omnia credo, quae 30
populus passim sese audisse dicit, Alioquin haeretica, impia,
blasphema illis etiam praedicata putarem. Non credo uerum
esse, quod unus illorum prohibuit fieri exequias defunctorum
et sacerdotum refectionem, sed magis ut imponerent in cistam,
qui exequias et missas parentaliaque uellent peragere. Populus 35
230 E haec etiam fingit. Non credo fabulam illam mendaciis re-
fertam ab ullo dictam, uidelicet, quod in quodam loco nescio
quot milia (si recte memini, tria uel quinque) animarum
fuerint redempta per has uenias, inter quas solum tres
fuerunt damnatae, quia detraxerant indulgentiis.   Nemo hanc 40

---

2 zu ultra niuem candidius vgl. Meissinger, s. 67   8 I. Pt. 4, 8 ff.
13 Lc. 24, 25   23 vgl. hierzu die sog. Sermone Tetzels, Köhler,
Dokumente, s. 124 ff., Paulus, Tetzel, s. 155 f.

dixit, Sed passionem Christi narrantibus talia populus audiuit
aut postea audisse finxit. Non credo uerum, quod passim
siue uectoribus siue hospitibus aut alias seruientibus pro precio
dant quatuor, quinque uel quot libitum fuerit animas. Non
5 credo, quod, in pulpitis postquam impetuoso mugitu despu-
mauerint suas exhortationes et, ut populus imponat, clamauerint:
'Impone, impone, impone' (Hanc enim populus uocem caput
et caudam, immo et uentrem ac totum pene sermonem esse
fingit), tum ut Apostolici praedicatores rem non uerbis modo,
10 sed exemplo quoque docent, descendunt primique ad cistam eunt
in omnium oculis, irritantes et prouocantes simplicem et stultum
populum, ut penitus exugant medullas eius, Imponunt itaque
splendido gestu atque sonoro tinnitu, tum mirantur, si non
pluant caeteri omnes totum aes suum, arrident imponentibus,
15 indignantur omittentibus. Non dico ego istas nundinas esse
animarum et monopolia. Populo indignor, qui tam pia
studia pro sua | ruditate non speciem, sed usque ad furorem 589 W
auaritiam interpretatur. Quanquam mihi forte dignus uenia
uideatur populus, qui ex istis nouis spiritibus uel nouam
20 mentem uel errorem accipiat, cum prius magis audire sit
solitus, quae ad charitatem et humilitatem pertineant. Sed
si Catalogum portentosorum audituum uelim percensere, nouo
uolumine fuerit opus. Ego uero mea sententia credo, si
indulgentiae essent etiam praeceptae et salutares, tamen, quia
25 in tam grandem sunt nunc abusum et scandalum redactae,
| ut uel haec sola causa satis iusta fuerit, ut uniuersae tollerentur, 231 E
Ne forte, si diutius permittantur uigere, tandem praecones
earum prae pecuniarum amore insaniant. Vere quidem credo,
non omnia ab illis dicta esse, quae passim feruntur, uerum
30 debuerant saltem populum in hoc arguere et sese clarius
exponere aut, quod melius est, secundum Canones modeste
loqui de indulgentiis.

CONCLVSIO XXXIII.

¶ Cauendi sunt nimis, qui dicunt uenias illas Papae
35 donum esse illud dei inaestimabile, quo reconciliatur homo deo.
¶ Pestilentes haereticos debueram eos dicere. Quid
enim magis impium et haereticum quam dicere indulgentias
Papae esse gratiam reconciliationis dei? Verum ut stomachum
meum premam, uolo potius eos nulla malitia aut uoluntate

7 Jes. 9, 14   9 vgl. z. b. die beiden Zwickauer Tetzelanekdoten
bei Paulus, s. 11 f.

5 Luthers Werke I

talia dixisse aut posuisse, Sed mera inscitia et tam eruditionis
atque ingenii penuria, licet et in hoc sit temeritas, quod tam
indocti non potius bubulci opus foecerunt, quam opus docen-
darum animarum Christi subirent.   Audiamus itaque istum
Bubulcum sua uerba grunnientem.   Sic enim in libello suo,   5
postquam indulgentias in quatuor principales gratias distri-
buerat et multas alias minus principales: Prima, inquit, gratia
principalis est plenaria remissio omnium peccatorum, qua
quidem gratia nihil maius potest dici, eo quod homo peccator
et diuina gratia priuatus per illam perfectam remissionem   10
et dei gratiam denuo consequitur.   Haec ille.   Obsecro, quae
haereticorum sentina tam haeretice unquam locuta est? uel
ex hoc disce, qua causa fiat, ut, cum illi sese sanctissima
docere dicant, populus tamen tam impia audiat.   Vtinam hic
sit diui Hieronymi zelus et eloquium!   Pudet me tantae   15
temeritatis, quod iste blatterator non fuerit ueritus eum libellum
232 E edere in faciem quattuor | illustrium et circumiacentium uni-
uersitatum, Ac si omnino ibi ingenia uersa essent in fungos
putidos.   Doleo et haereticis nostris propinquis Pighardis
tandem uenisse occasionem iuste criminandi Ecclesiam Ro-   20
manam, si haec in ea doceri audierint.   Quod autem iste
insulsus author non malitia forte, sed inscitia ista dixerit, ex
illo uidere licet, quia inquit: 'per illam (id est primam gratiam
plenariam remissionem) consequitur homo perfectam remissionem'.   Quid est dicere: 'per plenariam remissionem con-   25
sequitur perfectam remissionem et per gratiam dei consequitur
gratiam dei'?   An non per febrem somniat aut phrenesi
590 W laborat?   Sed ad sensum haereticum | uerte animum.   Hanc
primam gratiam uult eam esse, qua maius dici nihil potest
et quam consequitur homo priuatus gratia, quod nisi de   30
iustificante gratia spiritus intelligi non potest, Nec ipsum aliter
intellexisse clarum est.   Alioquin non esset, qua maius dici
nihil potest.   Quanquam si etiam de gratia iustificante alias
loqueretur, satis impie loqueretur, Cum solus deus sit id, quo
maius dici non potest.   B. Augustinus enim non sicut ille,   35
sed: in donis creatis, inquit, nullum est maius charitate.   Hic
uero gratiam Dei et gratiam Papae in unius uocabuli Cahos
confudit, dignus author tali uel opinione uel errore.

---

5 vgl. Albrechts Instructio, Köhler, Dokumente, s. 110, L. und die
Kirchengesch., s. 7 ff.   18 fungus Pilz, Dummkopf: Plaut. Bacch.
5, 1, 2 (1088).   19 vgl. Köhler, L. und die Kirchengesch., s. 176 f.
35 vgl. etwa Sermo 145, 4 (MSL. 38, 793).

Sequitur in eodem libro:

Per quam etiam peccatorum remissionem sibi poenae in purgatorio propter offensam diuinae maiestatis luendae ple- nissime remittuntur atque dicti purgatorii poenae omnino 5 delentur. Delphicum audiuimus oraculum! ut nihil omnino dubitat, qui omnia ignorat! de potestate clauium in purga- torium secure pronunciat! Sed satis de his supra.

Sequitur ibidem:

Et licet ad tantam gratiam merendam nihil satis dignum 10 possit retribui, eo quod donum dei et | gratia aestimationem ²³³ E non habent etc. Vides, ut iterum donum et gratiam dei inaestimabilem uocet id, quod Papa remittit, Homo dignissimus, qui ecclesias doceat, id est haereticorum prostibula. Postquam his uerbis gratiam illam ad forum et nundinas studiose 15 adornarat, mox tamen Mercurium suum habitu Iouis uestit, ne ullus intelligat, quod lucrum quaereret, nisi qui non plus quam ipse intelligit. Permittit pauperibus quoque eam gratis dari, ita sane, si primum undecunque pecunias corradere tentauerint a bonis (ut inquit) fautoribus, ita ut mendicantes 20 fratres sine licentia suorum superiorum pecuniam procurent, quia multo melior est apud hunc pseudolum remissio uel fictae poenae quam salutaris obedientia. Cum uero nusquam patuerit uia corradendi pecunias, ut gratiam illam redimant (id est denuo emant, Non quod illi uendant, sed quod nimia 25 rerum similitudo cogit uocabulis abuti), tum demum dicit: Regnum enim coelorum non plus diuitibus patere debet quam pauperibus, Iterum per uenias uolens patere coelum. Sed subtraho calamum, ne pro meritis in eos debacchetur. Sit satis indicasse fidelibus pestilentiam eorum sermonum, tam 30 insigni (ut par erat) inuolutam inscitiae et ruditati, ut dignum esset operculum uase.

CONCLVSIO XXXIIII.

¶ Gratiae enim illae ueniales respiciunt tantum poenas satisfactionis sacramentalis ab homine constitutas.
35   Haec abunde patet ex quinta supra et uicesima.

---

17 Paulus, Tetzel, s. 115   30 Erasmus, Adagia: Dignum patella operculum
5*

¶ CONCLVSIO XXXV.

¶ Non Christiana praedicant, qui docent, quod redemp-
turis animas uel Confessionalia non sit necessaria contritio.

¶ Obsecro, cur istam dilationem dant hominibus in
periculum? Et quid prodest illis talia praedicari, nisi quod
pecunia quaeritur et non salus ani|marum, | etiam si essent
uera? nunc cum sint et impia et falsa, multomagis sunt ex-
plodenda. Sane et ego superius permisi, posse poenas remitti
etiam iis, qui non sunt contriti, quod illi negant. Hic rursum,
quod illi affirmant, negandum puto. Atque de Confessiona-
libus quidem idem mihi quod de poenis iudicium est, scilicet
utrobique non requiri contritionem neque quo ad redemptionem eorum neque quo ad usum, quod negant; similiter et
in poenis remittendis, Quandoquidem pars confessionalis est
remissio poenae. Sed in redimendis animabus omnino
dissentio et peto, ut probent dicta sua. Ego quidem in
redimendis animabus longe aliud uideri puto quam in remissione poenarum, Siquidem in remissionibus poenae homo
recipit bonum, Sed in redimendis animabus facit bonum. At
impius recipere bonum potest, sed nullo modo facere, Nec
potest placere opus eius deo, qui ipse non placet, ut Gen.
iiij: Respexit dominus ad Abel et ad munera eius. Deinde
contra scripturam est, ut quis primo alteri misereatur quam
animae suae et prius festucam de oculo fratris eiiciat quam
trabem de suo, Atque omnino ut seruus diaboli redimat filiam
dei, et hoc apud ipsum deum. ridiculum est, ut hostis pro
amico regis intercedat. Quis, rogo, furor hic est? qui, ut
uilissimae poenae remissionem et ad salutem inutilem magnificet, peccata, quorum poenitentia sola fuerat magnificanda,
extenuat? Si hoc non est haereticum, malesonans, scanda-
losum, piarum aurium offensiuum, Quid tandem est, quod
his nominum portentis appellari possit? An his ti|tulis
haereticae prauitatis inquisitores ideo catholicos catholicasque
sententias uexant atque fatigant, quo liceat eis solis impune
et pro libitu haereses inundare?

¶ Dicunt autem, quod redemptio illa non innititur operi
redimentis, sed merito redimendi. Respondeo: Quis hoc
dixit? unde probatur? Cur ergo non sine opere redimentis
merito redimendus proprio liberatur? sed non tunc cresceret

---

21 Gen. 4, 4   23 Mt. 7, 3—5   36 Köhler, Dokumente, s. 116
u. 92, Luther und die Kirchengesch., s. 15

pecunia cupita propter salutem animarum.   Cur ergo non
inuocamus Turcas et Iudeos, ut nobiscum etiam suas pecunias
imponant, non propter nostram auaritiam, sed propter redemptionem animarum? Nec obstare uidetur, quod illi non
5 sunt baptisati, quando hic non est opus nisi pecunia dantis,
nequaquam anima pereuntis.   Non enim illa datio innititur
nisi redimendae animae. Credo, quod, si uel asinus imponeret
aurum, etiam redimeret; quod si requiritur aliqua dispositio,
necessario et gratia, cum Christianus peccator magis displiceat
10 deo quam ullus infidelis, nec tantum dedecorat asinum rudi-
bilitas quam Christianum impietas.

¶ Secundo, dixi Confessionalia quidem peccatoribus sicut
et remissiones poenarum dari posse, Sed non dixi, ut hor-
tandi, immo nec permittendi sint talia redimere, sicut ipsi
15 impie et crudeliter docent. quod probo:

¶ Primo: Omnis doctrina Christi est exhortatio ad
poenitentiam et id agit, ut homines quantotius a diabolo
recedant, sicut ait Ecclesiasticus: Ne tardes conuerti ad
dominum, Et ipse dominus: Vigilate, quia nescitis diem neque
20 horam, Et Paulus: Festinemus ingredi in requiem illam, Et
Petrus: I Cum ergo haec omnia consumanda sint, Quales 592 W
oportet uos esse in sanctis conuersationibus et pietatibus, pro-
perantes in aduentum diei etc. Sed haec ideo illi docuerunt,
quia solliciti erant, non quomodo pecunìas colligerent, sed
25 animas salⁱuarent. Hi uero uelut secure illis tribuunt miseram 2 j6 E
dilationem et, quantum in eis est, in periculo aeternae mortis
relinquunt, Ita ut nesciam an tali studio sint ab homicidiis
animarum excusati. Quippe non quaeritur hic salus dantis,
sed donum pereuntis, Cum, si essent boni pastores animarum
30 et uere Christiani, omnibus studiis agerent, ut peccatorem ad
timorem dei, ad horrorem peccati inducerent, nec quiescerent
flendo, orando, monendo, increpando, donec animam fratris
lucrifacerent. quod si ille pergeret pecuniam dare perseueraturus malus, in faciem ei reiicerent Et cum Apostolo
35 dicerent: Non quaero tua, sed te, Et iterum: Pecunia tua
tecum in perditionem, et· abhorrerent a conspectu eius. sic
sic recte agerent. Sed absit hoc a Mercurio nostro, Quin:
'id potius agamus, si uenerint peccatores, mediatoribus idoneis
freti (id est lucris), etiam inuito Christo cum uniuersis Apostolis,
40 sint sicut unus ex nobis, Nihil non potentes, quod nos po-

---

9 dspliceat C *druckf.*   10 decorat C *druckf.*   18 Si. 5, 8
19 Mt. 24, 42   20 Hbr. 4, 11   21 2. Pt. 3, 11 f.   25 salutarent C
druckf.   34 2. Ko. 12, 14   35 AG. 8, 20

sumus, etiam animas redimere, ipsi sine intermissione pereuntes,
etiam ridentibus nobis et de dono eorum secure gaudentibus.
Ista est Charitas in populum Christi et fratres nostros. Ita
curamus animas eorum, ut intelligant in suis peccatis nos
nouissimam, id est nullam, compassionem habere'!   5

¶ CONCLVSIO XXXVI.

¶ Quilibet Christianus uere compunctus habet remissionem
plenariam a poena et culpa etiam sine literis ueniarum sibi
debitam.

¶ Alioquin in periculo essent, qui literas eiusmodi non   10
haberent, quod falsum est, cum illae sint neque praeceptae
neque consultae, sed liberae. neque peccant, qui eas negligunt, nec ideo in periculo salutis sunt. Quod ex eo patet,
quia tales iam sunt in uia mandatorum dei. Et per casum
i quomodo ei non daretur eiusmodi remissio, debetur tamen   15
237 E ⁱ ei, ut dicit Papa. Sed hic intercedit O acutissimum ingenium
quorundam dicentium, quod uera haec essent, Si Canones
essent poenae tantum a Papa positae; Nunc uero sunt declara-
torii poenarum a deo inflictarum. Sic loqui decet eos, qui
ueritatem semel perpetuo odio persequi proposuerunt.   20

¶ Primum, pronunciant uelut ex oraculo, quod deus pro
peccatis poenam satisfactoriam requirit, aliam scilicet quam
Crucem Euangelicam (id est ieiunia, labores, uigilias), Aliam
quam castigatoriam; non enim has intelligunt, quia has remitti
nisi a deo non possunt negare.   25

Secundo, huic monstro addunt maius, scilicet, quod
593 W Canones declarent impositam; ergo Papa non habet nisi
declarare, nunquam autem imponere nec ⁱ relaxare. Alioquin
contra uerbum Christi hi sic docebunt nos: 'Quicquid ego
ligauero, tu solues'.   30

¶ CONCLVSIO XXXVII.

¶ Quilibet Christianus uerus, siue uiuus siue mortuus,
habet participationem omnium bonorum Christi et Ecclesiae
etiam sine literis ueniarum a deo sibi datam.

¶ Impossibile est esse Christianum, quin Christum habeat, 35
quod si Christum, et omnia simul quae Christi. Dicit enim
B. Apostolus Ro. xii: Induimini dominum Ihesum Christum.
Et Ro. viii: Quomodo non omnia nobis cum illo donauit?
Et i. Corin. iii. Omnia uestra, siue Cephas siue Paulus, siue

---

36 quod si si C *druckf.*   37 Rö. 13, 14   38 Rö. 8, 32
39 1. Ko. 3, 21 f.

uita siue mors. Et i. Cor. xii: Non estis uestri, sed membra
de membro. Et aliis locis, ubi describit, unum corpus, unum
panem nos omnes esse in Christo, singulos alterum alterius
membra. Et in Can.: Dilectus meus mihi et ego illi. Quia
5 per fidem Christi efficitur Christianus unus spiritus et unum
cum Christo. Erunt enim duo in carne una, Quod sacra-
mentum magnum est in Christo et Ecclesia. | Cum ergo 238 E
spiritus Christi sit in Christianis, per quem fratres, cohaeredes,
concorporales et ciues fiunt Christi, quomodo ibi possit non
10 esse participatio omnium bonorum Christi? nam et Christus
ex eodem spiritu habet omnia sua. Ita fit per inaestimabiles
diuitias misericordiarum dei patris, ut Christianus possit gloriari
et cum fiducia praesumere in Christo omnia, scilicet quod
iustitia, uirtus, patientia, humilitas, omnia merita Christi sint
15 etiam sua per unitatem spiritus ex fide in illum, Rursum
omnia peccata sua iam non sint sua, sed Christi, per eandem
unitatem, in quo et absorbentur omnia. Et haec est fiducia
Christianorum et iucunditas conscientiae nostrae, quod per
fidem fiunt peccata nostra non nostra, sed Christi, in quem
20 deus posuit peccata omnium nostrum, et ipse tulit peccata
nostra, Ipse agnus dei, qui tollit peccata mundi, Rursum omnis
iustitia Christi fit nostra. Imponit enim manum suam super
nos, et bene habemus, et extendit pallium suum et operit
nos, benedictus saluator in secula, Amen.
25 Verum, quando haec participatio suauissima et iucunda
permutatio non fit nisi per fidem, hanc autem homo nec dare
nec auferre possit, satis clarum puto, quod uirtute clauium
uel benefitio uenialium literarum haec participatio non datur,
sed potius ante et sine illis datur a solo deo; sicut remissio
30 ante remissionem, Absolutio ante absolutionem, ita participatio
ante participationem. Quid ergo participat Papa sua parti-
cipatione? Respondeo: illi dicerent, ut supra de remissione
dictum est Conclusione vi, quod declaratiue participat. Nam
quomodo possint aliter dicere, non intelligere me confiteor.
35 Meum sensum sequente ponam conclusione.

CONCLVSIO XXXVIII.

¶ Remissio tamen et participatio Papae nullo | modo 239 E
est contemnenda, quia (ut dixi) est declaratio remissionis
diuinae.

---

1 1. Ko. 12, 27   2 10, 17   4 HL. 2, 16   5 nach unum
wohl corpus zu ergänzen   6 Gen. 2, 24 Eph. 5, 31 f.   8 Rö. 8, 17
20 Jes. 53, 12. 6   21 Jo. 1, 29   22 Mc. 5, 23   23 Ruth 3, 9

594 W   ¹ ¶ Non quod necessaria sit illa declaratio, quae in literis indulgentiarum et publice fit (sufficit enim ea quae fit in priuata confessione), Sed quod non sit contemnenda, Quia per eam etiam Ecclesiae nota fit et approbatur priuatim facta declaratio. Sic enim ego intelligendum puto: Qui habet meliora, 5 dicat ea. Non enim, quid alias illa participatio publica faciat, uideo. Verum, licet hanc conclusionem ab omnibus (ut puto) acceptam non negem, dixi tamen supra conclusione vi. mihi non placere hunc modum loquendi, quod Papa nihil aliud faciat quam quod declaret aut approbet remissionem diuinam 10 seu participationem. Nam id primo nimis uiles reddit Ecclesiae claues, immo uerbum Christi facit irritum quodammodo, ubi dixit: Quodcunque etc. Declaratio enim nimis modicum est. Secundo, Quia incerta erunt omnia ei, cui fit declaratio, licet aliis seu Ecclesiae foris in facie certa fiat 15 illius remissio et reconciliatio.

Quare, sicut superius de remissione culpae, ita de participatione bonorum uolo opinari, donec erudiar melius, uidelicet, quod sicut peccator post peccatum difficillime confidit in misericordiam dei, Adeo urget ad desperationem peccatum 20 onere suo grauissimum, multoque facilius iram quam misericordiam dei cogitat, sicut ante peccatum facilius misericordiam quam iram cogitat. Omnia enim peruerse agit homo, Timens, ubi non est timendum, sed sperandum, scilicet post peccatum, Presumens, ubi non est praesumendum, sed timendum, scilicet 25 ante peccatum. Cuius rei exemplum abunde ostensum est in resurrectione Christi, ubi multis argumentis opus fuit, ut sese in cordibus discipulorum resuscitaret. Denique prima annunciatio fuit muliebris et delyramentis ab illis comparata, ita et peccatori prima fiducia apparet mollis, et cui non uel uix 30 240 E creden|dum putet. Ita multo difficilius est confidere sese esse participem Christi bonorum, id est inenarrabilium bonorum, ut sit particeps diuinae naturae, ut ait S. Petrus. Magnitudo bonorum etiam operatur diffidentiam, uidelicet non solum esse remissa tanta mala, uerum et collata tanta bona, ut sit 35 filius dei, haeres regni, frater Christi, sotius angelorum, dominus mundi. Obsecro, quomodo hec uera potest credere, qui peccati sui morsu, immo pondere fessus trahitur ad inferos? Hic itaque necessarium est iuditium clauis, ut homo sibi non credat, credat autem potius claui, id est sacerdoti. Atque 40 nihil curo, si etiam sit forte indoctus clauiger aut leuis. Nam

non propter sacerdotem nec potestatem eius, sed propter
uerbum eius, qui dixit et non mentitur: Quodcunque solueris
etc. In iis enim, qui credunt in uerbum istud, non potest
clauis errare, Errat uero in iis solis, qui non credunt ab-
5 solutionem istam ualere. Nam finge (per impossibile uel
contingens), Si quis non sit uel non putet sese satis contritum
et tamen absoluenti tota fiducia credat sese absolutum (fiducia
mea sic opinor), Haec ipsa fides eum facit absolutum uerissime,
quia credit in eum, qui dixit: Quodcunque etc. Fides autem
10 Christi semper iustificat, non secus, quam si baptiset te
ineptus, leuis, imperitus sacerdos. Adde, si etiam non putes 595 W
te satis contritum (tibi enim non potes nec debes confidere),
nihilominus, si credis ei, qui dixit: Qui crediderit et baptisatus fuerit, hic saluus erit, Dico tibi, haec fides eius uerbi
15 facit te uerissime baptisari, quicquid sit de contritione tua.
ideo fide ubique opus est. Tantum habes, quantum credis.
Atque sic intelligo, quod nostri doctores dicunt, sacramenta
esse efficatia gratiae signa, non quia fit (ut B. Augustinus),
sed quia creditur, ut supra. Ita hic. Absolutio est efficax,
20 non quia fit, a quocunque tandem fiat, erret ǀ siue non erret, 241 E
sed quia creditur. Nec hanc fidem potest reseruatio casuum
impedire, nisi esset manifesta et contempta. Proinde dico:
Homo, quando in peccato est, ita uexatur et agitatur conscientia eius, ut suo sensu potius participationem omnium
25 malorum sese credat habere, Et talis homo certe proximus
est iustificationi et habet initium gratiae. Ideo ei confugien-
dum est ad solatium clauium, ut arbitrio sacerdotis quietetur
et pacem obtineat atque fiduciam consequatur participationis
omnium bonorum Christi et Ecclesiae. Quod siquis hanc
30 participationem officio sacerdotis sibi factam non crediderit
aut dubitauerit, non errore clauis, sed suae infidelitatis sedu-
citur et magno damno suam animam afficit et deo uerboque
eius iniuriam atque summam irreuerentiam facit. Ideo multo
melius est, ut non adeat ad absolutionem, si non credat sese
35 absolui, quam si sine fide accedat: ficte enim accedit et
iudicium sibi accipit, non secus quam si baptismum uel sacramentum panis ficte acceperit. Proinde non adeo est necessaria contritio quam fides. Incomparabiliter enim plus ibi
consequitur fides absolutionis quam feruor contritionis. Et

12 ubi C *druckf*. 13 Mc. 16, 16 18 In Ioannis evangel.
tract. 80, 3 (MSL. 35, 1840): Unde ista tanta vis aquae, ut corpus tangat
et cor abluat, nisi faciente verbo, non quia dicitur, sed quia creditur?
vgl. WA 2, 15, 28 ff. Apol. Conf. Aug. art. XIII a. E. 36 1. Ko. 11, 29.

hac fide omissa nos plurimi solum in formandis contritionibus
laboramus, ut doceamus homines tunc confidere remissa peccata, quando senserint sese esse perfecte contritos, id est
nunquam confidere, sed magis ad desperationem laborare,
cum secundum prophetam non in nostram contritionem, sed 5
in uerbum eius sit sperandum. neque enim dixit: Memor
esto contritionis meae seruo tuo, in qua mihi spem dedisti,
sed: memor esto uerbi tui, in quo mihi spem dedisti; Et
iterum: in uerbum tuum (non utique in opus nostrum)
supersperaui; Et iterum: Sustinuit anima mea in uerbo eius 10
242 E etc.; Et, ut ps. l. in hebraeo est: Tibi | soli peccaui, propterea
iustificabis uerbo tuo. Igitur nec sacramentum, nec sacerdos,
sed fides uerbi Christi per sacerdotem et officium eius tete
iustificat. Quid ad te, si dominus per asinum uel asinam
loquatur, dummodo tu uerbum eius audias, in quo speres 15
atque credas?

¶ Sic intelligerem illud, quod nostri doctores Scholastici
dicunt, sacramenta ecclesiae esse in exercitationem nobis data,
hoc est, tanquam inaestimabilia dona, in quibus occasionem
habeamus credendi et iustificandi. Nam olim erat sermo 20
domini preciosus tempore Saulis, nunc uero etiam per leuis-
simos, pessimos, indoctissimos homines suum uerbum tibi
sonat. Tu in uerbum intende et mitte laruam personae:
Erret, non erret illic, tu non erras, si credideris. Hic si erro
596 W et desipio, reuocet me, qui sapit. | Consequens ex iis erit, ut 25
tres ille ueritates Ioannis Gersonis iam diu in omnes libros
et aures transfusae prudenter intelligendae sint, puta, quod
non ideo confidat sese homo esse in statu salutis, quia potest
dicere se dolere de peccatis, sed multomagis id aduertat, si
sic optet sacramentum absolutionis, ut credat, si ipsum fuerit 30
assecutus, sese absolui. Hoc enim est sacramentum in uoto
suscipere, id est in fide uerbi uel praesentis uel desiderati
auditus. Caue ergo, ne quando in tuam contritionem ullo
modo confidas, sed in nudissimum uerbum optimi et fide-
lissimi tui saluatoris Ihesu Christi: Cor tuum fallet te, ille te 35
non fallet uel habitus uel desyderatus. Quae si ita sunt (det
dominus deus, ut cum propheta Michea sim uir non habens
spiritum, ac mendacium potius loquar), timendum est, multas
animas perdi per indoctissimos illos operum et contritionis
bouinatores, Primum, quod fidem uerbi non docent, sed 40

---

8 Ps. 119, 49   9 Ps. 119, 81   10 Ps. 130, 5   11 Ps. 51, 6
17 z. b. Thomas v. Aqu. Summa III qu. 61 art. 1   21 1. Sa. 3, 1
26 Köhler, L. und die Kirchengesch., s. 350 f.   37 Mi. 2, 11

contritionem dumtaxat atque hanc tenuiter satis, Secundo,
quod facillimi sunt absolutiones impendere et participationes 243 E
eiusmodi, quasi sit passim omnium istam fidem habere, neque discutiunt, quem aut quare absoluant. Itaque non tam
5 necessarium est absoluendo dicere 'doles?' quam illud 'credis
tete absolui a me posse?' sicut Christus ait ad caecos:
Creditis me posse haec uobis facere? Credenti omnia possibilia sunt. Haec enim fides certe in illis maxime probatur,
qui tremore conscientiae agitati potius sese diffidere sentiunt;
10 illis uero, qui talem miseriam non sentiunt, nescio an sint
claues illae consolatoriae, cum consolari non mereantur, nisi
qui lugent, nec animari ad fidem remissionis, nisi qui trepidat diffidentia retentionis. Atque ut finem tandem faciam,
Haec sententia mea, credo, potestatem clauis non minuit, ut
15 mihi impingitur, sed a falso honore et tyrannica reuerentia
in sibi debitam et amabilem reuerentiam reducit. Non enim
est mirum, si claues contemptui fiant, si falsis honoribus, id
est terroribus tantummodo, offerantur suscipiendae, Cum
cognita earum saluberrima commoditate saxum sit aut lignum,
20 qui non cum lachrymis eas exosculetur et amplectatur. Quid
ergo Pontificem propter eas magnificamus et hominem terri-
bilem fingimus? Non illius sunt claues, Meae potius sunt,
mihi donatae, meae saluti, meae consolationi, paci et quieti
concessae. Pontifex seruus est et minister meus in clauibus,
25 ipse non eget illis ut pontifex, sed ego. Adulatores uero
omnia Pontificibus inflectunt, non nostram consolationem, sed
illorum tantummodo potentiam in illis iactitant et per ea ipsa
nos terrent, per quae nos maxime oportuit consolari. adeo
sunt hodie omnia peruersa, et adhuc non putamus infoelitia
30 esse tempora, in quibus tantus est abusus optimarum rerum
in pessimas res nobis uersarum. Itaque istam conclusicnem,
ut iacet, non omnino teneo, sed ex magna parte nego.

⊢ CONCLVSIO XXXIX.   597 W 244 E

¶ Difficillimum est etiam doctissimis Theologis simul ex-
35 tollere ueniarum largitatem et contritionis ueritatem coram
populo.

¶ Ratio huius est sequens Conclusio.

¶ CONCLVSIO XL.

¶ Contritionis ueritas poenas quaerit et amat, ueniarum
40 autem largitas odisse facit, saltem occasione.

---

6 Mt. 9, 28   7 Mc. 9, 22

¶ Da uerum poenitentem, et uidebis eum tam ardenter in seipso quaerere ultionem offensionis diuinae, ut cogat te sui misereri, immo ut necessarium sit ei resistere, ne destruat sese, ut saepe legimus et uidimus contigisse. Et B. Hierony- mus talem scribit suam Paulam fuisse et ipsemet de seipso. 5 Nihil istis est satis poenarum, Quin cum filio prodigo in- uocant coelum et terram et deum ipsum contra seipsos, sicut et Dauid, quando dixit: Vertatur, obsecro, gladius tuus in me et in domum patris mei. Recte ergo me puto dixisse, poenitentias Canonicas iis tantum impositas, qui uel nollent 10 meliora facere ut pigri, uel certe ut explorarentur de ueritate contritionis suae. Patet itaque, quam difficile sit saltem doctis, inter odium et amorem poenarum medios ire, ut sic doceant odium earum, ut tamen maxime persuadeant amorem earum. Indoctis uero, cum sit nihil difficile, nihil obstat, quin et hoc 15 sit facile. Euangelium quidem docet poenas non fugere nec relaxare, sed quaerere et amare, quia docet spiritum libertatis et timoris dei usque ad contemptum omnium poenarum. At multo lucrosius est et expedit Capsis quaestorum, ut populus timeat poenas et spiritum mundi atque timoris in litera et in 20 245 E seruitute | hauriat, dum audit esse tam horribilem rem poenas quasdam Canonicas, ut non nisi tanto studio, tanto impendio, tanta pompa, tantis ceremoniis doceantur uitari, quantis nec Euangelium docetur amari.

Obiicitur: 25

Quid ergo dicis de peregrinantibus Romam, Hierusalem, S. Iacobum, Aquisgranum, Treuerim multasque alias regiones et loca causa indulgentiarum, Item in dedicationibus Eccle- siarum?

Respondeo: 30

Peregrinationes istae fiunt multis causis, rarissime iustis. prima est omnium communissima, Curiositas scilicet uidendi et audiendi aliena et ignota, quae leuitas uenit de fastidio et acidia cultus dei in ecclesia propria neglecti. Alioquin incomparabiliter meliores indulgentias domi inueniret quam 35 in omnibus iam dictis locis simul sumptis, similiter et Christum et sanctos praesentius haberet, si non tam stultus esset, ut ligna et lapides praeferret pauperibus et proximis suis, qui- bus in charitate seruiret, aut etiam suae familiae prouideret.

4 Epist. 108 (MSL. 22, 891)   6 Lc. 15, 21   8 2. Sa. 24, 17
26 vgl. Janssen, Gesch. des deutschen Volkes I, 17. u. 18. aufl., s. 748 f.

¹ Altera est tolerabilis, scilicet causa indulgentiarum. Nam 59⁸ w cum indulgentiae sint liberae, non praeceptae, ac per hoc nullius meriti, nihil prorsus merentur, qui praecise propter indulgentias peregrinantur. Iuste autem illi sic illuduntur, qui domi 5 Christum et proximum negligunt, ut foris decuplo plus consumant sine fructu et merito. Ideo qui domi maneret et illud cogitaret: Charitas operit multitudinem peccatorum, Et illud: Quod superest, date eleemosynam, et ecce omnia munda uobis, longe melius, immo solum hic bene ageret, quam si 10 ¹ omnes uenias in Hierusalem et Roma afferret. Sed non placet 246 E adeo recte sapere, ideo tradimur in desyderia nostra.

¶ Tertia est causa afflictionis et laboris pro peccato, quam credo raro contingere saltem solam. Nam et domi posset sese affligere et laborare, si laborem tantummodo 15 quaereret; si tamen facit, non est malum, immo bonum.

¶ Quarta honesta, scilicet si fiat singulari deuotione pro honore sanctorum et gloria dei ac suo profectu, sicut S. Lucia ad B. Agatham, et quidam sancti patres Romam uisitarunt; quod non foecerint curiositate, exitus probauit.

20   ¶ Proinde mihi placet in istis facultatibus, quod etiam uota talium peregrinationum commutantur in alia opera. atque utinam gratis commutarentur!

¶ CONCLVSIO XLI.

¶ Caute sunt ueniae Apostolicae praedicandae, ne 25 populus false intelligat eas praeferri caeteris bonis operibus charitatis.

¶ Ego sic dicerem ad populum: 'Ecce, fratres, scire uos oportet, quod triplex est genus bonorum operum, quod expensionibus pecuniae fieri potest.

30   Primum et ante omnia, Si quis pauperibus donet aut proximo egenti mutuet et omnino in quacunque necessitate laboranti subueniat. Hoc opus sic est agendum, ut etiam intermittendae sint structurae Ecclesiarum et omittendae oblationes ad uasa et ornamenta ecclesiarum. Postquam hoc 35 fuerit factum et non restat, qui egeat,

Tum Secundum erit, nostras et in nostris terris Ecclesias et hospitalia et publicae utilitatis structuras primum iuuare. Postquam autem id fuerit factum, tum demum si placet potestis et pro indulgentiis redimendis tertio loco dare, Quia 40 in primo est mandatum Christi, in nouissimo illo nullum·

---

7 1. Pt. 4, 8   8 Lc. 11, 41

₂₄₇ E mandatum'. | Si dixeris: 'ista praedicatione parum colligetur
pecuniarum per indulgentias', Respondeo: 'Credo. Sed quid
hoc mirum, cum Pontifices per indulgentias non quaerant
pecunias, sed salutem animarum, ut patet in iis, quas dant
in consecrationibus Ecclesiarum et altarium? Ideo non uolunt ₅
per suas uenias impedire meliora, sed promouere potius
charitatem. Ego libere dico, quod, qui aliter docet populum
et hunc ordinem peruertit, non doctor, sed seductor populi
est, nisi quod populus propter peccata sua meretur aliquando
non audire ueritatem recte praedicari'.   ₁₀

599 W | ¶ CONCLVSIO XLII.

      ¶ Docendi sunt Christiani, quod Papae mens non est,
redemptionem ueniarum ulla ex parte comparandam esse
operibus misericordiae.

      ¶ Papam intelligo, ut supra dixi, prout sonat personam ₁₅
publicam, id est ut per Canones nobis loquitur. Non enim
sunt Canones, qui praedicent ueniarum dignitatem comparari
operibus misericordiae.

      ¶ Patet autem Conclusio: Quia praeceptum dei infinita
dignitate praestat ei, quod per hominem quoque permittitur ₂₀
ac nullo modo praecipitur, Cum illic sit meritum, hic nullum.

                      Hic obiicitur:

      ¶ 'At ueniae redimuntur per pium opus, puta contri-
butionem ad fabricam uel captiuorum redemptionem: ergo
sunt meritoriae'. Respondeo: Non loquor de opere, sed de ₂₅
ueniis; nam opus illud poterat fieri sine ueniis, non enim
alligatur necessario ueniis. Veniae autem sine opere concessae nihil conferunt, sed tantummodo auferunt. Opus
autem sine ueniis confert, quia illic nostra recipimus, hic
₂₄₈ E | damus, Et ideo illic carni, hic seruitur spiritui, Et breuiter ₃₀
illic naturae, hic satisfit gratiae; quare ueniae seorsum sumptae
sunt incomparabiles ad opus misericordiae. Item, opus sine
ueniis purius est quam cum ueniis, et ueniae sunt operis
aliquod uitium, quia recipit mercedem suam, immo plus quam
mercedem suam. Sanctius itaque agerent, si nude contri- ₃₅
buerent et non propter ueniam, Non quod ueniae sint malae
et noxiae, sed quod abusus peruersus nocet, dum tale opus
non facerent, nisi ueniae essent, — ac sic finis operis huiusmodi
fit uenia, immo ipse homo, qui quaerit quae sua sunt, — cum

---

      20 eo, quod C., korr. nach Brieger, ZKG. 17, 202

deberent opus propter deum et gratis facere et uenias non
aliter acceptare quam gratis sibi, non propter contributionem
datas, ut sic illi uenias non emant nec isti uendant; oportet
enim utrobique esse gratuitam donationem, uel erit manifesta
5 Simonia et uenditio turpissima. Sed quis haec populo dicit?
Quando dicitur: 'Impone gratis, et ego concedo gratis'? Item,
Timendum, ne per illam ordinis peruersitatem magna in ecclesia
alatur idolatria. Quia si populus doceatur propter poenarum
euasionem contribuere (quod spero non fiat, etsi multi forte
10 sic intelligant), tunc clarum est, quod non propter deum
contribuunt, et erit timor poenarum seu poena Idolum eorum,
cui sic sacrificant. Quod si ita fieret, tale aliquod malum
ageretur in Ecclesia, quale olim in Romanis gentilibus age-
batur, quando febri et aliis laeuis et noxiis numinibus seruie-
15 bant, ne lederentur. Ideo hic uigilandum pro populo et
tam dubia atque periculosa negocia uix doctissimis committenda.

I CONCLVSIO XLIII. 600 W

¶ Docendi sunt Christiani, quod dans pauperi aut
mutuans egenti melius facit quam si uenias redimeret.
20 ¶ Hanc sic pono propter rudes, nam satis ex praedictis 249 E
patuit. Hanc autem conclusionem cum duabus praecedentibus et sequentibus non ego primus aut solus, Sed omnes et
tota ecclesia tenet, nisi quod solus populus haec nunquam
audit; forte timetur, ne nimis cito intelligeret tam apertam et
25 solidam ueritatem. Nam et S. Bonauentura et caeteri omnes,
quando in hac materia agentes sibiipsis opponerent: 'ergo
omittenda sunt reliqua bona opera', Respondent unanimiter:
,nequaquam, Quia caetera bona opera sunt meliora quo ad
premium essentiale obtinendum'. Patet ergo conclusio, Cum
30 hoc illi dicant, qui tamen asserunt, indulgentias esse thesaurum
meritorum Christi et Ecclesiae.

¶ CONCLVSIO XLIIII.

¶ Quia per opus charitatis crescit charitas et fit homo
melior, Sed per uenias non fit melior, sed tantummodo a
35 poena liberior.

Patet, Quia solum remissio poenarum ibi datur, nec
indulgentiae plus ualent, ut etiam omnes concedunt, quam
ut tollant poenas. At ablatio poenae non facit bonum siue
meliorem in charitate.

---

25 In IV. libr. Sentent. dist. XX cap. 2 qu. 6, Köhler, L. und
die Kirchengesch., s. 336 f.

¶ CONCLVSIO XLV.

Docendi sunt Christiani, quod, qui uidet egenum et
neglecto eo dat pro ueniis, non indulgentias Papae, sed indignationem dei sibi uendicat.

    ¶ Quia peruertit ordinem suprapositum et contra id   5
agit Ioannes: Si quis uiderit fratrem suum necessitatem habere
et clauserit uiscera sua ab eo, quomodo manet in eo charitas
dei? Hanc autem necessitatem nostri Sophistae interpretantur
extremam, scilicet ut charitati nunquam uel rarissime locum
faciant operandi, cum tamen ipsi, si in necessitate essent non   10
extrema, sed prima, uellent sese iuuari; alios uero uolunt
250 E iuuare, cum iam exhalarint | spiritum. Optimi sane Theologi
et Christiani, qui non faciunt hoc hominibus, quod sibi
uellent fieri!

CONCVSIO XLVI.   15

    ¶ Docendi sunt Christiani, quod redemptio ueniarum
est libera, non praecepta.

    ¶ Satis id supra dixi, quod ueniae sunt de numero
eorum quae licent, non autem eorum quae expediunt, Quo
modo in uetere lege libellus repudii, sacrifitium Zelotypiae,   20
601 W Et in noua lege lites et iuditia propter infirmos, immo |
'propter duritiam uestram', inquit Christus. Quae quicunque
egerit, toleratur potius quam commendatur, immo ut Glosa
dicit li. v. de pe. et re.: Quod autem, et multi alii melius
facerent, ut per se satisfacerent et non redimerent uenias,   25
quas tamen non nisi criminosi redimere opus habent.

¶ CONCLVSIO XLVII.

Docendi sunt Christiani, quod nisi superfluis abundent
necessaria tenentur domui suae retinere et nequaquam pro
ueniis effundere.   30

    ¶ Quia Apostolus dicit: Qui suis et maxime domesticis
non prouidet, fidem negauit et est infideli deterior. Sed sunt
multi, qui nec panem nec uestem commode habent et tamen
crepitu et strepitu uenialium praedicatorum inducti seipsos
fraudant et inopiam suam conficiunt, ut illorum copiam   35
augeant.

---

    6 1. Jo. 3, 17   13 Mt. 7, 12 non *fehlt* C   15 these 46 u.
47 sind umgestellt   20 Dt. 24, 1 ff.   Nu. 5, 15   21 1. Ko. 6, 1 ff.
22 Mt. 19, 8   24 s. oben s. 71 z. 20   31 1. Ti. 5, 8

CONCLVSIO XLVIII.

¶ Docendi sunt Christiani, quod Papa, sicut magis eget, ita magis optat in ueniis dandis pro se deuotam orationem quam promptam pecuniam.

5 ¶ Hanc conclusionem riderent domini nostri Curtesani Romanae Curiae conscii. Certum tamen est, ¦ quod ante 251 E omnia debet Pontifex a suis subditis optare orationem, sicut et S. Paulus saepius a suis optauit. Et haec est multo iustior ueniarum dandarum causa, quam si mille struerentur 10 Basilicae, eo quod summus Pontifex, tot monstris daemonum et impiorum hominum obsessus magis quam stipatus, non possit errare ·nisi cum totius ecclesiae maximo malo, tunc maxime, si libenter audierit hanc pestilentem Syrenarum suarum uocem: 'non praesumitur tantae celsitudinis apex 15 errare', Item et illam: 'Omnia iura positiua sunt in scrinio pectoris sui'. Non praesumitur quidem errare, sed an bona sit illa praesumptio, quaeritur, Et sunt quidem in scrinio pectoris eius omnia iura sua, sed an pectus eius bonum sit, quaeritur, id enim oratione curandum est. Sed de hac re 20 omnium pulcherrime B. Bernhardus ad Eugenium Papam de Consyderatione.

¶ CONCLVSIO XLIX.

¶ Docendi sunt Christiani, quod ueniae Papae sunt utiles, si non in eas confidant, Sed nocentissimae, si timorem 25 dei per eas amittant.

¶ Vide itaque periculum: populo ueniae praedicantur directe aduersus ueritatem Crucis et timoris dei, Quia permittitur libertas eorum a poenis, deinde securitas remissorum peccatorum. Et euidens signum uidetur, uenias tali iactantia 30 praedicatas non esse ex deo, quod populus pronius accurrit, acceptat, obseruat quam ipsum sanctum Euangelium dei, ut probetur ueritas: Quia quod ex deo uenit, fastidit mundus; alius uenit in nomine suo, et hunc suscipit. Et ¦ erroris causa 602 W sunt ipsi fabularum talium Magistri, qui sedulius et pomposius 35 quam Euangelium eas praedicant, tum quod omnibus praedicant quae paucorum sunt. Nam, ut supra satis patuit, Veniae sunt relaxationes, licentiae, permissio¦nes atque indulgentiae, 252 E et uerae indulgentiae (si rigidam uerbi significationem accipimus), id est molliculae permissiones delicatorum, frigidorum,

---

durorum Christianorum, id est Gabaonitarum et Hydrophoro-
rum ac seruorum magis quam Israelitarum principum atque
filiorum.

Probo autem conclusionem:

Si opera charitatis feruide agentium sunt talia, ut nemo 5
in eis confidere aut securus esse possit (Siquidem et Iob
sanctissimus ueretur omnia opera sua, Et: Beatus uir, qui
timet dominum,
    Item: Beatus uir, qui semper est pauidus), quantomagis
ueniae, incomparabiliter inferiores talibus operibus, plus quam 10
cum timore suscipiendae et minus quam fiduciam minimam,
id est nullam prorsus, debemus habere! Sanctus timet, ne
minus operetur aut patiatur quam debet, Et ubi peccator
erit, cui remittitur, ut minus agat quam agere possit? Et
quantum nostros uaniloquos et mentium corruptores intelligo, 15
faciunt nobis ex negotio indulgentiarum negocium perambulans
in tenebris et operationem erroris, dum per illas hominibus
fiduciam suadent omnibus, quae tamen paucis conueniunt, et
iis (ut dixi) frigidis ac infirmis. Vide, ne exinde factum sit,
Magistro Sancto spiritu, ut proprio eorum testimonio appellent 20
Negotium S. Petri Negotium Sancti spiritus, quasi ipsimet
confiteantur, negociatores sese esse et Simonienses nundinas
habere.

    Quod autem dixi: 'sunt utiles', intelligo: 'non omnibus,
immo ueteri homini et stertentibus operariis', eo quod melius 25
sit illis eas remitti poenas quam ut ferrent inuite; ueruntamen
ista uoluntate eis permissa propter maius malum uitandum
non debent secure frui, neque in ea confidere, sed eo magis
dolere et timere, quod tales sunt, qui egent propter maius
253 E | malum in minore malo relinqui, Quando uiderunt etiam eos 30
timere, qui feruentissime in bono proficiunt. ideo dixi esse
nocentissimas, si sine timore de tali licentia gaudeant.

¶ CONCLVSIO L.

Docendi sunt Christiani, quod, si Papa nosset exactiones
uenialium praedicatorum, mallet Basilicam S. Petri in cineres 35
ire quam aedificari cute, carnibus et ossibus ouium suarum.
    ¶ Sic enim nostri uenatores robustissimi, postquam omni
Christianae uitae ordini statum pecuniae numerum indixissent,

tandem et uxores mendicare docent, etiam inuito uiro, et
fratres mendicantes, etiam inuitis praelatis suis, alicunde
corradere. et omnino nullus sit, qui residuum obuli habet,
quin huc tribuat. denique factum est, ut tunicas etiam uendere
5 hortentur aut undecunque mutuare, quod et factum dicitu..
Ego uero sapio, quod, cum indul gentiae sint uilissimum bonum 603 W
omnium bonorum Ecclesiae nec nisi uilissimis ecclesiae
donandum, deinde nec meritorium nec utile, sed plaerumque
nocentissimum, si non sint timorati, quod maledictione digna
10 sit talis doctrina et contra mandata dei. Vxor enim debet
sub uiri potestate esse et eo inuito nihil facere, etiam si esset
meritorium, multo minus mendicare pro ueniis sibi forte non
necessariis, Tum religiosi suam obedientiam seruare, etiam
si possent alibi martyrio coronari, nec Papa unquam intendit
15 contrarium, sed falsi interpretes illius. Alius uomat stomachum, ego me cohibeo. Vnum dico: hinc saltem intellige,
lector, an non suis praedicationibus pestilentiosis id agant,
ut populum credere faciant, quasi sit salus in ueniis et uera
dei gratia. Alioquin quomodo tam anxie eas commendarent,
20 ut opera meritoria et mandata dei propter illas irrita face rent? 354 E
Adhuc tamen sunt adeo non haeretici, ut glorientur se
haereticorum persecutores.

Hoc scilicet uoluit Papa, ut homines suae curae commissi
propter lapides et ligna usque ad uiuam cutem radantur,
25 immo ut pestilentibus doctrinis ab istis latronibus et furibus
(ut Christus ait) mactentur et perdantur? Melius erat
Caesarem illum habere, qui dixit: Boni pastoris esse oues
tondere, non deglubere. At ii non deglubunt modo, sed
deuorant eos corpore et anima: Vere sepulchrum patens
30 guttur eorum, linguis suis etc.

¶ CONCLVSIO LI.

Docendi sunt Christiani, quod Papa, sicut debet, ita uellet,
etiam uendita (si opus sit) Basilica S. Petri, dare illis, a quorum plurimis quidam Concionatores ueniarum pecunias eliciunt.
35 ¶ Sic B. Ambrosius Calices conflauit pro redimendis
captiuis, Et B. Paulinus Nolanus seipsum captiuum tradidit
pro suis, Et ad hoc ipsum habet aurum Ecclesia, ut est in

3 corrodere C *druckf.* 4 Vgl. Albrechts Instructio, Köhler,
Dokumente, s. 118. 113 6 sit C *druckf.* 26 Jo. 10, 1 27 Tibe-
rius, vgl. Suet. vita Tib. cap. 32 29 Ps. 5, 10 35 De officiis
ministrorum II 28 (MSL. 16, 148 sq.) 36 Schäfer, L. als Kirchenhistoriker, s. 256

decretis ex eodem Ambrosio sumptum. At nunc, bone deus, quanti sunt, qui ligna, immo folia portant in syluam et guttulas suas in mare, id est obulos suos in marsupium illud, cuius, ut Hieronymi uerbis utar, lucrum est totius orbis religio!

¶ CONCLVSIO LII. 5

Vana est fiducia salutis per literas ueniarum, etiam si Commissarius, immo ipse Papa impignoraret animam suam pro illis.

¶ Hoc quoque portentum audent sine omni fronte pro- ferre, ut timorem dei ab hominibus tollant, per indulgentias- 10 que secum ad indignationem dei perducant, contra dictum 255 E Sapientis: de peccati | propiciatu noli sine metu esse, Et iterum: Delicta quis intelligit?   At inquiunt: 'Non tollimus timorem dei.' Si potest securitas per uenias stare cum timore dei, uere non tollitis. Sed populus acceptis literis cum tanto 15 604 W iuramenti hiatu commendatis, si timet, | quod non sufficiunt literae coram deo, quomodo erit uera illa gloriosa securitatis promissio? Sin confidit sufficere, quomodo timebit? Infoelix sit omnis ille sermo inaeternum, qui securitatem et fiduciam suadet in aut per rem quamcunque praeter nudam miseri- 20 cordiam dei, quae Christus est. omnes sancti non solum timent, sed etiam desperantes dicunt: Non intres in iudicium cum seruo tuo, domine, Et tu eos per literas securos intro- ducis in iudicium eius.   Vnde ego illam fabulam, quam quidam in tam effrenes mendacii gurgites finxerunt, non 25 ueritate penitus uacuam credo, scilicet uenisse quendam mortuum cum literis ueniarum ad infernum, per easque petiisse libertatem, tunc occurrisse daemonem, qui legens inter manus (prae feruore ignis) caeram et papyrum consumpsit secumque traxit in profundum. 30

¶ CONCLVSIO LIII.

Hostes Christi et Papae sunt, qui propter uenias prae- dicandas uerbum dei in aliis ecclesiis penitus silere iubent

¶ Quia officium et mens Papae est, ut ante omnia, semper et ubique uelit uerbum dei praedicari, sicut sibi prae- 35

---

1 Decr. P. II causa XII qu. II c. LXX: 'Aurum ecclesia habet, non ut seruet, sed ut eroget et subueniat in necessitatibus' (MSL. 16, 148) Brieger, ZKG. 17, 202 korr. fälschlich sumptis   4 dieses zitat ist nicht zu finden   12 Si. 5, 5   13 Ps. 19, 13   22 Ps. 143, 2 24 vgl. die ganz ähnliche geschichte bei Eekhof, De questierders van den aflaat in de noordelijke Nederlanden, 's-Gravenhage 1909, blz.   107

ceptum esse a Christo nouit. Quomodo ergo credendus est
Christo et sibiipsi repugnare? At nostri id audent sicut et
omnia.

¶ CONCLVSIO LIIII.

5   Iniuria fit uerbo dei, dum in eodem sermone aequale
uel longius tempus impenditur ueniis quam illi.

   ¹ ¶ Satis patet ex dignitate Verbi dei, immo ex necessi- 256 E
tate, cum uerbum ueniarum neque sit necessarium neque
multum utile.

10   ## ¶ CONCLVSIO LV.

   Mens Papae necessario est, quod, si ueniae (quod minimum est) una campana, unis pompis et ceremoniis cele-
brantur, Euangelium (quod maximum est) centum campanis,
centum pompis, centum ceremoniis praedicetur.

15   ¶ Quia nihil in ecclesia est maiore cura tractandum
quam sanctum Euangelium, Cum ecclesia nihil habeat pre-
ciosius et salubrius.   Vnde et hoc unicum est opus, quod
discipulis suis iniunxit tam repetitis uicibus.   Et Paulus dicit,
se non ad baptisandum, sed ad euangelisandum missum.

20 Denique Christus praecipit, sacramentum Eucharistiae non
celebrari nisi in suam commemorationem, Et Paulus i. Cor. xi:
Quotiescunque manducabitis panem hunc et calicem bibetis,
mortem domini annunciabitis.   Melius est enim omittere
sacramentum quam euangelium non nunciare, Et Ecclesia
25 statuit Missam sine lectione Euangelii non celebrandam; plus
itaque ponderat Euangelium quam missam deus, quia sine
euangelio non uiuit homo in spiritu, Sine missa autem uiuit.
In omni uerbo enim, quod procedit de ore dei, uiuet homo,
ut latius ¹ Ioan. vi. dominus ipse docet.   Deinde missa reficit 605 W
30 eos, qui iam sunt in corpore Christi, Euangelium uero, gladius
spiritus, deuorat carnes, diuidit Behemoth, tollit uasa forti
et auget corpus ecclesiae.   Missa nulli prodest nisi iam uiuo,
Euangelium prorsus omnibus. unde in primitiua Ecclesia per-
mittebantur Energumeni et catechumeni usque post Euangelium
35 interesse et tum foris mittebantur ab iis, qui de corpore
missae erant, et nunc etiam permittunt iura excommunicatos
usque post Euangelium interesse ¹ missis.   Sicut Ioannes prae- 257 E
currit Christum, ita euangelium missam.   Euangelium prosternit

---

1 Mt. 28, 19   18 1. Ko. 1, 17   20 Lc. 22, 19   21 Pauli
C *druckf.* 1. Ko. 11, 26   28 Mt. 4, 4   29 Jo. 6, 26 ff.   30 Eph.
6, 17   31 Hbr. 4, 12   Mc. 3, 24 ff.

et humiliat, Missa humiliatis dat gratiam.   Melius ergo facerent, si missam prohiberent.

Quam pulchrum uero daemonibus spectaculum id esse
putas, Si quando ueniarum effusores, ipsi maxime ueniis
indigui (puta Simoniaci et in Canones lapsi), dant illis, qui 5
prorsus non egent ueniis?

¶ CONCLVSIO LVI.

¶ Thezauri Ecclesiae, unde Papa dat indulgentias, neque
satis nominati sunt neque cogniti apud populum Christi.

¶ Haec est mors secunda, quam merui.   Ideo postquam 10
multa iam diu asserui tam manifesta, ut protestatione non
egerent, nunc rursum aliquando disputandum est, ideoque et
protestandum nouissima protestatione in hac disputatione.
Disputo ergo hic et quaero ueritatem, testis lector, testis
auditor, testis uel ipse haereticae prauitatis inquisitor.   15

¶ CONCLVSIO LVII.

Temporales certe non esse patet, quod non tam facile
eos profundunt, sed tantummodo colligunt multi Conciona-
torum.

¶ Satis patet experientia.   20

¶ CONCLVSIO LVIII.

Nec sunt merita Christi et sanctorum, quia haec semper
sine Papa operantur gratiam hominis interioris et crucem,
mortem infernumque exterioris.

¶ Huius Conclusionis materia profunde nimis inhaesit 25
atque penitus insedit fere omnibus doctoribus; ideo latius
et firmius probanda mihi erit, faciamque id cum fiducia.

De meritis sanctorum prius.

258 E   Dicunt enim, quod ¹ sancti in hac uita multa operati
fuerunt ultra debitum, uidelicet opera supererogationis, quae 30
nondum sunt remunerata, sed in Thesaurum Ecclesiae relicta,
quibus fit per indulgentias aliqua digna compensatio etc. Et
sic uolunt sanctos pro nobis satisfecisse.   Contra quae arguo.
606 W   ¹ Primo.   Ergo indulgentiae non sunt indulgentiae, quod
probo, quia non sunt gratuitae remissiones, sed alienae satis- 35
factionis applicationes, et per omnia, sicut supra argutum est
de Thezauro militantis Ecclesiae, scilicet, quod tunc nihil efficitur uirtute Clauium, nisi translatio quaedam operum, nihil

---

autem soluitur — quod est contra uerbum Christi: Quodcunque
solueris. Item, Quod tunc idem per claues agitur, quod de
facto fit; quia, si sunt opera sanctorum in Ecclesia, isto modo
certe per spiritumsanctum non permittuntur ociosa iacere, sed
5 de facto succurrent quibus possunt.

Secundo. Nulla sunt opera sanctorum relicta irremune-
rata, quia secundum omnes deus praemiat ultra condignum,
Et Paulus: Non sunt condignae passiones huius temporis ad
futuram gloriam etc.

10 Tertio. Nullus sanctorum in hac uita sufficienter
impleuit mandata dei, ergo nihil prorsus foecerunt super-
abundans. Quare nec ad indulgentias aliquod distribuendum
reliquerunt. Consequentiam credo satis claram, sed maiorem
ita probo, ut non sit dubitanda, sed ita credenda, ut eius
15 contraria sit haeretica. Primo, per illud Christi: Cum foeceritis
omnia quae scripta sunt, dicite: serui inutiles sumus. Sed
seruus inutilis citra, non ultra foecisse intelligitur, nisi forte
quorundam insulsissimorum hominum somnia sequamur, qui
humilitatis, non ueritatis gratia haec dici a suis Christum
20 uoluisse garriunt, Christum mendacem facientes, ne ipsi non
sint ueraces. Secundo, per illud Matth. xxii, quod sapientes
᾿ uirgines prorsus nihil uoluerunt communicare de suo oleo, 259 E
timentes, ne ipsis quoque deficeret. Tertio, Paulus i. Corin. iii:
Vnusquisque mercedem accipiet secundum suum laborem;
25 non ait 'secundum alienum'. Quarto, Gala. vi: Vnusquisque
pro se reddet rationem, Et iterum: Vt unusquisque recipiat
prout gessit in corpore. Quinto, Omnis sanctus debitor est
dei diligendi quantum potest, immo ultra quam potest, sed
nullus id fecit nec potuit.

30 Sexto, Sancti per opus eorum omnium perfectissimum,
scilicet Mortem, martyrium, passionem, non faciunt ultra quam
debent, immo faciunt quod debent, etiam uix faciunt, Ergo
multo minus in aliis operibus plus foecerunt quam debuerunt.
Septimo, quod, cum tot ego argumenta producam, illi autem
35 pro sua parte nec unum, sed simplicem narrationem, sine
scripturis, doctoribus, rationibus loquentes, possumus, immo
debemus ab eorum sententia omnino recedere. Sed haec
sint mea.

Nunc idem probo auctoritate sanctorum patrum. Et
40 primo illud familiare B. Augustini: Omnes sancti necesse

8 Rö. 8, 18   15 Lc. 17, 10   21 Mt. 25, 9   23 1. Ko.
3, 14   25 Ga. 6, 4   26 2. Ko. 5, 10   40 De natura et gratia
cap. 35 (MSL. 44, 266 sq.): parum attendit . . . non frustra etiam iustos

habent orare: 'Dimitte nobis debita nostra', etiam tunc cum
bene fecerint, eo quod Christus nullum excepit, quando orare
nos docuit; Sed qui confitentur debita, certe non super-
abundant. Secundo per ps. xxxi: Beatus uir, cui non im-
putauit dominus peccatum. Et infra: Pro hac orabit ad te ⁵
omnis sanctus. Quam B. Hieronymus dial. contra Pelag.
egregie tractans dicit: Quomodo est sanctus, si pro impietate
₆₀₇ W sua ¹ orat? Rursum: Si est impius, non est sanctus etc.
Itaque sancti per orationem et confessionem suae impietatis
merentur sibi non imputari peccatum.   ¹⁰

      Tertio, B. Augustinus li. i. retract.: Omnia mandata
implentur, quando quicquid non impletur ignoscitur. Tractat
enim ibidem quaestionem, An sancti impleuerint mandata
₂₆₀ E perfecte, et negat, di¹cens, quod magis ignoscente deo quam
implente homine. ¶ Quarto, idem Confess. ix: Ve hominum ¹⁵
uitae quantumcunque laudabili, si remota misericordia iudicetur.
Ecce etiam sancti indigent misericordia in tota uita sua. Ad
quod illud Iob: Si etiam iustum quippiam habuero, iudicem
meum deprecabor. Quomodo ergo superfluunt aliis, qui sibi
non sufficiunt?   ²⁰

      Quinto, B. Augustinus li. ij. aduersus Iulianum inducit
decem antiquos patres ecclesiasticos, puta Hilarium, Ciprianum,
Gregorium Nazanzenum, Ioannem Chrysostomum, Ambrosium,
Hireneum, Olympum, Rethitium, Innocentium, in eandem
sententiam, et illorum authoritate nititur, Probans nullum ²⁵
sanctum in hac uita sine peccato esse, secundum illud i. Ioan. i:
Si dixerimus, quia peccatum non habemus etc. Et in de
natura et gratia idem.

      Ex quibus et multis aliis, quae longum esset hic narrare,
concludo, Merita sanctorum nulla esse superflua sibi, quae ³⁰
nobis otiosis succurrant. Et ut aliquando audax sim, ea, quae
iam dixi, protestor me non dubitare, Sed paratus sum ignem
et mortem suscipere pro illis, et haereticum asseram omnem,
qui contra sapuerit.

      Tamen per impossibile admittendo, quod uere super- ³⁵
fluerent merita sanctis, Nescio, si satis dignum opus fieret ab

in oratione dicere: Dimitte nobis debita nostra, sicut et nos dimittimus
debitoribus nostris . . ,   4 Ps. 32, 2   5 v. 6   6 lib. 2, 4 (MSL.
23, 538): Si sanctus est, quomodo orat pro iniquitate? Si iniquitatem
habet, qua ratione sanctus appellatur?   11 cap. 19 (MSL. 32, 615):
Omnia ergo mandata facta deputantur, quando, quidquid non fit, ignoscitur   15 cap. 13 (MSL. 32, 778): Vae etiam laudabili vitae hominum,
si remota misericordia discutias eam   18 Hi. 9, 15   21 MSL. 44,
671 sqq. L. hat den Basilius vergessen   26 I. Jo. 1, 8

Ecclesia, ut tam preciosa merita tam uiliter expenderet,
scilicet pro solutione poenarum, Cum solutio poenae sit uilissimum donum Ecclesiae et uilissimis donabile, ut iam saepe
dictum. Martyrum autem et sanctorum poenae debent esse
5 potius exemplum ferendarum poenarum. Sic enim oramus:
'quorum festa colimus, Virtutem quoque passionis imitemur'.
Item, nec Ecclesia mater tunc uidetur pie agere, quando
relaxat, sed quando castigat et coercet, ut patet in excommuni-
cationibus et censuris, quas poenas utique non relaxat, sed
10 potius infert, tunc ma|xime, quando fuerit maxime sollicita 261 E
pro filiis suis. Si autem relaxat, quasi desperans hoc facit,
timens peiora euenire. Igitur cum sint poenarum remissiones
tam uile donum et sola potestas clauium ibi satis sit, uideretur certe non parua irreuerentia fieri tam egregiis laboribus
15 sanctorum, si stertentibus impertirentur. Multo melius B.
Augustinus in ser. de Marty.: Solennitates martyrum non
remissiones, sed exhortationes martyriorum sunt, ut imitari
non pigeat, quod celebrare delectat.

Probata est itaque ista pars, quod merita sanctorum non
20 possint esse thezaurus nobis, cum sint penuria ipsismet sanctis,
nisi quis sic putet ea nobis esse thezaurum, non quia super-
fluunt, sed quia est communio sanctorum, | quod quilibet pro 608 W
altero laborat, sicut membrum pro membro. sed hoc fecerunt
in uita, et si nunc facerent, intercessione potius quam pote-
25 state clauis id fieret.

Sed hic a longe audio quorundam acutum argumentum.
'Verum est, inquiunt, Sancti non fuerunt sine peccato in hac
uita, sed ueniali; nihilominus plura potuerunt facere quam
debuerunt'. Cum istis quidem obtusissimis ingeniis difficile
30 est agere in hac re. Tamen breuiter dico, Id esse ueniale
peccatum, quia minus faciunt quam debent, non autem id,
quod ipsi fingunt solum ueniale peccatum, scilicet risum,
uerbum leue, cogitationem. Est quidem hoc ueniale peccatum, sed magnum ueniale. Verumetiam opus bonum optime
35 factum est ueniale peccatum, ut ex B. Augustino supra: Tunc
mandata complentur, quando quicquid non impletur ignoscitur, quod in omni opere bono fit; semper enim ibi uenia
petenda est secundum orationem dominicam. Sed haec aliam
disputationem requirunt, de quo alias. Inde sanctus Bona-

5 vgl. die bei Köhler, L.s 95 thesen s. 162 a. 2 zitierte stelle
aus dem römischen Brevier und Missale   16 Sermo 123, cap. 2
(MSL. 38, 2): (sancti) nobis dimiserunt in istis solemnitatibus exhortationem
36 quicquid per nos impletur C druckf.   38 Mt. 6, 12   39 Köhler,
L. und die Kirchengesch., s. 338

uentura Cum asseruisset hominem posse sine ueniali peccato esse, utique defecit sanctus homo.

702 E   De Secundo, scilicet Merito Christi.

Hoc non esse Thezaurum indulgentiarum, disputo, Esse autem thezaurum Ecclesiae, haereticus negat, Siquidem Christus 5 est pretium mundi et redemptor, et ideo uerissime et solus unicus Ecclesiae thezaurus.   Sed quod sit thezaurus indulgentiarum, nego, donec docear, et causa negandi est:

Prima, Quia nullis (ut iam saepe dixi) scripturis id probari nec rationibus ostendi potest, Nec ipsi, qui hoc tenent, 10 probant, sed simpliciter narrant, ut omnibus notum est. Dixi autem prius, quod in Ecclesia aliquid asserere, cuius nulla potest ratio uel auctoritas reddi, est Ecclesiam hostibus et haereticis irrisioni exponere, cum secundum Apostolum Petrum teneamur rationem reddere de ea, quae in nobis est, fide et 15 spe, Et Paulus, ut sit Episcopus potens in doctrina sana etiam contradicentes redarguere.   Hic autem adeo est nulla auctoritas, ut, si hodie determinaret Ecclesia Romana partem affirmatiuam, nihilominus maneret idem periculum, scilicet quia non possumus rationem reddere aliam, nisi quia sic 20 Papae et Romanae Ecclesiae placuit.   Sed quid ista ratio faciet, si ab iis urgeremur, qui Romanam Ecclesiam non sequuntur, ut haereticis, Pighardis?   Hi non uoluntatem Papae et Romanae Ecclesiae, sed uel auctoritatem uel rationem probabilem quaerent. Et certe iste est mihi uel unicus scopus 25 in ista materia tota.

Secunda, Omnia argumenta hic plus ualent, quae de thesauro militantis Ecclesiae et sanctorum meritis adducta sunt, scilicet: Primo, quod tunc indulgentiae non sunt indulgentiae, sed translationes operum alienorum ad alios et uera 30 ac legitima satisfactio, quia id facimus, quod per alium facimus. At per indulgentias (ut dicit Canon li. v. de poe. et re. c.
263 E Cum ex eo) ¹ poenitentialis satisfactio eneruatur — non ait 'transfertur', sed 'eneruatur'.
609 W   ¹ Secundo, quod tunc Ecclesiae claues nihil faciunt et uere 35 uilificantur, quia non soluunt, sed ligatum alio transferunt. At impium est dicere, quod clauis non soluat; Si autem soluit, totum tollit.

¶ Tertio, quod merita Christi de facto sine clauibus eadem operantur; non enim erunt ociosa.   ¶ Quarto, quod 40

---

15 I. Pt. 3, 15   17 Tit. I, 9   33 s. oben s. 73 z. 15

tunc insignis fiet irreuerentia. meritis Christi, si solummodo
poenae relaxationi expendentur, cum ipse per ea fuerit
exemplum omnium martyrum. Contrarium itaque erit naturae
meritorum Christi, ut seruiant pigris, quae extimulant etiam
5 feruentes. Vilissimum est enim, ut iam dictum est, remissio
poenae.

¶ Tertia, Respondeant mihi ad istam contradictionem:
B. Thomas et Bonauentura et sui sequaces constanter et
unanimiter dicunt, quod opera bona sunt meliora quam
10 indulgentiae, ut supra satis est dictum. Esto ergo haec uera.
Item, per indulgentias applicantur et expenduntur merita
Christi. Esto etiam haec uera, quia et hanc constanter
omnes asserunt.

¶ Item, merita Christi incomparabiliter sunt meliora
15 quam bona opera nostra, immo sola bona. Esto etiam
haec uera.

¶ Hic ego concludo et infero: Infoelix, qui non dimittit
opera sua bona, et solum quaerit opera Christi, id est indulgentias, cum sit omnium blasphemiarum ultima sentina, sua
20 opera bona praeferre operibus Christi. aut ergo opera Christi
non sunt thezaurus indulgentiarum, aut superbit miser, qui
non omissis omnibus praeceptis, etiam diuinis, solum indulgentias redimit, id est merita Christi. At contra S. Thomas
et Bonauentura dicunt, quod non sunt praeceptae indulgentiae
25 et sunt uiliores bonis operibus; ergo non sunt opera Christi,
et tamen sunt opera Christi simul et semel.

¶ At forte, ut sunt arguti, Respondebunt per Aristotelicas
distinctiones: 'Verum est, merita Christi | ut simpliciter sumpta 264 E
sunt meliora nostris operibus, Sed sic non sunt indulgentiae
30 uel per indulgentias sic non applicantur, Accipiuntur autem,
prout solum sunt, satisfactoriae pro poenis et isto modo
applicantur'. Respondeo: proba, quod dicis. quid, si nolim
istud tibi credere nuda narranti? probare iubeor spiritus, an
ex deo sint. Secundo, Vbi nunc illud est, quod supra dictum
35 fuit, ideo illa per uenias dispensari, quia non essent remunerata, sed quia fecissent quaedam, quae non debuerant?
Talia ergo sunt tam uilia merita, ut nullam aliam recipiant
mercedem, quam ut sint aliorum pigrorum satisfactiones?
Tunc arguo sic: opera supererogationis sunt omnium nobi-
40 lissima et perfectissima. Admittitis? ita. Et talia non remunerantur martyribus uel sanctis, sed conceduntur pigris et

stertentibus? Et sic sancti remunerantur secundum opera et
merita sua minora, quia perfectiora relinquunt aliis? Quis
ita insaniat, oro? Ergo S. Catharina pro martyrio et uirgini-
tate sua nihil accepit, Sed haec Ecclesiae relinquit et sufficit
ei praemium orationis, uigiliarum et aliorum bonorum operum? 5
quod si dixeris, quod simul et pro eis remunerati sunt et
simul ea reliquerunt, ubi illud, quod dictum fuit, Esse quaedam, quae non sunt remunerata? Vides ne quid sit sine
610 W auctoritate loqui et per tenebras diuinare? | quod si impium
est dicere, quod opera supererogationis uel plura quam de- 10
buerunt sancti sic sint uilia et eis non remunerata, quanto
magis impium est Christi opera, quae omnia sunt super-
abundantia, sic uilificare! Quare indulgentias ita magnificare
et tamen rursum nostris operibus eas minorare, hoc est 15
Christum et sanctos eius in suis meritis blasphemare, nisi id
erronee et non uolenter fiat.

¶ Quarta, resumo argumentum, quod glosa de poe. et
265 E re. c. quod autem, adducit, scilicet: Si indulgen|tiae sunt re-
missiones poenarum omnium, non debet homo ultra ieiunare 20
aut bona facere. Nec soluitur ibidem per hoc, quod sit incerta remissio, sed blasphemantur potius claues Ecclesiae,
licet eum iuuent in hac solutione omnes ferme doctores
Scholastici. Illud autem, quod nescit homo an amore dignus
sit, quo probat solutionem suam, intelligitur de futuro euentu, 25
quia qui nunc credit, nescit an sit in fide perseueraturus. Vnde
ibidem Ecclesiast. ix. statim additur: Nescit homo an amore
uel odio dignus sit, sed omnia seruantur incerta in futurum;
premisit enim: Sunt iusti et opera eorum in manu dei etc. quod
si remissionem culpae faciunt incertam, multo magis et poenae, 30
cum culpa manente et poenam quoque manere necesse sit,
sicut ibidem dicit glosa, quod remissio illa intelligitur, quando
per contritionem (immo per fidem Clauium) omnino deletum
est peccatum. Quid ergo sunt indulgentiae? incerta donatio?
Absit, absit, ut tam impia illusio ab Ecclesia Christi, immo 35
clauibus, fiat. Tum enim uere (ut quidam dicunt) indulgentiae
essent quaedam impiae fidelium deceptiones. Ad istum errorem
uenitur, dum quaerimus per opera nostra et nostram iusticiam
iustificari potius quam per fidem. Ideo de contritionibus
tantummodo docemus, quando optime docemus, nihil de fide 40
clauium, quae maxime omnium docenda erat. Sed supra de

3 Legenda aurea 167   18 s. oben s. 112 z. 24   23 omnis C
druckf.   25 vgl. Brieger, ZKG 17, 187⁴   27 Prd. 9, 1   36 z. b.
Petrus Cantor u. Joh. von Wesel (Ztschr. f. kath. Theol. 24, 653)

iis latius est dictum.   Aut ergo indulgentiae non sunt thezaurus
meritorum sanctorum, Aut optime sequitur, quod consecutus
debet quiescere ab operibus suis bonis pro peccatis, ut arguit
ista glosa.

5   Solutio autem ipsius glosae etiam impia est in Christum,
quia, si per uenias mihi impenduntur merita Christi, et ego
adhuc incertum habeo, mihi esse peccata remissa, | ideo adhuc 266 E
operandum pro eorum remissione   tunc sequitur, quod dubito,
an merita Christi applicata et donata mihi sint sufficientia ad
10 remissionem peccatorum.   Quo dubio quid execrabilius?   Si
autem non dubito, sed sufficientia credo, impiissime foecero,
si opera mea meliora putauero quam indulgentias, id est
opera Christi mihi impensa.   Ego enim si unicum opus, immo
milies milesimam partem unius minimi operis Christi possem
15 obtinere, securus sum de redemptione aeterna.   Cessemus
itaque operari nostra opera pro peccatis et nihil nisi indul-
gentias redimamus, quia in illis | non unum opus, sed omnia 611 W
merita Christi, nec huius solum, sed omnium sanctorum
consequimur.   Cum itaque merita Christi nulla proportione
20 bonitatis nostris possint comparari, aut ipsa non sunt thezaurus
indulgentiarum, aut indulgentiae erunt praeferendae omnibus
operibus omnium praeceptorum dei, aut meritis Christi fiet
summa omnium irreuerentia et blasphemia.   Deinde id quoque uide quale est, quod huic thezauro, quasi solius Christi
25 merita non sufficerent, addunt merita Sanctorum, item merita
Ecclesiae militantis.

       At dicis: 'ergo ne S. Thomas adeo errauit cum caeteris?
Nunquid Papa et uniuersa Ecclesia errat, quae ita sapit? An
tu solus recte sapies et primus?'   ¶ Respondeo primum:
30 Non sum solus, sed ueritas mecum et multi alii, scilicet qui
dubitauerunt et adhuc dubitant, quid ualeant indulgentiae,
Nec peccant eo dubio, cum sint remissiones tantum poenarum,
quas siue quis credat siue non, siue consequatur siue non,
nihilominus saluus erit.

35   ¶ Secundo: et Papa mecum est, Quia, etsi concedit
indulgentias, nusquam tamen dicit, quod sint de thezauro
meritorum Christi et Ecclesiae, immo sese declarans dicit li.
v. de poe. et re. c. Cum ex eo, quod sint eneruationes
poenitentialis satisfactionis, sed eneruatio non est impensio
40 meritorum Christi, sed tantummodo sublatio poenarum.

       | ¶ Tertio: et tota ecclesia mecum, Quia Ecclesia utique 267 E

---

37 s. oben s. 73 z. 15

cum papa sapit et sicut Papa sapit. Sed iam dictum est, quid Papa sentiat.

¶ Quarto: et si S. Thomas, B. Bonauentura, Alexander Ales sint insignes uiri cum suis discipulis Antonino, Petro Paludano, Augustino Anconitano praeter Canonistas, qui 5 omnes eos sequuntur, Tamen iustum est eis praeferre ueritatem primo, deinde et auctoritatem Papae et Ecclesiae. Nec mirum est, tantos uiros in hoc errasse. Nam in quantis, quaeso, B. Thomam etiam Scholastici errasse arguunt! Immo quod maius est, iam plus trecentis annis tot uniuersitates, tot in illis 10 acutissima ingenia, tot ingeniorum pertinacissima studia in uno Aristotele laborant, et tamen adhuc non solum Aristotelem non intelligunt, uerum etiam errorem et fictam intelligentiam per uniuersam pene ecclesiam spargunt, quanquam, si etiam intelligerent eum, nihil egregiae sapientiae adepti essent, 15 presertim in eis libris Aristotelis, quos usitatiores habent, in quibus uel ipsiusmet testimonio apud Aulum Gellium li. xx. c. iiii. Et Gregorium Nazanzenum in ser. aduersus Arianos non nisi merus logodaedalus et logomachus deprehenditur. Audax, impudens, temerarius forte hic uideor, atque utinam 20 mihi tantum superesset aetatis et ocii, ut huius temeritatis meae rationem reddere et uerbis meis fidem facere possem, forte efficerem, ut non frustra sic sapere uiderer. Non Aristotelem cum Platone et aliis concordarem, quod Ioannes Picus Mirandulanus coepit, sed Aristotelem suis coloribus pingerem, 25 sicut dignum est pingi eum, qui ex professo est artifex uerborum (ut Gregorius Nazanzenus ait) et illusor ingeniorum.

612 W Si | itaque per tantum tempus in tantis ingeniis permisit deus tantum nubis et tenebrarum dominari, Quid adhuc nobis ita securi placemus et non potius (sicut christianos decet) omnia 30 nostra suspecta habemus, ut solus Christus sit lux, iusticia, ueritas, sapientia, omne bonum nostrum?

268 E ¶ Igitur sancti illi | uiri cum uiderent, Aristotelem ab indoctis et Christum ignorantibus in tanta authoritatis ueneratione haberi, ipsi, ut erant humili sensu, pia simplicitate 35 sunt secuti et in errorem lapsi caeteris occasio fuerunt tot turbinum opinionum, quaestionum, errorum, sicut in Scholasticis

---

5 s. oben s. 70 z. 15   12   vgl. WABr1,158,39f.;301,19 f. K. K. 1, 128f. Denifle, L. u. L.tum² I 2, Mainz 1906, s. 609ff. 17 Noct. Att. XX 5   18 Or. 27, 10 Bened. Schäfer, L. als Kirchenhistoriker, s. 250. 174. L. kannte damals Gregor v. Nazianz wohl nur aus der übersetzung Rufins. Hier ist die stelle IX 10 p. 275, 21 sq. Engelbrecht (CSEL. 46)   20 WABr1,158,40ff.   24 Jon. C *druckf.*

doctoribus uidemus. Et digni fuimus, qui Christum relinquimus,
ut ipse quoque nos derelictos, etiam per electos suos, in
occasionem daret erroris et infiniti laboris, Sicut ait in Ezech.
xiiii: Propheta cum errauerit et locutus fuerit uerbum, Ego
5 dominus decepi prophetam illum, Et ibidem: Si uenerit ad
prophetam interrogans me per eum, Ego dominus respondebo
ei secundum multitudinem immundiciarum suarum.   Ideo cum
timore et iudicio omnia sunt legenda et suscipienda, etiam a
magnis et sanctis uiris tradita, secundum Apostolum: Omnia
10 probate, quod bonum est tenete, Et illud Ioannis: Probate
spiritus, utrum ex deo sint.   Quae consilia qui omiserint et
in hominem confisi fuerint, sicut ii qui dicunt: 'Malo cum
tantis errare, quam tecum recte sapere', digni sunt, quos etiam
contemnat et relinquat consilium.   Qui enim consilium spiritus
15 spernit, cur non spernetur merito a spiritu consilii?   Ita
et in indulgentiis factum est.   Cum uiderent sancti homines
illas uulgo tantum efferri (ut solet uulgus facere semper
iuditium Paridis et Midae) et nollent tam uiles eas credere,
coeperunt uel fingere honestum et preciosum eorum funda-
20 mentum, Quia nullum aliud occurrebat nec uspiam erat.

     Ad rem itaque redeamus et meritum Christi quaeramus,
et probemus, non esse thesaurum indulgentiarum.

     Quinta, Nulli datur gratia contritionis, quin simul ei
dentur merita Christi.   Ergo ante indulgentias habet thesaurum
25 meritorum Christi, et nisi haꞁberet, non proficerent ei indul-   269 E
gentiae secundum opinionem ipsorum (ita enim sapiunt
sublimiter de remissione poenarum).   Nam per contritionem
homo redit in gratiam, sicut filius prodigus cum Christo patre
suo, qui dicit: Omnia mea tua sunt, Et Isa. ix: Paruulus
30 natus est nobis et filius datus est nobis; Ro. viij: Quomodo
non omnia cum illo nobis donauit?

     Sexta, Alioquin foeliciores essent in Ecclesia ii, qui sunt
peiores.   Dictum est enim, quod indulgentiae prosunt criminosis dumtaxat et iis dabitur thezaurus meritorum Christi.
35 Pueris autem, uirginibus ac innocentibus non dabitur, quibus
maxime debetur, immo qui habent eum soli.   Sed id argumentum parum facit apud eos, qui credunt omnes poenas
tolli nec posse indulgentias conferri peccatoribus sine contritione, quod ego non credo.   Iam causa
40   Vltima, quam secum fert ipsa conclusio probationem,

    4 Ez. 14, 9   5 v. 4   9 I. Th. 5, 21   10 I. Jo. 4, 1
15 Jes. 11, 2   29 Lc. 15, 31   Jes. 9, 6   30 Rö. 8, 32

scilicet quod merita Christi et sanctorum eius sine Papa
operantur opus suum duplex, scilicet proprium et alienum.

613 W Proprium, id est gratiam, iusticiam, ueritatem, | patientiam,
mititatem in spiritu hominis electi, quia iusticia Christi et
meritum eius iustificat et remittit peccata, sicut Ioannes ait: 5
Ecce agnus dei, ecce qui tollit peccata mundi, Et Isa. xliij:
Seruire me fecisti in iniquitatibus tuis et laborem praebuisti
mihi in peccatis tuis, Ego sum, qui deleo iniquitates tuas,
et peccatorum tuorum non recordabor. delet autem merito
suae passionis. Et isto modo concederem, quod merita Christi 10
sint quidam thezaurus, non ecclesiae, sed dei patris, qui nobis
per suffragium efficax apud deum impetrat remissionem culpae.
Sic dicit in Iob per figuram: Faciem eius suscipiam, Et
Apostolus Heb. xii: Sanguinem Christi melius clamantem
quam Abel, Quia sanguis Abel uindictam et iram postulat, 15

270 E | Sanguis Christi misericordiam clamat et interpellat pro nobis
Alienum (sic enim Isaias uocat c. xxviii.), id est Crucem,
laborem, poenas uarias, denique mortem et infernum in carne,
ut destruatur corpus peccati et mortificentur membra nostra
super terram et conuertantur peccatores in infernum. Nam 20
quicunque in Christo baptisatur et renouatur, ad poenas, ad
cruces, ad mortes paratur, ut aestimetur sicut ouis occisionis
et mortificetur tota die, sicut ait psalmus: Ego autem ad
flagella paratus seu ordinatus sum, et dolor meus in conspectu meo semper. Sic sic oportet nos fieri conformes 25
imagini filii dei, ut, qui non acceperit crucem suam et
sequutus fuerit eum, non sit eo dignus, etiam si sit omnibus
indulgentiis plenus.

¶ Quo circa nunc uide, Num, quo tempore coepit Theologia Scholastica, id est illusoria (sic enim sonat graece), 30
eodem euacuata est theologia crucis suntque omnia plane
peruersa. Theologus crucis (id est de deo crucifixo et abs-
condito loquens) poenas, cruces, mortem docet esse thezaurum
omnium preciosissimum et reliquias sacratissimas, quas ipsemet
dominus huius Theologiae consecrauit benedixitque non solum 35
tactu suae sanctissimae carnis, sed et amplexu suae super-
sanctae et diuinae uoluntatis, easque hic reliquit uere oscu-
landas, quaerendas, amplexandas. Quin beatus et benedictus,
qui dignus fuerit deo uisus, ut ei donentur hi thezauri reliquiarum Christi, immo qui intelligat sibi donari. Nam cui 40

---

5 Jo. 1, 29　　6 Jes. 43, 24 f.　　13 Hi. 42, 8　　14 Hbr. 12, 24
17 Jes. 28, 21　　19 Rö. 6, 6.　Kol. 3, 5　　22 Ps. 44, 23　　23 38, 18
25 Rö. 8, 29　　26 Mt. 10, 38　　31 sintque C

non offeruntur? Sicut B. Iacobus: Omne gaudium existimate, fratres, cum in tentationes uarias incideritis. Non est enim omnium haec gratia et gloria, ut hos accipiant thezauros, sed electissimorum filiorum dei. Multi peregrinantur Romam
5 aliaque sancta loca, ut tunicam Christi, ossa martyrum, loca et uestigia sanctorum uideant. quod non damnamus quidem,
   Sed hoc gemimus, quod ueras reliquias, scilicet passiones et 271 E cruces, quae sanctificauerunt ossa et reliquias martyrum et tanta ueneratione fecerunt digna, ita nescimus, ut non solum
10 non acceptemus oblatas domi, sed summis uiribus repellamus et persequamur de loco in locum, cum deberemus summa siti et iugibus lachrymis id apud deum postulare, ut darentur nobis tam preciosae reliquiae Christi omnium sacratissimae tanquam donum electorum dei filiorum. Sic ps. xv. titulum
15 in hebraeo fertur habere Michtam, quod aureum insigne 614 W uelut munusculum intelligas, cum ibi non nisi passio Christi canatur, Et psalmus Testimonium Asaph, quod eruditi uolunt potius iocale Asaph seu donum delitiosum Asaph intelligere, Et ibi tamen Crucis personat hymnus.
20   Quin tam sanctae sunt eiusmodi reliquiae et tam preciosi thezauri, ut, cum aliae possint seruari in terra aut ut honorificentissime in auro, argento, gemmis, serico, Hae non possint seruari nisi in coelestibus, uiuis, rationalibus, immortalibus, puris, sanctis seruaculis, id est cordibus fidelium, omni auro
25 et gemma inaestimabiliter preciosioribus. At nunc adeo deest fides uulgi, qua hanc religionem talium reliquiarum colat, ut etiam summi quidam Pontifices authores et duces eis fuerint non modo repellendarum, sed etiam persequendarum, adeo ut Turcas uorare uoluerint, deinde et ipsos Christianos in
30 peiorem quam inferni damnationem excommunicare potius quam uellent obulum sui census remittere, nedum nominis aut corporis iniuriam sustinere, Qui tamen interim nihilominus cataractas coeli aperuerunt et inundauerunt thezauros indulgentiarum et meritorum Christi, Ita ut et hoc diluuio prope
35 sit pessundatus orbis Christianus, nisi me fallit fides mea. Theologus uero gloriae (id est qui non cum Apostolo solum Crucifixum et absconditum deum | nouit, sed gloriosum cum 272 E gentibus, ex uisibilibus inuisibilia eius, ubique presentem, omnia potentem uidet et loquitur) discit ex Aristotele, quod
40 obiectum uoluntatis sit bonum et bonum amabile, malum uero

---

1 Ja. 1, 2   5 RE³ 17, 58 ff.   14 Ps. 16, 1   15 vgl Meissinger, s. 61 ff.   17 Ps. 80, 1   22 possunt C *druckf.*   33 Gen. 7, 11   36 1. Ko. 2, 2   38 Rö. 1, 20

odibile, ideo deum esse summum bonum et summe amabile.
Et idem dissentiens Theologo Crucis diffinit, thesaurum Christi
esse relaxationes et solutiones poenarum tanquam rerum pessi-
marum et odibilissimarum, Contra Theologus Crucis, thesaurum
Christi esse impositiones et alligationes poenarum tanquam 5
rerum optimarum et amabilissimarum, Et tamen adhuc ille
accipit pecuniam pro suo thesauro, huius nec gratis oblatum
dignantur uel intuitu, sed persequuntur denique.

    Sed quis erit iudex horum, ut sciamus utrum audiamus?
Ecce, inquit Isa. lxvi: Ego eligam illusiones eorum, Et i. Cor. 10
i: Infirma mundi elegit deus, ut confundat fortia etc. Quod
iudicium si adeo placet, ut uerum est, id nobis restat confitendum, si uolumus uera loqui, quod thezauri indulgentiarum
sunt omnium maxima damna, si intelligantur eo quo modo
ebuccinantur, scilicet esse eos omnium poenarum remissionem, 15
non tantum Canonicarum, cum non sit maius damnum quam
tolli imaginem filii dei ab hominibus et eos spoliare thesauris
inaestimabilibus, de quibus S. Hagnes iucunda et beata
iactantia superbiebat, appellans eos uernantes, choruscantes
gemmas ac ornamenta, monilia preciosa etc.   20

¶ CONCLVSIO LIX.

    Thezauros Ecclesiae S. Laurentius dixit esse pauperes
ecclesiae, sed locutus est usu uocabuli suo tempore.
615 W   ¶ Patet satis iis, qui legendam S. Laurentii uiderunt.
deinde non est nunc usus uocabuli, ut Thezauros Ecclesiae 25
uocent homines pauperes, sed patrimonium Christi et S. Petri
273 E appellamus, quod palea quaedam, sine tamen grano, Constantini
dedit ecclesiae. Ideo et ps. ii, ubi deus dicit Christo: Postula
a me et dabo tibi gentes in haereditatem et possessionem
tuam terminos terrae, intelligi oportet oppida et agros ab 30
oriente in occidentem. Alioquin nostro tempore siquis
loquatur aliter de rebus ecclesiae et spiritualibus, erit barbarus
nobis, licet et B. Laurentius facultates ecclesiae dixerit diuitias,
sed non solas.

¶ CONCLVSIO LX.   35

    Sine temeritate dicimus Claues Ecclesiae (merito Christi
donatas) esse thezaurum istum.
    ¶ Si istud meritum uocaretur et thezaurus indulgentiarum,

---

    7 illius C   10 Jes. 66, 4   1. Ko. 1, 27   18 Legenda aurea 24
24 ib. 112   28 Ps. 2, 8

scilicet potestas Clauium, plana est intelligentia. Nullus enim
dubitat, quin merito Christi donatum sit ecclesiae, quicquid
donatum est.

CONCLVSIO LXI.

5   Clarum est enim, quod ad remissionem poenarum et
casuum sola sufficit potestas Papae.

¶ Probatur ex ipso stilo Papae, dum nunquam meminit
meritorum Christi in ligando aut soluendo, sed tantummodo
dicit de plenitudine potestatis ex certa scientia et motu
10 proprio.

¶ Secundo ex communi omnium sententia probantium,
indulgentias uirtute illius uerbi donari, ubi Christus dicit:
Quodcunque solueris etc. Quod uerbum putant sine uigore
esse, nisi potestatem donandi permitteret. Quare et ipsi solam
15 potestatem intelligunt sufficere, nulla autem auctoritate probant
thesaurum, sed hanc auctoritatem uelut sufficientem adducunt,
quae tamen sonat nudam potestatem, non autem applicationem meritorum.

¶ Tertio, Alioquin etiam in aliis ligationibus et solu-
20 tionibus intelligenda esset distributio meritorum, puta, quando
sacerdotali officio excommunicat, absoluit, ordinat, deordinat,
statuit, abrogat, praecipit, prohibet, dispensat, mutat, interpretatur. In his enim omnibus agitur uirtute istius uerbi:
Quodcunque. Si ergo in istis non est necessaria distributio ²⁷⁴ᴱ
25 meritorum, sed sufficit potestas nuda clauium, quantomagis
in remissione poenarum Canonicarum! cum talis remissio sit
nihil aliud quam absolutio a poenis, immo, si uspiam fit
distributio meritorum Christi, maxime fieri debet in absolutione excommunicati; ibi enim reconciliatur Ecclesiae peccator
30 et rursum declaratur particeps bonorum Christi et Ecclesiae.
Nulla itaque est ratio, quare illud uerbum: Quodcunque
solueris, in indulgentiis includit thezaurum Christi et non etiam
in omnibus aliis solutionibus, cum sit eadem auctoritas, eadem
uerba, eadem sententia in illis.

35   ¶ Quarto, Si soluere per clauem in ueniis dandis im- ⁶¹⁶ ᵂ
portat apertionem et effusionem thezauri Ecclesiae, ergo per
oppositum ligare importabit collectionem et inclusionem thezauri
eiusdem. Sunt enim contrariae potestatis et contrariorum
operum. Sed nusquam et nunquam est usus colligendi aut
40 includendi hunc thezaurum, et tamen, si solutio et effusio est,
etiam inclusionem esse necesse est, cum utrumque donatum
sit ecclesiae, nec frustra aut uane donatum. Ergo sicut ligare

6*

intelligitur sine collectione thezauri debitorem facere, nec
aliquid ei positiue auferre, ita soluere cogit intelligi liberum
facere, sine expensione thezauri positiue.

CONCLVSIO LXII.

¶ Verus Thezaurus Ecclesiae est sacrosanctum Euangelium 5
gloriae et gratiae dei.

¶ Satis incognita res est Euangelium dei in multa parte
ecclesiae; ideo paulo latius de illo dicendum. Nihil enim
reliquit in mundo Christus praeter solum Euangelium. Vnde
275 E et nihil seruis suis uocatis tradidit quam mnas, talenta, 10
pecunias, denarios, ut ex iis ipsis uocabulis thesaurorum ipsum
uerum thezaurum esse ostenderet, Et Paulus dicit sese
thesaurisare filiis suis, Et Christus thezaurum absconditum in
agro, Et hoc ipsum, quod est absconditus, facit, ut sit pariter
et neglectus. Est autem Euangelium secundum Apostolum 15
Roma. i. Sermo de filio dei incarnato, nobis sine meritis in
salutem et pacem donato. Est uerbum salutis, uerbum gratiae,
uerbum solatii, uerbum gaudii, uox sponsi et sponsae, uerbum
bonum, uerbum pacis, Sicut ait Esa. xl: Quam iucundi pedes
Euangelisantium, euangelisantium pacem, praedicantium bona. 20
Lex uero est uerbum perditionis, uerbum irae, uerbum tristi-
tiae, uerbum doloris, uox iudicis et rei, uerbum inquietudinis,
uerbum maledicti. Nam secundum Apostolum Lex est uirtùs
peccati et lex iram operatur, Est lex mortis; Ex lege enim
nihil habemus nisi malam conscientiam, inquietum cor, 25
pauídum pectus a facie peccatorum nostrorum, quae lex
ostendit nec tollit nec nos tollere possumus. Sic itaque captis
ac tristibus omninoque desperatis uenit lux Euangelii et dicit:
Nolite timere, Consolamini, consolamini, popule meus, Consolamini pusillanimes, ecce deus uester, Ecce agnus dei, ecce 30
qui tollit peccata mundi, Ecce qui solus implet legem pro
uobis, qui factus a deo uobis iusticia, sanctificatio, sapientia,
redemptio, omnibus qui credunt in eum. Hoc suauissimum
nuntium cum audierit conscientia peccatrix, reuiuiscit et tota
exultat in tripudio plenaque fiducia, iam nec mortem nec 35
amica mortis poenarum genera formidat neque infernvm. ideo
qui poenas adhuc timent, nondum audiuerunt Christum nec

---

1 nec—3 facere *fehlt* C   10 Mt. 25, 15 Lc. 19, 13   13 2. Ko.
12, 14   Mt. 13, 44   16 Ro. 1, 3 f.   18 HL. 2, 8. 14. 5, 2 (s. oben
s. 36 z. 29)   19 Jes. 40, 9. 52, 7   23 1. Ko. 15, 56   24 Rö. 4,
15. 7,5. 13   29 Jes 35, 4. 40, 1   30 Jo. 1. 29   32 1. Ko. 1, 30
33 Jo. 1, 16

uocem Euangelii, sed uocem potius Mosi. Ex hoc itaque
Euangelio nascitur uera gloria dei, dum docemur, non nostris
operibus, sed gratia miserentis dei in Christo impletam legem
et impleri, non operando, sed credendo, Non deo aliquid 617 W
5 offerendo, sed ex Christo omnia accipiendo et participando, 276 E
de cuius plenitudine participamus omnes et accipimus, de
quo alias latius.

¶ CONCLVSIO LXIII.

¶ Hic autem est merito odiosissimus, quia ex primis
10 facit nouissimos.
¶ Euangelium enim destruit ea quae sunt, confundit
fortia, confundit sapientia et redigit eos in nihilum, in infirmitatem, in stultitiam, quia docet humilitatem et crucem. Sic
ps. ix: Increpasti gentes et periit impius, nomen eorum delesti.
15 Verum hanc regulam crucis horrent omnes, quibus placent
terrena et sua, dicentes: durus est hic sermo. ideo non est
mirum, si sit odiosissimus sermo Christi iis, qui diligunt aliquid esse, sapientiam, potentiam, coram se et hominibus, et
primi sibi uidentur.

20 CONCLVSIO LXIIII.

¶ Thezaurus autem indulgentiarum merito est gratissi-
mus, quia ex nouissimis facit primos.
¶ Quia docet horrere poenas, immo facit liberos a poena,
quod est solummodo iustorum. Nullus enim indiget indul-
25 gentiis, nisi seruus poenarum, id est qui non calcat eas,
contemptu superbo eis dominans, sed premitur illis et fugit
eas, sicut puer ab umbris noctis et tenebrarum, et tamen
permittuntur liberi, cum iusti etiam subiecti sint poenis uariis.

¶ CONCLVSIO LXV.

30 ¶ Igitur Thezauri Euangelici rhetia sunt, quibus olim
piscabantur uiros diuitiarum.
¶ Sic enim Apostolus: Non quaero uestra, sed uos, Et
Christus: faciam uos fieri piscatores hominum. uerbum enim 277 E
dulce trahit uoluntatem, immo facit uoluntatem hominis in
35 Christum. Vnde S. Petrus in urbe pictus piscator dicit:
¶ Ecclesiam pro naue rego, mihi climata mundi Sunt
mare, Scripturae rhetia, piscis homo.

---

6 Jo. 1, 16   9 Mt. 20, 16   14 Ps. 9, 6 delisti C *druckf.*
16 Jo. 6, 60   32 2. Ko. 12, 14   33 Mt. 4, 19   35 erinnerung
an die Romreise? in den Rombüchlein habe ich vergebens gesucht

¶ CONCLVSIO LXVI.

¶ Thezauri indulgentiarum rhetia sunt, quibus nunc piscantur diuitias uirorum.

Hanc puto ex dictis claram, quia per remissiones poenarum homo non fit melior nec trahitur plus ad deum (hoc 5
618 W enim solo uerbo Christi fit), cum sint uerba hominis dantis licentiam ac relaxationem magis quam capientis et ligantis. quod si aliquid capiunt, certe nihil nisi pecunias, non autem animas capiunt; Non quod damnem istud negocium pecuniarum contribuendarum, immo meo iuditio uidetur dei prouidentia 10 id curàre in isto negotio, ut, cum sit uilissimum inter dona et offitia Ecclesiae nec dignum in futura uita coronari, saltem in hac uita uel modica pecunia remuneret, ut nihil maneat irremuneratum, quanquam olim gratis fiebant relaxationes.

CONCLVSIO LXVII. 15

¶ Indulgentiae, quas Concionatores uociferantur maximas gratias, intelliguntur uere tales quo ad quaestum promouendum.
¶ Sic enim audet audax ignorantia, ut maximum uocet, quod minimum est, et relinquitur tum populo iuditium et facultas recte intelligendi, ut errans credat dei gratiam hic 20 dari. Ipsi enim non exponunt, ne sibi ipsis contradicere cogantur aut mendaces inueniantur, quod paruum dixerint magnum.

CONCLVSIO LXVIII.

Sunt reuera minimae ad gratiam dei et Crucis pietatem 25 comparatae.
278 E 　　　 ¶ Immo comparatae ad dei gratiam sunt nihil et nullae, cum potius contraria operentur gratiae dei, tamen propter ignauos et pigros toleratae, ut patet ex dictis.

¶ CONCLVSIO LXIX. 30

Tenentur Episcopi et Curati ueniarum Apostolicarum commissarios cum omni reuerentia admittere.
¶ Quia auctoritati papali in omnibus cum reuerentia caedendum est. Qui enim potestati resistit, resistit dei ordinationi, qui autem deo resistunt, ipsi sibi damnationem 35 acquirunt. Et dominus ipse: Qui uos spernit, me spernit. Igitur licet in rebus exiguis, nihilo tamen minus quam in

---

6 uerbi C *druckf.*　　12 conari *druckf.*　　31 Cura in C *druckf.*
33 auctoritatè C *druckf.*　34 Rö. 13, 2　　36 Lc. 10, 16

magnis auctoritati caedendum. Hinc illud etiam uenit, quod,
et si Papa ferret iniustas sententias, timendae tamen sunt, et,
ut Carolus inquit Imperator: 'Quicquid imposuerit, quantumuis
graue sit, ferendum est', sicut et experientia uidemus fieri ab
5 Ecclesia, quae certe infinitis oneribus hodie premitur et tamen
pie et humiliter fert quieta. Id tamen intelligendum est, ne
quis in erroneam conscientiam ueniat, quasi ideo sint timendae
iniustae sententiae, quia sint approbandae tanquam iustae ab
iis, qui debent eas timere, Cum ipsemet Pontifex aliquos
10 decernat ab Ecclesia ligari, qui tamen coram deo ligati non
sunt, et cogit eos ligationem ferre, nec eis nocet talis ligatio,
quia est poena tantum et timeri debet, non autem scrupulum
conscientiae f cere, sicut timere debemus | deum in omni alia 619 W
uiolentia, etiam prophana, et non per contemptum superbe
15 reluctari. Ita et onera sunt ferenda, non quod recte fiant
et approbanda sint, sed ut flagella a deo inflicta et humiliter 279 E
portanda.   Quare sententiae iniustae et onera sunt timenda
non propter illud uerbum: Quodcunque ligaueris, sed propter
illud generale praeceptum: Esto consentiens aduersario tuo
20 in uia, Et illud: Qui te percusserit in maxillam dexteram,
praebe ei et sinistram etc. Et Ro. xii: Non defendentes
uosmet ipsos etc. Si enim hoc esset consilium (ut multi
etiam Theologi uidentur errare), tunc liceret eadem libertate
resistere Papae in suis oneribus et sententiis iniustis, qua Turco
25 uel aliis aduersariis, sed nullis prorsus est resistendum, licet
non sit eorum opus approbandum, ne sit error in conscientia. Sed haec materia, necessaria ualde, aliud tempus
et opus postulat.

¶ CONCLVSIO LXX.

30   Sed magis tenentur omnibus oculis intendere, omnibus auribus aduertere, ne pro commissione Papae illi sua
somnia praedicent.
     ¶ Probatissima est regula illa Iuristarum, papam in
omnibus concessionibus sic agere, ut nulli alteri praeiudicet,
35 nisi id faciat expressa mentione et plenitudine potestatis ut
docet quoque mos Curiae atque stilus. Quare certissimum
est, quod dans indulgentias uult eas esse nihil, plus quam
indulgentias neque aliquid ualere quam quod natura sua
ualent; permittit autem ualere quantum ualent contentus quod

---

2 vgl. Decr. P. II causa XI qu. III c. XXVII: 'Valde enim est
timenda sententia episcopi, licet iniuste liget' (WA. 30², 716)   19 Mt.
5, 25   20 v. 39   21 Rö. 12, 19

dederit; nusquam enim declarat ualorem earum. Haec est
commissio Papae. At nostri praecones ultra procedunt et
non solum sese iactitant per pulpita, quod sint Papae, quos
rectius pappos alii putant, uerum et nomini coniungunt officium
tam Papae quam Ecclesiae, ac nobis uelut e caelo statuunt 5
et pronunciant cum fiducia, quid sint, immo longissime ultra
quam sint et esse unquam possint indulgentiae, ut uel ex
280 E libro suo potest probari nouissimo. Horum itaque | somnia
tenentur Episcopi prohibere, ne sinant lupos intrare ouilia
Christi, sicut expresse praecipitur li. v. de poe. et re c. Cum 10
ex eo, Et Cle. eodem c. Abusionibus, ut nihil permittant
populo proponere, quam quod in eorum literis continetur.

CONCLVSIO LXXI.

¶ Contra ueritatem Apostolicarum ueniarum qui loquitur,
sit ille anathema et maledictus.   15

¶ Quia etsi res parua sit ueniarum largitio respectu
gratiae dei et ad tantum boatum praedicantium eas, tamen
contra potestatem superbe agit, qui contradixerit; ideo merito
maledicetur, cum obedientia Ecclesiastica eo sit mirabilior,
quo etiam in uilioribus suo sensui cedit et humiliatur. Quae 20
autem sit ueritas indulgentiarum, satis hucusque est disputatum
et adhuc expectat determinationem Ecclesiae, nisi quod certum
620 W est, eas esse relaxationes tantum | temporalium poenarum,
quaecunque tandem illae sint. Relaxatio uero poenarum (ut
dixi) uilius est donum, quod Ecclesia donare potest, praesertim 25
si eam donet iis, quibus culpam remiserit. Remissio uero
culpae est maximum omnium cum sancto euangelio, quod
illi non ita curant aut certe ignorant.

¶ CONCLVSIO LXXII.

¶ Qui uero contra licentiam et libidinem uerborum 30
Concionatoris ueniarum curam habet, sit ille benedictus.

¶ Sic enim hodie habet uidua Christi, sancta Ecclesia,
ut omnibus omnia liceant, et praesertim Theologis Scholasticis,
inter quos inuenire est, qui ueras etiam sententias damnent,
nulla causa nisi quia ex suo fonte non prodierunt; ipsis tamen 35
licet asserere, quod deus peccatum facit, deus est causa mali,
culpae, et multa alia. Quae siquis poeta uel Orator (ut

---

4 Pappenblumen, vgl. Ztschr. f. deutsche Philologie 23, 292 f.
8 gemeint ist wieder Albrechts Instructio summaria   10 Decr. Greg. IX.
lib. V tit. XXXVIII cap. 14   11 Clem. lib. V tit. IX cap. 2   32 s.
oben s. 87 z. 7

uocant) aut graece, latine, hebraice doctus diceret, omnium 281 E
haereticorum pessimus fuerit. sed id maius damnum. Tantum
est crimen, Si quis Christianus Turcis arma deferat, aut
Romam petentes impediat, Aut literas Apostolicas uiolauerit,
5 ut nulla unquam data sit facultas illa remittendi, etiam si
plenissima plenissimarum daretur, sed sibi reseruat sedes
Apostolica? tam sancte tunc agebat Ecclesia, ut, seruatis dei
mandatis primum, etiam tam parua uoluerit tanto rigore
coercere. Nondum enim erat illa Lerna et tartarus simo-
10 niarum, libidinum, pomparum, caedium reliquarumque ab-
ominationum in Ecclesia. At si illa ita rigide coercentur,
quo tandem putamus rigore sunt coercendi, qui non Turcis,
sed daemonibus offerunt, non quaecunque, sed nostra propria
arma, id est uerbum dei, dum illud suis somniis contaminant
15 et (ut Isaias solet loqui) conflant in Idolum per spiritum
suum, ut sit non instrumentum, quo trahatur anima, sed
seducatur in falsas opiniones? At hoc uitium passim ita licet,
ut uitiosissimus sit, qui non uirtutem et meritum meritorum
existimet, a quocunque factum fuerit. Sic et B. Hieronymus
20 queritur, scripturam omnibus patere, non ad discendum, sed
ad lacerandum. Deinde, Si, qui euntes Romam impediunt,
adeo peccant, Quid illi, qui euntes in coelum impediunt non
solum pestilentibus doctrinis, sed etiam corruptissimis moribus?
Et illi, qui non literas Apostolicas, sed diuinas uiolant, quo
25 ibunt? clauem scientiae tulerunt, ipsi non intrant et introeuntes
prohibent. An ista portenta sunt forte maiora et peiora,
quam ut in die Cenae legantur et reseruentur? Sed legantur
solum in coelo et nunquam remittantur Benedictione itaque
digni, qui nituntur purgare scripturas sanctas et elucidare ex
30 tenebris opinionum et humanarum rationum, quibus prope
facti sumus Pelagiani sensu et Donatistae opere. Sed haec 282 E
alias.

¶ CONCLVSIO LXXIII. 621 W

¶ Sicut Papa iuste fulminat eos, qui in fraudem negotii
35 ueniarum quacunque arte machinantur.

¶ Iterum dico sicut prius (quicquid sit de intentione
personali Summi Pontificis) potestati clauium humiliter

---

7 sanctae C et seruatis C *druckf*. 15 Jes. 40, 19 19 ep. 53
(MSL 22, 544): Sola Scripturarum ars est, quam sibi omnes passim
vindicant . . . Hanc garrula anus, hanc delirus senex, hanc sophista ver-
bosus, hanc universi praesumunt, lacerant, docent, antequam discant.
25 Lc. 11, 52 27 vgl. Köhler, L. und die Kirchengesch., s. 60 f.

caedendum et fauendum est nec temere contra nitendum; dei enim potestas est, quae, siue per usum siue abusum agatur, debet timeri, sicut omne aliud opus ex deo, magis autem illa.

CONCLVSIO LXXIIII.

¶ Multo magis fulminare intendit eos, qui per ueniarum praetextum in fraudem sanctae charitatis et ueritatis machinantur.

¶ Quantumcunque enim potestas honoranda est, non ideo tam ignaui esse debemus, ut abusum eius non reprobemus aut non resistamus. Sic enim omnes sancti potestatem saeculi, quam etiam dei uocat Apostolus, sustinuerunt et honorarunt, etiam in mediis poenis et torturis, quas illa inferebat, sed tamen constanter eius abusum detestabantur, Et non ideo sustinuerunt, quia illi recte uterentur potestate persequendo, sed reliquerunt illis conscientiam malefacti et per mortem secum traxerunt testimonium et confessionem innocentiae, Sicut B. Petrus ait: Nemo patiatur sicut fur etc. Ita si Ecclesia uel Pontifex aliquem priuauerit communione fidelium sine causa, debet id sustinere et potestatem non damnare, Sed non debet ita timere, ut approbet, quasi benefactum sit, sed potius mori in excommunicatione. Non est enim excommunicatus nisi errante claue, cuius errorem si approbet petens absolui, iam peius errat; Clauem honoret et ferat, errorem non probet.

Igitur fulminandi sunt, qui ita uenias praedicant, ut eas gratias dei uideri uelint; hoc est enim | contra ueritatem et charitatem, quae sola talis gratia est. Multoque melius erat, nullas esse uspiam indulgentias, quam tales opiniones in uulgum seminari, quia sine indulgentiis possumus esse Christiani, sed talibus opinionibus non possumus esse nisi haeretici. Certum est autem, quod Summus Pontifex uel credit uel debet uelle, esse in populo primum mutuam charitatem et misericordiam aliaque praecepta dei in illo florere, ac sic donat indulgentias. Nunc uero fallitur, quia charitas et misericordia et fides prope extincta est, nedum refriguit apud nos. Hoc enim si sciret, omissis ueniis id ageret, ut populus primum ad mutuam charitatem rediret. Ita testor ego dominum Iesum, quod populus magna ex parte (alii putant: ex omni parte) ignorat, quod opera charitatis meliora sunt quam ueniae, credit potius sese nil melius agere posse quam uenias redimere, Et huius

---

11 Rõ. 13, 1 f.   17 1. Pt. 4, 15

haereticae et pestilentis opinionis nullum habet correptorem
aut fidelem Magistrum, Sed potius per pomposas istas buccinas
instantissimos authores.

¶ CONCLVSIO LXXV.

5   Opinari uenias Papales tantas esse, ut soluere possint 6ss W
hominem, etiam siquis per impossibile dei genitricem uiolasset,
est insanire.

¶ Coactus sum insanos uocare, qui talia opinantur, ac
uenia nobis a diua Virgine est petenda, quod talia dicere et
10 cogitare cogimur, nec patuit uia, qua hanc necessitatem
uitaremus. Nescio, quo diabolo operante factum sit, ut populus
istum rumorem ubique spargeret, siue id uere ita dictum est
siue ita intellectum a populo. Ego quidem, etsi constanter
assereretur a multis et magni nominis hominibus, ita esse
15 praedicatum in multis locis, potius tamen mirabar quam
credebam, sed auditu fuisse falsos existimabam. Ideo nolui
in hac conclusione ullum Concionatorem taxare, sed uulgum
monere, qui talia opinari coepit, que forte nullus dixisset; 284 E
siue enim illi dixerunt siue non, mea non refert, donec certior
20 fiam. Opinio tamen illa pessima, undecunque orta fuerit,
detestanda et damnanda fuit. Veruntamen non mirum fuerit,
tale quid a populo fuisse intellectum, quando audit magna
et horrenda peccata quodammodo leuissima existimari propter
magnitudinem gratiarum. Vera et Euangelica praedicatio est,
25 peccata, quo ad fieri potest, magnificare, ut homo ad timorem
et legitimam poenitentiam ueniat. denique quid prodest propter
uilissimam poenarum remissionem tot auxisibus tonare ad
extollendas uenias, et propter saluberrimam Crucis sapientiam
uix mutire? Immo quomodo id non noceat simplici uulgo,
30 qui tantum solet aestimare uerbum, quanto fuerit gestu et
apparatu praedicatum? At Euangelium nullo, ueniae omni
apparatu proferuntur, scilicet ut uulgus Euangelium nihil,
uenias omnia credat esse. Mirum tamen est, cum audeant
clamare, homicidia, latrocinia, libidinem generis omnis, blas-
35 phemias in Virginem Mariam et deum facilia, ut his ueniis
remittantur, Cur non etiam illa leuiora remitti clament, quae
in Bulla coenae reseruantur? 'Pontifex non remittit.' uide
ergo forte, ne et illa non remittat aut saltem non tam facile
remittat, quae multo sunt illis grauiora.

¶ CONCLVSIO LXXVI.

¶ Dicimus contra, quod ueniae Papales nec minimum uenialium peccatorum tollere possint quo ad culpam.

¶ Hanc Meosin non posuissem, nisi uoluissem prae-cedentis conclusionis opinionem detestabilem facere. Patet 5 autem, quod nulla culpa remittitur nisi a solo deo. Ideo nec illa magna per facultates remittuntur, sed declarantur 285 E remitti et eorum | poena remittitur; haec dico secundum illorum 623 W sen|tentiam, Mea autem patuit superius satis. Verum hic morandum fuisset in ueniali peccato, quod ita uilescit hodie, 10 ac si nullum pene sit, et timeo magna multorum perditione, qui secure stertunt in peccatis, ubi non uiderint sese crimina committere. Ego, id fateor, donec legi Scholasticos doctores, nunquam intellexi, quid et quantum esset ueniale peccatum; an ipsi intelligant, nescio. Id breuiter dico: Qui non assidue 15 sic timet et agit, ac si mortalibus peccatis plenus esset, uix unquam saluabitur, Quia dicit scriptura: Non intres in iuditium cum seruo tuo, domine. Nam non solum uenialia, quae nunc passim uocant, sed etiam bona opera non possunt iuditium dei sustinere, sed aegent ignoscente misericordia, Quia non 20 ait: 'Non intres in iuditium cum hoste tuo', sed: 'cum seruo et puero tuo, qui seruit tibi'. Iste ergo timor doceret miseri-cordiam dei suspirare et in eam confidere; ubi ille deest, in-cipimus confidere in conscientiam nostram magis quam in misericordiam dei, dum nihil criminis nobis conscii simus 25 foecisse, et ii in horrendum cadent iuditium.

¶ CONCLVSIO LXXVII.

Quod dicitur, nec si S. Petrus modo Papa esset, maiores gratias donare posset, est blasphemia in sanctum Petrum et Papam.   30

¶ CONCLVSIO LXXVIII.

¶ Dicimus contra, quod etiam iste et quilibet Papa habet maiores, scilicet Euangelium, uirtutes, gratias curationum etc. ut i. Corin. xii.

¶ Quia in potestate et obedientia Papae sunt omnes, 35 qui ista habent in Ecclesia, quos potest mittere quo uolet, etiam si ipse personaliter non haberet, ut non dicam, quod

---

4 Μείωσις gegenteil von δόξησις   7 remittantur C   16 angitur? 17 Ps. 143, 2   23 misericoreiam C *druckf.*   29 donari C *druckf.* 34 I. Ko. 12, 28

Bulla Coenae adhuc non est remissa cum suis casibus. Ad- 286 E
huc maior esset gratia Summi Pontificis, si has omnes facultates gratis donaret omnibus Christianis, qui eis egerent,
Deinde si sublatis Canonibus onerosis libertatem populi
5 Christiani restitueret et tyrannides officiorum ac Simonum
exploderet. Sed haec non sunt forte in potestate eius;
inualuit enim inimicus et princeps prouinciarum facta est sub
tributo. dextera domini faciet hanc uirtutem, si id digni
fuerimus impetrare.

10   ¶ CONCLVSIO LXXIX.

    ¶ Dicere, Crucem armis Papalibus insigniter erectam
Cruci Christi aequiualere, Blasphemia est.
    ¶ Qua fronte sint hi homines, quis non uidet? quid
non audeant, qui talia audent? His credendae sunt animae
15 Christi sanguine redemptae? Christi Crux uiuificat totum
mundum occiso peccato, Crux illa armata largitur quasdam
poenas remitti, Et sic sunt aequalia poena aeterna et temporalis? ¹ Sed quid persequar portenta omnia, quae ex tali 624 W
sermone sequuntur, quae nec coelum possit sustinere ut pro-
20 ferantur?

          ¶ CONCLVSIO LXXX.

    ¶ Rationem reddent Episcopi, Curati et Theologi, qui
tales sermones in populum licere sinunt.
    ¶ At timetur potestas Ecclesiae, denique errores et
25 offensiones hodie factae in sedem Romanam uindicantur
gemino gladio; sed nunquid ideo tacendum? Nolite timere
eos, qui occidunt corpus, animam autem non possunt occidere;
qui me confessus fuerit coram hominibus, confitebor et ego
eum coram patre meo. Verum id ego uehementer admiror,
30 quisnam illam glosam inuenerit primus, quod duo gladii
significent unum spiritualem (non ut Apostolus uocat, scilicet
gladium spiritus, uerbum dei), Alium ¹ materialem, ut sic Ponti- 287 E
ficem utraque potestate armatum nobis non patrem amabilem,
sed quasi tyrannum formidabilem faciant, dum nihil nisi
35 potestatem undique in eo uidemus.
    ¶ Et ista est fidelissima glosa super patrum decreta, in
quibus tam rigide prohibentur clericis arma. Hic uide, num

1 Köhler, s. 60   25 factas C druckf.   26 Mt. 10, 28   28 v. 32
30 Petrus Damiani (RE³ 4, 438, z. 37 ff.)   31 Eph. 6, 17   36 vgl.
z. b. Decr. Greg. IX lib. III tit. I cap. 2: Clerici arma portantes et
usurarii excommunicentur

deus iratus, uidens, quod pro gladio spiritus et Euangelio
dileximus intelligere ferrum, iustissime nobis foecit, ut daret
gladium quem uoluimus et auferret quem noluimus, Ita ut
nusquam in mundo fuerit crudelior strages bellorum quam
apud Christianos, Rursum uix neglectior sacra scriptura quam   5
apud Christianos. En tibi gladium, quem uoluisti! O glosa
uel tartaro digna! Adhuc tamen sumus saxei, ut iram
dei non intelligamus. Cur, quaeso, illud amabilissimum ingenium non etiam duas claues pari uidelicet subtilitate interpretatur, ut una sit diuitiarum mundi largitrix, Altera uero   10
diuitiarum coeli? et quidem de altera satis plana est sententia,
quia secundum Concionatores ueniarum ipsa coelum assidue
aperit et exundat diuitias Christi. Sed alteram non potuit sic
intelligere, sciens uoraginem rapacissimam diuitiarum in Ecclesia. Non enim expedit ecclesiae et patrimonio Christi, ut   15
tanta liberalitate diuitias mundi quanta profundit diuitias coeli.
Ideo altera Clauis est clauis scientiae; cui si adderetur alter
gladius, qui est gladius scientiae, Apostolice diceret: In iis omnibus
nondum est auersus furor domini, adhuc manus eius extenta,
scilicet quia res est mire molesta, sacras literas meditari,   20
quibus instructi (secundum Apostolum) destrueremus munitiones
et omnem altitudinem extollentem se aduersus scientiam dei.
Compendium illud laboris nobis placet, non [1]ut haereses aut
288 E errores destruamus, sed haereticos et errantes con crememus,
ducti scilicet meliore consilio Catonis quam Scipionis in   25
Carthagine uastanda, immo contra uoluntatem spiritus, qui
6a5 W scribit, ideo relinqui in terra promissionis Iebusaeos et
Cananaeos, ut filii Israel discerent bellare et habere consuetu-
dinem bellandi. Quod si S. Hieronymus non decipit me,
puto de bellis haereticorum praefiguratum, uel certe Aposto-   30
lus sit dignus fide, ubi dicit: oportet haereses esse. At nos:
'nequaquam, sed oportet comburi haereticos ac sic radicem
cum fructibus, immo Zizania cum tritico euellere'. Quid hic
dicimus, nisi quod cum lachrymis domino dicimus: Iustus es,
domine, et rectum iudicium tuum? quid enim aliud meremur?   35
Atque haec ideo quoque commemoro, ne Pighardi, nostri
uicini, haeretici, infoelix populus, qui fetore Romano gaudet,
sicut Phariseus super Publicanum, non autem compatitur,

18 Apostolicae C Jes. 9, 21   21 2. Ko. 10, 5   25 vgl. z. b.
Cic. Cato m. 6, 18. Val. Max. 8, 15, 2   27 Ri. 3, 1 f.   29 vgl.
ep. 53 (MSL 22, 546): In Iudicum libro quot principes populi, tot figurae
sunt   31 1. Ko. 11, 9   32 Mt. 13, 28 f.   34 Ps. 119, 137
36 Köhler, L. und die Kirchengesch., s. 177   38 Lc. 18, 11

ne, inquam, illi nos crederent nescire uitia et labes nostras
et immensum aduersus nostram miseriam superbirent, si nos
ista tacere et approbare uideremur. Scimus heu nostrum
casum et dolemus, non autem sicut haeretici fugimus et
5 semiuiuum transimus, tanquam alienis peccatis pollui timeremus.
Quo furioso timore illi sic timent, ut non pudeant gloriari,
sese ideo surgere, ne polluantur. Tanta est Charitas. Nos
uero, quo miserius laborat Ecclesia, eo fidelius assistimus et
accurrimus flendo, orando, monendo, obsecrando. Sic enim
10 charitas iubet, alterum alterius onera portare, non sicut haereticorum charitas facit, quae solum commoda quaerit alterius,
ut potius portetur et nihil molesti sustineat a peccatis aliorum.
Quo modo si Christus uoluisset facere et sancti eius, quis
fuisset saluus factus?

15 ¶ CONCLVSIO LXXXI.

Facit haec licentiosa ueniarum praedicatio, ut nec
reuerentiam Papae facile sit etiam doctis uiris   redimere a 289 E
calumniis aut certe argutis quaestionibus laicorum.

¶ Etsi amici mei me haereticum, impium, blasphemum
20 iam multis diebus clament, quod Ecclesiam Christi et scripturas sanctas non teneam catholico sensu, Ego tamen, fretus
conscientia mea, credo eos falli, me uero diligere Ecclesiam
Christi et decorem eius.   Qui autem me iudicat, dominus
est, licet nihil mihi conscius sim, Et ideo istas positiones
25 omnes coegit me ponere, quod uiderem alios falsis opinionibus
infici, alios per tabernas ridere et sanctum sacerdotium
Ecclesiae manifesto ludibrio habere, occasione tam effusae
licentiae praedicandarum ueniarum.   Non erat uulgus laicorum
ampliore occasione in odia sacerdotum excitandum, quod iam
30 a multis annis propter auaritiam et pessimos mores nobis
offensum (heu solo timore poenae) honorat sacerdotium.

CONCLVSIO LXXXII.

Cur Papa non euacuat purgatorium propter sanctissimam
charitatem et summam animarum necessitatem ut causam
35 omnium iustissimam, si infinitas animas redimit propter
pecuniam funestissimam ad structuram Basilicae ut causam
leuissimam?

¶ Hanc quaestionem non Papa, sed Quaestores excitant, 626 W

---

4 nos C *druckf.*   5 Lc. 10, 30   7 fugere?   10 Ga. 6, 2
23 1. Ko. 4, 4

quia, ut supra dixi, nusquam legitur Summi Pontificis super
hac re ullum decretum; ideo respondeant illi ad eam, qui
suscitauerunt. Ego ad omnes istas quaestiones uno uerbo
responderim, quantum pro Pontificum honore fieri potest,
uidelicet, quod nemo eos informat rei ueritatem, et frequenter 5
fit, ut male narrantibus male concedant.

¶ CONCLVSIO LXXXIII.

Cur permanent Exequiae et Anniuersaria defunctorum,
et non reddit aut recipi permittit beneficia pro illis instituta,
cum sit iam iniuria pro redemptis orare?   10

290 E   ¶ Multos scio ista quaestione fatigatos mecum et multis
euasionibus frustra a nobis laboratum. diximus etiam, si
euolarent animae, tum officia instituta pro illis iam in laudem
dei cederent, sicut fit, dum pueri et infantes decedunt. Alius
aliter, sed nullus foecit satis. Tandem coepi disputare et 15
negare illorum sermones esse ueros, ut uel sic elicerem tandem
a doctoribus, quid hic respondendum foret.

¶ CONCLVSIO LXXXIIII.

Quae illa noua pietas dei et Papae, quod impio et
inimico propter pecuniam concedunt animam piam et amicam 20
dei redimere, et tamen propter necessitatem ipsiusmet piae ac
dilectae animae non redimunt eam gratuita charitate?

CONCLVSIO LXXXV.

Cur Canones poenitentiales reipsa et non usu iam diu
in semet mortui et abrogati adhuc tamen pecuniis redimuntur 25
per concessionem indulgentiarum tanquam uiuacissimi?

¶ CONCLVSIO LXXXVI.

Cur Papa, cuius hodie sunt opes opulentissimis Crassis
crassiores, non de suis pecuniis magis quam pauperum fidelium
struit unam tantum Basilicam sancti Petri?   30

¶ Ad hanc quidem et similes ego dico: non est nostrum
iudicare uoluntatem Papae, sed tantummodo ferre, etiam si
quando fuerit iniquissima, ut supra dixi. Verum monendus
tamen est et praecones ueniarum, ut non detur tam manifesta
occasio populis loquendi, sicut olim Heli sacerdos fecit, ut 35
propter filios suos homines detraherent sacrifitio domini. Si
tamen mens Papae unquam fuit, Ecclesiam Sancti Petri tot

---

8 Cum C *druckf.*   17 doctioribus?   35 1. Sa. 2, 17

pecuniis corrasis aedificari, et non potius eorum, qui facilitate
eius in suum lucrum ¹ abutuntur, non est necesse literis tradere, 291 E
quid passim de structura illa fabulentur. det dominus, ut
mentiar, non diu poterit ista exactio prospera esse.

⁵ ᴵ CONCLVSIO LXXXVII. 627 W

¶ Quid remittit aut participat Papa iis, qui per contritionem perfectam ius habent plenariae remissionis et participationis?

¶ Haec inde uenit, quod multi, etiam Iuristae, nescire
¹⁰ se dicant, quid sit remissio culpae per Claues, de qua supra
meum sensum dixi.

CONCLVSIO LXXXVIII.

¶ Quid adderetur Ecclesiae boni maioris, si Papa, sicut
semel facit, ita centies in die cuilibet fidelium has remis-
¹⁵ siones et participationes tribueret?

¶ Hic mire mira. alii communem thezaurum fingunt,
qui per indulgentias augeatur, Et ideo, si homo septies in die
remissionem plenariam obtinet, ut in urbe potest fieri, tanto
plura bona consequetur. Hi sibiipsis contrarii sunt, quod
²⁰ indulgentiae sint expensiones Thezauri secundum eos, ergo
non collectiones. Alii iuxta diuisionem continui in infinitum
remitti putant peccata; sicut diuiditur in semper diuisibilia
lignum, Ita remittuntur peccata, semper remissibilia ulterius,
licet semper minora fiant. Ego fateor me nescire, quid dicam.

²⁵ ¶ CONCLVSIO LXXXIX.

¶ Ex quo Papa salutem quaerit animarum per uenias
magis quam pecunias, Cur suspendit literas et uenias iam olim
concessas, cum sint aeque efficaces?

¶ Haec maxime omnium urit et displicet, et, fateor,
³⁰ magna cum specie; illa enim suspensio unica est causa, quod
uilescunt indulgentiae. Itaque ego non possum negare
quidem, quod omnia ferenda sunt, quae Pontifex facit, sed
doleo, quod non possum optima esse probare, quanquam, si
de mente Pontificis sine intermediis operariis mercedum
³⁵ diᶦcendum esset, optima de illa praesumenda dicerem, breuiter 292 E
et cum fiducia loquendo. Ecclesia indiget reformatione, quod

---

3 vgl. Pasquillus exul bei Böcking, Opera Hutteni IV 472 sq. und
O. Clemen, Beiträge zur Reformationsgesch. 1, 11 f. 6 contrionem C
druckf. 18 vgl. Nik. Paulus, Ztschr. f. kath. Theol. 24, 30 ff. und
Histor. Jahrb. der Görresgesellsch. 1907, 1 ff.

non est unius hominis Pontificis nec multorum Cardinalium
offitium, sicut probauit utrumque nouissimum concilium, sed
totius orbis, immo solius dei. Tempus autem huius reformationis nouit solus ille, qui condidit tempora. Interim uitia
tam manifesta negare non possumus. Claues sunt in abusu   5
et seruitute auaritiae et ambitionis, et gurges accepit impetum;
non est nostrum remorari eum. Iniquitates nostrae respondent
nobis, et onus est unicuique sermo suus.

¶ CONCLVSIO XC.

¶ Haec scrupulosissima argumenta laicorum sola potestate   10
compescere, nec reddita ratione diluere, est Ecclesiam et
Papam hostibus ridendos exponere et infoelices Christianos
facere.

6,8 W   ¶ Sic enim ex malo fit peius, dum terrore compe-
scantur. quanto rectius doceremur hanc iram dei intelligere   15
et pro Ecclesia orare et talia tolerare in spe futurae reformationis, quam, dum tam manifesta uitia uolumus cogere
uirtutes uideri, peius irritemus, siquidem, nisi nos mereremur
uexari, deus non permitteret solos homines in Ecclesia
dominari, daret nobis pastores secundum cor suum, qui nobis   20
pro ueniis darent tritici mensuram in tempore suo. Nunc
autem etiam si sint boni pastores, tamen non possunt ad
offitium suum uenire: tanta est ira furoris domini.

¶ CONCLVSIO XCI.

¶ Si ergo ueniae secundum spiritum et mentem Papae   25
praedicarentur, facile illa omnia soluerentur, immo nulla essent.
¶ Quomodo? scilicet, si, ut sunt, solum remissiones
poenarum, non meritoriae ac infra bona opera habendae,
non fuisset ullus unquam commotus aliquid de iis dubitare.
nunc propter sui nimiam magnificationem suscitant quaestiones   30
293 E insolu'biles in earum propriam uilificationem. Mens enim
Pontificis non potest esse alia quam quod indulgentiae sunt
indulgentiae.

¶ CONCLVSIO XCII.

¶ Valeant itaque omnes illi prophetae, qui dicunt populo   35
Christi 'pax pax', et non est pax.

---

2 s. oben s. 77 z. 3 Köhler, L. und die Kirchengesch., s. 102 f.
20 Jer. 3, 15   21 Mt. 21, 41

¶ CONCLVSIO XCIII.

¶ Bene agant omnes illi prophetae, qui dicunt populo Christi 'Crux crux', et non est crux.

¶ CONCLVSIO XCIIII.

5 ¶ Exhortandi sunt Christiani, ut caput suum Christum per poenas, mortes infernosque sequi studeant.

¶ CONCLVSIO XCV.

Ac sic magis per multas tribulationes intrare coelum quam per securitatem pacis confidant.

10 Satis supra de cruce et poenis dictum est, hodie rarus sermo.

AD CANDIDVM LECTOREM ET ERVDITVM.

¶ Non tibi haec edita existimes, erudite et Candide lector, (quanquam quid opus hoc monitorio?) quasi timeam
15 Ciceroniana haec tibi uisum iri; tu pro genio tuo habes aliunde, quod legas, me oportuit cum mei similibus nostra, id est rudia et barbara, tractare. Sic placitum fuit in coelo, nec ausus fuissem nomen Summi Pontificis his meis bullis appellare, nisi uidissem amicos meos illius terrore quam
20 maxime confidere, deinde quod Summi Pontificis peculiare sit offitium, ut debitorem agat sapientibus et insipientibus, Graecis et Barbaris.

VALE.

---

21 Rő. 1, 14

Unterricht auf etlich Artikel, die ihm von seinen Abgönnern aufgelegt und zugemessen werden. 1519.

Man hat den „Unterricht" in enge verbindung mit den verhandlungen gebracht, die am 4. und 5. oder 5. und 6. januar 1519 in Altenburg 5 zwischen Luther und Miltitz stattfanden. Ueber die verhandlungen des ersten tages erstattete Luther gleich am folgenden tage seinem kurfürsten bericht. Zu vier zugeständnissen habe er sich erboten, um einen vergleich herbeizuführen. Das dritte war: er wollte „ein zedell ausgehn lassen, einen jeder zu vermahnen, der Romischen kirchen folgen, gehorsam 10 und erbutig zu sein und mein schrift nit zur schmach, sundern zur ehr der heiligen Romischen kirchen verstehn sollten, auch bekennen, dass ich die wahrheit allzu hitzig und vielleicht unzeitig an tag bracht . . ." (WA Br 1,290,26 fk). Ferner haben wir das konzept Luthers zu einem von ihm höchst wahrscheinlich gleich nach jenen verhandlungen des ersten tages 15 aufgesetzten (aber nie abgesandten) briefe an den papst, in dem er verspricht, eine schrift ins volk ausgehen zu lassen, 'quo intelligant et moveantur, ut Ecclesiam Romanam pure colant et non illorum [der ablassprediger] temeritatem huic imputent neque meam acrimoniam imitentur adversus Ecclesiam Romanam, qua ego usus sum, imo abusus et excessi 20 adversus balatrones istos' (WA Br 1,293,41 ff.). Man meint nun, der Unterricht' sei eben der zettel, den Luther dem kurfürsten, oder die volksschrift, die er dem papst in aussicht stellte. Vergleicht man jedoch, was nach den angeführten briefstellen den inhalt des zettels oder der volksschrift bilden sollte, mit dem inhalt des ‚Unterrichts‘, dann sieht 25 man, dass 2 nur zum teil mit 1 sich deckt. Ich möchte daher annehmen, dass der ‚Unterricht‘ vielmehr hauptsächlich veranlasst ist durch die berühmte 12. (später 13.) these Ecks, in der dieser L. nicht nur als ‚Gegner der Papstherrschaft‘ (K. K. 1, 232) hinstellen, sondern geradezu zum hussitischen Ketzer (Köhler, L. und die Kirchengesch. s. 124) stempeln 30 wollte. Demgegenüber zeigt nun L. in seiner 'apologia vernacula' (WA Br 1,352,33; 1,356,5), dass er in glaubensartikeln, insbesondere in den von den Hussiten angezweifelten von der Heiligenverehrung und vom Fegefeuer (vgl. Köhler s. 173), von der papstkirche nicht abweiche. Erschienen ist sie wohl mitte februar (Ecks thesen erhielt L. anfang 35 februar oder ende januar, WA Br 1, 314, 35 ff.; 1, 325, 12 ff; in dem wohl auf den 24. februar anzusetzenden briefe an Spalatin WA Br 1,352,33 scheint L. vorauszusetzen, dass Spalatin die soeben erschienene schrift noch nicht kenne: 'iam edita vernacula quadam apologia'; vgl. ferner in dem briefe an Spalatin vom 5. märz, WA Br 1,356,6 'etsi edita est, antequam 40 moneres'.) Wieder sehen wir L. bemüht, das laienvolk zu beruhigen und in distance zu erhalten und die ausfechtung der fehde auf die gelehrtenkreise zu beschränken. Und damit erfüllte er ja freilich zugleich auch einen wunsch Miltitzens. Wir geben den Grunenbergschen originaldruck W. A. 2, 67 B wieder. (Dass A aus B geflossen ist, erhellt u. a. 45 daraus, dass A den druckfehler in B ‚Sich man‘ (unten s. 151 z. 11) falsch in ‚Siht man‘ korrigiert hat.)

Doctor Martinus Luther Au=
gustiners Vnterricht auff etlich
Artickell die im von seynen ab=
gunnern auff gelegt vnd zu ge=
messen Vuerden.

1 5 1 9

¶ Allen die diesßen brieff sehen / hören / vnd lesßen / Empeut ich
Martinus Luther Augustiner zu Wittenbergk meyn vntertenigen dienst
vñ armß gepeet.

¶ Es ist fur mich kummen / wie das etliche menschen meyne schrifft /
sunderlich / die ich mit den gelerten / nah der scherffe gehandelt / dem eyn=
fettigen volck felschlich / eynbilden / vnnd mich yn etlichen artickeln vor=
dechtig machen / das auch etlich sonst ym glauben bawfellig durch sulche
eynbildung vorursacht / schimpfflich reden von der lieben heyligen furbit /
vom segfeur / vö gutē wercken / fasten / beeten / ꝛc. Von der Romischen
kirchenn gewalt / alß solt das alles nichts seynn / Derhalben ich / so vill
myr müglich / den selbigen schedlichenn zungen begegen vñ mich vorcleren
muß. Bitt eyn iglich frum Christen mensch / wolt mich recht vornehmen /
vnd den selbē meynen vngepeten dolmetschern / nit mehr dan mir selbs
glauben.

Von der lieben heiligen furbit.

¶ Sag ich vnd halt fest mit der gantzen Christenheyt / das man die
lieben heyligen eeren vñ anruffen sol / Dan wer mag doch das widder=
fechtē / das noch heuttigis tagis / sichtlich / bey der lieben heyligen corper
vnd greber / got durch seyner heyligen namen wunder thut? Das ist aber
war / vñ habs gesagt / es sey nit Christenlich / das man geystliche nod=
durfft nit mehr aber ¹ vlyßiger / dan die leypliche / bey den lieben heyligen
sucht. ¹ Wa fyndt mā izt eynen heyligē / der vmb gedult / glauben / liebe /
keuscheyt vñ ander geystliche guttere / wirt angeruffen als sant Anna /
vmb reychtüb / Sant Lorentz vor das sewr / Der vmb eyn pöse peyn /
der vmb diß / der ander vmb das / Nit das alß zu vorwerffen ¹ sey / sunder
das eyn Christen mensch die geystliche mehr achtē solt dan die guter / die
er sicht auch den tiren / vnd heyden gemeyn / Daruber seynd etlich so
nerrisch / das sie meynen die heyligen haben eyne macht / abder gewalt /
sulchs zu thun / Szo sie doch nur forbitter seynd. Vnd alles durch got

2, 69 W
24, 3 E¹
24, 5 E²

70 W
6 E²
4 E¹

alleyn gethan wirt.   Darumb ſol man ſie ſo anruffen / vnd eeren / das
man got durch ſie anruffe vnd eere / wie ſ6 131. Memento domine
Dauid / gedenck got an Dauid / vn aller ſeyner ſanfftmutigkeyt.   Alſo
auch Moſes / vor got anzeuget.   Abraham / Iſaac vnd Jacob / vn die
chriſtenliche kirche in ihren gepeten das ſelb gar wol leret.   5

Von dem Fegfeur.

    ¶ Sol man feſt glauben / vnd ich weyß das war iſt / das die armen
ſeelen vnſegliche peyn leyden / vnd mā yhn helffen ſchuldig iſt / mit Beeten /
faſten / almoßen vn was man vormag.   Was aber die peyn von art ſey
vnd ob ſie alleyn zur gnugthuung adder auch zur beſſerunge diene / weyß   10
ich nit / vnnd ſag noch das das niemant gnugſam weyß.   Drumb ſolt man
das got befelen vnd nit claffen vnd auffſchreyn alß were man deſſelben
gewiß.   Vns iſt nit mehr befolen / dan yhn zu helffen / got wils alleyn
wyſſen wie er mit yhn handelt.

    ¶ Auch das man mit ablaß / vnß fegfeur rauſchen wil vnnd alſo   15
mit gewalt / in gottes heymlich gericht fallen / hab ich nit wyſſen / vn
noch nit weyß zuerhalte adder zubeweren / glaubs wer do wil / ich wils
7 Eᵈ nit ¹ glauben / Es werd dan baß beweyſſet / dar durch hab ich / ob got wil /
das fegfeur / nit vorleugnet.

Von dem Ablaß.   20

5 Eᵈ   ¶ Iſt guug eynem gemeynen man zu wyſſen / das ablas ſey ent-
ledigung der gnugthuung fur die ſunde / Szo doch ¹ das es gar vil geringer
iſt / dan gutte werck ſeynn gepotenn vnnd wyr ſchuldig zuthun /
Ablas iſt frey vn willkörig / ſundiget niemant / der es nit loßet / vordienet
auch nichts der es loßet.   Darumb ſo yemant eynen armen menſchen nit   25
gibt / adder ſeynem nehſten nit hilfft / vnd doch meynet ablaß zu loſſen /
thut nit anders / dan das er got vnd ſich ſelb ſpott.   Er thut das nit /
das got gepoten hat / vn thut / das ym niemāt gepoten hat.   Was mehr
von ablas zu wyſſen iſt / ſol man den gelerten yn den ſchulen laßen / vnd
an dißen vor ſtand ſich gnugen laßen.   30

7¹ W   ## Von den gepoten der heyligen
Kirchen.

    ¶ Gottes gepot ſol man vber der kirchen gepot achten / wie das
golt vnd edel geſteyn vber das holz vn ſtroo / alß der Apoſtel lautet.
1. Co: 3. Vnd ſol yhe keynes vorachten.   Drumb wan du ſichſt / das   35

---

    2 Pſ. 132, 1   15 ſtürmen   19 vor leugnet B   22 dir (ſt.
der) B   35 1. Ko. 3, 12 f.

eyner schweret / flucht affterredt adder seynen negsten nit hilfft / ßo soltu
gedencken vnnd wyssen das der selb vil erger ist / dann der fleysch am
freytag isset / aber die gepoten fasten bricht. Da durch hab ich antzweyfel /
gute werck nit wibber radten / Sundernn die rechtenn gutenn werck denn
5 geringern furzogen. Alßo hab ich gesagt / das eyn große vorkerüge itzt in
der welt ist / das mā gottis gepot gātz vorachtet / Vnd die weyl sich mit
menschlichen rechten vnd wercken deckt / vnnd nu den Pabst vnd seyne
wort / weyt mehr furcht dan got vnd gottis wort. Vnd wan [1] ich das
sage / ßo spricht mā / ich wibberstrebe dē Pabst vnnd geystlichen gerecht /
10 wollen aber nit hören / das sie got selb vnd seynen gerecht vnuerschampt
widberstrebē Sicht mā eynen eebrecher / reuber / lugner / ßo ist es nichts
sunderlich so er eyn köstlich pater noster tragen kan / eyn eygen willige
fasten halten / adder etwan eyn besondern heyligen eert. Sso aber zemant
[1] fleysch esse am freytag adder den heyligen tag nit feyret / adder sonst eyn
15 kirchen gepot nit helt / der muß erger seyn dan eyn heyde / wan er gleych
todtē auffwecken kund / alßo hubsch gleyßen die gepot vnd werck der
menschen / gottis gepot / vnd gottis werck / sicht mann durch eynenn finster
nebel an.

¶ Drumb sag ich noch / man sol beyderley gepot halten / doch mit
20 großem vleyß vnter scheydē / dan obschon keyn gepot der kirchen were /
Kund man doch wol frum seyn / durch gottis gepot. Wan aber gottis
gepot nach bleybt / ßo ist der kirchē gepot nit anders / dan eyn schedlicher
schand deckel / vnd macht außen eyn guten scheyn do inwendig nichts guts
ist. Der halben ist auch meyn rad / das mann der kirchen gepot eyns
25 teyls ablegt yn eynen Concilio / auff das man gottis gepot auch eynn
mal scheynen vnd leuchten ließ / dan· mit den lichten vieler gepot / hat man
dem tag gotlichs gepots / gar nah / die augen auß gelaucht.

Von den Guten Buercken

¶ Hab ich gesagt / vnd sage noch / das niemant kan frum seyn / vnnd
30 wol thun / es mach yhn den gottis gnaden zuuor frum / vst durch werck /
niemāt frum wirt Sundern gute werck geschehn allein / durch dē / der frum
ist / gleych wie die früchte machen nit den Baum / Sundern der baum
brengt die frucht. Vnd als Christus sagt eyn bößer baum bringt nymer
eyne gute frucht / der halben alle werck / wie gut sie [1] seynd / wie hübsch
35 das sie gleyßen / so sie nit auß gnadē fließen / seynd sie vmbsunst / nit
gantz vmbsunst dan die guten werck die außer der gnaden gottis geschehn /

---

9 widber strebe B　11 Sich B　12 über das tragen von Pater-
noster-schnüren vgl. Beissel, Geschichte der Verehrung Marias während
des Mittelalters, Freiburg i. Br. 1909, s. 238 ff.　17 menschen B
27 ausgeleuchtet, geblendet　33 Mt. 7, 18

72 W belonet gott zeythlich mit reychtūb / eere / sterck gewalt / freud / frütschafft / kunst / vorstäd ꝛc. Aber das ewige leben erlangen sie nit.

Das alles hab ich prediget / widder die / die allein des eußern wercks / scheyn angesehen / das gut nennen / das gar offt pöß ist vor gott / dan

7 gott nah dem hertzen nit nah dem scheyn der wercken richtet / Das ist ßo vill gesagt / Gott will / das wir an vns soln vorzweyfeln / vnd an allen vnßerm leben vñ wercken / auff das wir erkennen / das wir mit allen vnßern besten wercken / vor seynen augen nit mugen bestehn / sundernn alleyn auff seyne grundloß gnade vñ barmhertzickeyt vns vortrosten / vñ alßo ynfurchten wandeln / vnd vnßers guten lebens zuuorsicht fallen laßen. Sich die werck / vñ das leben / die auß solchem sorchtsamen demutigen hertzen geschehn / seynd gut / vnd nit die / die außwendig scheynen gut / wie groß / vill / wunderlich sie seynd / an solchen grund vnd meynūg geschehn / Das wil der spruch des psalters. Beneplacitū est dūo ꝛc. Got hatt eyn hertzlichs wolgefallen an den / die sich vor yhm furchten / vñ doch auff seyne barmhertzickeyt sich vorlaßen. Dann aber furcht man sich / wan man erkennet / das wir fur seyne gericht nit besteen mügen / vnd darumb vom gericht zur gnaden thron fligen / mit Dauid sprechen. Herr gott handel nit mit gericht / gegen deynem diener / ban es mag keyn lebendig mensch recht erfunde werde / fur deynen augen. Alßo widderumb eyn mißfallen hat got an den / die sich sicher wißen / vñ auff yhre gute werck pochen. Sich die selben freyen / sichere / hoffertige gute werck hab ich vorworffen / auff das ich (wie die schrifft) leret / das die forcht gottis sey das

10 haupt gut vñ gantzes weßen / eyns weyßen frumen menschen / vñ alle weyßheyt vnnd gute werck / dan rechtschaffen seynd / wan mā sich yn den selben vor gott furcht / vñ seyner gnaden begeret / das heyst principiū sapientie timor dñi / die forcht gottis ist das heubt vñ gantz vormügen aller weyßheyt vñ frumkeyt. Nu merck / ob ich gute werck vorpoten habe abder nit / dañ die forcht gottis / ist eyne gnade gottis / vñ hatt sie niemant von yhm selber / darumb seynd alle gutte werck pöße werck / wo die gnade vñ forcht nit ist.

Von der Romischen kirchen

    ❡ Das die Romischen kirche von gott / fur allen andern geeret sey / ist keyn zweyfell / dañ doselb Sanct Peter vñ Paul / xlvi. bebste / darzu vill hūdert tausent martyrer yhr blut vorgoßen / die hell vnnd welt vbirwunden / das man wol greyfen mag / wie gar eynen besondernn augen blick / got auff dieselb kirchen habe. Ob nu leyder es zu Rom alßo steht / das woll beßer tuchte / ßo ist doch die / vñ keyn vrsach ßo groß / noch werden mag / das mā sich von der selben kirchen / reyssen abder scheydenn

---

14 Ps. 147, 11.   Beneplacitū B   18 Ps. 143, 2   26 Ps. 111, 10
38 taugte

soll / Ja yhe vbeler es do zugeht / yhe mehr man zulauffen vn anhangen
soll / dann durch abreyßen adder vorachten wirt es nit beßer.   Auch soll
man gott vmbs teuffels willen nit laßen / noch ¦ die vbrigen frumen / vmb   73 W
deß boßen hauffen wille meyden / Ja vmb keynerley sund adder vbel / das
5 man gedencken adder nennen mag / die lieb zurtrennen / vnd die geystliche
eynickeyt teylen / dan die lieb vormag alle dinck / vn d' eynickeyt ist nichts
zu schwer / Es ist eyne schlechte lieb vnnd eynickeyt / die sich lest frembde
sunde zurteylen.
      Was aber die gewalt vn vbirkeyt Romisches stuels vormag / vn wie
10 ferne sich dieseⁿ streckt / laß die gelerten außfechtē / dan ¦ daran der seelen
selygkeyt gar nichts gelegen / vnd Christus seyne kirche / nit auff die eußerliche / scheynbare gewalt vnnd vbirkeyt / adder eynige zeitliche dingk / die
der welt / vn weltlichen gelaßen ist / ¦ sunder yn die inwendige lieb / demut /   11 Eª
vnd eynickeyt gesetzt vnd gegrüdet hatt.   Darüb die gewalt / sey wie sie
15 sey / groß adder cleynn / gantz vbir all / adder eyns teyls / soll sie vns gefallen / vn wir zu fride seyn / wie sie got außteylet / gleich wie wir zu-
friden seyn sollen / wie er ander zeytliche guter / eere / reychtumb / gunst /
kunst / ꝛc. außteylet / alleyn der eynickeyt soln wir achten nemen / vnd
bey leyb nit widder streben Bepstlichen gepoten.
20   ¶ Sihe nu hoff ich / :s sey offenbar / das ich der Romischen kirchen
nichts nemen will / wie mich meyne lieben frund schelten / das ich myr
aber / etliche heuchler ¦ nit gefallen laße / dückt mich ich thu recht daran /   9 Eᵇ
vnd solle mich nit vor wasserblaßen zu todt furchtē / dem heylige Romischeñ
stuel / soll man yn allen dingen folgen / doch keynem heuchler nymer
25 gleuben.

─────────────────────────

8 zur teylen B   19 Bepstliche B   20 na B   22 heuchler wie bes. Eck.

─────────

Ein Sermon von der Betrachtung des heiligen Leidens Christi. 1519.

Die mitfühlende versenkung in das leiden Christi war, hauptsächlich durch den Franziskanerorden, die verbreitetste form der christlichen andacht im späteren mittelalter geworden (vgl. z. b. K. A. Kellner, Geschichte der Kreuzwegandacht von den Anfängen bis zur völligen Ausbildung, Freiburg i. Br. 1908, s. 186 ff.). Dass das auch noch 1519 der fall war, erhellt daraus, dass der unten folgende sermon L.s in über 20 verschiedenen druckausgaben erschienen ist. Am 13. märz schrieb L. an Spalatin: 'Habeo sermonem in mente de meditatione passionis Christi, sed nescio, an tantum superfuturum sit otii, ut in literas referam; dabo tamen operam' (WABr1, 359,26 ff., vgl. CR 1, 75: Melanchthon an Spal. an demselben Tage: 'scripturus meditationem dominicae passionis'). Wenn L. dann am 5. april an Spal. schreibt: 'Mitto sermonem' (WABr1,367,9 f.), so bezieht sich das vielleicht auf unser schriftchen[1]. Es gibt zwei Grunenbergsche drucke: W. A. 2, 131 A u. B. Knaake sieht in A den urdruck, da ein exemplar dieser ausgabe in der Münchener Hof- und Staatsbibliothek eine widmung von L.s hand an Wenzeslaus Link trägt. A. v. Dommer (Lutherdrucke auf der Hamburger Stadtbibliothek 1516—1523, Leipzig 1888, s. 35 oben) möchte dagegen lieber B die priorität zuerkennen, da ihm der holzstock des titelbilds auf A (= v. Dommer s. 216 nr. 8) „schon mehr abgenutzt" scheint. Eine genaue vergleichung der varianten bestätigte dieses urteil. Wir drucken daher B ab.

11, 144 E¹
11, 154 E²
2, 136 W

Eyn Sermon von der betrach-
tung des heyligen leydens
Christi D. Martini Luther zu
Wittenberg.

¶ Ezum ersten / Bedencken etlich das leyden Christi also / das sie vber die Juden zornig werden / singen vñ schelten vber den armen Judas /

---

1) Man darf wohl annehmen, dass es noch in der passionszeit des jahres 1519 erschienen ist (ostern fiel 1519 auf den 24. april). Die von kurfürst Friedrich auf anregung seines beichtvaters, des Franziskaners Jakob Vogt, zum gedächtnis des leidens Christi errichtete stiftung kam erst ende 1519 in gang (Nik. Müller, Die Wittenberger Bewegung 1521 und 1522, Leipzig 1911, s. 61 f. a 4, über Vogt s. 121 f. a. 2). Sonst könnte man unsern sermon als einen leisen protest gegen die geplanten „ceremonien" auffassen (vgl. auch L.s äusserungen an Spalatin vom august WABr1,434,3 ff. und s.   503,30 ff.).

---

30 WEltbuch: spiegel / vñ bildtniß des gantzen erd- / bodens von Sebastiano Franco Wör- / densi . . . (Tübingen, Ulrich Morhart 1534), Bl. cxxj²: Am Karfreitag „sagt man dem volck von dem leiden Christi, werden fast zornig über die Juden". Das lied „O du armer Judas, was

vnnd laſſen alſo gnug ſeyn / gleych wie ſie gewont / andere leuth zu clagen
vnnd yhre widderſacher vordamen vñ vorſprechen / dz mocht woll nit Chriſtus
leyden / ſondern Judas vñ der Jüde boßheit bedacht heyßen.

" ¶ Ezü andern / haben ettlich angezeygte mancherley nuß vnd frucht /   145 E¹
5 ſo auß Chriſtº leyden betrachtung kümen / darzu geht yrre eyn ſpruch S · 155 E²
Albert zu geſchrieben / das es beſſer ſey / Chriſtus leyden eyn mall oben hyn
vber dacht.   Dan ob man eyn gantz iar faſtet / alle tag eyn Pſalter bettet ꝛc.
Dem folgen ſie / blind da hyn / vñ geratten eben / widder die rechte frucht
des leydens Chriſti / dā ſie das yhre darynnen ſuchen / darüb tragen ſie ſich
10 mit bildeley vñ büchleyn / brieffen vñ creutzen / auch ettlich ſo ferne faren /
das ſie ſich / vor waſſer / eyßen / fewr, vnnd allerley ſerlickeit zu ſicheren /
vormeynen / vñ alſo Chriſtº leyden / eyn vnleyden / yn yhn wircken ſoll /
widb' ſeyn art vnd natur.

¶ Ezü dritten / haben ſie eyn mit leyden mit Chriſto / ohn zu clagen /
15 vñ zu beweynen / als eynen vnſchuldigen menſchen / gleych wie die weyber /
die Chriſto vō Jeruſalem nach folgten / vnd von yhm geſtrafft wurden.
Sie ſolten ſich ſelb beweynen vnd yhre kinder.   Der art ſeynd die mitten /
yn der paſſion / weyt auß reyßen / vñ von dez abſchied Chriſti zu Be-
thanien / vnd von der Jückfrawē Marien ſchmertzen / viel eyntragen / vnd
20 kümen auch nit weyter / da küpt es / das man die paſſion ſo vill ſtund
vorzeugt / weyß gott / ab es mehr / zü ſchlaffen aber zü wachen erdacht
iſt.   In dieße rothe gehoren auch die / die erlernet / wie große fruchte /
die heylige meſſe habe / vñ yhrer eynfeltigkeit nach / achtenn ſie es / gnug
wie ſie die meſſe hören / da hyn man vnß furet / durch ettlicher / lerer /
25 ſpruch / das die meſſe / opere operati / nō ' opere operātis / von yhr ſelber / auch   137 W
an vnßer vordienſt vñ wirde / angenhez ſey / gerad als were dz gnug.   So
doch die meſſe nit vmb yhr ſelbs wirdickeit / ſondern vnß zu wirdigen iſt
eyn geſetzt / ſonderlich / vmb des leydens Chriſti willen / zu bedencken / dan
wo das nit geſchicht / ſo macht man auß der meſſe eyn leyplich vnfrucht-
30 par werck / es ſey an yhm ſelb wie gut es mag / dan was hilfft dichs / dz

haſt du getan" bei Erk u. Böhme, Deutſcher Liederhort III, Leipzig
1894, no. 1963. Vgl. ferner Nik. Müller, Der Dom zu Berlin I, Berlin
1906, s. 449   2 und anklagen   5 dieſer ausſpruch findet ſich nicht
wörtlich bei Albertus Magnus, wird aber oft zitiert, vgl. auch W. A. 30²,
611⁴ 10 briefe und einblattdrucke mit holzſchnitten, gebeten, ſegens-
formeln, die man als amulette bei ſich trug. Vergl. auch Ad. Franz, Die
kirchlichen Benediktionen im Mittelalter, II, Freiburg i. Br. 1909,
s. 435 ff. 12 vormeyden B druckf. Chriſtº B druckf. 15 Lc. 23, 27 f.
16 getadelt   18 weit ausholen. Stephan Beiſſel, Geſchichte der Verehrung Marias in Deutſchland während des Mittelalters, Freiburg i. Br.
1909, s. 402 f. 19 s. 379 ff. 20 WA 30,2,257 8·¹⁴ u. Florenz Landmann,
Das Predigtweſen in Weſtfalen in der letzten Zeit des Mittelalters,
Münſter i. W. 1900, s. 75 f.: eine vortragsdauer von 4—5 ſtunden galt
noch für kurz   22 er lernet B. Ad. Franz, Die Meſſe im deutſchen
Mittelalter, Freiburg i. Br. 1902, s. 36 f.   24 dass ſie

156 E³ gott / gott iſt / ¹wan er dier nit eyn gott iſt? Was iſts nutz / das eſſen
vnd trincken an yhm ſelb / geſund vñ gut iſt / wan es dir nit geſund iſt?
Vnd zu beſorgē iſt dz mā es mit vielē meſſen nit beſſer macht / wā mā
nit die rechte frucht darinnē ſucht.

146 E¹   ¶ Ezū vierden / Die bedencken das leydē Chriſti recht die yhn alſo
anſehen / das ſie hertzliꝰ darfur erſchꝛeckē / vñ yhꝛ gewiſſen gleych ſincket /
yn eyn voꝛtzagen / Das erſchꝛecken ſoll da her kümen / dz du ſiheſt / den
geſtrengē zoꝛn vñ vnbanckelwarn ernſt gottis / vber die ſund vnd ſundere /
das er auch / ſeynē eynigē allerliebſtē / ſun hat nit wollen die ſunder los
geben / er thette dā fur ſie eyn ſolche ſchwere puß / als er ſpꝛicht durch Iſaiā
53. Vmb dẜ ſund willen / meyns volcks / hab ich yhn geſchlagen / Wz wil
dẜ ſundern begegen wā das liebſte kindt alſo geſchlagē wirt? Es muß eyn
vnſpꝛechlicher vntreglicher ernſt da ſeyn / dez ſo eyn groſſe vnmeſlich perſon
entgegē geht / vñ da fur leydet vñ ſtirbt / vñ wā du recht tieff bedenckſt /
dz gottis ſun / die ewige weißheit des vatters / ſelbſt leydet / ſo wirſtu
woll erſchꝛecken / vnd yhe mehꝛ / yhe tieffer.

        ¶ Ezū funfften / das du dir tieff eyn bildeſt / vnd gar nicht zweyffelſt /
du ſeyeſt der / der Chꝛiſtū alſo marteret dan deyn ſund habens gewißlich
than / alſo ſchlug vñ erſchꝛeckt ſanct Peter Act. 2. Die Juden / gleych wie
eyn dōnerſchlag / da er zu yhn allen yn gemeyn ſpꝛach / yhꝛ habt yhn gecreutziget / das dꝛeytauſent / den ſelbenn tag erſchꝛeckt / vnnd zappelnd / zu
den Apoſtolen ſpꝛachen / o lieben bꝛuder / was ſoln wir nu thun? ꝛc.
Dꝛumb / wan du die negel Chꝛiſti ſiheſt / durch ſeyn hend dꝛingē / glaub
ſicher das deynn werck / ſeynd / ſichſtu ſeyn dōꝛenn kon / glaub / es ſeyn
deyn böß gedancken ꝛc.

        ¶ Ezū ſechſten nu ſich / wa Chꝛiſtus eyn doꝛne ſticht da ſolten dich
billich / mehꝛ dan hunderttauſſent doꝛnē ſtechen / ia ewiglich ſolten ſie dich
157 E³ alſo / vnnd vill erger ſtechen / Wa Chꝛiſto eynm nagell / ſeyn ¹ hend adder
füß / durch martert / ſolteſtu ewige ſolch vñ noch erger negell erleyden /
alſo dan auch geſchehn wirt / denē / die Chꝛiſtꝰ leyden / an yhn laßen voꝛloꝛen werden / dan dißer ernſter ſpiegel / Chꝛiſtus / wirt nit liegen / noch
ſchimpfen / was er antzeygt / muß alſo ſeyn vberſchwencklich.

147 E¹   ¹¶ Ezū ſiebenden / eynn ſolchen erſchꝛecken nam ſanct Bernhard. dar
auß / da er ſpꝛach. Ich meynet / ich were ſicher / wiſte nichts / von dez
138 W ewigen vꝛteyll ¹ das ym hymell vber mich gangen war / biß das ich ſach /
das der eynige gottis ſun / ſich meyn erbarmet / erfurtrit / vnnd yn das
ſelb vꝛteyll / ſich fur mich ergibt. A we / es iſt myꝛ nit mer zu ſpielen /
vnd ſicher zu ſeyn / wann ein ſolcher ernſt da hynden iſt. Alſo gepott er
den weybernn. Weynet nit vber mich / ſondern vber euch ſelb vnd vber
ewer kinder. Vnd ſagt vꝛſach / dan thut mā alſo / dem grunen holtz was
will mit dez dürren geſchehn? Alß ſollt er ſagen / auß meyner marter leret

was yhꝛ voꝛdienet / vnnd wie es euch gehn soll / dan hie iſt es war / das
eyn kleyn bꝛecklin geſchlagen wirt / deʒ groſſen hundt zum ſchꝛecken. Alſo
hatt der Pꝛophet auch geſagt / Es ſollen ſich ſelb vber yhn clagen all ge=
ſchlecht der erden / ſpricht nit / ſie ſollen yhn clagen / ſondern ſich ſelb vber
5 yhm clagen. Alſo erſchꝛocken auch die Act. 2. Wie oben geſagt / Das
ſie zu den Apoſtolen ſagten / O bruder / was ſollen wir thun Item alſo
ſingt die Kirche. Ich will fleyſſig daran gedenck̄ vn̄ ſo wirt yhn mir voꝛ=
ſchmachtē meyn ſeell.

¶ Eʒum achten / yn dieſem punct muß man ſich gar woll vben /
10 ban faſt d' nutz des leydens Chꝛiſti / gar daran gelegen iſt / das der mēſch
zu ſeyns ſelb erkentnis küme / vnd fur yhm ſelbs erſchꝛecke vn̄ zur ſchlagen
werde. Vnd wo der menſch nit do hyn kömet / iſt yhm das leyden Chꝛiſti
noch nit recht nutz woꝛden / ban das eygene naturlich werck des leydens
¹Chꝛiſti iſt / das es yhm den menſchen gleychfoꝛmig mache / das wie ¹⁵⁸ E²
15 Chꝛiſtus / am leyb vn̄ ſeel iamerlich yn vnſern ſunden gemartert wirt /
muſſen wir auch yhm nach alſo gemartert werden ym gewiſſen von vnſern
ſunden. Es geht auch hie nit zu / mit vielen woꝛten / ſondern mit tieffen
gedanck̄ / vn̄ groß achtung der ſonden / Nym eyn gleychnis / wā eyn vbel=
tether wurde gericht̄ / darüb das er eynes furſten odder künigs tynd er=
20 wurget hette / vnd du ſicher werſt / ſingeſt ¹ vn̄ ſpielteſt / als werſt du gantz ¹⁴⁸ E¹
vnſchuldig / biß das mā dich ſchꝛecklich angriffe / vnd dich vber wunde / du
hetteſt den vbeltheter dar zu voꝛ mogt / Sich hie wurd dir / die welt zu
enze werden / ſonderlich wan das gewiſſen dir auch abfiele. Alſo vill
engſter ſoll dir werden / wann du Chꝛiſtꝰ leyden bedenckeſt / Dan die vbel=
25 tether / die Juden / wie ſie nu gott gerichtet haben vnd voꝛtrieben hart
ſeynd ſie doch beyner ſunde diener geweſt / vnnd du biſt warhafftig / der
durch ſeyn ſunde gott ſeynen ſun erwurget vnd gecreutziget hatt / wie ge=
ſagt iſt.

¶ Eʒü neunden / wer ſich ſo hart vnd doꝛre enpfindt das yn Chꝛiſtus
30 leyden nit alſo erſchꝛeckt / vnnd yn ſeyn erkentnis furet / der ſoll ſich
furcht̄ / dan bo wirt nit anders aus / dem Bild vn̄ leyden Chꝛiſti muſtu
gleych foꝛmig werden / es geſchehe yn deʒ leben adder yn der hellen / ʒü
weingſten / muſtu am ſterben vn̄ ym fegfewr yn das erſchꝛecken fallen / vnd
zittern / beben / vn̄ alles fulen / wʒ Chꝛiſtus am Creutz leydet. Nu iſt es
35 grauſam ym todt pett ¹ zu warten / Dꝛüb ſoltu gott bitten / das er deyn ¹³⁹ W
hertz erweiche / vnd laße dich fruchtparlich Chꝛiſtus leydenn bedencken / dann
es auch nit muglich iſt / das Chꝛiſtus leyden von vnß ſelber müg bedacht
werden grundlich / gott ſenck es dan yn vnſer hertz. Auch noch diße be=
trachtüg / noch keyn andere lere dir dꝛüb geben wirt / das du ſolt friſch
40 võ ¹ dir ſelb dꝛauffalle / daſſelb zu volnbꝛengen / ſondern ʒuvoꝛ gottis gnaden ¹⁵⁹ E³
ſuchen vnd begeren / dʒ du es durch ſeyn gnad / vnnd nit durch dich ſelb

---

1 auch B *druckf.*   2 Bräcklein, Hündlein   3 Ps. 24, 6   7 Ez.
16, 63   23 dich im Stich liesse

volnbrengst / dan daher ist kömen / das die / oben angezeygt seynd / Christ
leyden nit recht handeln / dan sie gott nit drüb anruffen / sondern auß yhren
eygene vormügen / eygene weyße darzu erfunden / gantz menschlich vnnd vn-
fruchtparlich da mit vmbgehen.

149 E¹ ¶ Ezü zehenden / Wer also gottis leydē / eyn tag / eyn stund / ia   5
eyn viertel stund bedecht / von dez selben wollen wyr frey sagen / das es
beßer sey / dan ob er eyn gantz iar fastet / alle tag eyn psalter bettet / ' ia
das er hundert messen höret / dan dißes bedencken wandelt den menschenn
weßentlich / vnd gar nah wie die tauffe / widderüb new gepiret. Hie
wircket das leyden Christi seyn rechtes naturlich edels werck / erwurget   10
den alten Adā / vortreybt alle lust / freud vnd zuuorsicht / die man haben mag
von creaturen gleych wie Christus von allen / auch von got vorlaßen war.

¶ Ezü eylfften / Die weyl dan solch werck nit ynn vnßer hand ist /
ßo geschicht es / das wir es zu weylen bitten / vnd erlangen es doch nit /
zu der stund / den noch soll man nit vortzagen odder ablassen / zu weylen   15
küpt es das wir nit drüb bitten / wie gott dan weyß vñ will dan es wil
frey sein / vnd vngefangen / Da wirt dan der mēsch betrübt yhn seynez gewissen / vñ misselt yhm selb vbel / yhn seynez leben / Vnnd mag woll seyn /
das er nit weyß / das Christus leyden / yn yhm solchs wircket / daran er
villeycht nit gedenckt / gleych wie die andern / fast an Christus leyden ge-   20
dencken vñ doch nit yhn yhr selbs erkentnis drauß kümen. Bey ihenen
ist das leyden Chri heymlich vnd warhafftig / Bey dießen scheynparlich /
vnd betrieglich / vnd der weyße nach / gott offt das blat vmwend / dz die
nit das leyden bedencken / die es bedēckē vnd die messe hören / die sie nit
hören / vnd die nit horen die sie horen.   25

160 E² ¶ Ezum zwelfftenü / bis her / seyn wyr yn der marter wochen geweßen / vnd den karfreytag recht begangen. Nu kummen wir zu dem Oster-
tag / vnd aufferstehung Christi. Wan d' mensch also / seyner sund gewar
woidē vnd gantz erschreckt yhn yhm selber ist / muß man acht haben / das
die sunde nit also / yhm gewissen bleyben es wurde gewiß eyn lauter vor-   30
zweyffeln drauß. Sundern gleych wie sie auß Christo gefloßen / vnd er-
kand woidē seynd / ßo muß man sie widder auff yhn schutten vnd dz ge-
150 E² wissen ledig machen. ' Darüb / ' sihe yhe zu / das du nit thuest / wie die vor-
140 W kereten menschen / die sich mit yhren sunden ym hertzen beyßen vnd freßen /
vnd streben darnach / das sie durch gutte werck / adder gnugthuũg / hyn vnd   35
her lauffen / odder auch ablas / sich erauß erbeyten / vnd der sund loß werden
mügen / das vnmüglich ist. Vnd leyd' weyt eyngerissen ist / solche falsche
zuuorsicht der gnugthuung vnd walfarten.

¶ Ezü dreytzehenden / Dan wirffestu deyn sunde von dir auff Christum /
wan du festiglich gleubst / das seyne wunden vnd leyden / seyn deyn sunde /   40
das er sie trage vñ bezale / wie Isa : 53 sagt. Gott hat vnßer aller sund
auff yhn gelegt / vnd San. Petrus. Er hatt vnßer sund yhun seynem corper

---

41 Jes. 53, 6   42 I. Pt. 2, 24

getragen / auff dem holtz des Creutzs. S. Paul². Gott hatt yhn gemacht /
zu eynez sunder / fur vnß auff das wir durch yhn / rechtfertig wurden.
Auff diße vnd der gleychen spruch / mustu mit gantzem wag / dich vorlassen /
ßo vill mehz / ßo hetter dich deyn gewissenn martert / Dan wo du dz nit
thuest / sondern / durch deyne rewe vnnd gnugthuung / dich vormissest / zu
stillen / ßo wirstu nymmer mehz zu ruge kümen / vnnd must zu letzt doch
vortzweyfelen / Dan ¹ vnßer sund / wan wir sie yhn vnßerm gewissen handeln /   161 E¹
vnd bey vns lassen bleyben / yhn vnßerm hertzē ansehē / ßo seynd sie vns
viel zu starck vnnd lebenn ewiglich / Aber wen wir sehn / datz sie auff
Christo ligen / vnnd er sie vberwindet durch seyn aufferstund / vñ wir das
kecklich gleuben / ßo seynd sie todt vñ zunichte worden / dan auff Christo
mochten sie nit bleyben / sie seynd durch seyn aufferstehend vorschlungenn
vnd sihest itzt keyne wunden / keyne schmertzen an yhm / das ist / keyner
sunde anzeygung. Alßo spricht S. Paul² Das Christus gestorben ist / vmb
vnßer sund / vñ aufferstanden vmb vnßer gerechtickeyt / das ist / yn seynez
leybē macht er vnßer sund bekant vnd erwurget sie alßo / aber durch seyn
aufferstehn / macht er vnß gerecht / vnnd loß von allen sunden / ßo wir
anders / dasselb gleuben.

¶ Ezü viertzehenden / Wan du nu nit magst gleuben ßo soltu wie
vorhyn gesagt / gott dzüb ¹ bitten / dā dißer punct ist auch alleyn yn gottis   151 E¹
hand frey vñ wirt auch gleych geben / zu weylen offentlich / zu weylen
heymlich / wie von dem punct des leydens gesagt ist. Magst / dich aber
dar zu reytzen. Zü ersten / nit das leyden Christi mehz an zusehen (dan
dzhatt nu seyn werck gethan vnd dich erschzeckt) sundern durch hyn dringen /
vnd ansehe seyn fruntlich hertz / wie voller lieb das gegen dir ist / die yhn
da zu zwingt / das er deyn gewissen / vnd deyn sund ßo schwerlich tregt.
Alßo wirt dir das hertz gegen yhm suffe / vnd die zuuorsicht des glaubens
gstercket.
Darnach weyter steyg durch Christus hertz / zu gottis hertz / vñ sehe
das Christus die liebe / dir nit hette mocht ertzeygen / wan es gott nit hett
gewolt / yn ewiger liebe haben / dem Christus mit seyner lieb gegen dir
gehorsam ist / da wirstu finden / dz ¹ gottlich gutt vatter hertz / vnd wie Christ²
sagt / alßo durch Christü zü vatter gezogē / da wirstu dan vorsteen den
spruch Christi / Alßo hatt gott die welt geliebt / das er seynen eynigen sun
vbir geben hatt ꝛc. Das heist dan gott recht erkennet / wan mā yhn
nit bey der gewalt adder weyßheit (die erschzecklich seynd) sundern bey der   162 E²
gute vnd liebe ergreyfft / da kan d' glaub vnd zuuorsicht dan besteen / vnnd
ist der mensch alßo warhafftig / new yn gott geporen.

¶ Ezü funfzehenden / Wan alßo deyn hertz yn Chro bestetiget ist /
vnd nu den sunden seynd worden / bist auß liebe / nit auß furcht der peyn /
ßo soll hynfurter das leyden Christi auch eyn exempell seyn deynes gantzen /

---

1 2. Ko. 5, 21   3 Wagnis   14 Rö. 4, 25   33 Jo. 6, 44
34 Jo. 3, 16

lebês vnd nu auff eyn ander weyß daſſelb bedencken / dan biß her haben
wir es bedacht / als eyn ſacrament / dz yn vnß wirckt / vnd wir leyden /
Nu bedencken wir es / das wir auch wircken / nemlich alßo.

Szo dich eynn weetag odder kranckheit beſchweret / dencke wie geringe
das ſey gegen der dornenn kronen vñ negell Chriſti.   5

Szo du muſt thun adder laſſenn was dir widdert / dencke wie Chriſtus
gepunden vnd gefangen / hyn vnnd her gefurt wirt.

152 E¹   Ficht dich die hoffert an / ſich wie deyn herr vorſpottet vnd mit¹ den
ſchechern voracht wirt.

Stoſt dich vnkeuſcheit vnd luſt an / gedenck wie bitterlich Chriſtus 10
zartes fleyſch zur geyſſelt / durch ſtochê vnd durch ſchlagen wirt.

Ficht dich haß vnd neyt an / aber rachefuchſt / denck wie Chriſtus
mit vielen thrœnen vnd ruffen / fur dich vnd alle ſeyne feynd gepeten hatt /
der woll billicher gerochen hette.

Szo dich trubſal adder waßerley widderwertickeyt leyplich adder 15
geyſtlich bekümert ſterck deyn hertz vnnd ſprich. Ey worumb ſolt ich dan
nit auch / eyn kleyn betrubnis leyden / ßo meyn herr ym garten blut vor
angſt vnd betrubnis ſchwitzt / Eyn fauler ſchendlicher knecht were das / d'
auff dem bett liegen wolt / wan ſeyn herr yn todts nœten ſtreytten muß.
Sich alßo widder alle laſter vnd vntugent / kan man yn Chriſto ſtercke / 20
vnnd lobſall finden. Vnd das iſt recht Chriſtus leyden bedacht / das ſeynd
163 E²   die frucht ſeynes leydens / vñ wer alßo ſich darynnen vbet / d' thut¹ beſſer
dan das er alle paſſiõ hœret adder alle meſſe leße. Nit das die meſſen nit
gutt ſeyn / ſundern das ſie an ſolche bedencken vnnd vbung nichts helffen.
Das heyſſen auch rechte Chriſten / die Chriſtus leben vnd namen alßo yn 25
yhr leben zohen / wie S. Paul² ſagt. Die do Chriſto zu gehœren / die
habê yhr fleyſch mit allenn ſeynen begirdenn gecreutziget mit Chriſto / Dan
Chriſtus leyden muß nit mit worten vñ ſcheyn / ſondern mit dem leben
142 W   vnd war¹hafftig gehandelt werden. So vormanet vnß ſant Pauel. Gedenckt an den / d' eyn ſolchen widderſtreyt von dê bœßen mêſchê erlyden 30
hatt / auff das yhr geſterckt vnd nit mat werdet in ewerm gemüte. Vnd
ſanct Petrus. Wie Chriſt² yn ſeynez corper gelydê hatt / ßo ſolt yhr euch
mit ſolchê bedancken ruſten vñ ſtercken. Aber diße betrachtung iſt auß der
weyße kümen / vnd ſeltzam worden / dar doch die Epiſtolen S. Paul vnd
Petrus voll ſeynd / Wir haben das weßen yn eynem ſcheyn vorwandelt / 35
vnnd das leyden Chriſti bedencken / alleyn auff die brieff vnnd an die wendt
gemalet.

Ein Sermon von der Bereitung zum Sterben. 1519.

Markus Schart, einer der räte und diener Friedrichs des Weisen (vgl. über ihn Nik. Müller, Die Wittenberger Bewegung s. 404), hatte
5 Luther durch Spalatin gebeten, ihm lektüre zur vorbereitung auf den tod anzuweisen. Luther empfahl ihm unterm 8. mai 1519 durch Spalatin das büchlein Staupitzens von der nachfolge des willigen sterbens Christi; der habe besser das thema behandelt, als er selbst es, wenn er erst mal mehr musse habe, behandeln zu können hoffen dürfe (WABr1,381,17 f.).
10 Am 16. mai schrieb er an Spalatin: 'Scharto nostro curabo, si possum servire' (WABr1,394,15). Nun aber nahmen die vorbereitungen für die Leipziger disputation und die sich anschliessenden literarischen fehden seine ganzen gedanken und kräfte in anspruch. Unterm 22. september konnte er nur Spalatin wiederholen: 'Tibi et Scharto satis fiet, modo
15 respirare liceat' (WABr1,508,12 f.). Erst am 1. november konnte er Spalatin die ersten gedruckten exemplare zuschicken, von denen dieser eine beliebige anzahl an Schart weitergeben sollte (WABr1,548, 3 ff.). Zu diesen gehörte das jetzt in Wolfenbüttel befindliche exemplar, das der reformator eigenhändig „Er Marzen Scharttenn meynenn lieben
20 freund" dediciert hat (WA48,250). Dieses exemplar belegt zugleich den (von Grunenberg hergestellten) originaldruck (W. A. 2, 680 A), den wir wiedergeben.

¶ JHESUS.

W.   2,
21, 255

Eyn Sermon von der bereytůg zum sterben. M. L. A.

25 ¶ Zum Ersten / Die weyl der todt eyn abschid ist von dißer welt / vnd allen ßhier hendellen / ist not das der mēsch seyn zeeytlich gut ordenlich vorschaffe / wie es soll oder er gedenckt zu ordenen / das nit bleybe nach seynem todt / vrsach / zanck / haddersß oder sonst eyns yrthumbs / vnter seyen nachgelaßen freundē / vñ diß ist eyn leyplicher oder eußerlicher ab-
30 schid von dißer welt / vnd wirt vrlaub vñ letze geben dem gut.

¶ Zů Andern / Das mā auch geystlich eyn abschied nheme / das ist / man vorgebe freuntlich / lauterlich vmb gottis willen / allen menschen / wie sie vnß beleydigt haben / widderumb / auch begere vorgebung lautterlich vmb gottis willen von allen mēschen / deren wyr vill anzweyffel be-
35 leydiget haben / zum wenigstē mit poßen ¹ egempel / odder zu wenig wol- 256 E

---

30 letze = Abschied

thaten / wie wyr schuldig geweßen nach deʒ gepot bꝛuderlicher / chꝛistlicher /
liebe / auff das die seel nit bleyb behafft mit yrgē eynē handell auff erden.

¶ Zum Dꝛitten / Wan ßo yderman vꝛlaub auff erden gebē / Soll
man sich dan alleyn zu gott richten / da der weg / des sterbens / sich auch
hin keret / vñ vns furet. Vnd hie hebt an / die enge pfoꝛte / der schmale　5
steyg / zum leben / des muß sich eyn yglicher frölich erwegen / dann er ist
woll fast enge / er ist aber nit langk / vnd geht hie zu / gleych wie ein
kind / auß dᵉ cleynen wonung seyner mutter leyb / mit gefar vnd engsten
geboꝛen wirt / yn dißenn weyten hymell vnd erden / das ist auff diße welt.
Allßo geht der mensch durch die enge pfoꝛten des tobts / auß dißem leben /　10
vnd wie woll der hymell / vnd die welt / da wir itzt yn leben / groß vñ
weyt angesehen wirt. Szo ist es doch alles / gegen dem zukunfftigem
hymel / vill enger vnd kleyner / dan der mutter leyb / gegenn dißem hymell
ist / darumb heyst / der lieben heyligen sterben /[1] eyn new gepurt / vnd
yhꝛe fest / nennet man zu latein Natale / eyn tag yhꝛer gepurt. Aber der　15
enge gangk / des tobts macht / das vñs / diß leben weyt / vnd yhenes enge
dunckt. Dꝛumb muß man das glauben / vnnd an der leyplichen gepurt
eyns kinds lernen / als Chꝛist[ᵒ] sagt. Eyn weyb / wan es gepirt ßo leydet
es angst / wan sie aber genesen ist / ßo gedenckt sie der angst nymmer /
die weyll eyn mensch gepoꝛn ist võ yhꝛ / yn die welt / alßo / ym sterbē　20
auch muß man sich der angst erwegen / vñ wissen / das darnach eyn großer
raum vnd freud seyn wirt.

¶ Zum Vierden / Solch zu richten vnd bereytung / auff diße fart /
steht darynne zü ersten / das mann sich mit lauterer beycht (sonderlich der
groͤsisten stuck / vnd die zur zeyt ym gedechtniß muglichs vleyß / erfunden　25
werden) vnd dᵉ heyligen Chꝛistenlichē sacrament / des heyligen waren
leychnams Chꝛisti vñ dᵉ oͤlũg[1] voꝛsoꝛge / die selben andechtig begere / vnd
mit großer zuuoꝛsich empfahe / ßo man sie haben mag. Wo aber nit / soll
nit deste weniger / das voꝛlangen vnd begere der selben troͤstlich seyn / vñ
nit darob zu seher erschꝛeckē / Chꝛ̄us spricht / alle dingk sein muͤglich deʒ　30
der do glaubt / Dan die sacrament auch anders nit seyn / dā zeychen / die
zum glauben dienen / vnd reytzen / wie wir sehen werden / An wilchen
glauben sie nichts nutz seyn.

¶ Zum Funfften / Soll man yhe zu sehen mit allem ernst / vñ vleyß /
das mā die heyligen sacrament groß acht / sie yn ehꝛē habe / sich frey vnd　35
frölich dꝛauff voꝛlasse / vñ sie gegen die sund todt vnd hell / alßo wege /
das sie weyt vbir auß schlahen / Auch vill mehꝛ / mit den sacramenten /
vnd yhꝛen tugenden sich bekümere / dan mit den sunden / Wie aber / die
eehꝛe recht geschꝛech vnd was die tugent seyn / muß man wissenn. Die
eehꝛe ist / das ich glaub / es sey war vñ geschꝛech mir / was die sacrament　40

---

　　5 Mt. 7, 14　　6 getrauen　　18 Jo. 16, 21　　21 der Angst ent-
sagen　　30 Mc. 9, 23　　37 ausschlagen vom zünglein an der wage,
also: dass sie weit schwerer wiegen

bedeutē / vnd alls was gott / darynnen sagt vnd anzeygt / das man mit
Marien der mutter gottis / yn festem glauben sprech. Mir geschech / nach
deynen worten vñ zeychen / Dan die weyl da selbst gott durch den priester
redt / vnd zeychnet / mocht man gott kein großer vneehr / yn synem wort
5 vñ werck thun / dan zweyfelen / ab es war sey / vnd kein großer eehre
thun / den glauben es war sey / vnd sich frey drauff vorlaffen.

¶ Zū Sechsten / Die tugend der sacrament zu erkennen / muß man
vorwiffen / die vntugent / da widder sie fechten vnd vnß gebē seynd / Der
seyn drey / die erste / dz erschrockliche bild des todts / die ander / dz grau-
10 lich manichfeltig bilde d' sund / die dritte / das vntreglich vnd vnvor-
meydliche bild / der hellen vnd ewiges vordamnuß. Nu wechst ein ygtlichs
auß dißen dreyen / vnd wirt groß vñ starck / auß seinē zusatzen. Der todt
wirt groß / vnd erschrecklich / [1] dz die blode vorzagte natur daselb bild zu
tieff yn sich bildet / zu seher vor augen hatt / da zu steuret nu d' teuffel /
15 [1] auff das der mensch / das greßlich geperd vnd bild des todts / tieff betrachte / da durch bekümert / weych vnd zaghafft werd / ban do soll er woll /
alle die schrecklichen / gehlingen / bößē todt fürhaltē / die eyn mensch / yhe
gesehen / gehort / odder gelesen hatt / daneben mit eyn wickeln den zorn
gottis / wie er vorzeytē / hie vñ da die sunder / geplagt vñ vorterbet hatt /
20 Damit er die blode natur zur fürcht des todts / vñ zur lieb vñ sorgen /
des lebens treybe / da durch der mensch zuuill beladen mit solchen gedancken / gottis vorgesse / den todt flige / vnd hasse / vnd also gott am
letzten ende / vngehorsaz erfunden werde vnd bleybe. Dan yhe tieffer d'
todt betracht / angesehen vñ erkant / yhe schwerer vñ serlicher dz sterben
25 ist. Im leben / solt mā sich mit des todts gedanckē vbē vnd zu vnß
foddern / wan er noch ferne ist / vnd nicht treybt. Aber ym sterben / wan
er von yhm selbs schon alzu starck da ist / ist es ferlich vnd nichts nutz /
Da muß man seyn bild außschlahē vnd nit sehen wolle / wie wir hören
werden. Also hatt der todt seyn crafft vnd sterck / yn der blodickeit vnßer
30 natur / vnd yn seynem vnzeytigem / zuuil ansehen odder betrachten.

¶ Zum Siebenden / Die sund wechst vnd wirt groß / auch durch
yhr zuuill ansehen / vñ zu tieff bedencken / Da hilfft zu die blodickeit vnßers
gewiffens / das sich selbs vor gott / schemet vñ grewlich strafft / Da hatt
der teuffell dan eyn bad funden / das er gesucht / da treybt er / da macht
35 er die sund ßo vill / vnd groß / da soll er alle die fürhalten / die gesundet
haben / vnd wie vil / mit wenigern sundē vordampt seyn / Das der mensch
aber muß vorzagen odder vnwillig werden zusterben / vnd also gottis vor-
geffen / vnd vngehorsam erfunden / bleyben biß yn todt / sonderlich / die
weyll der mensch meynt / er muß die sund alß dan betrachten / vnd thu
40 woll recht vnd nutzlich dran / dz er da mit vmb gehe / also findt er sich .
dan vmbereydt vnd vngeschickt / ßo seer / das auch alle seyne gute werck

---

2 Lc. 1, 38   34 Schweissbad   37 abermals

zu ſunden woꝛbē ſeynd / Auß deβ dann muß folgenn / eyn vnwillig ſterben /
259 E   vngeᵢhoꝛſam gottis willen vnd ewiges voꝛbānen. Dan die ſund betrachten /
hatt da kein fug noch zeit / das ſoll mā yn der zeit des lebens thun.
Alßo voꝛkeret vnß der boße geyſt alle ding / am lebē / da wir ſoltē des
todts / d' ſund der helle bild ſtetig voꝛaugē habē / Als p̄s 50. ſtet / 5
Meyn ſund ſeyn mir alzeit voꝛaugē / ſo thut er vnß die augē zu vn̄ voꝛ-
birget dieſelben bild. Am todt da wir ſolten / nur das lebē / gnad / vn̄
ſelickeit voꝛaugē habē / thut er vnß dan aller erſt die augen auff / vnd
engſtet vnß / mit den vnzeitigen bilden / dꝫ wir der rechten bilden nit
ſehen ſollen.   10

688 W   ¶ Zů Achtꝛ / Die helle wirt groß vn̄ wechſt / auch durch vhꝛ zuuil
anſehen vn̄ harttes bedencken / zu vnzeit / Da zu hilfft vbir die maß ſeer /
dꝫ mā gottis vꝛteyl nit weyß / da hin d' boße geyſt die ſeel treybet / das
ſie ſich mit vbringen vnnutzen / furwitz / Ja mit deβ aller ferlichſtē furnhemē
beladet vn̄ foꝛſchē ſol / gotlichs radts heymlickeit / ob ſie voꝛſehen ſey odder 15
nit. Hie vbet der teuffell ſeyn letzte / groſte / liſtigiſte kunſt vn̄ voꝛmugen.
Dan da mit furet er den menſchen (ſo er es voꝛſiht) vbir gott / das er
ſucht / zeychen gottlichs willen / vnd vngedultig werd / das er nit wiſſen
ſoll / ob er voꝛſehen ſey / macht yhm ſeynen gott / voꝛdechtig / das er vill
nah / noch eynem andern gott ſich ſehnet / kurtzlich / hie gedenckt er gottis 20
lieb / mit eyneꝛ ſturm wind außzuleſchen / vnd gottis haß erwecken. Ihe
mehꝛ der menſch / dem teuffell folget / vn̄ die gedancken leydet / yhe ferlicher er ſteht / vnd zu letzt nit mag erhaltē / er ſelt yn gottis haß vn̄
leſterung / dan was iſt es anders / dꝫ ichs wiſſen will / ob ich voꝛſehn
ſey / dā ich will alls wiſſen / was gott weyß / vn̄ yhm gleych ſein / das 25
er nichts mehꝛ wiſſe / dan ich / vn̄ alßo gott / nicht gott ſey / ſo er nichts
vbir mich wiſſen ſoll. Da helt er fur / wie vil Heyden / Jubē / Chꝛiſten
260 E   kinder / voꝛloꝛen werdē / vn̄ ᵢ treybt mit ſolchen ferlichē vn̄ voꝛgebenen
gedanckē ſo vill / das der menſch / ob er ſonſt gerne ſtůrb / doch yn ditzem
ſtuck / vnwillig werde. Das heyſt mit der helle angefochtē / wā der menſch 30
mit gedanckē ſeyner voꝛſehüg wirt angefochtenn daruber ym pſalter gar vill
clagen iſt. Wer hie gewinnet / d' hat die hel / ſund / todt auff eynē
hauffen vbirwūdē.

¶ Zů Neunden / Nu muß mā yn ditzeꝛ handell allen vleyß ankeren /
das man dyſer dreyer bild / keyns zu hauß lade / noch den teuffell vbir 35
die thur male / ſie werdē ſelbs alzuſtarck hereyn fallen / vnd das hertz mit
yhꝛem anſehen / diſputirn vnd zeygen / gantz vnd gar / ynhabenn wollen.
Vnnd wo das geſchicht / ſo iſt der menſch voꝛloꝛen / gottis gantz voꝛgeſſenn / dan dieße bilde gehoꝛen gar nichts / yn dieße zeyt / anders / dan
mit yhn zu fechten vnd ſie auß zu treyben. Ja wo ſie allein ſeyn / an 40

---

5 habē · A   Ps. 51, 5   14 überflüſſigem   15 prädeſtiniert
17 ſich nicht in acht nimmt   27 über mich hinaus   35 Thiele,
no. 356

durch sehen yn ander bild / gehoren sie nyrgen hin / dan yn die helle vnter
die teuffell.

Wer nu wol mit yhn fechten will / vnd sie außtreyben / dem wirt nit
gnug seyn / das er sich mit yhn zerre vñ schlage / odder ringe / dan sie
5 werden yhm zu starck seyn / vnd wirt erger vnd erger. Die kunst ists
gantz vnd gar / sie fallen lassen / vnnd nichts mit yhn handeln / Wie geht
aber das zu? Es geht alßo zu / Du must den tod / yn dem leben / die
sund / yn der gnadenn / die hell / ym hymell ansehen / vnd dich von dem
ansehen odder blick / nit lassen treyben / wan dirs gleych / alle Engell /
10 alle Creatur / ya wens auch dich dunckt / ¹ gott selbs anders furlegen / das 689 W
sie doch nit thun / aber / der böß geyst macht eyn solchen scheyn. Wie
soll man dez thun?

¶ Zum Zehenden / Du must den tobt / nit yn yhm selbs / noch
yñ dir odder deyner natur / noch yn denen / die durch gottis zorn getobtet
15 seyn / die der tobt vbir wunden hatt / ansehen / odder betrachten / du bist
anders vorlore / vñ wirst mit yhn vbir wüden Sondern deyn augen / deyns
hertzen gedancken / vnnd alle deyne syn gewaltiglich keren von dez selben
bild / vnd den tobt / starck vnd emsig ansehen / nur yn denen / die yn gottis
gnaden gestorbe / ¹ vnd den tobt vbir wunden haben / furnemlich yn Christo / 261 E
20 darnach / yn allen seynen heyligen. Sich yn dißen bilden / wirt dir der
tobt / nit schrecklich noch grewlich / ia vorachtet vñ getobtet vñ ym leben
erwurget / vñ vbir wunden / Dan Christ° ist nichts dan eytell leben / seyn
heyligen auch / yhe tieffer vnd vehster / du dir diß bild eynbildest / vnd
ansihest / yhe mehr des tobts bild abfelt vnd von yhm selbs vorschwindt /
25 an alles zerren vnnd streyten vnd hatt alßo deyn hertz frid / vnnd mag
mit Christo / vnd ynn Christo geruglich sterben. Wie Apoc: stett. Selig
seynd die / die yn dem herrn Christo sterben / das ist bedeut Numeri 21.
Da die kinder von Israel / võ den feurenden schlangen gepissen / nit sich
mit den selben schlangen zerren / sondern die todte ehrne schlange musten
30 ansehen / da fielen die lebendingen von yhn selbs ab / vnd vorgingen /
Alßo mustu dich / mit dem todt Christi alleyn bekummern / ßo wirstu das
leben finden / vñ wo du den tobt anderßwo ansihest / ßo tobt er dich mit
grosser vnruge vnnd peyn. Drumb sagt Christ°. In der welt (dz ist auch
yn vnßselb) werdet yhr vnruge haben / In mir aber / den friden.

35 ¶ Zum Eylfften / Alßo mustu die sund nit ansehen yn denn sundern /
noch yn deynem gewissen / noch yn denen / die yn sundē endlich bliben
vnd vordampt seyn / du ferest gewißlich hynach vnd wirst vbirwunden /
sondern abkeren deyn gedancken / vnnd die sund / nit dan yn der gnaden
bild ansehen / vnd dasselb bild mit aller crafft yn dich bilden vnd vor

---

1 ohne durchsehen in andere bilder, ohne dass man durch sie hin-
durchsieht auf andere bilder (leben, gnade, himmel)   24 m
ehr A
26 Apk. 14, 13   27 Nu. 21, 9   33 Jo. 16, 33   37 sonst kommst
du gewisslich ins hintertreffen

augen haben. Der gnaden bild / ist nit anders / dan Christus am Creutz
vnd alle seyne lieben heyligen. Wie vorsteht man das? dz ist gnade vnd
barmhertzickeit / das Christᵒ am Creutz deyne sund von dir nymmet / tregt
sie fur dich vnd erwurget sie / vnd dasselb festiglich glaubē vnd vor augen
haben / nit drann zweyfelñ / das heyst das gnaden bild ansehen vn̄ ynn   5
sich bilden: Desselben gleichen alle heyligen ynn yhrem leyden vnd sterben /
262 E auch ⁱ auff yhn tragen deyne sund / vn̄ fur dich leyden vn̄ erbeyten wie geschrieben steet. Eyner trag des andern burden / ßo erfullet yhr Christus
gepott / alßo spricht er selber Matt. xi. Kōmet zu myr all die yhr beladen
seyt vnd arbeytet / ich will euch helffen / Sich ßo magstu deyn sund sicher 10
690 W ansehen / außer deynē gewißen / sich da seynd sund ⁱ nymer sund / da seynd
sie vberwunden / vnd yn Christo vorschlunden / ban gleych wie er deynen
tod auff sich nympt / vn̄ yhn erwurgt das er dir nit schaden mag / ßo du
anders gleubst / das er dyr dz thut / vnd deynen todt yn yhm / nit yn dyr
ansihest / alßo nympt er auch deyn sund auff sich / vnd yn seyner gerechtickeit / 15
auß lauter gnaden / dir vbir windt / ßo du das glaubist / ßo thun sie dyr
nymmer schaden. Alßo ist Christus / des lebens vn̄ gnaden bild widder
des todts vnd sund bildt / vnßer trost / das sagt Paulus. 1. Corin: 15.
Gott sey lob vnd danck / das er vnß / yn Christo geben hatt / vbirwindung /
der sund vnd des todts.   20

¶ Zü Zwelfften / Mustu die helle / vn̄ ewigkeit d' peyn / mit d'
vorsehung / nit yn dir / nit yn yhrselbs / nit yn denen / die vordāpt seyn
ansehen / auch nichts bekümern mit ßo vill menschen / yn d' gantzen welt /
die nit vorsehen seynd / dā sichstu dich nit fur / ßo wirt dich / diß bild
schwind sturtzen / vn̄ zu boden stoffen / drüb mustu hie gewalt vben / die 25
augenn fest zu haltenn / fur solchem blick / dan er gar nichts nutz ist / ob
du tausent iar / damit vmbgiengst / vn̄ vorterbet dich zu mall / du must
doch gott lassenn / gott seyn / das er wisse mehr von dir wan du selbs.
Drumb sich das hymelisch bild Christū an / der vmb deynen willē / gen
hell gefaren / vn̄ von gott ist vorlassen geweßen / alß enner der vordampt 30
sey ewiglich / da er sprach am Creutz / Eli eli lama asabthani. O meyn
gott o meyn gott / warüb hastu mich vorlassen Sich yn dem bild / ist
vbirwunden deyne helle / vn̄ deyn vngewiß vorsehung / gewiß gemacht / das
263 E ⁱ ßo du da mit alleyn dich bekümerst / vnt das glaubst fur dich geschehn /
ßo wirstu / yn dem selben glauben behalten gewißlich / Drüb las dirs nur 35
nit auß den augen nhemen / vn̄ suche dich nur in Christo / vnd nit yn dir
ßo wirstu dich ewiglich yhn yhm finden.
Alßo wā du Christū vn̄ all seyne heyligē ansihist / vn̄ dir woll gefellet /
die gnad gottis / der sie alßo erwelet hatt / vnd bleybst nur fest / yn deß
selben wolgefallen / ßo bistu schon auch erwelet / wie er sagt Gen: 12. 40

6 Ebenso tragen alle Heiligen auch auf sich deine S.   8 Ga. 6,2
9 Mt. 11, 28   15 gerechtickeit A   18 1. Ko. 15, 57   31 Mt. 27, 46
40 Gen. 12, 3

Alle die dich gebenedeyen / sollen gebenedeyet seyn. Hafftestu aber nit hir
auff alleyn / vnd sellest yn dich / so wirt dir eyn vnlust erwachen gegen
gott vnd seyne heyligen / vn̄ also yn dir nichts guts finden / Da hütt dich
fur / dan da wirt der böße geyst / dich hin treyben / mit vill listen.

5　　¶ Zum Dreytzehenden / Diße drey bild odder streyt / ist bedeut
Iudicii 7. Da Gedeon die Madianiten mit drey hundert mā / an drey
orten yn der nacht angriff / doch nit mehz thet / dan ließ dzometen blasen /
vn̄ lichtscherben zu sammen schlahen / das die seynd flohen vn̄ sich selbs
erwurgten. Also fleugt / tod / sund vnd hell mit allen yhzen crefften / so
10 wir nur Chzisti vnd seyner heyligen leuchtende bild yn vnß vben / yn der
nacht / das ist ym glauben / der ¹ die bößen bild nit sihet noch sehē mag / 691 W
darzu vnß mit gottis wozt als mit dzometen reytzen vnd stercken. Also
furet die selb figur Isaias 9. gar lieblich eyn / widder die selbenn drey
bild / vn̄ spricht von Chzisto / Die last seyner burden / die ruthe seynes
15 rucken / das scepter seynes treybers / hastu vbirwunden gleych wie zu den
zeyten d' Madianiten / die Gedeon vbirwād. Alß sprech er / deyns volcks
sund (das do ist eyn schwere last seyner burden yn seynnem gewissen) vnd
den tod (der do ist eyn ruthe odder straff der do dzuckt seynen rucken) vnnd
die hell (die eyn scepter vnd gewalt ist des treybers / do mit ¹ gefodert wirt 264 E
20 ewiges betzalen fur die sund.) Hastu alß vbirwunden / wie es dan geschehen ist zu den zeyten Madian / das ist durch den glauben̄ / da durch
Gedeon an all schwert schlag / die seynd vozgagt. Wen hatt er das
than?

Am Creutz / dan doselb / hatt er vnß / sich selbs bereyt eyn dreyfeltig bild
25 vnßerm glauben fuzuhalten / widder die drey bild da d' böße geyst vnd
vnßer natur / vnß mit ansicht auß dem glauben zu reytzen. Er ist das
lebendig / vnd vnsterblich bild / widder den tod / den er erlitten / vnd doch
mit seyner offerstand von todtenn vbirwunden / yn seynem leben. Er ist
das bild der gnaden gottis / widder die sund / die er auff sich genömen /
30 vn̄ durch seynen vnubirwindlichē gehozsaz / vbirwūdē. Er ist dz hymelisch
bild / der vozlassen von gott / alß eyn vozdāpter / vnd durch seyn aller
mechtigist liebe die hell vbirwūdē / bezeugt dz er d' liebst sun sey / vn̄ vnß
allen dasselb zu eygen geben / so wir also glauben.

　　¶ Zū Viertzehenden / Zu vbirfluß / hatt er nit allein yn yhm selbs
35 die sund / todt / hell / vbirwüden / vnd vnß furgehalten zu glauben /
Sondern zu mehzrem trost / auch selbst / die anfechtüg erlitten vn̄ vbirwüden / die wir yn dißen bild habē. Er ist ebē so wol angefochtē mit
des todts / d' sund / d' hell bild / als wir. Des tods bild / hiltē sie yhm
fur / da die Iudē sagtē / Er steig nu herab voz Creutz / Er hatt ander
40 gesund macht / er helff yhm nu selbs / als sprechē sie / da / da / sihstu den

6 Ri. 7, 16 ff.　　8 Lampen in Tiegelform. Ri. 7, 16 „ledige
Krüge und Fackeln drinnen"　　13 Jes. 9, 4　　39 Mt. 27, 40. 42

todt / du muſt ſterbē / da hilfft nichts fur.　Gleych wie d' teuffel / eyne
ſterbēdē mēſchē / des tods bild er fur ruckt vn̄ mit ſchꝛecklichē bild die blod
natur ſchuttet.

　　Der ſund bild hiltē ſie ym fur.　Er hatt ander geſund macht / Iſt
er gottis ſun / ſo ſteyg er herab ꝛc. als ſprechen ſie / Seynn werck ſeyn 　5
falſch vnd lauter triegerey geweßen / Er iß des 'teufels ſun / vnnd nit gottis
ſun / er iſt ſeyn mit leib vnd mit ſeele.　Er hat nie kein guts than / dan
eytell bößheit.　Vnd gleych wie die Juden Chꝛiſto dieße dꝛey bild zu triben
vnoꝛdenlich vndernander / alßo wirt der menſch von den ſelben zu gleych
auff eyn mal vnoꝛdenlich beſtoꝛmet / dz er voꝛ irret werde / vn̄ nur bald 　10
voꝛzweyffell / wie der herr / die voꝛſtoꝛung ¹Jeruſalem beſchꝛeybt Luce 19.
Das yhꝛ ſeynd ſie vmbgeben mit eynem ſchutt / das ſie nit auß kunden
kumen (dz iſt der todt) / dz ſie / ſie an allen enden engſten vnd treyben /
das ſie nyrgen bleyben kunden / das ſeyn die ſund.　Zum dritten / das ſie
ſie nydder ſchlahen zur erdē / vn̄ laſſen keynen ſteyn auff dem ander / das 　15
iſt die hell vn̄ voꝛzweyfflüg.

　　Der hellen bild trieben ſie zu yhm / da ſie ſagten / Er voꝛtrawt
gott / laß ſehē ob ehr yhn erloße / er ſagt er ſey gottis ſun / alß ſpꝛechē
ſie / Er hoꝛt yn die hell / Got hat yhn nit voꝛſehē / er iſt ewig furwoꝛffen /
es hilfft hie keyn voꝛtrawen noch hoffen / es iſt vmb ſunſt alß.　　　　　20

　　Wie wyr nu ſehen das Chꝛiſtꝰ tzu allen den woꝛtē vn̄ grewlichen
bilden ſtill ſchweygt / nicht mit yhn ficht / thut alß hoꝛet odder ſehe er ſie
nicht / voꝛantwoꝛt keyns / vn̄ wan er ſchon antwoꝛtet hett / ſo het er nur
vꝛſach geben das ſie mehꝛ vn̄ grewlicher hettē geplerret vn̄ getrieben /
Sondern̄ alleyn auff den liebſtē willen ſeyns vatters acht hatt / ſo gantz 　25
vnd gar / das er ſeyns tods ſeyner ſund ſeyner hell / auff yhn getrieben
voꝛgiſt / vn̄ fur ſie bittet / fur yhren tod / ſund vn̄ hell.

　　Alßo ſoln̄ wyr die ſelben bild auch laſſen / her fallen vn̄ abfallen /
wie ſie wollen aber mugen / vn̄ nur gedecken das wyr an dez willen gottis
hangen / der iſt das wir in Chꝛiſto hafften / vn̄ feſtiglich gleubē / vnßer 　30
tod / ſund vn̄ hell / ſey vnß yn yhm vbirwūdē / vn̄ mug vns nit ſchadē /
Auff das alßo Chꝛiſtꝰ bild yn vnß alleyn ſey / vn̄ mit yhm diſputiren vn̄
handeln.

　　¹ ¶ Zum Funfftzehenden / Nu kümen wyr widder zu den heyligen
ſacramenten vn̄ yhꝛen tugenden / das wir lernen wo ſo ſie gut ſeyn vn̄ 　35
ſie zu bꝛauchē / Wilchem nu die gnade vn̄ zeyt voꝛlihen iſt / das er beycht /
abſoluirt / bericht vn̄ beolet wirt / der hatt wol groß vꝛſach Gott zu lieben /
loben vn̄ dancken / vn̄ frolich zu ſterben / So er anders ſich troſtlich voꝛ-
leſſet vn̄ glaubt auff die Sacrament / wie dꝛoben geſagt / dan̄ yn den
Sacramenten handelt / redt / wirckt durch den pꝛieſter / Deyn gott Chꝛiſtꝰ 　40
ſelbs mit dyr / vn̄ geſchehen da nit menſchen werck oder woꝛt / Da ge-

265 E

692 W

266 E

redt dyr gott selbs alle ding / die itzt vō Christo gesagt seyn / vn̄ will die
sacrament eyn wartzeichen vn̄ vrkūd seyn / Christ' lebē soll deynen tod /
seyn gehoꝛsaz soll deyn sund / seyn liebe / deyn helle auff sich genōmen vn̄
vbirwundē haben.   Darzu wirstu durch dieselbē sacrament eyngeleybet vn̄
5 voꝛeynigt mit allen heyligē vn̄ kumist yn die rechte gemeynschafft der
heyligen / also dz sie mit dyr in Christo sterbē / sunde tragē / hell vbir-
windē.   Darauß folget / dz die sacramēt / dz ist die eußerliche woꝛt gottis
durch eynen pꝛiester gespꝛochen / gar eyn großer tꝛost seynt / vnd gleich
eyn sichtlich zeichen gotlicher meynūg / daran man sich halten soll mit eynē
10 festen glauben / als an eynē ¹ guten stab / damit Jacob der patriarch durch 693 W
den Joꝛdan gingk / oder als eyn latern / darnach man sich richten / vn̄ eyn
aug auff haben soll mit alle vleyß durch den finsterū weg des tods / sund
vn̄ hell / wie der pꝛophet sagt / Deyn woꝛt herr / ist eyn licht meyner
fuß / vnd S. Peter Wir habē eyn gewißes woꝛt gottis / vnd yhr thut
15 wol dran / ßo yr seyn warnehmet.   Es mag sunst nichts helffen yn tods
notē / dan mit dem zeichen werdē all erhalten / die erhaltē werden.   Es
weyset auff Christū vn̄ sein bild / dz du magst widder des tods ¹ sund vn̄ 267 E
hell bild sagen.   Got hat myr zugesagt / vn̄ eyn gewiß zeichen seyner
gnaden yn den sacramentē geben / das Christus leben meynē tod yn seynē
20 tod vbirwūden hab / seyn gehoꝛsaz / meyne sund yn seynē leyden voꝛtilget /
seyn lieb meyn hell ynn seynem voꝛlassen zustoꝛt habe / das zeichen / das
zusagen meyner selickeit wirt myr nit liegen noch triegen / Gott hat es
gesagt / gott mag nit ligen / noch mit woꝛtē noch mit werckē / vnd wer
also pocht / vnd sich auff die sacrament stonet / des erwelūg vn̄ voꝛsehung /
25 wirt sich selb an seyn soꝛg vn̄ muhe woll finden.

    ¶ Zii Sechtzehēde. Hie ligt nu die aller gꝛoßistē macht an / das
man die heyligen sacramēt / yn wilchen eytel gottis woꝛt / zusagē / zeichen
geschehen / hoch achte / yn ehꝛen halt / sich drauff voꝛlasse / das ist das
man widder an den sacramentē noch an denn dingen / der sie seynd gewisse
30 zeichenn / zweiffel / dan wo daran gezweyffelt / ßo ist es alls voꝛloꝛen / Dan̄
wie wyr glaubē / so wirt vnß geschehē / alß Christ' sagt / Was hulffs das
du dyr voꝛbildest vn̄ gleubest / der tod / die sund / die hell der andernn̄
sey ī Christo vbirwūdē / Wā du nit auch glaubst / das deyn tod deyn sund /
deyn hell / dyr da vbirwūdē vn̄ vertilget sey / vn̄ also erloßet seyest / So
35 were dz sacramēt gar vmbsunst / die weyl du nit gleubst die ding / die dir
daselb / anzeygt / gebē / vn̄ voꝛspꝛochē werdē.   Das ist aber die gꝛawsamst
sund / die geschehen mag durch wilch / got selber / yn seynē woꝛt / zeychen
vn̄ werck / als ein lugner geachtet wirt / alls der ettwas redt / zeyge /
zusage / das er nicht meyne / noch halte wolle.   Derhalben ist nit schimpfen
40 mit den sacramenten / Es muß d' glaub da seyn / der sich drauff voꝛlasse /

---

10 Gen. 32, 10   13 Ps. 119, 105   14 2. Pt. I, 19   21 in
seiner verlassenheit   24 sacrament A   stützt   31 Mt. 21, 21 '   39 nicht
zu scherzen

vnd frölich wage yn solch gottis zeychen vnnd zusagen. Was were dz fur
eyn seligmacher odder gott / d' vnß nit mocht odder wolt vom tod / sund /
268 E   hell selig ma¹chenn. Es muß groß seyn / was der rechte gott zusagt vnd
wirckt.

Szo kumpt dan der teuffell vnd blyssett dir eyn / ia wie wan ich dan die 5
sacrament / hett vnwirdig empfangen / vñ mich durch meyn vnwirdickeit
solcher gnadē beraubt. Hie mach dz Creutz fur dich / laß dich / wirdickeit
694 W ¹ vnwirdickeit nichts anfechten / schaw nur zu / dz du glaubst es seyn gewisse
zeychē / ware wort gottis / ßo bistu oft bleybst wol wirdigk / glaub macht
wirdig zweyffell macht vnwirdigk. Darüb will der böße geyst dir an= 10
der wirdickeit vnd vnwirdickeit furwenden / dz er dir eynen zweyffell / vnnd
da durch / die sacrament / mit yren wercken zu nichte / vnd gott yn seynen
worten / eynen lügner mache.

Gott gibt dir vmb deyner wirdickeit willen nichts / Er bawet auch seyn
wort / vnd sacrament / auff deyne wirdickeit nicht / sundern auß lauter 15
gnadē / bawet er dich vnwirdigen auff seyn wort vnd zeychen / daran halt
nur fest vnd sprich / Der mir seyn zeychen vnd wort gibt oft geben hatt /
das Christ° / leben / gnad / oft hymel / meynē tod / sund / hell mir vn=
schedlich gemacht hab / der ist gott / wirt mir die ding woll halten / hatt
mich der priester absoluirt / ßo vorlaß ich mich drauff / als auff gottis wort 20
selber. Seynd es dan gottis wort / ßo wirt es war seyn / da bleyb ich
auff / da stirb ich auff / Dā du solt eben ßo fest trawen / auff des priesters
absolution / als wan dir gott eynen bsondern engel odder Apostell sendet /
Ja als ob dich Christ° selbs absoluiret.

¶ Zü Sibentzehenden / Sich eyn solch vorteyll hatt / der die sacra= 25
ment erlangt / das er eyn zeychen gottis erlangt oft zusag / daran er seynen
glauben vben oft stercken mag / er sey yn Christ° bild vnd guter berufft /
An wilche zeychen / die andern alleyn ym glauben arbeyten / vnd sie mit
dem begirde des hertzen erlangen / wie woll sie auch erhalten werden / ßo
269 E sie yn dem selben glauben besteen. ¹ Alßo soltu auch sagen vbir dz sacra= 30
ment des Altars. Hat mir der priester geben den heyligen leychnam
Christi / das eyn zeychen vnd zusagen ist / der gemeynschafft aller Engel oft
heyligen / das sie mich lieb habē / fur mich sorgen / bitten / oft mit mir
leyden / sterben / sund tragen / vnd hell vbirwūden. Szo wirt es oft
muß alßo seyn / das gottlich zeychen treugt mich nit / oft las mirs nit 35
nhemen / ich wolt ehe alle welt / mich selb vorleugnen / ehe ich dran
zweyffelt / Meyn gott / der sey mir gewiß / vnd warhafftig / yn dissem
seynez zeychen vnd zusagen / Ich sey seyn wirdig odder nit / ßo byn ich ein
glid der Christenheit nach laut vnd anzeygung / dißes sacraments. Es ist

---

5 bläset.   7 Ueber die apotropäische kraft des Kreuzzeichens vgl.
Ad. Franz, Die kirchlichen Benediktionen im Mittelalter II, Freiburg
i. Br., s. 50 f.

beſſer ich ſey vnwirdig / dan das gott / nit warhafftig gehalten werde / heb
dich teuffell / ſo du mir anders ſagſt.

Nu ſihe / man findt vill leut / die geren wolten gewiß ſeyn / oder
eyn zeychen haben vom hymell / wie ſie mit gott dran weren / vñ yhr vor=
5 ſehüg wiſſen / vnd wan ſchon eyn ſolch zeychen ſie vbirkemen / vnd ſie doch
nit glaubten / was hulff ſie es? was hülffen alle zeychen / an glauben?
was holffen die Juden / Chriſtus vnd der Apoſtell zeychen? was helffen
noch heut / die hochwirdigen zeychen der ſacrament vnd wort gottis?
Warüb halten ſie ſich [1] nit an die ſacrament / wilchs gewiſſe vñ eingeſetzte 695 W
10 zeychen ſein. durch alle hertligen / probirt vnd vorſucht / gewiß erfunden /
allē denen / die do glaubt habē / vñ vbirkümen / als waß ſie zeichent
Alſo ſolten wir die ſacrament lernen erkennen / was ſie ſeyn / wo zu ſie
dienen / wie man yhr prauchen ſoll. Sʒo finden wir dʒ nit großer dingʒ
auff erden ſey / das betrübte hertzen vnd böß gewiſſen / lieblicher troſten
15 mag / dan yn ſacramentē ſeyn wort gottis die dienen dazu / das ſie vnß
Chriſtu zeygen vnd zuſagen / mit allem ſeynem gutt / das er ſelbs iſt /
[1] widder dē tod / ſund / helle / Nu iſt nit lieblicher / begirlich dingʒ zu hörē / 270 E
dā den tod / ſund / hell zu vortilgen / das geſchicht durch Chriſtu yn vnß /
ſo wir des ſacraments recht prauchen / Der prauch iſt nit anders / dā
20 glauben / es ſey alſo / wie die ſacrament durch gottis wort / zuſagen vnd
vorpflichten / Drumb iſt nott / das man nit alleyn die drey bild in Chriſto
anſehe / vnd die gegem bild damit außtreyb vñ fallen laſſe / ſonderū das
man eyn gewiß zeichen hab / das vnß vorſichere / es ſey alſo vnß geben /
das ſeyn die Sacrament.

25   ¶ Zum Achtzehenden / Soll keyn Chriſten mēſch an ſeynē end
zweyfellñ / er ſey nit alleyne yn ſeynez ſterben / ſonderū gewiß ſeyn / dʒ
noch antzeigüg des ſacraments / auff yhn gar viel augen ſehen / Zum erſten
gottis ſelber vnd Chriſti / darumb das er ſeynem wort gleubt vñ ſeynē
ſacrament anhangt / darnach die lieben engel / die heyligen vñ alle Chriſtē /
30 dañ da iſt keyn zweyffell / wie das ſacrament des altaris weyßet / das die
alle ſampt alß eyn gantz corper zu ſeynē glidmas / zu lauffen / helffen yhm
den tod / die ſund / die hell vbirwinden vnd / tragen alle mit yhm / da geht
das werck der liebe / vñ gemeynſchafft der heyligen ym ernſt vñ gewaltig=
lich / vnd eyn Chriſten menſch ſoll ym auch furbilden / vnd keynen zweyffell
35 drob haben / darauß er dan keck wirt zu ſterben / dann wer dran zweiffelt /
der glaubt aber nicht an das hochwirdig ſacrament deß leychnãs Chriſti /
In wilchem gezeygt / zugeſagt / vorpflicht wirt gemeynſchafft / hulff / lieb /
troſt / vñ beyſtand aller heyligē yn allē noten.   Dañ ſo du gleubſt yn
die zeichē vñ wort gottis / ſo hat got eyn auge auff dich / wie er ſagt
40 p̄s 31. Firmabo ꝛc. Ich will meyn augen ſtet auff dich haben / das du
nit vntergeheſt / So aber got auff dich ſicht / ſo ſehen ym nach alle engele /

25 Zum folg. vgl. das schlussbild der Ars moriendi (Zwickauer
Facsimiledrucke no. 3, 1910, einleitung s. IV)   40 Ps. 32, 8

271 E alle heyligen / alle creaturen / vnd ſo du yn deß glauben bleybſt / hal'ten
ſie alle die hend vnter. Gehet deyn ſeel auß / ſo ſeyn ſie da vnd empfahen
ſie / du magſt nit vntergehen / das iſt bezeugt yn Heliſeo iiij. Reg. vi.
Der zu ſeynez knecht ſprach / furcht dich nit / yhr iſt mehr mit vns / dā
mit yhnen / ſo doch die ſeynd ſie vmbringt hetten / vñ niemāt anders   5
ſahen / Aber gott thet dem knecht die augen auff / do war vmb ſie eyn
groſſer hauff feuriger pfert vñ wagen / Alſo iſt auch gewiß vmb eyn
696 W igliche̅ der ¹ gott gleubt / Da gehen dan die ſpruch her ps̅. 88. Der engell
gottis wirt ſich eynlaſſen rings vmb die do gott furchten / vñ wirt ſie
erloſſen. 122. Wilche gott vortrawen / die werdē vnbeweglich ſeyn / wie 10
d' berg Zion. Er wirt ewiglich bleyben. Hohe berge (das ſeyn engele)
ſeyn yn ſeynem vmbzing / vnd gott ſelber vmbzinget ſeyn volck / von hyn
byß hyn ewickeit ps̅. 90. Er hat ſeynen Engelen dich befolen / Auff den
hende̅ ſollen ſie dich tragen / vñ dich bewaren wo du hyn geheſt / das du
nit ſtoſſeſt deynen fuß an yrgend eynen ſteyn / Auff der ſchlangen vñ 15
Baſiliſcū ſoltu gehen / vñ auff den lawen vñ drache̅ ſoltu treten (das iſt
alle ſtercke vñ liſt deß teuffels werden dyr nichts thun) dan er hat yn mich
vortrawet / Ich wil yhn erloſſen / ich wil bey ym ſeyn yn allen ſeynen
anfechtũgen / ich will yhm auß helffen vñ zu ehzen ſetzen / Ich will
yhn ſoll machen mit ewickeit. Ich will yhm offenbaren meyne ewigen gnade. 20
Alſo ſpricht auch der Apoſtel / das die Engell / der vnzehlich vill ſeyn / alzu
mall dinſtpar ſeyn vnd auß geſchickt vmb der willen / die do ſelig werdeñ.

272 E   ¹ Ditz ſeyn alls groſſe dinck / wer mags gleuben? darumb ſoll man
wiſſen das gottis werck ſeyn / die groſſer ſeyn dan iemand dencken mag /
vñ ſie doch wircket ynn ſolchem cleynen zeichen der Sacrament / das er 25
vnß lere wie groß dinck ſey eyn rechter glaub zu Gott.

¶ Zum Neuntzehenden / Soll aber niemant ſich vormeſſen ſolch dingk
auß ſeynen crefften zu vben / ſondern gott demutiglich bitten / das er ſolchen
glauben vnd vorſtant ſeyner heyligen ſacrament / yn vnß ſchaff vñ erhalt /
auff das alſo / mit furcht vnd demut zu gehe / vnd wir nit vnß ſolch 3c
werck zu ſchzeyben / ſondern gott die eere laſſen / Darzu ſoll er / alle
heyligen Engell / bſonder ſeynen Engell / die Mutter gottis / Alle Apoſteln
vnnd lieben heyligen anruffen / ſonderlich da yhm gott / bſondere andacht
zu geben hatt. Soll aber alſo bitten / das er nit zweyffel dz bett werd
erhozet / Da hatt er zwo vzſach zu / Die erſte / das er itzt gehozt auß der 35
ſchzyfft / wie gott yhnen befolen hat / vnd wie das ſacrament gibt / das
ſie lieben vnd helffen müſſen / allen die do glauben / Das ſoll man yhn
furhalten vnd auffrucken / nit das ſie es nit wiſſen odder ſonſt nit theten /
ſondern das d' glaub vnd zuuozſicht zu yhnen vnd durch ſie zu gott deſte
ſtercker vñ frölicher werd / dem todt vnteraugen zu gehen / Die ander / das 40

---

3 2. Kg. 6, 16 f.   8 Ps. 34, 8   10 Ps. 125, 1   12 umkreis
13 Ps. 91, 11 f.   22 Hbr. 1, 14   32 seinen schutzengel   33 sonderlich diejenigen heiligen, zu denen ihm Gott besondere andacht gegeben hat

gott gepoten hatt / Wan wir betenn wollen / das wir yhe fest ¹ glauben / 697 W
es geschehe was wir bitten / vnnd sey eyn warhafftig Amen / Dasselb
gepott muß man gott auch auffrucken vnnd sagen. Meyn gott du hast
gepoten zu bitten / vnnd zu glauben die bitt werd erhört / drauff / bitt ich
5 vnd vorlas mich / du werdest mich nit lassen vnd eynen rechten glauben
geben.

　　　Darzu solt man / ¹ das gantz leben lang bitten gott vnd seyne heyligen / 273 E
vmb die letzten stund / fur eynen rechten glauben / wie dan gar seyn ge-
sungen wirt am pfingstag. Nu bitten wir den heyligē geyst / vmb den
10 rechtē glaubē aller meyst / wen wir heim farē / auß dissez elende ꝛc. Vnd
wā die stūd kömen ist zusterbē / soll man gott desselben gepeets ermanē /
neben seyneᵶ gepot vñ zusageñ / an allen zweyffell es sey erhoꝛet / dañ ßo
er gepoten hat zu bitten / vñ zu trawen ym gebet / darzu gnad geben zu
bitten / Was solt man zweiffelñ / er habs dꝛüb alls than / das er es er-
15 hoꝛen vñ erfullen will.

¶ Zum Zwentzigsten.

　　　¶ Nu sich was soll dyr deyn gott mehꝛ thun / das du den todt willig
an nemst. nicht furchtest vñ vbirwindest / Er weiß vñ gibt dyr in Chꝛisto /
des lebēs / dʼ gnade / der selickeit bild / das du fur des tods / dʼ sund /
20 dʼ hell bild nit dich entsetzist. Er legt dar zu. deynen tod / deyne sund /
deyn hell auff seynen liebsten sun / vñ vbirwindt sie dyr / macht sie dyr
vnschedlich / Er lest darzu deyne anfechtung des tods / der sund / der helle
auch vbir seynen sun gehen / vñ dich darinne zu halten leret / vñ sie vnschedlich / darzu treglich macht. Er gibt dyr des alles ein gewiß wartzeichē /
25 das du yhe nit dꝛan zweiffelest / nemlich die heyligen sacrament / Er be-
felht seynen Engeln / allen heyligeñ / allen creaturē / das sie mit yhm auff
dich sehen / deyner seel warnemen vñ sie entpfahen. Er gepeut du solt
solchs von yhm bitten / vnd der erhoꝛung gewiß seyn. Was kan oder
soll er mehꝛ thun / Dꝛumb sihstu das er eyn warer gott ist / vñ rechte
30 grosse gottliche werck mit dyr wirckt / Warüb solt dyr nicht etwas groß
aufflegeñ (als das sterben ist) wan er ßo groß voꝛteyl hilff vñ sterck darzu
thut / auff das er voꝛsuche / was seyne gnade voꝛmag. wie geschꝛieben steet
p̄s 110. Die werck gottis ¹ seyn groß vnd außerwelet nach allem seynen 274 E
wolgefalleñ. ¶ Derhalben muß man zu sehen / das man yhe mit
35 grossen freubend es hertzen danck / seynem gotlichē willen / das er mit vnß
widder den tod / sund vñ hell / ßo wūderlich / reichlich vñ vnmeßlich gnad
vñ barmhertzickeyt vbet / vñ nit ßo sere fur dem tod furchtē / allein sein
gnad pꝛeysseñ vñ liebē / dañ die liebe vñ das lob / das sterben gar sere
leichteret / wie er sagt durch Isaiam. Ich wil zeumen deynen mund mit
40 meynē lob / das du nit vntergehest / des helff vnß Gott. ꝛc.　　　Amen.

Ein Sermon von dem Sakrament der Busse. 1519.

Die drei folgenden sermone sind durch die sie eröffnende vorrede an die herzoginwitwe Margarete von Braunschweig-Lüneburg (E. 2, 218⁹), durch die verweisungen und durch die äusserung Luthers in einem briefe an Spalatin vom 18. dezember 1519, über andere sakramente — als eben 5 busse, taufe und abendmahl — dürfe weder Spalatin noch sonst jemand einen sermon von ihm erhoffen oder erwarten, da er sie nicht als sakramente gelten lassen könne (WABr1,594,19 ff.) — zu einer einheit zusammengefasst. Der urdruck des mittleren (W. A. 2, 724 A) ist laut impressum am 9. november erschienen, der von der busse wohl kurz vorher (in dem 10 briefe Luthers an Spalatin zwischen 1. und 7. nov. ist das erscheinen dieses ersten sermons mit der vorrede vorausgesetzt, vgl. WABr1, 539,23ff.),der von dem sakrament des leichnams Christi war am 29. nov. noch unter der presse (WABr1,563,7). Eine der Grunenbergschen druckausgaben (W. A. 2, 739 A—C) mit den zwei gothischen Monstranzen 15 auf dem titel und der titelrückseite (v. Dommer, Lutherdrucke auf der Hamburger Stadtbibliothek, s. 217, no. 10) gelangte am 24. dez. in die hände herzog Georgs von Sachsen, der am 27. sehr erregt darüber an kurfürst Friedrich und an die bischöfe von Meissen und Merseburg (an letzteren nochmals am 13. jan. 1520) schrieb (Gess, Akten und 20 Briefe zur Kirchenpolitik Herzog Georgs von Sachsen, Leipzig 1905, s. 110 ff.); in dem letzterwähnten schreiben sprach der herzog sein befremden darüber aus, dass seine theologen ihn nicht auf den ketzerischen sermon aufmerksam gemacht hätten, er zweifle nicht, „das angezeigter tractat eher gegen Leipzig, dann er uns zu handen komen" (Gess s. 115 25 z. 33 f.); bischof Adolf von Merseburg antwortete aber unterm 20. jan. dem Herzog, dass er den sermon „der gestalt zuvorn nicht gesehen" (Gess s. 116 z. 24). So wird denn der sermon kaum vor mitte dezember 1519 herausgekommen sein.

Wir drucken zunächst den sermon von dem sakrament der busse 30 nach dem Grunenbergschen urdruck W. A. 2, 710 A ab. Ein exemplar dieser ausgabe mit einer widmung von L.s hand an Markus Schart (s. oben s. 161 z. 18 ff.) in Wolfenbüttel.

20, 179 E:
16, 35 E:
2, 713 W

Der Durleuchten vnd Hoch-

gepoꝛnen Furſtinnen vnd Frawen / frawen Margarethē gepoꝛne von 35 Rechberge / Hertzogin zu Bꝛunſwigk vnd Luneburgk / meyner gnedigen Frawen.

Enpiete ich Martinus Luther Auguſtiner / zu Wittenbergk / noch allem meynenn guten in gott voꝛmugenn gottis gnad vnd frid in Chꝛiſto vnſern herrn. 40

¶ Es haben bey mir / Hochgepoꝛne furſtinn gnebige fraw / ettlich
180 E: meyner guten frund vetter vñ her'rn / geſonne / ettwas geyſtlichs vñ Chꝛiſten-

---

34 W. A. korr.: Durchleuchten　　39 W. A. korr.: vnſerm　　42 bes. Otto Beckmann (WABr1,539,24f.; über ihn vgl. Nik. Müller, Die Wittenberger Bewegung, s. 224 ff.)

lichs / E. F. G. zu zuschreyben / damit E. F. G. gnedigen willen vnd gefallen / ßo sie gegen mir vnwirdigen tregt / danckparlich zu erkennen / vñ
vnterthenige meyne dienst erzeygen. Dahin mich auch vill mals / meyn
eygen vorpflicht gewissenn / getriebenn / Doch schwer dazu geweßen / das
5 ich bey mir nit ßouill erfunden / da mit ich solcher begird / vnnd pflicht
muge gnug seyn / sonderlich / die weil ichs gewißlich dafur acht dz vnßer
aller meyster Christ° / bey E. F. G. mir gar lang vnd weyt zu vor kommen
sey. Hab zu letzt mich bewegē lassen E. F. G. andacht zu der heyligen
schrifft / die mir hochlich gepreyßet ist / ettlich sermō vnter E. F. G. namē
10 auß zulassen von den heiligen hochwirdigen vnd trostlichen sacrament / der
Puß / der Tauff / des heiligen leychnams / angesehē / das ßouil betrubt vñ
brengstet gewissen erfunden / vnd ich bey mir selb erfaren / die der heiligen /
vnd voller gnaden sacrament / nit erkennen / noch zu prauchen wissen / sich
leyder / mit jhren wercken / mehr vormessen zu stillen / dan durch die
15 heiligen sacrament / yn gottis gnaden / frid suchen / ßo gar seyn durch
menschen lere / die heiligen sacrament / vnß bedeckt vnd entzogen. Bitt
E. F. G. wolt solch meyn geringen dienst / yn gnaden erkennen / vnd meyn
vor messenheit / mir nit vorargen. Dan E. F. G. zu dienen byn ich allzeyt
vntherthheniglich bereyt. Die gott yhm laß hie vñ dort befolen seyn.
20 AMEN.

Eyn Sermon von dem Sa-
crament der Puß Doctoris Martini
L. A. W.

¶ Ezum ersten. Seynd zwo vorgebung yn dez Sacrament der puß.
25 Vorgebung der peyn / vnd vorgebung der schuld. Von der ersten vorgebung
der peyn obber gnugthuung / ist gnug gesagt / yn dem Sermon / von dem
Ablaß / lengist außgangen. An welcher nit ßo vill gelegen / vnd vnmeßlich geringer ist / dan vorgebūg der schuld / die man mocht heyßen / gottlichen adder hymelischen ablaß / den niemant dan gott alleyn von hymell
30 geben kan.

¶ Ezum andern. Ist vnter beyden vorgebung diß vnterscheyd / das
ablaß adder vorgebung der peyn / ablegt auffgesatzte werck / vnd muhe der
gnugthuung / vñ vorsunet den menschen / mit der Christenlichen kirchen
eußerlich. Aber vorgebung der schuld adder hymlischer ablaß legt ab / die
35 forcht / vñ blodikeit des hertzen gegen gott / vñ macht leicht vñ frölich das
gewissen ynnerlich / vorsunet den menschen mit gott / vñ das heyst eygentlich vñ recht / die sund vorgeben / das den menschen / seyn sund nit mehr
beyssen noch vnruig machen / sundern eyn frölich zuuorsicht vberkummen
hatt / sie sein yhm von gott / ymer vnnd ewiglich vorgeben.

40 ¶ Ezum dritten / Wo d' mensch nit / yn sich selb bestndt vnd fulet /
eyn solch gewissen / vnd frölich hertz zu gottis gnaden / den hilfft keyn

---

26 s. oben s. 10 ff. 29 hymelische A

ablaß / ob er schon alle brieff vnd ablas lößet / die yhe geben seyn / dan
an ablas vnd ablas brieff mag man selig werden vnd die sund bezalen abd'
gnugthun / durch den todt.   Aber an frölich gewissen / vnd leichtes hertz /
zu gott (das ist an vorgebung der schuld.) mag niemant selig werden. Vnd
were vill besser / das mã keyn ablas lößet / dan dz man dißer vorgebung /   5
der schult vorgisset adder nit erstlich / teglich / am aller meysten vbet.

¶ Ezum vierden. Zu solcher vorgebung der schult / vnd das hertz
zustillen vor den sunden / seynd mancherley weg vnd weyß. Ettlich vor
meynen durch brieff vnd ablas / das außzurichten / lauffen hyn vnd her / zu
Rhom / zu s. Jacob / lößen ablaß hie vnd da / das ist alles vmbsunst /   10
vñ eyn yrthüb / Es wirt da durch vill erger / dã gott muß selber die sund
vorgeben / vnd dem | hertzen frid geben.

Ettlich muhen sich mit villen gutten werckē / auch zuuil fasten vnd arbeyten /
das ettlich yhre leyb drob zu brōchen vnd dolltöpff gemacht haben / das sie
vormeynt alßo mit gewalt der werck / yhr sund abzulegen / vnd ruge dem   15
hertzen zu machen / Dißen beyden gepricht / dz sie vor wollen gute werck
thun / ehe die sund vorgeben sein / So doch widderumb / vor die sund
vorgeben seyn mussen / ehr gutte werck geschen / vnd nit die werck außtreyben die sund / sondern die auß treybung der sund / thut gute werck / dan
gute werck / mußen geschehn mit frölichem hertzen / vnd gutez gewissen zu   20
gott / das ist / yn der vorgebung der schuldt.

¶ Ezū funfften. Der rechte weg vñ die richtige weyße / an welche
kein ander zurfinden / ist das hoch|wirdig gnadenreich heylig sacrament der
puß / welchs gott / zu trost allenn sundernn geben hatt / do er sanct Peter /
an stat / der gantzen Christenlichē kirchē die schlüffel gab / vñ sprach Matt: 25
16. Was du wirst binden auff erden / soll gepundē seyn ym hymell / vnnd
was du wirst lößen auff erden / sol loß seyn ym hymell. Dize heylige
trostliche gnadenreiche wort gottis / muß men yglich Christen mensch tieff
behertzigenn / vnnd mit grossem danck / yn sich bilden / dan hirynne ligt /
das sacrament der puß / vorgebung der sund / trost / vnnd frid des gewissens /   30
alle freud vñ seligkeit des hertzen / widder alle sund / widder alle erschreckung
des gewissens / wider vor zweyfflung vñ anfechtung der pforten der hellen.

¶ Ezum sechsten. Nu seynd / drey dingk / yn dez heyligē Sacrament der puß / das erst / ist die Absolutio / dz seyn wort des priesters /
die zeygen an / sagē vñ vorkunden dir / du seyst loß / vnd deyn sund seyn   35
vor gott vorgeben / nach laut vnd trafft der obgesagten worten Christi zu
s. Petro Das ander / ist die gnad / vorgebung der sund / der frid vñ trost
des gewissen / wie dan die wort lauten / Darumb heyst es / eyn sacrament /
eyn heylig zeychen / das man die wort hōret eußerlich / die do bedeuten /
die geistlichen guter ynnewendigk / dauon das hertz getrostet wirt vñ be-   40

10 St. Jago di Compostella (Goedeke, Pamphilus Gengenbach,
Hannover 1856, s. 631 ff., Kolde, Martin Luther 1, 11; u. ö.)   25 Mt.
16, 19

fridet. ¹Das dritte / ist der glaube / der do festiglich darfür helt / dz die 38 E²
Absolutio vñ wort des priesters / seyn war / yn d' krafft der wort Christi /
was du lösest soll loß seyn ⁊c. Vnd an dem glauben ligt es als miteynander / der allein macht / dz die sacramēt wircken / wz sie bedeuten / vñ
5 alles war wirt was der priester sagt / dan wie du glawbst / ßo geschicht
dir. An welchen glauben / alle absolution / alle sacrament vmbsonst seyn /
ia mehr schaden dan frummen. Alßo ist eyn gemeyn spruch lvnter den
lerern. Nit das sacrament / sonder d' glaub / der dz sacrament glaubt /
ablegt die sund. Alßo sagt s. Augustin. Das sacrament / nympt die sund
10 nit darumb / das es geschicht / sondern darumb / das man yhm glaubt.
¹Der halben ist mit allem vleyß / des glaubē wartzu nhemen yn dem sacra- 183 E¹
ment / vnd wollen yhn weyter auß streichen.

¹ ¶ Ezum siebenden / Darauß folget zum ersten / das die vorgebung 716 W
der schult / vnd das hymlisch ablas / wirt niemant geben / vmb der wirbig-
15 keit willen / seyner rew fur die sund / noch vmb der werck willen der
gnugthuung / ßondern alleyn / vmb des glaubens willen / yn die vorsprechüg
gottis / wz du lösest soll loß seyn ⁊c. Wie woll die rew vñ gute werck /
nit nach zulassen seyn / ist doch auff sie / keynerweyß zubawenn / ßondernn
alleinn / auff die gewisse wort Christi / der dir zusagt / wan dich der priester
20 lößet / soltu loß seyn / dein rew vñ werck mugenn dich triegenn / vnd der
teuffell wirt sie gar bald vmbstoffen / ym todt / vñ yn der anfechtung.
Aber Christus deyn gott / wirt dir nit liegen noch wancken / vnd d' teuffell
wirt yhm seyne wort / nit vmbstoffen / vnd bawst du darauff / mit eynem
festen glauben / ßo stehst du auff dem felß / da widd' / die pforten vnd alle
25 gewalt der hellen nit mugen besteen.

¶ Ezum achten. Folget weyter / das die vorgebung d' schult / auch
nit steht / widder / yn Bapsts / bischoffs / priesters / noch yrgend eyns
menschen ampt abder gewalt auff erden / sondern alleyn / auff dem wort
Christi vnd deynem eygen glauben / dan er hatt / nit wollen vnßern trost /
30 vnßere seligkeit / vnßer zuvorsicht auff menschen wort abb' that / bawen /
sondern allein auff sich selb auff seyne ¹ wort vnd that / Die priester / bischoff / 39 E²
bepst / seynd nur diener / die dir das wort Christi fur halten / darauff du
dich wagen vnd setzen solt mit festem glauben / als auff eynem festenn
felß / ßo wirt dich das wort behalten / vnnd mussen deyn sund alßo vor-
35 geben werden. Darumb auch nit die wort vmb d' priester / bischoff / kapst
willen / sondern die priester bischoff / bapst / vmb des wortis willen zu eeren
seynd / als die deyns gottis / wort vñ botschafft byr bringen / du seyest loß
von sunden.

9 In Ioannis evangelium tract. 80, 3 (MSL. 35, 1840): 'Unde ista
tanta virtus aquae, ut corpus tangat et cor abluat, nisi faciente verbo?
non quia dicitur, sed quia creditur' vgl. oben s. 105 z. 18   12 den
wollen yhn A. Wir haben die korr. von B (gleichfalls Grunenberg 1519)
aufgenommen. Besser vielleicht zu korr.: den wollen wir

¶ Zum Neunden folget mehr / das ynn dem sacramēt der puß / vnd
184 E¹ vozgebung der schult / ¹ nichts mehr thut eyn Bapst / Bischoff / danñ der
geringiste priester / ia wo eyn priester nit ist / eben souil thut / eyn iglich
Christen mensch ob es schon eyn weyb oder kind were / dañ wilch Christen
mensch zu dyr sagen kan / dyr vozgibt gott beyñe sund / yn dem namē ꝛc. 5
vnd du das wozt kanst fahen mit eyñe feste glauben / alß sprechs Got zu
dyr / ßo bistu gewiß yn dem selben glauben absoluirt / ßo gantz vñ gar ligt
alle dingk ym glauben auff gottis wozt / dañ der Bapst / Bischoff priester
mügen zu deynem glauben nichts thun / ßo mag auch keyner fur dem anderñ /
besser gottis wozt furen / dañ das gemeyne das er zu Petro sagt / Was 10
du loßest / das soll loß seyn / das wozt muß yn allen absolution seyn / ia
alle absolution hangen darynnen. Doch soll man die ozdenung der vbirkeit halten / vnd nit vozachten / allein das man nit yrre / ym sacrament
vnd seynem werck / als were es besser / ßo es ein bischoff / adder bapst
gebe / wan ßo es eyn priester abb' leye gebe / dan wie des priesters meß / 15
717 W vñ tauff / vnd reychung / des heiligen leichnams Christi / eben ßo ¹ vil gilt /
ab es d' bapst adder bischoff selbs theten / also auch die absolution / das
ist / das sacrament der puß / Das sie aber yhn furbehaltē ettlich caß' zu
absoluiren / macht nit yhr sacrament grosser adder besser / sondern ist gleych /
als wen sie yemant / die meß / die tauff / adder d' gleychen / auß vzsach 20
furbehilten / da mit der tauff vnd meß widder zu / noch abgeht.

40 E²   ¹ ¶ Ezũ zehenden. Drumb / ßo du glaubst des priesters wozt / wen
er dich absoluirt (das ist das er yn Christ' namen vnd yn seyner wozt crafft /
dich lößet / vñ spricht / ich löße dich von deynen sunden) ßo seyn die sund
auch gewiß loß voz gott / voz allen Engelen vnd allen creaturen nit vmb 25
deynen willen / nit vmb des priesters willen / sondern vmb des warhafftigen
wozts Christi willen / der dir nit liegen mag / do er spricht / Was du
löfest soll loß sein / Vnd ßo du nit glaubst / das war sey / dein sund voz-
geben vñ loß seyn / ßo bistu eyn heyde / vnchristen / vñ vnglaubig deynem
herrnn Christo / das die aller schwerest sund ist widder gott / Vnd bey 30
185 E¹ leyb / gang nit zum priester / ßo du seyner absolution nit glaubenn willt /
du vozwirckst deynen grossen schaden / mit deynenn vnglauben / Dan / mit
solchem vnglauben / machestu deynenn gott als eynen lugner / der dyr
durch seynen priester sagt / du bist loß / von sunden / vñ du sprichst / Ich
glaubs nit abb' zweyffel dran / gerad / als werest du gewisser yn deynez 35
dücken / dan gott / yn seynen wozte / ßo du doch solt alle gedunckē faren
lassen / vñ dez wozt gottis durch bē priester gesagt / stat geben mit vn-
uozrucktez glaubē. Dan was ists anders gesagt / wã du zweiffelst ob dein
absolutiõ got angeneme sey / vñ du loß seyest von sunden / dan als sprechstu /
Christus hatt nit war gesagt / vnd ich weyß nit ab yhm seyn eygen wozt 40

---

3 vgl. Gromer, Die Laienbeichte im Mittelalter, München 1909,
s. 81   32 W. A. korr.: deynem

angenehm ſeyn / da er zu Petro ſagt. Wz du löſeſt ſoll loß ſeyn. O gott
behutt alle menſchen / fur ſolchem teuffeliſchen vnglauben.

¶ Ezum elfften / Wan du abſoluirt biſt von ſunden / ia wan dich
vn deyner ſund gewiſſen eyn frum Chriſten menſch troſtet / mā / weyb
5 iung adder alt / ſo ſoltu dz mit ſolchem glauben annehmen / das du dich
ſolteſt laſſenn zu reyſſen / vill mal tobten / ia alle creature vorleugnen / ehe
du drann zweyffelteſt / es ſey alſo vor gott / dann iſt vnß doch / an das /
gepoten yn gottis gnaden zu glauben vnd hoffe dz / vnßer ſund ſein vnß
vorgebē / wie vil mehr ſoltu dan das glauben / wan er dir deſſelben eyn
10 zeychen gibt / durch eynen menſchen / Es iſt keyn groſſer ſund / dann dz
mā nit gleubt / den artickel / vorgebung d’ ſund / wie wir beten ym teg- 41 Eᵃ
lichen glauben / vnd diße ſund heiſt / die ſund yn den heiligen geyſt / die
alle andere ſund ſterckt / vnd vnvorgeblich macht / zu ewigen zeyten. Drumb
ſihe / wie eynen gnedigen gott vnd vatter wir haben / d’ vnß nit allein
15 ſund vorgebüg zuſagt / ſondern / auch gepeut bey d’ aller ſchwereſten ſund /
wir ſollen glauben / ſie ſeyn vorgeben / vnd vnß mit dem ſelben gepott /
dringt zum frölichen gewiſſen / vnd mit ſchrecklicher ſund / vnß von den
ſunden vnd bößen gewiſſen treibet.

¶ Ezum zwelfften / Sein ettlich / die vnß geleret haben man ſoll vſt 7·8 W
20 muß der abſolution vngewiß ſeyn / vſt zweyffeln ob wir zu gnaden auff ge- 186 E¹
nomen / vnd die ſund vorgeben ſeyn / darumb dz wir nit wiſſen / ob die
rew gnugſaz ſey / add’ fur die ſund gnug geſchehn Der vnwiſſenheit halben
auch der prieſter / nit muge gleych wirdige buß auff ſetzen. Hutt dich fur
diſſen vorfuriſchen vnchriſtlichen / pleudrern / Der prieſter muß vngewiß ſeyn /
25 ann deyner rew vnd glauben / da ligt auch nichts an. Es iſt yhm gnug /
das du beichteſt vnd eyn abſolution begereſt / die ſoll er dir geben / vnd
iſt dir ſie ſchuldig / Wa aber die geraten werde / ſoll er gott vñ deynen
glauben laſſen befolen ſeyn.

Du ſolt aber nit aller erſt diſputiren / ob dein rew gnugſaz ſey adder nit /
30 ſondern des gewiß ſeyn / das noch allem deynen vleyß / deyn rew vn-
gnugſam ſey / vnd darumb / zu gottis gnaden flihen / ſeyn gnugſaz gewiſſes
wort / ym ſacrament hören / mit freyem frölichen glaubē auffnhemen / vſt
gar nichts zweyffeln / du ſeyſt zu gnadenn kummen / nit durch deyne vor-
dienſte adder rew / ſondern durch ſeyn gnedige gottliche barmhertzikeit / die
35 dir lauter vmſunſt / vorgebung der ſund / zu ſagt / anbeut vnd erfullet /
auff das du alſo / nit auff dich / noch deynn thun / ſondern auff deyns
lieben vatters ym hymell / gnaden vnd barmhertzikeit lerneſt / brachten vnd
pochen / widder alle anfechtung / der ſund / des gewiſſens / vnnd der teuffell.
Darnach hyn rew ſo vill mehr / vnnd thu gnug / wie du kanſt / laß nur

---

24 W. A. korr. wohl richtig (vgl. W. A. 6, 70, z. 32): pleuderern
27 W. A. korr.: deynem   37 dich brüſten   39 iſt vielleicht nach
Darnach „geh“ einzufügen

42 E² diſſen bloſſen glauben / ¹ der vnuozdienten voꝛgebung / ynn woꝛten Chꝛiſti
zugeſagt / voꝛgehen / vnnd haubtman ym felt bleyben.

¶ Ezum dꝛeytzehenden. Die aber nit fꝛid wollen haben ſie meynen
dan / ſie haben gnugſam rew vnd werck than / vbir das / das ſie Chꝛiſtū
lugen ſtraffen / vnd mit der ſund yn den heyligen geht vmgehen / dar zu / 5
das hochwirdig Sacrament der Puß vnwirdig handeln / ſo nemen ſie yꝛē
voꝛdienten lohn / nemlich das ſie auff den ſand bawenn / yhn ſelbſt mehꝛ
dan gott voꝛtrawen / darauß dan folgen muß / yhe gröſſer vnd gröſſer vnruge des gewiſſens / vnnd nach vnmüglichen dingen vmbſunſt arbeyten /
grund vñ troſt ſuchen / vnnd nymmer finden. Biß das end ſolcher voꝛ- 10
terung folget. Die voꝛzweyfflung vnnd ewiges voꝛdäpniß / Dā was ſuchen
287 E¹ ſie anders / dan dz ſie durch yhꝛ ¹ thun wollen gewiß werden / ſam ſie
wolten mit yren wercken / gottis woꝛt befeſtigen / durch welchs ſie ſolten
befeſtiget werden ym glauben / vnd heben an den hymell zu vnterſtutzen /
daran ſie ſich halten ſolten / das iſt / das man gott nit will laßen barm- 15
hertzick ſeyn / vnd nur / fur eynen richter habē / als ſolt er nichts vmbſunſt
voꝛgeben / es wer yhm dan voꝛhyn betzalet / Szo wir doch / ym gantzenn
Euāgelio nit eynen leßen / von dem er ettwas anders hett gefodert / dan
719 W den glauben / vnd all ſeyn wolthat / den vnwirdigen vmb ¹ſunſt vnd lauter
auß gnaden erzeygt / Darnach yhn befolen / wolzu leben vnd hyn zu gehn 20
in fꝛid ꝛc.

¶ Ezū viertzehenden. Laß gleych ſeyn / das eyn pꝛieſter yꝛre odder
gepunden ſey / odder leichtfertig ſey / yn ſeynem abſoluiren. Szo du nur /
eynfeltiglich die woꝛt empfaheſt vnd gleubiſt / ſo fern / du ſeyns yꝛthumbs /
odder band / nit wiſſeſt noch voꝛachteſt / dennocht biſtu abſoluiret / vnnd 25
haſt das ſacrament volliglich / Dan wie geſagt. Es ligt nicht / am pꝛieſter /
nicht an deynem thun / ſondern gantz / an deynem glauben / ſo vill du
gleubiſt / ſo vill du haſt. An welchem glauben / ſo es müglich were /
das du aller welt rewe hettiſt / ſo were es doch Judas rewe / die mehꝛ
got erzürnet dan voꝛſunet / Dan nichts voꝛſunet got baß / dan das mgn 30
43 E² yhm die ¹ eere gebe / er ſey warhafftig vñ gnedig / das thut niemant / dan
wer ſeynen woꝛten glaubt. Alſo lobet yhn Dauid. Herr du biſt gedultig /
barmhertzig vnnd warhafftig. Vnd dieſelb warheit / erlöſet vnß auch von
allen ſunden / ſo wir an ſie halten mit dez glauben.

¶ Ezum funfftzehenden / Folget / das die ſchlüſſell vñ gewallt Sanct 35
Peters / iſt nit eyn gewalt / ſundern eynn dinſt / vnd die ſchlüſſell nit ſ.
Peter / ſondern dyr vnd mir geben / deyn vnd meyn ſeyn die ſchlüſſell / dan
ſanct Peter / darff yhꝛ nit / yn dem als er eyn Bapſt odder Biſchoff /
Sie ſeyn yhm auch nit nott nach nütz / aber alle yhꝛ thugent iſt darrynne /
dz ſie dē ſündern helffen / yhꝛe gewiſſen troſten / vnd ſtercken. Alſo hatt 40

---

23 gepunden = daſs ihm ſeine ſünden nicht vergeben ſeien (vgl.
Mt. 16, 19. 18, 18 u. z. b. W. A. 30², 475, z. 25). Entſprechend z.
25 band zu erklären   28 W. A. korr.: welchen   32 Ps. 86, 15

Chꝛistus geoꝛdenet / das der kirchen gewalt / soll seyn eyn dinstparkeit /
das durch die schlussel / die geystlichen / gar nichts yhn selbs / sondern
alleyn vnß / da mit dienen ¹ sollen. Derhalben alßo mann sicht / thut der
pꝛiester nit mehꝛ / dan spꝛicht eyn woꝛt / ßo ist das sacrament schon da /
5 Vnnd das woꝛt ist gottis woꝛt / alß er sich voꝛspꝛochenn hatt. Auch hatt
der pꝛiester / gnugsam zeychenn vnnd vꝛsach / zu absoluirenn / wan er siht /
das man vonn yhm begeret der Absolution. Hocher ist er zu wissen nit
voꝛbundeñ. Das sag ich darumb / das mā die aller gnedigste tugent der
schlussell / lieb hab vnd eer wirdige / vnnd nit voꝛachte / vmb ettlicher
10 mißpꝛauch / die nit mehr / dan bannen / dꝛawen / vnd plagenn / lauter
tyranney machen / auß solcher lieblicher tꝛostlicher gewaltt / alß het Chꝛistꝰ
nur yhꝛen willen vnd hirschafft / mit den schlussel eyngesetzt gar nichts nit
wissenn / wa zu mann yhꝛ pꝛauchen soll.

¶ Ezum sechtzehenden. Das nit abermall / yemandt myr schuld gebe /
15 ich voꝛbiete / gute werck / SSo sage ich / mann soll mit allem ernst / rew
vnnd leyd haben / beichte / vnnd gutt werck thun / das were ich aber / wie
ich kann / Das man den glaubenn des sacraments laß das heubt gutt
seyn vnnd das erbe / da durch man gottis gnade erlange / vnnd darnach
vill gutt thue / alleyn gott ¹ zu eehꝛ vnd dem nehsten zu nutz / vnnd nicht
20 darumb / das man ¹ sich dꝛauff voꝛlassen soll / als gnugsam voꝛ die sund zu-
bezalen / dann got gibt vmb sunst / frey seyn gnade / ßo sollen wir auch
vmb sunst frey widderumb yhm dienen. Auch alles das ich gesagt hab /
vonn dißem sacrament / ist denen gesagt / die betrubt vnruge / yrrige / eꝛ-
schꝛockne gewissen haben / die gerne woltenn der sund loß / vnnd frum seyn /
25 vnnd wissen nit wie sie es anfahen sollenn / dann die selbenn / habenn
auch ware rew / ia zuuill rew / vnd cleyn mutickeit / die tröstet gott / durch
den Pꝛopheten Jsai: 40. Pꝛediget den cleyn mutigen / vnd sagt yhn / consolamini / seyt getꝛöst yhꝛ cleinmutigen / seht da ist ewr gott / vnnd
Chꝛistus Matt: ii. Kumet zu mir die yhꝛ beschweret seyd vñ muhesaꝛ /
30 ich will euch tꝛosten ꝛc. Die hart mutigen aber / die noch nit begerē tꝛost
des gewissen / haben auch dieselben marter nit befunden / den ist das sacrament nichts nutz / die muß man mit dem schꝛeglichen gericht gottis voꝛ
weich vnd zag ¹ machen / das sie auch solchs tꝛosts des sacraments suchen
vñ seufftzen leren.

35 ¶ Ezum siebentzehenden. Will man eynen fragen yn dˀ beicht /
odder selb sich eyner erfoꝛschen / ob er ware rew hab odder nit / laß ich
geschehen. SSo doch / das yhe niemant ßo frech fur gottis augen sey /
das er sag / er hab gnugsam rew / dā das ist voꝛmessenheit / vñ erlogen /
Niemant hatt gnugsaꝛ rew fur seyn sund / Auch das die erfoꝛschung / vil
40 groffer sey / ob er festiglich glaub deꝛ sacrament / das yhm seyn sund voꝛ-

geben ſeyn / gleych wie Chꝛiſtus ſpꝛach / zu dē gichtpꝛüchtigē / Meyn ſun
glaub / ſſo ſein dir dein ſund voꝛgeben / Vnd zu dem weyb / Glaub meyn
tochter / deyn glaub hatt dich geſund macht.   Solch erfoꝛſchen iſt gantz
ſeltzaz woꝛden / yn diſſem ſacrament / mā hatt nur mit der rew / ſund /
gnugthuung vnd ablas zuſchaffen / alſo furet ymmer ein blinder dē andern /   5
Furwar / ym ſacrament / bꝛingt d' pꝛieſter / yn ſeynem woꝛt / gottis botſchafft von der ſunden vnd ſchult voꝛgebung / dꝛüb ſolt er warlich auch am
45 E² meyſten fragin / vnd ſehen / ab der menſch d' bottſchafft [1] auch empfehig
were / der nymmer mehꝛ / dann durch den glauben / vñ begirde der ſelben
bottſchafft / empfehig werden mag / Sund vnd rew / vñ gute werck ſol mā   10
yn pꝛedigeten handeln / voꝛ dem ſacrament vnd beicht.

¶ Ezum achtzehenden. Es geſchicht / das gott eynen menſchen / die
voꝛgebunge der ſchuld / nit leſt befinden / vñ bleybt / das zappeln vnd vnruge des gewiſſens / nach dem ſacrament wie voꝛ. Hie iſt weißlich zu
handeln / dan der gepꝛech iſt am glauben / Es iſt nit muglich / das dz hertz   15
nit ſolt frölich ſeyn / ſſo es glaubt / ſeyner ſund voꝛgebung / als weinig
als auch muglich iſt / das nit betrübt vñ vnrugig ſey / wa es nit glaubt
die ſund voꝛgebē. Nu leſt got den glauben alſo ſchwach bleyben / daran
ſoll man nit voꝛzagen / Sondern daſſelb / auffnhemenn als eyn voꝛſuchen
72¹ W vnd anfechtung / durch welch [1] gott / pꝛobirt / reytzt vnd treybt den menſchen /   20
190 E¹ das er deſter mehꝛ ruff vnnd bitt vmb ſolchen glauben / [1] vñ mit dez vatter
des beſeſſenen ym Euangelio ſage / O herr hilff meynem vnglaubē / vñ
mit den Apoſteln / o herr / mehꝛe vnß den glauben / Alſo lernet der menſch /
das alles gottis gnaden ſey / das ſacrament / die voꝛgebung vnd der glaub /
biß das er hend vnd ſüß faren laß / an yhm ſelbs voꝛzweyffelt / yn lauter   25
gottis gnaden hoff / vnd hafft an vnterlaß.

¶ Ezum neundzehenden. Es iſt vill eyn ander dingk / die puß / vñ
dz ſacramēt d' puß / Das ſacrament / ſteht / yn den dꝛeyen dingen / dꝛoben
geſagt / ym woꝛt gottis / das iſt die abſolution / ym glauben der ſelbigen
abſolutio / vñ ym frid / das iſt / yn voꝛgebung der ſund / die dem glauben   30
gewiß folget.   Aber die puß teylet man auch yn dꝛey / yn rew / beicht /
vnd gnugthuung.
Nu wie yn der rew / manicherley mißpꝛauch dꝛobenn iſt angezeygt / alſo
geht es auch yn der beicht / vnd gnugthuung / ſeyn faſt vill bücher voll
diſſer dinge / vnd leyder wenig bücher / vom ſacrament der puß / Wo aber   35
das ſacrament recht geht ym glauben / da iſt die puß / rew / beicht / vnd
gnugthuung / gar leicht vnd an alle ferlickeit / ſie ſey zu wenig odd' zuuill /
46 E² dan des ſacraments glaub / macht alle krumb ſchlecht / vnd fullet [1] alle grund /
Vnd mag niemant yrren / widder yn rew / beicht / noch gnugthuũg / wer
den glauben des ſacraments hatt / vnd ob er ſchon yrret / ſſo ſchadet es   40

---

1 Mt. 9, 2   2 Mt. 9, 22   5 Mt. 15, 14   8 W. A. korr.:
fragen (vgl. aber z. b. auch tribulirin A, W. A. 6, 67, z. 5)   22 Mc.
9, 24   23 Lc. 17, 5

vhm gar nichts / Wo aber der glaub nit ist / do ist keyn rew / beicht /
gnugthuung gnugsam / vñ da her fliſſen ſo vill bucher / vnd lere / von der
rew / beicht / vnnd gnugthuüg / da mit vil hertzen ſehr geengſtet werden /
offt beichten / das ſie nit wiſſen / ob es teglich adder todtlich ſund ſey /
5 doch auff ditz mall / wollen wir ein wenig dauon ſagen.

¶ Ezum zwentzigſten. Man mag die teglich ſund nit dem prieſter /
ſondern allein gott bekennen / Nu hebt ſich aber eyn new frag / Was tödt-
lich odder teglich ſund ſeyn / Es iſt noch nie kein doctor / ſo geleret ge-
weſē / noch wirt nmmer / der eyn gewiß regel / gebe / teglich fur den töd-
10 lichen zu erkennen / auß genommen / die groben ſtuck / widder die gepot
¹ gottis / als eebruch / tödten / ſtelen / liegen / vorleumbden / trigen / haſſen ¦ 191 E¹
vnd der gleychen. Es ſthet auch allein in gottis gericht / welche andere
ſund er töblich achtet / vnd iſt dem menſchen nit muglich zu erkennen /
wie dann ſagt ps. 18. O gott / wer kan all ſeyn ſund erkennē? mach mich
15 reyn / von den vorborgenen ſunden / Drumb ſo gehöret yn die heymlich
beycht keyn ſund / dan die man offentlich fur tobſund erkennet / vnd die
das gewiſſenñ / zur zeyt drucken vnd engſten / dan ſolt man all ſund beichten /
ſo müſt man all augenblick beychten / ſo wir nymmer an ſund ſeynd / yn
ditzē leben. Auch vnſer gute werck nit reyn an ſund ſeyn. Doch iſt es
20 nit an beſſerung / das mann auch geringe ſund beichtet / ſonderlich ſo man
ſunſt kein tobſund weyß / Dan wie geſagt / ym ſacrament / wirt gottis
wort ¹ gehöret / vñ der glaub yhe mehr vñ mehr geſterckt Vnd ob eyn ſchon ¦ 722 W
nichts beychtet / dannoch / were die abſolution vnd gottis wort vill mals
zu horen nutz / vmb deſſelben glaubens willen / das man alſo ſich gewenet /
25 der ſund vorgebung zu glauben. Darumb hab ich geſagt der glaub des
ſacraments thuts gar / die beicht ſey zu ¹ vill odder zu wenig. Es iſt alls ¦ 47 E²
beſſerlich dem / der do gottis ſacrament vnd wort glaubt.

Von der gnugthuung / ſey itzt gnug / das die beſte iſt / nymmer ſunden
vnd ſeynem nehſten alls gut thun / er ſey feynd odder frundt / von wilcher
30 mā auch ſelten handelt / nur mit auffgeſetzten peten / will mans alls zalen.

¶ Ezum Eyn vnd zwentzigſten.

¶ Das iſt die gewallt / da er von ſagt Matt: 9. zu den vnglaubigenñ
ſchrifftgelerten / Auff das yhr wiſſet / das der ſun des menſchen macht hab
auff erden / die ſund zuuorgeben / ſprach er zu dem gichtpruchtigenn. Stand
35 auff / nym deyn bett / vnd gang yn dein hauß. Vnnd er iſt auffgeſtanden /
vnd yn ſeyn hauß gangen. Do das volck ſolchs geſehn habenn / hat ſie es
wundert / vnd haben gott gelobt / der den menſchen ſolch gewalt geben
hatt.

Dan diß gewalt / die ſund zuuorgeben / iſt nit anders / dan das eyn prieſter /
40 Ja ſo es nott iſt / eyn yglich Chriſtenn menſch / mag zu dem andern

---

14 Ps. 19, 13   30 gebeten   32 Mt. 9, 6 ff.

192 E¹ sagen / ¹ vnd ßo er yhn betrubt vnd geengstet sicht / yn seinen sunden / frölich eyn vrteyl sprechen / sey getrost / dir seyn deyn sund vorgeben / Vnnd
wer das auff nympt vnd glaubt es / alls eyn wort gottis / dez seyn sie
gewißlich vorgeben / Wo aber der glaub nit ist / hulffs nit / ob gleych
Christus vnd gott selbs das vrteyll sprech / dan gott kan niemant geben /   5
der es nit will habē / Der will es aber nit haben / der nit glaubt / das
yhm gebē sey / vnd thut dem wort gottis eyn groß vneere / wie oben gesagt.   Alßo sihestu / das die gantz Kirch voll ist / vorgebung der sund /
Aber wenig seynd yhr / die sie auffnehmē vnd empfahen / Drumb / das sie
es nit glauben / vnd wollen sich mit yhren wercken gewiß machen.   10

Alßo ist es war / das eyn priester / warhafftig die sund vnd schuld
vorgibt / aber er mag dem sunder den glauben nit geben / der dye vorgebung empfehet vnnd auffnympt / den muß gott gebenn.   Nichts deste
48 E² weniger / ist die vorgebung warhafftig / alß war / als wēß gott selber
sprech / es haffte durch den glauben odder nit / Vnd diß gewalt / die sund 15
zuuorgeben / ¹ vnd alßo eyn vrteyl an gottis stat zu sellenn / hatt ym altenn
Testament / widder vbirst noch vnterst priester gehabtt / noch künig / noch
Propheten / noch ymandt ym volck / es wurd yhm dann sonderlich befolenn
vom gott / alß Natan vbir denn künig Dauid.   Aber ym Newenn Testament.
Hatt sie eyn yglicher Christen mensch / wo eyn priester nit da ist / durch 20
die zusagung Christi / da er sprach zu Petro.   Was du wirst lößen auff
erden / soll loß seyn ym hymell / Dan ßo das alleyn Petro were gesagt /
723 W ßo het er Matthei 18. nit zu allen yn gemeyn ¹ gesagt. Wz yhr / auffloßet
auff erden / soll loß seyn ym hymell / Da redt er zu der gantzenn Christenheit / vnd eynem yglichen yn sonderheit.   25
Alßo eyn groß dinck ist es / vmb eyn Christen mensch / dz gott nit voll
geliebt vnd gelobt werden mag / wā vns nit mehr geben were / dan eynen
zu hören / yn solchez wort mit vns reden.   Nu ist die welt voll Christen /
vnnd niemant das achtet noch gott danckt.

193 E¹   ¹ Sūma   Summarum.   30
                                        alls besserlich
        Wer glaubt / dem ist
                                        nichts schedlich
                                        alls schedlich
        Wer nit gleubt dem ist
                                        nichts besserlich.   35

_____

        18 2. Sa. 12, 1   21 Mt. 16, 19   23 Mt. 18, 18

                        _____

Ein Sermon von dem heiligen hochwürdigen Sakrament der Taufe. 1519.

Diesen sermon geben wir nach dem am 9. nov. 1519 erschienenen Grunenbergschen urdruck W. A. 2, 724 A mit dem hl. Augustin auf der
5 titelrückseite (= v. Dommer s. 216 f. no. 9).   Zur Vorgeschichte usw. vgl. auch oben S. 174.

Eyn Sermon von dem heyligen
Hochwirdigen Sacrament der Tauffe.
D.   M.
A.

10   ¶ Czů Ersten / Die Tauff heyst auf kriechsch Baptismus / zu latein
Mersio / das ist / wan man ettwas gantz ynß wasser taucht / das vbir yhm
zusammen geht / vnd wie woll / an vielen orten / der prauch nymmer ist /
die kynd / yn die Tauff gar zu stossen vnd tauchen / sondern sie allein / mit
der hand / auß der tauff begeust / so solt es doch so seyn / vnd were recht /
15 das nach lautt des wortlein tauffe / mā das kind odder ygliche der taufft
wirt gantz hyneyn ynß wasser senckt vnd taufft / vnd widder erauß zughe /
dan auch anzweyffell / yn Deutscher zungen / das wortlein tauff / her kumpt /
von dem wort / tieffe / das man tieff yns wasser sencket / was man tauffet.
Das fodert auch die bedeutüg der tauff / dan sie bedeut / das der alte
20 mensch / vnd sundliche gepurt von fleysch vnd blut / soll gantz erseufft werden / ¹ durch die gnad gottis / wie wir hören werden / Drumb solt man der ²³⁰ E
bedeutung gnug thun / vnd eyn rechts volkommens zeychen geben.

¶ Czum andern / Die Tauff ist eyn euserlich zeychen odder loßung /
die vnß absondert von allen vngetaufften menschen / dz wir dar bey erkennet
25 werden / eyn volck Christi vnßers hertzogē / vnder wilchs panier (das ist /
das heylig Creutz) wir stetiglich streyten widder die sund / darumb müssen
wir / drey dingk yn dez heyligen Sacrament ansehen / das zeychen / die be-

---

12 vgl. über die „Immersionstaufe" Pastoralblatt des Bistums
Münster 13 (1875), s. 100 ff. In der ältesten agende des Bistums Münster
[c. 1400—1414], hrsg. v. R. Stapper, Münster 1906, s. 89 f. ist der voll-
zug der taufe durch dreimaliges untertauchen vorgeschrieben. Dagegen
lässt z. b. die agende der diözese Schwerin von 1521, hrsg. v. A. Schön-
felder, Paderborn 1906, s. XIII die wahl zwischen abwaschen und untertauchen. Luthers taufbüchlein verdeutscht 1523 (W. A. 12, 45, z. 32 f.)
und aufs. neue zugerichtet (W. A. 19, 541, z. 6 f.): „Da neme er das
kind vnd tauche es ynn die tauffe . . ." Butzer u. Zwingli dagegen
haben die begiessung als taufritus (RE³ 19, 439)   25 Hbr. 2, 10

deutung / vnnd den glauben. Das zeychen ſtett darynnen / das man den
menſchen / yn dem namen / des Vatters / vnd des Suns / vnd des heyligen
Geyſtes / ſtöſt ynß waſſer / aber man leſt yhn nit drynnen / ſondern hebt
yhn widder erauß / Drumb heyſt man es / auß der Tauff gehaben. Alſo
müſſen alle beyde ſtuck / yn dem zeychen ſeyn / das tauffen vnd erauß heben. 5

¶ Ezum dritten / Die bedeutung iſt / eyn ſeliglich ſterbenn der ſund /
vnd aufferſtheung yn gnaden gottis / das der alt menſch / der yn ſunden
empfangen wirt vnd geporen / do erſeufft wirt / vñ ein newer menſch erauß
geht vnd auff ſteht / yn gnaden geporen Alſo nennet s. Pauel / ab Ti : 3.
728 W Die tauff / [1] eyn bad der newen gepurt / das man yn dem ſelben bad new 10
geporen vñ vornewert wirt / Als auch Chriſtus Johan. iij. ſagt / Es ſey
dan / das yhr anderweit geporen werdet / auß dem waſſer vnd dem geyſt
(der gnaden) ſo muget yhr nit eyn gehn / yn das hymell reich. Dan gleych
wie eyn kind auß mutter leyb gehaben vnd geporn wirt / das durch ſolch
fleyſchlich gepurt / ein ſundigs menſch iſt vñ eyn kind des zorns. Alſo 15
wirt auß der tauff gehaben vnd geporn der menſch / geyſtlich vnd durch
ſolch gepurt / eyn kind d' gnaden / vnd rechtfertigs menſch. Alſo erſauffen
die ſund yn d' tauff vnd geht auff die gerechtigkeit fur die ſund.

¶ Ezum vierden / Die bedeutung vnd ſterben / odder erſauffen der
ſund / geſchicht nit volnkomen / yn diſez lebe / biß der menſch auch leyplich 20
ſterb vnd gantz vorweſe zu puluer. Das ſacrament odder zeychen / der
tauff iſt bald geſchechen / wie wir vor augen ſehen / aber die bedeutüg die
231 E geyſtliche tauff / die erſeuffüg der ſund / [1] weret die weyl wir leben / vñ wirt
aller erſt / ym tod voln bracht / da wirt der menſch recht yn die tauff ge-
ſenckt / vnnd geſchicht / was die tauff bedeut. Drumb iſt diß gantz lebe 25
nit anders / dan eyn geyſtlich tauffen an vnterlaß / biß yn denü todt. Vnd
wer getaufft wirt / der wirt zü tod vor vrteylt / als ſprech der prieſter /
wan er tauffet / ſich / du biſt ein ſundigs fleyſch / drüb erſeuff ich dich / yn
gottis namen / vnnd vrteyll dich zü tod yn dem ſelben namen / das mit
dir / all beyde ſund ſterben / vnd vnter gehen / Alſo ſagt s . Pauel Ro : vi. 30
Wir ſeyn mit Chriſto begraben / durch die tauff zum todt. Vnd yhe eehr
der menſch ſtirbt / nach der tauff / yhe ehr ſeyne tauff vollbracht wirt / Dã
die ſund horet nit gantz auff / die weyl diſer leyb lebt / d' ſo gantz yn
ſunden empfangen iſt / das ſund ſeyn natur iſt / als der prophet ſagt Sich
yn ſunden bin ich empfange / vñ yn vntugende hat mich meyn mutter ge- 35
tragenn / wilcher yn keyner weyß zu raten iſt / ſie ſterb danñ vnnd werd
zu nichte / mit yhrer ſund. Alſo iſt eyns Chriſten menſchens leben nit
anders / dan eyn anheben / ſeliglich zu ſterben von der Tauff an biß ynß
grab / Dan gott will yhn anders machen von new auff / am Jungſten tag.

¶ Ezum funfften / Deſſelben gleychen / auß der tauff heben geſchicht 40
auch behend / Aber die bedeutung / die geyſtlich geburt / die mehrung der

gnaden vñ gerechtigkeit / hebt woll an / yn der tauff / weret aber auch /
biß / yn den tod / ya biß an iungstē tag / da wirt aller erst volnbzacht /
das die tauff hebung |bedeut / da werden wir / vom todt / vonn sunden /
von allem vbell / auff stehen / reyn an leib vnd seel / vnd dan ewiglich
5 leben / Da werden wir recht auß der tauff gehaben / vnd vollkomlich ge-
pozn / antzihen das recht wester hembt / des vnsterblichen lebens / ym hymell. Als sprechen die gefattern / wan sie das kind auß der tauff heben.
Sich dein sund seyn nu er seufft / wir empfahenñ dich yn gottis namen /
yn das ewig / vn¹schuldig leben / dan also werden die Engell am ¹ iungsten ²³² E ₇₂₉ W
10 tag / erauß ¹heben / alle Chziste getauffte frum menschen / vnd werden da
erfullen / das die tauff vñ die gefattern bedeuten / als Chzistus sagt Mattt. 24.
Er wirt auß senden seyn Engell / vnd sie werden yhm vozsamlen seyne
außerwelten / von den vier ozten der wind / vom auffgang biß zum nyd-
bergang.

15   ¶ Ezü sechsten / Diße tauff ist voztzenten angetzeygt / yn der syndflut
Noe / da die gantz welt erseufft wart / außgenommen Noe / mit dzeyen
sünen / vnd yhzen weyber / acht menschen / die yn der Arcken behalten wozden / Das die menschen der wellt erseufft wozdenn ; bedeutet das yn der
tauff / die sund erseufft werden / das aber / die achte / yn der arcken / mit
20 allerley thieren behalten wozdenn / bedeut / das durch die tauff der mensch
selig wirt alß das s . Peter auß legt / yn seyner andern Epistel. Nu ist
die tauff / weytt eyn grössere syndflut / dan yhene geweßen ist / Dann yhene /
hatt nit mehz / dann eyns iars menschen erseufft / aber die tauff erseufft
noch durch die gantz welt / von Chzistˀ gepuzt an biß an iungsten tag allerley
25 menschen / vnd ist eyne syndflut der gnadē / wie yhene eyn syndflut des
zozns wz / wie ym 28. psalm vozkundet ist / Gott wirt machen eyn be-
stendige newe syndflut / dan antzweyffell vill mehz menschen getaufft werden / dñ yn bˀ syndflut ersoffen seyn.

       ¶ Ezü siebenden / Darauß folget / das woll war ist / Eynn mensch
30 so es auß der tauff kumpt / sey reyn vnd an sund gantz vnschuldig / aber
es wirt von vielen nit recht vozstandben / die meynen es sey gar keyn sund
mehz / da / vnd werden saull vñ hynlessig / die sundlich natur zu todtē /
gleych wie auch etlich thun wan sie peycht haben. Dzüb wie oben gesagt
ist / soll mann es recht vozstehn / vnd wissen / das vnßer fleysch / ¹ die weyl ²³³ E
35 es hye lebt / natürlich böß vnd sundhafftig ist / dem zu helffen / hatt yhm
gott / eynen solchen radt erdacht / das er es gantz new anders schaffen will /
gleych wie / Hiere: 17. antzeygt / Der töpffer da yhm der topff nit woll
geried / den selben widder yn denñ thon zu hauffen stieß vnnd knettet / vnnd
macht darnach eyn anderñ topff wie es yhm gefiell / alßo (spzicht Gott)
40 Seyd yhz yn meynen henden / vnnd yn der ersteñ gepuztt / seyn wir nit

      6 taufhemd   11 Mt. 24, 31   21 2. Pt. 2, 5   26 Ps. 29, 10
32 nachlässig   37 Jer. 18, 4 ff. woll / geried A

woll geraten. Drumb ßo ſtoſſet er vnß / widder / yn die erdenñ durch den
todt / vnnd macht vnß / widder vmb am Jungſten tag / das wyr danñ woll
geraten / vnd an ſund ſeyn. Dyßen rad / hebt er an yn der Tauff / die dē
todt vnd aufferſthehung am Jungſten tag bedeutt / wye geſagt iſt. Vnd
darumb als vill die bedeutung / odder das zeychen des ſacraments iſt / ßo   5
ſeynd die ſund mit dem menſchen ſchon tod / vnnd er aufferſtandenñ vñ
iſt alßo dz ſacrament geſchehen / aber das werck des ſacraments / iſt noch
730 W ¹ nit gar geſchehen / das iſt der todt vnnd aufferſtheung am Jungſten tag /
iſt noch vorhanden.

¶ Ezum achten / Alßo iſt der menſch gantz reyn vnnd vnſchuldig   10
ſacramentlich / das iſt nit anderß geſagt / ban er hatt das zeychen gottis /
die Tauffe / da mit angezeygt wird / ſeynñ ſund ſollen alle tod ſeyn / vnd
er yn gnaden auch ſterben / vnd am Jungſten tag aufferſteen / reyn an ſund
vnſchuldig ewiglich zu leben. Alßo iſts des ſacraments halben war / das er
an ſund vnſchuldig ſey / Aber die weyll nu das noch nit vollnbracht iſt /   15
vnd er noch lebt / ym ſundlichen fleyſch / ßo iſt er nit an ſund noch reyn
aller dinger / ßondern angefangē / reyn vñ vnſchuldig zu werden / Darumb
wen der menſch zu ſeynen iaren kompt / ßo regē ſich / die natürlichen ſund-
lichē begirden / zorns / vnkeuſcheit / lieb / geytz / hoffart / vnd der gleychen /
Der keyns nit were / ßo die ſund / ym ſacrament alle erſeufft vnd tod   20
234 E weren. Nu ſeyn ſie nur bedeuttet / ¹ zu erſeuffen durch den todt / vñ auffer-
ſteüg am iungſten tag / Alßo clagt ſanct Paul Ro : vij. vnd alle heyligen
mit yhm / das ſie ſünder ſeyn / vnd ſund yn yhrer natur haben / ob ſie
woll getaufft / vnd heylig waren / Drumb / das ſich die natürlichen ſundlichen begirden ymmer regen die weyll wir leben.   25

¶ Ezum neunden / Szo ſprichſtu / Was hilfft mich dan die Tauff /
wan ſie nit tilget vñ ablegt die ſund gantz vnd gar / Hie kompt nu der
recht vorſtand vnd erkentniß des ſacraments der tauff / Das hilfft dir das
hochwirdig ſacrament der tauff / das ſich gott daſelbs mit dyr vorpindet vnd
mit dyr eyns wird eyns gnedigen troſtlichen bunds.   30

Zum Erſten / das du dich ergibſt ynn das ſacrament der Tauffe vñ
ſeyner bedeutüg / das iſt / das du begereſt mit den ſunden zu ſterben / vñ
am iungſten tag new gemacht werden / nach anzeygung des ſacraments /
wie geſagt / das nympt gott auff vō dyr / vnd leſſet dich tauffen / vñ hebet
von ſtund an dich new zu machen / geuſt dyr eyn ſeyn gnad vñ heyligen   35
geyſt / der anfahet die natur vnd ſund zu tödten vñ zu bereyten zum ſterben
vnd aufferſteen am iungſten tag.

Zū Andern / vorpindeſt du dich / alßo zu bleyben vñ ymmer mehr
vnd mehr zu tödten deyn ſund / die weyl du lebeſt / biß yn den todt / ßo
nympt daſſelb got auch auff / vnd vbet dich deyn lebelang mit vilenn guten   40
wercken vnd mancherley leyden / damit er thut / das du begereſt haſt yn

der Tauff / das iſt / das du wilt der ſund loß werdē / ſterben vñ new aufferſteen am Jūgſtē tag / vñ alſo die tauff volnbringē / Drūb leße wir vñ
ſehē wie er ſeyne lieben heyligen ſo hatt laſſen marteren vnd vill leyden /
das ſie nur bald getodtet / dez ſacramēt der Tauff gnug theten / ſturben
5 vnd new wurden / dañ wo das nit geſchicht / vnd wyr nit leyden noch
vbung habē / ſo vber|windt die poße natur den mēſchen / das er ym die 731 W
Tauff vnnuß macht / vnnd ſellt ynn ſund / bleybt eyn alter menſch wie
vorhyn.

¹ ¶ Zum Zehenden / Die weyl nu ſolch deyn vorpindē mit got ſteet / 235 E
10 thut dyr gott widder die gnab / vnnd vorpindet ſich dyr / er wolle dyr die
ſund nit zurechnen / die nach der Tauffe ynn deyner natur ſeyn / will ſie
nit anſehen noch dich drumb vordamnen / leßt yhm dran gnugē / vñ hatt
eyn wolgefallē / das du ynn ſteter vbung vñ begirden ſeyeſt / die ſelben zu
todten / vñ mit deynē ſterben yhr loß zu werden / Derhalben ob ſich woll
15 poß gedancken oder begirden regeñ / Ja ob du auch zu weylen ſundiſt vnd
felleſt / ſo du doch widder auffſteheſt vnnd widder ynn dē bund trittteſt /
ſo ſeyn ſie ynn krafft des ſacraments vnd vorpundtniß ſchon dahynn / alß
ſanct Paulus Roma : viij. ſagt.

Es vordampt die naturlich böße ſundliche neygung keynen / d' yn
20 Chriſto glaubt / ſo ſie nit folgen vñ vorwilligen den ſelben. Vnd S. Johannes der Ewangeliſt / yn ſeyner Epiſteln / ſpricht Vnd ob yhemant viele
yn ſund / ſo haben wir eynen fürſprecher fur gott Jheſum Chriſtū / der
eyn vorgebung worden iſt / vnßer ſund / daſſelb geſchicht alles / yn der
tauff / da wirt vnß Chriſtus geben / wie wir hören werden / ym folgend
25 ſermon.

¶ Czū elfften / Wā nu dißer bund nit were / vñ gott nit barm-
herßiglich / durch die finger ſehe / ſo were kein ſund ſo kleyn / ſie vor-
dämet vnß / dan gottis gericht mag kein ſund leyden. Drūb iſt kein grōſſer
troſt auff erden / dan die tauf / durch wilch wir yn der gnaden vñ barm-
30 herßigkeit vrteyll treten / die die ſund nit richtet / ſondern mit vielen
vbungen auß treybt. Alſo ſpricht ſan. Auguſtin² eyen ſeynen ſpruch / Die
ſund wirt yn d' tauf / ganß vorgeben / nit alſo / das ſie nit mehz da ſey /
ſondern / das ſie nit zu gerechnet wirdt / als ſprech er / die ſund bleybt
wol biß yn den todt / yn vnßerm fleyſch / vnd reget ſich an vnterlaß / aber
35 die weil wir nit dreyn willigen / odder bleyben / ſo iſt ſie durch die tauff
alſo geordenet / das ſie nit vordamnet / noch ſchedlich iſt / ſondern auß getilget wirt teglich mehz vnd mehz / biß yn den todt. ¹ Derhalben ſoll nie- 236 E
mant erſchrecken / ob er ſūle / böße luſt vñ lieb / auch nit vorßagen / ob er

13 walgefallē A   18 Rö. 8, 1   20 1. Jo. 2, 1 f.   31 De nupt.
et concupiſc. 1, 25, 28 (MSL. 44, 430): 'Si autem quaeratur, quomodo
iſta concupiſcentia carnis maneat in regenerato, in quo univerſorum facta
eſt remiſſio peccatorum . . . ad haec reſpondetur dimitti concupiſcentiam
carnis, non ut non ſit, ſed ut in peccatum non imputetur'. Vgl. Deniſle,
L. und L.tum² I 2, 482 ff.

schon fellet / sondern an seyn tauff gedencken / vnd sich derselben frölich
trösten / das gott sich da vorpunden hatt / yhm seyn sund zu tödten vnd
nit zur vordamnnß rechen / so er / nit drein williget odder nit dryne bleybt /
Auch soll man dieselben wütend gedancken odder begirden / ya auch das
fallen / nit an nemen / zum vorzagen / sondern als eyn vormanung von 5
gott / das der mensch an seyn tauff gedenck / wz er da geredt hatt / das
er anruff gottis gnaden / vnd sich vbe zu streytē wibber die sund / ya auch
zu sterben begere / das er der sund müg loß werden.

73ª W   ¶ Czū zwelff⸗en / Hie ist nu das dritte stuck / des sacraments zu
handeln / das ist der glaub / das ist / das man diß alles festiglich glaub / 10
das das sacrament / nit allein bedeut / den todt vnnd auffersteeung am
Jungsten tag / durch wilche der mensch new werd ewiglich an sund zu leben /
sondern das es auch gewißlich dasselb anhebe vnd wirck / vnd vnß mit gott
vorpyndet / das wir wollen biß ynn den tod / die sund tödten vnd wibber
sie streyten / vnd her widderüb vnß wolle zu gute halten vnd gnedig mit 15
vns handelñ / nit richten nach der scherpfe / das wyr an sund nit seyn ynn
dissem leben / biß das wyr reyn werden durch den todt / Also vorstehstu
wie eyn mēsch vnschuldig / reyn an sund wirt yn der tauff / vñ doch bleybit
voll vill poßer neygüg das er ſnit anderß reyn heyst / dan das er angefangen ist reyn zu werden / vñ d' selben reynickeit eyn zeichen vñ bund 20
hatt / vnd yhe mehr reyn werden soll / vmb wilchs wille yhm gott seyn
nachstelligen vnreynickeyt nit rechnen will / vnnd also mehr durch gottis
gnediges rechnen dañ seyns weßens halben reyn ist / wie der prophet sagt
pſ. 31. Selig seyn die / den yhre sund vorgeben seyn. Selig ist der
mensch dem gott seyn sund nit zu rechnet.   25

Dißer glaub ist der aller notigst / deñ er der grüd ist alles trostis /
237 E wer den nit hatt / der muß vorzweyffelñ yn sun¹den / dan die sund die noch
der tauff bleybt / macht das alle gute werck nit reyn seyn vor gott / Derhalben muß man gar teck vñ frey an die tauff sich halten / vnd sie halten
gegen alle sund vnd erschreckenn des gewissen / vñ sagen demutiglich / ich 30
weyß gar wol das ich keyn reynß werck nit hab / Aber ich byn yhe taufft /
durch wilch myr gott der nit ligen kan / sich vorpunden hatt / meyn sund
myr nit zu rechnen / sondern zu tödten vnd vortilgen.

¶ Zum Dreyzehenden / Also vorstehen wyr nu das vnser vnschuld vō
der tauff / gantz vñ gar der gotlichen barmhertzickeit halben so heyst / die 35
solchs angefangen / vñ mit der sund gedult tregt / vñ vnß achtet alß weren
wyr an sund / da her vorsteht mā auch warumb die Christen heyssen ynn
der schrifft die kinder der barmhertzickeit / eyn volck der gnabē / vñ menschen
des gutigen willen gottis / darumb das sie angefangen durch die tauff reyn
zu werden / durch gottis barmhertzickeit mit der vbrigen sund / nit vor- 40
damnet werden / biß sie durch den tod vnnd am iungsten tag gantz reyn

---

22 rückständige, frühere   24 Ps. 32, 1 f.   34 Dryzehenden A
38 Eph. 5, 1. 9? Lc. 2, 14

werden / wie die tauff mit yrem zeichē außweyßet / darumb ist das eynn
großer yrthum / die do meynen sie seyen durch die Tauff gantz reyn worden / vnd ynn yhrez vnuorstand gehn sie hynn vnd tödten yhz sund nit /
wollens nit sund lassen seyn / vorharten barynne / vnd machen also yhre
5 tauff gar zu nicht / bleyben alleyn yn ettlichen eußerlichen wercken hangen /
vnter wilchen / die hoffart / haß vnd andere natürlich bößheyt die sie nit
achten / nur stercker vnd grösser ¹ werden.   Neyn es ist nit also / Es muß 733 W
die sund / bößneygung / fur ware sund erkant werden / das sie aber vnschedlich sey / gottis gnaden zuschreybe / der sie nit ꝛchnen will / ßo doch /
10 das man sie mit vielen vbungē wercken vnd leyden bestreyte / zu letzt mit
sterben tödde / Wilche das nit thun / dem wirt er sie nit nachlassen /
Darumb das sie der tauff vnd yhrem vorpinden / nit folge thun / vnd
hyndern / das angefangene werck Gottis vnd der Tauffe.

¹ ¶ Ezum viertzehenden / Der art seyn auch die / die do meynnē / yhꝛe 238 E
15 sund mit gnugthuung tilgen vnd ablegen / Rummen auch ßo ferne / das
sie der tauff nit mehꝛ achten / gerad als hetten sie d' tauff nit mehꝛ bedurfft / dan das sie erauß gehaben seyn / wissen nit / das sie durchs gantz
leben / biß yn den todt / ya am Jungstē tag crafft hatt / wie dꝛoben gesagt.
Dꝛumb meynen sie ettwas anders zu finden / die sund zuuoꝛtilgen / nemlich
20 die werck / vnnd machen also yhn selb vnd allen andern / böß erschrockene
vnsichere gewissen / voꝛtzagūg am todt / vnd wissen nit wie sie mit gott dran
seynd / achtens / die tauff sey nu durch die sund voꝛloꝛen vnd nit mehr nutz.
Da hütt dich fur bey leyb.   Dan wie gesagt / Ist yemant yn sund gefallē /
ßo gedenck er am sterckstē an seyn tauff / wie sich gott daselb mit yhm voꝛ-
25 punden hatt / alle sund zuuoꝛgeben / ßo er widder sie fechten will / biß yn
den tod.   Auff die selbige warheit vnd voꝛpindung gottis muß mā sich
frölich erwegen / ßo geht die tauff widder yn yhrem werck vnd crafft / ßo
wirt das hertz widder zu friden / vnnd frölich / nit yn seyne werck odder
gnugthuung / sondern / yn gottis barmhertzickeit / die yhm / yn der tauff /
30 zu gesagt ist / ewiglich zu haltē / vn an dem glauben muß man also fest
halten / das / ob auch alle creature vnd alle sund eynen vbirfielen / er dennoch dran hange / angesehen / das / wer sich dauon lest dringen / der macht
gott zu eynez lugner yn seynem voꝛpinden an dem sacrament der tauff

¶ Zum funfftzehenden / Den glauben ficht der Teuffell am meysten
35 an / wen er den vmbstosset ßo hat er gewonnen / Dann auch das sacrament der Puß / dauon gesagt ist / seynen grund / an dißem sacrament hatt /
Die weyll alleyn denen die sund voꝛgeben werden / die getaufft seyn / das
ist / denen gott zugesagt hat sund voꝛgeben / also das der puß sacrament /
ernewert / vn widder antzeugt der tauff sacrament / als spꝛech der pꝛiester /
40 vn der absolution / Sich gott hatt dir / deyn sund itzt voꝛgeben / wie er dir
voꝛhin yn der tauff zugesagt/ vnd mir itzt befolen / yn crafft der schlussell /

---

11 W. A. korr.: den   27 verlassen

239 E   vnd kumpſt nu widder / ¹ yn der tauffe werck vnnd weßen. Gleubſtu ſo
haſtu. Zweyffelſtu ſo biſtu vorloren.

Alſo finden wir / das die tauff durch ſund wirt woll vorhindert / an
yhrem werck / das iſt vorgebung / vnd tödtüg der ſund / aber allein durch
den vnglauben yrs wercks / wirt ſie zu nichte / vnd der glaub bringt er-   5
widder die ſelben hinderniß yres wercks / alſo gar ligt es alles am glauben /
734 W Vnd wan ¹ ich ſolt clerlich ſagen / Szo iſt es eyn ander ding / die ſund vorgeben / vñ die ſund abzulegen odder auß zu treyben / Die vorgebüg der
ſund / erlangt der glaub ob ſie woll nit gantz außtrieben ſeyn / Aber die
ſund außtreyben / iſt vbung widder die ſund / vnd zu letzt ſterben / Da geht   10
die ſund gantz vnter / Es iſt aber als beyd / der tauff werck / alſo ſchreybt
d' Apoſtell / zü Hebreern / die doch taufft warē vñ yhre ſund vorgeben / ſie
ſollen / die ſund ablegen / die yhn anligt / Dā die weyl ich glaub / das mir
gott / die ſund nit rechnen will ſo iſt die tauff crefftig / vñ ſein die ſund
vorgebē ab ſie wol noch da bleyben / eyns gröſſen teyls / Darnach folget   15
das außtreyben / durch leyden / vñ ſterben ꝛc. Dz iſt der artickel den wir
bekennē / Ich glaub yn den heyligen geyſt / vorgebüg d' ſund ꝛc. Da wirt
die tauff ſonderlich berurt / yn welcher / die vorgebung geſchicht / durch
gottis vorpinden mit vñs / drüb muß man nit zweyffeln an der ſelben vorgebung.   20

¶ Zü Sechzehenden. Alſo folget das die tauff alle leydē vñ ſonderlich den tod / nutzlich vnd hülfflich macht / das ſie nur dienē mußen der
tauffe werck / das iſt die ſund zu tödtē / dañ es mag nu nit anders werdē /
Wer d' tauff gnug thun wil / vnd der ſund loß werdē / d' muß ſterbē /
aber die ſund ſtirbt nit geren / drüb macht ſie den tod ſo bitter vñ greu-   25
lich / Alſo gnedig iſt got vñ mechtig / dz die ſund die den tod bracht hat /
wirt mit yhrē eygen werck (den tod) widder vortriben / Man findt vill leut /
die leben wollē / dz ſie frum werdē / vñ ſprechen / ſie weren gerne frum /
240 E Nu iſt keyn kurtzer weyß oder weg / dañ durch die ¹ tauff vñ tauffen werck /
das iſt leydē vñ ſterbē / die weyl ſie des nit wollē / iſts eyn zeychen / das   30
ſie nit recht wiſſen noch meynē frum zu werden / darüb hatt gott mancherley
ſtend vorordenet / in wilche man ſich vben vnnd leyden leren ſoll / ettlichen
den eelichen / den andern den geyſtlichen / den andern den regirenden ſtand /
vñ allen befolen / mühe vñ arbeyt zu haben / das man dz fleyſch tödte
vnd gewene zü todte / dañ allen denen / die getaufft ſeyn / den hatt die   35
tauff dißes lebens ruge gemach vnd gnüge / zu lauter vorgifft gemacht / als
eyn vorhynderniß yhres wercks / dā darynne / lernet niemant / leyden /
gerne ſterben / der ſund loß zu werden / vnd der Tauff volge thun / ſundern / wechſt nur lieb dißes lebens / vñ grewelich des ewigen leben / forcht
des tods / vñ flucht der ſund vortilgung.   40

¶ Czum siebentzehenden / Nu sich / yn der menschen leben / es seyn
yhr vill / die Fasten / Beeten / Wallē / vn̄ der gleychen vbung haben / mit
wilchen sie nur vill vordienst zusamlen vormeynen / vnd hochzustzen ym
hymell / leren aber nymmer mehr / yhr bößze vntugent tödten. Man solt
5 fasten / vnd alle vbung da hyn leytē / das sie den alten Adam / die sund=
lich natur / druckten [1] vnd geweneten / zu emperen alles des / daß dißem leben 735 W
lustig ist / vnd also zum todt / teglich / mehr vnd mehr bereyt machen / das
der tauffe gnug geschehe / Vnd aller derselben vbungen vvnd mühe masse /
solt man nemen / nit nach der zall / nach größe / sondern / nach d' fode=
10 rung der Tauff / das ist / das eyn yglich die vbung / vnd zouill an sich
nehme / die vnd zouill / yhm nutz vnd gutt were / die sundliche natur zu
drucken / vnd zū todt schicken / die selbē auch ablassen vnd mehren / darnach
man befund / die sund abnemen obber zu nemen. Szo faren sie da her /
vn̄ laden auff sich / diß vn̄ das / thun itzt also / itzt anders / nur noch der
15 laruen vnd ansehn des wercks / darnach schwind wibber faren lassen / vnnd
also gantz vmbestendig werden / das nymmer nichts auß yhn wirt. Ettlich
drōber die [1] köpff zu brechen / vnd die natur vorterben / dz sie nach yhn noch 241 E
andern nutz seyn. Das seyn alles frucht der lere / die vnß besessen hatt /
das wir meynen noch der rew obber tauff an sund seyn / vnnd die guten
20 werck / nit zu sund vortilgen / sundern frey fur sich selbs der menige sam=
len / obber den gethanē sunden / gnug thun / Da helffen zu die prediger /
die der lieben heyligen legend vnd werck / nit weyßlich predigen / vn̄ ge=
meyn exempel darauß machen / szo fallen dan drauff / die vnvorstendigen /
vnd wircken yhr vorterben / auß der heyligen exempell / Gott hat eynen
25 yglichen heyligen / seyn sondere weyß vnd gnade geben / seyner tauff volge
zu thun. Die tauff aber mit yhrer bedeutūg / allē ein gemeyn maß gesetzt /
dz ein yglicher seyns stāds / sich prüffe / wilche weyße yhm am besten foder=
lich sey / der Tauff gnug zu thun / das ist / die sund zu tödten vn̄ sterben /
auff dz also leycht vnd sennfft werd die pürde Christi / vnd nit mit engsten
30 vnd sorgē zu gehē / wie von den selben Salomō sagt / Die werck der
vnweyßen / marteret sie nur / Drüb das sie den weg zur stadt nit wissen /
Dan eben die geengstet seyn / die zur stadt wollen / vn̄ treffen den weg
nit / Also ists mit dißen auch / das alle yhr leben vnnd wircken wirt yhn
sawr / vnd rich:en doch nichts auß.
35　　¶ Czū achtzehenden / Da her gehōrt nu die gemeyne frag / ob die
Tauff vnnd gelubb / die wir da gott gethā / mehr obber grösser seyn / Dan
die gelubd der keuscheit / priesterschafft / geystlicheit / szo doch die Tauff ge=
meyn ist allen Christen / vnd mar. es achtet / die geystlichen eyn beßonders
habenn vnd hohers.
40　　Antwort / ist auß den vorgesagten leychtlich zu antworten / da yn der
tauff / geloben wir all gleych eyn dingk / die sund zu tödtē vnd heylig zu

---

4 lernen　　24 W. A. korr.: eynem　　30 Prd. 10, 15　　40 an=
wortten A

werden / durch gottis wircken vnd gnab / bez wir vnß dargeben vnd opfern /
242 E wie eyn thon dem töpffer / vnd iſt da ¹ keyner beſſer dan der ander. Aber
der ſelben tauff folge zu thun / dz die ſund ertödtet werd / mag nit eyne
736 W weyße ¹ obber ſtand ſeyn. Drumb hab ich geſagt / eyn yglicher muß ſich
ſelb prüffen / yn welchem ſtandt er am peſten die ſund müge tödten / vnd   5
die natur dempffen / Alßo iſt es war / das keyn hoher / beſſer / gröſſer gelubb iſt / dan der tauff gelubb / was kan man weyter geloben / dan alle
ſund vortryben / ſterben / diß leben haſſen / vñ heylig werden? Aber das
gelubb mag aber ſich eyns woll vorpinden yn eynen ſtand / der yhm fuglich
vnd forderlich ſey / zu ſeyner Tauf volnbrengung. Gleych als wā zween / 10
zu eyner ſtadt wandeln mag eyner den fußſteyg / der ander die land ſtraß
gehen / wie es yhm am beſten dunckt / Alßo wer ſich / an eelichen ſtädt
bindet der wandelt yn des ſelben ſtands / müten vnd leyden / darynne er
ſeyne natur beladet / dz ſie liebs vnd leyds gewone / ſund meyde vnd ſich
zum tod deſte baß bereyte / das er nit ſo wol vormocht außer dem ſelben   15
ſtandt / Wer aber mehr leyden ſucht / vñ durch dill vbung / will kurtzlich
ſich zum tod bereyten / vnd ſeyne tauf werck bald erlangen / der pind ſich
an die keuſcheyt obber geyſtlichen orden / dañ eyn geyſtlicher ſtand / wen
er recht ſteht / ſo ſol er voll leyden vñ marter ſeyn / das er mehr vbung
ſeyner tauff hab / dañ der ehliche ſtand / vnd durch ſolche marter ſich bald 20
gewene den tod frolich zu empfahen / vnd alßo ſeyner tauff end vbirkome.
Wbir diſſen ſtand iſt nu noch eyn hoher / der regirende ſtand ynn geyſtlichem regiment / alß Biſchoff / Pfarrer ꝛc. Die ſollen alle ſtund gantz woll
durch vbet mit leyden vnd wercken / fertig ſeyn zum todt / nit alleyn vmb
yhr willen / ſondernñ auch vmb der willen / die yhn ontertenig ſeyn zu   25
ſterben / Doch yn allen dißen ſtenden / muß man dennocht die maß nit vorgeſſen / droben geſagt / das man die vbung ſo halte / das nur die ſund
auß triben werde / vnd nit nach der menige obber gröſſe der werck ſich
243 E richte. Aber leyder wie wyr vorgeſſenn haben der ¹ tauffe / vnd was ſie bedeut / was wyr drynnen gelobt / vunb wie wyr ynn yrem wandelñ 30
vnd zu yhrem end kömen ſollen / alßo haben wyr auch der wege vñ der
ſtend vorgeſſen / vñ faſt nit wiſſen wa zu ſolch ſtend eyngeſetzt / oder wie
mā ſich drynnen halten ſoll zur tauffe erfüllung. Es iſt eyn pompa drauß
worden / vñ nur eyn weltlicher ſcheyn kaument vbirbliben / wie Iſaias
ſagt. Deyn ſilber iſt ſchaum worden / vnnd deyn weyn iſt weſſerig wor- 35
den / das erbarme Gott Amen.

¶ Zum Neunzehenden. So aber das heylig ſacrament der tauff ſo
eyn groß gnedigs vñ troſtlichs dingk iſt / iſt mit ernſt darauff zuſehen /
das man gott yhe hertzlich vñ frolich dafur an onterlaß danck / lob vñ eere
ſag / dañ ich beſorg der ondanck vordient hatt / das wyr blind worden / nit 40
wirdig geweßen ſeyn ſolch gnad zu erkennen / vñ die gantz wellt voll tauff

---

vñ gnad gottis geweßen vnd noch iſt / wir aber / ynn die engſtlichen eygene
werck / dar'nach vnß ablaß vnnd der gleychen falſche troſte voꝛfuret ſeyn / 737 W
voꝛmeynt gott nit eer zutrawen / wyr weren dañ frum vñ gnug geſcheen
fur die ſund / alß wolten wyr yhm ſeyne gnad abekauffen obber beʒalen /
5 Furwar wer Gottis gnaden nit alßo achtet / dz ſie yhn als eyñ ſunder
dulbē vñ ſelig machē werd / vnnd alleyn ſeyneʒ gericht entgegen geht / der
wirt gottis nymmer frolich / mag yhn auch widder lieben noch loben /
Aber ſo wyr hoͤren / das er yn der tauff bund vnß ſunder auffnympt /
ſchonet vnd macht vnß reyn von tag ʒu tag / vñ das feſticklich glewbē muß
10 das hertʒ frolich werdē / gott lieben vñ loben. Alßt ſpricht er ym pꝛopheten. Ich will yhꝛ ſchonen wie eyn vatter ſeyneʒ kind / dꝛüb iſt nott /
das man der hochgelobten maieſtet / die ſich kegen vnß arme voꝛdampte
wurmleyn ſo gnedig vñ barmhertʒig erʒeiget / baͤck ſage / vnd das werck
wie es an yhm ſelbs iſt / großmache vñ erkenne.

15   ¶ Zum Zwentʒigſten / Da bey ſollen wyr vnß aber [1] auch furſehen / dz 244 E
nit eyn falſche ſicherheyt bey eynreyſſe / vñ ſpꝛech bey yhꝛſelb. Iſt es ſo
gnedig vnnd groß ding vmb die Tauff / das vns gott die ſund nit rechnen
will / vnnd ſo bald wyr widder kümen von der ſund / all ding ſchlecht ſeyn
yn crafft der tauff / ſo will ich die weyl leben vñ thun meyns willens /
20 vnd ernach mals obber am ſterben an meyn tauff gedencken / vñ gott ſeyns
bunds voꝛmanen / vñ dañ meyner tauffe gnug thun.
Ja freylich iſt es alßo groß vmb die Tauff / das wan du widder-
komeſt von ſunden vnd der tauff bund anruffiſt / deyn ſund voꝛgeben ſeynd /
Sich aber ʒu / wan du ſo freuell vñ mutwillig ſundiſt auff die gnad / dz
25 dich das gericht nit ergreiff / vñ beynem widderkoͤmen ʒuuoꝛküme / vnnd ob
du den ſchon wolteſt glawben ynn die tauff obber voꝛtrawen / das durch
gottis voꝛhengen deyn anfechtung ſo groß werde / das der glawb nit beſtehen müg / Wañ ſo die ſchwerlich bleyben die nit ſundigen / obber yhe
auß lauter geꝛechlickeit fallen / wo will deyn freuell bleyben / der die gnad
30 voꝛſucht vñ geſpottet hatt? Dꝛumb laß vns mit furchten wandellnñ / das
wyr die reichtumb gotlicher gnadeñ mügen mit eynem feſten glawben be-
halteñ / vnd ſeyner barmhertʒickeyt frolichen baͤcken ymer vñ ewiglich.
AMEN.

Ein Sermon von dem hochwürdigen Sakrament des heiligen wahren Leichnams Christi und von den Bruderschaften. 1519.

Vorlage: W. A. 2, 739 B. , vgl. oben S. 174.

742 W
7, 28 E

Eyn Sermon võ dem Hochwirdi-
gen Sacrament / des Heyligen Waren Leychnams Christi.
Vnd von den Bruderschafften. Doctoris Martini
Luther Augustiners.

Zum ersten / Das heylige Sacrament des altars / vñ des heyligen waren leychnãs Christi / hat auch drey dingk. die mã wissen muß.

Das erst ist / das sacrament odder zeychen. Das ander / die bedeutung des selben sacraments / Das dritte / der glaub der selben beyden / wie dan yn eynem yglichen sacrament / diße drey stuck seyn mußen. Das Sacrament muß eußerlich vnd sichtlich seyn / yn eyner leyplichen form odder gestalt. Die bedeutung / muß ynnerlich vnd geystlich seyn / yn dem geyst des menschen. Der glaub / muß die beyde zusamen zu nutz vnd yn den prauch bringen.

¶ Zum andern / Das sacrament odder eußerlich zeychen / steet yn der form vnd gestalt des brots vnd weyns / gleych wie die tauffe / yn dem wasser / so doch / das man des brotis vnd weyns nieße mit essen vnd trincken / gleych wie man der Tauffe wasser neust vnd dreyn senckt odder da mit begeusset. Dan das sacrament odd' zeychẽ muß empfangen odder yhe begerd werdẽ / soll es nutz schaffen / wie woll man itzt / nit beyder gestalt dem volck alle tag gibt / wie vorzeyten / ist auch nit nott / so neusset vñr doch alle tag / die priesterschafft / fur dem volck / vñ ist gnug das das volck seyn teglich begere / vnd zur zeyt / eyner gestallt souill die Christenlich Kirch ordenet vnd gibt / empfahe.

¶ Zum dritten / Es ist aber bey mir fur gut angesehen / das die kirch / yn eynem gemeyn Concilio / widderumb vorordenete / das man allen menschen beyder gestalt gebe / wie den priestern. Nit darüb / das eyne gestalt nit gnug sey / so doch woll alleyn des glaubens begirde gnug ist. Als sanct Augustin spricht. Wz bereytist du den bauch vnd die zeen.

---

12 glaub / B   32 dem bauch B. Vgl. Sermo 112, cap. 5 (MSL. 38, 615): Noli parare fauces, sed cor . . . Non ergo, quod videtur, sed quod creditur, pascit

Glaub nur / ßo haſtu das ſacrament ſchon genoſſen / Sondern dz es zimlich vñ ſeyn were ßo des ſacraments / geſtalt vnd forme odder zeychen /
nit ſtucklich eyns teyls / ſondern gantz gebē wurden. Gleych wie ich bó
der tauff geſagt / das es fuglicher were ynß waſſer zu tauchen / dan da
5 mit begiſſen vmb der gentze vnd volkómenheyt willen des zeychens / Synte-
mall / diß ſacrament / bedeutet ein gantz vozeynung [1] vnd vnuozteylete gemeynſchafft der [1] heyligen (wye wyr hóren werden) wilche vbel vnd vnfug-
lich wirt angezeygt / mit eynem ſtuck odder teyll des ſacraments. Auch
iſt nit ßo groſſe far / mit dem Kilch / als man achtet / die weyll / das
10 volck ſelten zu diſſem ſacrament geht / Sonderlich die weyll Chriſtus / der
alle zukunfftige far / woll gewiſt / doch hatt wollen beyde geſtallt eynſetzen /
voz alle ſeyne Chriſten / zu pzauchen.

¶ Ezum vierden / Die bedeutung odder das werck / dißes ſacraments / iſt gemeynſchafft aller heyligen / dzumb nennet man es auch mit
15 ſeynem teglichen namen Synaxis oder Comunio / das iſt / gemeynſchafft /
vnd Comunicare auff latein heyſt / diß gemeynſchafft empfahen / wilchs
wir auff deutſch ſagen zum ſacramēt gehen / vñ küpt daher / das Chriſt⁹
mit allen heyligen iſt eyn geyſtlicher cozper / gleich wie einer ſtat volck eyn
gemeyn vnd cozper iſt / eyn yglicher burger / des andern glydmas vñ der
20 gantzen ſtatt. Alßo alle heyligen ſeyn Chriſti vnd der Kirchen gliḋ / die
eyn geyſtlich ewige gottis ſtadt iſt / vnd wer / yn die ſelben ſtadt genommen
wirt / der heyſt / yn die gemeyne / der heyligē genommen / vnd mit Chriſtus
geyſtlichen cozper / vozleybet vñ ſeyn glyd gemacht. Widderumb Excommunicare / heyſt / von der gemeyn thun / vnd eyn glyd von diſſem
25 cozper / abßondern / vnd das heyſt auff deutſch / yn den ban thun / doch
vnterſchiedlich / wie ym folgenden ſermon von dem ban ich ſagen will.
Alßo iſt diß ſacrament / yn bzott vnd weyn empfahen / nit anders / dan
eyn gewiß zeychen empfahen / dißer gemeynſchafft vñ eynleybung mit
Chriſto vnd allen heyligen. Gleych ob mann eynem burger ein zeychen /
30 handſchzifft / odder ſonſt eyn loßung gebe / das er gewiß ſey / er ſoll der
ſtadt burger / der ſelben gemeyn glydmas ſeyn. Alßo ſagt Sanct Paulus
i. Cozin. x. Wir ſeyn alle eyn bzott / vnd eyn cozper / die wir / von
eynem bzott vnd von eynem Kilch teyll nemen.

¶ Ezum funfftenn / Dyße gemeynſchafft / ſteht darynne das alle
35 geyſtlich guter / Chriſti vnnd ſeyner heyligen / mit geteyllet vnd gemeyn
werden / dem / der dyß ſacrament [1] empfeht / widderumb alle leyden vnd
ſund / auch gemeyn werden / vnd alßo liebe gegen liebe anzundet wirdt /
vnd vozeynigt / Vnd das wyr auff der groben ſynlichen gleychniß bleyben.
Wie yn eyner ſtatt / eynem yglichen burger gemeyn wirt / der ſelben ſtatt /
40 namen / eere / freyheyt / handell / bzauch / ſitten / hulff / beyſtand / ſchutz

743 W
29 E

30 E

4 s. oben s. 185 z. 12 ff. 6 eyn gantz B 9 vgl. RE⁸ 12, 721,
z. 47 ff. 14 mit ſeynem B 26 s. unten s. 214 z. 20 ff. 28 gemeyſchafft B 32 I. Ko. 10, 17

vnd der gleychen. Widderumb / alle gefar / fewr / waſſer / ſeynd / ſterben /
ſcheden / aufſſetz vnd der gleychen.   Dañ wer mit genieſſen will / der muß
auch mit gelten / vnd lieb mit lieb vorgleychen. Hye ſicht mã / das / wer
eynem burger leyde thut / der thut der gantzen ſtad / vnd allen burgerñ
leyde / Wer eynem woll thut Vordienet von allen anderñ gunſt vnd danck. 5
Alſo auch / ym leyplichen corper / wie ſanct Paulus ſagt i. Corin. xij. da
er diß ſacrament geyſtlich vorcleret.   Die glidmas ſeyn fureynander ſorg-
ſeltig.   Wo eyns leydet / da leyden die andern alle mit / wo es ¹ eynem /
woll gehet / da frewen ſich mit yhm die anderñ / ſo ſehen wyr. Thut
yemant der fuß wee / ia das cleyniſt zinleyn / ſo ſicht das aug darnach / 10
greyffen die finger / rumpffet ſich das angeſicht / vnd der gantz corper böget
ſich dahyn / vnd habeñ alle zuthun / mit dem cleynenen glidmaßlyn /
widderumb / wart man ſeyn woll / ſo thut es allen glidmaßen woll. Diße
gleychnüß muß man woll mercken / ſo man diß ſacrament vorſtehn will /
dann die ſchrifft braucht der ſelben vmb der eynfeltigen willen.   15

¶ Ezum ſechſten / Alſo yn dißem ſacrament / wirt dem menſchen /
eyn gewiß zeychen / von gott ſelber geben / durch den prieſter / das er mit
Chriſto vnd ſeynen heyligen / ſoll alſo voreynigt vnd alle ding gemeyn ſeyn /
das Chriſtus leyden vnnd leben ſoll ſeyn eygen ſeyn / dartzu aller heyligen
leben vñ leyden. Alſo das wer yhm leyde thut der thut es Chriſto vnd 20
allen heyligen / wie er ſagt durch den propheten. Wer euch rüret / der rüret
meyn augapffell / widderumb / wer yhm woll thut / der thut es Chriſto vñ
allen ſeynen heyligen / wie er ſagt Matt. xv. Was yhr eynem auß
meynen geringſtē than habt / das habt yhr ¹ mir than. Widderumb muß
der menſch auch laſſen yhm gemeyn ſeyn / alle beſchwerüg / vñ vnfall 25
Chriſti vñ ſeyner heyligen / mit yhn gleych gelten vñ nieſſen / die beyde
wollen wir baß betrachten.

¶ Ezü ſiebenden / Nu thut vnß leyde nit eynerley widderpart Es
iſt zü erſten / die vbrige ſund vnd nachgelaſſen ym fleyſch / nach der Tauff /
die neygung zu zorn / haß / hoffart / vñ vnkeuſcheit ꝛc. die vnß anficht / 30
die weyll wir leben / Da bedurffen wir nit alleyne / hulffe der gemeyne
vñ Chriſti / dz ſie mit vnß da widderfechten / ſonderñ auch nott iſt / das
Chriſtus vnd ſeyne heyligen fur vnß treten fur gott / das vnß die ſund nit
werde gerechnet / nach dem geſtrengen vrteyll gottis.   Drumb vnß zu
ſtercken vnd ermannen widder die ſelben ſund / gibt vnß gott diß ſacra- 35
ment als ſprech er. Sihe da / dich ſichtet manicherley ſund an / nym hyn
diß zeychen / damit ich dir zuſage / das die ſund / nit dich alleyn / ſonder
meynen ſun Chriſtü vnd alle ſeyne heyligē / yn hymell vnd erden / anficht.
Drumb ſey friſch vnd getroſt / du ſtreytiſt nit alleyn / groß hulff vnd bey-

2 anfſſetz B Auflagen   3 und 26 entgelten, zahlen, beiſteuern
6 1. Ko. 12, 25 f.   10 zehlein oder zähnlein?   11 legt ſich in falten
13 pflegt man es wohl   18 voreinigt B   21 Sach. 2, 8   23 Mt.
25, 40   29 der im fleiſch nach der taufe zurückbleibende ſündenreſt

stand vmb dich iſt. Alßo ſpricht der künig Dauid von dißem Brott / das
brott ſtercket des menſchen hertzen / Vnd gibt auch die ſchrifft an meh=
ren orten dißem ſacrament.   Die art der ſterckung / als Act. ix. Von ſanct
Paulus.   Er iſt getaufft worden vnd hatt die ſpeyß empfangen / da iſt er
5 geſterckt worden.   Zum andern ſicht vnß an der böß geyſt / an vnterlaß
mit vielen ſunden vñ widderwertickeitē Zum dritten / die welt / die voller
bößheit iſt / die reytzet vnd voruolget / vñ iſt auff keyner ſeyten gut.   Zu
letzſt ſicht vnß an vnßer eygen böß gewiſſen von getanen ſunden.   Item
des tods furcht vñ der helle peyn.   Wilch alle ſampt vnß müde vñ matt
10 machē ſo wir nit ſtercke ſuchen vnd hetten yn dißer gemeynſchafft.

  ¹ ¶ Ezum achten / Welcher nu vorzagt iſt / den ſeyn ſundlich gewiſſen   745 W
ſchwecht / odder der todt erſchreckt / odder ſonſt eyn beſchwerung ſeyns
hertzen hatt / Will er der ſelben loß ſeyn / ſo gehe er nur frölich zum
ſacra'ment des altars / vnd lege ſeyn leyd / yn die gemeyn / vnd ſuch hulffe   32 E
15 bey dem gantzen hauffen des geyſtlichen corpers.   Zu gleych als wan eyn
burger / auff dem land eyn ſchaden odder vnfall / von ſeynen ſeynden / er=
litten / ſeynen rad herren / vnd mit burger das clagt vñ vmb hulff anruffet.
Drüb iſt yn dißem ſacrament / vnß geben die vnmeſſige gottis gnad vnd
barmhertickeit / das wir da allen yamer / alle anfechtung / von vnß legen
20 auff die gemeyn / vnd ſonderlich auff Chriſto.   Vnd der menſch frölich ſich
mag ſtercken / troſten / vnd alßo ſagen. Byn ich eyn ſunder / hab ich ge=
fallen / trifft mich diß odder das vngluck / wolan / ſo gehe ich daher zū
ſacrament / vnd nym eyn zeychen von gott / das Chriſtus gerechtickeit /
ſeyn leben vñ leyden fur mich ſteht / mit allen heyligen Engelln vnd ſeligen
25 ym hymell / vnd frummen menſchen auff erden.   Soll ich ſterbē / ſo bin
ich nit alleyn ym tod / leyd ich / ſie leyden mit mir.   Es iſt aller meyn
vnfall Chriſto vñ den heyligē gemein worden.   Darumb dz ich yhrer lieb
gegen mir eyn gewiß zeychen hab.   Sich das iſt die frucht vnd prauch
dißes ſacraments / dauon das hertz muß frölich vnd ſtarck werden.

30   ¶ Ezum neunden / Wan du alßo diß ſacraments genoſſen haſt odder
nieſſen wilt. So muſtu widderüb auch mit tragen der gemeyn vnfall / Wie
geſagt iſt Wilch ſeyn aber die?   Chriſt² ym hymell / vnd die Engell mit
den heyligen / haben keyn vnfall / Dan allein / ſo der warheit vñ gottis
wort / nachteyl geſchicht Ja es trifft ſie (wie geſagt) alles leyd vñ lieb
35 aller heyligen auff erden.   Da muß nu deyn hertz ſich yn die lieb ergeben /
vnd lernē / wie diß ſacrament / eyn ſacrament der lieb iſt / vñ wie dir lieb
vñ beyſtand geſchehn / widderüb lieb vnd beyſtand erzeygen Chro yn ſeynen
durfftigen. Dan hie muß dir leyd ſeyn alle vneere Chriſti / yn ſeynem
heyligen wort / alle elend der Chriſtenheit / alle vnrecht leyden der vn=
40 ſchuldigen / des alles zumall / vbirſchwencklich vill iſt an allen ¹ örtern der   33 E
welt / hie muſtu / weren / thun / bitten / vnd ſo du nit mehr kanſt / hertz=

_____

  1 Ps. 104, 15   3 AG. 9, 19   21 bin ich gef.   24 ſeligem B

lich mit leyden haben. Sich das heyst dan widderumb tragen / Christus
vnd seyner heyligē vnfall / vnd widderwertickeit / da geht dan der spruch
Pauli. Eyner trag des andern purden / so erfullet yhr Christus gepott. Sihe
so tregstu sie alle / so tragen sie dich widder alle / vñ seynd alle ding gemeyn /
gutt vnd bösse / Da werden alle ding leychte / vnd mag der bösse geyst 5
widder die gemeyn nicht bestehn. Also do Christ' das sacrament eynge-
setzet. Sprach er / das ist meyn leyb der fur euch geben wyrdt / das ist
meyn blutt das fur euch vorgossen wirt / so offt yhr das thut / so gedenckt
meyn dabey / Als sprecher / ich bin das heupt / ich will der erst sein / der
sich fur euch gibt / will ewr leyd vnd vnfall mir gemeyn machen / vñ fur 10
euch tragē / auff das yhr auch / widderüb mir ' vñ vntereynander so thut /
vnd alles last yn mir vnd mit mir gemeyn seyn / vnnd laß euch diß sacrament / des alliß zu eynez gewissen warzeichē das yhr meyn nit vorgesset.
Sondern euch teglich dran vbet vñ vormanet / was ich fur euch than hab
vnd thu / damit yhr euch stercken muget / vnd auch eyner den andern 15
also trage.

¶ Ezum zehenden / Das ist auch eyn vrsach / vnd die erst / warumb
diß sacrament wirt vill mal gepraucht / so mā doch die tauff nur eyn mall
praucht / Dan die tauff / ist eyn anheben vnd eyngang eyns newen leben.
In wilchem vbir die maß vill widderwertickeit / vns anstossen / mit sunden / 20
mit leyden / frembdē vnd eygen / da ist b' teuffell / welt / eygen fleysch vñ
gewissen / wie gesagt. Die hören nit auff ' an vnterlaß / vns zu iagen /
vnd treyben. Der halben / wir bedurffen sterck / beystand / vñ hulff Christi
vnd seyner heyligen / wilch vnß hyrynne wirt zugesagt / als yn eynem
gewissen zeychen / da durch / wir mit yhnen werden voreynigt vnd eyn- 25
gelebt / vnd alle vnßer leyd yn die gemeyn gelegt. Derhalben geschichts
auch / das denen / die nit vnfall haben odder an angist seyn / odder yhr
vngluck nit fulen / diß heylig sacrament / nit nutz ist / odder wenig / dan
es nur den genenn ist / die trost vnd sterck be'durffen / die blöd hertzen
haben / die erschrocken gewissen tragen / die von sunden anfechtung leyden / 30
odder auch dreyn gefallen seyn / Was solt es bey den freyen sichern geysten
wircken / die seyn nit durffen noch begeren? Dan es spricht. Die Mutter
gottis / Er erfullet nur die hungerigen vnd tröstet / die geengist seyn.

¶ Ezum elfften / Darumb auff das die Jünger yhe wirdig vnd geschickt wurden / zu diffem sacrament / macht er sie zuuor betrubt / hielt yn 35
fur seyn abschied vnnd sterben / daran yhn leyd vnd wee geschach Darzu
erschreckt er sie fast / da er sagt / Eyner vnter yhn wurd yhn vorraten.
Da sie so voller betrubniß vñ angst waren / mit leyd vnd sund der vorreterey bekummert / waren sie wirdig / vnd gab yhn seynen Heyligen Leychnam vnnd sterckt sie widder. Daran er vnß leret / das diß sacrament / eyn 40

3 Ga. 6, 2   7 Lc. 22, 19 f.   32 Lc. 1, 53   37 Mt. 26, 21 f

sterck vnd trost sey / der / die sund vn vbell / betruben vnd engisten Das
auch sanct Augustin spricht. Diß speyß / sucht nur eynn hügerige seel / vn
fleugt nichts ßo fast / als eyn volle satte seel / dye seyn nit darff. Alßo
musten die Juden das Osterlamb / mit bitter lactucken essen / eylend vnd
5 stehend / doryn auch bedeut ist. das diß sacrament / begirige durfftige vnd
betrubte seelen sucht. Nu wer yhm will / vn soll gemeyn machen / Christus
vnd aller Christen vnfall / wer der warheit bey stehn / vnrecht weren / der
vnschuldigen nott / vn aller Christen leydē mit tragen / der wirt vnfall /
vnd widderwertickeit gnug finden / an das yhm selb / die böß natur / die
10 welt / d' teufel vn sund anlegt teglich. Vnd gottis rad vnd will auch ist /
das er vnß mit ßo vill hunden iagt vnd treybt / vnd allent'halben bitter 747 W
lactucken bereydt / das wir nach dißer stercke / sollen vnß sehnen / vnd des
heyligen sacraments fro werden / auff das wir seyn wirdig (das ist) begirig seyn.

15 ¶ Eзū zwellfften / Will er es auch darüb vill mal gepraucht haben /
das wir seyn gedencken / vnd seynem exempell nach / vnß oben yn solcher
gemeynschafft. Dā ¹ wo das exempell / nit mehr wurdt furgehalten / wurd 35 E
die gemeynschafft auch bald vorgessen / als wir izt leyder sehen / das vill
messen gehalten werden / vnd doch die Christliche gemeynschafft / die da
20 solt geprediget / geübt / vn yn Christi exempell furgehalten werden / gantz
vntergeht / ßo gar / das wir fast nit mehr wissen / wa zu diß sacramēt
diene / vn wie mā seyn prauchen solle.   Ja leyder durch die messen vill
mal / die gemeynschafft zustoren vnd alles vorkeren.   Das ist schult der
Prediger / die nit / das Euangeliū noch die sacrament predigen / ßondern
25 yhre menschen geticht / von manicherley wercken / vnd weyßen woll zu leben.
Aber vorzeyten vbet man diß sacrament alßo wol / vnd lerete dz volck /
diße gemeynschafft ßo woll vorstahen / das sie auch / die eußerliche speyß /
vnd gutter zu samen trugen yn die kirch / vnd alda auß teyleten denē /
die durfftig waren / wie Paulus i. Cor. xi. schreybt. Da her noch bliben
30 ist / das wortlein / Collecta / yn der meß / das heyst / eyn gemeyn sam
lung / gleych als man eyn gemeyn gelt samlet / den armen zu geben / da
worden auch ßo vill marterer vnd heyligen. Da waren weniger messen
vnd vill sterck obber frucht der messen Da nam sich eyn Christen des
andern an / stund eyn dem andern bey / hatt eyn mit dem andern mit
35 leyden / trug eyner des andern purd vnd vnfall / das ist nu vorplichen
vnnd seynd nur vill messen / vnd vill diß sacraments empfahung / an alle
seyner bedeutung vorstand vnd vbunge.
¶ Eзū dreyzzehenden.   Man findt yhr woll die gerne wollen mit

2 vgl. Enarratio in ps. XXI (MSL. 36, 178): Beati pauperes, quia
ideo edunt, ut saturentur . . .; qui autem divites sunt, non satiantur,
quia non esuriunt . . . Coenam suam dedit . . .; ille saturatur, qui imi-
tatur. Imitati sunt pauperes. . .   4 mit bittern kräutern Ex. 12, 8
29 1. Ko. 11, 21

nieſſen / wollen aber nit mit gelten / das iſt / ſie hőzen gerne / das yn
diſſem ſacrament / őhn hulff gemeyn vñ beyſtand / aller heyligen / zu geſagt
vnd geben wirt. Aber ſie wollen nit widderumb auch gemeyn ſeyn /
wollen nit dem armen helffen / die ſund' dulden / fur die elenden ſozgen /
mit den leydenden mit leyden / fur die andern bitten / wollen auch nit der   5
warheit beyſtehn / der kirchen peſſerung vnd aller Chriſten / mit leyb / gutt
vnd ere ſuchen vmb fozcht / der welt / dz ſie nit vngunſt / ſchaden / ſmach /
odder den tod leyden mußen / ſo doch gott will haben / das alſo ſie /
36 E vmb der warheit vnd des nehſten willen gedzungen ¹ werden zur begirde /
ſolcher groſſer gnade vnd ſterck diß ſacraments. Das ſeyn eygenutzige   10
menſchen / den diß Sacrament nichts nutz iſt / Gleych als der burger vntreglich iſt / der von der gemeyn / wollt beholffen / beſchutzt / vnd befreyet
748 W ſeyn / Vnd er doch widderüb der gemeyn / nichts thun nach dienen. ' Neyn /
wir mußen der andern vbell widder vnßer laſſen ſeyn / wollen wir das
Chziſtᵖ vñ ſein heyligē / vnßer vbel / ſollē yhz laſſen ſein / ſo wirt die   15
gemeynſchafft gantz / vñ geſchicht dē ſacrament gnug. Dā wo die lieb nit
teglich wechſt / vñ den menſchē alſo wandelt / dz er gemeyn wirt ydermā /
da iſt diß ſacraments frucht vñ bedeutüg nicht.

¶ Ezū viertzehenden / Solch gemeynſchafft zu bedeuten. hat gott
auch ſolch zeychen dißes ſacraments eyngeſetzt / die ſich allenthalben da hyn   20
fugen / vnd mit yhzen formen vnß zu ſolcher gemeynſchafft reytzen vñ bewegen. Dan zu gleych / als auß vielen kőznlin / zuſammen geſtoſſen / das
bzot gemacht wirt / vñ vieler kőzner leybe eyns bzots leyb werden / daryn
eyn iglich kőznleyn ſeyn leyb vnd geſtalt vozleuret / vnd den gemeynen leyb
des bzots an ſich nympt. Deſſelben gleychen auch die weyn kőznlyn / mit   25
vozluſt yhzer geſtalt / werdē eyns gemeyn weyns vñ trācks leyb. Alſo
ſollen / vñ ſeyn wir auch / ſo wir diß ſacramēt recht pzauchen / Chziſtus
mit allen heyligen / durch ſeyne liebe / nympt vnßer geſtalt an / ſtreit mit
vnß widder die ſund / tod / vñ alles vbel dauon wir yn lieb entzundet /
nemen ſeyn geſtalt / vozlaſſen vnß auff ſeyn gerechtickeit / leben / vnd ſelickeit /   30
vnd ſeyn alſo durch gemeynſchaʒft ſeyner guter / vñ vnßers vnglucks / eyn
kuche / eyn bzott / eyn leyb / eyn tranck / vnd iſt alls gemeyn. O das iſt
eyn groß ſacrament / ſagt s. Paulᵖ. Das Chziſtus vñ die kirch eyn fleyſch
vñ eyn gepeyn ſeynd. Widderüb ſollē wir durch die ſelb lieb vnß auch
wandelū vñ vnßer laſſen ſein aller ander Chziſtē gepzechen vñ yhz geſtalt   35
vñ notdurfft an vns nehmen / vnd yhz laßen ſeyn / alles wz wir gutis
vozmugē / das ſie deſſelb genießē mugen / das iſt recht gemeynſchafft vñ
37 E ¹ ware bedeutüg diß ſacraments / Alſo werden wir ynn eynander vozwandelt
vñ gemeyn durch die liebe / an wilche keyn wädell nit geſchehē mag.

¶ Zum Funfftzehenden / hat er dißze zwogeſtalt / des bzots vñ weyns /   40
voz andern eyngeſetzt / weytter an zuzeyḡ dieſ:lbe vozeynüg vñ gemeyn-

---

schafft / die yn dißem sacrament ist / danū keyn yuniger tieffer vnzuteyliger
voreynigung ist / vbir die voreynigūg der speyß mit dem der gespeyßet
wirt / Syntemal die speyß geht vnd wirt vorwandelt yn die natur / vñ
wirt eyn weßen mit deß gespeyßten / Ander voreynigūg / als durch negel /
5 leym / band / vñ der gleychen / machen nit eyn weßen vnzurteylig auß den
voreynten dingen. Alßo auch wir mit Christo / yn dem sacrament vor-
eyniget werden vñ mit allen heyligen eyngeleybet / das er sich vnßer alßo
an nympt / fur vnß thut vnd lest / alßo were er / das wir seynd / was vnß
antrifft / auch yhn / vnd mehr dan vnß antrifft / Widderüb / wir vnß seyn
10 alßo mugen an nehmen / als weren wir / das er ist / als dan auch endlich
geschehen wirt / dz wir yhm gleych formig werden / als s. Joannes sagt.
Wir wissen / wan er wirt offenbart werden / ßo [1] werden wir yhm gleych 749 W
seyn / ßo tieff vnd gantz / ist die gemeynschafft Christi vnd aller heyligen
mit vnß. Alßo fechten yhn an vnßer sund / Widderüb / vnß beschirmet
15 seyne gerechtickeit. Dā die voreynigūg / machts alles gemeyn / alßo lang /
biß das er die sund / vñ vnß gantz vortilget vnd yhm selbs vnß gleych
mache / am Jungsten tage. Alßo auch sollen wir yn vnßer nehsten vnd
sie yn vnß durch dieselben lieb voreynigt werden.

¶ Czū sechtzehenden / Vbir das alles / hatt er dißer zwo gestalt / nit
20 bloß nach / ledig eyngesetzt / sondern seyn warhafftig naturlich fleysch / yn
dem brot / vnd seyn naturlich warhafftig blut yn deß weyn gebē / dz er yhe
ein volkomens sacramēt odder zeychen gebe. Dā zu gleych als dz brot / yn
seynen warhafftigen naturlichē leychnam vñ der weyn / yn seyn naturlich
warhafftig blut vorwandelt wirt / alßo warhafftig werdē auch [1] wir yn den 38 E
25 geystliche leyp / das ist yn die gemeynschafft Christi vnd aller heyligē gezogen vnd vorwandelt / vnd durch diß sacrament / yn alle tugende vñ gnad
Christi vñ seyner heyligen gesetzt. Gleych wie droben gesagt ist / von eynem
burger / der yn der statt vnd gantzen gemeyn / schutz vnd freyheit / wirt
gezogen vnd gewandelt. Darüb hatt er auch nit allein eyn gestalt gesetzt /
30 sondern vnterscheidlich seyn fleysch vnter dem brott / seyn blut vnter dem
weyn / an zu zeygen / das nit allein sein leben vñ gute werck die er durch
das fleysch anzeygt / vnd ym fleysch gethan hatt. Sondern auch seyn leyden
vnd marter / die er durch seyn blutt anzeygt / yn wilcher seyn blut vorgossen ist / alles vnßer sey / vñ wir dreyn gezogen / des nießen vnd prauchen
35 mugen.

¶ Czum siebentzehenden. Auß dem allen ists nu clar / das diß heylig
sacrament / sey nit anders / dan eyn gottlich zeychen / darynne zu gesagt /
gebē / vñ zu geeygent wirt Christ' vñ alle heyligen mit allen yhren wercken
leyden / vordiensten / gnaden vñ guttern zu trost vnd sterck allen / die yn
40 engsten vnd betrubniß seyn / vorvolget / vom teuffell / sunden / welt / fleysch

---

1 unsertrennlichere   11 1. Jo. 3, 2   16 vortilge?   23 seynem B
27 s. oben s. 197 z. 18 ff.   32 yn B   36 siebentzehen B   38 vnd
vor alle fehlt B

vnd allem vbell / vnd das sacrament empfahen / sey nit anders / dan
dasselben alls begeren vnd glauben festiglich / es gescheh altzo. Hie kompt /
nu das dritte stuck des sacraments / dz ist / der GLAWBE. da die macht
an ligt / Dan es ist nit gnug / das man wysse / was das sacrament sey
vnd bedeute. Es ist nit gnug / das du wissest / es sey eyn gemeynschafft   5
vnd gnediger wechsell odder vormischüg vnßer sund vnd leyden mit Christus
gerechtickeit vnd seyner heyligen. Sondern du müsist / seyn auch begeren
vñ festiglich glauben / du habst es erlangt. Hie ficht der teuffell vnd die
natur am meysten / das der glaub nur nit bestehe. Ettlich vben yhre
kunst vnd subtilickeit / trachten wo das brott bleybt / wans yn Christi   10
fleysch vorwandelt wirt / vnd der weyn yn seyn blut. Auch wie vnter ßo
eynem cleynen stuck brotts vnd weyns / muge der gantz Christus / seyn
fleysch vnd blut / be!schlossen seyn / Da ligt nit an ob du das nit suchist.
Es ist gnug / das du wissest / es sey eyn gottlich zeychen. Da Christus
fleysch vnd blut warhafftig ynnen ist / wie vnd wo / laß yhm befollen seyn.   15

¶ Czü achtzehëden / Hie sich zu / das du den glauben vbist vnd
sterckist / das / wan du betrubt bist odder dich deyn sund treyben / altzo
zum sacrament gehist / odder meß horist / das du begerest hertzlich / diß
sacraments vñ seyner bedeutung / vnd nit dran zweyffelest / wye das sacrament deutet / ßo geschech dyr. Das ist / das du gewiß seyest / Christus   20
vnd alle heyligen treten zu dir / mit allen yhren tugenden / leyden vnd
gnaden / mit dir zu leben / thun / lassen / leyden vñ sterben / vñ wollen
gantz deyn sein alle dingk mit dir gemeyn haben / wyrstu dysßen glauben
woll vben vnd stercken / ßo wirstu empfinden / wie eyn frölich reych / hoch-
zeytlich mall vnd woll leben / dir deyn gott / auff dem Altar bereyt hatt /   25
Da wirstu vorstehen / was das groß mal Künigis Assueri bedeut / Da
wirstu sehen / was die hochzeyt ist da gott / sein ochsen vnd mastksße /
abethan hatt / wie ym Euägelio steet / da wirt deyn hertz recht frey vnd
sicher / starck vnd mutig / widder alle feynde. Dan wer wolt sich furchten
vor allem vnfall / ßo er gewiß ist / das Christʼ mit allen heyligen bey yhm   30
sey / vnd mit yhm alle dingk gemeyn hatt / es sey böß odder gutt? Altzo
leßen wir / Actu. ij. das die Jünger Christi / dyß brott brochen vnd assen /
mit großen freuden yhres hertzen. Die weyll nu das werck ßo groß ist /
das die cleynheit vnßer seelen / nit durfft begeren / schweyg dan hoffen
odder gewarten / Ist es nott / vnnd gutt / das man vill mall zum sacra-   35
ment gehe / odder yhe yn der messe teglich solchen glauben vbe vnnd
stercke / daran es alles ligt / Vnd vmb seynen willen auch eyn gesetzt ist.
Dan wo du dran zweyfelist / thustu gott die groste vneere / vnnd achtist
yhn fur einen vntrewen lügner / kanstu nit glauben ßo bitte drüb / wie
broben ym andern sermon gesagt ist.   40

40 E   ¶ Czü neuntzehenden / Darnach sich zu / das du auch ¹ vbermä dich er

---

gebist / gemeyn zu seyn / vñ yhe niemāt yn haß odder zozn absonderst / dā
diß sacrament der gemeynschafft / lieb vnd eynickeit / mag nit zwitracht vnd
vneynickeit dulden. Du must der anderñ gezrechen vnd durfft dyr zu hertzen
lassen gehen als weren sie deyn eygen / vnd deyn vozmugen dar bieten als
5 were es yhz eygen / gleych wie dir Chzistus ym sacrament thut / Dz heyst
durch lieb yn eynander vozwandelt werden / auß vielen stucken eyn bzott
vnd tranck werden / seyn gestalt vozlassen / vnd eyn gemeyne an nehmen.
Da her kompt es das affterreder / freuel richter vnd anderer menschen
vozechter / mußen den tod / am sacrament empfahen / wie s. Paulus
10 1. Co . xi. schzeibt / Dan sie thun nit yhzem nehsten / wie sie suchen bey
Chzisto / vnd das sacrament auß weyset. Gonnen yhn nichts gutis / haben
nit mit leyden mit yhn / nehmen sich yhz nit an / wie sie doch wollen von
Chzisto angenömen[1] seyn / Fallen darnach yn die blindheit / das sie nit 751 W
mehz wissen yn dißem sacrament zu thun / dan wye sie Chzistū kegenwertig
15 furchten / vnd eeren / mit yren bettlyn vñ andacht. Wā das geschehen ist /
so achten sie / es sey woll auß gericht. So doch Chzistus seynen leyb /
darüb geben hatt / das des sacraments bedeutung / die gemeynschafft vnd
der lieb wandell geubt wurde / Vnd seynen eygen naturlichen cozper geringer
achtet / dan seynen geystlichen cozper / das ist die gemeynschafft seyner
20 heyligē / yhm auch mehz dran gelegen ist / sonderlich yn dyssem sacrament /
das der glaub seyner vnnd der heyligen gemeynschafft woll geubt vnd starck /
yn vnß werd / vnd wir der selben nach / auch vnßer gemeynschafft woll
oben. Dyße meynung Chzisti sehen sie nit / vñ gehen teglich hyn / halten
vñ hozen meß yn vrer andacht / bleyben eynē tag wie dē anderñ / Ja
25 werdē teglich erger / vñ fulenß nit. Drüb schaw auff / es ist dir mehz not /
dz du des geystlichē dā des naturlichē cozpers Chzisti acht habist / vñ
nötter / d' glaub des geistlichē dā des naturlichē cozpers. Dū d' naturlich
an dē geistlichē hilft nichts in dissez sacrāt /[1] es muß ein vozwādlūg da ge= 41 F
schehē vñ geubt werdē durch die lieb.

30   ¶ Ezū zwentzigsten / Es seynd yhz vill die dißes wechsels d' lieb
vñ des glaubens vngeachter / sich darauff vozlassen / dz die meß / odder das
sacrament sey als sie sagen. Opus gratū opere operato / das ist / eyn solch
werck / das von ym selb gott wollgefellet / ob schon die mit gefallen die es
thun / Darauß sie dan schliessen / das dennoch gutt sey vill meß haben /
35 wie vnwirdiglich sie gehaltē werdē / den der schad sey der / die sie vn=
wirdig haltē oder bzauchen. Jch laß eynem nben seynen syn / aber solch
fabelen gefallen mir nit / Dan also zu reden / so ist keyn creatur / noch
werck / dz nit von yhm selbs gor wol gefalle / wie Gen. i. geschzieben.
Gott hatt alle seyne werck angesehen / vnd habē yhm wolgefallen. Wz
40 frucht kömet dauon / so mā bzot / weyn / golt vnd alles gut / vbel bzaucht /

---

3 Notdurft   10 1. Ko. 11, 29   15 Gebetlein   32 operati B
38 Gen. 1, 31

wie wol sie an yhn selbs got wolgefallē Ja vorbāniß folget darnach. Alßo
auch hie / yhe edler dz sacrament ist / yhe grösser schaden auß seyneʒ mißprauch kōmet vbir die gantzen gemeyn / dan es ist nit vmb seynet willen
eyngesetzt / das es gott gefalle / ßondern vmb vnßer wille / dz wir seyn
recht brauchen / den glaubē dran vben / vñ durch daſſelb gott gefellig werdē. 5
Es wirckt nichts vberall / wen es alleyn opus operatū ist dan ſchaden. Es
muß opus operantis werdē / gleych wie brott vñ weyn / wirckt nichts dan
schaden / ßo mā seyn nit braucht / sie gefallen gott an yhn selb / wie hoch
sie mügen.   Alßo iſts nit gnug / das das sacrament / gemacht werde (dz
ist opus operatū) Es muß auch praucht werden ym glauben (das ist opus 10
operātis). Vnd ist zubesorgen / das mit [1] solchen ferlichen gloßen / des sacraments crafft vñ tugent / von vnß gewand werdē / vnd der glaub gantz
vnter gehe / durch falsche sycherheyt / des gemachtē sacramentis / Das kompt
allß da her / das sie mehr / Chriſtꝰ natürlichen corper ansehen yn diſſem
sacrament / dan die gemeynschafft / den geyſtlichē corper / Chriſtus am [1] Creutz / 15
war auch / eyn gemacht werck / das gott woll gefiel / aber es ſeyn drẏb gefallen die Juden / biß auff diſſen tag / darüb das ſie nit ein prauchlich
werck / ym glaubē brauß machten / Drüb sich zu / das dz sacrament dir sey /
eyn opus operantis / das ist eyn prauchlich werck / vñ gotte gefalle / nit
vmb seyns weßens wille / Szondern vmb deins glaubens vñ guten prauchs 20
wille / Dz wort gottis ist auch gott gefellig yn yhm selbs / es ist mir aber
schedlich / wo es got nit auch yn mir gefellet. Vnd kurtz vmb / solch geschwetz / opus operatū / opꝰ operātis / sein vorgebene menschē wort mehr
hynderlich dan furderlich.   Vnd wer mocht alle grausam mißprauch vnnd
mißglauben erzelen / die yn dißem hochwirdigē sacramēt teglich sich mehrē / 25
deren eyns teyls / ßo geyſtlich vnnd heylig seynd / das sie nahend eynen
Engell mochten vorfuren / kurtzlich / wilcher bo will / die mißprauch erkennen
der setz yhm nur fur / den obgesagtē prauch vnnd glauben dißes sacraments.
Nemlich / dz eyn betrubt hügerige seele sol seyn / die lieb hulff vñ beystand
der gantzē gemeyn / Chriſti vñ aller Chriſtēheit hertzlich begere / vñ die- 30
selben zu erlangen nit zweyffele ym glauben / darnach sich auch / yn der
selbē lieb gemeyn mach odermā / wer da her nit zeugt vñ ordenet / ſeyn
meß hörē abb' leßē vñ sacramēt empfahē / der yrret vñ praucht nit selig-
lich biß sacraments.   Darüb wirt auch die welt / mit peſtilentzen / kriegen /
vnd ander grewlichen plagen vbirfallen / das wir mit vielen meſſen nur 35
mehr vngnad er wecken.

¶ Eʒū eyn vnd zwentzigiſten / Nu mercken wir / wie nott dyß sacrament denen sey / die yn den todt / odder ander ferlickeyt leybs vnd seel sich
geben sollen / das sie nit allein barynne vorlaſſen / ſondern yn der gemeyn
Chriſti / vnd aller heyligen geſterckt werden.   Darumb Chriſtus auch daſſelb 40
yn der letzten nott vñ ferlickeit seyner Jünger eynsetzt vnd gab / Die weyll

wir dá alle sampt / teglich vmbgeben mit allen ferlickeyten vnd zu letzt
sterben muffen / Sollen wir gott dez barmhertzigen / auß allen creften /
lieblich vnd demutiglichen dancken / das er ¹ vnß / eyn solch gnedigs zeychen 43 E
gibt / daran er vnß furet vnd zeucht (ßo wir mit dem glauben daran feft
5 hangen) durch tod vnd alle ferlickeyt / zu ym felbs zu Chrifto vnd allen
heyligen. Derhalben es auch nutz vnd nott ift / das die lieb vnd gemeynfchafft Chrifti vnnd aller heyligen vorborgen / vnfichtlich vñ geyftlich ge-
fcheh / vñ nur / eyn leyplich / fichtlich / eußerlich zeychen / derfelben vnß
gebē werde / dan wo diefelben lieb / gemeynfchafft / vnd beyftand offentlich
10 were / wie der menfchē ¹ zeytlich gemeynfchaft / ßo wurden wir da durch 753 W
nit gefterckt noch geubt / yn die vnfichtlichen vñ ewigen guter zu trawen /
odder yhr zu begeren / fondern wurden vill mehr geubt / nur yn zeytlich
fichtliche guter zu trawen / vnd der felben ßo gar gewonen / das wir fie
nit geren faren liffen vnd gott nit weyter folgeten / dan ßo fern vnß fichtlich
15 vnd begreyfflich dinge furgingen / da durch wir vorhondert wurden / das
wir nymmer mehr zu gott kemen / Dan es muß alles zeytlich vñ empfindlich dingk abfallen / vñ wir yhr gantz entworren / follen wir zu gott kümen.
Darumb ift die meß / vnd diß facrament eyn zeychen / daran wir vnß
vben / vnd gewenen / alle fichtliche lieb / hulff vnd troft / zuuorlaffen / vnd
20 yn Chriftū / vñ feyner heyligen vnfichtliche lieb hulff vnd beyftand zu erwegen / Dan der tod nympt alls fichtlich ding / vnd fcheyd vnß / von bē
menfchen vnd zeytlichen dingen / ßo muffen wir da gegen habē hilff / der
vnfichtlichen vnd ewigen / vnd die werden vnß / ym facrament vnd zeychen /
angeben / daran wir mit dem glauben / ßo lange hangē / biß wir fie er-
25 langen auch empfindlich vñ offentlich.

    Alßo ift vnß / das facrament / eyn furt / eyn bruck / eyn thur / eyn
fchiff / vnd tragbar / yn wilcher vnd durch wilch wir vó differ welt faren /
vnß ewige leben. Darumb ligt es gar am glauben / dan wer nit glaubt /
der ift gleych / dem menfchē / der vbirß waffer faren foll / vnd ßo vorzagt
30 ift / das er nit trawet dem fchyff / vñ muß alßo bleyben / vñ nymmer mehr
felige werden / die weyl er nit auff fitzt vnd vbir faren will / das macht
die fynlickeit / vñ der vngeubte glaub / ¹ dem die fart fawr wirt / vbir des 44 E
todts Jordan / vnd der teuffell auch grawfamlich dazu hilfft.

    ¶ Czū zwey vnd zwentzigiften / Dyß ift bedeut vor zeyten Jofue. iij.
35 Da die kinder von Jfrael waren durchs rote Mehr mit trocken füffen
gangen / darynne / die Tauff bezeygt wart. Gingen fie auch alßo / durch
den Jordan / aber die priefter ftüden mit der Arca ym Jordan / vnd das
waffer vnter yhn vôrfloß / das vbir yhn / erhub fich wie eyn bergk / darynne /
diß facrament bezeygt ift. Die priefter tragen vnd halten die Arca ym
40 iordan / wen fie vnß prediger vnd geben / diß facrament / Chriftum vñ
aller heyligen gemeynfchafft / yn dem fterben / odder ferlickeyt ßo wir dan

---

5 alle B   34 Jos. 3, 7 ff.

glaubē / ſo voꝛgehen die waſſer / die vnter vnß ſeyn / das iſt / die zeytlichen ſichtlich dingk thun vnß nit / ſondern flyhen von vuß. Aber die
ober vnß ſeyn / erheben ſich hoch / das ſeyn die grewlichen ſtöß vnd bilden /
ym ſterben / von yhener welt / erſchꝛecken vnß / als wolten ſie vnß vbir-
fallē / ſo wir aber vnß nit dꝛan keren / vnd mit eynem feſten glauben   5
furüber gehen / ſo kommen wir mit trocken füſſen / an ſchaden / ons ewig
leben. ¹ Alſo haben wir / dz zwey furnemliche ſacrament ſeynd / yn der
kirchen Die tauff vn das bꝛott / die tauff furt vnß yn eyn new leben auff
erden / das bꝛott leytet vnß durch den tod / ynß ewige leben / Vnd die
zwey ſeynd bedeut / durch das rote Mehꝛ vnd Joꝛdan / vnd durch die zwey   10
lender yhenſt dem ioꝛdan vnd diſſent des ioꝛdās Drüb ſpꝛach der herꝛ / ym
akent eſſen. Ich werd diß weynß nit mehꝛ bꝛingken / biß das ichs new
mit euch dꝛinck yn meyns vaters reych. ſo gar iſt dyß ſacrament gericht
vnnd geoꝛdenet zur ſtercke / widder den todt / vnd zum eyngang / ynß
ewig leben.   15

¶ Zu beſchlieſſen / Iſt die frucht dißes ſacraments / gemeynſchafft
vnd lieb / da durch wir geſterckt werden / widder tod vn alles vbell. Szo
das die gemeynſchafft zweyerley ſey / Eyne / dz wir Chꝛiſti vnnd aller
heyligen genyeſſen / Die andere / das wir alle Chꝛiſtē menſchen / ¹ vnßer
auch laſſen genieſſen / warynne ſie vnd wir mugen / das alſo / die eygen   20
nutzige liebe ſeyns ſelbs durch diß ſacrament auß gerodtet / eyn laſſe die
gemeyn nutzige liebe aller menſchen / vnd alſo durch der liebe voꝛwādlung
eyn bꝛott / eyn tranck / eyn leyp / eyn gemeyn werde / das iſt die rechte
Chꝛiſtenliche bꝛuderliche eynickeyt. Darumb wollen wyꝛ nu ſehen wie ſich
die groß gleyſſende Bꝛuderſchafften der itzt ſouill ſeynd / hie zu gleychen 25
vnd reymen.

¶ Von den Bꝛuderſchafften.

¶ Zum Erſten / wollen wir die boßen vbung der Bꝛuderſchafften
anſehen / Vnter wilchen iſt eyne / das man eyn freſſen vnd ſauffen anricht /
leßt eyn meß odder ettlich halten / darnach iſt der gantz tag vnd nacht /   30
vnd andere tag dazu / dem teuffell zu eygen geben / da geſchicht nit mehꝛ /
danū was gott mißfellt. Solch wutende weyß hatt der boße geyſt eyntragen / vnnd leſt es eyn bꝛuderſchafft heyſſen / ſo es mehꝛ eyn luderey iſt /
vnd gātz eyn heydeniſch / ia eyn ſewiſch weßen. Es were vill beſſer / das
keyn bꝛuderſchafft ynn der welt were / dann das ſolcher vnfug geduldet   35
wirt / Es ſolten weltlich herrñ vnd ſtete / mit der geyſtlicheyt da zu thun /
das ſolchs abthan wurde / dañ es geſchicht gott den heyligen vnd auch allen
Chꝛiſten groß vneere daran / vnd macht gottis dienſt / vnd die feyrtag dem
teuffell zu eynem ſpott. Dan die heyligen tag ſoll man mit guten wercken
feyren vnd heyligen / vnd die bꝛuderſchafft ſolt auch eyn ſunderliche voꝛ- 40

---

11 Mt. 26, 29   12 eſſent B

samlung seyn / guter werck / so iſt es woiden / eyn geltt samlē zum bier /
Was ſoll vnſer lieben Frawen / Sanct Annen / ſanct Baſtian / odder ander
heyligen namen bey deyner biuderſchafft thun / da nit mehz dā freſſen /
ſauffen / vnnutz gelt vozthun / plerren / ſchieyen / ſchwetzen / tantzen vnd zeyt
5 vozlyren iſt / Wan mā eyne ſaw zu ſolcher ' biuderſchafft patronē ſetzet / 755 W
ſie wurd es nit leyden.   Waruͤb vozſucht man dan die lieben heyligen ſo
hoch dz mā phien namen / zu ſolchē ſchandē vn ſunden mißpiaucht ' vnd phie 46 E
biuderſchaffte / mit ſolchē boͤßen ſtucken vozuneeret vn leſteret / We denen /
die das thun / vnd zu thun vozhencken.

10   ¶ Ezū anderū / Szo man eyne biuderſchafft wolt halten / ſolt man
zu ſammenl legen / vn eyn tiſche obber zween armer leut ſpeytzen / vnd den
ſelben dienen laſſen / vmb gottis willen / ſolt dē tag zuuozn faſten / vn den
feyrtag nuͤchter bleyben / mit beetē / vn ander gutten wercken die zeyt hyn
biingen / da wurden gott vnd ſeyne heyligen recht zeeret / da wurd auch
15 beſſerung auß folgen / vn gutt egempell den anderū geben / odder ſolt das
gelt / das mā vozſauffen will / zu ſammen legen / vnd eyn gemeynen ſchatz
ſaͤlen / eyn pglich handwerck fur ſich / das man yn der nott / eynem durfftigen / mithantwergs man / anzulegen helffen vnd leyhen kundt / odder eyn
iung par volcks deſſelbē handwergs / von dez ſelben gemeynen ſchatz / mit
20 eeren auß ſetzē / dz weren rechte biud'liche werck / die gott vn ſeynen
heyligen / die biuderſchafft / angenem machten / da bey ſie gerne patronen
ſeyn wurden.   Wo man aber das nit thun will / vnd der alten laruen
nach folgen.   Vozmane ich doch / das man ſolchs nit thue / auff der heyligen
feſt / auch nit vnter phiem obber der biuderſchafft namē / Man neme eynen
25 anderū wercke tag vnd laß der heyligen / vn phier biuderſchafft namen mit
friden / auff dz ſie nit eyn mall zeychen / Wie woll keyn tag an vneere
mit ſolchem wetzen wirt zu piacht / ſoll mā doch der feſt / vn heyligen
namen mehz ſchonen / dan ſolche biuderſchaffte / laſſen ſich der heyligen
biuderſchafft nennen / vn treyben des teuffels werck darunder.

30   ¶ Ezū dritten / Iſt eyn andere boͤße gewoͤheit yn den biuderſchafften /
vn iſt eyne geyſtliche boͤßheit / eyn falſche meynuͤg / die iſt / dz ſie meynen /
phie biuderſchafft ſol niemāt zu gute kuͤmen / Dā alleyn phn ſelbs / die yn
phier zal vn- regiſter ſeyn vozzeychnet obber darzu geben. Diß vozdaͤpte
35 boͤße meynuͤg / iſt noch erger / dan die erſte boͤßheit / vnd iſt ein vrſach /
waruͤb gott vozhengt / dz auß den biuderſchaffte ein ſolcher gottis ſpott /
vn leſterung wirt / mit freſſen vn ſauffen vn des gleychen. Dā darynne
ler'nen ſie ſich ſelb ſuchen / ſich ſelb liebe / ſich allein mit trewen meynen / 47 E
der ander nit achtē / ſich ettwas beſſers duͤcken / vn mehz fozteyll bey gott /
voz den anderū vozmeſſen / Vn alßo geht vnter / die gemeynſchafft d'
40 heyligen / die Chriſtliche liebe / vn die gruͤtlich biuderſchafft / die yn dem

---

18 helfen, ſich zu etablieren   26 mit ſtrafwundern reagieren.
Vgl. Thiele, Luthers Sprichwoͤrterſammlung no. 83: die heiligen zeichen
gerne   29 uemen B   36 leſtering B   40 wahre

heyligen ſacrament eyngeſetzt iſt / alſo wechſt in yhn eigenutzige liebe / dz
iſt nit anders / dã das mã mit den ſelben vielen eußerlichen wercklichẽ
bzuderſchafftẽ / ſtrebt vñ ſtozet / widder die eynige / ynnerliche / geyſtliche /
756 W weßenliche / gemeyne aller heyligen bzuderſchafft. ¹ Wã dan gott ſicht / dz
vozkerete weßen / ſo vozkeret er es auch widderũb / als ym 17. pſalm ſtet. 5
Mit dẽ vozkeretẽ vozkereſtu dich / vñ ſchickt es alſo / dz ſie ſich / mit
yhzen bzuderſchafftẽ ſelbs zu ſpot vñ ſchãdẽ machen / vnd von der gemeynen
bzuderſchafft der heyligen / der ſie widder ſtreben / vnd nit mit yr yn
gemeyn wircken / vozſtoſſet / yn yhze freſſige / ſeufferiſche / vntzuchtig bzuderſchafft / auff das ſie das yhze finden / die nit mehz / dan das yhze geſucht 10
vnd gemeynet haben / vnd dennocht ſie vozblendet / das ſie ſolchen vnluſt
vnnd ſchande nit erkennen / vnter der heyligen namen ſulchen vnfug
ſchmucken / als ſey es wol gethan. Wbir daſſelb ettlich ſo tieff yn ab-
grund leſt fallen / das ſie offentlich rumen vnd ſagen / welcher / yn yhzer
bzuderſchafft ſey / mũg nit vozdampt werden / gerad als were / die tauff / 15
vnd ſacrament von gott ſelb eyn geſetzt / geringer vnd vngewiſſer / dan das
ſie auß yhzen blinden kopfen erdacht haben. Alſo ſoll gott / ſchenden vnd
blenden / die ſeyne feſt / ſeynen namen / ſeyne heyligen / mit nachteyll der
gemeynen Chziſtlichen bzuderſchafft / die auß Chziſti wũden gefloſſen iſt
ſchmehen vnd leſtern / mit yhzem vollen weßen / vnd ſewſchenũ pzauch 20
yhzer bzuderſchafften.

¶ Ezũ vierden / ¸ Darũb eynen rechten vozſtand vnd pzauch zu lernen
der bzuderſchafften / Soll man wiſſen / vnd erkennen den rechten vnterſcheyd der bzuderſchafften. Die erſte / iſt die gotliche / die hymliſche / die
48 E aller edliſte / die alle ander vbir tritt / wy das goltt / vbir¹tritt / kupffer 25
odder bley / die gemeynſchafft aller heyligen / dauon dzoben geſagt iſt / yn
wilcher wir alle ſampte / bzuder vnd ſchweſter ſeyn / ſo nah / das nymmer
mehz / keyn neher mag erdacht werden / dan da iſt / eyn tauff / eyn Chziſtus /
eyn ſacrament / eyn ſpeyß / eyn Euãgelij / eyn glaub / eyn geyſt / eyn geyſtlicher cozper / vñ eyn yglich des andern glibmaß / Keyn ander bzuderſchafft 30
iſt ſo tieff vñ nah / Dan naturlich bzuderſchaft iſt woll / eyn fleyſch vnd
blut / eyn erbe vnd eyn hauß / aber muß ſich doch teylen vnd mengen / yn
ander geblud vñ erbe / Die parteyſche bzuderſchafftẽ / die haben / eyn
regiſter / eyn meß / eynerley gutwerck / eyn zeyt / eyn gelt / vnd als nu
geht / eyn bier / eyn freſſen / vnd eyn ſauffen / Vnd reycht keyne nit / ſo 35
tieff / dz ſie eynen geyſt mache / dan den macht Chziſtus bzuderſchafft alleyn /
darũb auch / ſo ſie gröſſer / gemeyner vnd weyter iſt / yhe beſſer ſie iſt.
Sollen nu alle andere bzuderſchafft / ſo geozdenet ſeyn / das ſie die erſte
vnd edliſte / ſtett voz augen haben / die ſelben alleyn groß achten / vnd mit
allen yhzen wercken / nichts eygens ſuchen / ſondern vmb gottis willen die 40

---

selben thun / gott zu erbitten / das er die selben Chꝛiſtenliche gemeynſchafft
vñ bꝛuderſchafft / erhalte vnd beſſer von tag zu tage. Allßo wo eyn
bꝛuderſchafft ſich erhebt / ſolle ſie ſich alßo laſſen anſehen / dz die ſelben
fur andere menſchen erauß ſpꝛingen / fur die Chꝛiſtenheyt / mit Beten /
5 Faſten / Almoßen / guten wercken / ¹ ettwas beßonders zu thun / nit yhꝛen   757 W
nutz noch lohn ſuchen / auch niemant auß ſchlahen / ſonderñ wie freye
diener / der gantzen gemeyn der Chꝛiſtenheit zu dienen. Wo ſolch rechte
meynnüg were / da wurd gott auch widderumb rechte oꝛdenüg gebē / das
die bꝛuderſchafften nit mit ſchlēmerey / zu ſchanden wurden. Da wurd
10 gebenedeyung folgen / dz mā eyn gemeynnen ſchatz mocht ſamlen / da mit
auch eußerlich anderñ menſchen geholffen wurd / Dan gingen geyſtlich vnnd
leyplich werck der bꝛuderſchafften yn yhꝛem rechten oꝛden. Vñ wilcher   49 E
dißer oꝛdenüg yn ſeyner bꝛuderſchafft / nit will folgen / dem rad ich / er
ſpꝛing erauß / vnd laß die bꝛuderſchafft anſteen ſie wirt yhm an leyb vnd
15 ſeel ſchaden.

Szo du aber ſpꝛichſt / ſoll ich nit ettwas beßonders yn der bꝛuder‑
ſchafft vbirkümen / was hilfft ſie dā mich / Antwoꝛt / ia wan du ettwas
beſonders ſuchiſt / was hilfft dich dan auch / die bꝛuderſchafft odder ſchweſter‑
ſchafft da zu. Dyene du der gemeyne vñ andern menſchen damit / wie die
20 art der liebe pflegt / ſzo wirt ſich deyn lohn fur die ſelben liebe / woll
finden / an deyn ſuchen vnd begirde / Szo aber dir der liebe dinſt vñ lohn
geringe iſt / ſzo iſt es eyn zeychen / das du eyn voꝛkerete bꝛuderſchafft habiſt.
Die liebe dienet frey vmbſunſt / dꝛüb gibt yhꝛ auch gott widderüb / frey
vmbſunſt / alles gutt / Die weyll dan alle dingk yn b' liebe muſſen ge‑
25 ſchehen / ſolln ſie anders gott gefallenñ / ſzo muß die bꝛuderſchafft auch yn
der liebe ſeyr. Was aber yn der liebe geſchicht / des art iſt / das nit
ſucht das ſeyne / noch ſeynen nutz / ſondern der anderñ / vnd zuuoꝛ der
gemeyne.

¶ Szü funfften / Widder auff das ſacrament zu kümen / Die weyll
30 dan itzt / die Chꝛiſtliche gemeynſchafft alßo vbell ſtett / als noch nie ge‑
ſtanden iſt / vñ teglich mehꝛ vnd mehꝛ abnympt yn den vbirſten am aller
meyſten / vnd alle oꝛter voll ſund vnnd ſchanden ſeynd / ſoltu nit das an‑
ſehen / wie vill meſſen geſchehn / odder wie offt das ſacrament wirt ge‑
handelt. Da dauon wirt es ehe erger dan beſſer / ſonderñ wie viel du
35 vnd andere zu nehmen / yn der bedeutung vnd glauben dißes ſacraments /
darynne die beſſerung gar ligt / Vnd yhe mehꝛ du dich befindeſt / das du
in Chꝛiſt² vñ ſeyner heyligen gemeynſchafft eyngeleybet wirſt / yhe beſſer
du ſteheſt / dz iſt / ſzo du befindiſt / das du ſtarck wirſt ynn der zuuoꝛſicht
Chꝛiſti vñ ſeyner lieben heyligen / das du gewiß ſeyeſt / ſie lieben dich /
40 vñ ſtehn bey dyr yn allen nötenn / des lebens vnd ſterbens. Vnd
widderumb / das dyr zu hertzen gehe aller Chꝛiſten vnd der gantzen gemeyn

6 zurückweisen   30 gemeynſchafft B

abnemen obber fall / vnn eynem iglichen Chꝛiſten / vnd deyn lieb cynem
50 E   iglichen ¹ gemeyn werbe / vnd wolltiſt yberman gerne helffen / niemant haſſen /
mit allen mit leyben vnb fur ſie bitten.   Sih ſo geht des ſacraměts werck
recht / ſo wirſtu gar vill mal weynen / clagen vñ trawren fur ben elenden
ſtand ber heutigen Chꝛiſtenheyt.   Findeſtu bich aber ſolcher zuuoꝛſicht nit
758 W   zu Chꝛiſto vñ ſeynen heyligeñ / vnb bich die nottburfft ber ¹ Chꝛiſtenheyt /
vnnb eynß iglichenñ nehſten nit anſicht noch bewegt / ſo hutt bich fur
allen anberñ guten wercken / bo bu ſunſt meynſt frum zu ſeyn vnnb ſelig
zu werben / Es werbē gewißlich lauter gleyſſen ſcheyn vñ triegerey ſeyn /
ban ſie ſeyn an liebe vnb gemeynſchafft / an wilche nichts guts iſt / bañ ¹⁰
Summa ſummarū / Plenitudo legis eſt bilectio / bie lieb erfullet alle gepott /
AMEN.

---

10 gemeyſchafft B   11 Rö. 13, 10

Ein Sermon von dem Bann. 1520.

Ueber die genesis des 'sermo de. virtute excommunicationis' von
1518 (W. A. 1, 634 ff.) sind wir gut unterrichtet:

Am 10. juli 1518 schrieb L. an Link (WABr1,185.39 ff.), er habe
5 'nuper' vor seiner gemeinde einen sermon über die kraft des bannes gehalten,
wobei er nebenbei die tyrannei und unwissenheit der offiziale, kommissare
und vikare an den pranger gestellt habe (vgl. W. A. 1, 641, z. 9 ff.); die
predigt habe allgemeines entsetzen und die befürchtung, es möchte ein neues
feuer — wie nach den 95 thesen — aufgehen, hervorgerufen. Er habe über
10 dasselbe thema öffentlich disputieren wollen, aber der bischof von Brandenburg habe ihn durch einen boten ersucht, die disputation zu verschieben,
was er auch getan habe[1]). Unterm 1. september schrieb L. genaueres
über die sache an Staupitz (WABr1,194,29 ff.): feindliche später hätten
die predigt nachgeschrieben, aufs gehässigste in thesen zusammengezogen
15 und diese überall verbreitet; auf dem reichstage zu Augsburg hätten sie
böses blut gemacht (vgl. auch WABr1,201,33 ff. und Kalkoff, For-
schungen zu L.s römischem Prozess, Rom 1905, s. 53), und in Dresden
(hier weilte L. in der letzten juliwoche) seien sie ihm vorgehalten worden.
Dadurch habe er sich genötigt gesehen, den sermon zu veröffentlichen,
20 "quo venenatis istis articulis occurrerem aut male intellectis lucem afferrem'.
Spalatin hatte — gewiss im auftrage des kurfürsten — die ausgabe
widerraten, aber wie L. ihm unterm 31. august mitteilte (WABr1,
191,4f.): 'antequam venirent literae tuae (vgl. WABr1,200,4 f.), iam
editus erat sermo de excommunicatione'.
25   Dagegen erfahren wir über die entstehung des „sermons von dem
bann" (teils übersetzung, teils weitere ausführung des sermo de v. e.)
gar nichts. Am anfang und am ende reiht L. ihn an den „sermon
von dem hochwürdigen sakrament des heiligen wahren leichnams Christi"
(oben s. 196) unmittelbar an. Dieser wird mitte dezember 1519 herausge-
30 kommen sein. Der Grunenbergsche urdruck unseres sermons (W. A. 6,
61 A) trägt am schluss die jahreszahl 1520, die nachdrucke sind zumeist
von 1520 datiert. Es ist anzunehmen, dass der Grunenbergsche urdruck
ende 1519 oder anfang 1520 erschienen ist. Ihn geben wir wieder.

Jhesus.   27, 51.
6, 63 V
35   ¶ Zum Erſten / Die weyl wyr gehōꝛet / wie daſ ſacramēt deſ
heyligen leychnamſ Chꝛiſti iſt eyn zeychen d' gemeinſchafft aller heyligen /

---

1) Nach K. K. 1, 194 soll L. diese predigt bereits am sonntag
Exaudi (16. mai) 1518 „mit anschluss an die sonntägliche perikope Joh.
15, 26—16, 4" gehalten haben. Aber wenn sie wirklich augenblicklich
eine solche erregung hervorgerufen hat, dann wäre es verwunderlich, dass
L. in früheren briefen ganz davon schweigt.

---

35 oben s. 197 z. 13 ff.

52 E iſt nu von nötten auch ¹ zu wiſſen / was der Ban ſey / der durch macht
geyſtlichs ſtands vn der Chriſtenheyt gepraucht wirt / dañ ſeyn vornehm=
lich engentlich ampt vnd macht iſt / das er eynem ſchuldigen Chriſten
menſchen beraubt vnd vhm vorbeutt das heylige ſacrament / drumb kan
eyns on das ander nit vorſtanden werden / die weyll ſie widdernander ſeyn / 5
dañ das wörtleyn / Comunio / zu lateyn heyſſet gemeynſchafft / vnd ſo
nennen das heylig ſacrament die gelereten / da gegen iſt das wörtleyn /
Excomunicatio / das heyſſet entſetzung der ſelben gemeynſchafft / vnd ſo
nennen die gelereten den Ban.

64 W   ¹ ¶ Zum Andern / die gemeynſchafft iſt zweyerley / gleych wie vhm 10
ſacrament zwey dingk ſeynd / nehmlich das zeichen vnd die bedeutüg / wie
vm ſermon geſagt iſt. Die erſt gemeynſchafft iſt ynnerlich / geyſtlich / vn=
ſichtlich vm hertzen / das iſt / ſo vhmand durch rechten glauben / hoffnung /
vñ lieb / eyngeleybt iſt / yn die gemeynſchafft Chriſti vñ aller heyligen /
wilchs bedeutt vnd geben wirt / yn̄ deſ ſacrament / vnd die iſt das werck 15
vnd crafft des ſacramentis. Diße gemeynſchafft mag widder geben noch
nehmen vrgent eyn menſch / er ſey Biſchoff / bapſt / ia auch engell / oder
all creature / ſondern alleyn gott ſelb durch ſeynen heyligen geyſt / muß
die eyngiſſen vnß hertz des meſchen / der do glaubt ynn das ſacrament /
wie vm ſermon geſagt iſt. Alſo mag auch hieher keyn ban reychen / noch 20
ſeyn / dan alleyn der vnglaub odder ſund des menſchen ſelb / der mag ſich
ſelb da mit vorbannen / vnd alſo von der gemeynſchaft gnaden / lebẽ vnd
ſelickeyt abſondern / Das bewert. S. Paulus Ro. viij. Wer mag vns ab=
ſondern von der liebe gottis? Mag es thun angſt odder nott? hunger
odder armut? ferlickeyt / vorvolgung / odder blutt vorgiſſen? Neyn neyn / 25
ich byn gewiß / das widder ſterben noch leben / widder engell / noch engell
furſten noch engeliſch here / widder kegenwertige noch zukünfftige dingk / alſ
das auff erden gewaltig / hoch odder nydder iſt / noch vrgend eyn andere
creatur / mag vnß abſondern̄ von der liebe gottis / die wyr habẽ in Chriſto
5J E Iheſu vnßern herrn / vnd ſanct Petrus ¹ i. Pe. iij. Vnd was mag ſeyn 30
vrgent / das euch ſchaden kund / ſo vhr dem guten vleyſſig folget.

       ¹ ¶ Zum Dritten. Die ander gemeynſchafft iſt / eußerlich / leyplich
vnnd ſichtlich / das iſt ſo vhmand wirt zu gelaſſen / das er des heyligen
ſacramentis teylhafftig iſt / vnd ſampt andern daſſelb empfecht vñ mit
neuſſet. Von dießer gemeynſchaft may eyn Biſchoff vñ Bapſt eynẽ ab= 35
ſondern / vñ vhm daſſelb vmb ſeyner ſund willẽ vorpieten / vñ das heyſſet
ynn pan thun / Dißer bann war vor zeyten faſt ym prauch / vñ heyſſet
itzt der kleyne bañ / dann dar vber ſtreckt er ſich weyter / das man auch
vorpeutt / begrebniß / kauffen / vorkauffen / handellñ / wandellñ / vnd allerley
gemeynſchafft der menſchen / zu letzt auch (alß ſie ſagen) waſſer vnd fewr / 40

---

       12 oben ſ. 196 z. 11 ff.   20 oben ſ. 204, z. 2 ff.   23 Rö. 8,
35. 38   26 engell / furſten A   30 I. Pt. 3, 13

das heyſſet der groß ban / Daran habē ettlich nit gnug / ſondernn vbir
das alliß / prauchen ſie widder die vorpanneten weltlich gewalt / durch
ſchwert / ſewr vñ krieg ſie zu bequingen / daſſelb ſeynd aber mehr newe
funde / dan grüdlich meynung der ſchrifft / Dan mit weltlichez ſchwerd zu
5 handelñ / hôret zu dem keyßer / konigen / furſten vnd hirſchafften der wellt /
vnnd gar nichts dem geyſtlichen ſtand / des ſchwerd nit eyßeren / ſondern
geyſtlich ſeyn ſoll / wilchs iſt das wort vñ gepott gottis / als ſanct Paulus
ſagt Ephe. iij.

¹ ¶ Zum Vierden / dißen eußerlichen bann kleyn vnd groß / hott 65 W
10 Chriſtus eyngeſetzt Matt. xviij. Szo deyn bruder widder dich ſundiget /
ſtraff yhn zwiſchen dyr vnd yhm alleyn / hôret er dich / ſo wirſtu deynen
bruder gewonnen haben / hôret er dich nit / ſo nym noch eynen oder
zween zu dyr / auff das do beſtee eyn iglich wort oder geſchefft durch
zweyer oder dreyer gezeugen rede. Hôret er ſie nit / ſo ſag es der gātzen
15 gemeyn der kirchē / hôret er die kirchen nitt / ſo hallt yhn alß eynen heyden
¹ vñ publican. Itē S. Pau. i. Cor. v. Szo yhmād vnter euch vnkeuſch 54 E
oder geytzig iſt / oder abgotter eeret / oder ſchweeret / oder trücken / oder
reuber iſt / mit dem ſollt yhr nichts gemeynß haben / auch nit mit yhm
eſſen. Item. ij. Teſſa. iiij. Szo yhmanb nit vnterthenig iſt vnßer lere
20 vn dißer ſchrifft / den ſelben merck / vñ habt nichts mit yhm zu ſchaffen /
auff das er beſchemet werde. Item Johan. Epiſt. ij. Szo yhmād kümet
zu euch / vñ bringt nit mit ſich diße lere / ſolt yhr yhn nit herbergē / auch
nit gruſſen vñ wilcher yhn gruſſet / der iſt teylhafftig ſeyner bôßen werck.

Auß dißen allen worten / lernen wir / wie der bann ſoll gethā ſeyn.
25 Ezü erſten / das wir nit rache / noch vnßern nutz ſuchen ſollen / wie itzt
allenthalben eyn ſchandlicher prauch iſt / ſonderñ die beſſerüg vnßers nehſten.
Ezü andern / das die ſtraff nit gelange biß an ſeyn vorterben oder ſterben.
Dan S. Paul² / ſetzt das zill des bannes nit weytter / dan yn die beſſerung /
das er zu ſchanden werde / ſo niemant mit yhm vmbgahtt / vnd ſetzt darzu
30 ij. Teſſa. iiij. Ihr ſolt yhn nit halten / alß eynen ſeynd / ſondern ſtrafft
yhn als eynen bruder. Nu gahn itzt die wuttrichen tyrannen / mit den
leuthen vmb / als wolten ſieß / yn dye hellen vorſtoſſen / vnd ſuchen doch
gar nichts beſſerüg an yhnen.

¶ Ezü funfften. Es mag offt geſchehen / das eyn vorbanter menſch /
35 werd beraubt des heyligen ſacrametis / darzu auch des begrebniß / vnd ſey
doch ſicher vnd ſelig / yn der gemeynſchafft Chriſti vñ aller heyligen /
ynnerlich. wie das ſacramēt antzeygt Widderumb / iſt yhr vill / die eußerlich vnvorbannet des ſacraments frey nießen / vñ doch ynnewendig / d'
gemeynſchafft Chri gantz entfrembdet vnd vorbannet / ob man ſie auch ſchon
40 mit gulden tüchern vnter den hohen Altar begrub / mit allem prangen /

3 bezwingen   8 Eph. 6, 17   10 Mt. 18, 15   12 habent A
16 1. Ko. 5, 11   19 2. Th. 3, 14   21 2. Jo. 10   30 2. Th. 3, 15
40 Bahrtüchern (vgl. Neues Arch. f. Sächs. Gesch. 28, 6 ff.)

glocken vnd ſingen. Derhalben niemant zu vrteyllen iſt / er ſey ym bann
odder drauſſen / ſonderlich / ſo er nit vmb ketzerey odder ſund willen ſich
zu beſſeren vorbannet iſt. Dan vmb gelt odder zeytlich ander ding willen
bannen / iſt eyn newer ſund. Dauon die Apoſteln vnd Chriſtus nichts
gewiſt haben.   5

¶ Ezū ſechſten. Bannen iſt nit / wie ettlich meynnen / eyn ſeel dez
teuffell geben / vñ berauben d' furbit ¹ vñ aller gutter werck der Chriſten-
heytt. Dan wo do bleybt der recht glaub / vnd lieb gottis ym hertze / da
bleybt auch warhafftig / gemeynſchafft aller gutter vñ furbitt der Chriſtenheyt / mit allen fruchten des ſacraments. Seyntemall der ban / nit anders   10
iſt / noch werden mag. dan eyn beraubung des euſſerlichen ſacraments odder
wandels mit den leuten. Gleych als wo ich yn kerker wurd gelegt / were
ich woll beraubt d' euſſerlich geſelſchafft guter freund / aber dennoch nit
beraubt yhzer gunſt vnd freundſchafft. Alſo wilcher vorbänet wirt / muß
entſetzt ſeyn / des gemeynen ſacramentis vñ wandell vnter den menſchen / 15
aber iſt nit darüb vorworffen võ yhzer lieb / furbitt / vnd guten wercken.

¶ Ezū ſiebenden / Das iſt woll war / wo der ban recht / vnd vordienet / billich geſellet wirt / da iſt er eyn zeychen / vormanung vñ ſtraff /
daran / der vorbantte / erkennen ſoll / das er ſelb ſeyn ſeel durch miſſethatt
vnd ſund dem teuffell vbirgeben hab / ſich beraubt der gemeynſchafft aller 20
heyligen mit Chriſto / dan ſolchē vntreglichen ſchaden der ſund / will die
mutter der heyligen kirchen yhzrem lieben ſun anzeygen / durch die ſtraff
des bannß / vñ yhn damit widder vom teuffell zu gott bringen. Gleych
als ob eyn naturlich leypliche mutter / yhzem ſohn drewett / vnnd ſtraffett /
wo er vbell thutt / da mit gibt ſie yhn nit dem hencker odder wolffe /   25
auch macht yhn nit zum buben / ſondern weret vnd zeygt yhm mit der-
ſelben ſtraff / wie er zum hencker kummen mocht / vnd behelt yhn bey des
Vatters erbe. Alſo wo eyn geyſtlich vbirkeyt / yhemand yn bann thutt /
ſoll ſie alſo gedencken. Syh da / du haſt diß vnd das than / da mit du
denn ſeel / dem teuffell geben / gottis zorn vordienet / dich beraubt aller   30
Chriſtē gemeynſchafft / vnd yn ynnerlichen geyſtlichen bann fur gott gefallen / vnd wilt nit auffhören noch widder kümen. Wolan ſo thu ich dich
auch euſſerlich fur den menſchen yn den bann vñ dir zu ſchanden beraub
ich dich des ſacramentis vñ gemeinſchafft der leuthe / ſo ¹ lange / du zu dir
ſelbiſt komiſt vñ deyn arme ſeele widderbringſt.   35

¶ Ezū achten / Wilcher biſchoff / probſt / oder officiall eyn ander
meynnūg hatt ym bänen / der ſehe ſich fur / er wirt ſich ſelb ewiglich vorbannen / das yhm widd' gott noch creatur eraußhelffen werden. Es iſt d'
banū niemant ſchedlicher vñ ſerlicher / dan denen / die yhn fellen / ob er
auch gleych recht / vñ allein vmb miſſethat willen gefelt iſt / darüb / dz ſie   40
ſelten ob' nymmer / ſolch meynnūg habē / da zu an forcht handeln / nit bedencken / wie villencht ſie vor gott / vil wirdiger weren / hübert bannen

66 W
55 E
56 E

Wie das Euāgeliū. Matt. ꜧviij. ſagt / von dez knecht / d' ſeyne herrn /
ſchuldig war / zehen tauſent pfundt / vñ doch ſeynez geſelle nit hūdert
pfennig harꜩen wolt / wo wollen dan bleyben / die armen elendē treyber /
die vmb gellts willē / ein ſolch weſſē ¹ mit bānen / vil mal mit gewalt vñ ⁶⁷ W
5 vnrecht angericht habē / dz faſt leychter / die Turcken vñ Heiden leben /
den die Chꜩiſtē / Dz iſt / yhe offenbar / dz yhꜩ vill fur gott ym ban ſeynd /
beraubt der frucht des ſacrūtis vnd ynnerlicher geyſtlicher gemeynſchafft /
die doch nit mehꜩ thun tag vnd nacht / dan Citiren / tribulirin / bannen /
vnd andere leut berauben des eußerlichē ſacraments / wilche / ynnerlich /
10 tauſent mall fur gott / höher ſeynt vnd yn des ſacraments geyſtlicher gemeynſchafft leben.   O du elender handell / o du erſchꜩeckliche narung / ſolcher
grewlicher handtieriūg.   Ich weyß noch nit ob ſolche publicuſſe vnd officiell /
wolffe geweßen ſeynd / odd' werden wollen / das werck gibt yhe ſtarck
zeugniſſe / von yhn.

15   ¶ Ezū neunden.   Darauß folget / das war ſey / das der bann ꜩouill
an yhm iſt / niemandt voꜩderbt / voꜩdampt / odder erger macht / ßondern
er ſucht vnd findet eyne voꜩterbete / voꜩdampte ſeel / ſie widder zu bꜩingen.
Dan es die natur vnd art aller ſtraffe iſt / ſunde zu beſſern.   Bannen
aber iſt eyn lauter ſtraffe / vnnd eyn mutterlich ſtraffe / dꜩüb macht er
20 niemant erger. odder ſundlicher / ßondern iſt alleyn geoꜩdenet / die ynnerliche geyſtliche gemeynſchafft widd' zu bꜩingē. ßo er ¹ recht iſt / od' zu ⁵⁷ E
beſſern / ßo er vnrecht iſt.   Das beweret ſanct Paul' vnd ſagt. ij. Coꜩint.
iꜩ. Das ich mit euch handell / mit der gewalt / die mir gott geben hat /
nit zu voꜩterben / ßondern zu beſſern.   Alßo. i. Coꜩ. v. do er dē ſtraffet
25 der ſeyne ſtieffmutter zur ehe genommen hett / ſpꜩach er / ich mit euch /
geb yhn dem teuffell leyplich zu todten / auff das ſeyn ſeel behalten werde /
am Zungſten tage.   Alßo hatt er auch dꜩoben geſagt.   Wir ſollen den
voꜩbannten nit als eynen ſeynd achten / ßondern ſtraffen / als eynē bꜩuder /
auff das er beſchemet vnd nit voꜩdāpt werd.   Ja auch Chꜩiſtus ſelb / nach
30 der menſcheyt / die gewalt nit hatt / eyne ſeele abzuſondern / vñ dem teufel
zu geben / als er ſagt Johan. vi.   Was zu mir kōmet / wird ich nit voꜩ-
werffen / vnd das iſt der wille / meynß Vatters / der mich geſandt hatt /
das ich nit voꜩterbe odder voꜩlire / was er mir gibt Item der ſun des
menſchen iſt nit kūmen zu voꜩterben / ßondern zu erlößen die ſeelen.   So
35 dan Chꜩiſtus ſelb vñ all Apoſtell / kein ander gewalt haben / dan zu helffen
den ſeelen / vñ keyn ander gewalt / yn der kirchen gelaſſen / was voꜩmeſſen
ſich dan / die blinden tyrannen / vnd rhūmen / ſie haben gewalt / zuvoꜩ-
maledeyen / voꜩdampnen vñ voꜩterben / das yhn doch auch yhꜩ eygen geyſtlich recht voꜩſagt. lib. vi. de Sen. eꜩc. c. Eū medicinalis.   Seytemall der

---

1 Mt. 18, 24. 28   3 stunden   8 W. A. korr.: tribuliren   22 2. Ko.
13, 10   24 I. Ko. 5, 5   27 2. Th. 3, 14 f.   31 Jo. 6, 37. 39   33 Lc.
9,́ 56   36 voꜩmeſſen / A   39 versagt, verbietet — Sexti decret. lib.
V tit. XI de sententia excommunicationis, suspensionis et interdicti cap. I:

bann eyn ertzney / vnd nit eyn tödtüg ist / der alleyn besserlich strafft / vnd
nit vorterblich auß wurtzelt / ßo ferne / der dreynthan wirt / yhn nit vor=
achte / ßo sol sich mit vleyß vorsehē eyn yglicher geystlicher richter / das
er sich bewentze / wie er yn deß bannen nit anderß suche / dan das er bessere /
vnd helffe.   5

        ¶ Ezü zehenden. Auß dißem text clar wirdt / das der bann / ßo er
nit voracht wirt / heylsam vnd vnschedlich sey / vnd nit / wie ettlich blöd
68 W vorzagte ¹ gewissen / durch ettlicher freuell mißprauch beschreckt wenen / er
58 E sey vorterblich an d' seelen / wie wol er zur zeyt der Aposteln mechtig
war / den leyb dem teuffell zu geben vnd ¹ zu tödten / wilchs auch noch woll 10
geschehe / wo die richter nit auß freuell der gewalt / ßondern auß demütigeß
glauben / vnd lieb / yhrem nehsten zu besserüg den ban vbeten. Weyter
folget / das der ban größer far vnd schreckniß bringt / denen / dye yhn
treyben / wo sie sich nit fursehen / das sie alleyn / besserung vnd heyll /
des vorbanten suchen / nach lautt des textß. Dan der ban mag nit anders 15
seyn . ban eyn gütige mutterlich geyssell / auff den leyb vnd zeytlich gutt
gericht / damit niemant zur hell gestoffen / ßondern mehr erauß gezogen
wirt / vnd gezwügen võ der vordampniß / zu seyner selickeyt / drüb solten
wir yhn / nit alleyn on alle vngedult leyden / ßondern auch mit freuden
vñ alle eeren empfangen. Aber den tyrannen / die nit mehr / dan yhre ge= 20
walt / forcht / gewyn darynnen suchen / mag er nit / on grewlich schaden
abgahn / dan sie vorkeren den bann vnd seyn werck. vñ machen auß der
ertzney eyn vorgifft / vnd suchen nur / wie sie dē forchtsamen menschen er=
schrecklich werden / der besserung aber gedencken sie nymmer mehr / da von
sie werden / eyn schwere rechnüg geben mussen / wehe yhnen.   25

        ¶ Ezü eylfften. Nu haben sie yhn selb eyn sprichwort erfunden /
das lautt alßo / vnßer ban sey recht odder vnrecht / ßo soll mā yhn furchten /
Dießes spruchs / tröstē sie sich gar frey / brustē vñ blaßen sich auff / als die
ottern / vnd tharen vill nah deß hymell damit trotzen / vnd der gantzen
welt drawen / vnd haben mit solchem falschē erschreckē weyt vñ gewaltig 30
eyngerissen / achtens / es sey vil mehr yn denen worten / dan drynnen ist /
drüb woln wir sie außstreychen / vnd derselben blaßen / die mit yhren dreyen
erbeysse / ßo grewlich rawscht / einen widder stich bieten: Woll an es ist
war / man soll den bann furchten vnd nit vorachten / er sey recht odder

Cum medicinalis sit excommunicatio, non mortalis, disciplinans, non
eradicans, dum tamen is, in quem lata fuerit, non contemnat, caute
provideat iudex ecclesiasticus, ut in ea ferenda ostendat se prosequi, quod
corrigentis fuerit et medentis. Vgl. W. A. 1, 640, z. 24 ff.   23 Gift
26 Decreti p. II causa XI qu. III cap. XXVII: Sententia pastoris
timenda est, licet iniuste liget. Vgl. auch W. A. 30², 476, z. 1 f. und
W A T R no. 5 5 5 8   29 wagen fast dem H. damit
zu trotzen   32 schärter charakterisieren — schweinsblase, fastnachts-
narren- und kinderspielzeug vgl. W. A. 10², 508 und Götze, Volkskund-
liches bei Luther, Weimar 1909, s. 19 f.

vnrecht. Aber warüb eygenſtu das alleyn dem banñ / der eyn mutterliche
ruten iſt / vnd nit allen andern groſſern ſtra¹ffen vnd widerwertickeyten? 59 E
odder was groſz dings / haſtu dem ban geben / wan du yhm die furcht
gibſt / ſo doch auch wir vnſz furchten ſollen / ſo wir kranck / arm / vor=
5 ſprochen vorzacht werden / oder ſo vnſz guter / zinſz / recht / entzogen odder
gewegert wirt? Ja auch / wan der Turck vnd ſeynd vnſz obligen odder
anfechten. Dan yn allen diſen vnnd ander widder wertickeyten / ſie ge=
ſchehn mit recht oder vnrecht / ſollen wir vnſz furchten / leyden / laſſen faren /
vnd aller ding vnſz haltē als geſchehe vnſz recht / wie d' herz leret Luce. vi.
10 Wer dir nympt. von dem fodere es nit widder. Warüb furchtiſtu dich
auch nit lieber tyran / wo dir vnrecht geſchicht / deyn zinſz v'ſagt / gutt ge=
ſtole / recht vorſagt wirt? Vſt bedeckiſt nit bey dir / du ſolt es ¹ mit forchten 69 W
leyden / es ſey recht odb' vnrecht / Meynſtu das andern gepoten ſey / deyn
gewalt mit furchten zu leyden / ſie ſey recht odb' vnrecht / vnnd du ſeyeſt
15 von dem ſelben gepott befreyet / das du nicht ſolliſt gewalt oder vnrecht
mit furchtē leyden? du wirſts wol finden / du biſt auch eyn menſch / vnd
haſt eben daſſelb gepott vbir dir / damit du andern drewiſt / vſt dich yn
deyner thorheyt auffbleſiſt.

¶ Eʒü zwelfften. Nu ſich das vorkerete weßen. Geyſtliche vbir=
20 keyt ſeret daher / mit dem Ban / vnd ſprechen man ſoll yhn furchten / vnd
leyden / er ſey recht oder vnrecht. Aber / ſo mā yhn gewalt vnd vnrecht
thut / ſo wollen ſie es nit vmb eyn heller leyden / ſondern on alle furcht /
ſich rechnen vſt lößen / vſt das yhre fodern. Vnd zyhen alſo ſich auſz dem
gepott gottis / darynne ſie am aller meyſten / den andern zü exempell gahn
25 ſolten. Dan wo dʒ war iſt / dʒ bapſt / biſchoff / vnd wʒ des ſtands iſt /
mugen on forcht / vnrecht / ſchaden / vorzachtüg / yn yhze eygen ſachē widder
ſtreben / ſo iſts auch wahʒ / das man dem banñ mag widd' ſtreben. vnd
alſo ſtarck / den ban vortreyben / alſz ſie yhze ſach treybē. Dā es iſt keyn
¹ vnterſcheyd / ym gepot gottis. es trift gleych ydermā. Aber da ſey gott 60 E
30 fur / man ſoll es beyde mit furchten leyden / es ſey bann / odder was
widder wertickeyt geſchehen mag / Wie das Euangelii vnſz leret. Darüb
ſich zu / wo dir yhemand vnrecht thu / deyn zinſz nympt / vnd du nit das
mit furchten leydeſt / ſondern yhn mit dem bann erſchzecken willt / ſonder=
lich ſo du nit ſeyn beſſerung / ſondern deynen nutz odder mutwillē ſuchiſt /
35 ſo biſtu ſchon erger dan er / dañ du wilt dich auſz der furcht vnd yhn
hyneyn ʒihen / des du doch keynen fug haſt / vnd er ſoll das Euangelii
halten / das du ʒu reyſſiſt / wie wiltu fur gott beſtan? Darumb wen ſie
ſagen / vnſz er ban iſt ʒu furchten / er ſey recht odder vnrecht / Sagen wyr
da kegen / Ja es iſt war / aber das iſt auch war / deyn vnrechter banñ iſt
40 niemād ſchedlich dan dyr alleyn an leyb vnd ſeell / Vnd d' recht banñ iſt
dyr ferlicher dan myr / ſo ſoltu deyn ſchaden auch mit furchten leyden er

fey recht odder vnrecht / vnd was du von dem ban vbir mich bleflst / das
blaß ich vbir dich von deynem leyden / Gleych alß ob mir ein freueler
meynē rock nehme / vñ spzech du follt es mit furcht vnnd demutt leyden /
Sprich ich / nit vmb deynß nemenß willen / das myr nit schadet / sondern
vmb Chzistus gepott willen. Allßo furcht ich deynen ban / nit vmbs ban=   5
neß willen / der schadet myr nit / mehz aber dyr selber / ßondernñ vmb
Chzistus gepotts willen.

¶ Zum dzeytzehendē / ob es nu wol war ist / der ban ist zu furchten /
er sey recht odder vnrecht / ßo ist doch alltzeyt des bannerß stand in großern
ferlickeyten / däne des vozbanten / Der vozbante hott keyn ferlickeyt / dan   10
das er nur den ban nit vozachte / dulde yhn er sey recht odder vnrecht.
Aber der banner hatt / Zum ersten die ferlickeyt / das er vnrecht mit furchten
nit leydet. ¹ Zum andern / dz er on alle furcht / durch dē ban sich rechet.
Zū dzittē / das er durch den ban / nit eynfeltiger meynūg sucht nur der
fund beßerūg / an seynem nehiste / das merckt ¹ mā da bey / das er sonst   15
aller vñ seyn eygen fund vozachtet / vñ nur den angreysst d' yhm leyde
thutt / vnd diß ist alls widder das Euangeliū. Szo geschicht es / das
heut zu tage yn dem grawsaz vozkeretē weßen / die bäner den leffell auff
heben vñ zu treten die schuffell / bannē andere leutt eußerlich / vñ voz=
dampnē sich ynnerlich / da zu ßo vozblend werden / das sie rühmen yhz   20
eußerlich ban sey zu furchten / vnd yn yhzem ynnerlichē vozbäpnen. sich frey
on alle furcht wie die besessenen vnsynnigē leut frewen / dzūb ist myr nit
zweyfell der heylig geyst hab das auffgeplaßen wozt nit erdacht / vnßer
ban ist zu furchten er sey recht odder vnrecht. Es gepurt nit eynem
Chzisten / vill weniger eynē geystlichs stands andern vnrecht zuthun / wie   25
vill weniger gepurtt sichs dan dem selben zu trotzen vñ rhümen seyn vn=
recht sey zu furchten. Myr gepurt zu sagen / deyn vnrecht ist myr zu
furchtē / dyr gepurt vill mehz zu sozgen vñ furchten / das du myr vnrecht
thuest vñ noch dar zu dzawest / ich sols mit furchtē leyden / dan deyn vn=
recht mag myr nur zeytlich / dyr aber altzeyt ewiglich schadē. Solch böße   30
iammerlich zeyt ist itzt / das solch wützsche tyrännē sich yhzer fund vnd
ewigen schadens vnuozschampt vñ offentlichē rhümen / das grawsaz zu hözen
were / mitten vnter den Turcken vñ Heyden / auff das sie nur zeytlich
trotzen mugen / vñ d' leydendē zu yhzem vngluck spotte / nit befferūg /
sondern allein die furcht vnd falsch erschzeckūg der leutt suchen. Sūma   35
summarū / der vber standt yn allen seynen wercken / ist altzeyt ferlicher / dan
der vnter stand / vnd wo sich der vnter stand ein mall furchten soll. da
muß sich der vber stand zehen mal furchten. Derhalben / dye Banner keyn
vzsach haben / die vozbanten zu trotzen odder mit yhn zu pochen / sondern
mehr sich selb zu bewennen. Dan gottis gericht wirt nit vzteylen die   40
¹ kleynen / sondern die gewaltigē / wie der weyß Man sagt.

---

    5 Mt. 5, 40   18 Thiele no. 276   36 stand der obrigkeit
37 stand der untertanen   41 Wei. 6, 8 f.

¶ Ezü vierzehenden. Es wer wol beffer / das die Chriſten lereten
den ban mehꝛ zu lieben / dan zu furchten / gleych wie wir oõ Chꝛiſto geleret werden / die ſtraff / peyn / auch den tod zu lieben vnd nit zu furchten.
Aber diße pleuderer / zihen nur die furcht an / yn dem ban / ſo ſie doch
5 ſonſt all andere ſtraff vnd vnfall leren frölich tragen / damit ſie anzeygen
yr blind voꝛdampt geſuch / das ſie mit gewalt vber dz volck Chꝛiſti zu
hirſchen gedenckẽ / vnd gleych yn die furcht gefangen nhemen die freye
Chꝛiſtliche kirchen. Darüb laſt vns lernen / wes yn dem ban am aller-
meyſten warzunehmen iſt / das iſt / das man yhn nit furacht odder vn-
10 gedultig trage / vñ das vmb zweyerley vꝛſachẽ / Die erſt / das die gewalt
des banneß / iſt der heyligen mutter der Chꝛiſtlichen kirchen (das iſt) der
gemeyn aller Chꝛiſten von Chꝛiſto geben / dꝛüb ſollen wir die lieben Mutter
die kirch vñ Chꝛiſtü daryn [1] eehren vñ dulden / dan was Chꝛiſtus vñ die   71 W
kirch thun / ſollen wir vns laſſen wol gefallen / lieb haben vnd kindlich
15 furchten.

Die ander / das die frucht vnd werck des banß auch nutzlich vnd
heylſaz iſt / vñ nymmer ſchedlich wer yhn duldet vñ nit voꝛacht / des nym
ein grob gleychniß. Wen ein mutter yhꝛen lieben ſon ſtrafft / er hab es
voꝛdienet od’ nit / ſo iſts gewiß / das ſie dz nit böße meynt / vñ iſt ein
20 mutterlich / vnſchedliche / heylſaz ſtraf ſo ſie der ſon duldet / ſo er aber
vngedultig wirt / leſſit nit noch oder thut nit das / darüb er geſtraffet
wirt / ſondern richt ſich kegen ſeyne mutter auff / vnd voꝛacht ſie / ſich da
hebt an aller erſt ſeyne ſchade / da felt er wider gottis gepott / da er gepotten hatt / du ſolt dein vatter vñ mutter eehꝛen / vnd macht yhm ſelb /
25 auß eyner kleynen vnſchedlichen ia auch voꝛdienſtlicher [1] ſtraffe / eyne graw- 63 E
ſam ſchult vnd ſund zu ewiger peyn vnd ſtraff.

¶ Ezü funffzehenden. Alſo geſchicht zu vnſern zeyten / dz ettlich
officiell / vñ yhꝛe genoſſen / ermoꝛdet / geſchlagen / gefangen / werden / oder
yhe yhꝛs leybs nit ſicher ſeyn / wilchs antzweyffel / nit oder yhe weniger
30 geſchech / wo das volck nit wer yn d’ yꝛꝛige meynüg / als ſey yhn d’ ban
voꝛterblich mehꝛ / dan nutzlich / darüb wagen ſie es vollend / vñ gleych ym
voꝛtzweyffeln ſolchen vnfug oben. Wie woll aber daſſelb grewlich iſt / ſo
geſchicht doch / durch gottis voꝛhengen / den tyrānen recht. die weyll ſie /
des bāneß heyll vnd nutz voꝛpergen dez volck / vñ deſſelben / nur yhꝛen
35 gewalt damit zu ſtercken / mißpꝛauchen / on alle geſuch d’ beſſerüg. Dan
ob wol ydermã ſchuldig iſt / den ban zu dulden / ſo ſeyen ſie doch auch
ſchuldig / eynen armen / ſundigen oder vnſchuldigen menſchen nit zuvoꝛ-
achten / wie Chꝛiſtus Matt. 18. ſagt. Seht euch fur / dz yhꝛ nit eyne
voꝛachtet / auß den geringſtē die in mich glauben / dã ich ſag euch / yhꝛe
40 engell ſehẽ / das angeſicht meynß vatters ym hymell on vnterlaß. Was
wübern ſie ſich dã / ob zu weylen / ſie vber bẽ kopf geſchlagen werden /

durch gottis vozhengen vmbs vnrechten gewaltigen banß wille vñ yhz gepott vozacht wirt / die weyll sie so frechlich / on vnterlaß. wider gottis
gepott hädeln / wie woll es beydes fast vbell than ist. Wo man aber dz
volck vnterzicht / der heylsamen nodtigen crafft des banß / vñ wie er nit zu
yhzez schaden / sondern frümen geozdenet vnd gepzaucht wurd / so hetten   5
sie weniger ferlickeyt / mehz vnd stillern gehozsam / ia auch lieb / gunst /
vnd ehz bey allem volck vnd yderman.

        ¶ Zů sechtzehenden. Dzüb solt man das volck also odder des gleychen
vntterichten.   Meyn liebs volck / lasset die / so der gewalt des bäniß
pzauchen vñ haben / euch nit anfechten / sie seyn frum oder böse / sie thun   10
euch recht oder vnrecht / die gewalt vñ der ban mag euch nichts schaden /
64 E   sondern ¹ muß allzeyt furderlich seyn zur seelen / so yhzm anders recht tragt
vnd leydeth / yhzer mißpzauch / hyndert des banniß tugent nichts / odder
72 W   so er nit mag ¹ erlzben werden / such mã / sich mit demut erauß zu bzinge /
nit mit rechnen / odder widderzalen / durch wozt oder werck. Vnd daryn   15
habt das auge / nit auff sie / sondern auff die liebe mutter der Kirchen /
was ligt dyr dzañ / ob sie yhze ruthen vnd straff / auff dich legt / durch
eynen frumen odder bösen. Es ist vñ bleybt dennoch beyner allez liebsten
Mutter / aller heylsamste ruthe.   Es ist von anbegyn der welt also gangen /
vnd wirt so bleyben / das die vbirkeyt / geystlich vnd welttlich / mehz bē   20
Pilaten / Heroden / Annen / vnd Cayphen geben wirt / dann den frümen /
Petern / Pauln / vnd yhzen gleychen. Vnd wie ynn allen andern stenden /
also auch yn der vbirkeyt / alzeyt mehz bössen / dan frümen seyn. Es ist
auch nit furzunehmen noch zu hoffen / eytell frum vbirkeyt zu vbirkummen /
ia es eytell gnad / odder mit sonderm gepett vnd vozdienst erwozben seyn   25
muß / so eyn gutt regiment / vbirkeyt / odder seliger pzauch / gewalt yzgend
gel:bt wirt / dan böse vnterthanen strafft gott / mit böse regenten / als
er Isa. iij. sagt. Ich will yhn kinder zu pzelaten geben / vnd yhze herzen
sollen kindische leutt seyn / will võ yhn nehmen / allen tapffern / weyßen /
vozstendigen / starcken mãn ꝛc.   Die weyll es dan gottis straff ist / vn-   30
tüchtige odder böse regenten zu haben. vnd vnter dem hauffen vnßer so
gar vill seyn / die solch straff vozdienen / mußen wir vns nit wundern /
ob vns die vbirkeyt gewalt thut / vñ vbir vns yhzer gewalt mißbzaucht.
ia wundern vnd gott dancken / so sie vns nit gewalt vnd vnrecht thutt.

        ¶ Czu siebenzehenden. Derhalben / die weyll die welt itzt / durch   35
vbzigem vozdienst / yhzer grawsamen sunden / vbir laden ist / mit iungen /
vnuozstendigen / vnerfaren regenten aller meyst / im geystlichen stand / da
durch diße zeyt / auß der massen ferlich ist.   Mussen wir gar weyßlich
65 E   handeln / vnd yhe zu sehen / das wir die vbir'keyt vnd gewalt yn allen
ehzen haben / gleych wie Christus / Pilati / Herodis / Annæ / Caiphæ /   40
auch der weltliche Fursten / gewalt ehzet.   Vnd vnß nit lassen bewegen

_____

28 Jes. 3, 4

solch schwere mißbreuch / vnd kindische regirung / der prelaten / die gewalt
zuuorachten / auff das wir nit vmb der vnwirdigen personen willen / die do
regiren zu gleych auch die gewalt der selben vorachten / sondern allis was
sie aufflegt / frölich tragen / odder yhe mit demut / vnd erbe erbietung
5 daffelb ablegen. Dan gott mag vnd will nit leyden / das der gewalt
freuelich / vñ torstlich widderstrebt werd / wo sie vnß nit widder gott / oder
seyn gepott treybet zu thun / sie handel fur sich selb widder gott / wie
vill sie mag oder thu vnß wehe / wie vill sie will. Er will auch haben /
die er selb richte vnd vordäpne / das seyn die großen vnd gewaltigen
10 tyrannen / also wol er auch haben will / den er helffe / das seyn die vnter-
druckten leydende. Darüb sollen wir seynez solchez willen statt geben /
vnd die gewaltigen lassen her fallen / yn seyn schwert vnd gericht / widderub
vns lassen von yhm gehollffen [1] werden / wie s. Paul Ro. xij. sagt. O aller- 73 W
liebsten brüder / rechett oder beschirmet euch selb nit / sondern lasset dem
15 zorn gottis seynen rawm / die weyll geschrieben stett / die rach gepürt mir
allein zu / vnd ich will eynem yden vorgelten.

Doch soll mã / den selben platen / demütiglich sagen / sonderlich die
prediger sollë sie straffen / aber nur mit dem wort gottis anzeygen / wie
sie wider gott thun / vnd was er von yhn gehabt woll haben / darzu fur
20 sie emßlich vñ ernstlich bitten gegen gott wie Hieremias den kindern von
Jsrael zu Babylonien schreyb. sie solten vleyssiglich fur den könig zu Babylonien seynen son vñ künigreych bitten / der sie doch gefangen vorstörer
erwurgt / vnd alle vngluck than hatte.

Vnd das kunden wir leychtlich thun / wen wir ansehen / das der
25 ban vñ aller vnrechter gewalt / mu'gen vns nichts schaden. zur seelen / ßo 66 E
wir sie leyden / vnd mussen alzeyt nutzlich seyn. Es sey dan / das sie voracht werde. Auch seynt sie tausentmal vbeler dran vor got / dä wir.
Derhalben auch yhr mehz zurbarmen ist. dan freuelich zuuorachten. Auß
der vrsach auch gepoten ist / im gesetze Mosi / das niemãt den vbirsten soll
30 vbell nach reden / sie seyn gutt oder böse / ob sie woll groß vrsach darzu
geben / dan kurtz vmb / wir mussen böß oder kindisch regenten haben /
thutt es der Turcke nit / ßo mussens die Christen thun / die welt ist vill
zu böße / das sie solt wirdig seyn guter vnd frumer herrn / sie muß haben
Fursten die kriegen / schetzen / vñ blut vorgissen / vnd geistlich tyrannen /
35 die sie / mit ban zeddeln / brieffen / vñ gesetzen auß saugen vnd beschweren /.
das vnd ander mehz straffen / seyn yhz vordienter lohn / wilchen wider
streben ist nit anders / dan gottis straffung widderstreben / ßo demutig aber
alß ich mich hab / ßo myr got eyn kräckheit zu fugt / ßo demutig sol ich
mich auch gegen böse vbirkeyt habë / die eben der selb gott myr auch
40 zu fugt.

───────────────

6 mutwillig, frech   7 handeln A   13 Rö. 12, 19   20 Ba.
1, 11 Jer. 29, 7   27 W. A. korr.: werden. Aber sie = die gewalt
29 Ex. 22, 27

¶ Zum Achtzehende / yn dē rechtē vñ voꝛdiente ban / sollen wyr
mehꝛ darauff achtē / das wyr das thun oder lassen darüb wyr voꝛbannet
werden / Die weyl der ban altzeyt vmb sund (die vill erger denn der ban
ist) willen wirt auffgelegt / wie woll es leyder auch voꝛkeret ist / wie all
andere dingk / das wyr nur achten / wie wehe die rüthen thut / vnd nit   5
warüb wyr gestrafft werden / Wa findt mā itzt / die ßo seer sich furchte
zu' sunden vñ got zuerzurnen / alß sie sich voꝛ dem ban furchten. Also
gehet es / dz wyr mehꝛ die heylsamen straff / den die grewlichen sunden
furchten / doch muß man dasselb alßo dulden vñ geschehn lassen vmb vnßer
synlickeyt willen / die nit siht den geystlichen schadē der sund / alß sie fület   10
den schmertzen der straffe / Wie woll auch des banniß furcht zu groß woꝛ=
67 E den ist durch die tyran'nischen treybung vnd dꝛewen der geystlichen richter /
die das volck selbst mehꝛ yn die furcht der straff / deñ der sund treyben.

74 W Wo aber der ban vnrecht [1] ist / soll wyr vns na hüten / dz wyr nit thun /
lassen / sagen / odder schweygen / darumb wyr voꝛbänet werden / es müg   15
dan geschehen on sunde vñ schaden des nehisten / ßonderñ wyr solñ den
ban lieber tragen demuttiglich vñ frey dꝛynn sterben / ßo es nit anderß
seyn wyll. Sollen auch nichts erschrecken ob wir das sacrament nit
empfahen / vnd auffs fellt begraben wurden. Vrsach / dan die warheyt
vnd gerechtickeyt / die weyll sie gehöꝛen / zu der ynnerlichen geystlichen ge=   20
meynschafft. vnd wer sie leßist faren / der fellt yn gottis bann der ewig
ist / sollen sie vmb eußerlicher gemeynschafft (die vnmeßlich geringer ist)
odder bann willen nit voꝛlassen werden. Auch das sacrament emphahen /
vñ auffen kirchoff begraben / vill geringer ist. dan das vmb yhꝛen willen /
die warheyt vnd gerechtigkeyt solt noch bleyben. Vnd das diß nit yhemand   25
seltzam sey / ßo sag ich mehꝛ / das auch der nit voꝛdampt ist der yhm
rechten bann stirbt. Es were dan / das er sonst / nit berewet seyn sund /
oder den ban voꝛachtet / dan rew vnd leyd / macht alle dingk schlecht / er
werd außgraben odder yns wasser gewoꝛffen.

¶ Zü neundtzehenden. Also ist der vnrechte bañ vill köstlicher / dan   30
der rechte ban / odder die eußerliche gemeynschafft. Er ist eyn edles groß
voꝛdienst fur gott / vñ selig gebenedeyet ist der / der yn vnrechtem ban
stirbt / dan vmb der warheyt willen / ob der / er wirt voꝛbänet / wirt yn
got krönen ewiglich. Hie muß er mit dem . 108 . psalm singen. Sie haben
mich voꝛmaledeyet / aber du host mich gebenedeyet. Allein das wir zu   35
sehen / vñ die gewalt nit voꝛachten / sondern vnßer vnschult demütig an=
zeygen / wo das nit hilfft / ßo sein wir loß / vñ entschuldigt fur got.
Dan ßo wir schuldig seyn / nach dem gepott Christi. Matt. 6. ynßerm
68 E widder sacher zu will faren / [1] wie vill mehꝛ sollen wir d' Christlichen

kirchen gewalt zu wil faren / sie kum vbir vns / mit recht oder vnrecht /
durch wirdig oder vnwirdige vbirkeyt.

Gleych wie eyn frum kind / ob es schon vnuordient von seyner mutter ge=
strafft wirt / schadet yhm die vnrechte ruthe nit / ia durch solche seyn gedult
5 wirt er der mutter viel lieber vnd angenehmer / wie vill mehr / werden
wir fur gott lieb. werden / so wir vnßer geystlichen Mutter der kirchen
vnuordiente straff / durch böße vbirkeyt leyden. Dan sie bleybet mutter /
die weyll Christus bleybt / vñ wandelt sich nit yn eyn stieff mutter / vmb
bößer vbirkeyt willen. Doch sollen sich die prelaten / bischoff / vñ yhre
10 officiell messigen / das sie nit leycht seyn zu bänen / dan vill bänen / ist nit
anders / dan vill gesez vñ gepott geben. Vill gesez geben. ist vill strick
den armē seelen legen. Vnd alßo durch leychfertig vill bannenñ geschicht
nicht mehr / dan vill ergerniß vnnd vrsach zu sunden / da durch gott erzurnet
wirt / so doch der bann yhn zuuorsunen geordenet ist. Vnd ob wir woll
15 schuldig seyn / yhn gehorsam zu seyn / so seyn sie doch vill mehr schuldig / 75 Wᵉ
yhr gepott vnd gewalt / nach vnßerm vormügen / nodtdurfft / besserung vnd
selickeyt / zu richten / wandeln vnd ordenen. Wie drobe von sanct Paul
gesagt ist. das die gewalt ist nit zū vorterben. sondern zur besserung
geben.

20 ¶ Zum zwentzigsten. Der bann soll nit alleyn gefellet werden vber
die / so ym glauben spenstig seyn / sondern vbir alle / die offentlich / sundigen /
wie droben ist anzeygt auß s. Paulo. dᵉ die schwerer / wucherer / vn=
keuschen / trückenen. ꝛc. heyst vorbannen. Wie wol zu vnßern zeyten / mā
lesst sulch sunder stil sitzē / sonderlich wen es grosse hantzen seyn / vnd zur
25 schmach dyßer edler gewalt / vorbannet ma nur vmb gelt schuld / zu weylen
so gering / das die brieff vñ kost. weyt mehr betreffen / den die heubt
schult. Diß zu schmucke / habē sie eynen newen ¹ fund erdacht vñ sagen / 69 Eᵃ
sie vorbänen niemāt vmb schuld / sondern vmb vngehorsam willen / das er
nit auff die citation komen ist / wen aber die schult nit were / sie wurdē
30 des vngehorsams wol vorgessen. wie mā sihet / dz sie vill andere / auch
yhre eygen sund vnuorbänet lassen. Es muß wol ein arm mā vill mal
vngehorsam werdē / wē er vbir souil meylen / mit schaden seins hant=
wercks / soll zeyt vñ kost vorlire. Es ist ein lauter tyraney / das mā vbir
selt. so weyt fur gericht ladet. Vñ ich lob die weltlichen hirschafften /
35 die solchen. ban vñ mißprauch / yn yhren lendern vñ leuten nit leyden.
Was solle hirschafften vñ radts leutt / wen sie nit ein yglich yn yhrer
statt / gemeyn vñ vnterthanen solche zeytliche sachen vñ schult / solten
hädeln vñ richten. Die geystlich gewalt solt mit gottis wort / mit den
sunden / mit dez teuffell zu schaffen haben / die seelen zu gott zu bringen /
40 dz zeytlich gutt lassen / die weltliche richten / wie Paul .i Coꝛ. vi. schreybt.

---

10 leichtfertig (z. 12) 12 W. A. korr.: leychtfertig 17 s. 217
z. 22 ff. 21 widerspenstig 22 s. 217 z. 22 ff. 40 1. Ko. 6, 1 f.
schreybt A

9 Luthers Werke I

Vnd zwar / als zu vnßern zeyten stett / were es schyr nott / das wyr dye
leutt / yn die kirchen / vnd nit erauß bannet.

¶ Ezü eyn vñ zwentzigsten. Es sey yhemand schuldig oder vnschuldig ym ban / so soll yhn niemad auß der kirchen treybe ehz das
Euägeliü geleßen oder die prediget geschiht.   Dan von dez Euägelio vñ 5
prediget / soll vñ mag niemat bänen noch vorbänet werden / das wort gottis
soll frey bleyben ydermä zuhörē Ja die sollens am meysten hören / die ym
rechten ban seyn / ob sie villeycht / da durch bewegt sich erkennen / vnd
beffern mochten.   So leßen wir den alten prauch d' kirchen / das sie die
vorbäten / nach d' predigt auß treiben. Vnd wo ein gantz gemeyn im ban 10
were / soll mä doch die prediget ymer laffen fur sich gahen / wie außer-
halb dem bann. Darzu wer ym ban ist / ob er woll nit thar bleyben bey
der rechten meß / nach d' prediget / auch nit zum sacrūt gehn / soll erß
dennoch nit vnter wegen laffen / vñ geystlich zum sacrūt gahn / das ist /
70 E   er foll feyn hertzlich be'geren vnd glauben / er werd feyn geystlich genießen / 15
     Wie ym Sermon / douon gesagt ist.

---

1 zwar als / A   16 oben s. 204 z. 16 ff.

Von den guten Werken. 1520.

Den 'Sermon von den guten Werken' hat Luther auf veranlassung
Spalatins verfasst. Zuerst konnte er sich nicht erinnern, versprochen zu
haben, dieses thema zu behandeln (an Spalatin, 24. febr. 1520, WA
5 Br 2, 48, 8 ff.), gleich darauf aber fiel ihm ein, dass er in einer predigt
dieses versprechen gegeben habe (an dens., 26. febr., WABr2,55f.,11ff.
Unter den
händen wuchs ihm der sermo zu einem libellus an, 'et, si sic processerit,
erit meo iudicio omnium quae ediderim optimum' (an Spalatin, 25. märz,
10 WABr2,75 , 8 ff. ; dazu an dens., 5. mai,   WABr2,101,20f.). Am
29. märz schrieb er die widmung an herzog Johann von Sachsen nieder
(WA6,20 2ff.), am 13. mai hoffte er in kürze vollendung seiner arbeit
(an Spalatin, WABr2, 103,10f.). Am 8. juni schickte Melanchthon an
Joh. Hess in Breslau, dem er am 17. (27. ?) april gemeldet hatte: 'Iam
15 excuditur hic Martini de bonis operibus nondum absolutus libellus' —
Luther gab also sein mscr. partienweise in die presse — (CR I 160),
ein druckexemplar dieses 'optimum opusculum' (CR I 201). L.s original-
mscr. ist auf der Danziger Stadtbibl. erhalten und W. A. 9, 299 ff. abgedruckt. Die abweichungen der handschrift (hs.) von dem Lotther-
20 schen originaldrucke (W.A. 6, 197 A), den wir wiedergeben, verzeichnen
wir unter den anmerkungen.

Jhesus.

Dem durchleuchtigen hochgebor=

nen fursten vnd herren. herren Johanßen hertzog zu Sachßen. Landtgraff
25 zu Duringen. Marggraff zu Meyßen. meynem gnedigen hern vnd patron.

Durchleuchter hochgeborner Furst / gnediger herr / ewern furstlichenn
gnadenn seyn meyn vndertenige dinste vnd arms gebett / altzeyt beuohr.
¶ Gnediger furst vnnd herr / ich hette lengist gerne / meyn vndertenige
dinst vnd pflicht / gegen E. F. G. mit etwas geistlicher ware / die mir
30 zustendig / ertzeyget. hab doch meyn vormugen angesehen / mich altzeyt zu
geringe erfunden / etwas fur zu nehmen / das wirdig sey E. F. G. zuer-
bietenn. Die weyl aber meyn gnedigster herr / herr Fridrich Hertzog zu
Sachßen / des heyl. Ro. reychs Curfurst vnd Vicarij rc. E. F. G. bruder /
nit vorschmecht sundern gnediglich hat auffgenomen / meyn vntuchtigs buch=
35 lin / seyner E. F. G. zugeschrieben. das nu auch durch den druck / des ich
nit gedacht / außgangenn. hab ich eynen mutt geschopfft von solchem
gnedigen exempel / vnd mich vormessen / wie das furstlich geblut / so auch

6. 202 W
20, 193 E?
16, 121 E?

---

34 Tessaradecas consolatoria (K. K. 1, 280 f.)

der furstliche mut / zuuoz / yn gnediger senffte vnd gutwilligkeit / gleych
vnd eyns sey. Vozhoffet / es solle auch E. F. G. der art nach / dieße
meyn arme vnderthenige erbietung nit vozschmahen / die myr vil noter ist
194 E¹ geweßen außzulaßen / dan villeicht keyn meyner ¹ pzediget / abder buchlin.
Die weyl die groſſiſt frag ſich erhaben hat von den guten wercken / yn   5
welchen vnzehlich mehr / liſt / vnd betrieg geſchicht. dan yn kein anderer
Creaturen. vnnd in denn ſelben / der eynfeltig menſch gar leychtlich vorfuret wirt. das auch vnſer her Chzistus vns geboten hat / wir ſollen mit
122 E² fleyß acht haben auff die ſchaffs kleyder / darunder ¹ die wolff ſich berge.
203 W Es hat widder ſylber / golt / edelgeſteinn noch keinn köſtlich ding / ſo   10
manchfeltige zuſetze vnd abbzuch / als die gutten werck / welche muſſen alle
ſampt / eynn einige einfeltige gute haben / außer der / ſie lauter farben
gleyſſen vnd betrug ſein. wiewol aber ich yhr vil weyß vnd teglich hoze /
die mein armut gering achten / vnd ſpzechen / ich mach nur kleyn ſezternlin
vnd deutſche pzediget fur die vngeleretenn leyenn / laß ich mich nit be-   15
wegen. Wolt got / ich het einen leyen mein lebläg mit allem meinem
vozmugenn zur beſſerung gedienet / ich wolt myr genugen laſſen / got
dancken / vnnd gar willig darnach laſſen alle meine buchlin vmbkümen.
Ob groß vnd vil bucher machen kunſt ſey / vnd beſſerlich der Chzistenheit /
laß ich andere richtenn / Jch acht aber / ſo ich luſt het / yhrer kunſt nach /   20
gros bucher zumachen / es ſolt villeicht mir ſchleuniger folgen / dan yhnen
nach meiner art einen kleynen ſermon zumachenn. Wenn erfolgen ſo leicht
were als vorſolgen / were Chzistus lengiſt widder vom hymel worffen. vnd
gottis ſtul ſelbiſt vmbkeret / kunden wir nit alle tichten / ſo wollen wir
doch alle richten. Jch wil eine yeden die eere groſſer dinge hertzlich gerne   25
laſſen / vnd mich gar nichts ſchemenn / deutſch den vngeleretenn layen zupzedigen vnd ſchzeiben / wiewol ich auch des ſelbe wenig kan / dückct mich
doch / ſo wir bißher vn furt mehr / vns deſſelben gefliſſen hetten vnd
wolten / ſolte der Chzistenheit / nit eins kleinen vozteils mehrer beſſerung
erwachßen ſeyn / den auß den hohe groſſen buchern vnd queſtion in den   30
ſchulen vnder den gelereten allein gehandelt. Vber das / ſo hab ich noch
195 E¹ nie yemät getzwüge / ¹ oder gebete mich zuhoze obber mein pzediget leſen.
Jch hab frey / in die gemeine gedienet / vo de / das mir got gebe vnd ich
ſchuldig bin / wer ſein nicht mag / der leße vnd hoze andere. Auch iſt nit
123 E² ¹ gros dzan gelegenn / ob ſie mein nit wollen durffen / mir iſt eben genug / 35
vnnd mehr dann zuuil / das etlich layen / vnd die furtreffenlich / ſich
demutigen meine pzediget zuleßen. Vnd ob ſchon keine andere ſach mich
treibe mocht / ſol mir doch die vberfluſſig ſein / das ich erfaren hab / wie
E. F. G. ſolch deutſche buchlin gefellig vnd ſie gantz begirig ſein / zuerkennen guter werck vnd des glaubens vnterricht Deren mirs billich getzimet 40

---

8 Mt. 7, 15   12 ſchminke   14 Tractätchen   21 gelingen.
von der hand gehen   22 erreichen, adaequare   24 ſchriftſtelle
33 insgemein   38 vberfluſſig A

hat / muglichs fleis vnterteniglich zubienen. Derhalben bitt ich demutiger
vntertenickeit E. F. G. wollen diffe meine ertzeygung gnediger meinung
annhemen / ßo lang biß / ob mir got die ¹ zeit gebe / ich den glaube mit   204 W
einer deutschen außlegung gantz vorklere.   Dann auff dißmal hab ich
5 antzeigen wollenn / wie wir den glauben sollen in allen guten wercken
vben / brauchen / vnd das furnehmist werck sein lassen.   Gibt es got / ßo
wil ich ein ander mal / den glaubenn an im selbst handeln / wie wir den
selben teglich beten obber sprechenn sollen.   Wil mich hiemit E. F. G.
vnterteniglich befolen haben.   Zu Wittenberg am xix. tag Martij.
10 Nach Christ geburt Tausent funffhundert vnnd im zwentzigsten Jar.
E. F. G.
Vndertheniger Capellan D. Marti=
nus Luther / Augustiner Vuitten=
bergeñ.

15   ¶ EZum ersten / ist zuwissen / das kein gutte werck sein / dan allein
die got gebotenn hat. gleich wie kein sund ist / dann allein die got verbotē
hat.   Darumb / wer gute werck wissen vnd thun wil / der darff nichts
anders dan gottis gebot wissen.   Also spricht Christus Math. xvi. wiltu
selig werden ßo halt die gebot.   Vnd da der iungling fragt Math. xix.
20 was er thun solt das er selig wurd / hilt ym Christus nit anders fur /
dan die zehen gebot. ¹ Dem nach ¹ mussen wir vnterscheidt der gutten werck   196 E¹
lernen / auß den gebotten gottis / vnd nit auß dem scheine / grosse obber   144 E¹
mennige der werck an yn selbs / auch / nit auß gutdunckel der menschen
obber mennschlicher gesetz obber weyse wie wir sehn / das geschehn vnd
25 noch ymmer geschicht / durch vnser blindtheit mit grosser vorachtung got=
licher gebot.

¶ EZum andern / Das erste vnd hochste aller edlist gut werck / ist
der glaube in Christum / wie er saget Johan. vi. da die Juden yn fragten /
was sollē wir thun / das wir gut gotlich werck thun.   Antwortet er /
30 das ist / das gotlich gut werck / das yr in den glaubt / den er gesandt hat.
Nu wen wir das horen obber predigen / ßo lauffen wir vberhyn / vnnd
achtens gar gering vnd leicht zuthun / ßo doch wir hie solten lange stan
vnd ym wol nachtrachten.   Dan in diesem werck mussen alle werck gan /
vnd yrer gutheit einfluß gleich wie ein lehen vō ym empfangen / das
35 mussen wir grob außstreichen das ¹ sie es greiffen mugenn.   Wir finden yr   205 W
viel / diebo betē / fasten / stifften / diß vnd das thun / ein gut leben furen
vor den menschenn / welch ßo dw fragest / ob sie auch gewiß sein / das es
gotte wolgefalle / was sie alßo thun.   Sprechē sie / Nayn / sie wissens
nit obber zweyfeln dran.   Daruber sein auch der groß geleretē etlich /
40 die sie vorfuren vnnd sagenn / es sey nit not / des gewiß zu sein / die doch

---

7 vgl. Ein kurz Form der zehn Gebot . . . (K. K. I, 292)   18 Mt.
19, 17   19 Mt. 19, 18 f.   22 scheine grosse / A   27 edlist hs.
elbist A   28 Jo. 6, 28 f.   31 diß hs.

ſonſt nit anders thun dan gutte werck leren. Sih da / alle die ſelben
werck / gahn auſſerhalb dem glauben / darumb ſein ſie nichts vnd gantz
todt. dan wie vhr gewiſſen gegen got ſtehet vnd glaubet / ſo ſein die
werck auch / die darauß geſchehn. Nu iſt da kein glaub / kein gut gewiſſen
zu got. darumb ſo iſt den wercken der kopff ab / vnd all vr leben vnnd   5
gute nichts. Da her kompts / wan ich denn glauben ſo hoch antzihe /
vnd ſolch vngleubige werck furwirff / ſchuldige ſie mich / ich vorbiete gute
werck / ſo doch ich gerne wolte / recht gutte werck des glaubens leren.

125 E²   ¶ Ezum drittenn / fragiſtu ſie weytter / ob ſie das auch gut werck
197 E¹ achten / wann ſie arbeyten vhr handt werg / ghan / ſthan / eſſen / trincken /   10
ſchlaffen / vnd allerley werck thun zu des leybs narung / odder gemeinen
nutz / vnd ob ſie glauben / das got ein wolgefallen darynnen vber ſie habe.
ſo wirſtu finden / das ſie nayn ſagen / vnd die gute werck ſo enge
ſpannen / das ſie nur in der kirchen / beten / faſten vnnd / almoßen bley=
benn / die andere achten ſie als vorgebenn. daran got nichts gelegen ſey /   15
vnd alßo durch den vorbamptenn vnglauben / gotte ſeine dienſt / dem alles
dienet / was vm glauben geſchehen / geredt / gedacht werden mag / vor=
kurtzen vnd geringern. Alßo leret Eccleſiaſtes. ix. (Gang hin frolich / vß
vnd trinck / vnd wiſſe das beyne werck gefallen got wol / altzeit las dein
kleyt weyß ſein / vnd das ole las deinem heubt nymmer gebzeche / gebzauch   20
deines lebens mit deine weib / das du lieb haſt / alle tage / dieſer vnſtetigen
zeit die dir geben ſein. Das kleid alletzeit weiß ſein / das iſt / alle vnſer
werg gut ſein / wie ſie mugen genandt werden / on alle vnterſcheit. Dan
ſein ſie aber weiß / wan ich gewiß bin vn gleub / ſie gefallen got / vnd
ſo gebzicht mir das ole / des frolichen gewiſſens nymmer mehr / von de   25
heubt meiner ſeelen. Alßo Chriſtus Johan. viij. Ich thu alletzeit was
im wolgefellet. Wie thet er das alletzeit / ſo er doch aß vnd tranck vnd
ſchlieff zu ſeiner zeit? Vnd ſanct Johan. i. Joha. iij. Daben mugen wir
erkennen das wir ſtehn in der warheit / wan wir vnſer hertz mugen hur
ſeinen augen troſten vnd ein gut vortrawen machen. Vnd ſo vnß vnſer   30
hertz ſtraffet odder beiſſet / ſo iſt got groſſer dan vnſer hertz / vnd haben
die zuuorſicht / was wir bitten das werden wir empfahen / dan wir halten
206 W ſein gebot vnnd thun / was vm wol gefelt.

         Item / wer auß got gebozn iſt (das iſt wer gleubt vnd got trawet)
126 E² der ſundiget nit vnd kan / nit ſundige. Item pſal. xxxiij. Es wirt ir keiner   35
ſundigen die vm vortrawen. Ja am andern pſalm. Selig ſein die in vn
trawen. Iſt das war / ſo muß alles gut ſein was ſie thun / odder vhe
bald vorgebe ſein / was ſie vbels thun. Sich da aber / warumb ich den

---

         6 ſo ſehr betone (vgl. W·A·Br1,290,6)   14 vnd vn den (dieſe
worte hineinkorrigiert) faſten. almoßen hs.   18 Prd. 9, 7 ff.   26 Jo.
8, 29   28 1. Jo. 3, 19 ff.   34 1. Jo. 3, 9   35 Pſ. 34, 23   36 Pſ.
2, 12   38 thůt hs.

glauben¹ ſo hoch hebe / alle werck hinein zihe , vnd alle werck furwirff die   108 E¹
nit erauß ſließen.

  ¶ Ezum vierden / Hie kan nu ein iglicher ſelb mercken vnd fulen /
wen er guttes vnd nit guttis thut. dan findet er ſein hertz in der zuuoꝛ=
5 ſicht / das es gote gefalle / ſo iſt das werck gut / wan es auch ſo gering
were als ein ſtrohalmen auffheben / iſt die zuuoꝛſicht nit da / obber zweifelt
dran / ſo iſt das werck nit gut / ob es ſchon alle tobten auffweckt / vnnd
ſich der menſch vorbꝛennen ließ. Das leret ſanct Paul Ro. giiij. alles
was nit auß obber im glauben geſchicht / das iſt ſunde. von dem glauben vnd
10 keinem andern werck haben wyr den namen. das wir Chꝛiſtgleubigen heiſſen /
als von dem heubtwergk / dan alle andere werck mag ein heyd / iude /
turck / ſunder / auch thunn. aber trawenn feſtiglich / das ehr got wol=
gefalle / iſt nit muglich dann eynem Chꝛiſten mit gnadenn erleucht vnnd
befeſtiget / das aber / diſſe rede ſeltzam ſein vnnd mich etlich einn ketze=
15 doꝛob ſcheltenn / geſchicht darumb / das ſie der blinden voꝛnunfft vnd
heideniſcher kunſt gefolget. den glauben geſetzt haben / nit vber / ſunder
neben andere tugent / vnnd ym ein eigen werck geben / abgeſundert vou
allen wercken der ander tugent. ſo er doch allein / alle andere werck /
voꝛguttet / angenehm vnnd wirdig macht. da mit / das er got trawet /
20 vnd nit zweifelt es ſey fur yhm alles wolgethann was der menſch thut.
Ja ſie haben den glauben nit ein werck bleiben laſſen ſundern wie ſie
ſagen / ein habitum darauß gemacht / ſo doch die gantz ſchꝛifft keinem nit
gibet den namen gotlichs gutes wercks / dan dem einige glaube. Daromb
iſt es nit wunder / das ſie blind vnd blinden leyter woꝛden ſeinn. Vnd
25 dieſer glaub bꝛinget alſo bald mit ſich die liebe / frid / freud / vnnd   127 E¹
hoffnung. Dann wer got trawet / dem gibet er ſo bald / ſeinen heiligen
geiſt. wie ſanct Paul zu den Galatern ſaget / Jr habet den geiſt empfangen
nit auß ewern guten werckenn / ſundern da ihr dem woꝛt gottis glaubet habt.
  Ezum funfften / Jn dieſem glauben / werdē alle¹ werck gleich / vñ iſt   199 E¹
30 einß wie das ander / fellet ab aller vnterſcheidt der werck / ſie ſein groß /
klein / kurtz / lāg / viel obber wenig. Dan nit die werck von ꝛrer wegen /
ſundern vonn des glauben wegen / angenehm ſeind / welcher einig vnd on
vnterſcheid / in allen vnd iglich wercken / iſt. wirckt / vnd lebet / wieuil
vnd vnterſchidlich ſie¹ ymmer ſein / gleich wie alle glidmaß von dem heubt /   207 W
35 leben / wircken vnd den namen haben. Vnd on das heubt kein glidmaß
leben / wircken obber namen haben mag. Darauß dann weiter folget /
das einn Chꝛiſten menſch in dieſſem glauben lebend / nit darff eines lerers
guter werck / ſondern was ym furkumpt / das thut er / vnd iſt alles wol=
gethan / wie S. Samuel ſpꝛach zu Saul / du wirſt ein ander menſch
40 werden / wen der geiſt in dich kumpt / dan ſo thu was dir voꝛkumpt /

---

   8 Rö. 14, 23   9 on dem A   10 wyr den fehlt A, aus hs. ergänzt   27 Ga. 3, 2   33 iglichen hs.   39 1. Sa. 10, 6 ff.

got ist bey dir. Also lesen wir auch von sanct Annen Samuels mutther /
da sie dem priester Heli gleubt der yhr gottis gnaden zusaget / ist sie
frolich vñ fridlich heim gangen / vnd hat sich hinfurt nit mehr / hyr vnd
dar gekeret. das ist / es ist alles ein ding / vnnd alles gleich woidenn /
was yhr furkummen ist. Auch sanct Paul saget / wo der geist Christi ist / 5
da ist es alles frey / Dan der glaub lesset sich an kein werck bindē / so
lesset ehr yhm auch keinß nit nehmē. Sundern wie der erst psalm saget /
Er gibt sein frucht wenß zeit ist. das ist wie es kumpt vnd ghet.

¶ Ezum sechsten / Das mugen wir bey einem groben fleischlichenn
exempel sehen: Wen ein man odder weib sich zum andern vorsicht lieb 10
vnd wolgefallens / vnd das selb fest glewbt / wer lernet den selben wie er
128 E² sich stellen sol / was er thun / lassen / sagen / schweigen / ¹ gedencken sol?
die eynige zuuorsicht leret yhn das alles vnd mehr dan not ist. Da ist
yhm kein vnterscheidt in wercken. Thut das groß / lang / vile / so gerne /
als das klein / kurtz / wenige / vnd widerumb. Darzu / mit frolichem / 15
fridlichem / sicherem hertzen / vnd ist gantz ein frey geselle. Wo aber ein
zweifel da ist / da sucht sichs / welchs am bestenn sey / da hebet sich vnter-
200 E¹ scheidt der ¹ werck außzumalen / wa mit er mug huld erwerben / vnd gaht
dennoch zu mit schwerē hertzen vnd grosem vnlust / vnnd ist gleich gefangen / mehr dan halb vorzweiffelt / vnd wirt offt zum narrēn diob. 20
Also einn Christē mensch / der in diser zuuorsicht gegen got lebt / weiß
alle ding / vormag alle dingk / vormisset sich aller ding / was zu thun ist /
vñ thuts alles frolich vnd frey / nit vmb vil guter vordinst vnnd werck
zusamlen / sondern das yhm eine lust ist / got also wolgefallen / vnd
leuterlich vmb sunst got dienet / daran benuget / das es got gefellet. 25
Widderumb der mit got nit einß ist odder zweyffelt dran / der hebt an /
sucht vnd sorget / wie er doch wolle gnugthun / vnd mit vil wercken got
bewegen. Er leufft zu sanct Jacob / Rom / Hierusalem / hier vnd dar /
bettet sanct Brigittē gebet / ditz vnd das / fastet den vnd bissen tag /
beicht hie / beichte da / fragt bissen vnd ihenen / vnd findet doch nit ruge / 30
vnd thut das alles mit grosser beschwerung / vorzweyfflung / vnnd vnlust
seines hertzen / das auch die schrifft solch gute werck nennet auff hebreisch /
208 W Auen amal / auff deutsch / muhe vñ erbeit / Darzu seinß nit gute ¹ werck
vnd alle voiloien. Er sein vil diober doll woiden / vnd vor angst in alle
iamer kummen. Von den steht Sap. v. wir sein muhd woiden in dem 35
vnrechten wege / vnd habern schwere sawer wege gewanhelt / aber gottis
weg / haben wir nit erkennet / vnd die son der gerechtickeit ist vnß nit
auffgangen.

1 1. Sa. 1, 17 ff.   5 Rö. 8, 2   7 Ps. 1, 3   10 sehen? A
29 vgl. Enders 7, 272⁷⁶ W. A. 30², 253 10⁸, 333   Schütz, Die Geschichte des Rosenkranzes, Paderborn 1909, 67 f.   32 Ps. 90, 10
33 Auen hs. Anen A mühde hs.   35 Wei. 5, 6 f.

¶ Ezum Siebenden / In den werck iſt der glaub noch gering vnnd
ſchwach / laß vns weitter fragenn / wan es yhn vbel gaht / an leyp / gut /
ehr / freund / odder was ¹ ſie habenn / ob ſie dan auch glaubenn / das ſie got 129 E
noch wolgefallen / vnd ehr / yhr leiden vnd widderwertickeit / ſie ſein klein
5 odder groß / gnediglich vber ſie ordene. Hie iſt kunſt / zu got der ſich
zornig ſtellet noch / allen vnſern ſyn vnd vorſtandt / gut zuuorſicht haben /
vnd beſſers ſich bey ym vorſehn / dan ſichs empfindet. Hie iſt er vor=
borgen / gleich wie die braut ſagt in Canticis. Sich / er ſteht hinder der
wandt / vn ſicht durch die fenſter / das iſt ʒo vil / vnter dem leidenn / die
10 vns gleich von ym ſcheyꝰden wollen / wie eine wand / ia eine maurenn / 201 E²
ſteht er vorborgen / vnnd ſicht doch auff mich / vnd leſſet mich nit. Dan
er ſteht / vnd iſt bereit / zuhelffen in gnaden / vnnd durch die fenſter des
tunckeln glaubens / leſſet er ſich ſehen. Vnnd Hiere. in Tren. Er vor=
wirffet die menſchen / aber er thuts nit auß hertzlicher meynung. Diſſen
15 glauben kennen ſie gar nichts / vnd geben ſich vber / dencken / got hab ſie
vorlaſſen vnd ſey yhn feind. Ja / ſie geben ſolchs vbel / den menſchen
vnd teuffel / vnd iſt da lauter kein zuuorſicht zu got. Darumb iſt yhr
leiden auch vhn altzeit ergerlich vnd ſchedlich / vnd gahn doch hyn / vnd
thun etlich gutte werck / als ſie meynen / gar nichts ſolchs yrhs vn=
20 glaubens warnehmend. Aber welche got / in ſolchem leiden / .cawenn vnnd
eine feſte gut zuuorſicht gegen yhm behalten / das er vber ſie ein wol=
gefallenn habe. den ſelbenn / ſeind die leiden vnnd widerwertickeit / eyttel /
koſtlich / vordinſt / vnd die ebliſten gutter / die niemant ſchetzen mag / dan
der glaub vnnd die zuuorſicht machenß alles koſtlich fur got. Das den
25 andern auffs allerſchedlichs iſt. das auch vom todt geſchrieben ſtet am
c.ʒv. pſalm. Der tod der heiligen / iſt koſtlich geacht fur gottis augen.
Vnd ʒouil / die zuuorſicht vnd glaub in diſſem grad / beſſer / hoher / vnd
ſtercker iſt / gegen dem erſten grad / ʒo vil / vbertreffenn / die leyden in
dem ſelben glauben / alle werck yhm glauben. Vnnd iſt alſo zwiſchen
30 ſolchem wercken vnnd leyden vnmeßliche vnterſcheidt der beſſerung.

¶ Ezum achten / Vber das alles / iſt des glaubens der hochſte
grad / wan got / nit mit zeitlichem leiden / ¹ ſondern / mit dem todt / hell / 130 E³
vnd ſund / das gewiſſenn ſtrafft vnnd gleich gnad vnnd barmhertzickeit ab=
ſaget / als wolt er ewiglich vordamnen vnnd zurnenn / wilchs wenig
35 menſchen erfareñ. wie Dauid am. vi. pſalm klaget / Her ſtraff mich nit
in deinem grym. Hie ¹ zuglaubenn / das got gnedigen wolgefallen vbir vnß 209 W
habe / iſt das hochſte werck / das geſchehn mag von vnd in der Creatur.
Dauon / die wirck heiligenn vnd guttheter gar nichts wiſſen / dan wie
wolten ſie hie ſich guttis vnd gnaden zu got vorſehen / dieweil ¹ ſie in 202 D
40 yhren wercken / nit gewiß ſein / vnd am geringſtenn grad des glaubens

5 iſts hs.   6 allein hs.   8 HL. 2, 9   13 Klagel. 3, 31 ff.
15 ergeben ſich darein   20 warnehmen hs.   26 Ps. 116, 15   32 ʒceyt=
lichenn hs.   35 Ps. 6, 1   38 werckheyligen hs.

zweiffelleun. Sich also hab ich gesaget / den glauben alzeit geprenset /
vnd alle werck / die on solchen glauben geschen / vorworffen / da durch
die menschen / von den falschen / gleissenden / phariseischen / vnglaubigen /
guten wercken / der izet alle Closter / kirchen / heußer / nyder vnd hoher
stend / vol vol sein / zu den rechten / worhafftigen / grundguten / gleubigen   5
wercken / zufuren. Darin mir niemant widderstrebt / dan die vnreynen
thirer / der fuß nit sein gespalten (wie ym gesetz Mosi angezeigt) gar
keinen vnterscheidt leiden wollen der gutten werck / sondern einhin plumpen /
wen es nur / gebett / gefastet / gestifftet / gebeicht / gnugthan ist / sol es
alles gut seinn / ob sie schon / kein glaube dryn gehabt gotlicher gnaden   10
vnd wolgefallens. Ja dan am meisten sie gut achten / wen sie yhr nur
viel / groß / lange gethan haben / on alle solche zuuorsicht. Vnd hernach
aller erst sich guttis vorsehen wollen. Wen die werck gethan sein / vnnd
also nit auff gotlichen wolgefallen / sondern auff yhre gethane werck yrhe
zuuorsicht. das ist / auff den sandt vnnd wasser / bawenn / dauon sie zulezt   15
einenn grausam fal thun mussen. wie Christus Math. vij. sagt / diessen
guten willen vnd wolgefallen / darauff vnßer zuuorsicht steht / habenn die
engel vom hymel vorkundet / da sie sungen in der Christnacht / Gloria in
excelsis deo. Er sey got ym hochsten / frid der erden / gnediges wolgefallen den menschen.   20

131 E²   ¶ Ezum neunden / Sich das ist das werck des ersten gebots / da
geboten ist / Du solt nit andere gotter haben / das ist so vil gesaget /
dieweil ich allein got bin soltu zu mir allein / deine gantze zuuorsicht / traw
vnnd glauben setzen / vnd auff niemandt anders. Dan das heisset nit
einen got habenn / so du eußerlich mit dem mund / got nennest / odder   25
mit den knyen vnd geberde anbettest / sondern so du hertzlich yhm trawist /
vnd dich alles guttis / gnadenn vnnd wolgefallhenn / zu yhm vorsichst / es
sey / in werckenn odder leidenn / in lebenn odder sterbenn / in lieb odder
203 E¹ leydt. Als der her Christus Johan. iiij. zu dem heydnischen weiblin /
Ich sag dir / wer got wil anbetten / der muß yhn im geist vnnd der war-   30
heit anbetenn. Vnnd dießer glaub / trew / zuuorsicht des hertzen grundlich /
ist warhafftige erfullunge dieses ersten gebottis / on welchen / sonst kein
werck ist / das diessem gebot muge gnugthun. Vnd wie / diß gebot / das
aller erst / hochst / best ist / auß welchem / die andern alle fliessen / in yhm
gan vnd nach yhm gericht vnd gemessigt werden. Also ist auch sein werck   35
(das ist der glaub odder zuuorsicht zu gottis hulden zu aller zeit) das aller
210 W erst / hochst / beste / auß welchem / alle andere flissen / ghan / bleyben / gericht vnnd gemessiget werden mussenn. Vnnd andere werck kegen diessem /
sein eben / als ob die andern gebot weren on das erste / vnd kein got were.
Derhalben spricht wol sanct Augustin / das des erstenn gebottis werck sein /   40

---

6 Le. 11, 4 vgl. Zeitschr. f. deutsche Philologie 26, 51. 56. 29,
373   7 dero hs.   16 Mt. 7, 26 f.   18 Lc. 2, 14   29 Jo. 4, 24
40 Enchir. ad Laur. cap. 3 (MSL. 40, 232): Hic si respondero fide, spe,

glauben / hoffen / vnd lieben.   Nu ist droben gesagt / das solch zuuorsicht
vnd glaub / bringt mit sich lieb vnd hoffnung.   Ja wan wirs recht ansehn /
ßo ist die lieb das erst / odder yhe zu gleich / mit dem glaubē.   Dan ich
mocht gotte nit trawen / wen ich nit gedecht er wolle mir gunstig vnd
5 holt sein.   Dadurch ich yhm widder holt / vnd bewegt werd / ym hertzlich
zutrawē vnd alles guttis zu ym vorsehen.

¶ Ezum zehenden / Nu sihestu selbs / das alle die / ßo yn got nit
vortrawenn altzeit / vnnd nit sich seiner gunst / huld / vnd wolgefallens
vorsehen in allen yhren wer'cken odder leyden / leben odder sterben. ßondern /   132 E²
10 bey andern dingē / odder bey yhn selbst / solchs suchē. diß gebot nit halten /
vnd warhafftig abgotterey treiben / ob sie gleich auch aller anderer gebot /
werck theten / dartzu aller heiligen gebet / fasten / gehorsam / gedult /
keuscheit / vnschult / auff einem hauffen hettenn.   Dann das heubtwerck
ist nit da / on wilchs / die andern alle nichts sein / dan ein lauter gleissen /
15 scheinen / ferben / vnd nichts dahindē. vor wilchem vns Christ² warnet
Matth. vij. Huttet euch vor den falschen propheten / die zu euch kommen
in schaffs kleidern.   Das sein alle die / durch vil guter werck (als sie
sagem) got¹ sich wolgefellig machen wollen / vnnd gotte sein huld gleich   204 E¹
abkeuffen / als wer er ein trewbler odder tagloner der sein gnad vnd hult /
20 nit vmbsonst geben wolt / das sein die vorkeretisten menschenn auff erdenn /
die schwerlich odder nymmehr mehr / bekeret werdenn auff den rechten
weg. Desselben gleichen alle die / in widderwertickeit / hir vnd dar lauffen /
vnd allenthalben rad / hulff vnd trost suchen / on allein bey got / da es
yhn auffs hochst geboten ist zusuchenn. Welch der Prophet Isaias. ig.
25 strafft alßo / Das vnsinnig volck bekeret sich nit / zu dē der es schlegt. das
ist / got schlug sie / vnd schafft yhn leiden vnd allerley widderwertickeit
zu / das sie zu yhm solten lauffen vnd yhm vortrawen / ßo lauffen sie von
yhm / zu den menschen / itzt in Egipten / itzt in Assyrien / etwan auch
zum teuffel. von wilcher abgotterey / vil in dem selbē propheten vnd librisß
30 regum geschrieben ist. Alßo thun auch noch alle heilige gleissener / wan
sie etwas anstosset / das sie nit zu gote lauffen / sondern von vñ fur yhm
flihen / nur gedenckenn / wie sie durch sich selb odder menschlich hulff /
yhres anlegens ledig werdenn / vnnd sich doch from leut / achten vnd
achten lassen.

35 ¹Ezum Eylfften / das ist die meinung sanct Pauels an vilen orten /   211 W
da er dem glauben so vil gibt / das¹ er saget. Justus eg fide sua viuit.   133 E²
der gerecht mensch hott sein leben auß seinem glauben / vnd der glaub ist
das / darumb er gerecht fur got geacht wirt. Steht dan die gerechtickeit
im glaubē / ßo ists klar / das er allein alle gebot erfullet / vnd alle yhre
40 werck rechtfertig macht / seint dem mal / niemant rechtfertig ist / er thu

charitate colendum esse Deum . . .   15 ferben s. oben s. 228 z. 12
nihtß A   16 Mt. 7, 15   19 tagelohnaußzahler   24 Jes. 9, 13
36 Rö. 1, 17

dan alle gottis gebot. widderumb mugenn die werck niemant rechtfertigen
fur got / on den glauben. Vnd so gar mit offen vollen mund / der heilig
Apostel / die werck vorwirfft / vnd den glaubē preyſſet / das etlich ſich auß
ſeinen wortenn geergert ſprochenn. Ey / ſo wollenn wir kein gut werck
mehr thun. die ehr doch vordampt als die yrrigen vnd vnvorſtendigenn.   5
Alſo geſchichts noch. Wann wir vorwerffen die groſſenn / ſcheinend werck
205 E¹ zu vnſern zeitten / on allen ¹ glawbē gethan / das ſie ſagen / ſie ſollē nur
glauben vnd nichts guttis thun. Als nemlich / die werck des erſten ge=
bottis / heyſſet man zu diſer zeit / ſingen / leſen / orgeln / meßhalten /
metten / veſper vñ ander gezeitē beten / kirchen / altar / Cloſter / ſtifften   10
vñ ſchmuckē / glocken / kleinod / kleid / geſchmeid / auch ſchetz ſamlen / zu
Rom / zu den heiligen lauffen. ¹ Darnach wen wir bekleidet / vns buckē /
knppogen / roßenkrentz vnd pſalter betten / vnd das alles nit fur einem
abtgot / ſondernn fur dem heiligenn creutz gottis odder ſeiner heiligen bild
thun. das heyſſen wir got ehren / anbetten / vnd lauts des erſten gebottis /   15
kein andere gotter haben. Welchs doch auch wucherer / eebꝛecher vnd
allerley ſunder thun mugen vnd teglich thun. Nu wolan / geſchehn diße
ding mit ſolchem glaubenn / das wirs dafur halten / es gefalle got alles
wol / ſo ſein ſie loblich / nit yrher tugent / ſundern deſſelben glaubens
halbē / dem alle werck gleich gelten / wie geſagt iſt. Zweiffeln wir aber   20
dran / odder haltens nit dafur / das got vnß holt ſey / in vns gefallē hab /
odder vormeſſen vns allererſt / durch vnnd nach den wercken ym gefallen /
ſo iſts lauter triegerey / außwendig got geehret / ynwendig / ſich ſelb fur
134 E² einen abgot geſetzt. ¹ Das iſt die vrſach warumb ich ſo offt / widder ſolcher
werck pompen / pꝛacht / menige / geredt vñ ſie furwoꝛffen habe. Das am   25
hellen tag iſt / wie ſie nit allein in zweyffel odder on ſolchen glauben ge=
ſchehn / ſondern vnter tauſent / nit einer iſt / der nit ſein trawē dꝛein
ſetzt / vormeynt dadurch / gottis huld zuerlangen. vnd ſeiner gnad furtzu=
kommen / einen Jarmarckt boꝛauß zumachen. welchs got nit leiden kan /
der ſein huld vmbſunſt voꝛſpꝛochen. wil / das man an der ſelben anheb /   30
durch eine zuuoꝛſicht / vnd in der ſelbē alle werck volnbꝛinge / wie ſie
genent ſein.

211 W   ¶ Ezum zwelfftenn / Darauß merck ſelber / wie weit von einander
ſein / das erſt gebot / nur mit euſſerlichen wercken / vnd mit ynnerlichem
voꝛtrawen / erfullenn. Dan dis macht recht / lebendige gottis kinder /   35
ihenes macht nur erger abgotterey / vnd die ſchedlichſten gleiſſener / die
206 E¹ auff erden ſeinn. die / vntzehlich vil leutt / mit yrem ¹ groſſem ſchein /
furen in yrhe weyße / vnd laſſen ſie doch on glauben bleiben / vnnd alſo
iemerlich voꝛfuret / ſtecken in dem euſſzerlichen geplerre vnd geſpenſte. Von
denen ſagt Chꝛiſtus Math. ꝛiiij. Huttet euch / wen ſie euch werden ſagen / 40

---

2 vollem hs.   11 geſchmid hs.   21 ſey. vnnd hs.   35 werck / A
37 vntzehlich hs. vnzꝛechlich A   39 eußerlichem hs.   40 Matt. 24 hs.
Mt. 24, 23

ſich hie odder da iſt Chꝛiſtus. Item Joha. iiij. Ich ſag dir / das du
zeit wirt kummen / das yhr wider auff diſſem berge / noch zu Hieruſalem /
werdet got anbetten. dann geiſtlich anbetter / ſucht der vatter / Diſſe vnd
der gleichen ſpꝛuch / haben mich / vnd ſollen iderman bewege / zuvoꝛ=
5 werffenn / das groß gepꝛenge / mit bullen / ſigel / phanen / ablas / damit
das arme volck gefuret wirt zu kirchen bawen, gebenn / ſtifften / beten /
vnnd doch der glaube gantz geſchwigen / ia gar nider gedruckt wirt. Dann
die weil er / vnter den werckenn nit vnterſcheit hat / ſo mag nit neben
yhm beſteen / einerley werck fur dem andern / ſo groß auffblaſen vnnd
10 treibenn. dan er wil allein gottis dinſt ſein / vnd den namen vnd ehre /
keinem andern werck laſſen / on ſo vil er ym mitteylet / wilchs er thut /
ſo das werck yn vnd auß yhm geſchicht. Diſſer vnfug iſt im alten teſta=
ment bedeutet da die Juden / den tempel lieſſen / ¹ vnnd opffereten an andern   135 E²
oꝛtern / in den grunen luſtgarten vnd auff den bergen. Alſo thun diſſe
15 auch / alle werck ſein ſie emſig zuthun / aber / dis heubtwerck des glaubens
achtenn ſie nymmer.

    ¶ Ezum dꝛeytzeheden, Wo ſein nu die / die do fragen / wilche werck
gut ſein / was ſie thun ſollen, wie ſie frum ſein ſollenn? Ja wo ſein
auch die / ſo do ſagenn wann wir von dem glauben pꝛedigenn / das wir
20 keine werck leren odder thun ſollen? Gibt nit dis erſte einige gebot /
mehr zuſchaffen / dann iemandt thun mag? Wan ein meſch tauſent odder
alle menſche odder alle creature were / ſo were ym dennoch hie gnug
auffgeleget / vnd mehr dan gnug / ſo ym gebotte iſt / ehr ſolle altzeit in
glauben vnd zuvoꝛſicht zu got leben vnd wandeln / yhe auff keinen andern
25 ſolchen glauben ſtellenn / vnd alſo / nur einen den rechten / kein andern
got haben. Dieweil dan menſchlich weſen vnnd natur / kein augenblick
mag ſein / on thun odder laſſen / leidē ¹ odder flihen (dan das leben ruget   207 E¹
nymmer / wie wir ſehen) Wolan / ſo heb an wer do wil frum ſein / vñ
vol gutter werck werden / vnd vbe ſich ſelb / in allem leben / vnnd wercken
30 zu allen zeiten an diſſem glaubenn / lerne ſtetiglich alles thun vnnd laſſen
in ſolcher zuvoꝛſicht / ſo wirt er finden / wievil er zuſchaffen hat / vnd wie
gar alle ding in glauben ligenn / vnnd nymmer muſſig mag werden. dieweil
der muſſig gang auch muß / in des ¹ glaubens vbung vnd werck geſchehen /   213 W
vnd kurtzvmb / nichts in vnd an vns ſein odder zufallen mag / ſo wir
35 gleubenn / es gefal alles got (wie wir ſollenn) es muß gut ſein vnd voꝛ=
dinſtlich. Alſo ſagt ſanct Paulus / Liben bruder alles was yhr thut / yr
eſſet odder trincket / thuts alles in dem namen Jeſu Chꝛiſti vnſers herren.
Nu mag es / in dem ſelben namen nit geſchehn / es geſchech dan / in ſolchem
glauben. Item Roma. viij. Wir wiſſen das alle ding mit wircken zum
40 beſten / den heiligen gottis. Darumb iſt die rede / ſo etlich ſagenn / es

seyen gute werck vozboten / wan wir den glaubē allein predigen / gleich der
136 E² rede / als wan ich spzech zu einem ' krancken / hetteſtu die geſuntheit / ſo
hetteſtu die werck der glidmaß alle / on welche aller glidmaß wirckenn
nichts iſt.   Vnd er wolte drauß nemē / ich het / der glidmas werck vozboten / ſo ich doch gemeint / die geſuntheit zuuoz muß ſein vnd wircken 5
alle werck aller glidmaßen / alſo auch / der glaub / muß werckmeiſter vnd
heubtman ſein in allen wercken odder ſein gar nichts.

¶ Ezum vierzehenden / Szo mochſtu ſpzechenn / Warumb hot man
dan ſo vil geiſtlicher vnnd weltlicher geſez / vnd vil Cerimonien der
kirchen / Cloſter / ſtette / die menſchen da durch zun guten wercken zu 10
bzingen vnd zureizen / ſo der glaub / durch das erſte gebot / alle ding thut.
Antwozt / Eben darumb / das wir den glauben nit alleſampt haben odder
achtenn / wo den yderman hette / durfften wir keins geſez / ymmer mehr /
ſondern thet ein iglicher / von yhm ſelbs gute werck zu allerzeit / wie yhn
die ſelb zuuozſicht wol leret.   Nu aber ſeind vierley menſchen.   Die 15
208 E¹ erſten / iſt geſagt / die keins geſez dozffen / dauon Paulus. i. Thi. i.
ſagt / Dem gerechten (das iſt dem gleubigen) iſt kein geſez gelegt. ſondern
ſolche thunn freywillig / was ſie wiſſen vnd mugen / allein angeſehē in
feſter zuuozſicht. das gottis gefallen vnd huld vber ſie ſchwebt / in allen
dingē.   Die andern wollē ſolcher freiheit mißbzauchē / ſich falſchlich drauff 20
vozlaſſen vnnd faul werden / von denen ſagt ſanct Petrus. i. Pet. ij. Jr
ſolt leben als die frey ſein / vnd doch nit die ſelben freyheit machen zu
einē deckel der ſund / als ſpzech er / die freiheit des glaubens / gibt nit
vzlaub zu ſundē / wirt ſie auch nit deckē. ſondern / gibt vzlaub allerley
werck zuthun / vnnd alles zuleiden / wie ſie fur die hand kommen / das nit 25
an ein odder etlich werck allein yemandt gebunden ſey.   Alſo auch ſanct
Paul Gal. v. Seht zu das yr diße freyheit / nit- laſſet ſein ein vzſach zu
fleiſchlichē leben.   Diſe muß man treibē mit geſez vñ bewarē mit lerē vñ
vozmanūg.

137 E² Die dritten ſein boße menſchen / zu ſundenn alzeit ' erwegen / die 30
muß man mit geſezen geiſtlich vnd weltlich zwingen / wie die wilden
pferd / vnd hund.   Vnd wo das nit helffenn wil / ſie vom lebenn thun
durchs weltlich ſchwert.   Wie ſanct Paulus Roma. ziij. ſagt / Die welt-
214 W lich gewalt tregt das ' ſchwert vnd dienet got daryn / nit zur fozcht den
frümen / ſundern den boſen. 35

Die vierden / die noch mutig vnd kindiſch ſein ym vorſtand ſolchs
glaubens vnd geiſtlichs lebens.   Die muß man wie die iungen kinder /
locken vnd reizen / mit den eußerlichen beſtimpten vnnd vozbundenn ge-
ſchmuck / leßen / beten / faſten / ſingen / kirchenn / zierden / ozgelen vnd was

---

16 1. Ti. 1, 9   21 1. Pt. 2, 16   27 Ga. 5, 13 zcüm fleiſch-
lichem leben hs.   28 geſezen hs.   30 verwegen, frech   33 Rö. 13, 3 f.
38 mit den eüßerlichenn beſtimpten vnnd vozbunden (beſt. vnnd vozp.
hineinkorrigiert) cerimonienn hs.

des in Cloſtern vnd kirchen geſeßt odder gehaltenn wirt / ßo lange biß
ſie auch denn glauben leren erkennen. Wiewol hie groß ferlickeit iſt / wo
die regenten / wie es iß leider gaht / mit den ſelben Cerimonien vnd ſin-
lichen wercken ſich treiben vnnd blewen / als weren das die rechtenn
5 werck / mit nachlaſſen des glaubens / den ſie ummer neben bey lerenn
ſolten / gleich wie ein muter dem kind neben der milch auch an'der ſpeiß 209 E¹
gibt / ſo läg / das kindt ſelb eſſen mag die ſtarck ſpeiß.

¶ Ezum funfftzehenden / Dieweil dann wir nit alle gleich ſein /
muſſen wir die ſelben menſchen dulde / vnd mit yhn halten vnd tragen /
10 was ſie halten vnd tragen / vnd ſie nit vorachten / ſondern vnderweyßen
den rechte weg des glaubens. Alſo leret ſanct Pauel Ro. ʒiiij. Den
ſchwachen im glauben nempt an / yhn zuvnterweiſen. Alßo thet er auch
ſelb. i. Corin. ʒij. Ich hab mich gehalten mit denen / die vnter dem
geſeß waren / als were ich auch drunder / ßo ich doch nith drunder was.
15 Vnd Chriſtus Math. ʒvij. da er den ʒinß pfennig ſolt gebe / des er doch
nit pflichtig war / diſputiret er mit ſanct Peter / ob die kinder der konig
ʒinß muſten geben odder allein ander leut / Antwort ſanct Peter / Allein
ander leut. Sprach Chriſtus / ßo ſein der konige kindt frey / doch das wir
ſie nit ergern / ßo gangg hin auß mere / vnd wirff ein den angel / der
20 erſte fiſch der do kumpt den nym / vnd in ſeinem mundt / wirſtu einen
pfennig finden / den gib fur mich vnd dich. Hie ſehenn wir das alle werck 138 E²
vnnd ding frey ſein einem Chriſten durch ſeinen glauben / vnnd er doch /
weil die andern noch nit gleuben / mit yhn tregt vnd helt / des er nit
ſchuldig iſt. Vnd das thut er aber auß freyheit / dan er gewiß iſt / es
25 gefalle got alſo wol / vnnd thut es gerne / nympts an / wie ein ander
frey werck das im on ſein erwelen auff die handt ſtoſſet. Dieweil er
begeret vnd ſucht nit mehr / dan wie er nur wirck got zugefallen in ſeinem
glauben. Dieweil aber wir in diſſem ſermon furgenommen zuleren / wilch
rechtſchaffen gute werck ſein / vnnd izt von dem hochſten werck redenn /
30 iſts offenbar / das wir nit vonn den andern / dritten / odder vierden
meuſchen reden / ſondern von den erſte denen die andern alle ſollen gleich
werden / vnd ſie von den erſten ßo lange geduldet vnd vnderweiſſet werde.
Darumb ſol man die ſelbigen ſchwachgleubigen / die gerne wolten wol
thun vnd beſſers leren / vnd doch nit begreiffen / mugen / in yrhen Ceri- 215 W
35 monien nit vorachte / ßo ſie dran klebenn / als ſey es mit yhnen gar vor- 210 E¹
loren / ſondern yhren vngelerten blinden meiſtern / die ſchult gebenn / die
ſie den glaubenn nie geleret / ßo tieff in die werck gefuret haben. Vnd
ſol ſie ſenfftiglich vnnd mit ſeuberlicher muß widder erauß / in den glaube
furen / wie man mit einem trancken vmbgaht / vnnd zulaſſen / das ſie

---

4 ſich herumſchlagen und abmühen   11 Rö. 14, 1   13 1. Ko.
9, 20 f.   15 Mt. 17, 25 ff.   31 erſtenn: hs. erſte A   33 die
ſelbenn hs.   38 mit ſchonungsvoller gemächlichkeit

etlichen werckenn / ein weil lang / vmb yres gewiſſens willen / noch anhangen vnnd treibenn als die nottigen zur ſeligkeit / ſo lang ſie den
glaubenn recht faſſen / auff das nit / ſo wir ſie ſo ſchwind erauß reiſſen
wollenn / yhr ſchwach gewiſſen gantz zurſchellet vnd voryrret werde / vnd
widder glauben noch werck behalten. Aber die hartkopffigen / die in wercken   5
vorſtockt / nit achten was man vom glaubenn ſagt / auch dawidder fechten /
ſol man faren laſſen / das ein blind den andern fure / wie Chriſtus thet
vnd leret.

     ¶ Ezum ſechtzehenden / Sprichſtu aber / wie mag ich mich gewiß
vorſehen / das alle mein werck got gefellig ſein / ſo ich doch zuweilen   10
fall / zu vil rede / eſſe / trinck / ſchlaff / odder yhe ſunſt vber die ſchnur ſarhe /
139 E³ das mir ¹ nit muglich iſt zumeyden. Antwort / dieße frag zeigt an / das du
noch den glaubenn achteſt / wie ein ander werck / vnd nit vber alle werck
ſetziſt. Dann eben darumb iſt er das hochſt werck / das er auch bleibet
vnd tilget die ſelben teglichen ſunden / damit das er nit zweiffelt / got ſey   15
dir ſo gunſtig / das er ſolchem teglichem ſal vnnd der gebrechlickeit durch
die finger ſicht / ia ab auch ſchonn ein todlich fall geſchehe (das doch denen /
ſo im glauben vnd gottis trawen leben nimmer odder ſelten widderferet)
ſtet doch der glaub widder auff / vnd zweiffelt nit / ſein ſund ſey ſchon
dohin. Wie i. Johan. ij. ſteht Das ſchreib ich euch lieben kinder / auff   20
das yhr nit ſundiget / ſo aber iemand yhe fellet / ſo haben wir einen vorſprechen fur got Jeſum Chriſtum / der do iſt ein vorgebüg fur alle vnſer
ſund. Vnd Sap. xv. Vnd ob wir ſchöe ſundigetē / ſo ſei wir doch die
deinen / vnd erkēnen / das du groß biſt. Vnd Prouer. xiiij. Sibenn mal /
211 E¹ mag fallenn / ein gerech'ter menſch / ſtet aber ſouil mal widerauff. Ja diſſe   25
zuuorſicht vnd glauben / muß alſo hoch vnd ſtarck ſein / das der menſch
wiſſe / das alle ſein leben vnd wircken eitel vordamplich ſund ſein fur gottis
gericht / wie geſchrieben ſtet pſal. cxlij. Es wirt fur dir kein lebēdig mēſch
rechtfertig erfunden. Vnd muß an ſeinen wercken ſo vortzweiffelen / das
ſie nit gut ſein mugenn / dan durch diſen glauben / der ſich keiniß gerichts /   30
ſondern lauterer gnad / gunſt / huld vñ barmhertzickeit vorſicht. wie Dauid
pſal. xxv. Deine barmhertzickeit iſt mir ſtettis fur meinen augen / vnd bin
guts muts geweſen an deiner warheit. Vnd pſal. iiij. die erleuchtung
216 W deins angeſichts ſchwebt ¹ vbir vns (das iſt deiner gnad erkātnis durch den
glauben) vnd damit haſtu frolich gemacht mein hertz / dan wie er ſich vor-   35
ſicht ſo yhm geſchicht. Sich alſo auß barmhertzickeit vnnd gnaden gottis /
nit auß yrher natur / ſein die werck / on ſchuld / vorgebē vnd gut vmb
140 E³ des glaubens willen / der ſich auff ¹ die ſelbenn barmhertzickeit vorleſſit.
Alſo muſſenn wir der werck halben vns furchtenn / aber der gnaden gottis

---

    8 Mt. 15, 14   11 vgl. Thiele no.28 6   17 Thiele no.331
20 1. Jo. 2, 1 f.   23 Wei. 15, 2 ſchon hs.   24 prouer 24 hs. Pr.
24, 16   28 Ps. 143, 2   32 Ps. 26, 3   33 Ps. 4, 7 f.

halben trosten. wie geschrieben stet psal. c.glvi. Got hat einen gnedigen
wolgefallen vber die / so sich fur yhm furchten / vnd doch trawen auff
seine barmhertzickeit. Also betten wir mit gantzer zuuorsicht / Vater vnser /
vn bitte doch vorgib vns vnser schuld. Sein kinder / vn doch sunder. sein
5 angenem vnd thun doch nit genug / das macht alles der glaube in gottis
hulde befestiget.

¶ Czum sibetzeheden / Fragistu aber wo der glaub vnd zuuorsicht
muge funden werde odder herkumen / das ist freylich das notigist zuwissen.
Zum ersten / an zweifel kompt er nit auß deinen wercke noch vorbinst.
10 sondern allein auß Jesu Christo / vmbsunst vorsprochen vnd geben. Wie
sanct Pauel Ro. v. Got macht vns seine lieb fast suß vn freuntlich / in
de / das Christus fur vn² gestorben ist / da wir noch sunder warenn / als
solt ehr sagen / solt vns das nit eine starck vnvberwindlich zuuorsicht
machen / das ehr / wir drum gebeten odder gesorget haben / ia noch in
15 sunden fur vnd fur ¹ wandeleten /Christus fur vnser sund stirbt? Vnd 212 E¹
folget / so dan Christus ein zeitlang gestorbenn ist / fur vnß do wir noch
sunder ware / wieuil mehr / so wir nu durch sein blut gerechtfertiget sein /
werden wir selig werden durch yhn. Vnd so wir got vorsunet sein / durch
seinß suns todt / do wir noch sein feindt waren / vil mehr so wir nu vor=
20 sunet sein / werdenn wir behalten werdenn durch sein leben. Sich also
mustu Christum in dich bilden vnd sehen / wie in ym got seine barm=
hertzickeit dir furhelt vnd anbeuttet / an alle deine vorkummende vorbinst.
Vnnd auß solchem bild seiner gnadenn / schepffen den glauben vnnd zuuor=
sicht der vorgebung aller deiner sund. Darumb hebt der glaub nit an den
25 wercken an / sie machen yhn auch nit / sondern er muß auß dem blut /
wunden / vnnd sterben Christi quellen vnd fliessen / Jn wilchem so du
sichst / das dir got so hold ist / das ¹ er auch seine sun fur dich gibt / muß 141 E²
dein hertz suß vnd got widderumb hold werden / vnd also die zuuorsicht
auß lauter gunst vnd lieb herwachßen / gottis gegen dir / vnd deiner gegen
30 got. Also lesen wir noch nie das yemand der heilig geist gebenn sey /
wan er gewirckt hat / aber alzeit / wan sie habenn das Euangelium von
Christo / vnnd die barmhertzickeit gottis gehoret. Auß dem selben wort /
muß auch noch heut vnd alzeit / der glaub vnd sonst nindert herkommen.
Dan Christus ist der fels / da man butter vnnd honig auß seugt / wie
35 Moses sagt Deutro. xxij.

Von dem andern guten werck.   217 W

¶ Czum achtzehenden / Sich bißher habenn wir das erste werck
vnnd erste gebot gehandelt / dennoch fast kurtz / grob / vn vbirhin / dan gar
vil dauon zusage were. Nu wollen wir die werck weiter suchenn durch

---

1 Ps. 147, 11   11 Rö. 5, 8   16 Rö. 5, 9 f.   22 dazwischen-
kommenden   35 Dt. 32, 13   37 .18. hs.

die nachfolgenden gebot. Das andere vnd nechſte werck nach dem glauben /
iſt das werck des andern gebottis. Das wir gottis namen ehren vnnd
nit vnnutz brauchen ſollen / wilchs / gleich wie alle andere werck / on den
glauben nicht geſchehn mag / geſchicht es aber on ihn / ſo iſts ein lauter
gleiſſen vnd ſchein. Nach dem glauben mugen wir nichts groſſers thun /   5
213 E¹ dan gottis ¹ lob / ehre / namen / preißen / predigen / ſingē vnd allerley weiß
erheben vnd groſſmachen. Vnd wie wol ich droben geſagt / vnnd war iſt /
das kein vnterſcheid iſt vnter den werckē / wo der glaub iſt vnd wirckt /
ſo iſts doch zuuorſtehn / wan ſie gegenn dem glauben vnnd ſeinem werck
geachtet werden / aber ſie vntereinander zumeſſen / iſt ein vnterſcheid / vnd 10
eins hoher dan das ander. Gleich wie im leichnam / die glidmaß gegen
die geſuntheit kein vnterſcheid haben / vnd die geſuntheit in einem gleich
wirckt / wie in dem andern / ſo ſein doch der glidmaß werck vnterſchidenn /
vnnd eins hoher / edler / nutzlicher / dan das ander. Alſo auch hie gottis
ehre vnd namen preiſſen / iſt beſſer dan die folgendenn werck der andere 15
142 E² gebot / ¹ vnd muß doch in dem ſelben glauben gahn / da alle ander inne
gahn. Ich weis aber wol / das ditz werck gering geacht / datzu vnbekant
iſt worden / darumb wollen wirs weiter anſehen / vnnd laſſens gnug geſagt ſein / das ſolchs werck ſol geſchehn im glaubē vnd zuuorſicht / es gefalle got wol. Ja / es iſt kein werck / darinne man ſo eben empfindt vnd 20
fulet / die zuuorſicht vnd glaubē / als in gottis namen ehren / vnd hilfft
ſeher den glauben ſtercken vnd mehren / wie wol alle werck helffen auch
dartzu. wie ſanct Petrus ſagt. ij. Pet. i. liebe bruder / habt fleis / das
yhr / durch gute werck / ewre beruffung vñ erwelūg gewis macht.

¶ Ezum neuntzehenden / Gleich wie das erſt gebot vorbeut / wir 25
ſollen kein andere gotter haben / vnd darunder gebeut / wir ſollen / einen /
den rechten got haben. durch einen feſten glaubenn / trawen / zuuorſicht /
hoffen / vnnd lieb / wilchs allein die werck ſein / damit man einen got
haben / ehren / vnd behalten mag. Dan mit keinem andern werck / mag
man got erlangenn / odder vorliren / dan allein mit glauben odder vn- 30
glaubenn / mit trawen odder zweiffeln / der andern werck reichet keins nit
218 W biß zu got. Alſo auch im andern gebot / wirt vorbottenn / wir ſollen
ſeinen namen nit vnnutz brauchen. doch wil das nit gnug ſein / ſondern
214 E² wirt darunder auch geboten / wir ſollen ſeinen namen ehren / anruffenn /
preyſſen / predigen vnd loben. Vnnd zwar iſts nit muglich / das gottis 35
namen ſolt nit vorunehret werdenn / wo er nit recht geehret wird. Dann
ob er ſchon mit dem mund / knye bogen / kuffen / odder ander geberden /
wirt geehret / ſo das nit im hertzenn durch denn glaubenn / in gottis hulde
zuuorſicht / geſchicht / iſt es doch nichts / dan ein ſchein vnd farb der
gleiſſenerey. Nu ſich / wie mancherley guter werck der menſch mag in 40
diſſem gebot / alle ſtund thun / vnd nymmer on gut werck diſſes gebottis

ſeinn / ſo er wil. das er furwar / nit darff wallen odder heilig ſtet
ſuchen. Dan ſag an / wilch augen blick mag vozgehn / darinnen wir nit
on vnterlaß / gottis guter empfahen. obder ¹ aber / boße widderwertickeit ₁₄₃ E²
leiden? Was ſein aber gottis gutter vnnd widerwertickeit anders / dan
5 ſtettige vozmanung vnd reytzung / got zuloben / ehren / vnd gebenedeyen /
yhn vnd ſeinen namen anzuruffen? Wan du nw aller dinge muſſig wereſt /
hetteſtu nit genug zuſchaffen allein an diſſem gebot / das dw gottis namen
on vnterlaß gebenedeieſt / ſungeſt / lobeſt / vnd ehreſt? Vnd wotzu iſt die
zung / ſtym / ſpzach / vnd der mundt / anders geſchaffen? wie pſal. l.
10 Herr thu auff meine lippenn / das mein mund muge vozkunden dein lob.
Item / Mein zunng ſol erhebenn / dein barmhertzickeit. Was iſt im
hymel fur ein werck / dan dißes andern zebottis / wie am. lxxiiij. pſalm
ſtet / Selig ſeinn die do wonen in deinem hauß / ſie werden dich loben
ewiglich. Alſo ſagt auch Dauid am. xxxiij. pſalm / Gotis lob ſol ſein
15 altzeit in meinem munde. Vnd S. Paulus. i. Cozin. x. Jhr eſſet odder
trincket / odder thut etwas anders / ſo thut es allis got zuehren. Item /
Coloceñ. iij. Alles was yhr thut / es ſey mit wozten odder werckenn /
thut es in dem namen vnſers herren Jheſu Chziſti / got dem vatter zu
lob vnnd danck. Wen wir diſſes wercks warnhemen / ſo hetten wir hie
20 auff erden / ein hymelreich / vnd alletzeit gnug zuthun / gleich wie die ſeligen
ym hymel.

   ¶ Czum. xx. Da her kompt das wunderliche vnnd recht vzteil
gottis / Das zuweilenn / ein armer ¹ menſch dem niemand anſehen kan / vil ₂₁₅ E¹
vnnd groſſe werck / bey yhm ſelb / in ſeinem hauß got frolich lobet / wen
25 es ym wol geht / odder mit groſſer zuuozſicht anrufft / ſo yhn etwas an-
ſtoſſet / vnd damit / ein groſſer vnd angenhemer werck thut / dan ein ander /
der vil faſtet / bettet / kirchē ſtifftet / walfaret / vnd hie vñ da ſich mit
groſſen thatē bemuhet. hie geſchicht dē ſelbē narrē / das er das maul auff-
ſperret / vnd noch groſſen wercke ſicht / ſo gar vozblēdet / das er diſſes
30 groſten wercks auch nymmer gewar wirt / vnd got lobē / in ſeinen augen
gar ein klein ding iſt / fur dē groſſen bilde ¹ ſeiner eigē erdachtē werck in ₂₁₉ W
wilchen er villeicht / ſich mehr / dan ¹ got lobet / odder yhe yhm ſelb einē ₁₄₄ E²
wolgefallē dzinnen hat / mehr dan in got / vnnd alſo mit gutten wercken
ſturmet / widder das ander gebot vnd ſeine werck / gleich wie der Phariſeus
35 im Euangelio / vnd der offenbar ſunder / dißes alles / ein ebenbild gebenn.
Dan der ſunder ruffet got an / in ſeinē ſunden / lobet yhn / vnd traff die
zwey hochſten gebot / den glauben vnd gottis ehre. Der gleiſſener ſeylet
yhrer beyde / vnd pzanget daher / mit andern guten wercken / durch wilch
er ſich ſelb vnd nit got rumet / mehr auff ſich / dan auff got ſein trawenn
40 ſetzet. Darumb iſt er billich vozwozffen / vnd ihener auſſerwelt. das macht

    9 Ps. 51, 17   11 Ps. 51, 16   12 Ps. 84, 5   14 Ps. 34, 2
15 1. Ko. 10, 31   17 Colo. hs. Kol. 3, 17   26 vnd gott angenehmer
hs.   33 habt hs. und A   34 Lc. 18, 10ff.

alles / das yhe hoher vnnd beſſer die werck ſein / yhe weniger ſie gleiſſen /
darʒu das ein iderman die ſelben vormeint leichtlich ʒuthunn. Die weil
man ſicht fur augenn / das niemant ſo faſt ſich ſtellet gottis namen vnnd
ehre preiſſen. als ebenn die / die es nymmer thun / vnd mit ſolchem gleiſſen /
die weil das hertʒ on glauben iſt / dem koſtlichen werck ein vorachtung 5
machen. Das auch der Apoſtel ſanct Paul Roma. ij. thar frey ſagē / das
die gottis namen am meiſten leſterenn / die von dem geſetʒ gottis ſich
rumenn. Dan gottis namen ʒunennen / vnd ſein ehre auffs papyr vnd
an die wend ʒuſchreiben / iſt leicht geſchehen / aber ohn gruntlich loben
vnd gebenedeyen in ſeinen woltaten / vnd anruffen troſtlich / in allen an- 10
216 E¹ ſtoſſen / das ſein furwar / die aller ſeltʒamſten / hochſten werck / nechſt ¹ dem
glaubenn / das wen wirs ſehen ſolten / wie wenig der ſein in der Chriſtenheit / mochtenn wir vor iamer vorʒagenn. Vnd doch ymmer / die weyll
ſich mehren die hoch / hubſch / vbergleiſſende werck / die menſchen erdacht
haben / odder die biſſen rechten wercken / an der farb gleich ſein / im grüb 15
alles glaublos / trewlos / vnd kurtʒ vmb nichts guts dahindenn. Alſo
ſtrafft auch Iſaias. xlviij. das volck von Iſrael / Horet yhr die yhr den
namen habt / als weret yhr Iſrael / die yhr ſchweret bey dem namen
gottis / vnnd gedenckt ſein noch in der warheit noch gerechtickeit. das iſt /
145 E² das ſie es nit im rechten glauben vud ʒuuorſicht thetenn / wilch die rechte 20
warheit vud gerechtickeit iſt / ſondern traweten auff ſich ſelb / yrhe werck /
vnd vormugē. vnd doch gottis namen anrufften vnd lobten / wilch ſich nit
ʒuſammenfugen.

¶ Cʒum. ri. Sʒo iſt nu das erſte werck diſſes gebottis / Got
loben / in allen ſeinen woltaten / der vnmeßlich vil ſein / das auch ſolchs 25
lobs vnd dancks billich kein vnterlaß / noch ende ſein ſol. Dann wer mag
yhn volkomen loben / fur das naturlich lebē / ſchweig ban fur alle ʒeitlich
vnd ewige gutter? Vnd alſo iſt der menſch / mit diſſem einigen ſtuck
diſſes gebottis vbirſchuttet mit gutten koſtlichen wercken. Welche ſo ehr
in rechtem glaubenn vbet / iſt er furwar nit vnnutʒ hie geweſen. Vnnd in 30
220 W diſſem ſtuck / ſundiget niemandt ſo ¹ faſt / als die allergleiſeniſten heiligenn /
die yhn ſelbs wolgefallenn / ſich gerne rhumen / odder yhe gerne horen /
yhr lob / ehre / vnnd preyß fur der welt. Darumb iſt das ander werck /
diſſes gebottis / ſich huten / flihen vnd meyden / alle ʒeitliche ehre vnnd
lob / vnd yhe nit ſuchen / ſeinen namē / gerucht / vnd groß geſchrey / das 35
yderman von yhm ſing und ſag. Wilchs gar ein ferliche vnnd doch die
aller gemeinſte ſund iſt / vnd leyder wenig geacht. Es wil yhe ydermann
etwas geſehn werden / vnd nit der geringſte ſein / wie gering ehr ymmer
iſt / ſo tieff iſt die natur vorboſſet / in yhr engenn gutduncfel / vnd in yhr
ſelbs eygen vortrawē / widder diſſe ʒwey erſten gebot. Nu achtet man 40

---

    6 Rö. 2, 23   17 Jes. 48, 1   23 ʒcu ſummen fuget hs.   31 aller
gleyſſeniſchen hs. heuchleriſchſten   3o ettwas ſeyn hs.   39 verſunken

diß grauſam laſter in der welt / fur die hochſten tugent / vmb wilchß 217 E1
willen vbirauß ſerlich iſt / heydeniſche bucher vnd hiſtorien zuleſen odder
horen / denen / die nit vor wol ſein in den gottis gebotten / vnd der heiligen
ſchrifft hiſtorien vorſtendiget vnnd erfarenn. Dan alle heideniſche bucher /
5 ſeind mit diſer gifft / deß lob vnd ehre ſuchens gantz durchmachet.
Darinnen man / der blinden vornunfft nach lernet / als ſein das nit thetige
odder thewre menſchen / noch werden mugenn / die ſich nit laſſenn lob vnd
ehre bewegen. Vnd die fur die beſten geachtet werden / die leib vnd 146 E2
leben / freund vnd gut / vnnd alles hyn dan ſetzen / das ſie lob ¹ vnd ehr
10 eriagenn. Es haben alle heilige vetter vbir diß laſter geklagt / vnnd
eintrechtlich beſchloſſen / das es das aller letzte laſter ſey zuvbirwinden.
S. Auguſtinus ſpricht / alle ander laſter geſchehn in boßen wercken / on
allein die ehre vn eygen wolgefallen / geſchicht / in vnnd von den gutenn
wercken. Darumb wen der menſch aber nit mehr zu thun het / dan diß
15 andere werck diſſes gebottis / het er dennoch ſein leben lang vbir heubt
zuſchaffenn / mit diſſem laſter zufechtenn. das ſo gemein / ſo liſtig / ſo
behend vnd theniſch iſt auß zutreiben. Nu laſſen wir diß gutte werck
alle ſteen / vnd vben vns in vilen anderen / geringeren guten wercken. Ja /
eben durch andere gutte werck diſſes vmbſtoſſen vnd gantz vorgeſſen. alſo
20 wirt den / der heilige namē gottis / durch vnſern vorfluchten namē / eigen
wolgefallē / vnd ehrſuchē / vnnutz angenomen vnd vorunehret / der allein
ſolt geehret werdē Wilch ſund ſchwerer iſt fur got / dan todtſchlag vn
ehbruch aber ſeine boßheit ſicht man nit ſo wol / als des todſchlags / vmb
ſeiner ſubtilickeit willen / dan ſie nit im grobē fleiſch / ſondern im geiſt
25 volnbracht wirt.

¶ Czum. xxij. Es meynen etliche / das es gut ſey fur iunge leut /
ſo ſie mit rum / ehre / widderumb / mit ſchande vnd ſchmach / gereitzt / vnd
wolzuthun beweget werden. Dan vil ſein / die gut thun / vnd vbel laſſen
vmb furcht der ſchäde vnd liebe der ehre / das ſie ſonſt in keinen weg
30 theten odder liſſen. ¹ Die laß ich ſo haltē / Aber ¹ wir ſuchen itzt / wie man 221 W
recht gute werck thun ſolle / vnnd die datzu geneigt ſein / durffen furwar 218 E1
nit / das ſie mit furcht der ſchande / vnd lieb der ehre / getrieben werden /
ſondern ſie haben vnnd ſollen haben ein hoher vnd vil edler treiben. das
iſt / gottis gebot / gottis furcht / gottis wolgefallen / vnd ihr glaube vnd lieb
35 zu got. Wilch diße treybung nit haben odder nit achten / vnd laſſen ſich
ſchand odder ehre treyben / die nemen auch damit yhren lon / wie der her
ſagt Math. vi. vnd wie das treiben iſt / ſo iſt auch das werck vnd der
lohn / keiniß nit gut / dan allein / fur den augē der welt. ¹ Nu acht ich / 147 E2
man kund ein iung mēſch ſo leicht gewenen vnd treiben mit gottis furcht

---

7 achtbare   12 Proſperi Aquitani ſententiae ex Auguſtino deli-
batae 48 (MSL. 45, 1863): 'Omnia vitia in malefactis tantummodo valent,
ſola ſuperbia etiam in recte factis cavenda est'   17 thēniſch (= dehniſch
bei Dietz) = pertinax: Thiele no. 403   37 Mt. 6, 2. 5

vnd gebottē / als mit keinem andern. Doch wo das selb nit wil helffen /
muſſen wir ſie dulden / das ſie durch ſchand vnnd ehr willen / guttis thun
vnnd boßes laſſen / gleich wie wir dulden muſſen / auch boße menſchen
obber die vnuolkommenden / vō denen droben geſagt iſt / kunden auch nit
mehr dazu thun dan vhn ſagen / wie vhr thun nit gnugſam vnd recht fur 5
got ſey / vnd ſie ſo laſſenn / biß ſie lernen auch vmb gottis gebots willenn
recht thun / gleich wie die iungen kinder mit gaben vnd vorheiſſen der
eldern gereizt werden / zu beten / faſtenn / lernen ꝛc. das doch nit gut wer /
vhr lebelang zutreiben vnd nymmer lernen / in gottis furchtē gut thun.
vil erger / ſo ſie vmb lobs vnd ehre willen gut zuthun gewoneten.   10

¶ Eʒum. ꝗiij. Das iſt aber war / das wir muſſen dennoch einen
guten namen vnd ehre haben. Vnnd ſol ſich yderman ſo haltenn / das
man nichts vbels vonn yhm ſagen muge / noch iemand ſich an yhm ergere.
wie ſanct Paulus ſagt Ro. ꝗij. Wir ſollen fleis haben das wir guttis
thunn / nit allein fur got / ſondern auch fur allen menſchen. Vnd 15
ij. Eorint. iiij. wir halten vns ſo ehrlich / das kein menſch nit anders
vonn vnns wiſſe. Aber hie muß groſſer fleiß vnd furſichtickeit ſein / das
die ſelbe ehre vñ guter name / das hertz nit auff blaſe / vnd yhm ein
wolgefallen drinne mache. Vnd hie geht der ſpruch Salomonis / wie das
 feur im offen beweret das golt / ſo wirt der menſch beweret / durch den 20
mundt / des der yhnn lobet. Wenig vnnd gantz hochgeiſtliche menſchen
muſſen das ſein / die in ehre vnnd lob / blos / gelaſſen vnd gleich bleiben /
das ſie ſich der ſelben nit annehmen / gutduncken vnd gefallē drinnen
haben / ſondern gantz frey vnnd ledig bleyben / alle yhr ehre vnd namen /
allein got zurechnen / yhm allein aufftragen / vnnd der ſelben nit anders 25
gebrauchenn / dan got zu ehre vnd dem nehſten zur beſſerung / vnnd yhn
ſelbs gar nichts zu eygenem nutz obber vorteil. alßo / das er ſich ſeiner
ehre nit vormeſſe / obber erhebe / vber den aller vntuchtigiſten / vorachtiſten
menſchenn / der auff erden ſein mag. Sondern erkenne ſich / als einen
knecht gottis / der yhm die ehre geben hat / yhm vnnd ſeinem nehſten 30
damit zudienen / nit anders / dan als het ehr yhm befolen / etlich gulden /
vmb ſeinen willen außzuteilen den armen. Alſo ſagt ehr Math. v. Ewer
licht ſoll leuchtenn fur den menſchen / auff das ſie ſehen ewer gutte werck /
vnnd ehrwirdigen ewern vatter der im hymel iſt. Ehr ſpricht nit / ſie
ſollen euch ehrwirdigen / ſondern ewr . erck / ſollen nur yhnen zur beſſe- 35
rung dienen / das ſie da durch got / in euch vnd in yhn ſelbs lobenn.
Das iſt der rechte prauch / guttis namen vnd ehre / wen got da durch gelobt wirt / durch anderer beſſerunge. Vnnd wo die leut vns wollenn /
vnnd nit got in vns loben / ſollen wirs nit leyden / vnnd mit allen
krefften weren vnd fliehen / als vor der allerſchwereſten ſund vnd dieberey 40
gotlicher ehre.

¶ Czum. ʀʀiiij. Da her kompt es das got / vil mal leſſit einen
menſchen / in ſchwere ſunde fallen odder ligen / auff das er ; fur yhm ſelbs
vnd vderman zuſchanden werd / der ſonſt nit het ſich mocht enthalten fur
diſem groſſen laſter der eytel ehre vnnd namen / ſo er in groſſen gaben
5 vnd tugenden were beſtanden blieben. Vnd gleich got / mit andern ſchwereꞁ
ſundenn. diſſer ſund werē muſſ / das ſein heiliger name in ehren alleiꞁ
bleybe / vnd wirt alſo ein ſund der ander ertzney / vmb vnſer vorkereꞇ
boſheit willen / die nit allein das vbel thut / ſondern auch allis guten
miſzraucht. ¹ Nu ſihe wie vil der mēſch zuſchaffen hab / ſo er wil gute   ²²⁰ E¹
10 werck thun / die yhm alletzeit / mit groſſen hauffen vorhanden ligen / vnd
allenthalben damit vmbringt iſt. vnd leyder fur blindheit ſie leſſit ligē / vꞁ
andere / ſeynſz dunckens vnd wolgefallens erſucht vnd folget. das niemand
gnugſam da widder reden / niemand gnugſam ſich dafur huten kan.
Damit haben alle Propheten zuſchaffen gehabt / vnnd ſein alle drob er=
15 wurget ' allein darvmb / das ſie / die ſelben eygen erdachtenn werck / vor=
worffen / vnd nur gottis gebot predigetē / ' der einer Hieremias. vij: ſpricht.   ¹⁴⁹ E²
Alſo leſt euch got von Iſrael ſagē / Nemet hin ewr opffer / vnd thut ſie
zuſammen mit allē ewern gaben / vnd freſſit ewer opffer vnd fleiſch ſelbs.
dan ich hab euch von den ſelben nichts geboten / ſondern das hab ich euch
20 gebotten / yhr ſollet meine ſtym horen (das iſt / nit was euch recht vnd
gut dunckt / ſondern was ich euch heiſſe) vnd wandeln in dem wege /
den ich euch gebotten hab. Vnd Deutro. ʀij. Du ſolt nit thun was dich
recht vnd gut dunckt / ſondern was dein got dir gebotten hat. Diſze vnd
der gleichen vntzelich ſpruch der ſchrifft ſein geſagt / den menſchen abtzu=
25 reiſſen / nit allein von den ſundenn / ſondern auch von den wercken / die
ſie gut vnd recht duncken / vnnd nur auff gottis gebot / einfeltiger meynung
' zurichten / das ſie der ſelbē allein / vnd altzeit fleiſſig warnehmen. wie   ²²³ W
Exo. ʀiij. ſtet geſchrieben / Du ſolt dir diſſe mein gebot laſſen ſein / wie
ein maltzeichen / in deiner handt / vnnd alſo ein ſtetiger furbild fur deinen
30 augen. Vnd pſal. i. Ein frum mēſch / der redt auch mit yhm ſelb von dem
gebot gottis tag vnd nacht. Dan wir habē mehr dan gnug vnd zuuil zu=
ſchaffen / wen wir gottis geboten allein ſollen gnug thun / Er hot vns
ſolch gebot gebenn / wilch ſo wir vorſtehn / furwar kein augenblick durffen
muſſig gehen / vnd aller anderer werck wol vorgeſſenn kundenn. Aber der
35 boſz geiſt / der nit ruget / wo ehr nit kan vns / auff die lincken ſeyten / in
die boſſen werck furen / ſicht er auff die rechtē ſeytē / durch eigen erdachte /
ſcheinend gute werck / widder wilchs got ' gebotten hat Deutro. ʀʀiij.   ²²¹ E¹
Joſue. ʀʀiij. Ir ſolt nit wanckē vo meinē gebottē / widder zur rechtē /
noch zur linckē hand.

40   ¶ Czum .ʀʀv. Das drit werck / diſſes gebottis / iſt gottis namen
anruffen / in allerley nodt. Dan das achtet got ſeinen namen geheiliget

vnnd groß geehret / ſo wir yhn nennen vnd anruffen / in der anfechtung
vnd nodt.   Auch entlich das die vꝛſach iſt / warumb er vns vil nodt /
150 Eꝛ leiden / anfechtung / auch den todt zu¹fugt. dartzu noch in vielē boßen /
ſundigē neygügen lebē leſſit / auff das er da durch den menſchen bring /
vnnd groſſe vꝛſach gebe zu yhm lauffen / ſchreyen ſeynē heiligen namen 5
anruffen / vnd alßo dis werck des andern gebottis zuerfullen. wie ehr ſagt
pſal. ꝁlꝙ. Ruff mich an / in deiner nodt / ſo wil ich dir helffen / ſo ſoltu
mich ehren / dan ein opffer des lobs wil ich haben. Vnd daſſelb iſt der
weg da durch du mageſt kōmen ʒur ſelickeit / dan durch ſolchs werck / wirt
der menſch gewar vnd erferet / was gottis name ſey / wie mechtig er iſt 10
ʒuhelffen / allen die yhn anruffen / vnd wechſt da durch faſt ſeher die
ʒuuoꝛſicht vnd glaub / damit das erſt vnnd hochſt gebot erfullet. Das hett
erfaren Dauid pſal. liij. Dw haſt mich erloſet von aller nodt / drum wil
ich deynen namen nach ſagē vnd bekennen / das er liplich vnd ſuß iſt.
vnd pſal. ꝛc. ſpꝛicht got / Jch wil yhn erloſen / dꝛumb das ehr in mich 15
hoffet / ich wil yhm helffenn / darumb das er meinen namen erkennet hat.
Nu ſich / wilcher menſch iſt auff erden / der nit gnug het ſein leben lang /
auch an diſſem werck ʒuthun? dan wer iſt on anfechtung ein ſtund lang?
ich wil ſchweige der anfechtungē der widderwertickeit / der vnʒehlich vil
ſein.   Iſt doch auch das die ſerlichſt anfechtüg / wen kein anfechtüg da iſt / 20
vnd alles wol ſteht vnd ʒugaht / das der mēſch / in dem ſelb gottis nit
voꝛgeſſe / ʒu frey werde vnd mißꝛauch / der gluckſeligen ʒeit. Ja hie be-
222 Eꝛ darff er ʒehenn mal mehr gottis namen anruffen / den in der wi¹dder-
wertickeit.   Dieweil geſchꝛiebē ſtet pſal. ꝛc. Tauſent fallen auff der lincken
224 W ſeyten / vnd ʒehen tau¹ſent auff der rechten ſeyten. Auch ſo ſehen wir das 25
am hellen tage / in allen menſchenn teglicher erfarung / das grauſamer
ſund vnnd vntugen geſchehenn / wen fꝛid iſt / alle ding wolfeyl / vnnd gute
ʒeit iſt. denn / ſo krieg / peſtilentʒ / kranckheitē vnd allerley vngluck vnbe-
laden hat / das auch Moſes ſein volck beſoꝛget / ehr wuꝛd vonn keiner
151 Eꝛ vꝛſach / gottis gebot voꝛlaſſen / den das es ʒuuol /¹ ʒuſat were / vnd ʒuuil 30
ruge hette / wie er ſagt Deutro. ꝛꝛiiij. Mein liebs volck iſt reich / vol /
vnd ſett woꝛdē / dꝛumb hat es widder ſeinen got geſtrebet. Derhalben /
auch got dem ſelben vberbleyben ließ vil ſeiner ſeind / vnnd wolt ſie nit
voꝛtreyben / auff das ſie nit ruge hetten / vñ ſich vben muſten / in gottis
geboten ʒuhalten. wie Judic. iij. geſchꝛieben ſteht. Alſo thut er auch vns / 35
wen er vns allerley vngluck ʒufugt / ſo gar ſoꝛgfeltig iſt er vbir vns / das
er vns lere vnnd treybe / ſeinen namenn ehren vnd anruffen / ʒuuoꝛſicht
vnnd glauben gegen yhm gewinnen / vnd alſo die erſten ʒwey gebot
erfullen.

---

5 gebe fehlt hs. ſchreyen vnnd hs.   7 Ps. 50, 15. 14   13 Ps. 54,
9. 8   14 beynem hs.   15 Ps. 91, 14   18 anfechtüngenn eyne hs.
24 Ps. 91, 7   31 Deutro 32 hs. Dt. 32, 15   35 Ri. 3, 1 f.   36 er
vor vbir fehlt hs.

¶ Czum ȝȝvi. Hie handeln nu die thorichten menschen ferlich / vnd
ſonderlich / die eygenwirckiſchē heyligen / vnd was etwas beſonders ſein
wil / da leren ſie ſich ſegnen / der bewaret ſich mit brieffen / der leufft zu
denn weyſſagern / einer ſucht diß / der ander das / damit ſie nur dem
5 vnfal entlauffen / vnnd ſicher ſein. Es iſt nicht zuȝehlen / was teuffelſch
geſpenſt / in diſſem ſpiel regirt / mit ȝawbern / beſchweren / mißglauben /
das alles darumb geſchicht / das ſie nur gottis namen nit durffen / vnd
yhm nichts voȝtrawen. Hie geſchicht dem namen gottis vnd beyden erſten
gebotten / groſſe vnehre / das man das bey dem teuffel / menſchen / obder
10 creaturen ſucht / das allein bey got / durch einen reinen / bloſſen / glauben /
zuvoȝſicht vnd frolichs erwege vnd anruffen / ſeins heiligen namen / ſolt
geſucht / vnd gefunden werden. Nu greiff du es ſelb mit der hand / ob
das nit ein groſſe / tolle / voȝkerung iſt / dem teuffel / menſchen vnd crea- 223 E¹
turen / muſſen ſie glauben / vnd ſich zu yhn das beſte voȝſehn / vnd on
15 ſulchen glauben vnd zuvoȝſehen / helt vnnd hilfft nichts. Was ſol doch der
frum / trew / got entgeltenn / das man yhm nit auch ſo vil / obder mehr
glaubt vnd trawet / den dem menſchē vnnd teuffel / ſo er doch nit allein
zuſagt hulffe / vnd gewiſſen beiſtand / ſondern auch gepeut / deſſelben zuvoȝſehen / vnd allerley vȝſach gibt vnd treybt / zu ſolchem glauben vnd trawen
20 in yhn zuſetzen. Iſt das nit kleglich vnnd zurbarmen / ¹ das der teuffel / 152 E²
obder menſch / der nichts gebeut / auch nicht bringt / ſondern allein zuſagt
vnnd voȝſpricht / vbir got geſetzt / der do zuſagt / bringt / vnd gepeut / vnnd
mehr von yhm / den von got ſelber gehalten wirt? Wir ſolten vns billich
ſchemen / vnd von denē egempel nhemen / die dem teuffel / obder menſchen
25 trawen. ¹ Dan ſo der teuffel / der doch ein boßer / lugenhafftiger geiſt iſt / 225 W
helt glauben / allen den die mit yhm ſich voȝbinden / wieuil mehr / ia
allein der aller gutigiſte / warhafftigiſte got / wirt glauben halten / ſo
yemandt ym trawet. Ein reicher man / trawet vnd voȝleſſit ſich auff ſein
gelt vnd gut / vnnd es hilfft yhm / vnd wir wollen nit trawen / vnd vns
30 voȝlaſſen / auff dē lebendigen got / das er vns helffen wolle obder muge.
Man ſpricht / gut macht mut / das iſt war / wie Baruch iij. ſchreibt / das
golt ſey ein ding / da die menſchen ſich auff voȝlaſſen. Aber / gar vil groſſer
iſt der mut / den da macht das hochſt / ewig gut / auff wilch ſich nit
menſchen / ſondern allein gottis kinder voȝlaſſen.

35 ¶ Czum .ȝȝvij. wen nu ſchon diſſer widderwertickeit keine vns
ȝwunge / gottis namen anȝuruffen vñ yhm zutrawen / ſo were doch wol
die ſund allein vbrig gnugſam vns in diſſem werck zu vben vnnd treibenn.
Dan die ſund hat vns vmbleget / mit dreyerley ſtarckē groſſem here. Das
erſt iſt vnſer eygen fleiſch / das ander / die welt. das drit / der boße geiſt.

---

2 die „Heiligen" mit ſelbſterdachten ſcheinbar guten Werken
3 Himmelsbriefen, Amuletten, vgl. Flugſchriften aus den erſten Jahren
der Reformation 3, 355 f.   26 ben fehlt hs.   27 warhafftiger hs.
31 Thiele no.123   Ba. 3, 17

durch wilche / wir on vnterlaß getrieben / vnd angefochten werden / Damit
vns got vrsach gibt / on vnterlaß gutte werck zu thun. das ist / mit den
224 E¹ selben feyndē vnd sundē streyten. das ¹ fleisch sucht lust vnnd ruge / die welt
sucht gut / gunst / gewalt vnnd ehre / der boße geist sucht hoffart / rhum /
vnd eygen wolgefallē / vnd anderer leut vorachtung. Vnnd sein disse stuck   5
allesampt ßo mechtig / das ein iglichs fur sich selb gnugsam ist / einen
menschenn zubestreiten / vnnd wir sie doch in keinen weg nit vberwinden
mugen / dan allein mit anruffen des heiligenn gottis namen / in einem
festen glaubē. wie Salomon prouer. xviij. sagt / Der name gottis ist ein
153 E² fester thurm der glewbige fleucht dahin / vnd wirt vber alles erhabenn.   10
Also Dauid psal. c.xv. Ich wil den heilsamenn kilch trincken / vnd gottis
namen anruffen. Item psal. xvij. Ich wil mit lob got anruffen / ßo
wird ich von allen meinen feinden behalten werden. Disse werck vnd
die krafft des gotliche namens / ist vns vnbekant worden. Darumb das
wir sein nit gewonet / noch nie mit sunden ernstlich gestrieten / vnnd seins   15
namens nit bedorfft haben. das macht / wir sein in vnsern eygen erdachten
werckē allein geubt / die wir durch vnser krefft haben thun mugen.

   ¶ Ezum .xviij. Auch sein disses gebottis werck / das wir nit
schweren / fluchen / liegen / triegē / zaubern sollen / mit dem heiligen namenn
gottis/ vnnd andere mißprauch treyben. das ban fast grob stuck sein vnnd   20
ydermā wol bekāt. Wilche sund / man fast allein in dissem gebot geprediget vnd vorkūdiget hat. In wilche auch begriffen ist das wir auch
weren sollen andern / liegen / schweren / triegen / fluchen / zaubern / vnd
andere weiß mit gottis namē sundigen. Darinnen aber vil vrsach geben
226 W werden / guttis zuthun vnd boffes zuweren. ¹ Aber das groffest vnd aller-   25
schwerist werck disses gebottis ist. Schutzen den heiligē namen gotis /
widder alle die sein mißprauchē geistlicher weiße / vnd yhn außpreytē vnter
die alle. Dan das ist nit gnug / das ich fur mich selbs / vnd in mir selbs
gotlichen namen lobe vnd anruffe / in gluck vnd vnglück. Ich muß erfur
tretten / vnd vmb gottis ehre vnd namen willen auff mich ladē feyntschafft   30
225 E¹ aller menschē. wie Christus sprach ¹ zu seinē iungern. Es werdē euch feyndt
seyn vmb meins namens willen / alle menschen. Hie mussen wir vatter
mutter / vnd die besten freund erzornenn. Hie mussen wir widder die
vbirkeiten geistlich vnnd weltlich streben vnd vngehorsam gescholten werden.
Hie mussen wir / die reichen / geleretten / heiligen / vnd alles was etwas   35
ist in der welt / widder vns erwecken. vñ wiewol das sonderlich schuldig
154 E² sein zuthun / den gottis wort zupredigenn befolenn ist / ßo ist doch   auch
ein iglicher Christen darzu vorpundē / wo es die zeit vnd stat föddert. dan
wir mussen fur den heiligen namen gottis setzen vnd dar geben / alles was
wir haben vnd mugen. vnd mit der that beweiffen / das wir got vnd   40
seinen namen / ehre / vnd lob / vber alle ding lieben / vnnd in yhn vber

---

alle ding trawen / vnd guttis vorsehen / Damit zu bekennen / das wir yhn
fur das hochst gut achtē / vmb wilchs willen / wir alle ander gutter faren
laffen / vnnd zufetzenn.

¶ Czum .xix. Hie muffen wir widder strebenn / zum erftē allem
5 vnrecht / wo die warheit odder gerechtickeit gewalt vnd not leydet. Vnnd
muffen in dem felben kein vnterscheid der perfonen haben / wie etlich
thun / die gar fleiffig vnd emfig fechtē fur das vnrecht / das den reichen /
gewaltigen / freunden. gefchicht / aber wo es dem armen odder vorachtē /
odder feynden gefchicht / fein fie wol ftil vnd gedultig. dife fehen den
10 namen vnd die ehre gottis / nit in yhm felbs an / fondern durch ein ge-
malt glaß / vnd meffen die warheit odder gerechtickeit / nach den perfonen.
Vnd werden nit gewar yrhes falfchen auges / das do mehr ficht auff die
perfon / dann auff die fach. Das feinn heuchler in der haut / vnd furen
nur einen fchein / die warheit zufchutzen. Dan fie wol wiffenn / das es
15 on ferlickeit ift / wo man den reichen / gewaltigen / geleretē / freunden bey
ftett / vnd kan der felben widder genieffen / von yhn befchutzt / vnd geehret werdē. Der maffen ifts gar leicht zu fechtenn widder das vnrecht /
das babftenn / konigen / furften / bifchoffen / vnd andern groffen hanfen
widderferet. Hie wil ein yderman der frumft fein / da es nit fo not ift. 226 E¹
20 O wie heymlich ift hie / der falfche Adam mit feinem gefu..e / wie fein
deckt er feines genieß geytz / mit dem namen der warheit vnd gerechtickeit /
vnd gottis ehren. Wo aber einem armen vnd geringen menfchenn etwas
widderfereth / da findt das falfch auge nit viel genieß / ficht aber wol /
die vngunft der gewaltigenn. drumb leffet er den armen wol vngeholffen
25 bleyben. Vnd wer mocht die menig diffes ¹ lafters / erzelen in der Chriften- 227 W
¹ heit? Alfo fpricht got am lxxxi. pfalmen / wie lange richtet yhr fo vn- 155 E²
recht / vnnd feht auff die perfon des vngerechten? Richtet dem armen
vnd weißen feine fach / vnd dem elenden vnd dorfftigen foddert fein recht.
Erlofet den armen / vnd dem vorlaffen helfft von der gewalt des vn-
30 gerechten. Aber man thuts nit / drumb folget auch dafelben / fie wiffen
nichts / vnd vorftehn auch nichts / wandeln im finfterniß / das ift / die
warheit fehenn fie nit / fondern allein hafften fie / in dem anfehen der
groffen / wie vnrecht fie fein / erkennen auch die armen nit / wie gerecht
fie fein.

35 ¶ Czum .xx. Sihe da weren wol vil gutter werck vorhandenn.
Dann das mehrer teil / der gewaltigenn / reychen vnd freunden / thun vnrecht / vnnd treyben gewalt widder die armen / geringen / vnd widderparten.
Vnd yhe groffer / yhe erger. vñ wo man nit mit gewalt werē kan vnd
der warheit helffen / das- man doch das felb bekēne / vnd mit worten dartzu

---

4 .xxviij. A¹   13 erzheuchler (vgl. D. Wb. 4², 707. W. A. 30¹,
38⁴, 47¹; 10¹, 733)   18 reichen und mächtigen   20 mit feiner felbft-
fucht   21 die gier nach feinem vorteil   26 Pf. 82, 2 ff   30 Pf.
82, 5   38 yhre groffer hf.

thu / den vngerechten nit zufalle / yhn nit recht gebe / sondern die warheit
frey erauß sage. Was hulffs doch / ßo der mensch allerley guttis thet /
zu Rom / vnnd zu allen heiligen stetten lieffe / alles ablas erwurbe / alle
kirchenn vnnd stiffte bawet / wo er hie schuldig erfunden wurd / in dem
namen vnd ehre gottis / das er disselb geschwigen / vnnd vorlassen het / 5
sein gut / ehre / gunst / vnd freund / grosser geacht / dan die warheit (die
gottis namen vnd ehr selber ist) Odder wer ist der / dē solchs gute werck
nit teglich fur seine thur / vnd in sein hauß kumpt? das ym nit not were /
weyt zulauffenn odder fragen / noch gutenn wercken. Vnd wen wir der
227 E¹ menschen leben ansehen / wie es in dissem stucke / an allen orten / ßo gar 10
schwind vnd leicht feret / mussen wir mit dem propheten ruffen / Omnis
homo mendax. Alle menschen sein falsch / liegen vnd triegen. dan die
rechten heubt gutte werck / lassen sie anstehen / schmucken vnd ferben sich
mit den geringisten / vnd wollen from sein / mit stiller ruge gen hymel
156 E² farenn. Sprichstu aber / warumb thuts got nit allein ¹ vnd selber / ßo er 15
doch wol kan vnnd weiß / einem yeden zuhelffen. Ja er kans wol / ehr
wil es aber nit allein thun / er wil das wir mit yhm wircken / vnnd thut
vns die ehre / das er mit vns vnd durch vns / sein werck wil wircken.
Vnnd ob wir vns der ehre nit wollen gebrauchen / ßo wirt erß doch allein
außrichten / den armen helffen / vnnd die yhm nit haben wollen helffenn / 20
vnd die grosse ehre seinis wercks vorschmecht / wirt er sampt den vn-
gerechtē vordampnen / als die / die es mit den vngerechten gehaltē haben /
Gleich wie er allein selig ist. er wil aber vns die ehre thun / vnd nit allein
selig sein / sondern vns mit yhm selig haben. Auch wo erß allein thet /
ßo weren seine gebot / vns vorgebens gesetzt / die weil niemand vrsache 25
228 W hette sich zu vben / in den grossen wercken der selben ¹ gebot / wurd auch
niemand vorsuchen / ob er got vnd seinen namen / fur das hochst gut achtet /
vnd vmb seinen willen alles zusetzet.

  ¶ Czum .xxi. Desselben wercks ist auch / widder zustreben / allen
falschen / vorfurischen / yrrigen / ketzerischen leren / allē mißbrauch / geist- 30
licher gewalt / Das ist nw vil hoher / Dan die selbē fechten / eben-mit
dem heiligen gottis namen / widder gottis namen. Derhalben / es einen
grossen schein hat / vnd ferlich dunckt yhn widder zusteenn / Die weil sie furgeben / das wer yhn widderstrebt / der widderstreb got / vnd allen seinē
heiligen / an derer stat sie sitzen / vnd yrher gewalt brauchē / sprechen / das 35
Christus von yhn gesagt habe. Wer euch horet / der horet mich / vnnd wer
euch voracht / der vorachtet mich / auff welche wort / sie sich gar starck lehnē /
228 E¹ frech vnnd kun werden / zusagen / thun / lassen / was sie ¹ wollen / bannen /
vormaledeyen / rauben / todten / vnnd alle yhre schalckeit / wie sie es nur
lust vnnd erdenckenn mugen / on alle hindernisse zutreibenn. Nu hat 40

---

  11 Ps. 116, 11 21 mit ihm zu wirken 36 Lc. 10, 16

Chriſtus nit gemeint / wir ſollen ſie hozen / in allem was ſie ſagen vnnd
thun. ſondern / wen ſie ſein wozt das Euagelium / nit yhr wozt / ſein werck /
vñ nit yhr werck vns furhalten. Wie mochten wir ſonſt wiſſen / ob yhr
lugen vnd ſund zumeyden weren. Es muß yhe ein regel haben / wie fern   157 E²
5 ſie zuhozen / vnd yhn zuuolgē ſey / wilch regel nit von yhn / ſondern von
got vber ſie geſetzt ſeinn muß / darnach wir vns zurichten wiſſen / wie wir
horen werden ym vierden gebot. Nu muß es alſo ſein / das auch ym
geiſtlichen ſtand das mehrer teil / falſche lere pzedige / vnd geiſtlicher gewalt mißpzauch. Damit vnß vzſach gebē werde / diſſes gebottis werck
10 zuthun / vnd wir vozſucht werdē / was wir gegen ſolche gottis leſterer /
vmb gottis ehre willen thun vnd laſſen wollē. O wen wir hie frum
weren / wie offt muſten / die official buffen / yhren babſtlichen vnd biſchof-
lichen ban vozgebens ſellen / wie ſoltenn die Romiſchen donnerſchleg ſo
matt werdenn? Wie offt muſt mancher das maul halten / dem itzt die
15 welt muß zuhozen. wie wenig wurd man pzediger findenn / in der Chriſtenheit? Aber es hat vbirhand genommen / was vnnd wie ſies nur furgebē /
muß alles recht ſein. Hie iſt niemant / der fur gottis namen vnd ehre
ſtreitte. vnnd ich acht / das nit groſſer noch gemeiner ſund / in den
eufſerlichen werckē geſchehe / dan in diſſem ſtuck. Es iſt hoch / das wenig
20 vozſtehn / dartzu mit gottis namen vnd gewalt geſchmuckt / ſerlich antzu-
greiffen. Aber die Pzopheten vozzeiten / ſein meiſter daryn geweſen / auch
die Apoſtellenn / ſonderlich ſanct Paul / die ſichs gar nicht lieſſen anfechten /
obs der vbirſt odder vnterſt pzieſter geſagt / in gottis odder ſeinem eygen
namen gethon hetten. Sie nahmen der werck vnd wozt war / vnd hielten
25 ſie gegen gottis gebot / vnangeſehenn / ob es der groſſe Hans odder klein   229 W
Nickel geſagt / in gottis odder menſchen namen gethan hette. Darumb
muſtenn ſie auch ſterben / dauon zu vnſern zeitten vil mehr zuſagen were /   229 E¹
dan es itzt vil erger iſt. aber Chriſtus vnd ſanct Peter vnd Paul / muſſen
das alles mit yhren heiligen namenn deckenn / das keinn ſchendlicher ſchand
30 deckel auff erdenn kommen iſt / dan eben / der allerheyligiſt / hochgebenedeyet
namenn Jheſu Chziſti. Es mocht einem fur dem lebenn grawenn /
allein des mißpzauchs vnd leſterung halben / des heyligen namen gottis /   158 E²
vnter wilchen wir (ſo ehr lenger weren ſol) ich beſozg den teuffel werden
offentlich fur einen got anbettenn / ſo gar vbirſchwencklich grob gehet die
35 geiſtliche gewalt vnd die geleretē mit den ſachen vmb. Es iſt hoch zeit /
das wir got mit ernſt bitten / das er ſeinen namen wolt heiligen / es
wirt aber blut koſten / vnd die in der heiligen martern gut ſitzen / Vnnd
mit yhrem blut gewonnen ſein / muſſenn widerumb ſelbs marterer machenn.
Dauon ein ander mal mehr.

---

    12 buben   26 der kleyne nickell hs.   Nikolaus beliebter name ge-
ringer leute und bauern (D. Wb. 7. 733)   37 die bie hs.

Von dem dritten gebot.

¶ Czum ersten / Nu haben wir gesehen / wie vil guter werck / in
dem andern gebot sein. Wilche doch / an yhn selbs nit gut sein / sie gehn
dan in dem glauben vñ gotlicher hult zuuorsicht. Vnd wieuil wir zuthun
haben / ßo wir disses gebottis allein warnhemen / vnd leider vil mit ander   5
wercken vmbgehen / die disses gar keinen vorstand haben. Nu folget das
dritte gebot / Du solt den feyrtag heiligen. In dem ersten ist gebottenn /
wie sich vnser hertz kegen got haben sol / mit gedancken / Im andern / wie
sich der munt mit worten. In dissem dritten wirt geboten / wie wir vns
gegen got sollen halten in werckenn / vnd das ist die erste vnnd rechte taffel   10
Mosi / in wilcher dieße drey gebot beschriebenn sein / vnd den menschen
regieren auff der rechten seyten / das ist / in den dingen / die got anlangen /
vnnd in wilchen got mit yhm / vnd ehr mit got zuthun hat / on mittel
yrgent einer Creature.   Die ersten werck disses gebottis / sein grob vnd
sinlich / die wir gemeiniglich heyssen gottis dienst / als do sein / meß horen / 15
betten / prediget horen an den heyligen tagen. Nach der meynung / sein
230 E¹ gar wenig ¹ werck in dissem gebot. dartzu / wo sie nit in gottis hulden /
zuuorsicht / vnnd glauben gahn / sein sie nichts / wie droben gesagt ist.
Derhalben es auch wol gut were / das wenig heiliger tage werenn / seinte=
159 E² mal yhre werck zu vnsern zeitten / das mehrer teil erger sein ¹ dan der   20
werckel tag / mit mussig gahn / fressen vnd sauffen / spiele / vnd andere
230 W boßer that. Wbir das / die meß vnd prediget / on alle besserung ge¹horet
werden / das gebet on glauben gesprochen. Es geht fast also zu / das
man meynet es gnug geschehen / wen wir die meß mit den augen gesehen /
die prediget mit den oren gehoret / das gebet mit dem mund gesprochen   25
haben / vnd gehn ßo eusserlich oben hyn / denckē nit das wir etwas auß
der messe yns hertze entpfahen / etwas auß der prediget leren vnd be=
halten / etwas mit dem gebet / suchen / begeren / vnd gewarten. wiewol
hie die grossiste schuld ist / der Bischoffe vnd priester / odder denen die
prediget befolen ist / das sie das Euangelium nit predigen / vnd die leut   30
nit leren / wie sie meß sehen / prediget horen / vñ betten sollen. Drumb
wollen wir die selbē drey werck kurtzlich außlegen.

¶ Czum andern / In der meß ist nodt / das wir auch mit dem
hertzē dabey sein / dan sein wir aber dabey / wan wir den glauben im hertzen
oben. Hie mussenn wir die wort Christi erzelen / da er die meß einsetzt   35
vñ spricht / Nemet hyn vnd esset / das ist mein leichnam / der fur euch
gebenn wirt. desselben gleichenn / vbir den kilch /. Nemet hyn / vnd trincket
alle drauß / das ist ein newes ewiges testamēt / iñ meinem blut / das fur
euch vnd fur viel vorgossen wirt / zu vorgebūg der sund / das solt yhr
thun / als offt yhrs thut / zu meinem gedechtnis. In diessen worten / hat   40

---

29 benen hs. derer A   34 wyr aber hs. wir fehlt A   38 newe hs.

Chꝛiſtus yhm ein begenckniß obber iartag gemacht / teglich yhm nachzu-
halten in aller Chꝛiſtheit / vnd hat ein herlich / reich / groß / teſtament
datzu gemacht / darinnen beſcheidē vnd voꝛoꝛdnet / nit zinß / gelt / obber
zeitlich gut / ſondern voꝛgebung aller ſund / gnad vnnd barmhertzickeit / zum
5 ewigen leben / das alle die / zu diſſem begenckniß kommen / ſollen haben
daſſelb teſtament / ¹ vnd iſt brauff geſtoꝛbē / damit ſolch teſtament beſtebig   231 E¹
vñ vnwidberrufflich woꝛdē iſt.   Des zum zeichen ¹ vnd vꝛkund / an ſtat   160 E¹
bꝛieffs vnd Sigel / hat er ſeinen eygen leichnam vñ blut hie gelaſſen /
vnter dem bꝛot vnd wein.   Hie iſt nu nodt / das der menſch das erſte
10 werck diſſes gebottis recht wol vbe / das ehr nur nit dran zweiffel / es ſey
alſo vnd laß yhm das teſtament gewiß ſein / auff das er nit Chꝛiſtū zu
einē lugner mache.   Dan was iſts anders ſo du bey der meſſe ſtehiſt /
vnnd nit gebenckiſt obber gleubiſt / das dir all da Chꝛiſtus durch ſein teſtament beſchiden vnd geben hab / voꝛgebung aller ſund. Dan als ſpꝛechſtu /
15 ich weyß nit obber gleubs nit / das war ſey / das mir meiner ſund voꝛgebung / hie beſcheydenn vnnd geben iſt? O wie vil ſein itzt meſſen in
der welt? wie wenig aber die ſie mit ſolchē glaubē vñ pꝛauch hoꝛē? da
durch got gar ſchwerlich ertzurnet wirt. Derhalben / ſol vnnd kan auch
niemant fruchtparlich bey der meſſe ſein / er ſey dan / in betrubniß vnd
20 begirden gotlicher gnadē / vnd ſeiner ſund gerne loß were / obber ¹ ſo ehr   231 W
yhe in boſem furſatz iſt / das er doch vnter der meß ſich wandele / vnd
voꝛlangē gewinne diſſes teſtamtēs. drumb ließ man voꝛzeiten keinen
offentlichen ſunder bey der meſſe ſein. Wan nu diſſer glaub recht gehet /
ſo muß das hertz von dem teſtament frolich werdē / vnd in gottis liebe
25 erwarmen vnd zurſchmeltzen.   Da folget dan lob vnd danck / mit ſuſſem
hertzē. dauon heiſſet die meß auff kriechſch Eucharistia / das iſt / danck-
ſagung / das wir got loben vnnd dancken / fur ſolch troſtlich / reich / ſelig
teſtament / gleich wie der danckt / lobt / vnd frolich iſt / dem ein gut freund /
tauſent obber mer guldē beſcheidē hat. Wie wol es Chꝛiſto vil mal geht /
30 gleich wie benen / die mit yhrem teſtament etlich reich machē / die yhr
nymmer gebēck / noch lob / noch bāck ſagen / alſo gehn itzt vnſere meßſenn /
das ſie nur gehaltenn werdenn / wiſſenn nit / wo zu obber woꝛumb ſie
dienē. drumb wir auch widber dancken / noch lieben noch loben / bleyben
durr vnd hart da bey / laſſens bey vnſern gebetlin bleybenn /   Dauonn
35 ein ander mal mehr.

¶ Szum dritten / Solt nu die pꝛedigt nit anders ſein / dan die voꝛ-   232 E¹
kundigung diſſes teſtaments. Aber wer kans hoꝛenn / wens niemandt   161 E²
pꝛediget? Nu wiſſens die ſelbs nit / die es pꝛedigen ſollenn. Drumb ſo
gehen die pꝛediget ſpacierenn / in andere vntuchtige fabeln / vnnd wirt
40 alſo Chꝛiſtus voꝛgeſſenn / geſchicht vns / gleich wie dem ın .iiij. Regum

---

1 eine gedächtnisfeier   10 nie nit hs.   13 nit glewbiſt hs.
28 danckt hs. danck A   33 diene hs.   38 ſelb hs.   40 2. Kö. 7, 19

.vij. das wir vnſer gut ſehen vnnd nit genieſſen. Dauon auch Eccleſiaſt.
ſagt / das iſt einn groß vbel / wo got einem reichtumb gibt / vnd leſt vhn
der ſelben nymmer genieſſenn. Alſo ſehen wir der meſſen vntzehlich vil /
vnnd wiſſenn nit / ob es ein teſtament ditz odder das ſey / gerad als were
es ſonſt ein gemein gut werck fur ſich ſelb. O got / wie ſey wir ſzo gar   5
vorblendet.   Wo aber ſolchs recht wirt gepꝛediget / da iſt not / das man
daſſelb mit fleyß hoꝛe / faſſe / behalte / offt dran gedenck / vnnd alſo den
glauben ſterck / widder alle anfechtung der ſunde / ſie ſeinn voꝛgangenn /
kegenwertig / odder zukunfftig. Sihe das iſt die einige Cerimonien odder
vbuge / die Chꝛiſtus eingeſetzt hat / darinne ſich ſeine Chꝛiſten ſamlen / 10
vben vnd eintrechtlich halten ſollenn / wilche er doch / nit wie andere
Cerimonien hat laſſen / ein bloßwerck ſein / ſondern ein reichen vbirſchwengk=
lichē ſchatz darein gelegt / allen denen zureichen vnd zueigen / die daran
glauben.   Diſſe pꝛediget ſolt datzu reytzen / den ſundern yhr ſund leid
machen / vnd des ſchatz begird antzunden. Darumb muß es ein ſchwere 15
232 W ſund ſein / die das [1] Euangelium nit hoꝛen / vnnd ſolchen ſchatz vnnd reichs
mal datzu ſie geladen werden / voꝛachtenn. Wil groſſer aber ſund / nit
pꝛedigen das Euangelium / vnd ſouil volcks die das gerne hoꝛeten /
voꝛterben laſſenn / ſo doch Chꝛiſtus alſo ſtreng gebotten hat / das Euā=
gelium vnd ditz teſtament zupꝛedigen. das er auch die meß nit wil ge= 20
halten haben / es ſey den das / das Euāgelium gepꝛediget werde. wie er
ſagt / als offt yhr das thut / ſo gedencket mein dabey. das iſt / wie ſanct
Paulus ſagt / Jhr ſolt pꝛedigen von ſeinem todt. Derhalbē es erſchꝛecklich
162 Eᵃ vnd grewlich iſt / zu vnſer zeittenn / Biſchoff / pfarrer / vnd pꝛediger ſein /
233 Eᵇ dan niemand kennet mehr ditz teſtament / ſchweig das ſie es pꝛedigen ſoltē / 25
wilche doch iſt yhr hochſte / vnnd einige pfflicht vnnd ſchult. wie ſchwer=
lich werden ſie rechenſchafft geben / fur ſo vil ſeelen / die ſolchs pꝛedigens
gebꝛechen halbē voꝛterben muſſen.

¶ Czum vierden / Sol man beten / nit wie gewonheit iſt / vil
bletter odder koꝛnle tzehlen / ſondern etliche anligende not furnehmen. die 30
ſelbē mit gantzem ernſt begeren / vnd darinnen den glauben vnd zuuoꝛſicht
zu got alſzo vben / das wir nit dran zweiffeln / wir werdē erhoꝛet. Alſo
leret ſanct Bernhardt ſeine bꝛuder / vnnd ſagt. Lieben bꝛuder / yhr ſollet
ewr gebet yhe nit voꝛachten / als ſey es vmbſonſt / dan ich ſag euch furwar /
das ehr yhr die woꝛt volnbꝛengt / ſo iſt das gebet ſchon angeſchꝛieben im 35
hymel. vnd ſollet der einiß euch gewiß voꝛſehen zu got / das ewr gebet
wirt erfullet werdenn / odder ſo es nit erfullet wirt / das euch nit gut vnd
nutz geweſen were zuerfullen. Alſo iſt das gebet / eine ſonderliche vbung

---

1 Prd. 6, 2   5 ſzo gar fehlt hs.   10 daꝛynnen hs.   12 vbir
ſchwencklichen hs. vbirſchwengtlichē A   23 1. Ko. 11, 26   27 Hbr.
13, 17   29 viel ſeiten im gebetbuch umblättern und roſenkranzperlen
durch die finger gleiten laſſen   33 In Quadrageſima ſermo 5, 5 (MSL.
183, 180; I 823 Mabillon)

des glaubens / der do gewißlich das gebet ßo angenehm macht / das es
entwedder gewißlich erfullet wirt / odder ein beffers / dan wir bittē / da
fur geben wirt.   Alfo fpꝛicht auch S. Jacob / Wer do got bittet / der
ſol nit zweiffeln ym glaubenn / Dan ſo er zweiffelt / ßo nehm yhm der
5 ſelb menſch nit fur / das er etwas erlange von got. das iſt yhe ein clarer
fpꝛuch / der ſtracks zu vñ abſagt / wer nit trawet der erlangt nichts / noch
das / das er bittet / noch ein beffers. Solchen glaubē auch zuerwecken hat
Chꝛiſtus Marci .ri. ſelbs geſagt / Ich ſag euch alles das yhr bittet /
glaubt nur / das yꝛhs empfahen werdet / ſo geſchichts gewiß.   Vnd Luce
10 .ri. Bittet ſo wirt euch gegeben / ſuchet ſo findt yhr / klopffet an / ſo wirt
euch auffgethan. dan wer do bittet der empfehet / wer do ſucht der find /
wer do anklopfft / dem wirt auffgethan. Welchir vatter vnter euch / gibt
ſeinem ſon ein ſtein / ſo er yhn bittet vmbs bꝛot? odder ein ſchlangen /
ſo er bittet vmb einē ¹ fiſch? odder einen ſcoꝛpion / ſo er ¹ bittet vmb ein ey? ¹⁶³ ᴱᴵ ²³⁴ ᴰ
15 So yhr aber wiffet wie yhr ewern kindern ſolt gute gaben ¹ geben / vnd ²³³ ᵂ
yhr ſelbs nit gut ſeyt von natur / wie vil mehr wirt ewr hymliſcher vatter
gebenn einen gutten geyſt / allen die yhn bitten.

¶ Ezum funfften / Wer iſt ſo hart vnd ſteynernn / den ſoich mechtige
woꝛt nit ſollen bewegenn / mit aller zuuoꝛſicht / frolich vnd gerne zubeten?
20 Aber wie vil gebet muſt man auch reformieren / wo man dieſſen woꝛten
nach / recht betten ſollenn. Es ſein izt wol alle kirchen vnd Cloſter
vol betens vnd ſingens / wie gaht es aber zu / das wenig beſſerung vnd
nutz dauon kompt / vnd teglich erger wirt? Es iſt kein andere vꝛſach /
dan die S. Jacobus anzeigt vnd ſagt / Ihr bittet vil / vnd euch wirt
25 nichts / drumb das yhr nit recht bittet / dan wo diſſer glaub vnd zuuoꝛ⸗
ſicht ym gebet nit iſt / da iſt das gebet todt / vnnd nichts mehr / dann ein
ſchwere muhe vnd erbeit / fur wilche ßo etwas geben wirt / iſts doch nit
anders / dan zeitlicher nutz / on alle gutter vnd hulff der ſelenn / ia zu groſſem
ſchaden vnnd voꝛblendung der ſelen / darinnen ſie hyn gahn / vnd pꝛeppeln
30 vil mit dem mundt / vngeacht / ob ſie es erlangen odder begeren odder
trawen / vnd bleyben in ſolchem vnglawben voꝛſtockt / als in der ergiſtē
gewonheit widder die vbung des glaubens vnd natur des gebettis. Darauß
folgt / das ein rechter better / nymmer dran zweiffelt / ſein gebet ſey ge⸗
wißlich angenehm vnnd erhoꝛet / ob gleich auch nit eben daſſelb ym geben
35 werd / das er bitet / dan man ſol got / die nodt furlegen ym gebet / doch
nit yhm ein maß / weyſe / zil / odder ſtat ſetzen / ſondern ob er es beſſer
odder anders wolle geben / dan wir gedencken / vm heym gebē / dan wir
offt nit wiffen / was wir bitten. Wie ſanct Paulus ſagt Roma. viij. vnd
got hoher wirckt vñ gibt / dan wir begreiffen / als er Eph. iij. ſagt / Das
40 alßo kein zweiffel ſey / des gebetes halben / es ſey angenehm vnnd erhoꝛet /

---

3 Ja. 1, 6 f.   8 Mc. 11, 24   9 Lc. 11, 9 ff.   15 yhr dann
wiffet hs.   17 geyſt geben hs.   24 Ja. 4, 3   29 plappern   38 Rö.
8, 26   39 Eph. 3, 20

vnd doch got / die zeit / stadt / maß / vnnd zil frey laſſe / ehr werde es wol
235 E machen / wie es ſeyn ſol. ‖ Das ſein die rechten anbetter die yn in dem
164 E geyſt vnnd der warheit anbettenn / dan wilch nit glauben das ſie erhoret
werdenn / die ſundigen auff die lincke ſeyten / widder diß gebot / vnnd
treten zu ſehr dauon mit dem vnglauben / wilch aber yhm ein zil ſetzen /   5
die ſundigen auff die rechten ſeyten / vnd tretten zu nah hynzu / mit gottis
vorſuchen / ſo hat ehr es beyde vorbottenn / das man nit weyche von ſeynem
gebot / noch zur lincken noch zur rechtenn handt. das iſt / noch mit vnglauben / noch mit vorſuchen / ſondern / mit einfeltigem glauben / auff der
richtigen ſtraß bleyben / yhm vortrawen vnd doch nit zil ſetzenn.   10

¶ Ezum Sechſten / Alſo ſehen wir das dis gebot / gleich wie das
anber / nit anders ſein ſol / dan ein vbug vnd treiben des erſten gebottis.
234 W das iſt / ‖ des glawben / trawen / zuuorſicht / hoffnung / vnd lieb zu got. das
yhe das erſte gebot in allen gebotē / der heubtman vnd der glaub das
heubtwerck vnd leben / aller anderer werck ſey / on welchen (wie geſagt)   15
ſie nit gut mugē ſeyn / So du aber ſagſt / Wie wē ich nit kan glaubē /
das mein gebet erhoret vnd angenehm ſey? Antwort / eben darumb iſt
der glaub / betten vnnd alle andere gute werck geboten / das du erkennen
ſolt / was du kanſt vnd nit kanſt. Vnd wo du findeſt / das du nit kanſt
alſo glauben vnd thun / das du demutig dich deſſelben fur got beclagiſt   20
vnd alſo mit einem˙ ſchwachen funckeln des glaubens anhebſt / den ſelben
teglich mehr vnd mehr / durch ſeine vbug / in allem lebē vnd wircken zu-
ſterken. Dan gebzechen des glaubens (das iſt des erſten vnd hochſten
gebottis) iſt niemādt auff erden / der ſein nit ein groß ſtuck habe. Dan
auch die heyligen Apoſtel ym Euangelio / vnnd furnehmlich ſanct Peter /   25
waren ſchwach ym glaubē / das ſie auch Chriſtū battē vnd ſagtē / her /
vormehre vns den glawben / vnd er ſie gar offt ſtraffet / das ſie einen
geringē glaubē hetten. Darumb ſoltu nit vortzagē / nit hend vñ fuß gehn
236 E¹ laſſen / ob dw befindiſt das du nit ſo ‖ ſtarck glaubiſt / in deinem gebet obber
165 E² andern wercken / als du wol ‖ ſoltiſt vnd woltiſt. Ja du ſolt got danckenn   30
auß hertzenn grund / das er dir dein ſchwacheit / alſo offenbaret / durch
wilch er dich leret vnnd vormanet / wie dir nodt ſey / dich zu vbē vnd
teglich ſtercke im glauben. Dan wie vil ſiheſtu die da hyn gehn / beten /
ſingen / leßen / wircken vnd ſcheynen wie ſie groß heyligen weren / die
doch nymmer mehr / dahyn kommen / das ſie erkennen / wie es vmb das   35
heubtwerck den glauben / bey yhn gethan ſey / damit ſie vorblendt / ſich
vnd anber leut vorfuren / meynen ſie ſeyen gar wol dran / bawē alſo heim-
lich auff den ſand yhrer werck / on allen glauben / nit auff gottis gnade
vnd zuſagunge / durch einen feſten / reynen glauben. Drumb haben wir /
die weil wir leben / es ſey wie lang es wol / alle hend vol zuthun / das   40

_____

2 Jo. 4, 24   21 füncklen hs.   25 Mt. 14, 31   26 Lc. 17, 5
27 Mt. 8, 26 16, 8   28 die hände in den schoss legen   37 Mt.
7, 26

wir dem erſten gebot vnd dr glauben / mit allen wercken vnd leyden
ſchuler bleyben vnd nit auffhoꝛen zulernen. Niemant weiß / wie groß
es iſt / got allein trawen / dan wer es anſehet vnnd mit wercken voꝛſucht.

¶ Ezum Siebenden / Nu ſich aber mal / wan kein ander gut werck
5 gebotten were / were nit das beten allein gnugſam / das gantz leben des
menſchen ym glauben zu vben? zu wilchem werck dan ſonderlich voꝛ=
oꝛdenet ſein / geiſtliche ſtend / wie dan voꝛ zeitten etliche vetter tag vnnd
nacht betten. Ja / es iſt freylich kein Chꝛiſten menſch / der nit on vnter=
laß zubetten zeit habe / Ich meyn aber das geiſtlich betten. das iſt / Nie=
10 mant wirt mit ſeiner arbeit / ſo er wil / ſo hart beſchweret / er kan / in
ſeinem hertzen da neben / mit gotte reden / ' yhm furlegen / ſeine odder
anderer menſchen not / hulff begeren / bitten / vnd in dem allen ſeinen
glauben vben vnd ſtercken. Das meynet der herr Luce .xviij. da ehr ſagt /
man muß on vnterlaß beten vnd nymmer auffhoꝛen / ſo ehr doch Math. vi.
15 voꝛbeut vil woꝛt vnd langes gebet / in wilchen ehr die gleißner ſtraffet /
nit das das müdlich läg gebet boß ſey / ſtödern / das nit das rechte gebet
ſey / das altzeit geſchehn muge / vnd on des glaubens innerlich bit'ten nichts
ſey. Dan das euſſerlich gebet muſſen wir auch zu ſeiner zeit ' vben /
ſonderlich in der meſſe / wie diß gebot foddert / vnnd wo es fodderlich iſt /
20 zu dem ynnerlichen gebet vnnd glauben / es ſey im hauß / auff dem ſelt /
in diſſem odder ihenen werck. Dauon itz nit zeit iſt mehr zuſagen / dan
das gehoꝛet in das vater vnſer / darynnen alle bitte / vnd mundlich gebet /
mit kurtzen woꝛten begriffen ſein.

¶ Ezum achten / Wo ſein ſie nu / die gutte werck zu wiſſen vnnd
25 zuthun begeren? laß ſie das betten allein fur ſich nehmen / vnd im glauben
recht vben / ſo werdr ſie finden / das war ſey / wie ſie heiligenn vetter
geſagt haben / das nit ſey ein arbeit / als / das bettr iſt / Mummelen mit
dem mund iſt leicht / odder yhe leicht angeſehen / aber mit ernſt des hertzen /
den woꝛtr folge thun in grundtlicher anbacht / das iſt / begirden / vnnd
30 glauben / das es ernſtlich begere / was die woꝛt halten / vnd nit zweyffel /
es werd erhoꝛet / das iſt ein groſſe that fur gottis augen / hie weret der
boßgeiſt mit allen krefften. O wie offt wirt er hie die luſt zu beten voꝛ=
hindern / zeit vnd ſtat nit laſſen. Ja auch vil mal zweyffel machenn /
ob der menſch wirdig ſey / ein ſolche maieſtet / die got iſt / zu bitten / vnd
35 alſo voꝛwirren / das der menſch ſelb nit weyß / ob es ernſt ſey das ehr
bettet / odder nit / ob es muglich ſey / das ſein gebet angenehm ſey / vnnd
der ſelben wunderlichen gebanckenn vil. Dan er weyß wol / wie mechtig /
wi wehe ym thut / vnd allen menſchenn nutzlich ſey / einis menſchen recht
gleubigs gebet / darvmb leſſet erß nit gerne auffkommen. Hie muß fur=
40 war der mẽſch weiß ſein / vnd nit daran zweiffeln / das er vnd ſein gebet

---

7 Euchiten   8 on hs.   oß A   13 Lc. 18, 1   14 Mt. 6, 7
21 jhenem hs.   itzt hs.   22 darynnen hs. aꝛynnen A   27 murmeln
34 maieſt. hs.   maieſt / A

vnwirdig sey / fur solcher vnmeßlicher maieſtet / in keinenn weg ſich auff
sein wirdickeit vorlaſſen / obber vnwirdickeit halben nachlaſſen. ſondern
muß gottis gebots warnemen / vnd yhm daſſelb auff rucken / dem teuffel
entgegen bietten / vnnd alſo ſagen. Vmb meiner wirdickeit willen nichts
angefangenn / vmb meiner vnwirdickeit willen nichts nachgelaſſen / Ich　5
bitte vnd wircke allein darumb / das got auß ſeiner bloſſen gutte / allen
238 E¹
167 E²　vnwirdigen hat zu'geſagt / [1] erhorung vnnd gnad.　Ia nit allein zugeſagt /
ſondern auch auffs ſtrengiſt / bey ſeiner ewigen vngnad vnnd zorn / zu
beten / trawe vnd nehmen / gebott / Iſts der hohen maieſtat nit zuvil
geweſt / ſolche ſeine vnwirdige wurmlin zu bitten / trawen / vnd von yhm　10
236 W　nehmen / [1] ßo theur vnd hoch zuuorpflichten. wie ſol mirs zuuil ſein / ſolchs
gebot auffzunehmen / mit aller freud / wie wirdig obber vnwirdig ich ſey.
Alſo muß man des teuffels eingeben / mit gottis gebot auß ſtoſſen / ßo
horet er auff / vnd ſonſt nymmer mehr.

¶ Ezum Neunden / Was ſein aber die ſachen vnd notdurfft / die　15
man dem almechtige got / in dem gebet / muß furlegen / vnnd klagen /
darinnen den glauben zu vben? Antwort / Es ſein zum erſten / einis
iglichen eygenn- anligende nodt vnnd gedrenge. Dauon Dauid pſal. xxxi.
Du biſt mein zuflucht / in aller angſt die mich vmbgibt / vnd biſt mein troſt
zuerloſen / auß allem vbel das mich vmb ringt. Item pſal. c.gli. Ich hab　20
geruffen mit meiner ſtymme / zu got dem herrenn / ich hab mit meyner
ſtymme got gebetenn / Ich wil außbreytenn fur ſeinen augen mein gebet /
vnd wils fur yhm / erauß ſchutten / alles was mir anligt. Alſo ſol ein
Chriſten menſch in der meß / yhm furnhemen / was er ſulet ym gebrechen /
obber zuuil habe / vnd daſſelb alles frei fur got erauß ſchutten / mit weinen　25
vnd winßlen / wie ehr auffs klegliſt mag / gleich als fur ſeinem trewen
vater / der bereit iſt ihm zuhelffen. Vnnd weiſtu obber erkenniſtu deine
nodt nit / obber haſt nit anfechtung / ſo ſolt du wiſſenn / das du am aller
vbleſten dran biſt. Dan das iſt die groſte anfechtung / das du dich ſo
vorſtockt / hartmutig / vnempfindlich erfindeſt / das dich kein anfechtung　30
bewegt. Es iſt aber kein beſſer ſpiegel / darinnen du dein nodt / erſehen
kanſt. Dan eben die zehen gebot / in wilchen du findeſt / was dir gebricht
vnd ſuchen ſolt. Darumb / wo du findeſt an dir / einen ſchwachen glaube /
wenig hoffnung / vnd geringe lieb zu got. Item / das du got nit lobiſt
vnnd ehriſt / ſondern eygen ehr / vnd rum liebhaſt / der menſchen gunſt　35
168 E²
239 E¹　groß achtiſt / nit [1] gerne meß vnd prediget horiſt / faul biſt [1] zu bete / in
wilchen ſtucken niemandt nit gebrechen hat / ſo ſolt du diſe gebrechen /
hoher achten / dan alle leipliche ſchaden / an gut ehre vnnd leyp / das ſie
auch erger ſein ban der todt vnd alle todliche kranckheit / vnnd die ſelben
mit ernſte / got fur legen / klagen / vnnd hulff bitten / mit aller zuuorſicht　40
der ſelben warten / das du erhoret ſeieſt vnd die hulff vnd gnade erlangen

---

werdeſt. Alſo gehe fort an / in die ander taffel der gebot / vnd ſihe / wie
vngehoꝛſam du geweſen / vnd noch ſeyeſt / vatter vnd muter vnd aller obirkeit / wie du mit zoꝛn vnd haß / ſcheltwoꝛt / dich gegen deinen nehſten voꝛ-
wirckeſt / wie dich vnkeuſcheit / geyt / vnd vnrecht / that vnnd woꝛt / gegen
5 deinen nehſten anſicht / ſo wirſtu an zweiffel findenn / das du aller nodt
vnd ¹ elend vol biſt / vnnd vꝛſach gnug habiſt / auch blut tropffen zu weynen / ²³⁷ W
ſo du mochtiſt.

¶ Ezum zehenden / Jch weyß aber wol / das yhr vil ſo toricht
ſein / das ſie ſolch ding nit wollen bitten / ſie finden ſich dan foꝛhyn rein.
10 vnd achtens da fur / got hoꝛe nit yemand / der in ſunden ligt / Das machenn
alles falſche pꝛediger / die nit am glauben vnd trawen zu gottis hulden /
ſondern an eygenen wercken leren anheben. Sich du elender menſch / wen
dir ein bein zubꝛochen iſt / odder ein ſerlickeit leiplichs todts oberſellet /
ſo ruffeſtu got / diſſen vnd den heiligen an / vnd harreſt nit ſo läg / biß
15 dir das bein geſund werd / odder die ſerlickeit auß ſey / Vnnd biſt nit ſo
nerriſch / das dw denckiſt / got erhoꝛe niemandt / dem das bein zubꝛochenn
iſt / odder in todlicher ſerlickeit iſt. Ja du achteſt / got ſol dan am meyſten
erhoꝛen / wen du in der groſten not vnd angſt biſt. Ey woꝛumb biſtu
dan hie ſo nerriſch / da vnmeßlich groſſer not iſt vnd ewiger ſchaden / vnd
20 wilt nit ehr vmb glauben / hoffnūg / lieb / demutickeit / gehoꝛſam / keuſcheit /
ſennfftmutickeit / frid: gerechtickeit bitten / du ſeyeſt dan voꝛhyn on allen
vnglauben / zweiffel / hoffart / vngehoꝛſam / vnkeuſcheit / zoꝛn / geyt / vn̄
vngerechtickeit / ſo du doch / yhe mehr / du dich in diſſen ſtucken gebꝛech- ²⁴⁰ E¹
lich erfundeſt / yhe mehr vnd fleiſſiger du betē odder ſchꝛeyen ſoltiſt. ¹ Alſo ¹⁶⁹ E²
25 blind ſein wir / mit leyplicher kranckheit vnd nodt lauffen wir zu got /
mit der ſelen tranckheit / lauffenn wir von yhm / vnnd wollen nit wiꝺder
kommen / wir ſein dan voꝛ geſund / gerad / als mocht yrgent ein ander got
ſeinn / der dem leyb / vn̄ ein ander / der dem geiſt helffen mocht / odder
wir ſelber in geiſtlicher nodt / die doch groſſer dan die leipliche iſt / vns
30 helffen wolten. Das iſt ein teufftiſcher rad / vnd furnhemen. Nit alſo
lieber mēſch / wiltu von ſunden geſund werdenn / muſtu nit von got dich
enziehen / ſondern vil troſtlicher zu ym lauffen / vnnd yhn bitten / dan ſo
dich ein leipliche nodt oberfallen hette / Got iſt den ſundern nit feynd /
dan allein den vngleubigen. das iſt / die yhr ſund nit erkēn̄ / klagen / noch
35 hulff da fur / bey got ſuchenn / ſondern durch yhr eygen voꝛmeſſenheit /
ſich ſelb voꝛhyn reinigen / ſeiner gnaden nit durffen wollen / vnnd yhn nit
laſſen einen got ſein / der yderman gibt vnd nichts dafur nympt.

¶ Ezum Eylfften / Das iſt alles geſagt von dem gebet / eigener
notdurfft / vnd in gemein. Aber das gebet / das do zu diſſem gebot
40 eygentlich gehoꝛet / vnnd einn werck des ſeyrtags heyſt / iſt vil beſſer vnd

---

4 dich hs.   bic (h abgeſprungen) A   13 dich oberſellet hs.
20 demūt hs.   21 ſennfftmūtt hs.   24 betten vnnd ſchꝛeyenn hs.   25 frey
ᴌcu Gott hs.   40 horett hs.

groſſer / wilches ſol geſchehen / fur die ſamlunge der gantzen Chꝛiſtenheit /
fur alle nodt / aller menſchē ſeynd vnd freund. ſonderlich die in eynß
238 W iglichenn pfarr / obber biſtumb ſein. ¹Alſo befalh ſanct Paulus ſeinem
iunger Timotheo / ¹Jch voꝛmane dich das du voꝛſchaffeſt das man bitte
vnd ſtehe fur alle mēſchen / fur die kunige vnd alle die do ſein in der 5
obirkeit / auff das wir ein ſtil rugig leben furen mugen / in gottis dinſt vnd
reynickeit.   Dan daſſelb iſt gut vnnd angenehm fur got vnſerm ſelig-
macher / Des gleichē Hiere. xxix. dem volck Jſrael gebot / ſie ſolten got
bitten fur die ſtadt vnd landt Babyloniē / darumb / das der ſtadt fꝛid /
auch yhꝛ fꝛid were.   Vnd Baruch. i. Bitet fur das leben des kunigs zu 10
241 E¹ Babyloniē ¹vnd fur das leben ſeinis ¹ſunß / auff das wir mit fꝛiden vnter
170 E² yhrem regimēt leben. Diß gemeyn gebet / iſt koſtlich vnd das aller trefftigſt /
vmb wilchs willenn / wir auch zuſammen kummenn. Dauon auch die kirch
ein bethauß heyſſit / das wir alda / eintrechtlich / vm hauffen ſollen vnſer
vnd aller menſchen nodt fur vns nehmen / die ſelben got furtragen vnd 15
vmb gnad anruffen / das muß aber geſchehen / mit hertzlicher bewegung vñ
ernſt / das vns / ſolch oller menſchen nodturfft zu hertzē gehe / vnnd alſo
mit warhafftigem mitleydenn vbir ſie / in rechtem glaubenn vnnd trawen /
bittenn, vnnd wo ſolchs gebet in der meß nit geſchehe / ſo were es
beſſer / die meß nachgelaſſenn. Dann wie ſteht vnnd reymet ſichs / das 20
wir leyplich zuſammenn in ein bethauß kommenn / damit angetzeigt wirt /
wir ſollen fur die gantzen gemein / in gemeyn ruffen vnnd bitten / ſo
wir die gebet / voꝛſtrawen vnd alſo teylen / das ein iglicher fur ſich ſelb
nur bittet / vnd niemandt ſich des andern annympt / noch ſich mit yemandts
nodturfft bekummert.   Wie mag das gebet / nutz / gut / angenehm vñ 25
gemein / obber ein werck heyſſen des feytags vnd der voꝛſamlung? wie
die thun / die yhr eygen gebetlin halten / der fur biß / diſſer fur das / vnd
haben nichts / dan eygen nutzige / eygen nieſſige gebet / den got feind iſt.

¶ Ezum zwelfftenn / Diſſes gemeinen gebettis / iſt noch von alter
gewonheit blieben ein antzeygung / wen man am end der pꝛediget / die beicht 30
erzehlet vnnd fur alle Chꝛiſtenheit / auff der Cantzel bittet. Aber es ſolt
nit damit außgericht ſein / wie nu der bꝛauch vnd weiße iſt / ſondern
ſolt es laſſen ein voꝛmanung ſein / durch die gantzen meſſe fur ſolche nodturfft zubitten / zu wilchem der pꝛediger vns reytzet / Vnd auff das wir
wiꝛdiglich bitten / vns vnſer ſund zuuoꝛ ermanet / vnnd daduꝛch demutiget / 35
wilchs auffs kurtziſt ſol geſchehen / das darnach das volck / im hauffen
ſemptlich gote ſein ſund ſelb klage / vnd fur yederman bitte / mit ernſt vnd
171 E² glauben. ¹O wen got wolt / das yrgent ein hauffe / diſſer weyſe noch meß
241 E¹ hoꝛet vnnd bettet / das in gemein / ¹ ein ernſt hertzen geſchꝛey des gantzen
volcks / zu got auffgynge / wie vnmeßlich tugent vnnd hulff / ſolt auß dem 40
239 W gebet folgenn? was ¹ mocht ſchꝛecklicher allen boßenn geyſten begegen?

---

4 1. Ti. 2, 1 ff.   8 Jer. 29, 7   10 Ba. 1, 11 f.   14 eyn-
terchtlich hs.   28 ſelbstſüchtige

was mocht grosser werck auff erden geschehen? da durch / so vil frume
erhalten / souil sunder bekeret wurden / Dan furwar die Christlich kirch
auff erden nit grosser macht noch werck hat / dan solch gemein gebet /
widder alles was sie anstosen mag. das weiß der bose geist wol / drumb
5 thut er auch alles was ehr mag / disses gebet zuuorhindern. Da lesset ehr
vns hubsch kirchen bawen / vil stifften / pfeyffen / lesen / vnd singen / vil
meß halten / vnnd des geprengs on alle maß treyben / dafur ist yhm nit
leyde / ia er hilfft dartzu / das wir solche weßen das beste achten vnd vns
dunckenn / wir habens damit wol außgericht / aber das diß gemein / starck /
10 fruchtpar gebet / daneben vntergeht / vnd durch solchs gleyssen / vnuormerg-
lich nachbleybt / da hat er was ehr sucht. Dan wo das gebet ernyder
ligt / wirt yhm niemant etwas nehmē / ouch niemandt widderstehen. wo
er aber gewar wurd / das wir diß gebet wolten vben / wen es gleich were /
vnter einem strodach odder sew stal / wurd er es furwar nit lassen gehn /
15 sondern sich weyt mehr fur dem selben sewstal furchten / den fur allen
hohen / grossen / schonen kirchen / turnen / glockenn / die yrgent sein mugenn /
wo solchs gebet nit drinnen were. Es ligt furwar / nit an stetenn noch
gepewen / wo wir zusammen kommen / sondern allein an dissem vnvber-
windlichen gebet / das wir dasselb recht zusammen thun / vnd fur got
20 kommen lassen.

¶ Czum Dreytzehenden / Disses gebettis vormugen / mercken wir
auß dem / das vorzeitenn Abraham fur die funff stet bat / Sodoma vnd
Gomorre rc. vnnd so weyt bracht / das wo zehen frum menschen drynnen
weren gewest / zwen in einer iglichenn / het sie got nit vortilget. Was
25 wolten dan thun / wo vil vnter einem hauffen / hertzlich vñ mit ernste 172 Kᵇ
vortrawē got anruffen? Auch sagt Jacobus / Lieben bruder / bittet fur- 243 Eᵗ
einanner / das yhr selig werdet / dan es vormag gar vil einis frumen
menschen gebet / das do anhelt odder nit ablessit (das ist / das nit auff-
horet fort mehr zubitten) ob yhm nit bald geschech was er bittet / wie
30 etlich weichmutige thun / vnd setzt des ein exempel Heliam dē propheten /
der war ein mensch (spricht er) wie wir sein / vnd bat / das nit regen solt /
vnd regent nit in dreyen iaren vñ sechs monadt / widderumb / bat er / vnd
hot geregent / vnd ist alles fruchtbar wordē. Der spruch vnd exempel die
vns treyben zu bittenn / sein gar vil in der schrifft / so doch / das es ge-
35 schehe / mit ernst vnd glauben. Wie Dauid sagt / Gottis augen sehen
auff die frumen / vnd sein oren horen auff yhre gebet. Item / got ist
nah bey denen die yhn anruffen / so das sie yhn in der warheit anruffen.
Warumb setzt er dartzu / in der warheit anruffenn? Nemlich / das nit
gebettet noch angerufft heyst / wo der müdt allein murmelt. Was solt got 240 W
40 thun / wen du also daher kumist mit deinē maul / buch odder pater noster /

14 ym sew stall hs.   16 türmen   22 Gen. 18, 22 ff.   26 an-
rüfften hs. Ja. 5, 16 ff.   35 Ps. 33, 18   36 Ps. 145, 18   37 an-
rüffenn. hs. anruffen? A

das dꝛo nit mehr gedenckiſt / dann wie du die woꝛt volenbiſt / vnd die zal
erfulleſt / das wē dich iemandt fragt / was die ſach were / obber was du
furgenomen hetteſt / drumb du bitteſt / wurſtu es ſelb nit wiſſenn / dan
du haſt dich nit drauff bedacht / bis obber das got furzulegen obber be⸗
geren / dein einig vꝛſach zu betten iſt die / das dir das vnd ſouil zubetenn   5
auffg⸗legt iſt / das ſelb wiltu halten vnd volnbꝛingenn. Was iſts wunder
das blick vnd donner offt kirchenn anʒübet. die weil wir / auß dem bethauß
alſo ein ſpothauß machen / heyſſen das gebettet / da wir nichts ynnen fur⸗
bꝛingen noch begerenn / wir ſolten aber alßo thun / wie die fur groſſen
furſten etwas bitten wollen. die nehmenn yhn nit fur / allein etliche   10
173 E² zal der woꝛt zuplaudern / der furſt [1] wurd anders duncken laſſenn / ſie
ſpottetē ſein / obber werē vnſinnig / ſondern ſie faſſenß gar eben / vnnd
legenn yhre nodt mit fleyß dar / ſtellens doch heym / in ſein gnaden mit
244 E³ guter zuuoꝛſicht / es weꝛde erho¹ꝛet. Alſo mußen wir mit got / gewiſſer
ſachenn handlen / etlich anligende nodt nemhlich anʒihen / ſeiner gnaden   15
vnd gutem willen heym gebē / vnd nit zweiffeln / es ſey erhoꝛet / den ehr
hat ſolchen bitten zugeſagt erhoꝛung / wilchs nit hat than / ein yꝛde⸗
niſcher her.

¶ Ezum vierʒehenden / Diſſe weyße zubittē / kunden wir meyſter⸗
lich / wen wir leyplich nodtleyden / wē wir kranck ſein / da rufft man ſanct   20
Eꝛiſtoffel / da ſanct Barbara / da gelobt man ſich zu ſanct Jacob / hie vnnd
dꝗ / da iſt ernſt gebet / gute zuuoꝛſicht / vnꝗ alle gute art des gebettis.
Aber wen wir in der kirche ſein vnter der meß / da ſtehn wir wie die
olgoʒen / wiſſen nichts auffzubꝛingen noch zuklagen / da klappern die ſteinn /
rauſchē die bletter / vnd das maul plappert / da wirt nit mehr auß.   25
Fꝛagiſtu aber / was du ſolt fur bꝛingen vñ klagen in dem gebet / biſtu
leicht geleret auß den ʒehen gebottenn vnd vatter vnſer. Thu die augen
auff / vnnd ſich in dein vnd aller Ehꝛiſtenheit leben / beſondern dē geiſt⸗
lichen ſtandt / ſo wirſtu finden / wie glauben / hoffnung / lieb / gehoꝛſam /
keuſcheit vnd alle tugent erniber ligen / allerley grawſam laſter regirenn /   30
wie es gebꝛicht on guten pꝛedigern vnd prelaten / wie eytel buſen / kin⸗
der / narren vnd weyber regieren / da wirſtu findenn / das nodt were
ſolchen grawſam ʒoꝛn gottis / mit eytel bluts thꝛenen / alle ſtund on vnter⸗
241 W laß zubitten / in aller welt. Vnnd iſt [1] yhe war / das noch nie groſſer nodt
geweſen iſt zubiten / dan zu diſſer zeit / vnd foꝛt mehr / biß auffs end der   35
welt / bewegenn dich ſolche grauſam gebꝛechen nit zu iamer vnd klag / ſo
laß dich dein ſtand / oꝛdenn / gute werck obber gebet nit voꝛfurenn / es wirt

---

7 blitz   15 namentlich, ausdrücklich   21 ſand Barber hs. g⸗
lobt man eine wallfahrt nach St. Jago di Compostela hir hs.   23 yñn
der kirchen hs.   24 zu „Ölgötzen" vgl. K. Drescher in der feſtſchrift
zur jahrhundertfeier der univerſität zu Breslau, herausgeg. v. Theod. Siebs,
Breslau 1911, 453 ff. roſenkranzperlen   25 die blätter des gebetbuchs
31 buben   35 anß hs.

kein Christisch abber / nach art an dir seinn / du seyest wie frum du magist.
Es ist aber alles vorkundet / ' das zu der zeit / wen got am hochsten zoznen / ¹⁷⁴ E²
vnd die Christenheit am meysten nodt leyden wurd · das den nit erfunden
sollen werdē furbitter vnd fursetzer gegen got. wie Esaias weynend sagt
5 . lriiij. Du bist ertzoznit vbir vns ' vnd ist leyder niemandt / der auffstehe
vnnd halte dich. Item Ezechiel rriij. sagt / Ich hab ge'sucht vnter vhn / ²⁴⁵ E¹
ob nit vemandt were / der doch ein zaun zwischen vns machet / vnd stund
gegen mir vnnd weret mir / ich hab yhn aber nit funden / drumb hab ich
meinen zorn vbir sie lassen gehen / vnd hab sie in der hitze meins grymes
10 vorschlungē. Mit den woztten zeigt got an / wie er wil / das wir yhm
widderstehen sollen / vnd fureinander seinem zorn weren. Wie vom Pro=
pheten Mosi offt geschzieben stet / das ehr got erhielt / das sein zorn nit
vberschuttet / das volck von Israel.

¶ Ezum rv. wo wollen aber die bleyben / die nit allein solch vnfal
15 der Christenheit nit achten / nit furbitten / sondern · datzu lachen / einen
wolgefalle dryn haben / richtenn / affterreden / singen vnnd sagen von yhrs
nehsten sunden / vnd dorffen dennoch / vnerschzocken vnd vnuorschampt /
in die kirchen gehn / meß hozen / gebet spzechen · vnd sich fur frum Christen
achten vnnd achtē lassen. die bedurfften wol / das man zwifach fur sie
20 bittet / wo man einfach bittet / fur die / vonn yhn gerichtet / beredt / vn̄
belachet werdē. Disse sein auch vorkundigt zukūfftig sein / durch den lincken
schecher / der Christū in seinē leyde / gebzechē vn̄ nodt lestert / vn̄ durch
alle die so Christū schmechtē am creutz / da sie yhm am meisten soltē
geholffen habē. O got wie blind Ja vnsinnig / sein wir Christē wozdē?
25 wen wil des zorns ein end sein hymlischer vater? das wir der Christēheit
vnfal / dafur wir zubitē vorsamlet werdē in der kirchen vnd meß / spottē /
lestern / vnd richtē / Das macht vnser tolle sinlickeit. Wen d' Turck / stedt /
lädt / vn̄ leut vorterbet / kirchē vorwustet / so achtē wir d' Christēheit grosen
schadē geschehen. Da klagē wir ' bewegen kunig vnd fursten zum streit.
30 aber das der glaub vntergeht / ' die lieb erkaltet / gottis wort nachbleibt / ¹⁷⁵ E²
allerley sund vberhand nimpt / da gedēckt niemandt streitēs / Ja Bepst /
Bischoff / priester / geistlichē die dyses geystlichen streytis / wider dise
geistliche viel mal erger Turckē / solten Hertzogē / heubtleut vn̄ fenrichen
sein / die sein ebē selbst / solcher Turck ' vn̄ teuffelisches heres / furstē vn̄ ²⁴⁶ E¹
35 furgēger / wie Judas der ' Jude / da sie Christū fiengē. Es must ein Apostel / ²⁴² W
ein Bischoff / ein priester / der¹ besten einer sein / der Christū anhub vmb=
zubringen. Also muß die Christenheit auch / nit den von denen / die sie be=
schirmen solten vorstozet werden. vnnd sie doch so wahnwitzig bleiben / das
sie dennoch den Turcken fressen wollen / vnd also das hauß vnd schaff

4 Isaias hs. Jes. 64, 7   6 Ez. 22, 30   10 vorschlūndenn hs.
12 Ex. 32, 11 f. Nu. 14, 13 ff. 21, 7ᵃ   14 vnfall hs. vnsal A (vgl.
z. 26)   16 wolgefalleñ hs.   22 Christū A   29 klagen vnnb bewegen
wyr hs.   38 wahn witzig hs.   39 mit denn turcken hs.

stal da heymen selbs anzunden vnd brennē laſſen / mit ſchaffen vnd alles
was drynnen iſt / vñ nichts deſte weniger / dē wolff in dē puſchen nach=
gebēckē. Das iſt die zeit / das iſt der lon dē wir vordient habē / durch
vndāckbarkeit der vnendlichē gnabē / die vns Chriſtꝰ vmbſonſt erworbē hat.
mit ſeinē theurē blut / ſchwerer erbeit / vñ bittern todt.   5

¶ Ezum . xvi.   Sihe da wo ſeinn die muſſigen / die nit wiſſen wie
ſie gutte werck thun ſollen? wo ſein ſie / die zu Rom / S. Jacob / hyr vnd
dar lauffen? Nym diß einige werck der Meſſen fur dich / ſich an deines
nehſten ſund vnnd fal / erbarm dich ſeinn / laß dichs iamernn / klagsgot
vnnd bitdafur / deſſelben thw vor alle ander nodt der Chriſtennheit / be=   10
ſondern der vbirckeit / die got vns allen zur vntreglichenn ſtraff vnnd plage
leſſet ſo grawlichē fallenn vnnd vorfuret werdenn.

Thuſtu das mit ſleyß / ſo biß gewiß / du biſt der beſtē ſtreyter vñ hertzog
eyner / nit allein widder die turckē / ſondern auch widder die teuffel vñ
helliſchē gwalt. Thuſtu es aber nit / was hulff dichs das du alle wun=   15
der zeichen aller heiligen thetiſt / vnd alle Turcken erwurgktiſt / vnnd doch
ſchulbig erfunden wurdiſt / als der ſeines nehſtenn nodturfft nit geacht
hette / vnnd daburch widder die liebe geſundiget.   Dan Chriſtꝰ wirt
am iungſten tag nit fragē / wieuil du fur dich gebeten / gefaſtet / gewallet /
diß obber das than haſt / ſondern / wieuil du den andern den allerge=   20
ringſtenn / wol than haſt. Nu ſein vnter den geringſtē on zweiffel auch die /
die in ſunden vnd geiſtlicher armut / gefengmiß vñ notdurfft ſein / der izt
gar weyt mehr ſein / dan die leiplich nodt leyden / darumb ſich fur dich /
vnſer eygene angenōmene gutte werck / furen vns auff vnd in vns ſelbs /
das wir vnſer nutz vnd ſelickeit allein ſuchen. Aber gottis gebot / dringen   25
vns zu vnſerm nehſten / das wir daburch / nur nutzlich ſein / anderen zu
yhr ſelickeit / gleich wie Chriſtus am Creutz nit fur ſich ſelb alleinn / ſon=
dern mehr fur vns bat / da ehr ſprach / Vatter vorgib yhnen / dan ſie
wiſſen nit was ſie thun.   Alſo muſſenn wir auch fur einander bitten.
Dar auß mag ein yederman erkennē / wie die affter reder / freuel richter /   30
vñ vorachter anderer leut / ein vorkeret boß volck ſein / die nit mehr thun /
dan allein ſchmehen die / fur die ſie bittenn ſoltenn / in wilchem laſter
niemandt ſo tieff ſteckt / als eben / die vil eygener gutter werck thun /
vnd etwas beſonders fur den menſchen gleyſſen vnd geacht werdē /
vmb yr ſchones / ſcheynendes weſens willen / in mancherley guten werckẽ.   35

¶ Ezum Sibentzehenden / Hat diß gebot / nach geiſtlichē vorſtand /
noch vil ein hohers werck / wilchs begreifft die gantz natur des menſchen.
Hie muß man wiſſen / das ſabbat / auff Hebzeiſch heiſſet / ſeyr / obber
ruge. Darumb das got am ſiebendē tag ruget vnd auff horet von allen
ſeinen wercken / die er geſchaffen hatte / Geñ. ij.   Darumb gebot er auch /   40

Left margin notes: 176 Eʙ¹ (line 20), 247 E¹ (line 25), 243 W (line 32)

6 nū die muſſigen hs.   14 eyner fehlt hs.   16 dach A doch hs.
26 vnßernn hs.   28 Lc. 23, 34   37 hoher hs.   40 Gen. 2, 3
Ex. 20, 3 f.

das man den siebenden tag solt feyren / vnd auff hoꝛen von vnsern werckē /
die wir in den sechs tagen wircken / vnd der selb sabbat ist nu vns in dē
sontag voꝛwādelt / vnd die andern tage heissen werckel tage / d' sontag heist
ruge tag / odder seyr tag odder heilig tag. Vnd wolt got / das in der
5 Chꝛistēheit kein feyrtage were / dan der sontag / das man vnser frawen
vnd der heiligē fest / alle auff den sontag legt / so bliebenn vil bosser vntugent nach / durch die erbeit der werckel tag / wurdē auch die landt nit
so arm vnd ¹ voꝛẜeret. Aber nu sein wir / mit vielen feyrtagen geplagt / 177 Eᵇ
ẜu voꝛterbūg der seelen / leybe vnd gutter / dauon viel ẜu sagen were.
10 Disse ruge odder auffhoꝛen vō den werckē ist ẜweyerley / leiplich vnnd
geistlich / darumb wirt bis gebot auch ẜweyerley voꝛstandenn. Die leipliche seyr odder ruge / ist / dauon droben gesagt ist / das wir vnser handtwerck vnnd erbeit lassen anstehen / auff das wir ẜur kirchen vns samlen /
meß sehen / gottis woꝛt hoꝛen / vnd ¹ in gemein eintrechtlich bittē / wilche 248 Eᵇ
15 feyr / wie wol sie leiplich ist / vnnd hyn furter in der Chꝛistenheit nit
gebotenn von got. wie der Apostel Col. ij. sagt / Last euch von niemant
voꝛpflichte / ẜu yrgend einem feyrtag dan dieselben sein voꝛẜeiten figur
gwesen. Nu aber ist die warheit erfullet / das auch alle tag feyrtag sein.
wie Jsaias . lꝛvi. sagt / Es wirt ein feyrtag am andern sein / widderumb
20 alle tag werckel tag. Doch ist sie nodt vnd von der Chꝛistenheit voꝛ-
oꝛdent / vmb der vnuolkommenden leyen / vnd erbeit leuten willen / das
die mugen auch ẜum woꝛt gottis kommen. Dan wie wir sehen / die
pꝛiester vnd geistlichen halten alle tag meß / betten alle stund / vnd vben
sich in dem woꝛt gottis / mit studiren / leßen vnd hoꝛen / darumb sie auch
25 fur andere befreyet sein von der erbeit / mit ẜinsen voꝛsoꝛgt / vnd haben
alle tag feyrtag / thun auch alle tag die werck des feyrtags / vnnd ist yhn
kein werckel tag / sondern einer wie der ander / vnnd wen wir alle volkommen weren / vnd das Euangeliū kunten / mochtē wir alle tage wircken
¹ so wir wolten / odder feyren so wir kunden / dan seyr ist iẜ nit nodt / 244 W
30 noch geboten / dan allein vmb des woꝛt gottis willen ẜuleren vnd betten.

    ¶ Ezum Sibenzehenden / Diẜ geistliche seyr / die got in dissem
gebot furnehmlich meynet / ist / das wir nit allein / die erbeit vnnd handtwerck lassen anstehen / sondern vil mehr / das wir allein got in vns wirckenn
lassen / vnnd wir nichts eygens wircken in allen vnsern krefften. Wie gaht
35 aber das ẜu? das gaht also ẜu / der mensch durch die sund voꝛterbet hot
viel bosser lieb vñ ney¹gung ẜu allen sundē / vnd wiꝛ die schꝛifft sagt Geñ. 178 Eᵃ
viij. Des menschen hertz vnd syn / stehn alẜeit ẜu dem bosen / das ist /
hoffart / vngehoꝛsam / ẜoꝛn / haß / geytz / vnkeuscheit ꝛc. vñ summa summarū /
In allem was er thut vnd lesst / suchet er mehr seinen nutz / willen / vnnd
40 ehr / dan gottis vnd seines nehsten. drumb sein alle seine werck / all sein

---

16 Kol 2, 16 f.   19 Jes. 66, 23   29 iẜt hs.   31 Ẑcum
Sibenzcehendeṅ auch hs. wiederholt   36 Gen. 8, 21   37 da ist hs.

249 E¹ woit / all ſein gedancken / alle ſein lebē boß / vnd nit gotlich. ¹Sol nu got /
in yhm wircken vnd leben / ſo muſſen alle diſſe laſter vnd boßheit / erwurgt
vnd außgerattet werden / das hie ein ruge vnd auffhoren geſcheh aller
vnſer werck / woit / gedancken vnnd lebenn / das hynfurt (wie Paulus Gal.
i. ſagt) nit wir / ſonder Chriſtus in vns lebe / wirck vnd rede.   Das ge- 5
ſchicht nu nit mit ſuſſen guten tagen / ſondern hie muß man der natur
weh thun / vnnd weh thun laſſemm.   Hie hebt ſich der ſtreyt / zwiſchē dem
geiſt vnd dem fleiſch / hie weret der geiſt / dem zoin / der wolluſt / der
hoffart / ſo wil das fleiſch in luſt / ehren / vnd gemach ſein.   Davonn
ſagt ſanct Paulus Gal. v. wilche vnſers herrenn Chriſti ſein / die habē 10
yhre fleiſch gecreutzigt mit ſeinen laſtern vnd luſten.   Hie volgen nu die
gutten werck / faſten / wachen / erbeyten / dauon etlich ſo viel ſagen vnd
ſchieybenn / ſo ſie doch wibber anfang noch enbe der ſelben wiſſen / darumb
wollē wir nu auch dauon ſagē.

¶ Ezum Achtzehenden / die ſeyr / das vnſer werck auffhoienn / vnnd 15
got allein in vns wirck / wirt zweyer weyß volnbracht.   Zum erſtenn /
durch vnſer eygen vbung / zum andern durch anderer vnd frembb / vbungen
obber treyben.   Vnſer eygen vbung ſol alſo gethan vnd voioibenet ſein /
das zum erſten wo wir ſehen vnſer fleiſch / ſyn / wille / gedanckenn / hyn
reitzen / das wir dem ſelben wibberſtehn / vnd nit folgē / wie der weiß 20
man ſagt Eccle. Folge nit deinen begirden. vnd Deutron. xij.   Du ſolt
245 W   nit thun / was dich recht dunckt. ¹Hie muß der menſch die gebet / in teg-
179 E²   licher vbung haben / die Dauid bet / ¹Herr fur mich in deinem wege / vnnd
laß mich nit meine wege gahn / vnnd der gleichen vil / wilche alle ſein
begriffen / in dem gebet / Zuköme vns dein reich / dan der begirden ſein 25
ſo vil / ſo mācherley / dartzu / bey weilen durch eingeben des boßen / ſo
behend / ſubtil / vnd guter geſtalt / das nit muglich iſt einē menſchen ſich
ſelb zu regiren / in ſeinem weg.   Ehr muß hend vnd fuß gahn laſſen / ſich
gottis regiment befeln / ſeiner voinunfft nichts trawen / wie Hieremias
250 E¹ ſagt / ¹Herr ich weyß / das des menſchē wege / ſein nit / in ſeiner gewalt. 30
das iſt betzeiget / da die kinder vonn Iſrael auß Aegipten / durch die
wuſtenhey giengen / da kein weg / keinn ſpeyſſe / kein trangk / kein behelff /
nit war. trumb gieng yhn got fur / am tag mit einer lichten wolcken /
in der nacht mit einer feurigen ſeulen / ſpeyſſet ſie vom himel mit himel
bioit / enthielt yhre kleyder vnnd ſchuh das ſie nit zuriſſen / wie wir leſen 35
in den buchern Moſi.   Drumb bitten wir / zukom dein reich / das dw
vns regiriſt / vnnd nit wir ſelb / dan nicht ferlichers in vns iſt / dan vnſer
voinüfft vnd wille / Vnd dis iſt das hochſt vñ erſt werck gottis in vns /
vnd die beſte vbüg / vnſer werck nach zulaſſen / der voinunfft vnnd willenn

4 Ga. 2, 20   7 weh hs. wey A   10 Ga. 5, 24   21 Si. 18, 30
Dt. 12, 8   23 Ps. 119, 35. 37   25 vns fehlt hs.   28 s. oben
s. 258 z. 28   29 Jer. 10, 23   33 Ex. 13, 21   34 Ex. 16, 4 ff.
35 erhielt   36 Dt. 29, 5 f.

muſſig gahn / feyren vnd ſich gote befelen / in allen dingen / ſonderlich /
wen ſie geiſtlich vnd wol gleiſſen.

¶ Ezum Neunʒehendenn / Dem nachfolgen die vbung des fleyſches /
ſeine grobe / boſſe luſt ʒutodtenn / ruge vnd feyr machenn / die ſelben
5 muſſen wir / mit faſten / wachen / erbeiten / todten vnd ſtillen. Vnd auß
diſem grundt leren wir wie vil vnd warumb wir faſten / wachen odder
erbeiten ſollen. Es ſein leyder viel blinder menſchen / die yhr caſteien / es
ſey faſten / wachen / odder erbeitten / allein darumb vbenn / das ſie meyner.
es ſein gute werck / das ſie damit viel vordienenn / darvmb faren ſie daher /
10 vnnd thun yhr / ʒuweilen ʒo viel / das ſie yhren leyb drob vorterben / vnnd
kopff vol machenn. Noch viel blinder ſein die / die das faſten nit allein
nach der menige odder lenge meſſen / wie diſſe / ſondern ¹ auch nach der   180 E¹
ſpeyſe / achtens dafur / es ſey vil koſtlicher / wen ſie nit fleiſch / eyer /
odder puttern eſſen. Vber diſſe ſein / die das faſten nach den heiligen
15 richtẽ vnd nach den tagen erwelen / der am Mitwochen / der am Sonnabẽt /
der ſanct Barbaren / der ſanct Baſtian vnd ſo fort an / Diſſe alle ſampt /
ſuchen nit mehr in dẽ faſtenn / dan das werck an yhm ſelbs / wen ſie das
gethan haben / meynen ſie es ſey wolthan. Ich wil hie ſchweygen / das
etlich alſo faſten / das ſie ſich dennoch vol ¹ ſauffen etlich ʒo reichlich mit   251 E¹
20 fiſchen vnd anderen ſpeyſen faſten / das ſie vil nehrer ¹ mit fleiſch / eyern /   246 W
vnd puttern ʒukemen / barʒu viel beſſer frucht der faſtẽ vbirkemen. Dan
ſolche faſten / iſt nit faſten / ſondern der faſten vnd got ſpotten. Darumb
laß ichs geſchehn / das yhm ein iglicher erwele tag / ſpeyſ / menge ʒufaſtẽ /
wie ehr wil / ſo fern / das ers nit da laſſe bleyben / ſondern hab achtüg
25 vff ſein fleiſch / wieuil daſſelb geyl vnd mutwillig iſt / ſo vil lege ehr /
faſtenn / wachen / vnnd erbeit drauff / vnd nit mehr / es habe gebotten /
bapſt / kirchẽ / Biſchoff / beichtiger / odder wer do wil. Dan der faſtẽ /
des wachens / der erbeit / maß vnnd regel / ſol yhe niemandt nehmen / an
der ſpeyß / menge odder tagen / ſondern / nach abgang odder ʒugang der
30 fleiſchlichen luſt vnd mutwillens / vmb wilcher willen allein / ſie ʒu todten vnd dempfen / das faſten / wachẽ / erbeit / eingeſeʒt iſt / wo die ſelbe
luſt nit were / ſo gulte eſſen ſo vil als faſten / ſchlaffen / ʒo vil als wachen /
muſſig ſein ſo vil als erbeyten / vnd were eins ʒo gut als das ander / on
alle vnterſcheydt.

35 ¶ Ezum .XX. Wo nu yemandt fundt / das vonn fiſchẽ mehr mutwillens in ſeinem fleiſch / dan von eyern vnd fleiſch / ſich erhub / ſol er
fleiſch vnd nit fiſch eſſenn. Widderumb ſo ehr befundt / das yhm der kopff
wuſt vnd vol / odder der leyb vnd magen vorterbet wurd võ faſten / odder
nit nodt iſt noch darff / ʒu todten ſeinen mutwillen im fleiſch / ſol ehr das
40 faſten ganʒ laſſen an ſtehen / vnd eſſen / ſchlaffen / muſſig ¹ gehen / ʒo viel   181 E²
yhm nodt iſt ʒur geſuntheit / vnangeſehen / ob es ſey wider der kirchen

gebot / obber ozdens vnd stend gesetze / dan kein gebot der kirchē / kein gesetz / einiges ozdens / mag das fasten / wachen / erbeitten / hoher setzen
obber treyben / dan so viel vnd weit es dienet / das fleisch vnd seine lust
zu dempffen obber tobten. wo ditz zil wirt vbergangen / vnd das fasten /   5
speytz / schlaffen / wachen / hoher trieben / dan das fleisch leyden mag /
obber zur tobtung der lust nodt ist / vnnd do mit die natur vozterbt /
252 E¹ kopff zubzochen wirt / ¹ do nehm yhm niemādt fur / das er gut werck than
habe / obber sich mit der kirchen gebot / obber ozdens gesetz entschuldige.
Er wirt geacht werdē / als der sich selb vozwarlost / vnd so viel an yhm   10
ist / sein selbs eigen mozder wozden. dan der leyp ist nit darumb geben /
yhm sein naturlich leben obber werck zutobten / sondern allein seinen mutwillen zutobtenn / es were dan / das der mutwil so starck vnd groß were /
das yhm an vozderben vnd schadē naturlichs lebens / nit mocht gnug
widderstanden werdenn / dan wie gesagt / in vbūgen des fastens / wachens /
erbeit / sol man das aug nit habē / auff die werck an yhn selbs / nit auff   15
die tage / nit auff die menge / nit auff die speisse / sondern allein auff
den mutigen vnnd geylen Adam / das dem der kutzel dadurch erweret
werde.
247 W ¹ ¶ Czum .gi. Auß dem mugen wir ermessenn / wie weißlich obber
nerrisch thun etliche weiber / wenn sie schwanger gahn / vnnd wie man mit   20
den krancken sich halten sol / dan die nerrinnen am fasten so hart hangē /
das sie ehr der frucht vnd yhr selbs grosse ferlickeit wagen / ehr sie nit
mit andern gleich fasten solten / machen yhn gewissen da kein ist / vnnd da
sie ist / machen sie keine / das ist alles der prediger schult / das man das
fastē so einhyn plaudert / vnnd seinen rechten pzauch / maß / frucht / vzsach   25
vnd end nymmer anzeigt. Also solt man die krancken lassen essen vnnd
trincken alle tag / was sie nur wolten / vnd kurtz vmb / wo auffhozet mut-
182 E² wil des fleisches / ¹ da hat schon auff gehozet alle vzsach zu fastē / wachen /
erbeyten / diß obber das zuessen / vnd ist gantz kein gebot mehr da / das da
bindet. Widderumb / sol man sich fursehen / das nit auß disser freyheit /   30
wachs ein nachlessige saulheit / den mutwillen des fleisches zu tobtē / vnd
der schalckhafftige Adam gar listig ist yhm selb vzlaub zusuchen / vnd des
leybs obber heubtis vozterben / furgeben / wie etlich hinein plumpen vn
sagen / es sey nit not noch gebotten / zufasten obber casteienn / wollen diß
vnd das essen on schzwel / gerad / als hetten sie sich langezeit mit fasten   35
sehr geubt / so sies doch nie vozsucht haben.   Nit weniger sollen wir vns
253 E³ fur ergerniß hutten / ¹ bey denen die nit gnug vozstēdig / fur groß sund achtē /
so man nit auff yhre weyse / mit yhn fastet obber ysset. Hie sol man sie
gutlich vnterrichten / vnnd sie nit frech vozachten / obber yhn zu trotz essen
diß obber das / sondern anzeigen vzsach / warumb es so billich geschehe /   40
vnd sie auch also mit mußen / in den selben vozstand furen. wo sie aber

---

23 da gewissen hs.   35 scheu

halstarck sein / vnd yhn nit laſſen ſagen / ſol man ſie laſſen faren / vnnd
thun wie wir wiſſen das recht iſt.

¶ Ezum .ꭇꭇij. Die andere vbung / die vns vbirfellet von andern /
iſt / wen wir von menſchen odder teuffeln werden beleydigt / ſo vns gut
5 genōmen / der leib kranck / vnd ehr genommen wirt / vnd alles das / vns
zu zorn / vngedult / vnd vnruge mag bewegē. Dan gottis werck wie es in
vns regirt / noch ſeiner weißheit / vnd nit vnſer voznunfft / vnd noch ſeiner
reinickeit vnd keuſcheit / nit vnſers fleiſches mutwillenn / dann gottis werck
iſt weißheit vnnd reinickeit / vnſer werck iſt torheit vnnd vnreinickeit / die
10 ſollen feyrenn. Alſo ſol es auch in vns regirenn / noch ſeinem frid / vnnd
nit vnſer zorn / vngedult / vnnd vnfrid. ban frid iſt auch gottis werck /
vngedult iſt vnſers fleyſches werck / das ſol feyrenn / vnnd todt ſeinn /
das alſo allenthalbenn wir feyrenn ein geiſtlichenn feyrtag / vnſer werck
muſſig gehn vnnd got in vns wircken laſſen. ¹ Drumb / ſolche vnſere werck 248 W
15 vnd den Adam zu tod¹ten / Schickt vns got vber denn hals / vil anſtoß die 183 E²
vns zu zorn bewegen / vil leydenn / die zu vngedult reizenn / zu letzt auch
den todt vnnd ſchmach der welt / damit er nichts anders ſucht / dann das
er zorn / vngedult vnd vnfrid außtreib / vnd zu ſeinē werck / das iſt zum
frid / in vns komme. Alſo ſpricht Iſaias .ꭇꭇviij. Er nympt ſich eins
20 frembden werckes an / auff das er zu ſeinem eygen werck komme. was iſt
das? Er ſchickt leyden vnd vnfrid zu / auff das er lere vns gedult vnd
frid haben. Er heiſſet ſterbē / auff das ehr lebendig mache / ßo lange biß
der menſch durch vbet / ſo fridſam vnd ſtil werde / das er nit bewegt
werde / es gehe yhm wol odder vbel / ehr ſterb odder lebe / ehr werd ge-
25 ehret odder geſchendet / da wo¹net dan got ſelb allein / da ſein nymmer 254 E¹
menſchē werck / das heiſſet ban den feyrtag recht gehalten vnd geheiliget /
da furet der menſch ſich ſelb nit / da luſtet yhm ſelb nit / da betrubt yhn
nichts / ſondern got furet ihn ſelber / eitel gotliche luſt / freud vnd frid iſt
da mit allen andern wercken vnd tugenden.

30 ¶ Ezum .ꭇꭇiij. Diſſe werck achtet er ßo groß / das er den feyrtag
nit allein gebeut zuhalten / ſondern auch heiligen odder heilig achten / damit ehr anzeigt / das nit koſtlicher ding ſey / ban leyden / ſterben vnd
allerley vngluck / ban ſie ſein heylig thum / vnd heiligē den menſchen von
ſeinen wercken zu gottis wercken / gleich wie ein kirch wirt von natur-
35 lichen wercken / zu gottisdienſten geweyet. Drumb ſol er ſie auch erkennen fur heylig thum / fro werden vnd got dancken / ßo ſie yhm komen /
dan wen ſie kummen / ßo machen ſie yhn heilig / das er dis gebot erfullet
vnd ſelig wirt / erloſen von ſeinen ſundlichen wercken. Alſo ſpricht Dauid /
Der tod ſeiner heiligen iſt ein koſtlich ding fur ſeinē augen / vnd auff das
40 er vns dazu ſterckt / hat er vns nit allein ſolch feyr gebotten / ban die
natur ſtirbt vnnd leydet gar vngern / vnd iſt ein bitter feyrtag / yhrer

---

1 halsſtarrig   6 zcornn   haß hs.   19 Jes. 28, 21   23 geprüft
38 Ps. 116, 15

184 E² ¹ werck muſſig vnd tod ſein / ſondern hat vns in der ſchrifft mit manchfel-
tigen wortē getroſtet / vnd laſſen ſagen pſal. ꝛc. Ich bin bey yhm / in
allem ſeinem leyden / vnnd wil yhm erauß helffen. Item / pſal. ꞩꞩꞩiij.
Der her iſt nahe allen den leidenden / vnd wirt yhn helffen. Daran nit
gnug / hat er ein trefftig / ſtarck eꞅempel darꞩu geben / ſeinen einigen   5
lieben ſunn Jeſum Chꝛiſtum vnſern hern / der hat am ſabbat den gantꞅenn
feyrtag gelegen ledig aller ſeiner werck / vñ der erſt diſes gebot erfullet /
wie wol an nod fur yhn ſelbs / allein vns ꞩu troſt / das wir auch in alle
leyden vnd ſterben ſtil ſollen ſein vnd frid haben / angeſehen / das wie
Chꝛiſtus nach ſeiner ruge vnnd feyr / aufferweckt / nu foꝛt mehr allein   10
in got / vnd got in ym lebt. Alſo wir auch / durch tobtung vnſers Adam /
240 W wilchs volkomlich nit geſchicht / dan durch der natur todt / vnd begrabenn /
255 E² werden wir erhaben in got / das ¹ got in vns leb vnnd wirck ewiglich.
Sich das ſein die dꝛey ſtuck des menſchen / die voꝛnunfft / die luſt / die
vnluſt / darinne alle ſeine werck gahn / die muſſenn alſo durch diſſe dꝛey   15
vbung / gottis regirung / vnßer eygenn caſteyung / andere beleybigung / erwurgt werden / vnd alſo geiſtlich gotte feyern / yhm ꞩu ſeinen werckenn
einrewmen.

¶ Eꞅum .ꞅꞅiiij. Solche werck aber vnd leyden / ſollen ym glauben
vnd guter ꞩuuoꝛſicht gotlicher huld geſchehen. Auff das / wie geſagt iſt /   20
alle werck im erſtē gebot vnd glauben bleyben / vnd der glaub ſich in den
ſelben vbe vnnd ſterck / vmb wilchs willenn / alle ander gebotte vnd werck
geſetzt ſein. drumb ſich / wie ein hubſcher guldener rinck / auß diſſen dꝛeyen
gebotten vnnd yhren wercken ſich ſelber macht / vnd wie auß dem erſten
gebot vnd glauben / fleuſt das ander biß yñ dꝛit / vnd das dꝛit widderumb   25
treibt durch das ander biß in das erſt / dan das erſt werck iſt glaubē /
ein gut hertz vnd ꞩuuoꝛſicht ꞩu got haben. Auß dem fleuſt das ander
gute werck / gottis namen pꝛeyſen / ſeine gnab bekennen / yhm alle ehre
185 E² geben allein. Darnach folget das dꝛit / gottis dienſt oben / ¹ mit beten /
pꝛediget hoꝛen / tichten vnd trachten gottis wolthat / darꞩu ſich caſteyen /   30
vnd ſein fleiſch ꞩu ꞅwingen. Wan nu der boſſe geiſt / ſolchen glaubenn /
gottis ehre / vnnd gottis dienſt / gewar wirt / ſo tobet er / vnd hebt an
die voꝛfolgung / greifft an leyb / gut / ehre / vnd leben / treibet auff vns
tranckheit / armut / ſchäde vnd ſterbē / das got alſo voꝛhēgt vñ voꝛoꝛdenet.
Sich da hebt ſich das ander werck / oder die ander feyr des dꝛitte gebotis /   35
da durch wirt der glaub faſt hoch voꝛſucht / wie das golt ym fewr / dann
es iſt ein groß dinck / eine gute ꞩuuoꝛſicht ꞩu got erhalten / ob er ſchon
den tod / ſchmach / vngeſuntheit / armut / ꞩufuget / vnd in ſolchem grawſam
bild des ꞩoꝛns / yhn fur den allergutigiſten vatter halten / wilchs muß geſchehen in diſſem werck des dꝛittenn gebottis / da bꝛinget dan das leyden   40

den glaubē / das er gottis namen muß anruffen / vnd loben in solchen leyden /
vnd kumpt also durch das drit gebot widderumb in das ander / vnnd
durch daſſelb anꞏruffen götlichs namē vnd lob / wechſt der glaub / vnd   256 E¹
kumpt in ſich ſelbꞌ / vnnd ſterckt alſo ſich ſelb / durch die zwey werck des
5 dritten vnd andern gebottis / vnd alßo geht er auß in die werck / vnnd
kumpt widder durch die werck zu ſich ſelb / gleich wie die ſon auffgeht biß
an den nidergang / vnd kompt wider biß zu dem auffgang.   Drumb wirt
in der ſchꞛifft der tag zu geeyget / dem fridlichen leben in den werckenn /
die nacht dem leydenden leben / in der widderwertickeit / vnd der glaub
10 alſo in beyden lebt vnd wirckt / außgeht vnd eingeht / wie Chꞛiſtus
Johan. vi. ſagt.

    ꞏ ¶ Ezum ꞏxxv.   Diſſe oꞛdnung der gutten werck bitten wir / ym   250 W
vatter vnſer / das erſt iſt / das wir ſagen / vater vnſer der du biſt ym
himel. wilchs ſein woꞛt des erſten werckꞋ des glaubens / der lauts des
15 erſten gebots nit zweyffelt / er hab einen gnedigen got vnd vatter ym
hymel / das ander / dein name ſey heilig / darinnen der glaube ꞏ begeret   186 E²
gottis namen / lob vnd ehre gepꞛeyſſet werden / vnd den ſelbē anruffet in
aller nodturfft / wie das ander gebot laufet. Das dꞛitte / zukomme deinn
reich / darinnen wir den rechten ſabbat vnd ſeyr / ſtille ruge / vnſerer werck
20 bittenn / das allein gottis werck / in vns ſey / vnd alſo got in vns / als
in ſeinem eigen reich regire. wie er ſagt / Nemet war / gottis reich iſt
nyrgen dē in euch ſelb. Das vierd gebet / dein wille geſchehe / darinnen
wir bittenn / das wir die ſiben gebot der andern taffeln halten vnd haben
mugen / in wilchen auch der glaub geubt wirt gegen dem nehſten / gleich /
25 wie er in diſſen dꞛeyen geubt iſt / in wercken allein gegen got / vnd das
ſein die gebet / da das woꞛtlein / du / dein / dein der / innen ſtet / das die
ſelben nur ſuchen was got angehoꞛet. die andern ſagenn alle / vnßer / vnß /
vnſern ꝛc. dan wir da bitten / vnſer gutter vnd ſelickeit. Vnd das ſey
von der erſtenn taffel Moſi geſchwetzt / vnnd gꞛob vberhyn / den ein-
30 feltigen / die hochſten gute werck / angezeigt.

        Folget die andere taffel.

Das erſt Gebot der ander
taffel Moſi

Du ſolt dein Vatter vnd Mutter ehrenn.

35   ꞏ ¶ Auß diſſem gebot leren wir / das nach den hohen wercken der   257 E¹
erſten dꞛey gebot / kein beſſer werck ſeinn / dan gehoꞛſam vnd dienſt aller
der / die vns zur vbirkeit geſetzt ſein. Darumb auch vngehoꞛſam groſſer
ſund iſt dan todtſchlag / vnkeuſcheit / ſtelen / betriegen / vnd was darinnen

mag begriffen werden. Dan der ſund vnterſcheidt / wilch groſſer ſey dan
die ander / kundenn wir nit baß erkennen / dan auß der oꝛdnung der gebot
gottis. Wie wol / ein iglich gebot fur ſich ſelb / auch vnterſcheidt in ſeinen
wercken hat. Dan wer weyß nit / das fluchen groſſer iſt dan zurnen /
ſchlahen mehr dan fluchen / vatter vnnd mutter ſchlahen / mehr dan einen 5
gemeinen menſchen. Nu ſo leren vns dieſſe ſieben gebot / wie wir vns
gegen den menſchē / in gutten werckē vben ſollen. vnd zum erſten gegen
vnſer obirſten.

187 E²   ¶ Das erſte werck / iſt / Wir ſollen / leiplichen vater vnd mutter
ehren / wilche ehre / nit darinnen ſtet allein / das man ſich mit geberden 10
erzeigt / ſondern / das man yhn gehoꝛſam ſey / yhre woꝛt vnd werck / fur
251 W augen habe / groß achte vnd drauff gebe / laß ſie recht habē was ſie fur
geben / ſtille ſchweygen vnnd leyden / wie ſie mit vns handeln / wo es nit
widder die erſtenn dꝛey gebot iſt / darʒu wo ſie es bedurffen / mit ſpeyß /
kleyd / vnnd hauß voꝛſoꝛgen. Dan er hat nit vmbſonſt geſagt / Dw 15
ſolt ſie ehren / nit ſagt er / du ſolt ſie liebſ haben / wie wol das auch ſein
ſol / Aber die ehre iſt hoher / dan ſchlechte liebe / vnd hat mit ſich ein
furcht / die ſich mit lieb voꝛeynigt / vnnd macht den menſchen / das er mehr
furcht ſie zu beleydigen / dan die ſtraff. Gleich als wir heyligthum ehren
mit furcht / vnd doch nit ſtihen dauoꝛ als voꝛ einer ſtraff / ſondern mehr 20
hynʒu dringen / ein ſolche furcht mit lieb voꝛmiſcht / iſt die rechte ehre.
Die andere furcht on lieb / iſt gegenn die ding / die wir voꝛachten odder
ſtihenn / als man denn hencker odder die ſtraff furcht / da iſt kein ehre /
dann es iſt furcht on alle lieb / ia furcht mit haß vnd feindſchafft. Dauon
iſt ein ſpꝛich woꝛt S. Hierony. was wir furchten das haſſen wir auch. 25
258 E¹ Mit der furcht wil got nit gefurcht / noch geehret ſein / noch die eldern
geehret haben / ſondern mit der erſten die mit liebe vnd zuuoꝛſicht ge-
miſcht iſt.

   ¶ Zum andern / Dis werck ſcheynet leicht / aber wenig achten ſein
recht. Dan wo die eldern recht frum ſein / vnnd yhre kind nicht nach 30
fleiſchlicher weyß lieb habenn / ſondern (wie ſie ſollenn) zu gottis dienſt /
ſie mit woꝛten vnd wercken / in den erſten dꝛeyen gebotten weyſen vnd
regirē / da wirt dem kind / on vnterlaß / ſein eygen wil gepꝛochē / vnd muß
thun laſſen / leyden / das ſein natur gar gerne anders thet / da durch dann
es vꝛſach gewinnet / ſein eldern zuuoꝛachten / widder ſie ʒu murmeln / 35
odder erger ding zuthun / da geht die lieb vñ furcht auß / ſo nicht gottis
gnade da iſt. Deſſelbenn gleichen / wo ſie ſtraffen vnnd zuchtigenn / wie
188 E² ſichs geburt / ʒu weylen auch mit vnrecht / das doch nit ſchadet zur ſele
ſelickeit / ſo nympts die boſſe natur mit vnwillen an. Aber das alles /
ſein etlich ſo boſer art / das ſie ſich ſchemen yhrer eldern / des armuts / 40

---

     6 gemeynen gleychen hs.   11 erʒeyge hs.   19 Reliquien   25 ep.
82, 3 (MSL. 22, 737): Antiqua sententia est: quem metuit quis, odit

vnadels / vngestalt odder vnehre halbē / laffen sich diffe stuck mehr bewegenn / dann das hohe gebot gottis / der vbir alle ding ist / vnd yhn
solche eltern / mit bedachtem wolgefallen geben hat / sie zuvben vnnd vorsuchen in seinem gebot. Aber das ist noch stercker / wā das kind widder
5 kind hat / da steigt die lieb vnter sich / vnnd geht sehr ab der lieb vnd
ehre gegen die eltern / Was aber von denn eltern gebotten vnd gesagt
wirt / sol auch vorstandenn sein / vō denen / ßo die eltern gestorben odder
nit gegenwertick seinn / die an yhrer stadt sein / als da sein / gefreundt /
gesattern / pabten / weltliche hern [1] vnd geistliche vetter. Dan es muß ein
10 iglicher regiret vnnd vnterthan werden andern menschen. Derhalben wir
sehen aber alhie / wie viel gutter werck in diffem gebot geleret werden /
ßo all vnser leben darinnen / andern menschen vnterworffen ist. Vnd
daher kompt es / das der gehorsam ßo hoch gepreyffet wirt / vnd alle
tugent vnd gutte werck / in yhm beschloffen werden.

15   ¶ Ezum dritten / Es ist noch ein andere vnehre der eltern / vil ferlicher vnnd subtiler / dan diffe erste / wilch sich schmuckt vnd ansehen leffit
fur ein rechte [1] ehre / die ist / wen das kind seinē willen hat / vnd die eltern
durch fleischliche liebe deffelben gestatten. hie ehret sichs / hie liebt sichs /
vnnd ist auff alle seyten kostlich ding / gefellet vatter vnd mutter wol /
20 widderumb gesell das kind wol. Diffe plage / ist ßo gemein / das gar
selten / der ersten vnehre exempel gesehen wurden / das macht alles das
die eltern vorblendt / got in den ersten dreyen gebotten nit erkennen noch
ehren / derhalben mugen sie auch nit sehen / was den kindern gebzicht /
vnd wie sie die leren vnd zihen sollen / darumb zihen sie die zur welt-
25 lichen ehrē / lust vnnd gutter / das sie nur den menschenn wolgefallen /
vnd yhe [1] hoch kōmen / das ist den kindern lieb / vnnd sein gar gern gehorsam / on alles widderspzechen. Also gaht dan gottis gebot / heim-
lich vnter gutem schein / gar zu poden / vnd wirt erfullet das ym propheten Isaia vnd Hieremia geschzieben stett / das die kinder / von yhren
30 eygenen eltern vorzeret werden. vnd thun / wie der konig Manaffe / der
sein kindt dē abgot Moloch / liß opffern vnd vorbzennen. was ifts anders
dan sein eygen kindt dem abgot opffern vnnd vorbzennen / wo die eltern
yhre kind / mehr zihenn der welt zu lieb dan got / laffen sie ßo hyn gahn /
vnnd in weltlicher lust / lieb / freud / gut vnd ehre vorpzant / gottis lieb /
35 ehre / vnnd ewiger gutter lust / in yhn / außgelescht werdenn. O wie
ferlich ifts vatter vnd mutter zusein / wo nur fleisch vnnd blut regiret [1]
dan furwar an diffem gebot ligt es gar / das die ersten drey / vnd die
letztē sechs / werden erkent vnd gehalten / die weyl den eltern befolen ist /
den kindern solchs zulerē. wie psalm .lrrvij. stet / wie fast / hat er ge-
40 botten vnsern eltern / das sie gottis gebot / yhren kindern bekandt machtenn /

8 gegenwertick hs. gegenwertickeit A   9 geistliche A   14 tugen
hs.   21 worden hs.   29 Jes. 57, 7   Jer. 7, 31 32, 35   30 2. Kö.
21, 6   34 wettlicher hs.   39 Ps. 78, 5 f.

auff das yhre nachkomling die selben wissen / vnd kind / kindes kindern
vorkundigen solten.   Das ist auch die vrsach / warvmb got / die eltern /
ehren (das ist) mit furcht liebenn heist / dan disse lieb ist on furcht /
drumb ists mehr vnehre dan ehre.   Nu sich ob nit ydermā gutte werck
260 E¹ gnug zu thunn habe / ehr sey vatter odder kindt.   Aber wir blinden /   5
lassen solchs anstehen / vnnd suchen daneben andere mancherley werck / die
nit gebotten sein.

253 W   ¹ ¶ Czum vierden / Wo nu die eltern so nerrisch seinn / das sie kinder
weltlich ziehenn / sollenn die kinder yhnen in keinen weg gehorsam sein /
dan got ist in den ersten dreyen gebotten hoher zuachtenn den die eltern.   10
Weltlich aber ziehen heyß ich das / so sie leren nit mehr suchē / dan lust /
ehre vnd gut / odder gewalt disser welt.   Zimlichen schmuck tragen / vnd
redliche narung suchē ist die not / vñ nit sund / so doch / das ym hertzē ein
190 E² kind also sich geschickt finde / odder ¹ yhe sich also schick / das yhm leid sey /
das dis elend lebē auff erdē nit mag wol angefangē oder gefuret werdē /   15
es lauffe dan mit vnter mehr schmuck vnd gut / dan nodt ist zur decke
des leybes / frost zu erweren / vnd narung zuhaben / vnd musse also / on
seinen willen / der welt zu willen / mit narren / vnd sulchs vbel dulden /
vmb eins bessers willē / ergers zuuormeyden.   Also trug die kunigen
Ester / yhre konigliche krone / vnd sprach doch zu got / du weist das das   20
zeichenn meines prangis auff meinem heubt / hat mir noch nie gefallen /
vnd achte sein / wie ein bose lunten / vnd trag sein nymmer / wo ich allein
bin / sondern wen ichs thun muß / vnd fur die leut gehen.   Wilch hertz
also gesinnet ist / tregt on ferlickeit schmuck / dan es tregt vnd tregt nicht /
tantzt vnd tantzt nit / lebet wol vnd lebet nit wol. vnd das sein die heym-   25
lichen seelen / vorborgene breute Christi / aber sie sein seltzam / den es
schwere ist / nit lust zuhaben / in grossem schmuck vnnd prangen.   Also
trug sanct Cecilia / auß gebot yhrer eltern / guldene kleider / aber ynwendig
am leib trug sie heyrn hembd.   Hie sagen etlich / Ja wie wolt ich mein
kindt vnter die leut bringen / vnnd mit ehren auß setzenn? ich muß also   30
prangē.   Sage mir / ob das nit wort sein / eins hertzen / das an got vorzweyffelt / vnd mehr auff seine sorge dan auff gottis sorge trawet / so
261 E¹ doch sanct Peter leret / vnd spricht / ¹ Werffet all ewr sorge auff yhn / vñ
seyt gewiß / das er fur euch sorget.   Es ist ein zeichenn / das sie fur yhre
kind noch nie got gedancket / noch nie fur sie recht gebeten / noch nie yhm   35
befolen habē / sonst wurden sie wissen vnd erfaren habē / wie sie solte auch
der kinder auß setzen / von got bitten / vnnd gewartenn.   Drumb lesset er
sie auch gehen in yhrem eygen syn / mit sorgen vnd engsten / vnd doch nit
wol außrichten.

---

      8 das sie hs.   da sie A   17 frost zur werbenn hs.   19 stücke in
Esther 3, 11   22 Lumpen   28 Legenda aurea 163 Schäfer, L. als
Kirchenhistoriker s. 232   30 verheiraten   33 1. Pt. 5, 7

¶ Czum funfften / Alßo ists war / wie man sagt / das die eltern /
ob sie sonst nichts zuthun hetten / mogē sie an yhren eigen kindern selickeit
erlangen / an ¹ wilchē / ßo sie die zu gottis dienst recht zihen / haben sie ¹⁹¹ E
furwar beyde hend vol gutter werck fursich / dan was sein hie die hungrigē /
5 durstigen / nacketē / gefangenen / franckē / frembdling / dan deiner eigen kinder
seelen / mit wilchē dir got auß deinem hauß / ein spital macht / vnnd dich
yhnen zum ¹ spetel meyster setzt / das du yhr warten sollest / sie speysen ²⁵⁴ W
vnnd trencken / mit gutten worten vnnd wercken / das sie leren got trawen /
glauben vnd furchten / vnd yhr hoffnung in yhn setzen / seinē namen ehrē
10 nit schweren noch fluchen / sich casteyen / mit beten / fasten / wachen /
erbeytten / gotis dienst vnd worts warten / vnd yhm feyren den sabbat /
das sie zeitlich ding leren vorachten / vnglueck sanffte tragen / vnd den todt
nit furchten / diß leben nit lieb haben. Sihe wilch grosse lection das sein /
wie vil du habst guter werck fur dir / in deinem hauß / an deinem kind /
15 das solcher dinge aller darff / wie ein hungrig / durstige / bloße / arme / ge=
fangene / francke sehle. O wie ein selige ehe vnd hauß were das / wo solch
eltern ynnen weren / furwar es were ein rechte kirche / ein außerwelet
Closter / ia ein Paradiß Dauon sagt psal. c.xxvij. Selig sein die / die got
furchten / vnd wandeln in seinen gebotten. Du wirst dich erneren mit der
20 erbeit deiner hend / darumb wirstu selig sein / vnnd wirt dir wolzehn / dein
weib wirt sein / wie ein volfruchtbarer weinstock / in deinē hauß / vnd dein
kinder werden sein wie die iungen sprossen der vollenn olbawm / vmb
deinen tisch / Sehet alßo ¹ wirt gebenedeyet seinn / wer got furchtet rc. wo ²⁶² E¹
sein solche eltern? wo sein die nach guten wercken fragenn? Hie wil nie-
25 mant her / warumb? Es hat got geboten / da zeugt vo der teuffel /
fleisch vnd blut / es gleisset nit / drumb gilt es nit / da leufft der zu S.
Jacob / diese glaubt sich zu vnser frawen. Niemandt gelobt / das er got
zu ehrenn / sich vnd sein kind wol regire vnnd lere / lessit die sitzen / die
yhm got befolen hat / an leyb vnd sele zu bewaren / ¹ vnd wil got an einē ¹⁹² E²
30 andern ort dienen / das yhm nicht befolē ist. Solch vorkeret wesen weret
kein Bischoff / strafft kein prediger / Ja vmbs geytz willen bestetigen sie es /
vnd erdencken nur teglich mehr walffart / heiligen erhebūg / Ablas Jarmarckt / got erbarm sich vber solche blindtheit.

    ¶ Czum Sechsten / Also widderumb mogen die eltern nit leichter
35 die hell vordienen / dan an yhren eygen kindern / in yhrem eygen hauß /
wo sie die selbē vorseumen / vnd nit lerē die ding die droben gesagt sein /
was hulffs / das sie sich todt fasten / beten / wallen / vnd alle werck theten.
Got wirt sie doch dauon nit fragen am tod vnd iungsten tag / sondern
wirt soddern die kindt / die er yhn befolen hat / Das zeigt an das wort
40 Christi Luce .xxiij. Ihr tochter võ Jerusalem weinet nit vber mich / sondern

---

14 deynem eygen hs.   15 hūngrig hs. hunrig A   18 Ps.
128, 1 ff.   21 weinstolk A   27 gelobt (statt glaubt A) hs.   37 zcu
todt hs.   40 Lc. 23, 28 f.

vber euch vnd ewre kinder / Es werdē kommen die tag / das ſie werden
ſagen / Selig ſein die leybe die nit geboꝛn haben / vnnd bꝛuſte die nit ge=
ſeugt habenn.   Warumb werden ſie ſo klagen / dan das alle vhr voꝛ=
255 W dampniß / von yhrenn eygenen kindern ¹ kompt / welch ſo ſie nit hetten
gehabt / weren ſie villeicht ſelig woꝛdenn / furwar diſſe woꝛt ſolten   5
billich den eltern die augenn auff thun / das ſie yhre kinder nach der ſeelen
geyſtlich anſehen / auff das die arme kinder durch yhre falſch fleiſchlich
liebe nit betrogen wurdenn / als hettē ſie yhre eltern wol geehret / die
weil ſie nit mit yhn zurnen / obber gehoꝛſam ſein in weltlichen pꝛangenn /
darinnen yhr eygenn wil geſterckt wirt / ſo doch das gebot die eltern   10
263 Eᵇ darumb in ehre ſeꜩt / das ¹ der kinder eygenn wil ſol gebꝛochenn / vnd ſie
demutig vnd ſanfftmutig werdenn.   Wie nw geſagt iſt / in den andern ge=
bottenn / das ſie ſollenn ym heubtwerck gehn. alßo auch hie / ſol niemant
achten das ſeine zucht vnnd lere in den kindern / an yhn ſelbs gnugſam
ſey / Es ſey dan das es geſchehe / in zuuoꝛſicht gotlicher huld / das der   15
menſch nit dran zweiffel / er gefalle got wol in den wercken / vnnd laß
yhm ſolche werck nit anders ſein / den ein voꝛmanung vnnd vbung ſeines
193 Eᵇ glaubens / in got zu trawen vnd ¹ gutis zu yhm vnd gnedigen willen / voꝛ=
ſehen / on wilchen glaubenn kein werck / lebt / gut / angenehm iſt. dan vil
heyden haben yhre kinder hubſch eꝛzogen / aber iſt alles voꝛloꝛē / vmb des   20
vnglauben willen.

¶ Ezum Sibenden / Das ander werck diſſes gebottis iſt / Ehren
vnnd gehoꝛſam ſein der geiſtlichenn Mutter der heyligen Chꝛiſtlichen
kirchen / der geiſtlichen gewalt / was ſie gebeut / voꝛpeut / ſeꜩt / oꝛdent /
bannet / loßet / das wir vns darnach richten / vnnd wie wir leyplich eltern   25
ehren / furchten vnnd liebenn / ſo auch geiſtliche vbirkeit / laſſen ſie recht
habenn / in allen dingen die nit wider die erſten dꝛey gebot ſein. Nu gaht
es in diſſem werck faſt erger zu / dan in dem erſtē / die geiſtlich vbirkeit /
ſolt die ſund mit bannen vꝛnd geſeꜩenn ſtraffenn / vnnd yhre geiſtliche
kinder treypen frum zu ſein / auff das ſie vꝛſach hetten / diß werck zuthun   30
vnnd ſich vben / in gehoꝛſam vnd ehre gegen ſie / ſo ſicht man iꜩt keinē
fleiß / ſtellen ſich gegen yhr vnterthan / wie die mutter / die vō yhren
kindern lauffen nach yhꝛē Bullē / wie Oſeas .ij. ſagt pꝛedigē nit / lerē nit /
werē nit ſtraffen nit. vnd iſt doch gar kein geiſtlich regimēt mehr / in der
Chꝛiſtenheit / was kan ich dan von diſſem werck ſagē. Es ſein nach ein   35
wenig faſt tag vñ ſeyrtag vberblibē / die wol beſſer wer abgethan / das
achtet aber niemād / vnd nit mehr das do gāghafftig iſt / ban der ban vmb
ſchuld willē getriebē / b' auch nit ſein ſolt. Es ſolt abir geiſtlich gewalt
264 Eᵇ barob ſein / das d' ebꝛuch / vnkeuſcheit wucher / freſſen / weltlich ¹ pꝛangenn
vbꝛigem ſchmuck / vnd der gleichen offentlichen ſunde vnd ſchandt / auff   40

14 yhm hs.   21 willeñ hs.   wille A   23 Chꝛiſtenlichen hs.
28 vbirkeyꜩt hs.   vbirkeit A   29 vnnd bie yhre hs.   33 Buhlen Ho.
2, 5   37 vnnd iſt uit mehr hs.   gäng und gäbe

ſtrengiſt geſtraffet wurden vnnd gebeſſert / dartzu / die ſtifft / Cloſter /
pfarren / ſchulen / ozdenlich be'ſtellenn / vnd darinnen gottis dienſt / mit ernſt 256 W
erhaltenn / iunge leut / knaben vnd meydlin / in ſchulen vnd kloſtern / mit
gelereten / frumen Menner vorſorgenn / das ſie alle wol auffgetzogen wurden /
5 vnnd alſo die alten gut exempel geben / vnd die Chriſtenheit mit ſeynem
iungen voick erfullet vnd getzieret wurd.   Alſo leret ſanct Paul ſeinē
iunger Titum /[1] das er alle ſtend / iung vnd alt / man vñ weib recht vnter- 194 E²
weyſen vnd regiren ſolt.   Aber nu gaht wer do wil / wer ſich ſelb regirt
vnd leret / der hat / ia leyder dahyn kommen / das die ſtet / darinnen man
10 gutis leren ſolt / buben ſchulen wozden ſein / vnd der wilden iugent ſo
gar niemandt achtet.

¶ Ezum Achten / wen dieſſe ozdnung giengen / ſo kund man ſagen /
wie die ehr vnd gehozſam ſolt geſchehen.   Nu gaht es aber / wie mit den
leiplichen eltern / die yhren kindern den willen laſſen / die geiſtliche vbirkeit
15 vozhengt itzt / dispenſiert / nympt gelt / vnnd leſſit nach / mehr dan ſie vozmag nachzulaſſen.   Ich wil hie ſchweigen mehr zuſagen / wir ſehen ſein
mehr / dan es gut iſt / der geitz am regiment ſitzt / vnnd ebenn das ſie
werenn ſolt das leret ſie. vnd fur augen iſt / wie geiſtlicher ſtand in allen
dingen / weltlicher iſt / dan der weltlich ſelbs / daruber muß die Chriſtenheit
20 vozterben / vnd ditz gebot vntergehen.   Wo ein ſolcher Biſchoff were / der
alle ſolche ſtend / mit fleyß vorſorgen ſolt / drauff ſehen / viſitiren vnnd drob
hälten / wie er ſchuldig iſt / furwar es wurd yhm ein ſtadt zuuil werdenn /
dan auch zur zeit der Apoſtolen / da die Chriſtenheit am beſten ſtund /
ein yegliche ſtat / einen Biſchoff het / da doch die ſtat / das weniger teil
25 Chriſten war / wie mag es wol gahn / wen ein Biſchoff / ſo vil / der ſo vil /
der die gantz welt / der die helfft haben wil?   Es iſt zeit das wir got bitten
vmb gnad / geiſtlicher vbirkeit haben wir vil / aber geiſtlicher re'girung 265 E¹
nichts odder wenig.   In des mag wer do kan helffen / das ſtifft / kloſter /
pfarren / vnd ſchulen wol beſtellet vnd regirt werdē / vnd were auch der
30 geiſtliche vberkeit werck eins / das ſie ſtifft Kloſter / ſchulenn / weniger
machtenn / wo mann ſie nit vorſorgenn mocht.   Vil beſſer iſt es / kein
Kloſter odd' ſtifft / dā boße regimēt darinnē / do got nur mehr mit er-.
zurnet wirt.

¶ Ezum Neunden / Die weil dan die vbirkeit yhr werck ſo gar
35 leſſit fallen vnnd vozteret iſt / ſo muß gewißlich[1] folgen / das ſie yhrer ge- 195 E²
walt mißpzauche / vnd fremb boße werck furnheme / gleich wie die eltern /
ſo. ſie etwas gepieten das widder got iſt.   Da muſſen wir weyße ſein /
dan der Apoſtel hat geſagt / das die ſelben zeit ferlich ſein werden / in
wilchenn ſolche vbirkeit regiren wirt / dan es hat einen ſchein / man
40 widderſtreb yhrer gewalt / wen man nit thut odder weret alles was ſie
furgeben.   Szo muſſen wir nu / die dzey erſten[1] gebot vnnd die rechte 257 W

---

6 Tit. 2, 1 ff.   15 laſst geben   28 gar wenig hs.   32 boße
hs.   boze A   38 1. Ti. 4, 1 ff. 2. Ti. 3, 1 ff.

taffel fur die hand nehmen / des sicher sein / das kein mensch / widder
Bischoff / Bapst / noch engel mag etwas gebieten oder setzen / das disen
dreyē gebotten mit yhren wercken entgegen / hynderlich odder nit furderlich
sey / vnd ob sie solchs fur nhemen / so helt es vnd gilt nichts / so sundigen
wir auch dran / wo wir folgen vnd gehorsam sein / odder dasselb leyden.   5
Darauß ist leicht zuuorstehen / wie die gebotten fasten nit begreiffen die
kranckē / die schwäger weiber / odder die kost nit fasten mugen on schaden.
Vnnd das wir hoher farē / die weil auß Rom / zu vnsern zeiten nichts
anders kompt / dan ein Jarmarckt geistlicher gutter / die man offentlich vnd
vnuorschampt kaufft vnnd vorkaufft ablas / pfarrē / kloster / bistum / probstey /   10
pfrund vnd alles was nur yhe gestifft ist zu gottis dienst / weit vnd breit /
dadurch nit allein alles gelt vnd gut der welt gen Rom zogen vnd trieben
wirt / welchs der geringst schaden were / sondern / die pfarren / bistum /
prelaturn zurissen / vorlassen / vorwust / vnd also das volck vorseumet wirt /
gottis wort / gottis namē vnd ehre vntergaht der glaub vorstoret wirt /   15
das zuletzt / solche stiffte vnd ampt / nit allein vngelereten vnd vn=
266 E¹ tuchtigen / sondern das mehrer teyl / den Romischen grosten heubt buffen
so in der welt sein / zu teyl werden / also was zu gottis dienst dem volck
zupredigen / regiren / vnnd bessern gestifft ist / muß itzt / denn stalbuffenn /
maultreibernn / Ja / das ichs nit grober sag / Romischenn hurn vnnd   20
buffen dienen / dennoch nit mehr danck dauon habē / dan das sie vnser als
der narren dartzu spotten.

196 E²   ¶ Ezum Zehenden / so dan solch vntregliche vnfuge alle geschehen /
vnter dem namen gottis vnd sanct Peters / gerad als wert gottis namen
vnnd die geistliche gewalt eingesetzt / gottis ehre zulestern / die Christēheit   25
an leyb vnd seele zuuorterbē / sein wir furwar schuldig / so vil wir mugen
fuglich widderzustehen / vnnd mussen wie thun / gleich wie die frumen
kinder / denen yhr eltern toll oder wan sinnig sein worden / vnd zum
erstē sehē / wo das recht / her kompt / das / was zu gotis dienst ist in
vnsern landē gestifft / oder fur vnser kinder zuuorsorgen geordent / das man   30
das zu Rom sol dienē lassen / vnd hie / da es sein sol / nochlassen / wie
sein wir so vnsinnig? Die weil dan Bischoff vnd geistlich prelaten / hie
stil stehen / nit weren / odder sich forchtē / vnd lassen also die Christenheit
vorterben / sollen wir zum ersten got demutiglich vmb hulff anruffen / dem
ding zuweren / darnach mit der hand dartzu thun / den kortisanen vnd   35
Romischen briefftreger / die straß niber legen / yhn mit vornunfftiger senffter
weytze entbietenn / wollen sie die pfrund redlich vorsorgen / das sie sich dar=
158 W auff setzenn / mit predigen odder ¹ guttenn exempel das volck besseren / wo
das nit / vnnd sie / zu Rom oder anderswo sitzen / die kirchen vorwusten
vnd schwechen / das man sie laß / den bapst zu Rom spentzen / dem sie   40
dienenn. Es fugt sich nit / das wir dem Bapst seine knecht / sein volck /

---

11 war nū hs.   19 stallbuben   20 maultiertreibern   35 ku-
rialen   36 überbringern päpstlicher breven

Ja seine buffen vnd huren neren / mit voiterbē vnd schaden vnser seelen.
Sihe das weren die rechten Turcken / die die kunig / fursten vnnd der adel
solt am ersten angreiffen / nit darinnen gesucht / eygen nutz / sondern alleinn
besserung der Christenheit / vnd hynderung / der lesterung vnnd schmach
5 gotlichs namens / vnnd also mit der selben [1] geistlickeit vmbgahn / als mit   267 E[1]
dem vater / der seine syn vnd witz vorlozen het / wilchen ẞo man nit
(doch mit demut vnd allen ehzē) gefangen nehme vnd weret / mocht er
kindt / erb / vnnd yberman voiterben.   Also sollen wir Romischē gewalt
in ehren haben als vnsern obirsten vatter / vnd doch die weil sie dol vnd
10 vnsinnig [1] woiden sein / yhn yhzs furnemens nicht gestatten / das nit da   197 E[2]
durch die Christenheit voiterbet werde.

        ¶ Ezum Eylfften / Es meinen etlich man sol das auff gemein
Conciliū stellen / da sag ich neyn zu / dan wir haben vil Concilia gehabt /
da solchs ist furgewāt nehmlich zu Costnitze / Basele / vn das letzt Romisch.
15 Es ist aber nichts außgericht vnd ymmer erger woiden.   Auch sein solche
Cōcilia nichts nutz / die weil / die Romische weißheit / den fundt erdacht
hat / das zuuoi die kunig vnd fursten sich mussen voieyden / sie zulaffen
bleiben vnnd habenn / wie sie sein vnd was sie haben / vnd alßo einen
rigel furgesteckt / aller reformacion sich zuerweren / aller buberey schutz vnd
20 freyheit zuerhaltē / wie wol daffelb eybt widder got vnd recht foddert / er-
zwungen vnd gethan wirt / vnd dem heyligē geyst / der die Concilia regiren sol / eben damit die thur zugesperret wirt.   Sondern das were das
best / vnnd auch das einige vbirbliebend mittel / ẞo Kunig / Fursten / adel /
Stet / vnd gemein selb anfiengen / der sach ein einbzuch mechten / auff das
25 die Bischoff vnnd geistlichen (die sich itzt furchten) visach hetten zufolgen.
Dan hie sol vnd muß man nit ansehē anders / dan gottis erste drey
gebot / widder wilche / noch Rom / noch hymel / noch erden etwas ge-
bietten odder weren kunden / yhm ligt nichts an dem ban odder drewen /
damit sie meynen solchs zuerweren / eben als nichts dzan ligt / ob ein
30 doller vatter seinem sun fast drewet / ẞo ehr yhm weret odder fehet.

        ¶ Ezum zwelfften / Das dzitte werck diffes gebotis / ist der welt-
lichen obirkeit gehoisam sein. wie Paulus Roma. ziij. vnnd Tit. i. leret /
vnnd sanct Petrus i. Pet. iij.   Seyd vntertenig dem kunig als dem vbirsten / 268 E[1]
vnd den fursten als seinen gesandten / vnnd allen oidenungen weltlicher
35 gewalt.   Der weltlichen [1] gewalt aber werck ist / schutzen die vnterthanē / 259 W
dieberey / reuberey / ehebzecherey / straffen. wie sanct Paulus ziij.   Sie
treget nit vmb sonst das schwert / sie dienet got darinnen den boßen zur
furcht / den frumen zu gut. [1] Hie sundigt man zweyerweiß. Zum ersten / 198 E[2]
wen man yhn leugt / betreugt / vnd vntrew ist / nit folget vnd thut / wie
40 sie befolen vnd gebotten hat / es sey mit leyb odder gut. Dann ob sie

---

12 auff eyn hs.   16 nichts hs.   nihts A   20 gefoddertt hs.
24 bresche schlügen   32 Rö. 13, 1 ff.   Tit. 3, 1   33 1. Pt. 2, 13 ff.
35 Der weltlichen hs.   Die weltlichen A

gleich vnrecht thun / wie der kunig von Babylonien dē volck Jſrael /
dennocht wil got / yhn gehorſam gehalten haben / on alle liſt vnd gefahr.
Zum andern / ſo man vbel von yhn redet / ſie vormaledeyet / vnnd wo
man ſich nit rechen kan / mit murmeln vnd boßen worten offentlich odder
heymlich ſie ſchildt.   Jn diſſem allen ſollen wir das anſehen / das vns   5
ſanct Peter heyſt anſehen.   Nemlich / das yhre gewalt ſie thu recht odder
vnrecht / mag ſie der ſelen nit ſchaden / ſondern allein dem leyb vnd gut.
Es were dan das ſie offentlich bringen wolt wibber got odder menſchen
vnrecht zuthun. wie vorzeiten da ſie nach nit Chriſten ware / vnnd der
Turck noch thut / als man ſagt.   Dan vnrecht leydenn vorterbt niemand   10
an der ſelē / ia es beſſert die ſelen / ob es wol abnimpt dem leyb vnd gut.
Aber vnrecht thun das vorterbt die ſele / ob es gleich aller welt gut
zutrug.

    ¶ Ezum Dreytzehenden / Das iſt auch die vrſach warumb nit ſo
groß ferlickeit iſt / in der weltlichen gewalt als in der geiſtlichen / wen ſie   15
vnrecht thun / dann weltliche gewalt mag nit ſchadenn / die weil ſie nichts
mit dem predigen vnd glauben / vnd den erſten dreyen gebotten zuſchaffenn
hat.   Aber die geiſtliche gewalt / ſchadet nic̄ allein wenn ſie vnrecht thut /
ſondern auch wen ſie leſſt anſtehē yhr ampt / vnd etwas anders thut
ob daſſelb auch gleich beſſer were / dann die allerbeſten werck der welt-   20
lichen gewalt.   Darumb muß man ſich wibber die ſelben ſtrawen / wen ſie
nit ¹ recht thut / vnd nit wibber die weltliche ob ſie gleich vnrecht thut. dan
das arm volck / wie es ſihet vnnd horet / von der geiſtlichen gewalt / ſo
gleubt vnd thut es / ſiht vnnd horet es nichts / ſo glaubt vnd thut es auch
nichts / die weil die ſelb gewalt / vmb keins anders willen iſt eingeſetzt /   25
dē das volck ym glauben tzu gotte furenn. ¹ Wilchs alles nicht iſt in der
weltlichen gewalt / dan ſie thu vnnd laß wie ſie wil / ſo gaht mein glaub
zu got / ſeine ſtraß / vnd wirckt fur ſich / die weil ich nit muß glaubenn /
wie ſie glaubt / drumb iſt auch weltlich gewalt gar ein gering bing fur got /
vnnd vil zu gering von yhm geacht / das man vmb yhrer willen / ſie thu   30
recht oder vnrecht / ſolt ſich ſperren / vngehorſam vnd vneinig werden.
Wibberumb die geiſtliche gewalt gar ein groß / vbirſchwenglich gut iſt /
vnd vil zukoſtlich von yhm geacht / das der allergeringſte Chriſten ¹ menſch
ſolt leiden vnd ſchweigen / wo ſie ein harbreit vonn yhrem eygenn ampt
trit / Schweig dan / wen ſie gantz wibber yhr ampt gaht / wie itzt wir alle   35
tage ſehen.

    ¶ Ezum Viertzehenden / Jn diſſer gewalt iſt auch mācherley miß-
prauch / Zum erſten / wo ſie den ſchmeychlern folgt / wilchs ein gemeyne vn̄
ſonderliche / ſchedliche plage iſt / diſſer gewalt / wilcher ſich niemandt kan
gnugſam weren vnnd furſehen / da wirt ſie mit der naſen gefuret / vnnd   40
gaht vbirs arm volck / wirt ein regiment / wie ein heyd ſagt / das die

266 E¹

199 E²

260 W

---

        6 1. Pt. 2, 19 f.   13 zcutrůge hs.   21 ſträuben   38 ſchmeych-
lernn hs. ſchmechlern A   41 Wander, Spinnwebe no. 1 f.

ſpnnweb ſahenn wol die kleinen fliegen / aber die molſtein faren durch hyn /
alſo die geſetz / ordenung vnd regiment / der ſelben hirſchafft / halten die
geringen / die groſſen ſein frey / vnnd wo der her nit ſelb ſo vornunfftig
iſt / das er ſeiner leut rad nit darff / odder yhe ſouil gilt / das ſie ſich fur
5 yhm furchten / da wirt vnd muß (es wolt dan got ein ſonder zeychē thun)
ein kindiſch regiment ſein / Darumb hat got vnter andern plagen / boß /
vntuchtig regenten die groſten geacht / damit er drewet Iſa. iij. Ich wil
vō yhn nemen allen tapffern man / vnd wil yhn geben kinder vnnd kin-
diſche herrenn. Vier plagen hat got in der ſchrifft genent Ezech. giiij.
10 Die erſt geringſte / die auch Dauid erwelet / iſt die peſtilētz. | die ander /
iſt die theur zeit. die dritte / iſt der krieg. die | vierde / iſt allerley boße
beſtien / als lewen / wolff / ſchlangen / trachen / das ſein boß regenten /
dan wo die ſeind / hat das landt vorterbung / nit allein an leip vnd gut /
wie in den andern / ſondern auch an der ehre / zucht / tugent vnnd der
15 ſelen ſelickeit / dan peſtilentz vnd theure zeit macht frum vnnd reiche leut /
aber krieg vnnd boße hirſchafft macht zunicht als was zeitlich vnd ewig
gut betrefft.

    ¶ Ezum Funfftzehendenn / Es muß ein herr auch faſt klug ſeinn /
das ehr nit altzeit mit dem kopff hindurch zubrechen / furnehm / ob ehr
20 gleich koſtlich gutte recht vnd die aller beſte ſache habe.   Dan es iſt vil
edler tugent / ſchadenn dulden am recht / dan am gut odder leyb / wo das
denn vnterthanen nutzlich iſt / ſeintemal weltlich recht / nur an zeitlichen
guttern hangen. Darvmb iſts gar ein nerriſche rede / Ich hab recht daran /
drumb wil ichs mit dem ſturm holen vnd behaltē / ob gleich alle vngluck
25 der andern ſolt | drauß entſpringen. Szo leſen wir von dem keyßer Octauian /
das ehr nit wolt kriegen / wie gerecht ehr were / es were dan da gewiſſe antzeygung beſſers nutz dann ſchadens / odder tregliche ſchadē vnd
ſprach / Kriegē iſt ein ding / gleich als yemandt mit einem gulden netze
fiſchet / do er nymmer ſouil ſehet als er zuuorliren waget.   Dan wer einen
30 wagen furet / der muß viel anders wandeln / den ſo er fur ſich ſelb allein
gieng / hie mag er gehn / ſpringen vnd machen wie er wil / aber wen er
furet / muß er ſich lencken vnd ſchicken / darnach ym der wag vnd pferd
folgen kan / mehr dar auff dan auff ſeinen willen acht haben.   Alſo auch /
ein herr der furet einen hauffen mit ſich der muß nit wie er wil / ſondern
35 wie der hauffe vormag wandeln vnd hādeln / mehr / yhre | notdurfft vnd nutz /
dan ſeinen willē vnd luſt anſehē / dan wo ein her / nach ſeinē tollen kopff
regiret / vnd ſeinē gutbunckē folget / d' iſt gleich wie ein toller furman /
der mit pferd vñ wagē ſtracks zurēnet / durch puſch / heckē / grabē / waſſer /

270 E¹
200 E²

261 W

201 E²

    7 größte hs.   Jes. 3, 2 ff.   9 Ez. 14, 13 ff.   10 die geringſte
hs.   2. Sa. 24, 13 f.   23 Fiat iuſtitia, et pereat mundus (bei Joh.
Manlius, Locorum communium collectanea, als wahlſpruch Kaiſer Fer-
dinands I. angeführt).   Vgl. WA TR no. 431ᵗᵒ.   24 behallt hs.   25 vgl.
Suet. Octav. c. 21 27 vntregliche hs.

₂₇₁ Eᵇ berg vñ tal / vnangeſehē wege vñ bꝛuckē / d' wirt nit ¹ läge farē / es wirt zu
trummern gahn. Darumb were das aller nuꝑlichſt den herſchafften / das
ſie von iugent auff leſen obber yhn leſen lieſſen / die hiſtoꝛien beyber
heyligen vnd heybniſchen bucher / darinnen ſie mehr egempel vnnd kunſt
funden zu regieren / dan in allen rechts buchern. wie man liſt das die kunige ₅
von Perſen land gethan haben / Eſter .vi. Dan Egempel vnnd Hyſtorien
geben vnd leren alꝛeit mehr / dan die geſeꝑ vnnd recht / doꝛt leret die
gewiß erfarung / hie leren die vnerfarene vngewiſſe woꝛt.

 ¶ Ezum Sechꝗehenden / Dꝛey ſonderliche nottige werck het zu vnſern
ꝝeiten zuthun alle hirſchafft furnehmlich in diſſen landen. Zum erſten / ₁₀
abethun das grauſam weꝑen freſſens vnnd ſauffens / nit allein des vber=
fluꝗ / ſondern auch der koſtparlickeit halben / dan durch wurꝗ / ſpecerey
vnd des gleiche / on wilche wol gelebt wurde / nit ein kleiner abgang
ꝝeitlicher guter in die landt kommen iſt vnd teglich kompt. Solche beybe
groſſe ſchaden furꝗukomen / hette furwar die weltlich gewalt gnug zu= ₁₅
ſchaffen / die gar faſt tieff / vnd weit eingeriſſen ſein / vnd wie kunden die
geweltigen got einen beſſern dienſt thun / vnd yhn ſelbſt yr land beſſern.
Zum andern / weren die vbirſchwēgliche koſt / der kleybung / damit ſouil
₂₆₂ W gut vmbꝛacht / vnnd doch nur der welt vnd dem fleiſch / ¹ gedienet wirt /
das erſchꝛecklich iſt zu dencken / ſolch mißbꝛauch bey dem volck erfundenn ₂₀
werbenn / das dem gecreuꝗtenn Chꝛiſto geſchwoꝛen / getaufft / vnd zu=
geeygnet iſt / das ſein Creuꝗ mit yhm tragen / vnd zum andern leben
teglich durch ſterbē ſich bereitē ſol / wē es durch ein vnweißheit bey
₂₀₂ Eⁿ etlichen voꝛſehē wurd / were es leiblicher / aber das ſo frey / vnge¹ſtrafft /
vnuoꝛſchampt / vnd vnuoꝛhindert getriebē wirt / ia lob vnd rum dꝛinnē ₂₅
geſucht wirt / das iſt yhe ein vnchꝛiſtliches weſen. Zum dꝛittē / voꝛtreybē
den wucherſuchtigē ꝗinꝗkauff / der in aller welt alle land / leudt / vnd ſtet /
voꝛterbet / voꝛꝗeret vnd voꝛſtoꝛet / durch ſein ſchalckhafftigen ſchein / damit
er macht / das er nit wucher ſey / ſo er doch warhafftig damit erger dan
₂₇₂ Eⁱ wucher iſt / ¹ drumb das man ſich nit / wie fur dem offentlichen wucher ₃₀
furſicht. Sih das ſein dꝛey Juden (wie man ſagt) die die ganꝗen welt
auß ſaugen. Hie ſolten hern nit ſchlaffen noch faul ſein / wolten ſie goꝛ
ein gute rechenſchafft geben / von yhrem ampt.

 ¶ Ezum Sibenꝗehenden / weren hie auch zu ꝝeygenn / die buberey
wilche durch Officiel vnnd andere Biſchoffliche vnd geiſtliche amptleur ₃₅
getriebē werbē / die das arm volck / mit groſſer beſchwerung / bannen /
laden / iagen vnnd treyben / die weil ein pfennig da iſt / Solchs ſolt man
mit dem weltlichen ſchwert weren / die weil da keinn ander hulff noch
mittel iſt. O wolt got vō hymel / das ein mal auch ein ſolch regimēt wurd
angefangen / die gemeynen frawen heuſſer abꝛuthun / gleich wie in dem ₄₀

---

   6 Esth. 6, 1 f. 9 ſonderlicher hs. 12 koſten 17 ſebſt hs.
24 were—leiblicher fehlt hs. 31 vgl. Wander, Jude no. 37 36 die
vor das fehlt hs. 39 auch fehlt hs.

volck Israel war. Es ist yhe ein vnchristliches bild / ein offentlich sund
hauß zuhalten bey den Christenn / das vorzeiten gar vngehoret was. Es
solt ein ordnung sein / das man knaben vnnd meydlin zeitlich zusammen
gebe / vnd solcher vntugen furkeme. Nach solcher ordnung vnd weyße /
solten beyde geistlich vnd weltlich gewalt trachten / Ists bey dē Juden
muglich gewesen / warumb solt es nit bey den Christē auch muglich sein?
Ja ßo es in dorffen / merckten / vnd etlich steten muglich ist / wie fur augē
ist / warumb solt es nit vbiral muglich sein? Es macht aber das kein
regiment in der welt ist / Niemant wil erbeytt / darumb mussen die handt=
wercks leut / yhre knechte feyren / die sein dan frey / vnd mag niemandt
zehmen / wo aber ein ordnung were / das sie musten ym gehorsam gehn /
vnd sie niemandt auffnehm an andern ortenn / het man dissem vbel ein
¹ groß loch gestopfft. Helff got / ich sorg das hie der wunsch am grosten sey / ²⁰³ E²
hoffnung ist geringe / doch sein wir damit nit entschuldigt. Nu sihe das
sein wenig werck der vbirzeit angezeigt / aber doch ßo gut vnd ßouil / das
sie vberflussig gutte werck / vnd got zu dienen hat alle stund. ¹ Disse werck ²⁶³ W
aber wie die andern sollenn auch / ym glauben gahn / ia den glaubenn
oben / dan nit yemandt durch die werck furnehm got gefallenn / sondern
durch zuuorsicht seiner huld / solch werck seinem gnedigen ¹ lieben got nur ²⁷³ E¹
zu ehre vnnd lob thu / daryn seinem nehsten zu dienen vnd nutz sein.

¶ Czum Achtzehenden / Das vierd werck dis gebottis ist / gehorsam
des gesindes vnnd der werckleut / gegen yhre hern / frawē / meyster vnd
meysterin. dauon sanct Paulus sagt Tit. i. Du solt predigen den knechtē
odder dienern / das sie yhre herrē in allen ehren halten / gehorsam sein /
thun was yhn gefellet / sie nit betriegen / noch yhn widderstrebenn. Auch
darumb / dan damit machenn sie der lere Christi vnd vnserm glaubenn / ein
guttenn namenn / das die heydenn nit mugenn vber vns klagenn / vnnd
sich ergernn. Auch sanct Peter spricht / Ir knecht sollt gehorsam seinn
ewren herrenn / vmb gottis furcht willenn / nit allein denn gutigen vnd
senfften / sondern auch den wunderwilligenn vnd vnschlachtigen / dan das
ist ein angenem ding fur got / ßo yemand leydet vnlust / mit vnschuld.
Nu ist die groste klag in der welt vber das gesind / vnd erbeitleut / wie
vngehorsam / vntrew / vngezogenn / sorteylisch sie sein / das ist eine plage
vō got. Vnd furwar das ist des gesinds einigs werck / damit sie selig
mugen werdenn / durffen furwar nit viel wallen / diß odder das thun /
haben gnug zu thun / wen yhr hertz nur dahyn gericht stet / das sie gerne
thun vnd lassen / was sie wissen yhren herren vnd frawen gefellig ist / vnd
dasselb alles in einē ein feltigen glaubenn / nit das sie durch die werck wolten
groß vordienen / sondern das sie das alles in gotlicher huld zuuorsicht
(darinnenn ¹ alle vordienst stehn) thun / lauterlich vmb sonst auß lieb vnd ²⁰⁴ E²
gunst zu got / auß solcher zuuorsicht erwachsen / vnd sollē solch werck alle /

laſſen ſein / ein vbung vnd vormanung / ſolchs glaubens vnd zuuoꝛſicht
ymmer mehr vnd mehr zuſterckē. Dan wie geſagt iſt nu vil mal / diſſer
glaub macht alle werck gut / Ja er muß ſie thun vnnd der werck=
meyſter ſein.

¶ Ezum Neunzehenden / Widderumb die herren vnnt frawen ſollen 5
yhr knecht / megd / vnd erbtleut nit wutender weyß regieren / nit alle
274 E¹ ding auffs gnawſt ſuchen / zu weylen etwas nachlaſſen / vnd vmb ¹ frids
willen durch die finger ſehen / dan es mag nit alle bing alle zeit / ſchnur
gleich zugan in keinem ſtandt / die weyl wir auff erdenn in der vnuol=
kommenheit lebenn. Dauon ſagt ſanct Paul Coloſſen. iij. Jr herrenn 10
ſolt mit ewrem geſindt gleich vnnd billich handeln / gedencken das yhr auch
264 W einenn herrenn habt im hymel / ¹ darumb wie die herrenn wollen vonn gott /
nit mit yhnu auffs ſcherffiſt gehandelt / ſondernn vil binnges durch gna=
benn nochgelaſſenn habenn / ſo ſollenn ſie auch gegenn yhre geſindt / deſte
ſennfter ſein / vnnd etwas nachlaſſenn / vnnd doch fleiß anwenden / 15
das ſie recht thun vnd got furchten lerenn. Sihe da aber / was ein
haußwirt vnnd fraw / mag fur gutte werck thun / wie ſein vns got alle
gutte werck ſo nahe / ſo mancherley / ſo ſtetiglich furlegt / das wir nit
durffen fragen nach guten werckē / vnd wol voꝛgeſſen kundē / d' andern
gleiſſenden / weit leufftigen / erfunden menſchen wercken / als da ſein / wallen / 20
kirchen bawen / ablas ſuchen / vnd der gleichen. Hie ſolt ich auch wol
ſagen / wie ein weib ſeinem man / als ſeinem vbirſten / gehoꝛſam / vnter=
thenig / weichen / ſchweygen / vnnd recht laſſen ſol / wo es nit widder got
iſt. Widderumb der man ſein weib lieb haben / etwas nachlaſſen / vnd
nit genaw mit yhr handeln / dauon S. Peter vnd Pauel vil geſagt 25
habenn / aber es gehoꝛet in weytter außlegunge der zehenn gebot / vnd iſt
auß diſſen ſtucken leicht zuerkennen.

205² E ¶ Ezum Zwenzigſten / Alles was geſagt iſt von ¹ diſſen werckenn /
iſt begriffen in den zweyen / Gehoꝛſam vnd ſoꝛgfeltickeit / gehoꝛſam ge=
puret den vnterthanen / ſoꝛgfeltickeit der vberhern / das ſie fleiß habē 30
yhr vnterthanen wol zu regiren / lieblich mit yhn handeln / vnd alles thun /
das ſie yhn nutzlich vñ hulfflich ſein / das iſt yhr weg zum hymel / vnd
yhr beſten werck die ſie mugen thun auff erden / damit ſie angenhemer
ſein fur got / dan ob ſie ſonſt eytel wůnderzeichen thetē. Alſo ſagt ſanct
Pauel Ro. gij. wer ein vbirkeit hat der laß ſein werck ſein die ſoꝛgfeltickeit / 35
275 E¹ als ſolt er ſagenn. Er laß ſich ¹ nit yrren was ander leut oder ſtende thun /
er ſehe nit nach diſem odder dem werck / es gleiſſe aber ſey finſter / ſondern
habe achten auff ſeinen ſtandt / vnd denck nur / wie er denē nutzlich ſey /
die vnter yhm ſein / da bleib er auff / vnnd laß ſich nit dauon reyſſen.
wenn gleich der hymel fur yhm auff ſtund / nach dauon iagen / wen auch / 40
die hell yhm nach lieffe das iſt die richtige ſtraſſe die yhn zum hyme

9 in (I.) — lebenn fehlt hs. 10 Kol. 4, 1 30 der vberherñ hs
35 Rö. 12, 8 37 aber hs.

tregt. O wer alßo achtē auff ſich vnd ſeinen ſtand het / des ſelben allein
gewartet / wie ein reich menſch von gutten werckenn / ſolt das in kurtzer
zeit werdenn / ſo ſtil vnd heymlich / das niemandt dan got allein gewar
wurde. Aber nu laſſenn wir das alles faren / vnd leufft einer vnß Cart=
5 huß / einer hie / der ander daher / gerad als werenn die gutte werck vnd
gottis gebot / in die winckel geworffen vnd vorſteckt / ſo doch geſchrieben
ſtet Prouerbi. i. das die gotliche ¹ weißheit yhr gebot auß ſchreyet offent= 265 W
lich / in den ſtraſſen / mitten vnter dem volck / vnd in den pforten der
ſtete / damit angetzeigt wirt / das an allen orten ſtenden / zeitten / vbirfluſſig
10 furhanden ſein / vnd wir ſie nit ſehen / vorblend anders wo ſuchen. Das
hat Chriſtus vorkundigt Matth. xxiiij. Wen ſie euch werden ſagen / ſich
hie iſt Chriſtus oder da / ſo ſolt yhrs nit glaubē / wen ſie ſagen werdē /
ſich da in der wuſteney iſt er / ſo geht nit hynauß / ſihe da in den heym=
lichen heuſern iſt er / ſo gleubt es nur nit. Es ſein falſche propheten /
15 vnd falſch Chriſten.

¶ Ezum xxi. widderumb geburt der gehorſam den vnterthenigen / 206 E²
das ſie alle yhren ſleyß vnnd auffſehen dahyn keren / zuthun vñ laſſen /
was yhr vber hern von yhn begeren / ſich dauon nit laſſen reyſſen noch
treybē / es thu ein ander was er thu / laß ſich yhe nit duncken / das er
20 wol lebe odder gutte werck thu / es ſey beten odder faſten / odder wie es
einen namenn haben mag / ſo er in diſſem nit ernſtlich vnd ſleyſſiglich ſich
vbet. Wo es aber keme / wie offt geſchicht / das weltlich gewalt vnd
vbirkeit / wie ſie heyſſen / wurden einen onterthanen dringen widder die
gebot gottis / odder ¹ dran hyndernn / da gaht der gehorſam auß / vnnd iſt 276 E¹
25 die pflicht ſchon auff gehabenn. Hie muß man ſagen wie ſanct Peter zu
den furſten der Juden ſagt / Man muß gott mehr gehorſam ſein / dan den
mēſchen. Er ſprach nit / man muß den menſchenn nit gehorſam ſein / dan
das were falſch / ſondern / gotte mehr dan den menſchenn / als wen ein
furſt wolt kriegenn / der ein offentliche vnrechte ſach het / dē ſol man gar
30 nit folgen noch helffen. die weil got geboten hat / wir ſollen vnſern nehſten
nit tobten / noch vnrecht thun. Item ſo er hieſſe ein falſch getzeugnis
geben / rauben / liegen / odder betriegen / vñ des gleichen. Hie ſol man
ehe gut / ehr / leyp vnnd leben faren laſſen / auff das gottis gebot bleybe.

Von dem Funfften Gebot.

35   Diſſe vier vorgangen gebot / haben yhr werck in der vornunfft / das
iſt / das ſie den menſchen gefangen nehmen / regieren vnd vnterthan machen /
auff das er ſich ſelb nit regiere / nit ſich gut dunck / nit etwas vonn yhm
ſelb halt / ſondern ſich demutig erkēne / vnd furen laſſe / damit die hoffart

---

7 Pr. 1, 20 f.   9 vbirfluſſig gute werck hs.   11 Mt. 24, 23 ff.
13 wuſten hs.   18 vbererñ hs.   25 AG. 5, 29   32 der gleychenn
hs.   34 folgt Von hs.

erweret wirt. Diſſe nachfolgende gebot handeln mit den begirden vnd
wolluſten des menſchen / ſie auch zutodten. Zum erſten / die zornige vnd
rachſuchtige begird / dauon das funfft gebot ſagt.

Du ſolt nit todten / Wilchs gebot / hat ein werck das doch viel begreyfft ｜ vnnd vil laſter vortreybt / vnnd heiſt ſanfftmutickeit / ｜ die ſelb iſt nu
zweyerley / Die ein gleyſſet faſt hubſch vnnd iſt nichts dahynnden / wilche
wir haben gegen die freund / vnnd die vns nutzlich genieſzlich ſein / an gut /
ehr vnd gunſt / odder die vns nit beleydigen / noch mit worten / noch mit
wercken. Solche ſanfftmutickeit / haben auch vnuornünfftige thiere / lewen
vnnd ſchlangen / heydenn / Judenn / Turckenn / buffen / morder / boße weyber.
Diße alleſampt ſein zufrieden vnd ſenfft / wo man thut was ſie wollen /
odder ſie mit friden leſſet / vnd doch nit wenig durch ſolch vntuchtige
ſenfftmutickeit betrogen / yhren zorn bedeckē / vnd entſchuldigen alſo / Jch
wolt wol nit zurnen / wo man mich mit friden ließe. Ja lieber menſch /
alſo were der boße geyſt auch ſenfftmu'tig / wo es yhm nach ſeinem willen
gienge / der vnfrid vnd die beleydung vbirkumpt dir darumb / das ſie dich
dir ſelbs erzeygē wil / wie vol du zorns vnd boßheit ſtickiſt / dadurch du
vormanet werdeſt / nach ſenfftmutickeit zuerbeyten / vnd den zorn außzu-
treyben. Die ander ſenfftmutickeit iſt grundlich gut / wilch ſich erzeygt
gegen die widerſacher vnnd feynd / den ſelben nichts ſchadet / nit ſich
richet / nit flucht / nit leſtert / nichts vbels nachredet / nichte vbels wibder
ſie gedenckt / ob ſie gleich / gut / ehre / leyp / freund vnd alles genōmen
hetten. Ja wo ſie mag thut ſie ihn gut fur das boſe / redet yhn das beſte
nach / gedenckt yhr am beſtenn / bittet fur ſie / Dauon ſagt Chriſtus
Matth. ri. Thut wol denen / die euch leyde thun / bittet fur ewr vor-
folger vnd leſterer. Vnd Paulus Ro. ij. Benedeyet die / die euch vormaledeyen / vn maledeyet ſie ia nicht / ſondern thut yhn wol.

¶ Ezum andern / Nu ſich / diß köſtlich hohe werck / wie es vnter
den Chriſten vorgangen iſt / das nit mehr / dan haber / krieg / zanck / zorn /
haß / neydt / affterreden / fluchen / leſtern / ſchadē / rach / vnd allerley zorns
werck vnd wort / mit voller gewalt vbir alle regierē. vnd doch daneben
wir hyn gehen / mit vielen feyrtagen / meß horenn / gebetlin ſprechenn /
kirchenn ſtifften / geiſtlichen ſchmuck / die got nit geboten hat / ſo prechtig
vnd vbir ſchweglich gleyſſen / als weren wir die heiligſten Chriſten / ｜ die
noch yhe geweſen ſein / vnd laſſen alſo / durch diſſe ſpiegel vnnd laruen /
gottis gebot zu poden vnter gehen / das auch niemāt ſich bedenckt odder
betracht / wie nahe odder ferr ehr von der ſenfftmutickeit ſey / vnd diſſes
gottis gebottis erfullung / ſo er doch geſagt / das nit / wer ſolche werck thu /
ſondern wer ſeine gebot halte der wirt ynß ewige leben gehenu. Die
weyl dann niemant lebt auff erden / dem got nit zufuge einen zeiger

---

    4 das das doch A   20 wibdeſacher hs.   21 nichtes (2.) A
24 Mt. 5, 44   26 Rö. 12, 14   33 geyſtlichem hs.   34 alß weren
die hs.   38 Jo. 15, 10

ſeines eygen zozns vnd boßheit. das iſt / ſeinen feynd vnd widderpart /
der yhm leyde thu / an gut / ehre / leyp / odder freund / vnnd damit probirt /
ob auch noch zozn da ſey / ob er dem ſeynd kunde holt ſein / wol von yhm 278 E¹
reden / wolthun / ¹ vnd nichts vbels widder yhn furhabe / ßo kü nu her / 267 W
5 wer do fragt / was ehr thun ſol / das er gutte werck thu / got gefellig
vnd ſelig werde. Er neme ſeinen feynd fur ſich / bilde den ſelben ſtetiglich fur ſeyns hertzen augen / zu ſolcher vbunge / das er ſich daran breche
vñ ſein hertz gewene / fruntlich von dem ſelbē zugedencken / yhm das beſte
gonnen / fur yhn ſozgen vñ bitten / darnach wo die zeit iſt / wol von yhm
10 redē vnt wolthun. Vorſuch dis ſtuck wer do wil / wirt er nit ſeyne lebtag zuſchaffen gnug gewinnen / ßo ſtraff er mich lugen vnnd ſag diſſe rede
ſey falſch geweſen. Szo aber got diß wil haben / vñ ſonſt ſich nit wil
betzalen laſſen / was hilfft es doch / das wir mit andern groſſen werckē
vmbgahen / die nit gebotten ſein / vnnd dis nachlaſſen. Drumb ſpricht
15 got Matth. v. Jch ſag euch / wer do zurnet mit ſeynem nehſten der iſt
ſchuldig des gerichtes / wer do ſagt zu ſeynem bruder racha (das iſt / einn
grewlich / zoznigs / grentzigs zeichen gibt) der iſt ſchuldig des rabts / wer
aber ſpricht zu ſeinem bruder / dw nar (das iſt / allerley ſcheltwozt / fluchen /
leſterūg / nachreden) der iſt ſchuldig des ewigen fewrs. Wo bleybet
20 ban die that mit der handt / als / ſchlagenn / wundenn / tödten / ſchaden ꝛc.
ſo die gedancken vnd wozt des zoznes ßo hoch vozdampt ſein

    ¶ Szum dritten / wo aber grundlich ſenfftmut iſt / ¹ da iamert das 209 E²
hertz / alles vbel was ſeynē feynd widderferet / vnd das ſein die rechten
kind vnd erb gottis / vnd bruder Chriſti / der fur vns alle hat alßo than
25 an dem heyligen creutz. Alſo ſehen wir das ein frumer richter mit
ſchmertzen ein vzteil ſellet / vber den ſchuldigen / vnnd yhm leyd iſt der tod /
den das recht vber den ſelben bringt. Hie iſt ein ſchein in dem werck /
als ſey es zozn vnnd vngnad / ßo gar grundlich gut iſt die ſenfftmut / das
ſie auch bleybt / vnter ſolchen zoznigen werckē Ja am aller hefftigiſten im
30 hertzen quellet / wen ſie alſo zurnen vnd ernſt ſein muß. ¹ Doch muſſen 279 E¹
wir hie zuſehē / das wir nit ſanfftmutig / ſeyn widd' gottis ehre vñ gebot.
dan es ſtet geſchzieben von Moſi / das er der aller ſenfftmutigiſt menſch
auff erbē war / vnd doch / do die Juden das gulden kalb hatten angebet /
vnd got erzurnet / ſchlug er yhr vil zu todt / vnd damit got wider voz-
35 ſunet / alſo zimpt ſichs nicht / das vbirkeit wolt feyren / vnd ſund regiren
laſſen / vnnd wir daſſelben ſtil zu ſchweygen / mein gut / mein ehre /
meinen ſchadenn ſol ich nit achten / vnd nit drumb zurnen / aber gottis ehre
vnd gebot / vnnd vnſer nehſten ſchaden odder vnrecht / muſſen wir werē /
die vberern mit dē ſchwert / die andern mit woztten vnd ſtraffen / vnnd

---

    15 Mt. 5, 22   17 zcoznigs grenßigs (= grinſendes) hs.   zoznigs /
gretſſigs A   22 dar A   31 ſynn A   32 Si. 45, 4   33 Ex. 32,
28   35 ſich nichts hs.

11 Luthers Werke I

268 W   doch alles mit iamer der / so die straff vozdienet habē. ¹Dis hohe / fein /
suſſe werck / wirt ſich leichte lernen laſſen / wo wir das ſelb ym glauben
thun / vnnd den ſelben dzan vben / den ſo der glaub nit zweiffelt an der
huld gottis / das er einen gnedigenn got hat / wirt yhm gar leicht werdenn /
auch ſeinem nehſten gnedig vnnd gunſtig zu ſein / wie hohe der ſelb ſich 5
vozwirckt habe / dan wir vns gar vil hoher gegen got vozwirckt habē /
Sihe da ein kurtz gebot iſt das / aber ein lange / groß vbunge gutter werck
vnnd des glaubens / darinnenn angebenn wirt.

120 E²   # Von dem Sechſten Gebot.

Du ſolt nit Ehebzechen.   10

In diſſem gebot / wirt auch ein gut werck gebottenn / das vil begreifft /
vnd vil laſter voztreybt / vnd heyſſet / Reynickeit odder keuſcheit / dauon
vil geſchzieben / gepiedigt / vnnd faſt yderman wol bekant. On das man
ſein nit ſo fleiſſig warnympt vnd vbet / als man thut / in den andern vn-
gebottenen werckenn. Szo gar ſein wir bereyt zuthun was nit gebotten 15
iſt / vnnd zulaſſen was gebottē iſt. Wir ſehen das die welt vol iſt
ſchendlicher werck der vnkeuſcheit / ſchandpar wozt / fabeln vnnd lieblin /
dārzu teglich reytzung / ſich mehret mit freſſen vnd ſauffen / muſſig gahn /
80 E¹   vnd vbzigem ſchmuck / doch gehn wir hyn als ¹ weren wir Chziſtenn / wen
wir zur kirchen geweſt / vnſer gebetlin / faſten vnd ſeyer gehaltē haben / 20
damit ſol es außgericht ſein. Nu wen nit mehr werck geboten weren /
dan die keuſcheit allein / wir hetten alle zuſchaffen gnug dzan / ſo ein
ferlich / wutend laſter das iſt / dan es in allen glidmaſſen tobet / ym hertzen mit gedanckenn / in den augen mit dem geſicht / in den ozen mit dem
hozen / in dem mund mit wozten / in den henden / fuſſen vnd gantzen leyp 25
mit den wercken. Solchs alles zuzwingen / wil erbeyt vnd muhe habē /
vnd leren vns alſo die gebot gottis / wie groß ding es ſey / vmb recht-
ſchaffne gutte werck / ia das vnmuglich ſey auß vnſern krefftenn ein gut
werck zugedencken / ſchweyg dan anfohen odder volnbzengen. Sanct
Auguſtin ſpzicht / das vnter allenn ſtreytten der Chziſten / ſey der keuſcheit 30
ſtreyt der hertiſt / allein darumb / das er teglich weret on aufhozē / vnd
ſie ſeltē obligt. Es haben alle heyligen dzob geclagt vnd geweynet. wie
ſanct Pauel Roma. vij. Ich ſind in mir / das iſt / in meynem fleiſch /
nichts guttis.

¶ Szum andern / Diß werck der keuſcheit / ſol es beſtan / ſo treybt 35
es zu vielen andern gutten werckenn / zum faſten vnd meſſickeit / widder den
fraß vnd trückheyt / zu wachen vnd fru auffzuſtehen / wider die faulheit
50 W   vnd den ¹ vbzigen ſchlaff / zur erbeyt vnd muhde wider den¹ muſſig gang.
1 E²

Dan freſſen / ſauffen / vil ſchlaffen faulentzen vnnd muſſig gahn / ſein
wapenn der vnkeuſcheit / da mit die keuſcheit behend vbirwunden wirt.
Widderumb nennet d' heylig Apoſtel ſanct Paul das faſten / wachē / erbeytē /
gotliche wapen / da mit die vnkeuſcheit getzwungen wirt / doch alſo / wie
5 droben geſagt / das die ſelben vbung nit weyter gahn / dan biß / zur
dempffung der vnkeuſcheit / nit zur vorderbüg der natur. Wbir diß alles
iſt die ſterckiſt were / das gebet vnnd wort gottis / das wo die boße luſt
ſich regt / der menſch zu dem gebet flihe / gottis gnade vnd hulff an=
ruffe / das Euangelium leße vnd betrachte / darinnen Chriſtus leydenn
10 anſehe. Alſo ſagt der xxxvij. pſalm / ¹ Selig iſt der / die iungen von Baby= 281 E¹
lonien ergreyfft vñ zurknurſet ſie an dem felß. das iſt / ſo das hertz mit
dē boßen gedācken die weyl ſie noch iung vnd ym anfang ſein / leufft zum
hern Chriſto der ein felß iſt / an wilchē ſie zurieben werden vnd vorgahn.
Sihe da wirt ein iglicher mit yhm ſelb vbirladen gnug zuthun finden / vñ
15 in yhm ſelb vieler gutter werck vbirkommen. Aber itzt gaht es alſo zu /
das des gebettis / faſtens / wachens / erbeytens / niemandt hie zu gebraucht /
ſondern / laſſens werck fur ſich ſelb bleybenn / die doch ſolten geordenet
ſein / dis gebottis werck zurfullen vnd teglich mehr vñ mehr reynigen.
Es haben auch etlich mehr antzeigt zu vormeydē / als weich lager vnd
20 kleyder / meydē vbrigs ſchmucks / weybes oder mannes / perſon / geſelſchaff /
rede vnd geſicht / vnnd was der gleichen mehr furderlich iſt zur keuſcheit.
In diſſen allen / kan niemandt eyn gewiſſe regel vnd maß ſetzenn. Ein
iglicher muß ſein war nehmenn. Wilche ſtucke vnnd wieuil / wie lang ſie
yhm fodderlich ſein zur keuſcheit / das er ſie yhm ſelb alſo erwele vnd
25 halte. wo er daſſelb nit kan / das er ſich ein weil lang vntergebe / in eynis
andern regiment / der ihn dartzu halte / biß das er ſein ſelb muge mechtig
werden zu regieren / dan darumb ſein vorzeiten die kloſter geſtifft / iunge
leut zucht vnd reynickeit zuleren.

¹ ¶ Ezum drittenn / In diſſem werck hilfft ſehr / ein gutter ſtarcker 212 E²
30 glaub empfindlicher dan faſt in keinem andern / das auch der halben
Iſaias v. ſagt / der glaub ſey ein gurt der nieren / das iſt / ein bewarung
der keuſcheit. Dan wer alſo lebet / das er ſich aller gnabenn gegen got
vorſicht / dem geſellet die geyſtliche reynickeit wol / drumb mag er ſo vil
leychter der fleyſchlichen vn'reynickeit widderſtehen / vnd ſaget yhm gewiß= 270 W
35 lich der geyſt / in ſolchem glaubenu / wie er meyden ſol boß gedancken / vnd
alles was der keuſcheit widert / dan der glaub gotlicher huld / wie er on
vnterlaß lebt vnnd alle werck wircket / ſo leſt er auch nit nach ſeine vor=
manüg in allen din gen / die got angenhem odder vordrießlich wie ſanct 282 E¹
Johānes in ſeiner Epiſtolē ſagt / Ihr durfft nit das euch yemandt lere /

---

3 Widder hs. Rö. 13, 12 f.   6 baß hs.   10 Ps. 137, 9
11 zerſchmettert   21 geſichtt hs. geſiht A   23 ſeyn ſelb hs   29 ſehr
fehlt hs.   31 Jes. 11, 5   39 I. Jo. 2, 27

10*

den die gotliche salbe / das ist / der geist gottis leret euch alle ding. Doch
muffen wir nit vorzagenn / ob wir der anfechtung nit schnel loß werden. Ja
nit furnehmen / ruge fur yhr habē / die weil wir leben / vnd sie nit anders
auffnehmen / dan als ein reüzung vnd vormanung zu beten / fasten / wachen /
erbeyten / vnnd andere vbunȝe das fleysch zudempffen / sonderlich den   5
glaubenn in got zutreyben vnnd vben. Dan das ist nit ein kostliche
keuscheit die stil ruge hat: sondern / die mit der vnkeuscheit zu felt ligt
vnnd streytet / on vnterlaß außtreibt allē vorgifft / den das fleisch vnd
boßer geyst einwirfft. Szo sagt sanct Peter / Jch vormane euch / das yhr
euch enthaltet der fleischlichen begirden vnd lusten die do streyten alzeit   10
widder die seele. vnd sanct Paul Ro. vi. Jhr solt dem leyb nit folgen
nach seinen lusten ꝛc. Jn dissen vnnd der gleichenn spruch / wirt anzeygt /
das niemant on boße lust ist / aber sol vnd muß teglich damit streyten.
wie wol aber daffelb vnruge bringt vnd vnlust / ists doch fur got ein
angenehm werck / daran vnser trost vnd gnuge sein sol / ban die do meinen   15
solcher anfechtung mit der folge zu steuren / zunden sich [1] nur mehr an /
vnnd ob sie ein weyl stil staht / kumpt sie doch auff einn ander zeit
stercker widder / vnnd findet die natur mehr geschwechet dan vorhyn.

Das Siebend Gebot.

Du solt nit stelen.   20

Diß gebot hat auch einn werck wilchs gar viel gutte werck in sich begreyfft / vnnd vielen lastern widder ist / vñ heyst auff deutsch / Mildickeit /
wilchs ist ein werck das von seinem gut yderman willig ist zuhelffen vnnd
dienen / vnd streytet nit allein widder den diebstal vnd rauberey / ßondern /
widder alle vorkurzung / ßo ym zeitlichen gut eines gegen dem andern   25
mag vbenn / als da sein / geyz / wucher / vbertheu'ren / vbirschlahen / falsche
ware / falsch maß / falsch gewicht brauchen / vnnd wer mochts alles erzelen / die behenden newen spitzigen fundlin / die sich teglich mehren / in
aller hanthierung / in wilchen yderman sein vorteyl sucht mit des andern
nachteyl / vnd vorgisset des gesetzes das do sagt / Was du wilt das dir   30
andere thunn / das thu dw yhnn auch. wer disse [1] regel fur augen hilte /
ein iglicher in seynem handtwerck / geschefft vnd handel gegen seynem
nehsten / wurd wol finden / wie er solt kauffen vnd vorkauffen / nehmen
vnd geben / leyhen vnd vmb sonst geben / zusagen vnd halten / vnd des
gleichen / vnd ßo wir ansehen die welt in yhrem wesen / wie der geiz in   35
allem handel das regiment hat / wurdenn wir nit allein zuschaffen gnug
gewinnen / solten wir vns mit got vnnd ehren erneren / sondern / auch einē
grawen vnd schreckē empfahen / fur disem ferlichen / elenden leben / das mit

---

2 nit schnell hs.   schnel A   9 1. Pt. 2, 11   11 Rö. 6, 12
23 wilch hs.   25 gegem hs.   26 übervorteilen   30 Mt. 7, 12

213 E² (marginal)
283 K¹ (marginal)
271 W (marginal)

ſorgen zeitlicher narunge / vnd vnredlichem geſuch der ſelben / ſo gar vbirladen / beſtrickt / vnd gefangen iſt.

¶ Ezum andern / Drumb nit vmb ſonſt der weyſe man ſagt / Selig
iſt der reiche man / der erfunden iſt an mackel / der nit iſt dem golt nach-
5 lauffen / vnnd hat ſeyn zuuorſicht nit geſtelt in die ſchetz des gelts. wer
iſt der? wir wollen yhn lobē / das er hab wunderthat gethan in ſeinem
leben. ¦ als ſolt er ſagen / man findet keinen odder gar wenig. Ja yhr iſt   214 E²
gar wenig / die ſolch goltſucht in yhn ſelbs mercken vnnd erkennen / dan der
geytz hat alhie gar einenn hubſchen / ſeynen ſchandt deckel / der do heyſt
10 Leybs narung vnd naturlich nodturfft / darvnder ehr handelt an maß vnnd
vnſettiglich / das / wer ſich hyrinne ſol reyn halten / muß furwar wie ehr
ſagt / wunderzeychen odder wunderthat in ſeynem lebenn thunn. Nu ſich /
wer nit allein wil gute werck / ſondern auch wunderzeichen thun / die got
lobe vnnd yhm gefallen laſſe / was darff er viel anderßwo hyn gedenckē /
15 Er hab acht auff ſich ſelb / vnd ſehe zu / das er dem golt nit nah lauff /
vnd ſetze ſein zuuorſicht nicht auffs gelt / ſondern laß das golt yhm nach-
lauffen / vn das gelt ſeiner gnade warten / vnd laß yhm der kei¦ns lieben   284 E¹
noch ſein hertz dran kleben / ſo iſt ehr der recht milde / wunderthetiger /
ſeliger mann / wie Job .xxxi. ſagt / Ich hab noch nie auffs golt mich vor-
20 laſſen / vnnd das gelt noch nie laſſen mein troſt vnd zuuorſicht ſein. Vnnd
pſalmo lxij. So euch reychtumb zuflieſſen / ſolt yhr yhe ewr hertz nit
dran hafften. So leret auch Chriſtus Mat. vi. wir ſollen nit ſorgfeltig
ſein / was wir eſſen / trincken / vnnd wie wir vns kleyden / ſeyntemal got
dafur ſorgt / vnd weyß das wir deſſelben durffen. Aber etlich ſagē / Ja
25 vorlaß dich drauff / ſorge nit / vnnd ſihe ab dir ein bratenß hun ynß maul
fliege / Ich ſag nit / das niemāt erbeiten vnd narung ſuchen ſol / ſondern
nit ſorgen / nit geytzig ſein / nit vorzagen ehr werd gnug habenn / dan
wir ſein in Adam alle zur erbeit vorurteylt / da got ſagt Gen. iij. In
dem ſchweyß deines angeſichtes / ſoltu eſſen dein brot. Vnd Job v. wie
30 der fogel zu fliegen / ſo iſt der menſch geborn zur erbeyt / Nu fliegen ¦ die   272 W
fogel on ſorge vnd geytz / ſo ſollen wir auch erbeyten on ſorge vnnd geytz.
So dw aber ſorgeſt vnnd geytzig biſt auff das dir das bratenn hun ynß
maul fliege / ſo ſorge vnd ſey geytzig / vnd ſich ob du gottis gebot erfullen /
vnd ſelig werdeſt.

35   ¦ ¶ Ezum dritten / Diſſes werck / leret von yhm ſelb der glaub / dan   215 E²
ſo das hertz ſich gotlicher huld vorſiht / vnd ſich drauff vorleſſit / wie iſts
muglich / das der ſelb ſolt geytzig vnnd ſorgfeltig ſein? Er muß on zweyffel
gewiß ſeinn / das ſich got ſein annehme / darumb klebet ehr ann keynem
gelt / ehr braucht ſeinn auch mit frolicher mildickeyt / dem nehſtenn zu

---

3 Si. 31, 8 f.   9 gott hie hs.   17 lieb werden   19 Hi. 31, 24
21 Ps. 62, 11   22 Mt. 6, 31 f.   25 wie im Schlaraffenland   28 Gen.
3, 19   29 Hi. 5, 7

nutz / weyß wol das er werd gnug haben / wie viel er vorgibt / dan sein
got dem er trawet / wirt yhm nit liegen noch yhn vorlassen. wie psal.
xxxvi. stet / Jch bin iung gewesenn / vnd alt worden / hab noch nie ge=
sehen / das ein gleubiger mensch / der got trawet (das ist ein gerechter)
vorlassen / odder seyn kind nach brot gangen sey. Darumb heyst der Apostel 5
kein andere sund abgoterey / dan den geytz / wilcher auffs aller grobst sich
merckē lesset / das er got nichts trawet / mehr gutis zu seinem gelt / dan
285 E¹ zu ¹ got sich vorsicht / durch wilch zuuorsicht / got warhafftig wirt geehret /
odder vorvnehret / wie gesagt ist. Vnd furwar / in dissem gebot / mag man
am xerlichsten merckē wie alle gutte werck mussen im glauben gehen vnd ge= 10
schehen / dan hie empfindet ein iglicher fast gewiß / das des geytzs vrsach /
ist mißtraw / der mildickeit aber vrsach ist der glaub / dan darumb das er
got trawet / ist er mild vnd zweiffelt nit er habe ymer gnug. Widerumb /
darumb ist er geytzig vnd sorgfeltig / das er got nit trawet. Wie nu in
dissem gebot / der glaub der werckmeyster vnd treyber ist / des guten wercks 15
der mildickeit / also ist ers auch in allen andern gebotten / vnnd on sulchem
glaubē / ist die Mildickeit nichts nutz / sondern mehr / ein vnachtsam vor=
schuttung des geltis.

¶ Ezum vierden / Hie bey ist auch zuwissen das disse mildickeit sol
sich erstrecken biß zu den feyndenn vnd widderparten / dan was ist das fur 20
ein gutthat / so wir allein den freunden milde sein. wie Christus Luce .vi.
leret? Thut doch das auch / ein boßer mennsch dem andern seinem freund.
216 E² Darzu auch die vnuornunfftige thier yhres gleichen / gutthetig vnd ¹ milt
sein. Drumb muß ein Christen mensch hoher farenn / seine mildickeit
auch den vnuordientenn / vbeltethern / feynden / vndanckbarn lassen dienen / 25
vnd wie sein hymelischer vater / seine sunne auch lassen auff gahn vber krum
vnd boße / vnd regen vber die danckbaren vnd vndanckbaren. Hie wirt
sich aber finden / wie schwere gutte werck sein zuthun nach gottis gebot /
wie sich die natur da gegen rumpfet / krümet vnd windet / die doch yhre
273 W eygen gutte / erlesene werck / leichtlich vnnd gerne thut. Also nym ¹ fur 30
dich deyne feynnd / die vndanckbarn / thu yhn wol / so wirstu finden / wie
nah odder ferne du vonn dissem gebot seyest / vnnd wie du dein lebenlang
wirst ymmer zuschaffen haben / mit vbunge disses werckis. Dan ßo dein
feynd dein bedarff / vnd du yhm nit hilffest / ßo du magist / ßo ists gleich
ßo vil / du hetteß yhm das seyne gestolen / dan du bist yhm schuldig ge= 35
wesen zuhelffen / Sßo sagt sanct Ambrosius / Speyße den hungerigen /
286 E³ speyseftu yhn nit / ßo hastu yhn erwurget / ßo vil an dir ist / vnnd in
dissem gebot gehnn / die werck der barmhertzickeit / die Christus am iungisten

---

2 Ps. 37, 25   5 Kol. 3, 5   10 am xerlichsten hs. xerlichsten A
12 vrsach der hs.   21 Lc. 6, 32 ff.   22 Thün hs.   26 Mt. 5, 45
lasse hs.   35 hetteßt hs.   36 vgl. etwa Expositio in ps. 118, sermo
12, 44 (MSL. 15, 1449): Quid prodest misereri inopis, nisi alimoniam
eidem largiaris'?   38 Mt. 25, 35 f.

tag foddern wirt. Doch solten die herschafften vnnd stete dzob seynn / das
die landleuffer / Jacobs bzuder / vnd was fremb betteler weren vozboten
wurden / odder yhe mit einer masse vnnd ozdenung zugelassen / das nit
den buffen vnter bettelns namenn / yrre zu lauffen / vnd yhre buberey /
5 der itzt vil ist / gestattet wurd / weytter von disses gebottis wercken / hab
ich ym Sermon von dem wucher gesagt.

Das Acht Gebot.
Du solt nit falsch getzeugniß geben
widder deynen nehesten.

10   Diß gebot scheynet kleinn / vnnd ist doch so groß das / wer es recht
halten sol / der muß leyp vnnd leben / gut vnd ehre / freund vnd alles was
er hat wagen vmnd setzen / vnd begreyfft doch nit mehr dan das werck des
kleynen glidmassen der zunge / vnd heysset auff | deutsch Warheit sagen / 217 Eb
vnnd der lugen widdersprechen / wo es nodt ist / darumb werden viel bosser
15 werck der zungen horyn vozbotten. Zum ersten / die mit reden / die andern
die mit schweygen geschehen. Mit reden / wo fur gericht einer ein bose
sach hat / vnd die selben mit falschem grund / bewerē vñ treybē wil /
mit behendickeit / seinen nehsten fangen / alles furwenden was sein sach
schmuckt vnd foddert / schweygē vnd geringern / alles was seynes nehsten
20 gutte sach foddert / in wilchem er nit thut seinem nehstenn / wie er wolt
yhm gethan habenn / das thun etlich vmb genieß willenn / etlich vmb
schadē odder schand zuuozmeyden / damit sie das yhre suchenn mehr dan
gottis gebot. Entschuldigenn sich also / Vigilanti iura subueniunt / wer
do wachet / dem hilfft das recht / gerad als weren sie nit souil schuldig
25 zu wachenn / fur des nehsten sach / als fur yhr eygenn / lassen also mutwillig des nehsten sach vntergehenn / die sie wissenn das sie recht sey.
Wilchs vbel itzt so gemein ist / das ich besozg / es geschehe kein gericht
odder | handel / es sundige ein part / widder diß gebot / vnd ob sie es schon 287 Eb
nit vozmugen zuuolnbringenn / habenn sie doch den vnrechten mut vmnd
30 willen / das | sie es gerne wolten / des nehsten gutte sache vntergehen / vnnd 274 W
yhre bose furgehenn. Sonderlich geschicht diße sund / wo der widderpart /
ein großer hanß odder feynd ist / dan an dem feynd wil man sich damit
rechenn / den grossen hanßen wil niemandt auff sich ladenn / vnnd da hebt
sich dann das schmeychlen vnnd liebreden / odder yhe schweygen der war-
35 heit / da wil niemant vngnad vnnd vngunst / schaden vnd far vmb der
warheit willenn gewartten / vnnd also muß das gebot gottis vntergahn.
Vnd das ist fast der welt regiment / wer hie wolt halten / wurd wol gute
werck alle hend vol haben / allein mit der zungen zu volnbringen. Wieuil

sein yhr darzu / die sich mit geschenck vnd gaben lassen schweygen / vnd
von der warheit treybenn / das es furwar / auff alle ort ein hoches /
grossis / seltzams werck ist / nit ein falsch getzeug sein widder seinen
nehsten :

¹ ¶ Ezum andern, Vber das / ist ein andere zeugniß der warheit /
die ist noch grosser / durch wilch wir widder die bosen geyste mussen fechten /
vnd erhebt sich nit vmb zeitliche ding / sondern vmb des Euangelij vnnd
warheit des glaubes willen / wilch der bose geist noch nie hat mogen
leyden / vnd fugets altzeit also / das die grosten ym volck dawidder sein /
vnd vorfolge mussen / wilchen schwerlich mag widderstanden werden. Davon am .lxxii psalm stet / Erloset den armenn von der gewalt des vnrechten / vnd dem vorlassen helfft sein rechte sache behalten. Ob nu wol
disse vorfolgung ist seltzam worden / ist die schult der geystlichen prelaten /
die das Euangelium nit erweckenn / sondern lassen vntergehen / vnd haben
also die sach nyderlegt / vmb wilcher willen solch getzeugniß vnnd vorfolgung sich erheben solt / lerenn vns dafur / yhr eygen gesetz / vnnd was
yhn wol gefellet / darumb bleybt der teuffel auch stil sitzen / die weyl ehr /
durch des Euangelij niderlag / hat auch den glauben Christi nidergelegt /
vnd gaht alles wie er wil / Solt aber das Euangeliü aufferweckt werdenn /
vnd sich widder horen lassenn / wurd an zweyffel sich ¹ widderumb die gantz
welt regen vnnd bewegen, das mehrer teyl der kunig / fursten / bischoffe /
doctorn / geistlich vnd alles was groß ist / dar widder sich legen vnd
wutend werdenn / wie es dan altzeit geschehen ist / wo das wort gottis /
an tag kommenn ist / dan es mag die welt nit leyden / was von got kumpt /
das ist beweyset in Christo / der das allergrossist / liebst / beste was vnd
ist / das got hat / noch hat yhn die welt nit allein nit auffgenomen /
sondern greulicher vorfolget / dan alles was yhe von got kommen ist /
drumb wie zu seiner zeit / also zu allertzeit / seyn wenig / die der gotlichen
warheyt beystehen / vnd dran setzen vnnd wagen / leyb vnnd leben / gut
vnd ehre / vnd alles was sie habenn. wie Christus vorsprochenn hat / Ihr
werdet vmb meynes namens willen von allen menschen ¹ gehaffet werdenn.
Item / gar viel werde yhr an mir geergert werde. Ja ¹ wan diße warheyt
wurd angefochtenn von den pawren / hirten / stalknechten / vnnd geringen
menschenn / wer wolt vnd mocht sie nit bekennen vnd betzeugen / aber wo
sie der Papst / die Bischoff / sampt den fursten vnd kunigenn ansicht / da
fleugt / da schweygt / da heuchlet yderman / auff das sie nit vorlyren yhre
gutter / yhr ehr / yhr gunst vnd leben.

¶ Ezum dritten / Warumb thun sie das? darumb sie haben keinen
glaube in got / vorsehen sich nichts guttis zu yhm / dan wo diese zuvorsicht

---

2 hohes hs.   11 Ps. 82, 4   15 nydergelegt hs.   19 Euägelii
hs.   26 Jo. 1, 11   30 Mt. 24, 9   32 v. 10 wort yhr hs.   39 in
got fehlt hs.

vnd glaubē iſt / da iſt eyn mutiges / troziges / vnerſchrocknes hertz / das
hyn an ſetzt / vnnd der warheyt beyſtet / es gelt hals odder mantel / es
ſey widder bapſt odder kunige / wie wir ſehen das die lieben Merterer
than haben / dan ein ſolch hertz leſſit yhm gnugen vnd ſanfft thun / das er
5 eynenn gnedigen / gunſtigen got hat / darumb vorachtet er gunſt gnad / gut /
ehr aller menſchen / leſſit faren vnd kommē was nit bleybē wil. wie ym
.riiij. pſalm geſchꝛiebē ſtet / Er vorachtet die gottis vorachter / vnd ehret die
gotfurchtigen / das iſt / die tyrannen / die gewaltigenn / die die warheit
vorfolgen / vnnd got vorachten / furchtet er nit / er ſihet ſie nit an / er
10 vorachtet ſie / widderumb die vorfolget werden vmb der warheit willen /
vnd got furch'ten mehr dan menſchen / den henget er an / ſtet yhn bey / 289 E¹
helt vber ſie / ehret ſie / es vordrieß wen es wolle. wie vō Moſe Heb. gi.
ſtet / das ehr ſeinen bꝛudern beyſtund / vnangeſehen / den mechtigeꝛ kunig
vō Egypten. Sihe da in diſem gebot / ſihſtu aber kurtzlich / das der glaub
15 muß ſein der werckmeyſter diſſes wercks / das on yhn ſolchs werck niemand
kun iſt zuthun / alſo gar ligen alle werck ym glauben / wie dan nu offt
geſagt iſt / dꝛumb ſein außer dem glauben alle werck tod / ſie gleyſſen vnd
heyſſen wie gut ſie mogenn. Dan gleich wie diſſes gebottis werck niemant
thut / ehr ſey ban feſt vnnd vnerſchꝛock in gotlicher huld zuuoꝛſicht / alſo
20 thut er auch kein werck aller andern gebot / on den ſelben glauben / das
auß diſſem gebot leychtlich ein yglicher mag ein pꝛobe vnd gewicht¹ nehmen / 220 E²
ob er ein Chꝛiſtē ſey / vnd in Chꝛiſtum recht gleube / vnnd alſo ob er
gutte werck thu / aber nit. Nu ſehemm wir / wie der almechtige got vns /
vnſern hernn Jeſum Chꝛiſtum nit allein dar geſetzt hat / in yhn mit ſolcher
25 zuuoꝛſicht zuglewben / ſondern auch ein exempel / der ſelben zuuoꝛſicht vnnd
ſolcher gutter werck / in yhm vnns furhelt / das wir in yhn gleuben /
ym volgen / vnd in yhm ewiglich bleyben. wie er ſagt Jo�

an. gvij. Ich
bin der weg / die warheit / vnd das leben / der weg / darin wir yhm folgen /
die warheit das wir in yhn gleuben / das lebenn / das wir in yhm ewig·
30 lich leben.

¶ Auß diſſem allen iſts nu offenbar / das alle ander werck die nit 276 W
gebotten ſein / ferlich ſein vnd leicht zuerkennen / alſo do ſein kirchen bawen /
zieren / walfartē / vnd alles was in den geiſtlichen rechtenn / ſo manch-
ſeltiglich geſchꝛieben / die welt voꝛfuret vnnd beſchweret / voꝛterbet / vn-
35 rugig gewiſſen gemacht / den glauben geſchwigen vnd geſchwecht hat / vnd
wie der menſch an den gebotten gottis / ob er ſchon als ander nachleſt /
in allen ſeinen krefften zuſchaffen gnug hat / vnnd nymmer mehr die gute
werck alle thunn mag / die yhm gebotten ſein / warumb ſucht er ban andere /
die yhm nit nodt noch gebotten ſein / vnnd leſſit nach die nottigen vnd
40 gebotten.

---

7 Ps. 15, 4 geſchꝛiebē fehlt hs.   12 er vordrieß hs. Hbr. 11,
24 ff.   14 klarlich hs.   22 ob er woll lebe hs.   23 oder   27 Jo. 14, 6
29 ynn glewben hs.

290 B¹   ¶ Die letzten zwey gebot / wilch vorbieten die boͤſen begirden des leybs / luſt vnd zeitlicher gutter / ſeyn an yhn ſelbs klar / vnnd bleyben dem nehſten on ſchaden / auch ſo weren ſie biß in das grab / vnd bleybt der ſtreit in vns / widder die ſelben biß in den todt / drumb ſein diſſe zwey gebot / vonn ſanct Paul / in eynß getzogen Ro. vij. vnnd zu einem tzil geſetzt / das wir nit erreychen / vnnd nur hyntzu gedencken / biß in den todt / den niemant yhe ſo heylig geweſen iſt / der nit boͤſe neygung in yhm befulet het / ſonderlich wo die vrſach vnd reytzung kegenwertick geweſen iſt.   Dan es iſt die erbſund vns vonn natur angeborn / die ſich dempffenn leſſit / aber nit gantz auß rotten / an durch denn leyplichen tod / der auch vmb der ſelben nutzlich vnd zuwunſchen iſt / des helff vns got Amen.

Ein Sermon von dem neuen Testament, d. i.
von der heiligen Messe. 1520.

Diesen sermon stellte L. den lesern seines „Sermons von den guten
Werken" (s. oben s. 255 z. 34 f.) in aussicht und am 27. april 1520
5 Joh. Hess (WA Br 2,86,9 f.). Demselben Hess schrieb Melanchthon am
27. (?) april: 'Insignem interim, dum abes, locum tractavit [subj.
Martinus] de sacramento Eucharistiae, quem mitto, coactum in capita ...
Ipse eundem tractabit copiose Germanica oratione.' (CR 1, 159). L. hatte
also eine predigt über dieses thema gehalten, von der Mel. Hess als vor-
10 schmack einen in einzelne kapitel eingeteilten lateinischen auszug schickte.
Wenige tage später, noch im april[1], sandte Mel. ihm ein druckexemplar
unseres sermons (CR 1, 164 sq.: 'Habes concionem de Eucharistia').
Unser sermon ist also zwar nach dem von den guten werken verfasst,
aber vor ihm im druck vollendet worden. Die eigentliche „versendung"
15 scheint freilich erst anfang august begonnen zu haben. Am 3. august
schickte L. ein exemplar an den Magdeburger augustiner Joh. Vogt (vgl.
über ihn Hülsse, Die Einführung der Reformation in der Stadt Magdeburg, M. 1883, s. 20 f.) zur weiterbeförderung an   Joh. Lang (WA Br 2,
162,5 f.).
20   Der Grunenbergsche originaldruck W. A. 6, 349 A hat uns als vorlage gedient.

¶ Jhesus.

Eyn sermō von dem newen Testa=   6, 353 W
ment/ das ist von der heyligen Messe D. M. L. A.   27, 141 E

25 3 Vm ersten. Das leret vns die erfarung alle cronicken dartzu
die heyligē schrifft/ das yhe weniger gesetz/ yhe besser recht/ yhe
weniger gepott/ yhe mehr gutter werck/ vnd ist noch nie keyn gemeyne
obder yhe nit lang wol regirt/ wo vil gesetz geweßen seyn. Drumb vor
dem alten gesetz Mosi hetten die alten Patriarchen kein beßondere weyße
30 vnd gesetz gott zu dienen/ dan das opffer/ als wir von Adam/ Abel/
Noe/ vñ der gleychen leßen/ darnach wart Abraham vñ den seynen auff=
gelegt/ die beschneydung biß auff Mosen/ durch wilchen gott dem volck
Israel mancherley gesetz/ weyß vnd vbungen gab/ nur darumb/ das mēsch-

---

1) Mel. erwähnt in diesem briefe, dass er gleichzeitig griechisch an
den Breslauer domherrn Michael Wittiger (vgl.   Suppl.Mel.VI,1,102)
schreibe.   Damit ist der brief CR 1 no. 71 gemeint, der 'μηνὶ
Ἀπριλίῳ' datiert ist.   Also muss auch no. 74 noch in den april fallen

lich natur folt erkennen wie gar nichts hulff vil gefetz / frum leuth zu
machen / dan ob wol das gefetz / treybt vnd zwinget / zu guten wercken von
den böfen / ifts doch nit müglich / das der menfch daffelb willig vñ gerne
thu / fondern befindet fich altzeyt / vngunftig deß gefetz vñ wolt lieber frey
feyn / Die weil den vnwil da ift / ffo ift nymmer keyn gutt werck da / dã 5
was nit willig gefchicht / ift nit gut vnd gleyffet nur als were es gut /
darumb mugen alle gefetz / niemant grundlich frum machen / on die gnad
gottis / fondern es muffen eytel gleyßner / heuchler / eufferliche / hoffertige
heyligen drauß werden. die hie yhren lohn empfangen vnd gott nymmer
gefallen. Alßo fagt er zu den Juden Malach. i. Jch hab keynē gefallen 10
an euch / dañ wer ift vnter euch / der mir eyn thür zu fchlieffe / williglich
vnd auß liebe?

    ¶ Eßü andern. Jft die frucht vieler gefetz auch die / das viel fecten
vnd zurteylung der gemeynen drauß werden / da nympt / eyner die weyße /
eyn ander eyn ander weyße an fich / vñ erwechft iglichem ein heymliche 15

142 E ¹ falfche liebe / zu feyner fecten / vnd ein haß oder yhe ein vorachtüg vñ
354 W vnachtfamkeyt der ¹ ander fecten / da mit dã dye brüderliche frey gemeyne
lieb vntergaht / vñ die eygen nützige lieb überhãdt nympt / alßo fpricht
Hiere. vñ Ofeas. Ja alle propheten / fchreyen / wie fich dz volck von Jfrael
teylete yn ffo vil fecten / als viel ftett ym land waren / ein yglich wolt 20
ettwas beffers fur der andernñ thun / da her kamen auch die Zaducei vnd
pharifei ym Euãgelio. Alßo fehen wir auch heut zu tage / das durch geyft-
liche gefetz / yn d' Chriftenheit / nur weniger recht vnd frumkeyt erftanden
ift / die welt voll gleyßner vnd heuchler gemacht / vnd ffo mancherley fecten
dzben vnd zurteylung des eynigen volcks Chrifti / das faft eyn yglich ftatt / 25
yn zehen teyll vnd noch mehr geteylet ift / vnd erfinden fich noch teglich /
newe weyße vnd wege (als fie meynen) gott zu dienen / biß dahyn kümen
ift / das pffaffen / münich / leyen vnternãder feynder worden feyn / dan
Turcken vnd Chriftenn / ya die pffaffen vnternander / münich vnternander
tod feynd feyn / ftreytten vmb yhre auffgefetzte weyße vñ wege / als fie toll 30
vnd töricht weren / nit allein zur hyndernis / ßondern auch zur vorftörung
Chriftlicher lieb vnd eynickeit / hanget eyn yglicher an feyner fecten mit
vorachtung der andern / dan die leyen achten fie ßam fie nit Chriften weren /
der yamer kompt als auß den gefetzen.

    ¶ Eßü dritten. Auff das nu Chriftus / yhm bereyttet eyn angenehm 35
liebes volck / das eintrechtiglich yn ein ander gepunden were / durch die
liebe ¹ hat er auff gehabē das gantz gefetz Mofi vnd das er nit vrfache den
fecten vñ zurteylungen hynfürter gebe hatt er widderumb nit mehr den eyne
weyß odder gefetz eyngefetzet feynem gantzen volck / das ift die heylige Meß.
Dan wie wol die tauff / auch ein eufferliche weyße ift / ffo gefchicht fie 40
doch nur ein mall / vnd ift nit ein übung des gantzen lebens / wie die meß.

10 Ma. 1, 10   19 Jer. 2, 18 Ho. 8, 11   25 zur teylung A

Das nu hinfürtter keyn ander eußerliche weyß solt sein / gott zu dienen / den die meß / vñ wo die geübt wirt / da ist d' recht gottis dienst / ob schon kein andere ¹weyß / mit singen / orgellen / klingen / kleyden / zierden / geperden 143 E da ist / den alliß was des ist / ist ein zusatz von menschen erdacht. Dan 5 do Christus selbst / vnd am ersten / diß sacrament einsetzt vnnd die ersten meß hielt vnd übet / da war keyn platten / kein casell / kein singen / kein prangen / sondern allein dancksagung gottis vnd des sacramẽts prauch / Der selben einfeltickeit nach / hielte die Apostel vñ alle Christen meß ein lang zeyt. Biß das sich erhuben die mancherley weytzen vñ zusetze / das 10 anders die Romischen / anders die kriechen meß hielten / vnd ¹nu endlich 355 W dahyn kummen / das das häubtstück an der meß vnbekant worden ist / vnd nit mehr den die zu setze der menschen yn der andacht seyn.

¶ Czū vierden. Ihe neher nu vnßere meße / d' ersten meß Christi sein / yhe besser sie on zweyffel sein / vnd yhe weytter dauon / yhe ferlicher. 15 Derhalbē mugen wir nit rümen vns wider die reussen oder kriechen / das wir allein recht meß halten / als wenig als ein priester / der ein rotte casell an hatt / gegen dem / der ein weysse ob' schwartz an hat. Dã was solcher eußerlicher zusatz vnd vnterscheid ist / mag wol secten vñ vneynickeit durch solch vngleycheit machen / die messen mag es nymmer besser machen. Wie 20 wol aber ich nit will noch vormag / solch zusetze alle abthun oder vorwerffen / doch die weyl solch prechtige weytze ferlich sein / ist es nott / das wir vns nit lassen furen / von der eynfeltigen einsetzig Christi vñ rechtem prauch d' messen / Vnd ist fur war die gröste nutzlichste kunst zu wissen / wilchs grundlich vnd eygentlich zur meß gehöret / vñ wilchs zusetzig vñ frembd 25 ist. Dan wo der vorstendig vnterscheydt nit ist / seyn die augen vnd das hertz / mit solchem gleyssen leychtlich ynn ein falschen synn vnd wahn vor- füret / das man das / meß achtet / das menschen ettichtet haben / vñ nymmer erferet / was meß sey / schweyg dan frucht dauõ empfehet / wie es leyde / zu vnsern zeyten gäht da ich besorg / alle tag mehr dan tausent meß ge- 30 halten werden / da doch villeycht nit eyne meß ist. O liebē ¹Christen / vill 144 E messen haben ist nit meß haben / es höret mehr dartzu.

¶ Czū funfften. Wöllē wir recht meß halten vñ vorstahn / so mussen wir alles faren lassen / was die augen vnd alle synn in dißem handel mugen zeygen vñ antragen / es sey kleyd / klang gesang / zierd / gepett / 35 tragen / heben / legen / odder was da geschehen mag yn der meß / biß das wir zuuor die wort Christi fassen nd wol bedencken / damit er die meß volnbracht vnd eyngesetzt vnd vns zuuolnbringen beuolhen hatt / dan darynnen ligt die meß gantz / mit all yhrem wesßen / werck / nutz vnd frucht / on wilche nichts von der meß empfangen wirt. Das sein aber die wort.

40 Nemet hyn. vnd esset. das ist mein leychnam der fur

---

5 selb / stund A   6 Messgewand (RE³ 10. 529)   34 proponere
40 Mt. 26, 26 ff. Lc. 22, 19 f.

euch geben wirt. Nemet hyn vnd trinckt darauß
allesapt. dz ist d' kilch des newen vñ ewigen Testa-
mēts. yn meynem bluet. das fur euch vñ fur viele
vorgossen wirt. zuuorgebūg d' sund.

Diße wort muß ein yglicher Christen in der meß fur augen haben 5
vnd fest dran hangen / als an dem haubtstück der meß / yn wilchen auch
die recht ¹ grund gutte bereytung zur meß vnd dem sacrament geleret wirt /
das wöllen wir sehen.

¶ Ezū sechsten. Wen der mensch soll mit gott zu werck kümen vnd
von yhm ettwas empfahen / so muß es also zugehen / das nit d' mensch 10
anheb vnd den ersten steyn lege / sondern gott allein on alles ersuchen vñ
begeren des menschē muß zuuor kümen / vñ yhm ein zusagūg thun / dasselb
wort gottis / ist dz erst der grund / der felß / darauff sich ernoch alle werck /
wort / gedancken / des menschen bawen / wilchs wort d' mensch muß danck-
barlich auffnehmen vñ der gotlichen zusagūg trewlich gleube vñ yhe nit dran 15
zweyffeln / es sey vñ gescheh also / wie er zusagt. Diße trew vñ glaub /
ist d' anfang mittell vñ end aller werck vñ gerechtickeit / dā die weyl er
gott die eere thut / das er yhn fur warhafftig helt vñ bekennet / macht er
yhm einen gnedigen gott / der yhn widderüb eeret vñ warhafftig bekennet
vñ helt. Also das nit muglich ist / das ein mensch auß seiner vor¹nunfft 20
vnd vormugen / solt mit wercken / hynauff genn hymel steygen vnd gott
zuuorkümen / yhn bewegen zur gnade / sondern gott muß zuuorkümen alle
werck vnd gedancken / vñ ein klar außgedruckt zusagen mit worten /
wilch den d' mensch / mit eynem rechten festen glauben ergreyff vñ behalte /
so folgt den der heylig geyst der yhm geben wirt / vmb desselben glaubens 25
willen.

¶ Ezū siebenden. Also wart Abā noch seynem fall / ein zusagung
than / da got zur schlangen sprach. Ich will zwischen dir vñ dem weyb
ein feintschafft setzen / zwischen yhrem samen vnd deynem samen / sie sol
dir dein haubt zurtretten vñ du wirst lauren auff yhren fuß / Ju wilchen 30
worten wie wol tunckel / got vorspricht / hulff der menschlichen natur / das
durch ein weyb der teuffell solt wider vberwunden werden. Diße zusage
gottis hatt Abā vnd Eua vnd alle yhre kind erhalten / biß auff Noe / daran
sie glaubt / vñ durch den selben glauben selig worden sein sonst weren sto
vorzweyffelt. Also vorsprach er sich darnach mit Noe vnd seynen kindern 35
nach der syndflut / biß auff Abrahā Geñ. xij. Den er auß seynem vatter-
land fordert / vnd sagt ym zu / das yn seynem samen solten alle heyden
gebenedeyet werden / wilcher zusagung Abrahā glaubt vnd folget / ist damit
rechtfertig vnd gottis freund worden / vnd die selbe zusagung Abrahe wirt

---

28 Gen. 3, 15   30 zur tretten A   33 Noe A   36 Gen. 12, 1 ff.

yn dem selben buch / groß vñ vil mall antzogen / gemehret vnd vorkleret /
biß das yhm Jsaac zu gesagt wirt / dʾ do solt der same seyn von wilchem
Chriſtʾ vñ alle gebenedeyung keme / In [1] dißem glauben der zusagüg / seyn   357 W
Abrahams kinder erhaltē biß auff Chriſtū / wie wol ſie yn des / durch
5 Dauid vnd vil propheten ymer baß vñ baß vornewet vnd vorkleret iſt /
Darüb nennet auch der herz die ſelbē zuſagung / ym Euāgelio / Abrahams
ſchoß / das darynnen alle behaltē worden / die mit rechtem glauben dran
hiengen vñ mit Abrahā auff Chriſtū wartteten. Darnach iſt Moſes kümen
der die ſelb zuſagung / mit vielen figurē des geſetz betzeychnet hatt / durch
10 wilchen gott dem volck von Jſrael zuʾ ſagt / das gelobte land / da ſie noch   146 E
in Aegypten warē wilcher zuſagung ſie glaubten / damit ſie erhalten ſeyn
vnd ynn daſſelb land gefuret.

     ¶ Ezü achten. Alſo auch ym newen teſtament / hat Chriſtʾ ein
zuſagen oder gelubb than / an wilche wir glauben ſollen vñ da durch frum
15 vñ ſelig werdē / das ſein die vorgeſagte wort da Chriſtus ſagt / das iſt der
kilch des newē teſtaments / die wöllē wir nu ſehen. Ein teſtament heyſſet
nit ein yglich gelubb ſondern ein letzter vnwiderzufflicher wil / des der do
ſterben wil / da mit er hyndʾ ſich leſſit ſeyne gütter beſcheyden vñ vorozdnet /
wilchen er wil auß zuteylen. Alſo (wie S. Paul ſagt zur Heb.) das eyn
20 Teſtament muß durch den todt becrefftigt werden / vnnd nichts gilt / die
weyll der noch lebet / der das Teſtament macht / dann andere gelübb bey
lebendingem leyb gethann mügen vorhyndert oder widerzufft werden / darumb
heyſſen ſie auch nit teſtamente / Darumb wo in der ſchzifft wirt angetzogen
gottis teſtament durch die propheten / iſt in dem ſelben wort den propheten
25 zuuorzſtehn geben / das gott ſolt menſche werden / vnd ſterben / vnd auff-
erſtehn / auff das ſein wort erfullet vnd beſtetiget würd / darynnen er ſolch
teſtament vorzpricht / dan ſoll er ein teſtament machē / wie er ſich voz-
ſpzicht / ſo muß er ſterbē / ſoll er ſterben / ſo muß er ein menſch ſein / vnd
iſt alſo das klein wöztlein / Teſtament / ein kurtzer begriff aller wunder
30 vnd gnaden gottis durch Chriſtum erfüllet.

     ¶ Ezum neunden. Er vnterſcheydet auch diß teſtament / vō den
andern vnd ſpzicht. Es ſey ein new ewig teſtament yn ſeynem eygen bluet
zur vozgebung der ſund / damit er auffhebt das alte teſtament / bā das
wöztlein / New / macht des Moſes teſtament alt vnd vntüchtig / das hyn-
35 furt nit mehz ſoll gelten. Das alte teſtament / war ein vozſprechen durch
Moſen gethan dem volck Jſrael / wilchem wart zugeſagt das land Canaā /
darumb ſtarb gott nit / ſondern das Oſterlamb muſt an ſtatt vnd figur
Chriſti ſterben / vnd war alſo [1] ein zeytlich teſtament / ynn bluet des oſter-   358 W
lamps / das vozgoſſen wart / zuerlangen vnd beſitzen das ſelbe land Canaan /
40 vñ wie das oſterlamb war ein zeytlich vozgencklich thier / das do ynn dem

    6 Lc. 16, 22 f.   9 Ex. 3, 6 f.   15 Lc. 22, 20   16 teſtam-
nents A   19 Hbr. 9, 16 f.   29 begrifft A

alten teſtament ſtarb vmb das land Canaan / alſo war auch das teſtament
vnd das ſelb gut oder land Canaan dꝛynnen beſcheyden vñ zu geſagt / zeyt=
lich vnd voꝛgencklich.   Aber Chꝛiſtus / das rechte oſterlamb / iſt eyn ewige
gotliche perſon / die do ſtirbt / das newe teſtament zu beſtetigen / dꝛumb
iſt das teſtament vnd gutt darynnen beſcheyden / ewig vnd vnuoꝛgencklich /   5
vnd das meynet er / do er ditz teſtament gegen yhenes ſetzt vñ ſpꝛicht.
Ein news / das yhenis allt werd vnd abſey.   Ein ewiges / nit ein zeytlichs
wie yhenis / nit von zeytlichem land odder gutt / ſondern von ewigen
güttern zu beſcheydē   In meynē blůt / nit yn eins lambs blůt / auff das
alſo das alte gantz auffgehabē / dem newen allein rawm laſſe.   10

   ¶ Ezum zehenden.   Was iſt den nu ditz teſtament oder was wirt
vns dꝛynnen beſcheyden von Chꝛiſto? furwar ein groſſer ewiger / vn=
auffſpꝛechlicher ſchatz. nemlich voꝛgebūg aller ſund. wie die woꝛt klar lautten /
ditz iſt der kilch eyns newen ewigen teſtaments yn meynem bluet / das fur
euch vnd fur viele voꝛgoſſen wirt / zur voꝛgebung der ſund / als ſolt er   15
ſagen / Sihe da menſch / ich ſag dir zu vnd beſcheyde dir / mit diſſen woꝛten /
voꝛgebung aller deyner ſund vnd das ewig leben / vnd das du gewiß ſeyeſt /
vnd wiſſeſt das ſolch gelubd dir vnwiddeꝛůfflich bleyb / ſo wil ich dꝛauff
ſterben vnd meyn leyb vnd bluet dafur geben / vnd beydes dir zum zeychen
vnd ſigell hynder mir laſſen da bey du meyn gedenckē ſolt / wie er ſagt /   20
ſo offt yhꝛ das thut ſo gedenckt an mich.   Dan zu gleych als ein mēſch /
der ettwas beſcheydet./ daneben mit ein bindet / was man yhm nach thun
ſoll / wie itzt der pꝛauch iſt / in den begegnißen vnd ſeel meſſen. alſo hatt
auch Chꝛiſtꝰ yhm ein begegniß in diſſem̄ teſtamēt gemacht / nit das er ſein
bedůrffe / ſondern das es vns nott vnd nůtz iſt / ſo wir ſein gedencken /   25
da durch wir ym glauben geſterckt / in der hoffnung befeſtigt / vnd yn der
lieb erhitzt werden / dan die weyl [1] wir auff erden leben / iſt nit anders
vnſer weſzen gethan / dan das der bőſze geyſt / mit aller welt vns mit lieb
vnd leyd ſtůrmet / die lieb Chꝛiſti auſzzuleſſchen / den glaubē zutilgē / die
hoffnung zu ſchwechen / darumb wir diſzes ſacramēts / ſeer nobdůrfftig ſein /   30
daran wir vns wider erholen mügen / wo wir ettwas abnehmen / vñ teg=
lich üben zur mehꝛung vnd beſſerung des geyſtes.

   ¶ Ezum eylfften.   Weytter hatt gott / in allen ſeynen zuſagen ge=
meyniglich neben dem woꝛt / auch ein zeychen geben / zu mehꝛer ſicherung
oder ſterck vnſzers glaubens.   Alſzo gab er Noe zů zeychen den regen bogen.   35
Abꝛahe gab er die beſchneydung zum zeychen.   Gedeon gab er den regen
auff das land vnd lampfell / vnd ſo foꝛt an findt man vil der ſelben zeychen /
yn der ſchꝛifft / [1] neben den zuſagen geben.   Dā alſzo thut mā auch in welt=
lichem teſtamēten / das nit allein die woꝛt ſchꝛifftlich voꝛfaſt / ſondern auch
ſigell oder Notarien zeychen dꝛan gehengt werden / das es yhe beſtenbig   40

     6 Hbr. 8, 13   13 Mt. 26, 28 Lc. 22, 20 1. Ko. 11, 25
20 Lc. 22, 19 1. Ko. 11. 25   22 einſchärft   35 Gen. 9, 13
36 Gen. 17, 11 Ri. 6, 37 ff.

vnd glaub wirdig ſey. Alſo hatt auch Chꝛiſtus in diſem teſtament than/
vnd ein trefftigs aller edliſt ſigill vnd zeychen/ an vnd in die woꝛt ge=
henckt/ das iſt/ ſein eygen warhafftig fleyſch vnd blůt vnter dem bꝛot vnd
weyn. Dan wir arme menſchen/ weyl wir in den funff ſynnen leben/
5 müſſen yhe zum wenigſten/ ein euſſerlich zeychen haben neben den woꝛten
daran wir vns halten vnd zuſammen kümen mugen/ doch alſo/ das das
ſelb zeychen ein ſacrament ſey/ das iſt/ das es euſerlich ſey/ vnd doch
geyſtlich ding hab vnd bedeut/ damit wir/ durch das euſerliche/ in das
geyſtliche gezoge werden/ das euſerlich mit den augen des leybs/ dz geyſt=
10 liche ynnerliche mit den augen des hertzen begreyffen.

¶ Szů zwölfften. Nu ſehen wir wie vil ſtück yn diſem teſtament
obber meſſe ſein/ Es iſt zum erſten der teſtatoꝛ/ dʼ das teſtament macht
Chꝛiſtus/ zum anderñ/ die erben den das teſtament beſcheyden wirt/ das
ſein wir Chꝛiſtẽ/ zů dꝛitten/ das teſtament an ym ſelbs/ das ſein die woꝛt
15 Chꝛiſti/ da er ſagt/ ¹ das iſt meyn leyb/ der fur euch geben wirt/ das iſt 149 E
mein blůt/ das fur euch voꝛgoſſen wirt ein new ewiges teſtament ꝛc.
Zum vierden das ſigill oder wartzeychen/ iſt das ſacrament bꝛot vñ weyn/
darunder ſein warer leyb vnd blůt/ dan es můß alles leben/ was ynn
diſem teſtament iſt/ dꝛumb hatt er es nit in todte ſchꝛifft vñ ſigill/ ſondern
20 lebendige woꝛt vnd zeychen geſetzt/ die man teglich/ widberumb handelt.
Vnd das bedeut/ dʼ pꝛieſter/ wen er die hoſtien auffhebt/ damit er nit
ſo faſt/ gott als vns anredt/ als ſolt er zu vns ſagen. Sehet da/ das
iſt das ſigill vñ zeychen des teſtaments/ darynnen vns Chꝛiſtʼ beſcheyden
hatt/ ablas aller ſünd vnnd ewiges leben/ dartzu ſtymmet auch der geſang
25 ym choꝛ/ gebenedeyt ſey dʼ do zu vns kompt yn dem namenn gottis/ das
wir bezeugen/ wie wir darynnen gütter von gott empfangen vnd nit ym
opffern oder geben. Zum funfften/ das beſcheydne gut/ das die woꝛt be=
deutten/ nemlich ablas der ſünd vnd ewigis leben. Zum ſechſten/ die
pflicht/ gedechtniß obber begengniß/ die wir Chꝛiſto halten ſollen/ das iſt
30 das wir ſolch ſein lieb vnd gnad pꝛedigen/ höꝛen vnnd betrachten ſollenn/
da durch vns reytzen vnnd erhalten zur lieb vnd hoffnung in yhn wie
ſanct Paulus daſſelb außlegt .i. Coꝛ. ri. Als offt yhꝛ eſſzet diß bꝛott vnd
trinckt diſen kilch/ ſolt yhꝛ voꝛkundigen das ſterben Chꝛiſti/ dan alſo thut
auch ein weltlicher teſtatoꝛ/ der ſeyñe erben etwas beſcheydet/ das er ein
35 ¹ gutten namen/ gunſt vnd gedechtnis hynder yhm laſſe/ das man ſeyn nit 360 W
voꝛgeſſe.

¶ Szum dꝛeytzehenden. Auß diſem allen iſt nu leychtlich zu mercken/
was ein meſſe ſey/ wie man ſich dartzu bereytten ſol/ wie man ſie halten
vñ yhꝛ bꝛauchen ſol/ vñ wie vil mißbꝛeuch hyrynnen geſchehen/ dan eben
40 wie ſich ymand ſtellen wolt/ ſo yhm tzehen tauſent gülden von eynem
gutten freund beſcheyden würden/ ſo vnd vil mehꝛ ſollen wir vns gegen

der meß halten / wilch nit anders / dan ein aller reychiſt ewiges guttes
teſtament iſt / von Chꝛiſto ſelb vns beſcheyden / vñ alſo beſcheyden / das er
150 E keyn andere vꝛſach hatt zu ſterben ge'habt / dan das er ein ſolch teſtament
machen mocht / ſo heyß begirig iſt er geweſen / ſeyne ewigen gůter auß zu
ſchütten / als er ſagt / Jch hab mit groſſez begirden begert diß oſterläb 5
mit euch zu eſſen / ehe ich ſterb / Daher kompts auch / das wir ſo blind
vnd kalt bleyben / von ſouil meſſen / dan wir wiſſen nit / was die meſſe
ſey / was wir damit machen / obber was wir dauon haben. Die weyl es
ban nit anders ban ein teſtament iſt / ſo iſt furwar / die aller edliſte vnd
nheſte bereytung zur meſſe / ein hungerige vnd ein feſter frölicher glaube 10
des hertzen / ſolch teſtamēt anzu nehmen / Wer wolt nit mit groſſem frölichen
begirden hoffnung vnd troſt gehen vnd foꝛdern tauſent gulden / ſo er wiſte
das ſie yhm an eynem oꝛth beſcheyden weren / ſonderlich ſo yhm nichts
auffgelegt were / den des teſtatoꝛs zu gedencken yhn loben vnd pꝛeyſſen.
Alſo muſtu hie fur allen dingen deyniß hertzen warnehemen / das du den 15
woꝛten Chꝛiſti glaubiſt / vnd laſſiſt ſie war ſeyn / da er zu dir vnd allen
ſagt / das iſt meyn blůt eyn news teſtament / da mit ich dir beſcheyde /
voꝛgebung aller ſund vnnd ewiges leben / wie mochſtu yhm groſſer vnehꝛe
thun / vnnd die heylgen meß höher ſchmehen / den ſo du baran nit glaubſt
ober zweyffelſt / ſo er doch das alſo gewiß hatt wollen haben / das er 20
auch ſelb dꝛauff geſtoꝛben iſt / furwar ſolcher zweyffel / were nit anders /
den leugnen / vnd leſtern Chꝛiſtus marter / ſterbē vnd alliſ gut das er da
mit hatt erlangt.

¶ Czum viertzehenden. Dꝛumb hab ich geſagt / es ligt alles an den
woꝛten diſſes ſacraments / die Chꝛiſtus ſagt / die mã fur war / ſolt mit 25
golt vnd eytel edel geſteyn faſſenñ vnnd nichts fleyſſiger fur den augen des
hertzenñ habenñ / deu glaubenñ dꝛan zu üben / Laß eynen andernñ beeten /
faſten / beychtenn / ſich zur meß vnd ſacrament bereyten / wie er wil. Thu
361 W du deſſelben gleychen / ¹ ſo ferne / das du wiſſeſt / das alliſ das / lautter
naꝛꝛn werg vnd triegerey iſt / ſo du nit die woꝛt des teſtaments fur dich 30
nympſt vnd den glaube vnd begirde dartzu erweckſt / du müſteſt lange die
151 E ſchu ¹ wiſſchen / ſedder ab leßen vnd dich erauß putzen / du ſein teſtament
erlangiſt / wo du nit bꝛieff vnd ſigell fur dich haſt / damit du bweyſſen
můgiſt dein recht zum teſtamēt / haſtu aber bꝛieff vnd ſigel / vnd glaubſt /
begereſt vnd ſuchſt es / ſo muß diꝛß werdenñ / ab du ſchon / grindicht / 35
gnetziſcht / ſtinckend vñ auffs vnreyniſt wereſt. Alſo wiltu das ſacrament
vnd das teſtament wirdig emphahen / ſich zu / das du diſſe lebēdig woꝛt
Chꝛiſti fur bꝛingiſt / dꝛauff dich baweſt mit ſtarckem glauben vnd begereſt /
was dir Chꝛiſtus dꝛynnen zugeſagt hatt / ſo wirt diꝛß / ſo biſtu ſein wirdig
vnd biſt wol bereyt. Der ſelb glaub vnd zuuoꝛſicht / muß vñ wirt dich 40
frölich machen / vnd eyne freye lieb zu Chꝛiſto erwecken / durch wilch du

dan / ein recht gutt leben anfahiſt mit luſt zu furen vnd ſund auß hertzen
zu meyden / dan wer Chriſtū liebt / wirt wol thun / was yhm gefellit /
vnd laſſen was yhm nit gefellit / wer wil yhn aber lieb habē / er ſchmeck
dan den reychtumb dißes teſtaments Chriſti / den armen ſundern vmbſonſt
5 auß lautter gnaden beſcheyden / den ſchmack bꝛingt der glaub der dem teſtament vnd zuſagen glaubt vnd trawet.   Wen Abꝛaham nit hett glaubt
der zuſagung gottis / were nymmer nichts auß yhm woꝛden / alſo gewiß
nu als Abꝛahā / Noe / Dauid / yhꝛe zuſagen haben auffgenommen vnd
glaubt / ſo gewiß müſſen wir auch dis teſtament vnd zuſagen auffnehmen
10 vnd glauben.

¶ Ezum funfftzehenden.   So dich nu wurd anfechtung (wie es dan
nit noch leſſit) der zwey ſtück eins / das erſt / das du zu gar vnwirdig
ſeyeſt ſolchs reychs teſtament / zum andern / ob du gleych wirdig wereſt /
ſey doch das gut ſo groß / das die natur ſich entſetzt für der gröſſe der
15 gütter / Dan voꝛgebung aller ſund vnd ewiges leben / was bꝛingt es nit
mit ſich?   So muſtu wie ich geſagt hab / die woꝛt Chriſti mehꝛ anſehen /
dan ſolche gedancken / er wirt dir nit liegen / deyn gedanckeñ werden dich
triegen.   Gleych als wen ein armer bettler / ya auch eynem 1 buffen würden 152 E
tauſent gulden beſcheyden / ſo wurde er nit ſie foꝛdern / auß ſeynem voꝛ-
20 dienſt odder wirdickeit / auch nit nach laſſen / vmb der gröſſe willen des
gutis / vnd ſo yemāt yhm würd furwerffen ſein vnwirdickeit vnd größe des
gutis / wurd er furwar ſich der keynis laſſen ab¹ſchꝛecken / vnd ſagen / was 362 W
geht dichs an? ich weyß ſelbs woll das ich vnwirdig byn des teſtaments /
ich foddere es nit auff meyn voꝛdienſt / als were mā mirs ſchuldig ge-
25 weßen / ſondern auff die gunſt vnd gnade des teſtatoꝛis / hatt es yhn nit
zu vil gedaucht mir zu beſcheyden / warumb ſolt ich mich ſo voꝛachten vnd
daſſelb nit foddern vnd nehmen?   Alſo muß auch hie ein blode klein mütig
gewiſſen / wider ſeyne gedancken / auff das teſtament Chriſti pochen vnd
trotzig ſein ym feſten glauben / vnangeſehen / wie vnwirdig ſie / vnd groß
30 dz gutt iſt / dan eben darumb iſts ein gottlich teſtament / das ſo groß gut /
ſo vnwirdigen bꝛingt / damit gott wil erwecken ſeyne liebe vbir alle dingk.
Alſo tröſtet Chriſtus die ſelben kleynmütigen / die das gut ſo groß dunckt
vnd ſpꝛach.   Jhꝛ kleinmütiges heufflin ſolt euch nit fürchten / es hat ewꝛm
vatter ſo wollgefallen / das er euch das ewige reych gebe.

35 ¶ Ezum ſechzehenden.   Nu ſich was haben ſie vns auß der meſſe
gemacht.   Zum erſten / haben ſie vns diße woꝛt des teſtaments voꝛpoꝛgen /
vnd geleret / man ſol ſie den leyen nit ſagen / es ſeyen heymliche woꝛt /
allein in der meſſe / vö dem pꝛieſter zu ſpꝛechen.   Hatt nit hie der teuffell
vns das haubt ſtuck von b' meſſe meyſterlich geſtolen vnb in ein ſchweygen
40 bꝛacht? dan wer hat yhe gehoꝛt pꝛedigen / das man in der meſſe / ſoll

---

11 W. A. korrigiert: anfechten   18 W. A. korrigiert: einem
armen   21 ŋemat A   25 teſtatoꝛis A   33 Lc. 12, 32

diſer wort des teſtaments warnehme vñ. drauff trotzen mit eynem feſten
glauben / das doch hett ſolt das furnhemſt ſeyn? Alſo haben ſie ſich
furchtet vñ vns furchten lernen / da kein fürcht iſt / ya da aller vnſer troſt
vnd ſicherheit an ligt. Was elender gewiſſen het man hie mit tröſten vnd
erretten kund / die fur forcht vnd betrübnis vorterbet ſein? wilcher teuffel 5

153 E hat yhn doch geſagt / das ¹ die wort die die aller gemeynſten / aller offent-
lichſten ſein ſollen / bey allen Chriſten / prieſter vnd leyen / mann vnd
weyben / iung vnd allt / ſollen aller heymlichſt vorporgen ſein? Wie ſolt
es müglich ſein das wir wiſten was meß were / wie ſie zu vben vñd
halten ſey / wen wir die wort nit ſolten wiſſen / darynnen die meſſe ſteet 10
vñ geht? Aber wolt gott / das wir deutſchen meß zu deutſch leſen /
vñ die heymlichſten wort auffs aller hohiſt ſungen / Warumb ſolten wir
deutſchen nit meß leſen auff vnſer ſprach / ſo die latiniſchen / kriechen vnd
vil andere / auff yhre ſprach meß halten? Warumb helt man nit auch
heymlich die wort der tauffe / ich tauffe dich ynn dem namen des Vatters 15
vnd Sonß vnd heyligen Geyſts / Amen? Mag hie ein yder / deutſch vnd
lautt reden / das doch nit weniger heylig wort vnd zuſagung gottis ſeyn /
warumb ſolt man nit auch laut vnnd deutſch yderman diße wort der meſſen
reden vnd hören laſſen?

163 W   ¹ ¶ Czü ſibentzehenden. So laſt vns nu lernen / das in eynem yglichen 20
gelubd gottis ſeyn zwey ding der man muß warnehmen / das ſeyn wort /
vnd zeychen. Als yn der tauff ſeynn die wort des teuffers / vñ das tauchen
vns waſſer. In der meß ſeyn die wort / vnd das brott vnd weyn. Die
wort ſeyn göttlich gelubd / zuſagung vnd teſtament / die zeychen ſein /
ſacrament / das iſt heylige zeychen. Nu als vil mehr ligt an dem teſta- 25
ment ben an dem ſacrament / alſo ligt vil mehr an den worten / den an den
zeychen / dan die zeychē mügen wol nit ſein / das dennoch der menſch die
wort habe / vnd alſo on ſacramēt doch nit an teſtament ſelig werde / Den
ich kan des ſacraments ynn der meß tegtlich nieſſen / wenn ich nur das
teſtament / das iſt / die wort vnd gelubb Chriſti / fur mich bilde / vnd 30
meynen glauben drynnen weyde vnd ſtercke. Alſo ſehen wir / das das beſte
vnnd gröſte ſtück aller ſacrament vnd der meß / ſein die wort vnd gelubb
gottis / on wilche / die ſacrament / todt vnnd nichts ſeynn / gleych wie ein

154 E leyp on ſeele / ein faß ¹ an weyn / eyn taſch an gellt / ein figur an er-
fullung / ein buchſtab on geyſt / ein ſcheyde on meſſer / vnd der gleychen / 35
das war iſt / wo wir die meß handeln / hören oder ſehen on die wort
odder teſtament / nur allein auff das ſacrament vnd zeychen warten / ſo
wirt die meß nymmer die helfft gehalten / dan ſacrament on teſtament /
iſt das futter on das cleynod behalten / gar mit vngleycher helfft vnd
teylung. 40

---

    1 warnehmen A   29 das ſacraments A   34 an on erfullung A
35 gleychen A

¶ Ezum achtzehenden. Daher ich furcht / das itzt ynn der Christenheit mehr abtgotterey durch die messen geschehen / dan yhe geschehen ist
vnter den Juden / dan wir hören nyrgent / das die meß auff den glauben
zu weyden vnnd stercken gericht werde / da zu sie doch alleyn von Christo
5 geordnet ist / vnd nur als eyn sacrament / on testament gehandelt wirt.
Es haben vil geschriben von den fruchten der messe / vnnd die selben furwar hoch hebt / die laß ich bleyben ynn yhren wirden. Aber sihe zu / das
du das alles gegen bißer achtist / wie den leyp gegen die seele / gott hatt
vnßerm glauben hie eyne weyde / tisch vnd maltzeyt bereyt / der glaub
10 weydet sich aber nicht / den alleyn vonn dem wort gottis / drumb mustu
der wort fur allen dingen war nhemen / die selben hochheben / vill drauff
geben vnd fest dran halten / so hastu nit alleyn die kleynen tropff fruchtlin
der meß / sondern auch den heubt brunnen des glaubens / auß wilchem
quillet vnd fleusset allis gutt / Wie der herr sagt Johan. iiij. Wer in
15 mich glaubt / von seynem leybe sollent fliessen flüsse des lebendigen wassers.
Item / wer do trinckt von dem wasser das ich gebe / der wirt nymmer
mehr dürsten / vnnd es wirt ynn yhm werden eyn brun eins springenden
wassers / yns ewige leben. Also sehen wir den ersten mißprauch der meß /
das wir vorloren haben das haubt gutt / das testament vnnd glauben was
20 nun darauß weytter ist gefolget / wollenn wyr auch sehen.

¶ Ezum neunzehenden. Das muß von nötten folgen / wo der glaub
vnd das wort odder zusagung gottis fallen oder noch bleyben / das da auff-
stehn an yhre stat werck vnnd falsch vormessenheyt auff die selben / dann
wo nit zusagung gottis ist / da ist keyn glaub / wo nit glaub ist / da vor-
25 misset sich yderman mit wercken zu bessern vñ gott gesellig machen / vnnd
wo dasselb fursich gaht / so wechst drauß eyn falsch sichere vormessenheit /
als sey der mensch mit gott vmb seyner werck willen / woll dran / wo es
nit fursich gaht / da hatt das gewissen keyn ruge / vnd weyß nit wie es
thun soll / das es gott gesellig werde. Also hab ich sorg / das vill men-
30 schen auß der meß / eyn gutt werck gemacht habenn / damit sie vormeynent /
eyn grossenn dienst thun / dem almechtigenn gott. Nu meynn ich / so
wir die vorigen ding recht vorstandenn habenn / das die meß nit anders
sey / den eyn testament vnnd sacrament / darynnen sich gott vorspricht /
gegen vns vnd gibt gnad vnd barmhertzickeit / so wirt sichs nit fugen das
35 wir eyn gutt werck odder vordienst solten drauß machen / den eyn testament ist nit / beneficium acceptũ / sed datum / es nympt nit wolthat von
vns / sondern bringt vns wolthat / wer hat yhe gehort das der ein gutt
werck thue / der ein testament empfehet? Er nympt woll zu sich ein wolthat / Also auch yn der meß geben wir Christo nichts / sondern nehmen
40 nur von yhm / man wolt den das ein gutt werck heyssen / das ein mensch /
still helt vñ lest ym wolthun essen vnd trincken geben / kleyden vnd heylen /

helffen / vnd löſen / gleych als / yn der tauff / da auch gottlich teſtament
vnd ſacrament iſt / niemant gott ettwas gibt / odder wol thut / ſondern
nympt ettwas / ſo auch in allen andern ſacramenten auch in der pꜩediget /
dan ſo ein ſacrñt nit ſein mag ein dienſtlich gut werck / ſo mag auch keinn
anders ein werck ſein / die weyl ſie all eyner art ſeyn / vnd natur des   5
ſacramentß odder teſtamentß iſt / das es nit ein werck ſey / ſondern ein
vbung des glaubens allein.

¶ Ezum zwentzigſten.   Das iſt wol war / wen wir zuſammen kummen
in der meß / das teſtament vnd ſacrament zu empfahen / vnd den glauben
weyden vñ ¹ ſtercken / das wir daſſelbſt eyntrechtig beetten / daſſelb gepeet   10
vmb den ¹ glauben zu erwerbē auß dē ſelben glaubē geſchehē / iſt ein
gut werck / vñ die almoſen außteyllen den armen / wie vorzeytten geſchach
da die Chꜩiſten zuſamen trugē / eſſzen vñ allerley nodturfft / das nach der
meſſe wart auß teyllet den dürfftigen / wie auß S. Paul. i. Cor. ꜩi. wir
ˡernen / aber diß werck vnd gepett / ſeyn vill ein ander dingk / dan das   15
teſtament vnd ſacrament / wilchs niemant opffern odder geben kan / widder
gott nach den menſchen / ſondern ein ygklicher ſein ſo vill nympt vnd
empfehet fur ſich allein / ſo vil er glaubt vnd trawet / gleych als ich fur
niemant auch niemant zu gutt magk das ſacramēt der tauff / der puß / der
ölung empfahen odder geben / ſondern ich nym fur mich allein die wolthat   20
darynnen von gott / vnd iſt hie nit officiū / ſeb beneficium / keyn werck odder
dienſt / ſondern allein genieß vñ gewinſt / alſo mag auch niemāt fur den
andern meß halten odder hören / ſondern ein ygklicher fur ſich ſelb allein /
dā es iſt da lauter genieß vñ nehmen / das vorſteht man alles leychtlich /
ſo mā nur der meß warnympt was ſie doch iſt / nemlich das ſie iſt eyn   25
teſtament vnd ſacrament / das iſt gottis woꜩt oder zuſagung vñ ein heyliges
zeychen des bꜩotes vnd weynß / darunder Chꜩiſtus fleyſch vnd blüt warhafftig iſt.   Dan welch voꜩnunfft magß leyden / das der ſolt heyſſen ein
gut werck fur eynem andern thun / der do her kumpt / gleich den andern /
als ein dürfftiger vñ holet fur ſich ſelb / die woꜩt vnd das zeychen gottis / 30
darynn gott yhm gnade vnd hülff voꜩſpꜩicht vñ gibt? Gottis woꜩt vñ
zeychen vnd gnade empfahen / iſt yhe nit etwas guttis von ſich geben odder
wircken / ſondern allein zu ſich nhemen.

¶ Ezü eyn vnd zwentzigſten.   Derhalben die weyl nu faſt alle welt
auß der meſſe hatt ein opffer gemaᵘꜩt / das ſie got opffern / wilchs an-   35
zweyffel der dꜩitte vnd faſt der ergiſt mißbꜩauch iſt / ſo müſſen wir hie
weyßˡlich vnterſcheydt haben / was wir hie opffern od' nit opffern. Es iſt
on allen zweyffel / das woꜩt / opffern / in der meß / da her kummen vnd
bißher blieben / das zu den zeytten d' Apoſtolen / da noch etlich vbung des
alten teſtamēts ganghafftig waren / die Chꜩiſten zuſammen trugen / eſſen   40
gellt vñ nottdurfft / wilchs neben d' meß wart außgeteyllet den dürfftigen /

---

wie ich gesagt habe / als wir noch leßen Act. iiij. Das die Christen voꝛ=
kaufften allis was sie hetten vnd bꝛachtens fur die füß der Apostolen / die
liessens dan außtepllen vnnd geben auß dem gemepnen gut / eyne vglichen
was eer bedurfft / Szo leret nu der heylig Apostel S. Pauel / das man
5 allis essen vnd wes wir bꝛauchen / sollen mit beeten vñ gottis woꝛt gebene=
deyen / vñ got darumb dancken / da her kompt das Benedicite vnnd Gracias
vbir tisch. So war der bꝛauch des alten testa'ments / wen man gott danckt /366 W
vbir den enpffangenen gütter / das man sie empoꝛ hub mit den henden
gegen gott / wie do stett ym gesez Mosi / dꝛumb haben die Apostell / auch
10 also auffgehaben / gott gedanckt / vnd speyß vñ was die Christen zusammen
trugen / mit dem gottis woꝛt gebenedeiet. Auch Chꝛiſtꝰ selbs / wie S.
Lucas schꝛeybt / hub den kilch auff vñ danckt got / tranck vnd gab den
andern / ehe er das sacrament vnd testament eynsezet.

¶ Szum zwey vnd zwenzigsten. Von disem bꝛauch seyn vbirblieben /
15 noch dꝛey warzepchen / das erst / das man / die erst vnd lezt gepett der
meß heysset Collecten / das ist voꝛsamlung / damit bezeugt wirt / das die
selben gepett / seyn gespꝛochen als ein benedicite vnd gracias vber die selben
zu sammen getragen speyß / die selben zu segen vñ gott dancken / nach d'
lere S. Pau. Das ander / das die leut nach dem Euangelio / noch zũ
20 opffer gahen / dauon der gesang den mã da selb singt / heyst offertoꝛiũ
das ist / ein opffer. Das dritte / das d' pꝛiester / mit der patenen auf hebt
vnd opffert gott / die vngeseg'nete hostiẽ / eben die selben zept wẽ mã singt 158 E
dz offertoꝛiũ vñ die leut opffern / domit angezeygt wirt / das / nit das
sacrament got geopffert wirt von vns / sondern allein die selben Collecten
25 vnd opfer der voꝛsamleten speyß vnd gütter / das da gott fur gedanckt
wirt vnd sie gesegnet / auß zutepllen allen dürfftigen. Dan hernach / da
d' pꝛiester yn der stil meß / die gesegnet hostien vnd kilch empoꝛ hebt / sagt
er kein woꝛt von dem opffer / da er doch am meysten sagen vñ gedencken
solt des opffers / wo die meß / ein opffer were / sondern wie ich dꝛobẽ
30 gesagt. Er hebt es nit gott / sondern vns empoꝛ / vns / des testaments
zuerynnern / vñ reyzen zu dem glauben an das selb. Desselben gleychen /
wen er das sacrament empheht odder gibt / gedenckt mit kein woꝛt des
opffers / das doch müst vnd solt seyn / wo das sacrament eyn opffer were /
darumb mag vnd kan die meß nit heyssen noch sein / ein opffer / des sacra=
35 mẽts halben / sondern der speyß vnd gepett zusammen getragen / darynnen
gott gedanckt / vnd sie gesegnet werden.

¶ Szü dꝛey vñ zwenzigsten. Nu ist abgangen der bꝛauch speysse
vnd gelt zusammen tragen in der meß / vnd nit mehꝛ / den noch ein war=
zepchen desselben blieben / eynen pfennig zu opffeꝛn am heyligen fest / vnd

1 AG. 4, 34 f.　4 1. Ko. 10, 31　9 Nu. 15, 19　12 Lc.
22, 17　17 Cohrs, Die Evangel. Katechismusversuche vor Luthers
Enchiridion IV, Berlin 1902, s. 323　19 1. Ko. 10, 31　29 oben
s. 305 z, 21 ff.

sonderlich am Oſtertag / da man noch / die ſlabē / ſleyſch / eyer ꝛc. zur kirchen
tregt vñ weyhen leſſit / Deñ nu an ſtatt / ſolcher opffer vnd Collecten /
ſtifft kirchen / klöſter / vnd ſpittal auffgericht ſeyn / vnd erhalten ſolten
werden / allein dazu / das den dürfftigen in eyner yglichen ſtatt / von vnd
367 W bey den ſelben / all vhr notdurfft geben | wurdt / vnd alſo keyn betteler noch   5
darbloſer vnter den Chriſten bliebe / ſondern alleſampt / von d' meſſe / gnug
hetten / an leyb vñ ſeele. Aber es iſt alles vmb keret / gleych wie dē ſele /
die meß nit recht wirt vozbracht / ſond'n als ein opfer vozſtanden / nit als
ein teſtamēt / alſo widderumb / was das opfer iſt vnnd ſeyn ſolt / das
iſt / die gütter der kirchen vnnd klöſter / ſein nymmer opffer / werden auch   10
159 E nit / den | dürfftigen / da ſie hyn gehozen / gereycht mit danck vñ gebenedeyung
gottis / darumb auch gott erzürnet / vñ leſſit es geſchehn / das der kirchen
vñ klöſter güter izt / zu krieg / weltlicher pzacht / vñ zu ſolcheʒ mißpzauch
kumpt / dʒ kein ander gutt / ſo ſchendlich vnd leſterlich gehandelt wirt vñ
vmbkompt / wilchs auch recht vnd billich iſt. Die weyll es nit dienet /   15
dazu es vozozdnet iſt / den armen / dʒ es nir wirdig bleyb / zu dienen / deñ
nur zu ſund vnd zu ſchand.

¶ Ezū vier vñ zwentzigſten. Fragiſtu deñ / was bleybt deñ nu yn
der meß / dauon ſie mag ein opffer heyſſen / Seyntemall ſouill woit on dem
ampt / vō dem opffer geſchehen. Antwozt / ich ſag / das nichts bleybt /   20
dan ſtracks vnnd kurtz vmb / wir müſſen die meſſen laſſen bleyben / ein
ſacrīt vñ teſtamēt / wilch nit ſein / noch müge ein opfer ſein / ſo wenig /
als die and' ſacrīt tauf / fermel / puß / ölung ꝛc. wir vozlbzen ſonſt / das
Euangeliū / Chriſtū / trōſt vñ alle gnade gottis / Drūb müſſen wir die meß /
bloß vnd lautter abſondern / von den gepeetten vnd geperden die dazu than   25
ſeyn von den heyligen vettern / vnd diſelben beyde / ſo weyt von eyander
ſcheyden / als hymel vnd erden / das die meß / eygentlich nit anders bleybe /
deñ das teſtament vnd ſacrament in deʒ wozte Chrī begriffen. Wʒ mehz
ober die woit da iſt / ſolle wir achten gegen die woit Chziſti als wir die
Monſtrātzen vñ Cozporall achten gegen die hoſtien vñ ſacrament ſelbs /   30
wilch wir nit anderſt achten / denn als zuſetze / damit vnd darynnen wir
das ſacrament / ſuglich vñ ehzlich handeln mügen / gleych nu / wie wir die
Monſtrantzen vnd cozpozall vnd altar tücher anſehen / gegen das ſacrament /
alſo ſollen wir alle zugeſetzte woit / werck vñ geperden d' meß / anſehen /
gegen die woit Chziſti darynnen er das teſtament ſetzt vnd gibt. Dan ſo   35
die meß oder das ſacrīt / ein opfer were / ſo müſte mā auch ſagen / das /
das eyne meſſe vñ opfer hieß / wen den krancken das ſacrament / vnß hauß
160 E bzacht wirt / ob' wen die geſunden dʒ in | d' kirchen empffiengen / vñ ſouil

1 vgl. Ad. Franz, Die kirchl. Benediktionen im Mittelalter I, Freiburg i. Br. 1909, s. 575 ff.   6 bedürftiger   20 vō A   23 tauf-
fermel ! A   26 von evander A nicht mit W. Λ. zu korrigieren, vgl.
oben s. 242 z. 10 hs.   33 Korporal, Linnentuch unter Kelch und Pa-
tene (RE³ 1, 395, 26 ff. 14, 679, 41 ff.)

meſſen vñ opffer ſein / ſzouil zů ſacrūt gehn / ſo es dan hie nit opffer iſt /
wie ſoll es dañ / ynn des prieſters hand ein opffer ſeyn / ſzo es doch /
eynerley ſacrament / eynerley brauch / eynerley nutz / vnd auff alle wege /
daſſelb ſacrament vnd teſtament iſt / bey vns allen.

5   ¹ ¶ Ezů funff vñ zwentzigſten. Drumb ſollen wir des worts / opffer / 368 W
wol warnhemen / das wir vormeſſen / etwas gott zu geben yn dem
ſacrūt / ſzo er vns darynnen alle dingk gibt / Wir ſollen geyſtlich opffern /
die weyll die leyplichen opffer abgangen / vñ in kirchen / klöſter / ſpetal
gütter vorwandelt ſeyn. Was ſollen wir den opffern? Vns ſelb / vnd
10 alliß was wir haben mit vleyſſigem gepeet / wie wir ſagen / dein will geſchehe / auff der erden als ym hymel / Hie mit wir vns dargeben ſollen /
göttlichē willen / das er von vnd auß vns mache / was er wil noch ſeyne
göttlichen wolgefallē / dartzu yhm lob vñ danck opffern / auß gantzem. hertzē
fur ſein vnauſſprechliche ſüſſe gnade vñ barmhertzickeit die er vns in bißen
15 ſacramēt zugeſagt vñ geben hat / vnd wie woll / ſolchs opffer auch auſſen
der meß geſchicht vñ geſchehen ſol / denn es nit nötlich vñ weſenlich zur
meß gehört / wie geſagt iſt / ſzo iſts doch köſtlicher / fuglicher / ſtercker / vnnd
auch angenehmer wo es mit dem hauffen vnd in der ſamlung geſchicht /
da eyns das ander / reytzt / bewegt vnd erhitzt / das es ſtarck zu gott dringt /
20 vnd damit erlanget on allen zweyffel wz es wil / Den ſzo Chriſtus hat zugeſagt / wo zwen ſein vorſamlet yn ſeynem namen / da ſey er / yn yhrem
mittel / vnd wo zwen eins ſein auff erden / ettwas zu bitten / ſoll geſchehen / als was ſie bitten / Wie vil mehr ſolten erlangen was ſie bitten /
wo ein gantze ſtatt zuſammen kompt / gott eyntrechtiglich zu loben vñ
25 bitten / wir dürfften nit vil ablas brieffe / wo wir hie recht füren / es
ſolten auch die ſeelen auß dem ſegfew̄r leychtlich erlößet werden / vnd vnzehlich gütter folgen. Aber es gaht leyder nit ſzo zu / es iſt doch alliß
vorkeret / Was d' meß evgen ¹ iſt zuthun / geben wir vns vnd wollens ſelber 161 E
thun / Was wir thun ſollen / geben wir der meß zu thun / das machen
30 alles vngelerete falſche predigere.

¶ Ezum ſechs vñ zwentzigſten. Das iſt wol war / ſolch gepeet / lob /
danck / vñ vnſer ſelbs opffer / ſollen wir nit durch vns ſelbs fur tragen fur
gottis augen / ſondern auff Chriſtum legen vnd yhn laſſen daſſelb furtragen /
wie S. Pauel leret Heb. xiij Laſſet vns altzeyt gott opffern / ein opffer
35 des lobes / wilchs iſt die frucht der lippen / die yhn bekennen vñ preyſſen /
vñ das alliß durch Chriſtū / den darumb iſt er auch ein prieſter / wie
p̄ſ. 109. ſagt. Du biſt ein ewiger prieſter / nach der weyße Melchiſedech /
das er fur vns bittet ym hymel / vnſer gepett vnd opffer emphehet / vnd
durch ſich ſelb / als ein frumer pfaff / fur gott angenehm macht / wie aber
40 mal. S. Pauel ſagt Heb. 9. Er iſt gen hymell faren / auff das er ſich
ein mitteler mache fur gottis angeſicht / fur vns / vnd Ro. 8. Chriſt⁹ 369 W

17 oben ſ. 308 z. 27 ff.   20 Mt. 18, 20. 19   34 Hbr. 13, 15
37 Pſ. 110, 4   40 Hbr. 9, 24   41 Rö. 8, 34

Jhesus / der gestorben ist / ya aufferstanden von den todten / vnd sitzt zur
rechten hand gottis / der auch fur vns redet vnd mittelt. Auß welchen
worten wir lernen das wir nit Christū / sondern Christus vns opffert / vnd
nach d' weyß / ist es leydlich / vnd nützlich / das wir die meß / ein opffer
heyssen / nit vmb yret willen / sondern das wir vns mit Christo opffern /   5
das ist / das wir vns / auff Christum legen / mit eynem festen glauben
seynes testaments / vnd nicht anders mit vnserm gepeet / lob vñ opffer /
fur gott erscheynen / den durch yhn vñ seyn mittel / vñ wir nit dran
zweyffeln / er sey vnser pfarrer oder pfaff ym hymel fur gottis angesicht.
Solcher glaub fur war macht / das Christus sich vnser annympt / vns selb /   10
vnser gepet vñ lob / furtregt / vñ sich selbs auch / fur vnß / dar gibt / im
hymel / Wo mā also die meß ein opffer hieß vnd vorstundt / were es woll
recht. , Nit das wir das sacrament opffern / sondern das wir / durch vnser
loben / beeten vnd opffern / yhn reytzen / vrsach geben / das er sich selb fur
vns ym hymel vnd vns mit yhm opffer. Als wen ich sprech / ich hett   15
eynē fursten seynen sun geopffert / so ich doch nit mehr than hett / den
das ich den selben sun bewegt hett / meyn nodt vnd gewerb / dem fursten
anzutragen vñ des suns zu eynē mittler gepraucht.

162 E (margin)

    ¶ Ezū silben vñ zwentzigsten. Aber auff die weyße vorstehen fast
wenig die meß / dan sie meynen allein der priester opffer die meß fur gott /   20
so doch disen brauch vnnd weyße eyn yglicher der das sacrament emphehet /
vbet oder vben soll / ia auch alle die / die bey der messe seyn / ob sie nit
leyplich das sacramēt empfahē / vñ noch mehr. solch weysse des opffers mag
eyn iglich christē. wo er ist / vñ alle stūd vben / wie Paulˢ sagt / Lasset
vns durch yhn alltzeit opffern / das opffer des lobiß / vnd ps. 109. Du   25
bist ein ewiger priester. Ist er ein ewiger priester / so ist er alle stund
ein priester / vnd on vnterlas opffert fur gott. Aber wir mügen nit alltzeyt
gleych seyn / drumb ist die meß eyngesetzt / das wir da zusammen kümen /
vñ in gemeyn ein solch opffer thun. Wer nu die meß anders vorstehet /
oder ybr anders praucht denn eyn testament / vñ solch opffer / der sehe zu /   30
was er vorstehe / ich vorstehe sie / wie gesagt ist / Das eygentlich nit anders
sey / dan das wir das testament emphahen / vns daneben / vns ermanen vnd
bedencken / den glauben zu stercken / vñ nit zweyffeln / das Christus ym
hymel vnser pfarrer sey / sich fur vns on vnterlas opffer / vnß / vnser gepeet /
vñ lob / furtrag vñ genhē mach / gleich ' als / wē ich den leyplichen ordenischen 35
pfarrer wolt opffern in der meß / vnd befulhe yhm meyne nott vnd gottis
lob fur zutragen / vnd er mir des ein zeychen gebe / er wölliß thun. gleych
wie ich hie / den pfarrer opffert / also opfere ich auch Christum / das ich
begere vnd glaub er nehm mich / meyn lob vnd gepett auff. vnd brings
fur gott / durch sich selbs / vnd gibt mir den selben glauben zusicheren /   40
ein zeychen / er woll es thun / das zeychen ist das sacrament brottis vnd

370 W (margin)

weyn. So wirts klar / das nit allein d' prieſter die meß opffert / ſondern
eynis yglichen ſolcher eygener glaub / b' iſt dz rechtt prieſterlich ampt /
durch wilchs Chriſt° wirt fur gott geopfert / wilchs ampt / der prieſter mit
den euſerlichen geperden der meß bedeuttet / vnd ſein alſo / alſampt gleych 163 E
5 geyſtliche prieſter fur gott.

¶ Czum acht vnd zwentzigſten. Auß diſem magſtu nu ſelb mercken /
dz yhr vil ſein / die recht meß halte vn opfern / die ſelbs nichts drüb
wiſſen / ia nit achten das ſie prieſter ſein obber meß halten mügen. Wibberumb
vil / die ſich groß mühen vnd allen vleys furwenden / meynend ſie halten
10 gar wol meß vn opffernn recht. vnd iſt doch nichts recht. Deñ alle die /
ſo den glauben haben / das Chriſtus fur ſie ein pfarer ſey ym hymell fur
gottis augen / vnd auff yhn legen / durch yhn furtragen / yhre gepett. lob.
nod vnd ſich ſelbs / nit dran zweyffeln er thu dz ſelb vnd opffer ſich ſelb
fur ſie / nehmen drauff leyplich oder geyſtliche das ſacrament vnnd teſtament
15 als ein zeychen allis deſſelbenñ / vnnd zweyffeln nit / es iſt da alle ſund
vorgeben gott gnediger vatter worden / vnd ewiges leben bereyt. Sihe
alle die / wo ſie ſein / das ſeyn rechte pfaffen / vnd halten warhafftig recht
meß / erlangen auch damit / was ſie wollen / dan der glaub muß allis thun.
Er iſt allein das recht prieſterlich ampt / vn leſſet auch niemät anders
20 ſeyn / darüb ſeyn all Chriſten man / pfaffen / alle weyber pfeffyn / es ſey
iunck ob' alt / herr oder knecht / fraw oder magd. geleret oder leye. Hie
iſt kein vnterſcheidt / es ſey denn der glaub vngleych. Wibberumb alle die
ſolchen glauben nit haben / ſondern vormeſſen ſich / die meß / als ein opffer
auff zu treyben vnd yhr ampt gott furtragen / dz ſein ölgötzen / halte
25 euſſerlich meß / wiſſen ſelbs nit was ſie machen vn müge gott nit wolgefalle / dem on rechten glaube vnmüglich iſt ettwas gefallen / wie S.
Paulus Heb. xi. ſagt. Nu iſt yhr vil / die ſolchen rechten glaube heymlich haben / vnd wiſſen ſelbs nichts drumb / vil die ſeyn nit haben / vnd
werden ſein auch nit gewar.

30 ¶ Czü neun vnd zwentzigſten. Fragen wir / was geſchicht denn /
durch die meſſen / ſo vo die ſeelen / ym ſegfewr gehaltenñ werden / ſo
doch nu ein ſolch ſtarck gewonheit iſt ein geriſſen / ſeel meſſen zu ſtifften / 371 W
vn furwar / vil bücher hier vbir gemacht. Antwort. gewöheit hynn gewöheit her / gottis wort muß vor gehe vn feſt bleybe das die meß nit 164 E
35 anb's den ein teſtamet vn ſacrament gottis ſey / wilchs nit ein gutt werck
noch opffer ſein mag / ob es wol yn dem opffer / vnnd gutten wercken
gefaſſet / mag empfangen werden / wie geſagt iſt. Drüb iſts nit zweyffel /
wer on vorgeſagten glauben meß helt / ſo vil an yhm iſt / wider ſich ſelb
noch yemand behilfft / deñ das ſacrament fur ſich ſelb / on den glauben /
40 wirckt nichts / ia got ſelber / der doch alle dingk wirckt / wirckt vnnd kan
mit keynem menſchen guts wircken / er glaub dann yhm feſtiglich / wie vil

weniger das sacrament / Es ist leichtlich gesagt. Ein meß ist krefftig / sie
geschehe von eynem frummen odder bößen pffaffen / sie sey angenehm oper
operati / nit opere operätis. Aber nit mehr datzu auff zu bringen / dañ das
viell also sagen vnd gewonet seynn / ist ein schlechte bewerung / das drumb
gutt sey. Es haben vill reychtüb vñ wollust gelobt vñ gewonett / sie müssen
drüb nit gut sein / man solt schrifft odder vornunfft dartzu bringen. Drüb
laß vns fursegen / dz wir nit narrē / ich kans nit begreyffen / dz on mis-
prauch sein solt / so vil seelmeß vñ begēgniße stifftē / sonb'lich so dz allis
fur gutte werck vnd opffer / got damit zu betzalen / geschicht / so nit anders /
dan genießen vnd emphahen hie ist / der gottlichen gnaden vns yn seynem   10
testament vnd sacrament zugesagt / vnd geben.

¶ Szum dreyssigsten. Da will ich gerne mit stymmen / das der glaub /
den ich genennet habe das recht priesterliche ampt / der vns alle zu pffaffen /
vnnd pffeffynn macht / durch wilchen / wir vns / vnser nott / gepett / lob
vnd danck auff Christo / vnd durch Christo / neben dem sacrament opffern /   15
vnd damit Christum fur gott opffern / das ist / yhm vrsach geben vnd bewegen / das er sich fur vns / vnd vns mit yhm opffert / derselb glaub sag
ich / vormag warlich alle ding ym hymel / erden / hell / vnnd fegfewr / vnd
mag dem selben glauben / niemant zuuil geben / vñ wie ich droben gesagt
165 E habe / so Christus zweyen menschen vorspricht aller ding erhörung / wie vil   20
mehr mügen bey yhm erlangen was sie wöllen / souill menschen. Ich weyß
woll das ettlich werden leychtfertig seyn / hyrynne mich eynen ketzer zu-
schelten. Aber lieber gesell / du soltist auch zu sehen / ob du es so leychtlich beweren kundist / so leychtlich du lesterst / Ich habs woll gelesen /
kenne deyn bücher auch wol / darauff du dich grübist / das du nit darffts   25
372 W dencken / ich wisse deyne kunst nit / ich sag aber das deyne kunst keyn grund
hatt / vnd magist sie auch nit beweren / wirst auch auß eynē sacrament
odder testament gottis nymmer mehr / ein opffer oder werck der gnugthüung
mache so auch die gnugthauung an yhr selbs / mehr ein menschlich dan
gotlich gesetz ist. Darüb radt ich / laßt vns des gewissen spielē vñ das   30
vngewiße farenn / das ist / wen wir den armen seelen od' ymand anders
helffen wollen / das wirs nit hynschlahen / vnd auff die meß / als ein gnugsam werck vns vorlassen / sondernn zusammen kümen zu der meß / vnd mit
dem priesterlichen glauben / alle anligende nodt / auff Christo vnd mit
Christo furtragen / bittend fur die seelen / vñ nit dran zweyffeln / wir werden   35
erhöret / so mügen wir gewiß seyn / das die seele erlöset sey / den der glaub /
auff Christus zusagen gegründ / treugt nit / feylt auch nit.

¶ Szum eyn vnd dreyssigsten. Also lesen wir das S. Monica S.
Augustinus Mutter an yhrem todt bett begeret / sie wolten yhr gedencken

5 und sich daran gewöhnt   19 oben s. 313 z. 20 ff.   28 gnug-
thüng A   30 des gewissen spielē vgl. Thiele no. 34 und Flugschriften
aus den ersten Jahren der Reformation 3, 392, 9 f.   38 s. oben s. 54
z. 30 f.

bey der meß / dan wo die meß / an yhz selb gnug were / yderma zu helffen /
was dürfften wir des glaubens vnd gepetts? Möchtestu aber sagen / wo
das war ist / ßo mocht eyn yglicher wol auff dem feld meßhalten odder
solch opffer opffern / denn es mag ein yglicher wol ein solchen glauben
5 auff dem feld zu Chzisto haben / yhm seyn gepeet / lob / nodt / vnd sach
opffern vnd befelhen / gott ym hymel furzutragen / dartzu mag er auch woll
an das sacrament vnd testament gedencken / desselben hertzlich begeren vnd
alßo geystlich empfahen / Denn wer [1] seyn begeret vñ glaubt / der empfeht 166 E
es geystlich / wie S. Augustinus lezet / was ist es denn nodt / das man
10 meß hab yn der kirchen? Antwozt. Es ist war / solcher glaub ist gnug vñ
richtet es warlich allis auß. Aber wo mochtistu an solchenñ glauben /
opffer / sacrament vñ testament gedencken / wen es nit in ettlichen benätten
özttern vñ kirchen leyplich gehädelt wurd? Gleych / als die tauff vñ absolution / wie wol on sie der glaub gnugsam ist / wo mã nit mehz thun
15 kan / doch wen sie nyrgend weren / wer kund dzan dencken vñ glauben /
oder wer kund etwz dauon wissen oder sagen? Auch die weyl gott dasselb
ßo eingesetzt hatt / muß man dasselb nit vozachten / sondern mit grossen
ehzen / lob / vnd danck an nehmen / Dan ob schon keyn sach were warumb
wir leyplich meß halten solten vnd nit allein an ynwendigen glauben vns
20 gnugen lassen / ßo were das gnug / das gott eyngesetzt vnd haben wil /
wilchs wille vns fur allen dingē gefallen vnd gnugsam vzsach sein soll /
allis zu thun vnd zu lassen. So ist auch das vozteyl da / das wir noch
ym [1] fleysch leben / vnd nit alle ßo volkomen sein vns ym geyst zu regiren. 373 W
Ist vns nodt / das wir leyplich zusammen kummen / eynis das ander mit
25 seynem egempell / gepeet / lob / vñ danck zu solchem glauben entzünden / wie
ich dzoben gesagt vnd durch leyplich sehen oder empfahen des sacraments
vnd testaments / bewegen / mehz vnd mehz pesseren den selben glauben.
Es sein vil heyligen als S/Paulus Eremita vil iar on meß yn der wüsten
blieben vnd doch nymmer on meß geweßen. Aber ßo hohe geystliche weyße
30 sein nit eynem yglichen oder d' gantzen gemeyn nach zu folgen.

¶ Szü drey vñ dreyssigsten. Doch die grossist sach / leyplich meß zu
halten ist / vmb des wozt gottis willen / wilchs niemät emperen kan / vnd
dasselb teglich muß geübt vnd getrieben sein / nit allein darumb / das teglich new Chzisten werden gepozen / getaufft / auffezzogen / sondern das wir /
35 ym mittell der welt / fleysch vñ teuffell leben / die nit rugen vns anzufechten
vñ in [1] die sund zu treyben / widder welche die sterckist weere ist das heylig 167 E
wozt gottis / das auch S. Pauel dasselb nennet ein geystlich schwerdt /
das trefftig ist widder alle sund. Das zeygt an do d' herz / die meß einsetzt / sprach er / das sollet yhz thun / menn da bey zu gedencken / als solt
40 er sagen. Als offt yhz diß sacrament vnd testament hadelt / solt yhz vo

---

9 s. oben s. 196 z. 31   26 oben s. 313 z. 17 ff.   28 Schäfer,
Luther als Kirchenhistoriker, s. 426   31 der 32. abschnitt scheint
weggefallen zu sein   37 Eph. 6, 17   39 Lc. 22, 19

mir pꝛedigen. Wie auch S. Pauel ſagt .1. Coꝛ. 11. Szo offt yhꝛ eſſe
diß bꝛott / vnnd trinckt dißenn kilch / ſolt yhꝛ pꝛedigen vnd voꝛkundigen /
den todt des herꝛn / biß das er kumpt / vnd p̄ſ. 101. Sie werden voꝛ=
kündigen zu Zion die ehꝛe gottis / vnd ſein lob zu Jeruſalem / ſzo offt
zuſammen kummen / die künige (das iſt die biſchoff vnd regirer) vnnd das   5
volck / zū gottis dienſt. Pſal. 110. Er hat eingeſetzt ein gedechtnis ſeyner
wunderthatt / damit das er ein ſpeys geben hatt allen die yhn furchten. Jnn
dißenn ſpꝛüchen ſiheſtu / wie die meß eingeſetzt iſt / Chꝛiſtū zu pꝛedigen vnd
loben / ſein leyden vñ alle ſeyne gnade vñ wolthat zu pꝛeyſſen / damit wir
yhn zu lieben / hoffen glaubenn bewegt / vnnd alſzo / auff die ſelbenn woꝛt   10
odder pꝛediget / auch einn leyplich zeychenn / das iſt das ſacrament empfahen /
auff das damit vnſer glaub mit gottlichen woꝛten vnd zeychē voꝛſoꝛgt vñ
befeſtigt / ſtarck werde / wider alle ſund / leyden / todt vnd helle / vnd allis
was widder vns iſt. Vnd wo die pꝛediget nit hett ſolt ſein / hett er die
374 W meß nymmer mehꝛ eyngeſetzet. Es iſt yhm mehꝛ am woꝛt | den an dem   15
zeychen gelegē / den die pꝛediget ſol nit anders ſein / den voꝛklerūg d' woꝛt
Chꝛiſti da er ſagt vñ die meß einſetzt / dz iſt mein leyb / dz iſt mein blut ꝛc.
Was iſt das gantz Euangeliū anders / den ein voꝛclerung diſes teſtaments?
Chꝛiſtus hatt das gantz Euangeliū / ynn eyner kurtzen ſumma begriffen /
mit den woꝛten diſes teſtaments oder ſacramentſ. Dan das Euangelium   20
iſt nit anders / den eyn voꝛkündigung gottlicher gnaden vnd voꝛgebung aller
168 E ſund durch Chꝛiſtus leyden vns geben. | Wie Sanct Pauel beweyſſet Ro.
10. vnd Chꝛiſtus Luce vlt. daſſelb haben auch yn ſich die woꝛt bißes teſta=
mentſ / wie wir geſehen haben.

¶ Ezum vier vnd dꝛeyſſigſten. Darauß mügen wir ſehen / was es   25
fur ein iamer vnd voꝛkeret weſen ſey / das ſzouill meſſen gehalten werden /
vnd doch das Euangeliū gantz gſchwigen wirt. Tretten auff vnd pꝛedigen
den armen ſeelen ſpꝛew fur koꝛn ia den todt fur das leben / meynē darnach /
ſie wollens mit menige der meß widder ſtatten / was were das fur ein
tauffen / wen der teuffer allein begöſſe das kind vnd ſpꝛeche keyn woꝛt datzu?   30
Jch beſoꝛge das es alſzo zugehe / das die heylige woꝛt des teſtaments /
darumb ſzo heymlich geleſzen / gehalten / vnd den leyenū voꝛpoꝛgen werden /
dz gott durch ſennen zoꝛn da mit bezeychne wie das gantz Euangeliū nit
mehꝛ offentlich dem volck gepꝛediget wirt / das gleych / wie die ſumma des
Euangelij voꝛpoꝛgen iſt / das auch alſzo / ſein offentlich voꝛklerung geſchwigen   35
ſey. Darnach haben ſie vns / die eyne geſtalt des weyns / gar genommen /
wie woll nicht vill dꝛan gelegen iſt / denn es mehꝛ an den woꝛten / dan am
zeychen gelegen iſt. Doch wolt ich gerne wiſſen / wer yhn die gewalt
geben hatt / ſolchs zu thun / mit der weytze mochten ſie vns auch die ander
geſtalt nemen / vnd die ledige monſtrantzen fur heyltumb zu küſſen geben.   40

1 1. Ko. 11, 26   3 Ps. 102, 22   4 die ‖ die ehꝛe A   6 Ps. 111,
4 f.   7 wunder / hatt damit A allen ‖ yhn A   22 Rö. 10, 9 ff.
23 Lc. 24, 46 f.   34 das gleych?

Zu letzt allis was Christus eingesetzt hett / auffheben / Ich furcht es sey
eyne figur vnd fur bild / die nichts guttis bedeutt / yn dißer ferlichen
vorkereten letzten zeytt. Man spricht der Pabst habs macht zuthun. Ich
sag / es sey ertichtet / er hat seyn nit ein harbreyt macht was Christ° ge-
5 macht hatt zu wandeln / vnd was er drynnen wandelt / das thut er als ein
Tyrann oft wider christ / wil hören wie sie es wollen beweren. Nit das
ich drumb wolt eynen auffrur anheben / denn mir / an dem wort mehr macht
ligt / denn an dem zeychen / sondern das ich den freuel nit leyden kan / das
sie nit allein vns vnrecht thun / sondern wollen recht darzu haben / oft vns
10 bringen / solch vnrecht ¹ nit allein zu leyden / sondern auch fur recht oft wolthat zu ¹ preyssen. Sie thun was sie wollen ßo ferne / dz wir frey bleyben /
vnrecht nit fur recht zu bekennen. Es ist gnug / dz wir vns mit Christo
lassen an den backen schlahē / es ist aber nit zuthun / das wir es loben
sollen / als haben sie woll dran than vnd ein gottis lohn vordienet.

15 ¶ Ezü funff vnd dreyssigsten. Wo wollen aber die elenden pffaffen
vnnd leyen bleyben / die von dem vorstandt der messen vnd glauben / ßo
weyt kümen seyn / das sie gleych eyn zeuberey drauß gemacht haben.
Ettlich lassen meß halten / das sie reych werden / vnd yhn in yhrem handel
gluckselig gehe. Ettlich darumb / das sie meynen / wo sie des morgens meß
20 hören / sein sie den tag sicher fur aller nodt oft ferlickeit. Etlich vmb yhre
träckeit / Ettlich noch vil nerrischer / ia auch sundlicher binck wille / finden
dennoch ßo tolle pffaffen die gelt nehmen vnnd thun yhren willen. Weytter
haben sie nu eyne meß besser gemacht denn die ander / eyne hie zu / die
ander darzu / nützlich geschetzt / da sein sieben gulden messen erfunden. Des
25 heyligen Creutzs meß hatt eyn andere tugent vbirkümen / dan vnser frawen
meß. Hie schweygt yderman still vnd lassen das volck eynher gehen / vmb
des vorfluchten schendblichen pfenings wille / der durch ßo mancherley namen
vnd tugent der meß / mit hauffen zu gelauff / also muß der glaub / gleych
wie Christus / vorkaufft werden von seynem Juda / das ist / von dem geytz
30 vnd gelt dürst. Man findt auch ettlich die vnter dem altertuch lassen
meßhalten vbir ditz oft das / kurtz vmb / allerley muß die meß thü on yhr
rechts enges werck / den glauben / des achtet niemant Die seyn nu die
besten auff erden die vil meß lassen halten / gleych ob sie damit gedechten
vil gutter werck zu samlen / das macht allis / die vnbescheydenheit die do
35 nit absondert / die zusetze / des gesangs odder gepets / von der rechten
natürlichen meß / dan ein meß ist wie die andere / vnd ist kein vnterscheydt /
denn am glauben. Den wer am aller meysten glaubt / dem ist die meß
am aller besten / vnd zum glauben dienet sie allein vnd sonst zu keynem
¹ dinge. Das ist wol war / die zugesetzten gepeet / dienen wol / eynis
40 hietzu / das ander darzu / nach lautt yhrer wort / aber die seyn nit meß noch
sacrament.

13 Jo. 18, 22   19 Franz, Die Messe, s. 103 f   20 ebenda
s. 178 ff.   24 ebenda s. 282 ff., 155 ff., 162 ff.

¶ Szum ſechs vñ dꝛeyſſigſten. So were meyn radt / das wo die
meſſen nit werden auff ſolchen glauben gerichtet / das die ſelben wurden
abethan / vñ die geſtifften ſeel meſſen gemindert / furwar / wir erzürnen
gott meħꝛ damit / dan wir voꝛſunen. Wz ſols doch ſein / das in ſtifften
vñ klöſtern / ſo geſtreng die pꝛieſter werden voꝛpunbē zu den ierlichen
376 W meſſen / die doch nit allein on ¹ ſolchen glauben / ſondern auch auff yħꝛe
weyſze vil mal vngeſchickt ſein müſſen / Chꝛiſtus ſelbs hatt niemant wolt
daꝛzu voꝛpflichten / vnd ließ vns die freyheit / da er ſagt / wen yħꝛ das
thuett / ſo thuts ŷn meyn gebechtnis / vnnd wir menſchen voꝛpflichten
vns ſo hart daꝛzu / treyben vns hynan / widder vnſer eygen gewiſſen /
Ich ſehe auch das ſolch ſtifftung vil mal keyn gutten grund hatt / ſondern
ein heymlicher geytz / ſolcher pflicht vꝛſach iſt / das wir darüb vil meſſen
auff vns laden / auff das wir zinß zeytlich guttis gnug habern / ſpꝛechen
darnach wir thunß vmb gottis willen / aber vmbſonſt vñ gottis willē ſoꝛge
ich ſolt mā wenig finden / die ſolch laſt auff ſich luden. Mags aber geſchehn / das ſie alle mit obgeſagten glauben werden gehalten / des ich mich
gar ſchwerlich voꝛſehe / ſein ſie zu dulden / wo aber nit ſo were es das
allerbeſt / dz des tagis yn eyner ſtatt nur ein meß were / vñ die ſelben mit
rechter weyſz / bey der ſamlũg des volcks gehalten. Wolt man yħꝛ aber yhe
meħꝛ habenn / das man das volck teyllet in ſouil meſſen / vnd ein yglich
teyll zu ſeyner meß voꝛoꝛdnet / da ſelbiſt ſeynen glaubē zu vben / ſein gepet
lob vnd nodt ŷnn Chꝛiſto zu opffern / wie dꝛoben geſagt iſt.

¶ Szum ſieben vnd dꝛeyſſigſten. So dan nu die meß / iſt ein teſtament vnd ſacrament / daꝛynnen zugeſagt wirt mit eynem zeychen voꝛpit-
ſchirt / voꝛgebung der ſund vñ alle gnade gottis / folget es von yħm ſelb /
wilch die beſte bereytunge daꝛzu ſey. An zweyfell iſt ſie denen gegeben /
die yħꝛ bedürffen vñ begeren. Wer bedarff aber meħꝛ voꝛgebung der ſund
171 E vnd gottis gnade / den eben die armen elenden gewiſſen / die ¹ von yħꝛen
ſunden getrieben vñ gemartert werden / ſich fürchten fur gottis zoꝛn / gericht /
todt vñ helle / die ſo recht gerne wolten eynen gnedigen got haben vñ
keyn gröſſere begirde habē / das ſein ſie warhafftig / die zur meſſe bereyt
ſein / Dan bey denen finden diſze woꝛt / ſtatt vñ rawm / da Chꝛiſtus ſagt.
Nemet hyn vnd trinckt / das iſt meyn blůt / das fur euch voꝛgoſſen wirt /
zur voꝛgebung der ſund / vnnd wo ein ſolche ſeel diſen woꝛten glaubt /
wie ſie ſchuldig iſt / ſo bꝛingt ſie von der meſſe alle frucht der meſſen /
das iſt frid vnd freud / vnd wirt alſzo geyſtlich da durch fett vñ wolge-
ſpeyſſer / wo ſie aber nit glaubt / da hilfft kein gepet / noch vill meß höꝛen /
es muß nur ŷmer erger werden. Alſzo ſagt p̄s. 22. Du haſt mir fur
mein augē bereyttet eynen tiſch / widder alle meyne anfechtung. Iſt das
nit ein clarer ſpꝛuch? was iſt nu gröſſer anfechtung denn die ſundt vnd
377 W böß ge¹wiſſen / das gottis zoꝛn altzeyt furcht vnd nŷmmer ruge hatt? Itꝛm

---

ps̄. 110. Er hatt ein gedechtnis gemacht seyner wunderthaten / vnd speyß
geben denen / die sich fur yhm furchten So ists gewiß / das den freyen /
sichern geysten / die yhre sund nit beysset / die meß keyn nütz ist / dan sie
haben noch keynen hunger zu disser speys / seyn noch zu vol / die meß wil
5 vnd muß ein hungerige seel haben / die vorlangen hab / noch vorgebung
der sund vnnd gottlicher huld.

¶ Ezum acht vnd dreyssigsten. Die weyl aber solch vortzagen vnd
vnruge des gewissen / nit anders ist / denn ein geprechen des glaubens / die
aller schwereste kranckheit / die d' mensch mag haben / an leyb vnd seele /
10 vnd sie nit auff ein mall / odder eylend mag gesund werden / ist es nütz
vnd nott / das der mensch / yhe vnruiger sein gewissen ist / yhe mehr er
zum sacramēt gähe oder meß höre / ßo doch / das er gottis wort darynnen
yhm furbilde / vnd seynen glauben daran / speysse vnd stercke / vnd yhe sich
fursehe / das er nit eyn werck oder opffer drauß mache / sondern las sie
15 bleyben ein testament vnd sacrament / drauß er wolthat nemen vnd ge-
niessen soll / vmbsonst vß auß gnaden / dadurch sein [1] hertz gegen gott süß 172 E
werde / vnd ein tröstlich zuuorsicht gegenn yhm gewynne. Dan ßo singt
d' psalter ps̄. 103. Das brot sterckt dem menschen sein hertz / vnd der
weyn macht frölich des menschen hertz.

20 ¶ Ezum neun vnd dreyssigsten. Es haben etlich gefragt ab man den
stummen auch soll das sacrament reychen. Ettlich meynen sie frundtlich zu
betriegen vß achten / man soll yhn vngesegnete hostien geben. Der schympff
ist nit gut / wirt got auch nit gefallen / der sie ßo wol zu Christen macht
hatt als vns / vß yhn eben das gepürt das vns. Darüb ßo sie vor-
25 nunfftig seyn vnnd man auß gewissen zeychen mercken kan / das sie es auß
rechter Christlicher andacht begeren / wie ich offt gesehen habe / soll man
dem heyligen geyst seyn werck lassen / vß yhm nit vorsagen / was er
foddert. Es mag sein / das sie vnwendig höher vorstandt vß glauben
haben denn wir / wilchem niemant soll freuel widderstreben. Leßen wir
30 doch von sanct Cypriano dem heyligen Marter / das er denn kinden ließ
geben / auch beyder gestalt zu Carthago do er Bischoff war / wie woll nu
dasselb auß seynen vrsachen ist abgangen. Christus ließ die kinder zu yhm
kummen / wolt nit leyden / das yhn yemandt weret / ßo hat er auch sein
wolthatt / wider stummen / noch blynden / noch lamen vorsagt / warumb
35 solt dan sein sacrament nit auch denen werden / die sein hertzlich vnd christlich begeren.

[1] ¶ Ezum viertzigsten. Sjo sehen wir / wie Christus sein heylige 378 W
kirch / mit gar wenigen gesetzen vnd wercken beladen / vnnd mit vielen zusagen zum glauben erhaben / wie woll es nu leyder vmbkeret ist / vnd mit
40 vielen / langen / schweren gesetzen vnd wercken wir getriben werden frum
zusein / wirt doch nichts drauß. Aber Christus hatt ein leychte bürde /

---

1 Ps. 111, 4 f.   18 Ps. 104, 15   30 RE³ 10, 289, 11 ff.
32 abgekommen Mc. 10, 13 ff.   41 Mt. 11, 30

geht kurtz tzu / das vbirschwenglidje frumkeyt da ist / vnd alles yn glauben
vnd trawē stett. Erfullet das Jsaias. 10. sagt. Ein kurtze volkomenheyt /
wirt eyne syndflutt voller frumkeyt bzingen / das ist der glaub / der ein
kurtz ding ist / gehöze kein gesetz noch werck datzu. Ja er schneyd abe alle
173 E gesetz vnd werck / vnd erfullet ¹ alle gesetz vnnd werck / darumb so fleusst 5
auß yhm eytell gerechtickeit / dan so volkomen ist der glaub / das er on
alle andere mühe vnd gesetz macht / allis was der mensch thut / fur gott
angenhem vnd woll than. Wie ich dauon mehz gesagt hab / ym büdjle /
vonñ den gutten Wercken. Dzumb last vns hütten fur sundē / aber vil
mehz fur gesetzen vnd gutten werckē / vnd nur wol warnehmen gottlicher 10
zusagung vnd des glaubenñ / so werden die gutten werck sich wol findē.
Das helff vns gott. A M E N.

---

2 Jes. 10, 22   8 oben s. 229 z. 27 ff.

Von dem Papsttum zu Rom wider den hochberühmten Romanisten zu Leipzig. 1520.

Am 5. mai 1520 erwähnt L. Spalatin gegenüber (WABr2,98,6 ff.) das erscheinen der schrift des Leipziger franziskaners Augustin von Alfeld Super apostolica sede (widmung vom 7. april; Lemmens, Pater Aug. v. A., Freiburg i. Br. 1899, s. 10 ff.) [1]. L. hielt zuerst den Leipziger theologieprofessor Hieronymus Dungersheim von Ochsenfurt für den eigentlichen verfasser [2], wollte mit einer erwiderung keine zeit verschwenden, sondern beauftragte damit seinen famulus, den augustiner Joh. Lonicer (WABr2,98,11 ff.; über Lo. vgl. S.99Anm.10 und Tr. Schiess, Briefwechsel der Brüder Ambrosius und Thomas Blaurer 1, Freiburg i. Br. 1908, 42), der dann auch alsbald unter L.s beihilfe (WA Br2,103,5 ff., 9 f.) Contra Romanistam fratrem Augustinum Alvelden. (widmung vom 12. mai; Lemmens s. 21 ff.) loszog. Erst als A. sein buch auch deutsch in neuer bearbeitung herausgab (widmung vom 23. april; Lemmens s. 33 ff., Weller, Repertorium typographicum no. 1315) und L. merkte, dass es auch gelehrten leuten, wie dem propste zu Bautzen, Dr. iur. utr. Niclas von Heinitz (über ihn vgl. ausser WABr2,104[2] auch Gess, Akten und Briefe 39[2]) und dem Wittenberger juristen Wolfg. Stähelin (über ihn vgl. ausser WABr2,171[3] auch Seidemann, Dr. Jacob Schenk, Leipzig 1875, 92[16], und Hermelink, Die Matrikeln der Univ. Tübingen 1, Stuttgart 1906, s. 73 no. 6) imponierte (WABr2,104,10 ff.), entschloss er sich, dem „hochberühmten Romanisten zu Leipzig" auch noch selbst mit einer deutschen schrift zu entgegnen. In demselben briefe an Spalatin vom 31. mai, in dem er diesem mitteilt: 'Lonicerus crastina absolvetur', schrieb er: 'Ego vernaculam absolvi in Alveldensem asinum, iam sub prelo nascitur'(WABr2,111,7,12f.) Wie die schrift ihm unter den händen an ausdehnung und wucht gewann, zeigt sein brief an Spalatin von c. 8. juni: 'In asinum Alveldensem invehar sic, ut Pontificis Romani non immemor sim, neutri gratificaturus; sic postulat argumenti necessitas, prodenda tandem sunt Antichristi mysteria' (WABr2,120,10 ff.). Das erscheinen seiner schrift kündigte er Spalatin für den 26. juni an(WABr2,130,20f.). Wohl sehr bald darauf erschien A.s „sermon, darin er sich beklaget, dass ihn Bruder Martinus Luther unter viel schmählichen Namen gelästert und geschändet" (Lemmens s. 40 f.) [3].

Wir reproduzieren W. A. 6, 281 A (druck von Melchior Lotther in Wittenberg).

---

1) Melanchthon meldete Joh. Hess schon am 27. (?) april (CR 1, 160): 'Scripsit et Lypsiae quidam Minorita contra Martinum de Petri potestate, opinor Lypsensium suffragiis adiutus'; gesehen habe er das buch noch nicht, es sei noch nicht im druck vollendet. Alfelds „fehdebrief" an L. von anfang mai (WABr2,79 f.; Lemmens s. 4f.) im original in Cod. Goth. A 338, ebenso A.s zwei briefe an Miltitz (Lemmens s. 5). 2) vgl. Melanchthon in der vorigen anm.: 'opinor Lypsensium suffragiis adiutus'. 3) der 2. ausgabe (Lemmens s. 101, Weller no. 1317) fügte A. einen Zusatz „etlichs dinges ßo von Bruder Martinen Luther newlich von der messe (oben s. 299 ff.) geschriben ist" bei. Diese 2. ausgabe könnte noch im juli gedruckt worden sein.

12*

27, 86 E
5, 283 W

Vorrehde.

ES ist aber etwas news auff denn plan kummen / nach dem es diße iare wol geregnet / vnd vile newer zeit erwachsenn. Wil haben mich bißher / mit schmachworten vnnd herlichen lugen antastet / wilchen es nit fast gelungenn. Nu thun sich aller erst / die tapffern helte erfur / zu Leyptzck auff dem marckt / die sich nit allein wollen lassen ansehen / sondern auch vberman mit streyt besteenn / sie sein fast wol gerustet / das mir der gleychē nit sein furkummen / die eyßenhut haben sie an den fussen / das schwert auff dem kopff / schilt vnd krebß hangen auff dem rucken / die spieß halten sie bey der schneyden / vnd stet yhn der gantz harnisch gar seyn reutterisch ann / auff die new manier / vnd wollen damit yhe beweyßen / das sie nit

87 E   (wie von mir geschul'bigt) in trawm buchern yhr zeit vorlozen / vnd nie nichts geleret haben / sondern / ein solchen preyß eriagenn / als die in der heyligen schrifft empfangen / geborn / geseugt / in der wigen gelegen / gespilt erzogen vnd erwachsen sein. Es were yhe billich / das man sich fur yhn furchte / wer es thun kunde / das sie die muhe vnnd gutte meynung nit vorgebens hetten / Hat Leyptzck sulch roßen tragen / muß das land eynen reychen poden habē. Das du aber vorstahest / was ich meyne / ßo merck drauff / Syluester / Caietanus / Eck / Emßer / vnd nw Colen vnd Louen haben yhre ritterliche that redlich an mir erzeigt / ehr vnd rum wie vordient / erlanget / des pabsts vnd ablas sache widder mich alßo beschutzt / das sie wolten / es were yhn besser geraten. Zu letzt habenn sich etlich lassen duncken das beste sein / mich anzugreyffen / wie die Pharisei Christum / eynen auffgeworffen vnd gedacht / gewinnet der ßo haben wir alle gewonnen / wirt er vberwunden / so ist er allein vorlozen / vnd achtet der hochgelart furstchtiger neydhard / ich sol es nit mercken. Nu wolan / das yhn nit alle ding mißlinge / wil ich mich eben stellenn / sam vorstund ichs spiel gar nichts /

286 W   bit sie wolten widderumb / ßo ich auff den sack werd schlaheun / nit mercken / das ich den esel habe wolt treffenn / vnnd wo sie i disse bit nit wollen erhozen / ßo bedinge ich zuuor / wo ich wurd etwas widder die newen Romanistischenn ketzer vnd schrifftlesterer sagen / das sichs nit allein annehm der arm vnmundig schreyber zu Leyptzck / ym barfusser kloster / sondern viel mehr / die großhertzigen fenrichen / die nit durffen an tag sich geben / vnd doch gerne wolten sighafftig werden / vnter eyns andern namen. Ich bit ein yglich frum Christenn mensch / wolt mein wort also auffnehmen / ob sie villeicht spottisch odder spitzig sein wurden / als auß einem hertzen

---

9 brustharnisch   19 das verdammungsurteil der Kölner theologen über L.s schriften vom 31. august 1519, dem die Löwener am 7. november beitraten, ging L. erst mitte märz 1520 gedruckt zu (K. K. 1. 266. 298)   23 Mt. 22, 35   28 nicht bei Thiele, vgl. W. A. 30[3], 446[4] 33 z. b. Dungersheim s. einleitung

gesprochenn / das sich hat muß mit grossem wehe brechen / vnnd ernst in
schimpff wandeln / angesehen das zu Leyptzck / da doch auch frum leut
seinn / die die schrifft vnd gottis wort / mit leyp vnd seel erredten / ein
solcher [1] lesterer offentlich redt vnd schreybt / der die heyligen gottis wort 88 E
5 nit hoher acht vnd handlet / dan als het sie / ein stock odder geil narr / in
der fastnacht fur ein mehrlin ertichtet. Die weyl dan / mein herr Christus /
vnd sein heyliges wort / ßo thewr / mit seinē blut erkaufft / fur ein spot
vnd narn rede wird geacht / muß ich den ernst farenn lassen / vnnd vorsuchen ob ich auch narren vnd spotten gelernet habe. du weyst yhe meyn
10 herr Jhesu Christe / wie meyn hertz stet / gegenn solche deyne ertzlesterer /
da vorlaß ich mich auff / vnnd lasses walten in deinem namen Amen. Sie
werdē dich yhe eynen herren bleyben lassen Amen.
Ich merck das solche arme leut / nit mehr suchen / dan das sie an mir einen
namen vbirkummen / hengen sich an mich / wie quot an das rad / wollenn
15 ehr mit schanden ein geschrey haben / dan sie daheym bleyben / vund der
böße geyst solcher menschenn furnehmenn dartzu praucht / das er mich nur
an bessern dingen vorhyndere. Doch laß ich mir die vrsach wilkummen
sein / von der Christenheit / etwas fur die leyen zuuorkleren / vnd den
vorfurischen meystern zu begegnnen. Darumb ich auch gedenck / mehr die
20 sach an yhr selb handeln / dan yhrem geschwetz antwortten / vnd yhre namen
schweygen / auff das sie nit erlangenn / das sie suchenn / odder hoffertig
werden / als weren sie wirdig gewesenn / mit mir zuhandeln in der schrifft.

Was der handel vnd die sach sey.

Wyr handeln ein sach / die ßouil an yhr selb / vnnotig ist / an wilcher
25 erkundung / ein yglicher wol Christē blieb / aber vnser mussig genger / die
alle heubtsachenn des Christen glaubens / selb mit fussen tretten / mussen
solch sache treyben vnd andere leut bemuhen / auff das sie nit vmbsonst
auff erden leben. Nemlich ist die sach / ob das Bapstum zu Rom / wie es
in beruf iger [1] besytzung der gewalt ist vber die gantz Christenheit (wie sie 287 W
30 sagen) herkumen sey / von gotlicher odder menschlicher ordnung / vnd wo
dem ßo were / ob man Christlich sagen muge / das alle [1] andere Christen in 89 E
der gantzen welt ketzer vñ abtruniger sein / ob sie gleych / die selben tauff /
sacrament / Euangeliū / vnd alle artickel des glaubens mit vns eintrechtick-
lich halten / außgenōme das sie yhre priester vñ bischoffe / nit vō Rom be-
35 stetigē lassen / oder wie itzt / mit gelt kauffen / vñ wie die deutschē sich essen
vñ narrē lassen / als da sein die Moscobitz weysse reussen / die Kriechen /
Behemen / vnd vil andere grosse lendere in der welt. Dan disse alle /

---

3 erretten, kaum = erredeten (erreden = oratione efficere, evincere
D. Wb.; fehlt bei Dietz)   5 bezahlter narr   13 durch mich berühmt
werden   14 dreck   20 salb A   21 verschweigen   24 ohne deren
29 herkömmlicher   30 ordnung A   36 Weissrussen

glewben wie wir / teuffen wie wir / pꝛedigen wie wir / leben wie wir /
halten auch den Bapſt in ſeynen ehren / on das ſie nit gelt geben fur yhꝛe
Biſchoff vnd pꝛieſter zubeſtetigen. wollen ſich auch mit ablas / bullenn /
bley / pergamen / vnnd was der Romiſchen war mehr ſein / nit laſſenn
ſchinden vnd ſchenden / wie die truncken / vollen deutſchen thun / ſein auch 5
bereyt das Euangelium zuhoꝛen von dem Bapſt odder Bapſts botſchafften /
vnd mag yhn doch nit widderfarᷓ. Iſt nu die fꝛag / ob diſſe alle / billich
ketzer werden geſcholten (den von diſſen allein vnd keynen andern rede vnd
handele ich) võ vns Chꝛiſten / oder ob wir billicher ketzer vnd abtrunniger
ſein. das wir ſolche Chꝛiſten allein vmb gelts wille / ketzer vnd abtrunniger 10
ſcheltenn / dan wo der Bapſt nit das Euangelium / odder botſchafft deſſelbenn
zu yhn ſendet / die ſie gerne wolten haben vnnd auffnehmen / iſts am tag /
das durch Biſchoff vnd pꝛieſter beſtetigung / nur ein vnnutz gewalt vnd gelt
geſucht wirt / dareyn ſie nit voꝛwilligen / vnd alſo ketzer vnnd abtrunniger
geſcholten werdenn. 15

    Nu hab ich gehalten vnd halt noch / das die ſelben nit ketzer noch
abtrunniger ſein / vnnd villeicht beſſer Chꝛiſten dan wir / nit alle / gleich
wie wir nit alle gutte Chꝛiſten ſeyn. Dawidder ſtreyt nw noch den andern
auch das ſeyne barfuſſiſche buchle von Leyptzck / vnd geht daher auff den
holtzſchuchenn / ia auff ſteltzenn / leſſit ſich duncken / es tret fur allen allein 20
nit in den kat / wolt villeicht auch gerne tantzen / wer yhm ein pfeiffen
keuffte / Ich muß etwas daran voꝛſuchenn vnnd ſag erſtlich.

90 E   ¶ Niemant ſol ſo nerriſch ſeyn / das ehr glewb es ſey [1] des Bapſts /
vnnd aller ſeyner Romaniſten vnnd ſchmeychler ernſte meynung / ſeine ge-
weltige vbirkeyt ſey auß gotlicher oꝛdenung / das mercke da bey / alles 25
was gotlich oꝛdnüg iſt / des wirt zu Rom nit das kleiniſte buchſtablin gehaltenn / ia es wirt voꝛſpotet / wie ein toꝛheyt / ſo ſeyn yemant gedenckt /
wie das am hellen tag iſt / ſie mugen auch leyden / das in aller welt das
288 W Euangeliü vnd Chꝛiſt'glaube zu poden ſinck / vnd gedencken nit ein har
drumb zuuoꝛyren / dartzu alle boſe exempel / geyſtlicher vnd weltlicher 30
bufferey auß Rom als auß eynem mehr aller boßheyt / fleuſſet in alle welt /
des wirt alles zu Rom gelachet / vnd wer drumb trawret / der iſt ein Von
Chꝛiſtian / das iſt / ein nar. Wo nu yhn ernſt an gottis oꝛdnung gelegen
were / hetten ſie vil tauſent nottiger ſach zutreyben / vnnd zuuoꝛ der ſie itzt
lachen vnnd ſpotten. Die weil dan ſanct Jacob ſagt / wer ein gottis 35
oꝛdnung nit helt / der ſtoffet an alle andere / wer wil ſo vnſynnig ſein /
das er gleub / ſie ſuchen gottis oꝛdenung an einem ſtuck / ſo ſie die andern
alle voꝛſpotten? Es iſt nit muglich / das yemant eine gotliche oꝛdnung
recht zu hertzen gahe / den nit die andern alle zum wenigſten bewegenn.
Nu ſein yhr ſo viel / die vber Bepſtlicher gewalt / mit ſolchem ernſt halten / 40
wilcher doch keyner / ein woꝛt dran wagt / das der andern viel groſſer /

---

31 Büberei   35 Ja. 2, 10

nottiger ordnung auch eine zu Rom nit so lesterlich vorspottet / vnd vorschmecht wurd.

    Weytter / wen deutsch land alle auff yhre knye fielen vnd betteten /
das der Bapst vnnd die Romer / an sich nehmen die selbe gewalt vnd
5 vnsere Bischoff vnd priester on gelt vmb sonst bestetigeten / wie das Euangeliü sagt / Gratis accepistis / gratis date. gebt vmbsonst ben yhr habts
auch vmbsonst / vnd solten alle kirchen mit guttenn predigern vorsorgenn /
seyntemal sie doch vbrig reych sein vnd gnug haben / das sie mochten gelt
zugeben / vnd so man drauff brung / es geburet yhn zu auß gotlicher
10 ordnung / gleub sicherlich / wir wurdenn erfinden / das sie allesampt stercker
  [1] wurden drob seyn / das nit gotliche ordnung were / solche muhe on gelt zu   91 E
haben / dan yhe yemand gewesen ist / wurden bald eyn gloßlin finden /
damit sie sich erauß wickelten / wie sie itzt findenn / das sie sich hyneyn
flechten / wurden sich mit aller bit nit lassen dartzu treybenn. Aber die
15 weyl es gelt gilt / so muß es gotlich ordnung seinn / was sie nur gedenckenn durffenn.   Mentzer bistum hat bey menschenn gedenckenn fast
acht bischoff mentel auß Rom kaufft / der ein yglicher bey dreyssig tausent
gulden gestet / ich schweyg die andern vntzeligenn bistumb / prelaturen vnd
lehn / also sol man vns deutschē narrn die nasen schneutzen / vnnd darnach
20 sagen / es sey gotlich ordnung / keynen Bischoff an Romischen gewalt zuhaben. Mich wundert das deutsch land / das yhe die helfft / so nit mehr /
geystlich ist / noch einen pfennig hat / fur den vnauß sprechlichē / vntze-
lichen / vntreglichen / Romischen dieben / buben vnd reubern. [1] Man spricht 289 W
der Endchrist sol die schetz der erden findenn / ich meyn die Romanisten
25 habenn sie funden / das vns leyp vnd leben weh thut / werden das die
deutschen fursten / vnnd der adel nit mit dapfferm ernst in der kurtz dartzu
thun / so wurd deutsch landt noch wust werde odder sich selb fressen mussen /
das were auch den Romanisten die hochste freud / die vns nit anders dan
bestien halten / vnnd ein sprichwort von vns zu Rom gemacht / also / man
30 sol den deutschen narren das golt ab leckern wie man kann. Diße lesterliche buberey / weret der Bapst nit / sehenn all durch die finger / ia sie
halten vber solchen heubt weltbubē / hoher dan vber dem heyligen Euāgelij
gottis / vnd geben fur / als weren wir zu tod narrē / es sey gotlich ordnüg /
das der Bapst in alle sodt sein hand hab / mach was er mit ydermā wil /
35 als were er ein got auff erdē / der doch yderman (so er der vbirst wolt sein
odder were) solt dienen vmb sonst. Aber ehr sie das theten / sie liessen
diß gewalt vil ehr falle / vñ nit gotlich ordnüg sein / dan kein andere ordnüg.
  [1] Sprichstu dan / warumb fechtē sie dan ob der sach so hart widder. 92 E

---

    6 Mt. 10, 8   8 überflüssig   16 vgl. W. A. 6, 421⁴   19 er-
leichterung verschaffen   24 vgl. W. A. 6, 416, z. 31 f. und Preuss,
Die Vorstellungen vom Antichrist, Leipzig 1906, s. 20 f.   30 ablocken
(auch bei Heinrich von Kettenbach)   34 Sod = Brühe; überall dabei
sein müsse

dich? Antwort / Ich hab etlich hoher ding antastet / das den glaubē vnd
gotis wort angaht. Das haben sie nit mogen vmbstossen / auch gesehen /
das sich Rom solcher gutter sachen nichts annympt / haben sie die auch
lassen fallen / vnd mich ergriffen bey dem ablas vnnd bepstlichen gewalt /
vorhofft hie denn preyß eriagen / den sie wol gewiß / wo es gelt antrifft /   5
das die heubt bubenschul zu Rom wurd yhn zufallen vnd nit stil bleybenn.
Nu ist doctor Luther ein wenig hoffertig / vnd gibt nit vil auff der
Romanisten runtzē vnd gruntzen / das wil yhn das hertz brechen / da fragt
meyn herr Christus nit nah /D. Luther auch nichts / vnd meynen / das
Euangelium muß vnd sol furtgahn. Nu frag ein ley solch Romanisten /   10
vnnd laß antwort geben / warumb sie alle gotlich ordnung vorwusten vn
vorspotten / vnd ob dieser ßo grewlich wutend / die sie doch nit mugen
antzeygen / wo zu sie nutz / gut vnd not sey / dan seynd das sie stanthafftig
ist worden / ist nit anders / dan eytel vorterbenn der Christenheyt drauß
erstanden / und mag niemant antzeygen ein gut nutzlich stuck das erauß   15
kommen sey. Dauon ich weyter sagen wil / wen disser Romanist widder
kumpt / vnd den heiligen Stul zu Rom an tag bringen / ob got woll / wie
er wirdig ist.

Diß hab ich gesagt / nit das ich damit bepstlichen gewalt bestritten
haben / als mit gnugsamer vrsach / sondern / das ich antzeyge die vorkarte   20
meynung / der die die mucken fahen / vnd Elephanten lassen faren / sehen
den stab in des nehsten aug / vnnd lassen yhre balcken stehn / nur das sie
mit vbrigen vnnotigen sachen / andere / ßo sie mochten / todten / vnd ßo sie
nit mugen / doch ketzer vnd wie sie wollen lestern / wilcher einer ist / diser
zarter frumer Romanist zu Leyptzck / den woln wir nu besehen.   25

290 W   ¹ Ich befind drey starcke grund / auß wilchenn mich angreyffet / das
93 E   fruchtbar / edle buchle des Romanistē von ¹ Leyptzick.

Der erst vnd aller sterckist / das er mich schillit eynen ketzer / vn-
sinnigē / blinden / narren / besessenen / schlägen / vorgifften wurm / vnd der
selbē namen viel mehr / nicht ein mal / sondern fast durchs gantz buchlen   30
an allen blettern. Dis scheltwort / schmach / vnnd lesterungen / gelten in
andern buchern nichts / Aber wo einn buch zu Leyptzck ym barfusser kloster
wirt gemacht / von einem Romanisten / in der hohen heyligen obseruantz
sanct Frācisci / da sein es nit allein gutte wort der messickeyt / sondern auch
starck grund / des Bapsts gewalt / ablas / schrifft / glauben vnd die Christen-   35
heit zuuorfechten / vnnd ist nit not / das des eyneß werd mit schrifft odder
vornunfft beweyßet / sondern / ist gnug / das sie bloß daher gesetzt werden /
von einem Romanisten vnnd heyligen obseruanter sanct Francisci. Die
weil dan diser Romanist auch selbs schreybt / das die Juden mit solchem

---

    13 seitdem   19 bestlichen A   21 Mt. 23, 24.   22 Mt. 7, 3
23 überflüssigen   27 fruchtbar / anspielung auf den titel von Alfelds
deutscher schrift: Eyn gar fruchtbar vñ nutzbarlich buchleyn . . .   39 Super
apostolica sede Eᵃ (zitiert W. A. 6, 290ᵃ)

grundt Chriſtū ſelbs am Creutz vberwunden haben / Muß ich mich auch
gefangen geben / vnd bekennē / das ſo vil / ſchelten / vormaledeyen / ſchmehen
vnd leſtern / gilt / hat der Romaniſt doctor Luthern gewißlich vberwunden /
vnd muß yhm diſen grund laſſen bleyben.

5   Der ander grund / das ichs mit kurtzen worten begreyff / iſt naturlich vornunfft / laut alſo.

A   Ein igliche gemeyne, auff erden / ſol ſie nit zurfallen / muß haben ein
leyplich heubt / vnder dem rechten heubt Chriſto.

B   Die weil dan die gantz Chriſtenheyt iſt einn gemeine auff erden /
10   Muß ſie ein heubt haben / vnd das iſt der Bapſt.

Diſzen grund hab ich mit den buchſtaben A. B. vorzeychnet / vmb klares
vorſtands willen / auch antzutzeigenn / das diſzer Romaniſt das Abece ſchir
kan biß auff das B.

Artwort ich nu zu diſſem grund / die weyl diſe ſach darinnen ſtet /
15 ob des Bapſts gewalt auß gotlicher ordenung beſtehe / Iſts nit ein wenig
lecherlich / ¹ das mā die vornunfft von zeytlicher dingen prauch geſchepfft / 291 W
wil antzyhē / vnd dem gotlichē geſetz gleychen / ſonderlich ſo diſzer arm vor-
meſſener menſch ſich vorſpricht / mit got¹lichem geſetz widder mich handlen. 94 E
Dan was weltlich ordnung vnd vornunfft weyſet / iſt gar weyt vnter dem
20 gotlichē geſetz. Ja die ſchrifft vorpeut / man ſol nit folgen der vornunfft /
Deut. zij. Du ſolt nit thun was dich recht dunck. dan die vornüfft
altzeit widder gottis geſetze ſtrebet. wie Gen. vi. alle gedancken vnnd
ſyn des menſchlichen hertzen / ſtehn zu dem ergiſten alletzeyt / darumb mit
vornunfft ſich vnderſtehen / gottis ordnung zu grunden oder ſchutzen / ſie
25 ſey dan mit glauben vorhyn gegrundet vnnd erleuchtet / ſo iſts als wen
ich die helle Sonne mit eyner finſtern latern wolt erleuchten / vnd einen
fels auff ein rohr grunden. Dan Iſaias .vij. ſetzt die vornüfft vnter den
glaubē oft ſpricht Es ſey dan das yhr glaubt / ſo werdet yhr nicht vor-
ſtendig odder vornunfftig ſein. Er ſpricht nit alſo / Es ſey dan / das yhr
30 vornunfftig ſeyt / werdet yhr nit glaubig ſeynn. Darumb het diſſer ſchreyber /
ſeyn vorkeret vornunfft wol da heym behalten / odder ſie vorhyn / in ſpruch
der ſchrifft ergrundet / auff das er nit ſo lecherlich vnd vorkerlich furgebe /
den glauben / vnd gotliche geſetz / mit bloſſer vornunfft zugrundenn / dan
ſo diſſe vornunfft ſchleuſſet / das wie ein leyplich gemeyn / muß haben eyn
35 leyplichen vberern / odder wirt nit beſtehn / Szo ſchleuſſet ſie auch weytter /
das wie einn leyplich gemeyn nit beſtehet an weyber / alſo muſt mann auch
der Chriſtenheyt einn leyplich gemeyn weyb geben / das ſie nit vorgebe /
das wirt yhe einn weydliche hure ſein muſſen. Deſſelben gleychen / ein
leyplich gemeyn beſteht nit an ein gemeyne leyplich ſtat / hauß vnd lād /
40 ſo muſt man der Chriſtenheyt auch ein gemeyne ſtat / hauß vnd land

---

17 gleichstellen   18 sich anheischig macht (Super apostolica sede
titelrückseite)   21 Dt. 12, 8   22 Gen. 6, 5   27 Jes. 7, 9

geben / wo wil man das finden? vnnd furwar zu Rom trachten ſie friſch
darnach / dan ſie haben ohe die welt faſt yhr eygen gemacht. Item ſo
muſt auch die Chriſtenheit haben ein gemeyn leyplich gut / knecht / magd /
vihe / futter / vnd des gleychen / dan kein gemeyne mag beſtehen on diſſe
ding. Nu ſihe wie ſeyn gaht diſſe vornunfft auff yhren ſteltzen.   5

95 E   Solch vngeſchickte ding ſolt ein leſemeyſter vorhyn betracht habenn /
vnnd gotliche werck odder ordnung mit der ſchrifft / vnd nit mit zeitlichen gleychnißen vnd weltlicher vornunfft beweren. Dan es geſchriebē
ſtet / das gotliche gebot werdenn gerechtfertiget / yn vnnd durch ſich ſelbs
nit von anderer eußern hulff. Item vō der weyßheit gottis ſagt der weyß 10
man / die weyßheit hat alle vbirmutigen nydergedruckt / mit yhrer eygenn
gewalt. Es iſt gar ſchimpflich / das wir gottis wort wollen mit vnſer
vornunfft vorfechtenn / ſo wir durch das wort gottis / ſollen vns widder
292 W alle ſeynd weren. wie ſanct Paulus leret / were das nit ein groſſer narr /
der ym ſtreyt / ſeynen harniſch vnd ſchwert / wolt ſchutzen mit bloſſer hand 15
odder kopff? ſo iſts auch wenn wir gottis geſetz / das vnſer wapen ſein /
mit vnſer vornunfft ſchutzen wollen.

Auß dißem hoff ich / ſey es klar / das der faule grūd dißes plauders
gar nyder ligt / vnd grundloß erfundē wirt mit allem das er drauff bawet.
Doch / das er ſein ſaſtnacht ſpiel ſelbs baß vorſtehe / ob ichs gleich zuliſſe 20
das ein vornunfft grundlich beſtund on ſchrifft / ſo beſteht doch diſſer kein
ſtuck / widder das erſt A / noch das ander B / das wollen wir ſehen.
Zum erſten / das A ſagt / es muß ein yglich gemeyn auff erden ein eyniges
leyplich heubt haben vnter Chriſto / iſt doch das nit war / wieuil findt
man furſtenthum / ſchloß / ſtet / heußer / da zwen bruder odder hern gleychē 25
gewalt regiren? Hot ſich doch das Romiſch reych lange zeyt / vnnd vil
andere reych in der welt / on ein eyniges heubt auffs beſt regiret? wie
regiren izt die Aydgenoſſenn? Item in weltlichem regiment / iſt kein
eyniger vberher ſo wir doch alle ein menſchlich geſchlecht von einem vatter
Adam kommen ſein. Das kunigreich von Frāckreich hot ſeinen kunig / 30
Vngern ſeinen / Polen / Denen / vnd ein iglich ſeinen eygen / vnd ſeyn
doch alle ein volck des weltlichē ſtands / in der Chriſtenheit on ein eyniges
heubt / vnnd zurfallen drumb die ſelben reych nit? Vnd ob ſchon keiniß
regiment ſo were / wer wolt weren / das nit ein gemeyn yhr ſelb vil
96 E vberhern vnnd nit eynen allein erwelet zu gleycher gewalt? drumb iſt 35
das ein ſchlechte furgeben von ſolchem weltlichem / vnbeſtendigem gleychniß / etwas in gottis ordenung zu meſſen / ſo es in menſchlichen ordnung
nichts ſchafft. Vnd ſo ich abermal gleich zuließe dem trewmer ſeynen
trawm war ſein / das kein gemeyn muge / on ein eynig leyplich heubt beſtehen / wie wil das folgenn auch in der Chriſtenheyt / alſo ſeynn muſſenn? 40

---

6 Alf. nennt ſich im Titel von Super apoſtolica ſede: 'ſacri bibliorum
canonis publicus lector in conventu Lipsico'   9 Ps. 19, 10   10 Spr.
11, 3   14 Eph. 6, 17   31 Dänemark

Ich sehe wol das der arme trewmer meynet in seynem syn Christlich gemeyn / sey gleych einer anderu weltlichenn gemeyn / damit er offentlich an
tag gibt / das er noch nie gelernet hat / was die Christenheit / odder Christlich gemeyn heyß / vnd solchen groben / dicken / storrigen yrthumb vnnd vn-
5 wissen het ich nit gemeynet / das in yrgent einem menschen were / vil
weniger / in eine Leypsischem heyligen / darumb muß ich zuuor erkleren
dißem groben hyrn vnd andern / so durch yhn vorfuret / was doch heyß die
Christenheit / vnnd ein heubt der Christeheit. Ich muß aber grob rede /
vnd der wort gebrauche / so sie haben gezoge in yhren wilde vorstädt.

10 Die schrifft redet vonn der Christenheyt gar einfeldiglich / vnd nur
auff eine weyß / vbir wilche / sie habe zwo andere / in denn prauch bracht.
Die erste weyße noch der schrifft / ist / das die Christenheit / heysset eyn
vorsamlunge aller Christgleubigen auff erden / wie wir ym glauben betten /
¹ Ich gleub in den heyligenn geyst / ein gemeynschafft der heyligenn / dieß 293 W
15 gemeyne odder samlug heysset aller der / die in rechtem glauben / hoffnung vnd lieb leben. Also das der Christenheyt wesen leben / vnd natur
sey / nit leyplich vorsamlung / sondern ein vorsamlug der hertze / in eine
glauben / wie Paulus sagt Eph. iiij. Ein tauff / ein glaub / ein her / Alßo
ob sie schon sein leyplich voneinander teylet tausent meyl / heyssen sie doch
20 ein vorsamlug ym geist / die weil ein iglicher prediget / gleubt / hoffet / liebet
vnnd lebet wie der ander / wie wir singen vom heylige geyst / der du hast
allerley sprach / in die eynickeit des glaube vorsamlet / das heist nu eigent-
lich ein geistliche einickeit / vonn wilcher die menschen / heissen ein ge-meine 97 E
der heiligen / wilche einickeit alleine gnug ist / zumachen eine Christenheit /
25 on wilche / kein einickeit / es sey der stab / zeit / personn / werck odder was
es sein mag / ein Christeheit machet.

Hie bey mussen wir nu Christus wort horen / der fur Pilato von
seinem kunigreich gefragt / antwortet alßo / Mein reich ist nit von disser
welt. das ist yhe ein klarer spruch / damit die Christenheit wirt außge-
30 zogen von allen weltlichen gemeynen / das sie nit leiplich sey / vnnd disser
blind Romanist macht einn leipliche gleich den andern gemeyne drauß. Er
sagt noch klerer Luce .rvij. das reich gottis kumpt nit mit einer eußerlichen weyße / vnd wirt niemandt sagen / sih da / odder hie ist es / dan
nempt war / das reich gottis ist in euch inwendig. Mich wudert das solch
35 starck / klare spruch Christi / so gar fur fastnachts laruen gehalten werde /
von diessen Romanisten / Auß wilchen klerlich yderman vorstet / das das
reich gottis (so nennet er seine Christenheit) ist nit zu Rom / auch nit
an Rom gebüden / wider hie nach da / sondern / wo da inwendig der glaub
ist / der mensch sey zu Rom / hie odder da / Also das es erlogen vnd er-

---

11 vbir A über welche hinaus   18 Eph. 4, 5   21 'Qui per
diversitatem linguarum cunctarum gentes in unitatem fidei congregasti'
(aus Veni, sancte spiritus, reple Wackernagel 1 no. 281. Vgl. 2 no.
986—988 und 3 no. 19)   28 Jo. 18, 36   32 Lc. 17, 20 f.

stuncken ist / vnd Christo als eine lugener widderstrebt / wer do sagt / das
die Christenheit zu Rom / odder an Rom gebundenn sey / vil weniger / das
das heubt vnnd gewalt da sey auß gotlicher ordnung.

Vber das / so hat er Math. am .xxiiij. gleich vorkundiget / die vor⸗
furung / die itzt vnter der Romischen kirchen namen regirt / vnd sagt / Wil 5
falscher Christus vnd Prophetenn werdenn in meinem namenn kommenn
vnd sagen sie sein Christus / werden vil vorfuren / vnnd zeychen thun / das
sie auch die außerweleten mochten vorfurenn / drumb so sie euch werden
sagen / sih / hie in den heußern ist Christus / solt yhrs nit glewbenn / sihe
da dauffen in der wustenn / solt yhr nit hynauß gahn / nempt war ich habs 10
euch vorkundigt. Solt nu das nit ein grawsamer yrthum sein / das die
eynickeit der christenlichen gemeyne / von Christo selbs / ⟨98 E⟩ auß allen leyp⸗
lichen / eußerlichen stetten vnd ortern gezogen / vnd in die geystliche ort ge⸗
legt / wirt von dissen trawmpredigern / vnter die leypliche gemeyne / wilch von
not muß an stet vnd ort gebunden sein / erzelet. wie ists muglich wilchs 15
⟨294 W⟩ vornunfft mags begreyffen? das geystliche eynickeit / vnnd leypliche eynickeit /
ein ding sey? Wil sein vnter den Christen / in der leyplichen vorsamlung
vnnd eynickeit / die doch mit sunden sich / auß der ynnerliche geystlichen
eynickeyt schliessen.

Drumb wer do sagt / das ein eufserliche vorsamlüg odder eynickeyt 20
mache ein Christenheit / der redt das seine mit gewalt / vnd wer die schrifft
drauff zeucht / der furet die gotliche warheit auff seine lugen / vnd macht got
zu einem falschen gezeugen / wie disser elendt Romanist thut / der alles
was vonn der Christenheit geschrieben stet / zeucht auff den eufserlichen
pracht Romischer gewalt / so er doch nit leugen mag / das das mehrer 25
teyl disses hauffens / vnd sonderlich zu Rom selbs / nit sein / in der geyst⸗
lichen eynickeit / das ist / in der rechten Christenheit / vmb yhres vnglaubens
vnnd boßes lebens willenn. Dan wo das ware Christen machte / das man
in der eufserlichen Romischen eynickeit ist / so were kein sunder vnter yhn /
durfften auch des glaubens nit / noch gottis gnaden / dauon sie Christen 30
wurden / sondern wer gnugsam die selb eufserliche einickeit.

Darauß folget / vnd muß folgen / das gleich wie vnter der Romischen
eynickeit sein / nit Christen macht / also muß auffenn der selben einickeit
sein / nit ketzer / noch vnchristen machen / vnnd wil horen wer mir das
wil aufflosen. Dan / was not ist zusein / das muß eine rechten Christen 35
machen / macht es aber nit einen rechten Christen / so muß es nit not sein /
gleich / wie es mich nit einen rechten Christen macht / ich sey zu Witten⸗
berg odder zu Leyppzick. Nu ists klar / das die eußerliche einickeit Romischer
vorsamlung / macht nit Christenn / so macht yhr eußernung gewißlich auch
⟨99 E⟩ kein ketzer odder abtrunniger. Drumb muß auch nit war sein / das es got⸗ 40

---

4 Mt. 24, 24 ff.   23 Super apostolica sede Kᵃ sqq.   26 selbs A
39 das ausserhalb derselben sein

lich ordnung sey / vnter der Romischen gemein zu seinn / Dan wer einn
gottlich ordnung helt / der helt sie alle / vnd mag kein on die andern gehalten werden. Also muß es ein offentliche / lesterliche lugen sein in den
heyligen geyst / wer da sagt / das die eußerliche eynickeit Romischer gewalt /
5 sey erfullung eyniger gotlicher ordnung / ßo alßo vil drynnen sein / die kein
gotliche ordnung achtenn noch erfullenn. Daher kompt es / das nit ketzerey
macht / hie odder da seynn / sondern nit recht glaubenn das macht ketzer.
Nu ists klar / das vnter der Romischen samlung sein / ist nit ym glauben /
vnd draussen sein / ist nit ym mißglaubē sein / anders weren alle gleubig
10 vnnd selig die drynnen sein / die weil kein stuck ann andere alle stuck des
glawbens geglaubt wirt.

    Derhalben / alle die Christenliche eynickeit odder gemeyne / leyplich
vnnd eußerlich / machen andern gemeynen gleich / sein rechte Juden / dan
die selben warten auch yhres Messias / das er sol / auff benanten eußer-
15 lichenn ort / nehmlich [1] zu Hierusalem / ein eußerlich reich auffrichten / vnnd   295 W
alßo den glaubenn / der allein Christ reich geistlich vnd innerlich macht
farē lassen.

    Item / Szo alle leyplich gemein / einen namen hat / von yhrem heubt /
wie wir sagen / die stadt ist Kurfurstisch / diße ist Hertzogisch / die ist
20 Franckisch / solte billich die gantz Christenheit auch Romisch odder Petersch
odder Bepstisch heyssen. Warumb heisset sie dan christenheit / Warumb
heysen wir christen als von vnserm heubt / vnnd sein doch noch auff erden?
Damit wirt angezeigt / das der gantz Christēheit kein ander heubt ist / auch
auff erdenn dan Christus / die weil sie keinen andern namen hat / dan von
25 Christo. Drumb schreybt S. Lucas act. das die iunger habē vorhyn
antiocheni geheyssen / ist aber bald gewandelt / vnnd sein Christen genant
worden.

    ¶ Weytter folget / das wie der mensch ist von zweyen naturen leyp
vnd seel / also wirt er nit nach dem leibe gerechnet / ein glidmaß der Christē-
30 heit / sondern nach der seelen ia nach dem glauben. Anders mocht man
sagen / das ein man ein edler christen were [1] dan ein weib / wie die leyplische   100 E
person eins mannes besser ist den des weybs / item ein man grosser christen
den ein kind / ein gesunder ein stercker christenn den ein sicher / einn her /
fraw / reicher vnd mechtiger / ein besser christen den ein knecht / magd /
35 armer vnd vnterthaner / do dach Paulus widderspricht Gal. v. In Christo
ist kein man / kein weyp / kein herr / kein knecht / kein Jud / kein heyd /
sondern was die leyplich person antrifft ists alles gleich / wer aber mehr
gleubt / hoffet vnd liebet / der ist ein besser christen / alßo das es offenbar
ist / Christenheit ein geystlich gemein sein / die vnter die weltliche gemeyne /
40 nit mag gezelet werden / also wenig als die geiste vnter die leyp / der glaub
vnter die zeitliche gutter.

---

    19 Kurfurtisch A   21 Bebisch A (vgl. s. 328 z. 19)   25 AG
11, 26   35 da doch Ga. 3, 28. 5, 26   38 bessey A

Das ist wol war / das gleich wie der leyp ist ein figur odder bild
der seelen / also ist auch die leyplich gemein ein furbild / disser christenlichen geystlichenn gemeyne / das gleich / wie die leyplich gemeyn / ein leiplich heubt hat / also auch die geistlich gemein / ein geistlich heubt hat.
Wer kund aber so unsinnig sein / der do wolt sagen / das die seel muste 5
haben ein leyplich heubt? das were gleich als wen ich sprech / ein lebedig
thier muste an seynem leyb auch ein gemalet heubt habenn.   Het disser
buchstaber (buchschreiber solt ich sagenn) vorstanden was ein Christenheit
ist / er het sich on zweyffel geschemet / solchs buchs zugedencken. Was ists
nu wunder / das auß einem finstern / yrrigenn kopff keyn licht / sondern 10
eytel schwartz finsterniß kommen? Also sagt sanct Paul Col. ij. das unser
leben sey nit auff erden / sondern mit Christo in got vorborgenn. Dan so
die Christenheit were ein leyplich vorsamlung / so kud man einem yglichen
an seynem leyb ansehen / ob er ein ¹ Christen / Turck / odder Jude were /
gleich als ich kan an seinem leyb ansehen / ob ehr ein man / weyb odder 15
kindt / schwartz odder weyß sey. Item / in weltlicher vorsamlung kann ich
sehenn / ¹ ob er zu Leyptzck odder Wittenberg / hie odder da / mit andern
vorsamlet ist / aber gar nicht ob er gleub odder nit / drumb hab das fest
wer nit yrren wil / das die Christenheit sey ein geistlich vorsamlung der
seelenn / in einem glaubenn / unnd das niemand seins leybs halben werd 20
fur ein Christe geachtet / auff das ehr wisse / die naturlich / eygentlich /
rechte / wesentliche Christenheit stehe ym geiste / unnd in keinem eusser-
lichenn ding / wie das mag genennet werdenn. Dan alle ander ding mag
haben ein unchristen / die yhn auch nymmer mehr einen Christenn machen /
außgenommen den rechten glaubenn / der allein Christenn macht / Darumb 25
heysset auch unßer name Christglewbigenn / unnd am Pfingstag wir singenn /
Nu bittenn wir den heyligenn geist / umb den rechten glawben aller meyst.
    Auff disse weyß / redt die heylig schrifft von der heyligen kirchen
unnd Christenheit / unnd hat kein andere weyß zureden. Wir die selben /
ist nu ein ander weyse vonn der Christenheit zureden. Nach der / heisset 30
man die Christenheit einn vorsamlung in ein hauß / odder pfar / bisthum /
ertzbistumb / bapstum / in wilcher samlung gahen die euserlichen geperden /
als singen / lesen / meßgewand. Unnd vor allen dingenn heysset man hie
den geistlichen stand die bischoff / priester und ordens leut / nit umbs
glaubens willen / den sie villeicht nit haben / sondern das sie mit eußer- 35
lichen salbenn gesegnet sein / kronen tragen / sonderlich kleyder tragen / sonder
gebet / und werck thun / und meß halten / zu kor stehen / und alles des
selben eußerlichen gottis dienst scheynen zuthun. Wie wol nw dem wortlein / geystlich / odder kirchen hie gewalt geschicht / das solch euserlich wesen
also genandt wirt / so es doch allein den glauben betrifft / der in der seele / 40
recht worhafftige / geistliche und Christen macht / hat doch der prauch vber

11 Kol. 3, 3   27 Wackernagel 2 no. 43 f., 3 no. 28 f.   32 gaben A
36 Tonsuren

206 W   101 E

hand genōmen / nit zu kleiner vorfurung vnd yrtumb vieler seelen / die do
meynen solchs eufferlich gleyssen / sey der geistliche vnd warhafftige stab
der Christenheit oder kirchē.

Von disser kirchen / wo sie allein ist / stet nit ein [1] buchstab in der 102 E
5 heyligenn schrifft / das sie von got geordenet sey. Vnnd embiete alhie trotz
allen den / die diß lesterlich / vordampt / ketzerisch buchlenn gemacht / oder
beschutzen wollen / mit allem yhren anhang / ob auch alle Vniuersiteten
mit yhn hilten / Mugen sie mir antzeygē das ein buchstab der schrifft dauon
sagt / so wil ich alle meyn rede widderruffet haben / Ich weiß aber das sie
10 myrs nit thun werdē. das geystlich recht vnd menschē gesetz / nennen wol
solch wetzen / ein kirch odder Christenheit / aber dauon handlen wir itzt
nicht. Drumb vmb mehres vorstandts vnd der kurtz willenn / wollen wir
die zwo kirchen nennen / mit vnterscheydlichen namen. Die erste / die
naturlich / grundtlich / wesentlich vnnd war[1]hafftig ist / wollen wir heyssen / 297 W
15 ein geystliche ynnerliche Christenheit. Die andere / die gemacht vnd eusserlich ist / wollē wir heyssen ein leypliche / eußerlich Christenheit / nit das
wir sie vonn einander scheydenn wollen / sondern zu gleich als wen ich
von einem menschen rede / vnd yhn nach der seelen ein geistlichen / nach
dem leyp ein leyplichen menschen nennē / oder wie der Apostel pflegt /
20 ynnerlichen vnd eußerlichen menschen zunennen. Also auch / die Christlich
vorsamlung / nach der seelen / ein gemeyne in einem glauben eintrechtig /
wie wol nach dem leyb / sie nit mag an einē ort vorsamlet werdenn / doch
ein iglicher hauff an seinem ort vorsamlet wirt.

Diße Christenheit / wirt durchs geystlich recht vnd prelaten in der
25 Christenheit regirt / hyrein gehoren alle Bepste / Cardinel / Bischoff / prelaten / priester / Monich / Nonnen / vnnd alle die ym eußerlichen wesen fur
Christen gehalten werden / sie sein warhafftig grundlich Christen odder nit /
dan ob wol disse gemeyne nit macht einen waren Christen / die weil
bestehn mugen alle die genente stende / on den glaubenn / so bleybet sie
30 doch nymer on etlich / die auch daneben warhafftige Christen sein / gleich
wie der leyp macht nit das die seele lebt / doch lebet wol die seele ym leybe /
vnd auch wol an den leyp. Die aber on glauben vnd an die ersten gemeyne / in [1] dieser ander gemeyne sein / sein todt fur got / gleißner / vnd 103 E
nur wie hultzene bilde der rechten Christenheit / vnd alßo ist das volck von
35 Israel ein figur gewest / des geystlichen volcks yrr glauben vorsamlet.

Der dritte weyße zu reden / heysset man auch kirchen nit die Christenheit / sondern die heuser zu gottis dienst erbawen / vnd weytter streckt man
das wortlein geystlich / in die zeitlichen gutter / nit der die vorhafftig geistlich sein durch den glauben / sondern die in der andern leyplichen Christen-
40 heit sein / vnd heyssen der selben guter geystlich odder der kirchen.
widderumb der leyen gutter heyssen sie / weltlich / ob gleich die leyen in

19 Rö. 7, 22 f.

der erſten geiſtlichen Chꝛiſtenheit / vil beſſer ſein vnnd recht geyſtlich. Nach
diſſer weyße gehn itzt faſt alle werck vnd regiment der Chꝛiſtenheit / vnd
iſt der nam geiſtlich gut / ſo gar in das weltlich gut gezogen / das man
itzt nichts anders da durch voꝛſteht / ſo lang / bis das ſie widder die geiſtlich noch leyplich kirche mehr achten / vmb das zeitlich gut haddern vnd   5
ſtreytenn / wie die heyden / vnnd ſpꝛechen ſie thun es vmb der kirchen vnd
geiſtlichen guter willen.   Solch voꝛkeret mißbꝛauch der ſpꝛuch vnd der dinge /
hat auffbꝛacht / das geiſtlich recht vnd menſchen geſetz zu vnſaglichem ver-
terben der Chꝛiſtenheit.

       Nu wollen wir ſehen võ dem heupt der Chꝛiſtenheit.   10

      ¶ Auß dem allen folget / das die erſte Chꝛiſtenheit die allein iſt die
warhafftige kirch / mag vnnd kan kein heubt auff erden haben / vnnd ſie
von niemant auff erden / noch Biſchoff / noch Bapſt regirt mag werden /
ſondern allein Chꝛiſtus ym hymel iſt hie das heubt / vnd regiret allein.

298 W ¹ Das beweret ſich zum erſten alſo / Wie kan hie ein menſch regieren das   15
er nit weyß noch erkenet? wer kan aber wiſſen wilcher warhafftig gleubt
odder nit? Ja wen ſich hie her bepſtlich gewalt ſtreckte ſo kund er den
chꝛiſten menſchen yhren glauben nehmen / furen / mehren / wandlen wie er
wolt / wie Chꝛiſtus kan.

      Zum andern / beweret ſichs auß der art vnd na¹tur des heubts / dan   20
104 E eins iglichen eingeleybet heubts natur iſt / das in ſein glidmaß einfliſſe /
alles leben / ſin vnd werck / wilchs auch in weltlichen heubter beweyſet
wirt / Dan ein furſt des landts / einfleuſſet in ſeyne vnterthanen / alles
was er in ſeinem willen vnd ſyn hat vnd macht / das alle ſein vnterthanen
yhm ein gleichen ſyn vnd willē empfahen / vnd thun alſo das werck das   25
ehr wil / wilchs werck dan warhafftig heyſt auß dem furſten gefloſſen / in
ſein vnterthanen / den on yhn hetten ſie das nit than. Nu·mag keinn
menſch des andern noch ſeiner eygen ſeelen / den glauben vnd alle ſyn / willen
vnd werck Chꝛiſti einfliſſen / dan allein Chꝛiſtus / dan kein Bapſt / kein
Biſchoff / mag ſouil thunn / das der glaub / vnd was ein chꝛiſtlich glidmaß   30
haben ſol / in eines menſchen hertzenn erſtehe. Nu muß ein Chꝛiſten den
ſyn / mut vnd willen haben / den Chꝛiſtus ym hymel hat / wie .i. Coꝛint.
iij. der Apoſtel ſagt / Dartzu geſchicht es / das ein chꝛiſtlich glidmaß den
glaubenn hat / den doch widder Bapſt noch Biſchoff hat / wie ſolt er dan
deſſelben heubt ſein? Auch wen er yhm ſelb nit mag das leben geben der   35
geyſtlichen kirchen / wie wil erß einem andern einfliſſen? Wer hat yhe ein
thier lebendig geſehen mit einem todten kopff? das heubt muß das leben
einfliſſenn / darumb iſtß clar / das auff erden kein ander heubt iſt der geiſtlichen Chꝛiſtenheit dan allein Chꝛiſt⁹. Auch wo ein mẽſch hie das heubt
were / ſo muſt die Chꝛiſtenheit ſo offt fallen / ſo offt der Bapſt ſturbe.   40
Dan der leyp mag nit leben wo das heubt tod iſt.

─────────────────────────────────────

23 macht einſließen   32 I. Ko. 2, 16. 3, 23

Weitter folgt / das Chriſtus in diſſer kirchen mag keinē Vicarien habē /
drumb iſt der bapſt noch Biſchoff nymer mehr / mag auch nit werden
Chriſtus vicarius odder ſtathalter in diſſer kirchē / das beweret ſich alſo
dan ein ſtathalter ſo ehr ſeinem herrenn gehorſam iſt / wirckt / treybt /
5 vnd einſteuſſet / eben das ſelb werck / in den vnterthanenn das der her ſelb
einſteuſſet / wie wir das ſehen in weltlichem regimēt / ¹ das ein wil vnd ¹⁰⁵ E
meynung iſt des herren / ſtathalter vnd vnterthanen. Aber der Bapſt mag
nit Chriſtus ſeines herren werck (das iſt glaub / hoffenung vnd lieb / vnnd
alle gnade mit tugent) einflieſſen odder machen in einem Chriſten menſchen /
10 wen er gleich heiliger weer dan ſanct Peter.

Vnd ob ſolch gleichniß vnd bewerung den ſtich nit hiltenn / die doch
gegrundt ſeinn in der ſchrifft / ſo ſtet doch ſtarck vnd vnbeweglich ſanct
Paulus ¹ Eph. iiij. do er der Chriſtenheit nur ein heubt gibt / vnd ſpricht / ²⁹⁹ W
Laſt vns warhafftig werden (das iſt / nit euſſerliche / ſondern grundlich
15 warhafftige Chriſten ſeinn) vnnd wachſen mit allen dingenn / in den / der
das heubt iſt / Chriſtus. Auß wilchem / alle glid vnnd der gantz corper
zuſammen gefügt / vnd ein glid am andern hangt / in allen gelencken /
durch wilche eins dem andern dienet vnnd hilfft / ein yglichs nach der maß
ſeines eygen wercks / mehret es den ſelben corper / vnnd beſſert ſich ſelb /
20 das eins das ander / yhe mehr vnd mehr lieb gewinnet. Hie ſpricht der
Apoſtel klar / das die beſſerūg vnd vormerunge der Chriſtenheit / wilch
ein corper iſt Chriſti / kumme allein auß Chriſto / der yhr heupt iſt. Vnnd
wo mag ein ander heubt erfunden werden auff erden / dem ſolch art zu-
geeygnet mag werdenn. Sintemal / die ſelbenn heubter das mehrer mal
25 ſelbs nichts haben / noch von lieb noch von glauben / dartzu hat er diſſe
wort / yhm ſelbs / ſanct Peter / vnnd yderman geſagt / vnnd wo ein ander
heubt wer not geweſen / het er gar vntrewlich daſſelb vorſchwigen.

Ich weyß wol etlich / die zu diſſem vnd der gleychē ſpruch ſagen
thuren / Paulus hab geſchwigen vnd da mit nit gleugnet / das auch ſanct
30 Peter ein heubt ſey / ſondern er hab den vnuorſtendigen geringe milch
ſpeyße geben. Hie ſich zu / ſie wollen das es not ſey zur ſelickeit / Peter
fur ein heubt haben / vnnd ſein ſo frech / das ſie thuren ſagē / Paulus
hab die ding geſchwigē / die zur ſelickeit nodt ſein. Alſo muſſen die vn-
uornunfftigen bocke Paulum vnd gottis wort / ehr leſtern / ehe ſie yhren
35 yrtumb liſſen vberwun'den ſein / vnd heiſſen das milchſpeyß / wan man vō ¹⁰⁶ E
Chriſto prediget / vnd ſtarck ſpeiß wen man von ſanct Peter prediget /
gerad als were Petrus ein hoher / groſſer / ſchwerer / ding zuuorſtehen /
dan Chriſtus ſelbs. Das heiſſet die ſchrifft außgelegt / vnnd D. Luthern
vberwunden / ſo muß man dem regen entlauffen / vnd ynß waſſer fallen /
40 Was ſolten ſolch ſchwetzer außrichten / ſo wir widder die Behemen vnnd

---

13 Eph. 4, 15 f.   29 zu ſagen wagen   30 1. Ko. 3, 1 f.
39 Wander, Regen no. 150

ketzer solten disputirenn? furwar nichts mehr / dan das wir damit vns alle
zu spot machten / vñ yhn vrsach geben / das sie vns alle fur vnsinnige /
tobende topff hielten / vnd yhren glauben durch solch der vnsern narheit
nur fester hielten.

Fragistu aber / Szo die Prelatenn widder heubter noch stathelter 5
sein / vber disse geistliche kirchenn / was sein sie dan? Da laß dir die
leyen auff antworten / die do sagē / sanct Peter ist ein zwelffpot / vnd
andere Aposteln seinn auch zwelff bottenn. warumb wil sich der Bapst
schemen ein botte zu sein / szo sanct Peter nit hoher ist? Seht euch aber
fur yhr leyen / das euch die hochgeleretē Romanisten nit als ketzer vor= 10
prennen / das yhr denn Bapst wolt einenn botten vnnd brieffstreger machenn?
Aber yhr habt werlich einen guten grund / dan Apostol⁹ auff kriechesch /
heist ein bot auff deutsch vnd szo nennet sie das gantz Euangelium.

300 W ¹ Szo sie dan alle boten sein eines herrē Christi / wer wil szo nerrisch
sein / das er sag / ein solch grosser her / in solcher grosser sache zur gantzen 15
welt / hab nur einenn boten / vnd der selb mache darnach andere eygene
botten? Szo muß man sanct Peter nit ein zwelffpotē / sondern ein eynigen
botten nennen / vnnd bliebe keiner ein zwelffpot / sondern werē alle sanct
Peters eylffbotē / Wo ist der prauch an hern hoffenn? Ists mit war / das
ein her vil bottē hat? Ja wan geschicht das / das vilbotē mit einer bot= 20
schafft an einē ort geschickt werdē / wie itzt vber eine stat / pfarrer / Bischoff /
Ertzbischoff / vñ Bapst seinn / on was noch mehr mittel tyrannen dar
zwischen regieren? Also hat Christus alle Aposteln / mit gleicher voller
107 E gewalt ¹ in die gantze welt gesendet / mit seinē ort vnd botschafft / wie
sanct Paulus sagt / wir sein botschafften fur Christum. Vnd .i. Corint. iiij. 25
was ist Petrus? was ist Paulus? diener durch wilche yhr seyt gleubig
worden. Diß botschafft / heist nu weyden / regieren / bischoff sein / vnd
der gleichē. Das aber der Bapst alle botten gottis yhm selbs vnterwirfft /
ist eben / als wē eins fursten bote die andern alle auffhielt vnd sie nach
seinem willen sendete / vnd er selbs nyrgen hyn liesse / wurd das dē fursten 30
wol gefallenn / er wurd es wol ynnen.

Mochtestu sagen / Ja es mag aber wol ein bot vber den andern sein /
Sag ich / einer mag besser vnd geschickter sein dan der ander / gleich wie
sanct Paul war kegen Petro. Aber die weil sie einerley botschafft bringen /
kan keiner des ampts halbē vber den andern sein / szo ist aber sanct Peter 35
kein zwelffpot / sondern der eylff botten her / vnd ein sonder botte / was
solt einer von dē andern habenn / wenn sie alle gleich einerley botschafft
vnd gewerbe von einem herren haben?

Drumb die weil alle bischoffe / nach gotlicher ordenung gleich sein /
vnd an der Aposteln stat sitzen / Mag ich wol bekennen / das auß mensch= 40
licher ordenung einer vber den andern ist / in der eußerlichen kirchen. dan

hie einfleuffet wol der Bapst / was er ym syn hat / als da ist sein geistlich
gesetz / vnd menschen werck / damit eußerlich pompen der Christenheit wirt
regirt / aber da von werden keine Christenn / wie gesagt ist. Sein auch
keine ketzer / die nit vnter den selben gesetzen vnd pompen / odder mensch-
5 licher ordnung sein / dan so manch landt so manch sytten. Das wirt
als bestetiget / durch den artickel / Jch gleub in den heyligen geist / ein
heilige christliche kirche / gemeyne der heyligem. Niemant spricht also /
Jch gleub in den heyligen geist / ein heylige Romische kirche / ein gemein-
schafft d' Romer / auff das es klar sey / die heylige kirch / nit an Rom ge-
10 punden / sondern so weyt die welt ist / in einen glaubē vorsamlet / geist-
¹ lich vnnd nit leyplich / Dan was man gleubt / das ist nit leyplich noch 108 E
sichtlich / die eußerlich Romische kirche / sehen wir alle / drum mag sie nit
sein ¹ die rechte kirche / die gegleubt wirt / wilche ist einn gemeine odder 301 W
samlung der heyligen ym glaubenn / aber niemant siht wer heylig odder
15 gleubig sey.

Die zeichern / da bey man eußerlich mercken kan / wo die selb kirch
in der welt ist / sein die tauff / sacramēt vnd das Euangelium / vnnd nit
Rom / diß odder der ort. Dan wo die tauff vnd Euangelium ist / da sol
niemant zweyffeln es sein heyligen da / vnd soltens gleich eytel kind in der
20 wigen sein. Rom aber odder bepstlich gewalt / ist nit ein zeychenn der
Christenheit / dan die selb gewalt macht keinen Christen / wie die tauff vnnd
das Euangelium thut / drumb gehoret sie auch nichts zur rechtē Christēheit / vnd ist ein menschlich ordnung.

Darumb rad ich dissem Romanisten / das er nach ein iar in die schul
25 gahe vnd lerne / was doch heisse ein Christenheit / odder einn heubt der
Christenheit / ehe er die armen ketzer mit solchen hohen / tieffen / breyten /
vnnd langen schrifftenn vortreibt. Es thut mir aber in meinem hertzen
wehe / das wir leyden mussen / von solchen tollen heiligē / das sie die
heiligen schrifft also frech frey / vnd vnuorschampt zureissen vnd lestern / sich
30 vnterstehn die schrifft zuhandeln / so sie nit gnugsam sein das sie der sew
hutten solten. Jch hab bißher gehaltē / wo man etwas mit der schrifft sol
beweren / muste die selb schrifft eygentlich zur sach dienenn. Aber nw lerne
ich / das es gnug sey / vil schrifft / rips raps zusammenn werffen / es reyme
sich odder nit / wen die weyße gilt so wil ich auß der schrifft wol beweren /
35 das rastrū besser sey dan malmesser.

Also ist das auch gethann / das er schreibt ym latinischen vnnd
deutschen / das Christus sey ein heubt / der Turcken / der heyden / der

---

5 Wander, Land no. 169   33 schnell und flüchtig   35 'Lypsensium cerevisiam studentes vocant Rastrum . . . quod . . . velut rastrum
intestina omnia sua acetositate laedit, movet et corrumpit' (De generibus
ebriosorum 1516 bei Zarncke, Die deutschen Universitäten im Mittelalter,
I, Leipzig 1857, s. 144) Malvasier   36 Super apostolica sede Bᵇ;
Büchl. v. d. päpstl. Stuhl Aijᵇ

Chꝛiſten / der keꜩer / der reuber / der hurn vnd buben. Es were nit wunder
das alle ſtein vnd holꜩ ym kloſter / den vnſeligē zu tod anſehen / vnd an-
ſchꝛeyeten vmb ſolcher graulicher leſterūg / was ſol ich ſagen / iſt Chꝛiſtus
nu ein ¹ hurwirt wurdē aller hurheuſſer / ein heubt aller moꝛder / aller keꜩer /
aller ſcheldk? weh dir du vnſeliger menſch / das du deinē herrn alſo zu   5
leſterung fur alle welt ſeꜩiſt. Der arm menſch wil ſchꝛeybenn / von dem
heubt der Chꝛiſtenheit / vnd voꝛ groſſer dolheit / meynet er / heubt vnd her
ſey ein ding. Chꝛiſtus iſt wol einn ¹ her aller dinge / der frumen vnd der
boſſen / der engel vnnd der teuffel / der iunpfrauen vnd der hurn / aber er
iſt nit ein heubt / dan allein der frumen / gleubigē Chꝛiſten / in dem geiſt   10
voꝛſamlet / dan ein heubt muß eingeleibet ſein ſeinem coꝛper / wie ich auß
ſanct Paul Eph. iiij. beweret hab / vñ muſten die glidmaß auß dem heubt
hangē / yhr werck vnd leben von yhm haben / darumb mag Chꝛiſtus nit
ſein ein heubt yrgent einer boſſen gemein / ob die ſelben yhm wol vnterwoꝛffen iſt / als einem hern. Gleich wie ſein reich die Chꝛiſtenheit / iſt   15
nit ein leiplich gemein odder reich / doch iſt yhm alles vnterwoꝛffen / was
geiſtlich / leyplich / helliſch vnd hymeliſch iſt.

Alſo haben wir / das diſer laſterſchꝛeiber / ym erſtē grund / hat mich
geleſtert vnd geſchmecht / in diſem andern grund hat er Chꝛiſtum vil mehr
dann mich geleſtert / dan ob er wol ſein heyliges gebet vnd faſtenn / kegen   20
mich armen ſunder groß achtet / hat er mich dennoch nit zum hurnwirt /
vnnd heubt bubenn gemacht / wie er Chꝛiſto thut. Nu folget der dꝛitte
grūd / da muß die hohe maieſtet gottis her halten / vnd der heilig geiſt
ein lugner vnd keꜩer werden / das nur die Romaniſtē war bleyben.

❡ Der dꝛitte grund / Iſt auß der ſchꝛifft genommen / gleich wie der   25
ander auß der voꝛnunfft / vnnd der erſt auß der vnvoꝛnunfft / das es yhe
oꝛdentlich zugehe vnd laut alſo.

Das alte teſtament iſt geweſen / ein figur des newē teſtamentis.
Die weil dann daſſelb hat ein leiplichenn vbirſten pꝛieſter gehabt / ſo muß
yhe das new auch einen ſolchen habenn / wie wolt anders die figur erfullet 30
werden / ſo doch Chꝛiſtus hat geſagt / Nit ein buchſtaben / nit ein tutel
ſol voꝛgehen vō dem geſeꜩ / es muß alles erfollet werden. Hec ille.

Nerriſcher / toꝛichter / blinder buch iſt mir nie fur kommenn. Es
hat voꝛhyn auch einer daſſelb widder mich geſchꝛiebenn / ſo grob / nerriſch /
das ichs habe muſſen voꝛachtenn / Aber weil ſie noch nit wiꜩig ſein   35
woꝛden / muß ich mit groben kopffen groblich reden / ich ſehe wol der eſel
voꝛſtehet das ſeytenſpiel nit / muß yhm diſteln fur legen.

❡ Zum erſten iſt das offentlich / das figur vnnd erfullung der figurenn /
haben ſich kegenn ander / wie ein leyplich vnd geiſtlich / odder euſſerlich
vnnd ynnerlich ding / das alles was man in der figur hat mit leyplichē   40
augen geſehen / des erfullung muß man allein mit dem glauben ſehenn /

obber ist nit erfullung / das muß ich mit exempel beweren. Das Judisch
volck ist leyplich auß dem leyplichen landt Aegipten durch viel wunder
zeichen gangen / wie ym | Exodo stet / Disse figur / bedeut nit / das wir ₃₀₃ W
auch leyplich auß Aegiptē gahn sollen / sondern vnser seelen durch einen
5 rechten glauben / geht auß von den sunden vnnd geistlicher gewalt des
teuffels / das gleich des Judischen volcks leyplich vorsamlung / bedeut die
geistlich ynnerliche vorsamlunge des christen volcks ym glauben.

Also haben sie truncken wasser von einem leyplichen felß / vnnd gessen
leyplich hymel brot / mit leyplichem mundt / so trincken vnd essen wir mit
10 dem mundt des hertzenn / von dem geistlichen felß dem hern Christo /
wen wir in yhn glewben. Item Moses hing ein schlangen auff ein holtz /
wer die ansach wart gesund / das bedeut Christum am Creutz / wer an den
selbenn gleubt wirt selig. Szo fort an das gantz alte testamēt / was es
hat in leyplichen / sichtlichen dingen / bedeut ym newen testament / geistlich
15 ynnerlich ding / die man nit sehen kan / sondern ym glauben allein besitzt.
Altzo vorstund sanct Augusti. die figuren auch / da er sagt vber Johā. iij.
Vnter der figur vnnd yhr erfullung / ist solch vnterscheyd / das die figur
gab zeitlich gut vnnd leben / aber die erfullūg gibt geistlich vnd ewiges
leben. Nu mag / der eusserlich pracht Romischer | gewalt / widder zeitlich ₁₁₁ E
20 noch ewig leben geben / drumb ist er nit allein kein erfullung der figur /
sondern auch geringer denn die figur Aaron / wilche war auß gotlicher
ordnung. Dan szo das bapstum das ewig odder zeitlich leben gebe / so
weren alle bepste selig vnd gesund / Aber wer Christū hat / vnd die geistliche kirche / der ist werlich selig / vnnd hat der figur erfullūg / doch nur
25 ym glauben. Die weil den des Bapst eusserlich pracht vnd einickeit / mit
den augen mag gesehen werden / vnd wir das alle sehen / so ists nit muglich / das er solt yrgent einer figur erfullūg sein / dan erfullung der figuren /
musten nit gesehen / sondern geglaubt werden.

Nu sihe / sein das nit seyne meistere / die den obirsten priester ym
30 alten testamēt / machē ein figur des bapstis der auch ia mehr in leyplicher
pracht ist den iener / vnd sol also ein leyplich ding / leyplich figur erfullē /
das were nit anders / dan das figur vnd erfullūg / weren gleich ein wie
das ander. Sol nu die figur bestan / so muß d' new hoh priester geistlich sein. sein zierde vn geschmuck geistlich sein / das habē auch die pro-
35 pheten gesehen / da sie vō vns gesagt haben / psal. cxxxi. deine priester werdē
antzogē sein mit dē glaubē odder gerechtickeit / vnd deine geweyeten werdē
mit freude getzirt sein. als solt er sagen / vnser priester sein figur / sein mit
seyden vnd purpur gekleidet eusserlich / aber deine priester werdē mit gnaden
ynwēdig gekleidet sein. Also ligt hie hernyder b' elend Romanist mit seiner

---

15 In Joannis ev. 12, 3, 11: 'Hoc enim interest inter figuratam
imaginem et rem ipsam: figura praestabat vitam temporalem, res ipsa,
cuius illa figura erat, praestat vitam aeternam' (MSL. 35, 1490)   35 Ps.

figur / vnd vmbſonſt ſouil ſchꝛifft zuſammē wirfft / ben der bapſt iſt ein
euſſerlich pꝛieſter / vnd wirt vō yhnen noch euſerlicher gewalt vñ ſchmuck
voꝛſtandē / dꝛumb mag vñ kan Aaron nit ſein figur geweſen ſein / wir
muſſen einen andern haben.

^{304 W}   ¶ Zum andern / das ſie doch greiffen wie weit ſie vonn der warheit
ſein / wen ſie ſchon ſo klug werenn das ſie der figur hetten / eine geiſtlich
erfullung geben / dennocht beſtund es nit / ſie hetten den einenn offent-
^{112 E} lichen ſpꝛuch der ſchꝛifft / der die figur vnd geiſtlich erfullung zuſammen
truge / ſonſt mocht ein yder dꝛauß machen was er wolt / als das die ſchlangē
durch Moſen auff gehangen Chꝛiſtum bedeut / leret mich das dꝛitte capitel
Johānis Euāgelij / wo das nit were / ſolt mein voꝛnunfft / auß der ſelben
figur gar ſeltzam wild ding ertichten. Item das Adam iſt geweſen ein
figur Chꝛiſti / muß ich nit von mir ſelbs / ſondern auß Paulo Roma. v.
leren. Item das der fels in der wuſten / bedeute Chꝛiſtum / ſagt nit die
voꝛnunfft / ſondernn Paulus i. Coꝛint. x. Alſo das niemant anders die
figur außlege / dan der heylige geiſt ſelb / der die figur geſetzt / vnd erfullung than hat / auff das / woꝛt vnnd werck / figur vnnd erfullung / vnnd
beyder voꝛklerung gottis ſelber / nit der menſchenn ſeinn / auff das vnſer
glaub / auff gotliche nit menſchliche werck vnnd woꝛt gegrundet ſey / was
voꝛfuret die Juden / dan das ſie die figuren furen noch yhrem kopff on
ſchꝛifft? was hat viel ketzer voꝛfuret / dan die figurn on ſchꝛifft außgelegt?
wen nu ſchon der Bapſt ein geiſtlich ding were / ſo gilt es dennoch nichts /
das ich Aaron wolt ſeine figure machen / es ſey ban ein ſpꝛuch fur handen /
der offentlich ſage / ſih da / Aaron iſt ein figur geweſenn des Bapſts / wer
wolt mir ſonſt noch weren das ich ſo wol mocht halten / der Biſchoff zu
Pꝛage wer figurirt durch Aaronem / das hat ſanct Auguſtinus geſagt / das
die figuren gelten nichts ym habder / wo nit ſchꝛifft daneben iſt.

 Nu gebꝛichts diſſem armen plauderer / an beyden / hat keinen geiſtlichen / ynnerlichen / hohen pꝛieſter / dar zu keinen ſpꝛuch der ſchꝛifft / felt
blind daher / auß eygenem trawm / vnnd nympt fur einen grunt / das Aaron
ſey ſanct Peter figur geweſen / da die groſte macht an ligt zu grunden
vnnd beweren / plappert mit vielen woꝛtten / das geſetz muß erfullet werdē /
vnd kein buchſtab nach bleyben. Lieber Romaniſt / wer hat daran ge-
zweiffelt / das das alt geſetz vnd ſeine figuren / muſſen ym newen erfullet
^{113 E} werden? Man durfft deiner meiſter.ſchafft hirynnen nichts. Aber hie
ſolteſtu dich laſſen ſehen / vnd beweyſen deine hohe kunſt / das die ſelb erfullung durch Petrum odder denn Bapſt geſcheh / da ſchweygeſtu wie ein
ſtock / da zureden iſt / vnd ſchwetziſt da nit not zu redenn iſt. Haſtu dein
logica nit baß gelernet / du pꝛobiꝛſt die maioꝛes die niemant anſicht / vnnd
nympſt fur gewiß die minoꝛes / die yderman anſicht / vnd ſchleuſſiſt was
bu wilt.

---

11 Jo. 3, 14 13 Rö. 5, 14 f. 15 1. Ko 10, 4 20 figuren A
26 vgl. De unitate ecclesiae 5, 8 (MSL. 43, 396 sq.)

Hoz mir zu / ich wil dich dein logica baß leren / vnd sage mit dir
eintrechtlich. Alles was vm alten hohen priester ist figurirt / muß ym
newen erfullet werdē. wie Paulus sagt .i. Coxint. ij. so ferne / sein wir
der sachen ¹ gar einß. Nu sagestu weitter / sanct Peter odder der Bapst ₃₀₅ W
5 ist figurirt worden durch Aaronem. Hie sag ich neyn / was wiltu nu thun?
Sey fast geleret / nym zu hulff alle Romanisten auff einen hauffen / vnñd
bring einen buchstaben odder tuttel auß der schxifft darzu / so wil ich sagen
du seyest ein helt. Auff was grund hastu nu gebawet? auff deinen eygen
trawm / vnd rumest dich du wollest mit schxifftenn widder mich handeln.
10 Es were dir an not gewesen / so zu narren kegen mir / ich het dennocht
wol einen narren vbirkummen.

Nu hoxe mir auch weitter zu / Ich sag das Aaron ist gewesen ein
figur Chxisti / vnd nit des Bapsts / das sag ich nit auß meinem kopff wie
du / ich wils beyde recht grunden / das widder du noch alle welt / noch
15 alle teuffel sollen vmbstossenn. Zum ersten / ist Chxistus ein geistlicher /
innerlicher priester / dann er sitzt ym hymel / vnd bittet fur vns / als ein
priester / leret vns ynwendig ym hertzenn / vnnd thut als was ein priester
thunn sol zwischē got vnd vns. wie sanct Paulus Ro. iij. Heb. per totū
sagt / vnd also ist die figur Aaron leyplich vnnd eußerlich / die erfullung
20 aber ist geistlich vnnd ynwendig vnd concoxdirt zu samen.   Zum andern /
das ich die selben nit auß meinem kopff zusammenn trag / so hab ich den
spxuch psal. c.ix.   Got hat geschwoxen vnnd wirt yhn nymmer gerewē /
du solt sein ein priester ewiglich / noch der weyß Melchisedech. Bxing du ₁₁₄ E
auch einen solchen spxuch von sanct Peter oder dem Bapst / dan das dißer
25 spxuch von Chxisto gesagt ist / halt ich wirstu nit leugken / so yhn sanct
Paul Heb. v. vnd viel oxtten mehr. vnd der her Chxistus selbs Math. xxij.
vo yhm selbs antzeugt.

Also sehen wir wie fein die Romanistē mit der schxifft handeln / machen
drauß was sie nur wollen / als were sie ein wechsern nasen / die man hyn
30 vnd her zihē mocht Nu haben wir das Chxistus der vbirst priester ist / ym
newen testament bestetiget mit schxifftenn / Vber das noch klerer / helt
sie beyde gegenander / Aaronem vñ Chxistum / Paulus Heb. ix. vnd sagt
also / In das erste tabernackel gingen die priester alle tag / zuuolnbringen
die opffer / Aber in das ander ging der hoh priester des iares nur ein
35 mal / nit an blut / das er fur seine vnd des volcks sund opfferte / damit
der heylig geistē bedeutte / das nach nit offenbar were / der weg / zum
rechten heiligen tabernackel / die weil dasselb tabernackel weret / wilchs war
ein bild odder figur / die zu der zeit not war / Aber Chxistus d' ist kōmen
ein hoher priester in zukunfftigē geistliche guttern / vnd ist in ein grosser
40 vnd viel weitters tabernackel / das nit mit der hand gemacht ist / das ist

3 1. Ko. 10, 6   17 ynwendieg A   18 Rö. 3, 25   22 Ps.
110, 4   26 Hbr. 5, 6.   Mt. 22, 44   29 Thiele no. 394   32 be
beyde A   Hbr. 9, 6 ff.   37 solange als

nit / des zeitlichen gepewes / auch nit mit bocks obber ochsen blut / sondern
mit seinem eygē blut / nur ein mal eingangen / hat damit erfunden / ein
ewige erlosung. Was sagestu hiezu du hochgelarter Romanist? Paulus
306 W spricht Christus sey durch denn hohen priester bedeut / du ¹ sagst / sanct
Peter / Paulus spricht / das Christus sey nit in ein zeitlich gepew gangen. 5
Du sagst / er sey ym zeitliche gepew zu Rom / Paulus spricht / er sey ein
mal eingangen vnnd hat ewiglich erlosung erfunden / macht die figur / gantz
geistlich vnd hymlisch / die du yrdenisch vnd leyplich machst. Was wiltu
nu thun? ich wil dir einen rabt gebenn / Nym die faust / schlag yhn yns
maul / vnd sag / er hab gelogen / er sey ein ketzer / ein vorgifter / wie du 10
mir thuest / so wirstu deinē vatter Zedechia ehnlich sein / der Micheā auch
yns maul schlug. Sihestu schir / du elender gottis lesterer / wo dich deine
115 E tolle syn / vnd deine rabtge'bē hyn gefuret habē / wo sein sie nu / die grossen
hansen / die mein sermon von beyder gestalt auffhubē? Es ist yhn recht
geschehen / sie woltē das Euangeliū nit horen noch leyden / so solle sie nu 15
des bößen geistes lugē vnd lesterūg da fur horen. wie Christus zu dē
Juden sagt Johā. v. Ich bin kōmē in meins vatters namē vñ habt mich
nit auffgenōmē / ein ander wirt kōmē in seinē namē dē werdet yhr auffnemen.

Mochst aber sagen / Es were neben Christo auch sanct Petrus 20
figurirt durch Aaron. Sag ich / wiltu es nit lassen / mahist sagen / es sey
der Turck durch Aaronē figurirt / wer kan diß weren? weil du so gerne
vnnutz plauderst / aber du hast dich vorsprochen mit schrifften zufechten / das
thu / vnd laß dein trawm daheymenn. Dartzu / wo man vmb den glauben
streittet / muß mā nit mit wanckenden schrifften streitten / sondern die bo 25
gewißlich / einfeltiglich / klerlich / zur sach dienē / sonst solt vns der boß
geist / hyn vnd her werffenn / das wir nit wisten wo wir zu letzt blieben /
wie dielann geschen ist / in dē wortlin Petr² vñ peira / Math. rvi. Es
were etwas weniger lugē vnd lesterūg / wo du gesagt hettest Aaron were
Christus figur gewesenn / daneben auch Petri / aber nu schreyestu mit vollem 30
maul / vnd sagist / Aaron sey nit Christi / sondern Petri figur gewesen /
mit frechen worttē sanct Paul yns angesicht schlechst. vnd das yhe nicht
nachbleib etwas der volkōmen vnsynnickeit / Sprichstu / Moses sey ein
figur Christi gewest / vnd daselb nit allein on alle schrifft / vrsach vñ an-
zeigūg / gerad als werestu mehr den got / das alles was du speyest / fur 35
Euangelium gehalten solt werden / sondern auch widder alle schrifft / die
Mosen macht ein figur des gesetzes / wie sanct Paulus thut ij. Corint. iiij.

2 blat A   11 1. Kö. 22, 24   14 s. oben s. 196 ff. Da L. in
diesem sermon für wiedereinführung des laienkelchs eingetreten war, ver-
breiteten seine feinde das gerücht, er sei böhmischer herkunft (ein hussit);
L. erliess dagegen mitte jan. 1520 eine „Verklärung etlicher Artikel in
seinem Sermon v. d. hl. Sakrament" (W. A. 6, 76 ff., K. K. I, 295)
17 Jo. 5, 43   21 lassen A sagen A   23 erboten (s. oben s. 329 z. 18)
28 Mt. 16, 18   37 2. Ko. 3, 7 ff.

Dauon itzt nit not ist weitter zuredē. du schlugist yhn villeicht noch ein
mal vntz maul / als frech vnnd freuel du bist. Solch gifft hastu von dē
Emßer gesogē / in seinē ketzrische vnd lesterbuchlin / dē ich / ob got wil /
wen iuncker Eck mit sei'ner iuchenn kompt / voidienet antwort geben wil. 116 E
5 Yhr werdets mir nit ßo hynauß furen liebē Romanistē / kan ¹ ichs mit ge- 307 W
walt nit erweren / solt yhr mir doch yhe kein schrifft fur euch bringē. Ich
kan noch wol / got lob / vbirs graß lauffen.

     Nu mein ich es sey klar / das der drit grūd dißes Romanisten / sey
ketzerisch vnd lesterlich / als der got dem heyligē geist offentlich widder-
10 spricht / yhn liegen heist / Paulum gantz vornichtet. Dan syntemal Christus
ist durch Aaron bedeut / ßo mag nit sanct Peter dadurch bedeut sein. Dan
was die schrifft Christo zueygēt / das muß man keinē andern zueige / auff
das bestēdig bleib die schrifft / in einē gewissen / einfeltigen / vntzurteiltgen
voistand / darauff sich vnßer glaub / on alles wancken muge bawē. Das
15 laß ich geschehen / das Petrus sey der zwelff eddel gestein einer / die Aaron
auff der brust trug / damit bedeut sein mag / das die zwelff Apostel / in
Christo gewißlich erwelet / vnd vō ewickeit erkēnet / das hohst vnnd liebst
stuck der Christenheit sein / aber ich laß yhn in keinē weg Aaron werden.
Itē ich laß zu das sanct Peter sey der zwelff lewenn einer / die Salomon
20 an seinē kunigliche stul hat / aber Christus allein muß mir der eynige
kunig Salomon bleybē / Ich laß die zwelff Aposteln sein die zwelff brunnen
in d' wuste Elim / so doch das mir die liechte wolckē / vnd die feurige
seule / nichts anders / dan Christus selbs sey / Als wenig nu gewalt vnter
den zwelffen / einis vber das ander hat / ßo wenig gewalt hat sanct Peter
25 vbir die andern Apostel / vnnd der Bapst vbir andere Bischoff vnd pfarrer /
auß gotlicher oidnung.

     ¶ Noch eins yhr lieben Romanisten / vnnd damit ein end / Ich bit
vmb ein gnedigs / richtiges antwoit / Ist Aaron gewesen ein figur des
Bapsts / in leiplicher obirkeit / kleydūg / vnd stab / warumb ist er nit auch
30 ein figur gewesen in allen andern leyplichen dingen? Gilt ein leiplich
ding / warumb geltenn nit alle andere? Es stet geschriebē / das d' obirst
priester / solt ¹ nit eine witwe oder eine voiweiste / sondern allein ein Junp- 117 E
fraw zur ehe nehmē / warumb gibt man dan dē Bapst nit auch ein Junpfraw zur ehe / auff das die figur erfullet werde? Ja warumb voipeut der
35 Bapst der gantzē priesterschafft den ehelichē standt / nit allein widder die
figur / sondern auch widder got / widder recht / widder voinunfft vnd natur /
des er keinen fug / gewalt noch recht hat / das die kirch noch nie gebottenn /
noch gebiettenn mag / vnd macht auß eygenē mutwillen on not vnd oisach /

    3 s. oben s. 340 z. 34   4 jauche = brühe = geschwätz   Ecks
Schrift de primatu Petri (Wiedemann, Dr. Joh. Eck, s. 517 ff.)   6 ab-
wehren   7 Dietz: bin noch nicht überwunden (Gras = Kampfplatz)
15 Ex. 28, 17 ff.   19 1. Kö. 10, 19 f.   21 Ex. 15, 27   22 Ex.
13, 21   31 Le. 21, 14

die Chriſtēheit vol hurn / ſunder / vnd elend gewiſſen / wie ſanct Paul vo
yhm ſagt .i. Timo. iiij. Es werden in den letzten zeitten kōmen / die von
dē glaubē treten / vnd anhangē den lerē der teuffel / in heuchlerey mit
falſchen ertichten wortten / vnd gewiſſen habē mit maltzeichē vortzeichnet /
die werdē vorpieten / den ehelichen ſtādt / vñ gepiettē / nit zueſſen was got 5
geſchaffen hat ꝛc. hat nit hie ſanct Paul troffen / [1] die geiſtlichē Romiſchē
geſetz / da der prieſterſchafft vorbotē iſt / der ehliche ſtād vñ gepottē allē
Chriſten / nit putter / nit eyer / nit milch / nit fleiſch eſſen auff benante
tage? ſo doch frey wilkore gelaſſen iſt von got ſelber allen Chriſten ſtenden /
eſſen / ehlich werden wie ſie wollen. Wo biſtu nu Romaniſt von der 10
obſeruantz / der du ſo faſt plerreſt / es muß nit ein buchſtab der figur nach-
bleybē / es muß alles erfullet werdē? Ja wo iſt d' Bapſt ſanct Peters
nachfolger welcher ein weip hat / auch ſanct Pauel vnd alle Apoſtel?

    Weitter der alt hohe prieſter muſt ſein har nit laſſen abſcheren /
war— leſt yhm der Bapſt den ein plattē machen / vnnd allen andern 15
prieſtern? wo wirt hie die figur erfullet biß auff einen buchſtaben?

    Item / der alt hohe prieſter muſte kein teil des lands Iſrael haben /
ſondern lebt allein von dem opffer des volcks vō Iſrael / warumb tobet
den der Romiſch ſtul itzt nach der gantzen welt / vnd hat nit allein land /
ſtet / ia furſtenthum vnd kunigreich geſtolen vnd geraubt / ſondern vor- 20
miſſet ſich [1] auch / alle kunige vnd furſten zu machen / ſetzen / abſetzen /
vnd wandlen wie er wil / als were er d' Endchriſt? wo wirt hie die figur
erfullet?

    Item der alt hohe prieſter wart von den kunigen regirt / als ein
vnterthaner / warumb leſſit den der Bapſt yhm ſeine fuſſe kuſſen / vnd wil 25
kunig aller kunige ſein / das Chriſt° ſelbs nit thet? wo erfullet ſich hie
die figur?

    Item der hohe prieſter war beſchnitten / vnnd das ichs ein end mach /
wen das heiſt die figur erfullē / das leyplich zugehe ym newen teſtament
wie ym alten / warumb werden wir nit widderumb Juden / vnnd halten 30
das gantz geſetz Moſi? Muſſen wirs in einē ſtuck halten / warumb nit
in allen? ſo nit in allenn / warumb in einem? Vnd ſo man yhe wil /
das newe teſtamēt erheben in zeitlicher pracht / mehr vnd hoher dan das
alte / were es den nit der vornūfft gleich / das ym newen teſtament / mehr
dan ein hoher prieſter were / damit es ehrlicher vñ prachtlicher were / den 35
das alte / das nit mehr dan einen het / ſolt die vornūfft hie richten vnd
yhr ſelb folgen / was meynſtu das ſie thun wurd?

    Item / es ſein zur zeit des alten hohen prieſters / viel heylige mēſchē
geweſen / die nit vnter yhm warē / als / Job mit den ſeinen / den er iſt
yhe nit allein geweſenn. Item / der kunig zu Babylonien / die kunigin von 40
Saba / die witwe vonn Sarepta / der furſt Naaman auß Syrien / vnd viel

---

2 1. Ti. 4, 1 ff.   13 cher A   14 Le. 21, 5   15 alle A   17 Dt.
18, 1   29 zugehe A   38 prieſtezs A

ander kegen dem auffgang der ſonnē / mit den yhren / die alle gelobt ſein
in der ſchzifft / warumb helt hie nit die figur in allen buchſtaben? vnd wil
der Bapſt keinē laſſen Chziſten ſein er ſey yhm dan vnterwozffen / vnnd
keuff yhm bley vnd wachs abe / wie theur ſein Romaniſten wollen? odder
5 haben die Romaniſten gewalt / figur zudeutten / wie vnnd wieuil ſie
wollen / on alle ſchzifft? Siheſtu noch nit lieber Romaniſt / wie gar blind /
neyd vnd haß / dich vñ deines ¹ gleichē gemacht hat? were dirß nit ſein an- ³⁰⁹ W
geſtandē / du hetteſt in deinem kloſter blieben / deine vigilien bettet / biß ¹¹⁹ E
¹ man dich zur ſachen beruffet odder getrieben hette / du weiſſeſt nit was
10 figur iſt odder heyſſet / vñ rumeſt dich der gantzē heiligē ſchzifft ein offent-
lichenn meiſter. Ja freilich einē meiſter / ſie zuuozterbē / got zuleſtern /
vñ alle warheit zu ſchmahē / Kum nach ein mal widder / lieber Romaniſt /
ſo wil ich dich mit meyen beſteckē / vñ denen die dich geſand habē zum
newen Jar ſchencken.

15   Ich wil auch einis außen der ſchzifft ſagē / in allē ſtēden die got
vozozdēt hat / ſein altzeit etlich die do heylig vñ ſelig werdē / vnd iſt kein
ſtand on lebēdigen heyligē auff erdē. wie Chziſtus lauttet Luce .i. werdē
zwey in einem bet ſein / eins wirt angenommen / das ander vozlaſſenn ⁊c.
wenn nw der Bapſt ſtandt auß got were / ſo were es nit muglich / das ein
20 Babſt vozdampt wurde / die weil nur ein perſon altzeit in dem ſelben ſtand
iſt / vnd wurd alſo ſeiner ſelickeit gewiß wer do Bapſt wurd / das doch
widder alle ſchzifft iſt.

Nu laſſet vns ſehen: wie die frumen

leut die heiligenn wozt Chziſti in diſſer ſach handlen / Chziſtus ſagt zu
25 ſanct Peter Math. xvi. Tu biſt odder heiſſeſt Petrus / vnd auff den petram
(das iſt auff dē felß) wil ich bawen meine kirchenn / vnnd dir wil ich
die ſchluſſel des hymelrichs geben / was du wirſt binden auff erden / ſol
gebunden ſein ym hymel / vnd was du wirſt aufflofen auff erdē / ſol loß
ſein ym hymel.

30   Auß diſſen woztten habē ſie die ſchluſſel allein ſanct Petro zugeeygent /
aber dˀ ſelb ſanct Matheus am xviij. hat diſſen yzzigen vozſtēd vozlegt /
da Chziſtus zu allen in gemein ſagt / furwar ſag ich euch / was yhr werdet
binden auff erden / ſol gebunden ſein ym hymel / vnnd was yhr werdet
aufflofen auff erdenn / ſol loß ſein ym hymel. Hie iſtˀs klar / das Chziſtus
35 ſich ſelb außlegt vnd in diſem xviij. capittel / das vozige .xvi. capitel voz-
kleret / das ſanct Petro an ſtadt der gantzenn gemein vnnd nit fur ſein
perſon / die ſchluſſel geben ſeinn. Alſo auch Johan. vltimo / Er hat yhn
eingeplaſen vnnd geſagt / Nemet hyn den heyligen geiſt / welchen yhr

2 gilt   10 ſ. oben ſ. 330 z. 6   13 herausputzen   17 Lc. 17, 34
21 wurd A   24 zo A   25 Mt. 16, 18 f.   31 Mt. 18, 18 miss-
erſtändnis widerlegt   37 Jo. 20, 22 f.

120 E ¹ werdet yhr ſund vorlaſſen / den ſein ſie vorlaſſen / wilchenn aber yhr ſie
behaltet den ſein ſie behalten. In dieſſenn zween ſpꝛuchē gegē den eynigē /
habē vil ſich bemuet da mit ſanct Peters eynige gewalt zuerhalten / aber
es iſt das Euangeliū zuklar am tag / habens biß her muſſen laſſen bleybē /
das ſanct Peter ym erſten ſpꝛuch / nichts beſonders fur ſein perſon geben 5
310 W ſey / vnnd alſo habens voꝛſtanden viel der ¹ alten heiligen vetter. Auch
weyßen es auß die woꝛt Chꝛiſti / ehe er die ſchluſſel ſanct Peter gab / do
fragt er nit alleinn Petrum / ſondernn alle ſampt / vnd ſpꝛach / was haltet
yhr vō mir / do antwoꝛt Petrus fur ſie alle / vnnd ſpꝛach / du biſt Chꝛiſtus
der ſon des lebendigē gottis. Darumb muß mā die woꝛt Chꝛiſti / am 10
.xvi. capittel voꝛſtehen / nach den woꝛttenn am .xviii. vnnd Johan. vlt. vnd
einen ſpꝛuch nit kegenn zween ſterckē / ſonder einen durch zwen recht voꝛ-
klerē. Es iſt ein ſtercker bewerūg wo zween / dan wo nur einer iſt / vnd
einer billich zweyen / vnnd nit zween einem folgen odder weychenn.

¶ Drumb ſo liegt es hie am tag / das alle Apoſtel Petro gleich 15
ſeinn in aller gewalt / das beweyſet auch das werck neben den woꝛttenn.
Dan Petrus hat nie keinen Apoſtel erwelet / gemacht / beſtetiget / geſendet /
geregiret / das doch het muſt ſein / ſo er vonn gotlicher oꝛdnung yhr
oberer wer geweſenn / odder weren alle ſampt ketzer geweſen. Wir das /
mochten alle Apoſtel ſemptlich nit machen ſanct Mathiam vnd ſanct Paul 20
zu Apoſteln / ſondern muſten von hymel gemacht werden / wie act .ij. vnd
.xiiij. ſtet / wie mocht dan ſanct Peter allein vbir alle ein herr ſein. vñ diß
nußlin hat noch niemant auffgepiſſen / werden auch mir ſo gnedig ſein
on yhrn willen / vnnd daſſelb noch ein weil wol gantz laſſenn. Vnd wie
diſſer Romaniſt rumt / das der Romiſch ſtul bliebē iſt / ob er wol an 25
ſeiner gewalt iſt offt angefochtē. Rume ich widderumb / das der Romiſch
ſtul auch viel mal vnd noch bißher ſtrebt vnnd tobet / nach ſolcher gewalt /
121 E er hat ſie aber noch nie vbirkuᵘmē vnnd wirt ſie / ob got wil / nymmer
mehr vbirkummen / vñ iſt ein rechter faſt nachts rum / das ſich einer rumen
thar / Es ſey yhm bliebenn beſtendiglich / das er noch nie gehabt hat. 30
Warumb rumet ſich der liebe Romaniſt nit auch / das yhm die ſtadt zu
Leyptzik noch nie genōmen iſt / doꝛan er doch nit ein hauß hat? Es were
yhe eī gleicher rum / So plaudert man einhī / was nur yns maul fellet
das muß erauß. Drumb ſag ich / die Romiſche tyrannen habē wol widder
das Euangeliū geſtritten / auß der gemeynen gewalt / ein eygene zumachen / 35
aber Chꝛiſtus woꝛt iſt bliebē / da er ſagt / Die gewalt der hellen ſollen
nichts dawidder voꝛmugē / were eß nu auß gotlicher oꝛdnung geweſen /
ſo hette es got nit laſſen / es were ein mal erfullet woꝛden / dan er ſpꝛicht /
311 W das nit ein tuttel noch buchſtaben ſol nach bleybē es muß erfullet werdenn.
Aber Romiſcher gewalt iſt noch nie ein buchſtab erfullet / vber die gantz 40

Christenheit. Es hilfft auch nit das man sagt / es sey nit der Romer / sondern der ketzer schuld / das nit erfullet werd.

Ketzer hyn ketzer her / was gotlich ordnung vnd zusagen ist / vormugen die pforten der hell nit werenn noch hyndern / schweyg dan die ketzer / er
5 ist wol ßo starck / das er es erfullen kan vnd wil / on aller kantzer danck / Die weil er es dann nie gethan hat / vn lesset es noch vnerfullet / vnange- sehen ßo grosen ernst / fleyß / muhe / vn erbeit / list :vn schalckeit dartzu / die die Romer dabey than habe / ists hoff ich gnugsam beschlossen / was des Bapsts gewalt ist / fur andern Bischoffen vnnd pfarrern / ist menschlich
10 vnd nit gotlich ordnung. Christus reich ist durch die gantz welt altzeit geweßen / wie ym andern vnd .rviij. psalm stet / Es ist aber nie kein stund gantz vnter dē Bapst geweßen / trotz der anders sage.

Wie wol diß als grundlich war ist / wollen wir doch weitter / auch yhre vnnutz fabeln zu nicht machen / vnd sag alßo / Wē schon das nit gulte /
15 das die zween spruch Matthei vnd Johannis / wilche die schlussel¹ gemeyn machen / solte vorkleren den einen spruch Matthei / der do lauttet / als Petro die schlussel allein gegebē sein / so wirt die sach doch nit weitter kūmē / dan das es zweyffel ist / ob der eine spruch / den zweyē / oder die zween / dē eynigen folge solle / vn trotze ich mit zweyen spruchē ßo starck
20 als sie mit einem. Vnd in dē zweyffel sein wir aber sicher / vnd stet an vns / das wir den Bapst mugē fur ein heubt haben oder nit / dan wo etwas ym zweyffel hangt / da ist niemant kein ketzer / er halte dis odder das / wie sie alle selb sagen. Vnd ßo ligt aber mal ernyder yhrer grund / vnd mugen nit auff bringen / den einē solchen vngewissen zweyffel. Darumb
25 mussen sie entwedder / diße spruch alle drey lassen faren / als vntuchtig yhre sach zu bestetigen / die weil sie ym zweyffel weben / odder mussen andere spruch furen / die vns offentlich weyßen / das die zwene dem eynigē sollen folgen / das sollen sie mir lassen / vnd biet yhn trotz dartzu.

Ich wil aber spruch furen / damit ich beweyße / das d' eine spruch /
30 sol folgē den zween / Dan also spricht das gesetz / vn Christꝰ zeugt es an Mat. rviij. ein igliche sache sol bestehn durch dē mund zweer odder dreyer getzeugē / vn niemāt sol sterben vō eynis getzeuge wegen allein / die weil dan ich zween zeugē hab widder einē / ßo muß mein sach furgahn / vn d' ein spruch zweyen folge / das Petrꝰ nit als Petrꝰ / sondern an stat d' gemein
35 die schlussel empfangē habe / wie Mat. rviij. vn Johā. vlt. sagt klerlich / vnd nit allein Petrus / wie Math. rvi. scheynet sagen.¹ Aber das wundert mich fast / solch hohe vormessenheit / das sie auß der schlussel gewalt / wollē ein regirēde gewalt machen / das sich doch fuget zusammenn / wie

winter vñ summer / dan regirēde gewalt ist weit mehr dā schluſſel gewalt /
schluſſel gewalt reycht nur auffs ſacramēt der puß / die ſund zupinden vnnd
loßenn / wie der klare text ſtet Math. xviij. vnnd Johan. vltimo. Aber
regierende gewalt ſtet auch vber die / die frum ſein / vnd nit haben das
123 E man bind odder aufſloße / vnd ¹ hat vnter ſich / predigen / vormanen / troſten / 5
meß halten / ſacrament geben / vnnd der gleichen / Drumb fuget ſich der
dreyer ſpruch keiner zur gewalt des Bapſts vbir die gantz Chriſtēheit /
man wolt dan nur einen beichtvatter oder penitentiarien / odder ban-
meiſter brauß machen / das er allein vber die boßen vñ ſundere regire /
das ſie doch nit wollen. 10

Auch wo dieß wort ſollen Bepſtlichen gewalt beſtetigē / vber alle
Chriſten / wolt ich gerne wiſſen / wen der Bapſt ſundiget / wer vhn ab-
ſoluirē muge / ſo diſſe wort / wie ſie ſagen / dē Bapſt yderman vnter-
werffen / Er muß freylich / in ſunden bleyben / vnnd taug auch nit / das er
ſeine gwalt einem andern gebe oder ſich / er wurd anders ein ketzer / als 15
ein hädler widder gotlich ordnung.

Es habē wol etlich ertichtet / das perſon vnnd ampt am Bapſt /
zweierley ding ſein / als mug die perſon ſich vntergebē / vnd nit das ampt /
Es gleiſſet das / es helt aber wie gleiſſende wahr pflegt / dan ſie habenn
in yhren geſetzen ſelbs ſo mit groſſem geſchrey vnnd pracht vorpotten / das 20
kein vnterer Biſchoff mug einen bapſt beſtetigenn / darynnen doch nit das
ampt / ſondern die perſon / vnß ampt geſetzt wirt / ſo dann hie die perſon
niemant vnterthan iſt / iſt ſie gewißlich in dem abſoluiren auch nit vnterthann. Aber ſie haben in allen yhren hendel / ſachen / gloſſen / vorſtand /
ein ſchwindel geiſt / das ſie itzt ſonſt / itzt ſo ſagen / vnd die weil ſie die 25
gottis wort zwingen / vorlieren ſie den rechtenn vorſtand / das ſie nit wiſſen
wo ſie bleyben / vnd gahn alßo ſelbſt yhrr / wollen doch die gantz welt
regieren.

Drumb halt ein iglich Chriſtenn menſch / das in diſſen ſpruchenn /
widder ſanct Peter noch den Apoſteln gewalt geben iſt zu regieren / odder 30
oben zuſchweben / was iſt dan drinnen geben? das wil ich dir ſagē.

Die wort Chriſti ſeinn eytel gnedige zuſagunge der gantzen gemein
aller Chriſtenheit gethan / wie geſagt iſt / das die armen ſundige gewiſſen
einen troſt haben ſollen / wo ſie durch einen menſchen werden auffgeloſt
odder abſoluirt / vnnd reychen alßo die wort / nur auff die ſundige / blode / 35
betrubte gewiſſen / wilch da durch ſollen geſterckt werden / ſo ſie anders
124 E gleuben. Szo nu die troſtlich ¹ wort Chriſti allen armen gewiſſen der
313 W gātzen gemeyn zu ¹ gutte geſetzt / werdenn gezogenn auff Bepſtliche gewalt
zuſtercken vnd grunden / wil ich dir ſagen wie michs gemanet. Es gemanet
mich eben als wen ein reicher milder furſt ſeine reychenn ſchetze auff 40
thet / vnd freyheit gebe den armen durfftigen zuholenn was ſie durfften.
Vnd keme daher einer vnter den ſelben durfftigen ein ſchalckhafftiger /

17 Alfeld, Super apoſtolica ſede A 4ᵇ und Büchlein A 4ᵇ

uehm sich der freyheit allein an / ließ niemant zů / man geb sich dan yhm
gefangen nach allem seinem willen / furtzu vnd deuttet die wort des fursten
dahyn / es were yhm allein die freyheit geben / kanstu mercken was der
mild furst denckē wurd auff den schalck / kanstu es nit dencken / so hore
5 wie sanct Math. xxiiij. sagt / von dē selben knecht / wo der schalckhafftige
knecht wirt sagenn / in seinē hertzen / ha mein her bleybt lang auffen / hebt
an vnnd schlecht seine mitdiener / ist vst trinckt mit den brassern / so wirt
kommen der her desselbenn knechts / an dem tag da er nit meynet / vnd
zu der stund die er nit weyß / wirt yhn zuteylen / vnd seinen lon geben
10 vnter den gleyßneru / da wirt sein heulen vnd tzeen klappern.

    Nu sich wie dißer knecht seines hern meynung deuttet / also / deuttenn
die Romanistenn auch die gottis wort / vnd dennoch nit ehr / dan wo sie
auffs allerbest deuten / dan wo sie gar bol sein / thun sie gleich als wen
der selb knecht nit allein seins herren miltickeit in seinē nutz vorkaufft /
15 sondern als wen er die gutter wandelt / vnd fur korn / sprew vnd triestern /
fur golt / kopffer / fur sylber / bley / fur wei / gifft gebe / Also ists dennoch
ein gnad / das sie die schluffel dem Bapst also eygen / das wir sie doch mit
gelt / vnd alles was wir haben erkeuffen mugen. Aber wen sie yhre gesetz /
gewalt / ban / ablas / vnd der gleich an stat des Euangelij predigen / da
20 regirt alle vngluck / das heysset der her / die mitdiener von dem boßen
knecht geschlagen werdē / der sie mehr speysen solt.

    [1] Das nu ein iglicher einen rechtenn vnterscheid des rechten vnnd [125 E]
falschen vorstands hab / in diffenn worten Christi / so gib ich ein grob
gleichniß. Der hohe priester ym alten testament / het auß gotlicher ordnung
25 ein sonderlich kleyd / das er zu seinem ampt prauchenn solt / da sich kunig
Herodes erhub vber das volck von Israel / nam er zu sich daffelb kleyd /
vnd wie wol er sein nit praucht / nam er doch yhm selb gewalt vber
defselben kleyds prauch / vnd musten yhm das abkeuffen / da zu sie von got
recht hetten. Also itzt auch / die schluffel sein der gantzen gemein gebē /
30 wie droben bewenset ist. Nu faren die Romanisten daher / vnnd wie wol
sie yhr nymmer selb prauchen / noch yhr ampt oben / nemen sie doch yhn
selb einen gewalt / vber den selben prauch der schluffel / vnd man muß yhn
mit gelt abekauffen / das vnser eygen ist von Christo geben / lassen yhn
dran nit genugen / sondern die wort die Christus vō den schlusseln sagt /
35 deuttē sie nit auff die schlussel / noch schlussel prauch / sondern auff yhre
angenommen macht vnnd gewalt vbir die schlussel / das [1] also die gewalt [314 W]
der schlussel von Christo frey geben / nu gefangen ist / in die gewalt der
Romanisten / vnd sol beyde gewalt / mit eynerley wort Christi vorstandea
werdē / gerad / als wen Herodes het gesagt / das Moses het vō seiner ge-
40 walt geredt / da er von dem kleyd des hohen priesters redt.

---

2 führe darauf los   5 Mt. 24, 48 ff.   10 wit A   15 Trester,
Schweinefutter (vgl. W. A. 30⁸, 195 z. 19 und 361, z. 29) | 20 W. A.
korr.: alles

Alſo mocht auch ein tyran etwa ein teſtament zu ſich reyſſen / vnd
die woꝛt / damit dem erben das gut beſcheydenn iſt / dahyn zihen / das yhm
die gewalt were gebē / vbir daſſelb teſtament / ob er es dem erben welle
folgen laſſen vmbſonſt / odder voꝛkauffen. Eben ſo iſt es auch / mit der
ſchluſſel gewalt / vnd des Bapſts vbirkeit / durch eynerley woꝛt voꝛſtanden /   5
ſo die zwey ding nit allein vnterſchidlich ſein / ſondern auch die vbirkeit
mehr iſt / dann der ſchluſſel. gewalt / noch muß es eyns dings ſein.

    Das ſie aber ſagē / die leypliche vbirkeit des Bapſts ſey in denen
woꝛttē geſetzt / da Chꝛiſtus ſagt / auff den fels wil ich bawen meine kirche /
126 E voꝛſtehn durch denn fels / ſanct Peter vnnd ſein vbirkeit. ¹ Hab ich viel   10
mal voꝛlegt / vnnd itzt kurtzlich ſage. Zum erſten / das ſie es muſſen beweren / das der fels heyſſe ein vbirkeit / das thun ſie nit / vnd kundens
auch nit thun / noch ſchwetzen ſie da her auß eygenem kopff / vnd ſol alles
gotlich oꝛdnung heyſſer / was ſie geyffernn. Zum andern / der fels / noch
ſanct Peter / noch ſein vbirkeit mag heiſſen vmb des woꝛttis Chꝛiſti   15
willenn / das do folget vnnd ſpꝛicht / Vnd die pfoꝛten der helle ſollen nit
widder ſie etwas voꝛmugen. Nu iſts am klaren tag / das niemant dadurch
erbawet wirt in der kirchen / noch den pfoꝛtē der hellen widderſtet / das er
in der eußerlichen vbirkeit des Bapſts iſt / dann das mehrer teil der die
do hart haltenn auff des Bapſts vbirkeit / vnnd drauff ſich bawenn / ſeinn   20
beſeſſen mit aller gewalt der helle / voller ſund vnnd boßheit / dartzu etlich
Bepſte ſelbſt ketzer geweſt / ketzeriſch geſetz geben / ſein doch in der vbirkeit blieben / drumb muß der fels / nit heyſſen vbirkeit / wilch nicht mag
widder die pfoꝛtten der helle beſtehen / ſondern allein Chꝛiſtū vnd den
glauben / widder wilche keine gewalt etwas voꝛmag.   25

    Das aber die vbirkeit bleybt / ob wol etlich dawidder fechten / das
heyſſ't nit widder die helliſchen pfoꝛten beſtandenn / dan ſo iſt auch blieben
die kꝛichſche kirche / vnd alle andere Chꝛiſten in der welt / bleybenn auch
noch die Moſcobiten vnd Behmen / ia auch das kunigreich vonn Per en
landt mehr dan zwey tauſent iar / vnnd der Turck nu ſchier tauſent iar /   30
ob wol bawidder gefochten iſt manichfeltiglich / Vnd das ich dir mehr ſage /
des du dich als einn hochvoꝛſtendiger Romaniſt billich ſolt voꝛwundern /
die welt in yhrer boßheit iſt von anbegyn beſtanden / vnnd beſteht biß
315 W an den iungſten tag vnd ewiglich / ¹ ob wol got ſelb mit allen heyligen
engeln / vnd menſchen / on vnterlaß widder ſie pꝛediget / ſchꝛeybt / vnd   35
wirckt. Dunckt dichß lieber Romaniſt / ſo beut got vnd allen engeln troz /
das die welt ſey beſtandē widder alle yhre woꝛt vñ werck.

    Solteſtu elender / blinder Romaniſt / nit voꝛhyn lernen / ehe du etwas
ſchꝛiebeſt / was doch hieſſe / widder die pfoꝛtten der helle beſtahn. Iſt ein
127 E yglich beſtahen / ſo vil / als widder ¹ die helliſchen pfoꝛtten beſtahen / ſo   40
beſteht des teuffels reich / mit groſſerm hauffenn / dan gottis reich. Das
heyſſet aber beſtahn widder die helliſchen pfoꝛtē / nit in eußerlicher gemeyn /

gewalt / vbirkeit / odder famlüg leyplich bleyben / als du plauberſt / von
der Romiſchen gemein vnd eynickeit / ſondern / in einem feſten / rechten
glauben / auff Chriſto dem fels erbawet / das ben ſelben nit muge vntertrucken / vrgent ein gewalt des teuffels / ob ſie wol eynen groſſern hauffen
5 hat / vnd vnzehliche ſtreit / liſt / gewalt / dawidder brauch̄t. Nu iſt der
mehrer teyl der Romiſchē gemein / vnd etlich Bepſt ſelbſt / mutwillig / on
ſtreit / vom glauben getrettē / vnd lebē in gewalt des teuffels. Wie das
am tag iſt / vnd alſo das Bapſtum offt der helliſchen pforten vnterworffen
geweſt / vnd ſolt ich recht erauß ſagen / ſzo iſt die ſelb Romiſche vbirkeit /
10 ſeynt der zeit ſie ſich vormeſſen hat vber alle Chriſtenheit zuſchweben /
nit allein nie darzu kummen / ſondern auch ein vrſach worden / faſt aller
abtrunigē / ketzerey / zwitracht / ſectē / mißglaubē / vnd alles iamers / das in
der Chriſtēheit iſt / vnd noch nie loß worden von der pforten der helle.

Vnd wen kein ander ſpruch were / der do beweret / das Romiſche
15 vbirkeit auß menſchlicher vnd nit gotlicher ordnung ſey / ſzo were eben diſſer
ſpruch allein genug / da Chriſtus ſagt / die pfortenn der helle ſolten nit
vormugen widder ſein gebew auff den fels / Nu habē die pforten der hellen /
das Bapſtum offt vnnē gehabt / der Bapſt nit frum geweßen / vnd das
ſelb ampt / das mehrer mal on glaubenn / on gnad / on gutte werck ge-
20 ſtandē / wilchs got nymmer mehr ließ geſchehen / wen in Chriſtus worttē
daſſelb Bapſtum vorſtanden were / durch den fels. Dan ſzo were er nit
warhafftig / in ſeiner zuſage / vnd erfullet nit ſein eygen wort / drumb
muß der fels vnd das gepew Chriſti drauff gegrüdet / viel ein anders ſein /
dan das bapſtum vnd ſein euſterliche kirche.

25 Dem nach ſag ich mehr / Es iſt offt der Romiſch Biſchoff von
andern Biſchoffen abgeſetzt vnd eingeſetzt / wan dan ſein vbirkeit auß gottis 128 E
ordnūg vnd zuſagen beſtund / ſzo het got daſſelb nit zugelaſſen / dan es
were widder ſein wort vnd vorſprechen / vnd wo got in einem wort wurd
erfunden vnbeſtendig / ſzo gienge vnter / glaub / warheit / ſchrifft vnnd got
30 ſelbs. Szo dan gottis wort beſtendig ſein / muſſen ſie mir beweyßen / 316 W
das der Bapſt / noch nie ein mal ſey geweſen vnter dē teuffel noch mēſchen.
Hie mocht ich gerne horen / was meyne lieben Romaniſten da widder
ſagen mugenn / ich toff ſie ſein mit yhrem eygen ſchwert geſchlagenn /
wie Golias. Dan ich kan beweyßenn das bapſtum / nit allein vnter dem
35 teuffel / ſondern auch vnter biſchoffen / ia auch vnter weltlicher gewalt geweſen iſt vnter den keyſern. Wo iſt hie der fels beſtandenn widder die
pforten der hellen? Ich laß yhn die frey wale / das bapſtum ligt in
dießen wortten darnyder / odder got iſt ein lugener / laß ſehen wilchs wollen
ſie erwelen.

40 Auch iſts nit gnug / das du wolteſt dich außbzrehen mit wortten vnd

_____

34 1. Sa. 17, 51   40 herauswinden

ſagen / ob das bapſtum wol vnter dē teuffel etwan iſt / ſo ſein doch vnter
yhm frum Chriſtē alzeit blieben. Sag ich / das auch vnter dem Turckē
Chriſten bleybenn / dazu in aller welt / wie vorzeyten vnter Nerone vnd
andern tyrannen. Was hilfft das? das bapſtum vnnd der Bapſt ſelbſt /
muſſen nymmer mehr vnter dem teuffel ſein / ſol Chriſtus wort von yhn 5
geſagt ſeinn / das es ein fels ſey widder die pforten der hellen. Sich ſo
furen vnſer Romaniſten die ſchrifft nach yhren tollen laruen / was glauben
heiſt / muß yhn vbirkeit heyſſen / was geiſtlich bawen heyſt / muß yhn
euſʒerlich prangen heyſſen / wollen dennocht nit ketzer ſein / alle ander ketzer
machen. Es ſein Romaniſten. 10

Noch einen ſpruch furen ſie auff yhren teyl / da d' her zu Petro drey
mal ſagt / Weyde mir meine ſchaffe / hie ſein ſie aller erſt trefliche meiſter /
vnd ſprechē / die weil Chriſtus zu Petro ſonderlich ſagt / weyde mir meine
ſchaffe / hab er yhm die vbirkeit fur allen geben. Hie wollen wir ſehen /
129 E¹ was ſie fur not / muhe / vnd erbeit haben / das ſie das ſelb enthalten. Zum 15
erſten muſſen wir wiſſen / was ſie durch weyden vorſtehen. weyden auff
Romiſch heiſſet / die Chriſtenheit mit vielen menſchlichen / ſchedlichen geſetzen beſchwerē / die biſchoff mentel auffs theuriſt vorkeuffer / Annaten
von allen lehnen reyſſen / alle ſtifftung zu ſich ziehen / alle Biſchoff mit
grewlichen eyden zu knechten machen / Ablas vorkeuffen / mit brieffen / 20
bullen / bley / wachs / die gantzē welt ſchetzē / vorpieten das Euangeliū zu
predigen / alle welt mit buffen von Rom beſetzen / alle hadder zu ſich bringen /
zenck vnnd hadder mehren / kurtz vmb / niemant laſſen zur warheit frey
kummen vnd frid haben.

Sprechen ſie aber / ſie vorſtehn durch weydē nit ſolche miſʒrauch der 25
vbirkeit / ſondern die vbirkeit an yhr ſelbſt / das iſt nit war / das bewere
ich alſʒo / dann wo man widder ſolch miſʒrauch nur mucket ein wenig /
mit aller ehrbietung der gewalt / ſo tobē ſie / vnd drewē mit bligen vnd
donner / ſchreyen / es ſey ketzerey vn̄ widder die vbirkeit geredt / man wolle
317 W den vnzur¹teytigen rock Chriſti zureyſſen / wollen ketzer / auffruriſche / ab- 30
abtruniger vnd alle welt vorprennen / darauſʒ klar wirt das ſie / weydē nit
anders halten / dan ſolch wolfferey / vnd ſchinderey / doch wollen die weyl
denckē / als hieſʒ weyden nit ſolche wollfferey / vnd ſehen was es ſey.
Ein ſcharffe / hohe / ſubtile rede habē ſie (als ſie dückt) wen ſie ſagē / das
perſon vn̄ ampt nit ein ding ſein / vnd das ampt dēnoch bleibt vn̄ gut iſt / 35
ob ſchon die perſon boſʒ iſt. Auſʒ dē ſie ſchlieſſen / vnd muſʒ auch folgē /
das das wortlein Chriſti / weyde mir mein ſchaff / heyſſet ein ampt vnd
euſʒerliche gewalt / wilche wol ein boſʒer mēſch mag habē / vnd das ampt
niemāt heylig macht. wolan das ſey vns wilkömen / vn̄ wollē fragē die Ro.

Wer Chriſtus wort helt vnnd erfullet / der iſt gewiſʒlich gehorſam 40

7 phantaſien   11 Jo. 21, 15 ff.   15 ethalten A   18 Pallien
22 buben   alle prozeſſe an ſich reiſſen   28 blitzen (bannflüchen)
34 ſ. oben ſ. 350 z. 17 ff.

vnd frum / wirt auch selig / den seine wort sein geyst vnd leben / ßo dan
weyden heysset oben an sitzen vnd ein ampt haben / ob er schon ein bube
ist / ßo folget / das wer oben an sitzt vn̄ Bapst ¹ ist / der weydet / wer do ¹³⁰ E
weydet der ist Christo gehorsam / wer gehorsam ist in einem stuck / ist in
5 allen stuckē gehorsam / vnd ist heylig. Szo muß war sein / das wer Bapst
ist / vnd sitzt oben an / der ist Christo gehorsam vnd heylig / er sey ein bube /
schalck / odder wie er wil. Danck habt yhr lieben Romanistē / nu merck
ich allererst warumb d' Bapst sanctissimus heysset / so sol man Christ' wort
außlegen / das man buben vnd schelck / zu heyligen / gehorsamen diener
10 Christi mache / gleich wie yhr drobē Christum zum heubt buben vnd hurnwirt machet.

Weytter / ßo dan weyden heysset oben an sitzen / ßo muß widerumb /
geweydet werdē / heyssen / vnterthan sein / das gleich / wie weydē heysset
euserlich regieren / ßo muß geweydet werden heyssen / geregirt werdenn /
15 vnd wie sie sagen / in der Romischen eynickeit leben / so muß auch gewißlich war sein / das alle die in Romischer eynickeit sein / sie sein boße odder
gut / mussen eytel heyligē sein / darumb das sie Christo gehorsam sein
vnd lassen sich weyden. Dan Christo mag niemant gehorsam sein in einem
stuck / er sey dan in allen stuckenn gehorsam. wie sanct Jacob sagt / Ist nu
20 das nit ein feyne kirche vnter der Romischen gewalt / da kein sunder sein
vnd eytel heyligen. Wo wil nu das arm ablas bleyben / ßo sein niemant
mehr darff / in der Romischen eynickeit? wo bleyben die beychtuetter?
wo wil man nu die welt mit schetzen / ßo die puß abgeht? Ja wo bleyben
die schluffel ßo man yhr nit mehr darff?

25 Sein aber noch sunder vnter yhn / ßo mussen sie nit geweydet sein /
vn̄ Christo vngehorsam sein. Was wolt yhr hie sagen liebe Romanistē?
pfeyffet auff. Sihestu nu / das / weyden / muß etwas anders heyssen den
vbir|keit haben. geweydet werden / etwas anders den euserlich vnterthan ³¹⁸ W
sein der Romischen gewalt. Vnnd wie nerrisch der spruch Christi / weyde
30 mir meine schaff / wirt gezogen zu Romischer vbirkeit vnd eußerlich eynickeit /
odder samlunge zubefestigen.

Auch / Christus sagt Johan. xvij. wer mich lieb hat der helt meine
wort / wer mich nit lieb ¹ hat der helt meine wort nit. Recket die oren ¹³¹ E
herzu liebē Romanisten. Yhr rumet doch / das / das wort Christi / weyde
35 meyne schaff / sey ein gepot vnnd wort Christi / fragen wir / wo sein sie die
es haltenn? Yhr sagt / das es halten auch die buben vnd schelck. Christus
sagt / es halte niemant / er liebe dan vnnd sey frum. Werdet der sachenn
eyns mit Christo / das wir wissen ob yhr oder er lugē zustraffen sey.
Drumb wilcher Bapst nit liebet noch frum ist / der weydet nit / vnd helt
40 Christ' wort nit / so ist er auch kein Bapst / hat kein gewalt noch etwas
das in dem wortlin / weyden begriffen ist / es sey was es wil / dann

---

1 Jo. 6, 63   19 Ja. 2, 10   27 s. oben s. 326 z. 21   vnders A
32 Jo. 14, 23 f.

13*

Chꝛiſtus ſtet hie feſt vnd ſpꝛicht / wer mich nit liebt / d' helt mein woꝛt
nit / ſo weydet er auch nit / das iſt / er iſt kein Bapſt / wie ſie es auß=
legenn / Alſo kumpt es das eben die ſpꝛuch widder das bapſtum ſein / die
man fur das bapſtum furet. das geſchicht billich / denenn die das heylig
gotis woꝛt hädeln nach yhꝛem tollen kopff / als werens narren rede / wollen 5
drauß machenn / was yhn wolgefellet.

Mochteſt aber ſagenn / kan doch wol ein vnterthaner weltlicher vbir=
keit gehoꝛſam ſein / ob die ſelb vbirkeit nit frum ſey / warumb ſolt dan
auch nit vnter des Bapſts vbirkeit yemand gehoꝛſam ſein. Drumb muß
weyden / vnd geweydet werden / nit von notten gehoꝛſam in ſich begreyffen. 10

Antwoꝛt / weltliche vbirkeit nēnet die ſchꝛifft nit / weyden / iſt auch
kein offentlich ſpꝛuch gottis / zu yemät geſchehen / das er weltlich regieren
ſolle / ym newen teſtament / wie wol kein gewalt on ſein heymliche oꝛdnung
ſich erhebt / drumb heyſſet ſanct Petrus die ſelbē vbirkeyten / menſchliche
oꝛdnũgen / das ſie on gottis woꝛt / doch nit on gottis radt / regierē / dꝛumb 15
iſt auch nit not das ſie frum ſein. Aber die weyl hie gotis woꝛt iſt weyde=
meine ſchaff / ſo kan wider der weyder / noch ſchaff diſſem woꝛt gnug
thun / er ſey dan got gehoꝛſam vnnd frum / dꝛumb laß ich biſchoff / bapſt /

132 E ¹ pfar ſein ¹ was ſie wollē / wen ſie Chꝛiſtū nit liebē vnd frum ſein / ſo geht
ſie das woꝛt weydē nichts an / ſein auch ein ander ding dan hyrtē vnd 20
weyder / die in diſſem woꝛt bedeut werden / derhalbē leydet ſichs nit / das
ſolch woꝛt Chꝛiſti werdē gezogē zur euſerlichen gewalt / die on yhr ſelbſt
mag gehoꝛſam vñ vngehoꝛſam ſein / weyden kan nit anders dan gehoꝛ=
ſam ſein.

319 W ¹ Das hat auch Chꝛiſtus gewolt / dan da er zu Petro dꝛey mal ſagt / 25
weyde meine ſchaff / fragt ehr yhn zuuoꝛ dꝛey mal / ob er yhn auch lieb
hette / vnnd Petrus dꝛey mal antwoꝛt / ehr het yhn lieb / das es offenbar
iſt / wo nit lieb iſt / da iſt kein weyden / derhalben muß das bapſtum liebe
ſein / odder muß nit weyden ſein / vnnd wo das woꝛtlein / weyde meine
ſchaff / den bapſtul ſetzet / ſo folget / das ſouil bepſte ſein / ſo viel der ſein 30
die Chꝛiſtum lieben vnd die ſchaff weyden / das iſt auch war / dan ſo
hieſſen voꝛzeyten alle biſchoff / bepſte / das nw nur dem Romiſchen iſt
zugeeygent.

Aber hie ſich zu / was vnſer Romaniſtenn thun / ſo ſie fur dieſen woꝛtten
Chꝛiſti nit kunden vberkummen / vnnd muſſen mit groſſem vnwillen zu= 35
laſſen / das weyden niemant kann / er hab dan Chꝛiſtum lieb / wie die
klar außgedruckt woꝛt Chꝛiſti da ſtehen / O wie gerne wolten ſie yhn
liegen heyſſen odder leugnen / doch ſo ſie hart fur den kopff geſtoſſen
werdenn / das yhn das gehyrn ſchwindelt / hoꝛ was ſie ſagenn / ſie ſpꝛechenn
das Chꝛiſtus wol foddere die lieb am bapſt ampt / doch nit die hohenn 40

---

7 Mochſteſt A   14 I. Pt. 2, 13   19 Chꝛiſtū A   30 be-
gründet   35 vorbeikommen   39 Alfeld, Büchlein A 4ª

liebe / die ſie vozdienſtlich heyſſenn zum ewigen leben / ſondern ſey gnug
die gemeyne liebe / wie ein knecht ſeinen hern liebt.

　　Sihe da / ſolch cöment von der lieb / reden ſie frey da her / auß
eygenē kopff / on alle ſchzifft / vnd wollen doch geſehen ſein / mit mir in der
5 ſchzifft handeln. Sagt mir lieben Romaniſtē / all auff einen hauffen ge-
ſchmeltzt / wa ſtet ein buchſtab in der ſchzifft võ der liebe / da euch von
treumet / wen Raſtrum zu Leyptzck reden kund / er wurd ſolch ſchwindel
kopff leichtlich vbirwinden / vnd baß von der liebe reden.

　　[1] Doch laß weitter ſehen / ſo dan yhe eine lieb muß ym bapſtum ſein / 133 E
10 wo bleybts dan / ſo ein bapſt gantz nichts Ehziſtum liebt / allein ſeinen
nutz vnd ehre am bapſtum ſucht / wie der ſelben viel geweſen / ia faſt alle
ſampt / ſeynt der zeit es angefangen hat / noch biſtu nit entlauffen / du
muſt bekennen / das bapſtum nit altzeit ſey / ſondern viel mal gefallenn /
die weil es on liebe geweſenn / were es dan auß gotlicher ozdnung in dieſen
15 wozften Ehziſti geſetzt / ſo were es nit gefallen / wende dich hyn wo du
wilt / ſo gebenn dieſe wozt kein bapſtum / odder muß bapſtum ſo offt nit
ſein in der Ehziſtenheit / ſo offt kein lieb ym bapſt iſt. Nu haſtu ſelbs
geſagt / das die perſon mug boß ſein / vnd das ampt dēnoch bleybe / hie
widerumb bekēneſtu vnd muſt bekēnē / das das ampt nichts ſey / wo die
20 perſon boß iſt / odder muſt weydē [1] laſſen etwas anders dan bapſtum ſein 320 W
vnnd das iſt war / laß ſehenn was du da kegenn magſt auffbzingen.

　　Aber ein yeglicher hutte ſich fur den vozgifftigen zungen vnd teuffels
gloßen / die ſolch lieb erdencken. Ehziſtus redt von der hochſten / ſterckiſten /
beſten lieb / die do ſein mag. Er wil nit mit falſcher halber lieb geliebt
25 ſein. Es muß hie gantz vnd auffs beſt odder nichts geliebt ſein / vnd die
meynung Ehziſti iſt / das ehr in ſanct Peters perſon / alle pzediger vnter-
weyßet / wie ſie ſollē geſchickt ſein / als ſolt er ſagē / Sihe Peter / ſoltu
pzedigen mein wozt / vnnd damit meine ſchaff weydenn / ſo wirt ſich gegen
dich erhebē / hell / teuffel / welt / vñ alles was nur in der welt iſt / vnd
30 muſt dran ſetzen / leyp / leben / gut / ehre / freund / vnd alles was du haſt /
das wirſtu nit thun / du habeſt mich dan lieb / vnd hangeſt feſt an mir.
Solteſtu dan anfangen zupzedigenn / vnnd die ſchefflin nu da weyde
empſtengen / vnd wo die wolff zu dir einryſſen / vnd du woldeſt als ein
mittlinger fliehen / das leben nit dran wogen / die ſchaff on weyd / dē
35 wolffen laſſen / hetteſtu mir viel lieber nie angefangenn zu pzedigen vnd
weydē / dan ſo der fellet / der das wozt pzediget / der an der ſpitzen ſtehenn
ſol / ſo iſt [1] yderman geergert / das wozt gottis zur hochſtē ſchmach geſetzt / 134 E
vnd geſchicht den ſchefflin vbeler / dan da ſie keynnen weyder hetten. Es
iſt Ehziſto ein ernſt / vmb die weyde der ſchaff / achtet nichts / wieuil
40 kron der Bapſt treget / wie ehr ſich in aller pzacht vbir alle kunige der
welt erhebt.

Nu ſag wer do kan / ob das bapſtum ſolch libe habe / odder ob
Chꝛiſtus mit ſolchen woꝛtten / ein muſſige vbirkeit eingeſetzt habe / wie das
bapſtum iſt. An zweyffel iſts ein Bapſt / wer mit ſolcher lieb pꝛediget /
aber wo ſein ſie? Ich hab auch keinen ſpꝛuch der mir ſo leyde macht /
in meinem pꝛedigen / als eben diſſer thut / der lieb ſpur ich nit viel / mit 5
pꝛedigen bin ich vberladē / Sie geben mir ſchuld / ich ſey peyſſig vnd rach-
ſelig / ich hab ſoꝛg das ich yhm viel zuwenig gethann hab / Ich ſolt den
reyſſenden wolffen baß in die wolle griffen haben / die nit auffhoꝛen die
ſchꝛifft zureyſſen / voꝛgifften / vnd voꝛkeren / zu groſſem voꝛterben der elenden
armen ſchefflin Chꝛiſti / wilche ſo ich gnugſam lieb hette / ſolt ich mich 10
billich anders kegen den Bapſt vnd ſeine Romaniſten erzeygt haben / die
vns mit yhren geſetz vnd geſchwetzen / ablas bꝛieffen / vnd der narnwerck
vil mehr / gottis woꝛt vnd den glauben zu nicht machen / machē geſetz vbir
vns wie ſie wollen / damit ſie vns fangen / vnd darnach vns die ſelb widder
voꝛkeuffen vmb gelt / kunden mit dem maul geltſtrick flechten. Rumē ſich / 15
ſie ſein hyꝛtenn vnnd weyder / ſo ſie warhafftig wolff / dieb vñ moꝛder
ſein / wie der her Iohã. g. ſagt.

321 W   [1] Ich weyß faſt wol / das das woꝛtlein / lieben / denn Bapſt vnd ſeine
Romaniſten blod / muhd / vnd matt macht / wolten auch nit gerne das
man hart dꝛauff dꝛüge / dan es ſtoſſet / das bapſtum zu poden. Es wart 20
doctoꝛ Eck zu Leyptzck auch mat dꝛan / vnnd wer ſolt nit mat dꝛan werdenn?
ſo Chꝛiſtus Petro ſtracks hyn kein weydenn befilht / es ſey dan liebe da.
Er wil liebe habenn / odder weyden ſol nichts ſeinn. Ich wil auch noch
wol ein weyle wartten vnnd zuſehen / wie ſie den ſtich heylen wollen.

135 E Stechen ſie mich mit weyden / ſo ſtech [1] ich ſie vil herter / mit lieben / laß 25
ſehen / wilchs fur dꝛinge. Das iſt die ſach / warumb etliche Bepſte / in
yhren geiſtlichen rechten ſo kunſtlich ſchweygen das woꝛt lieben / vnd ſo
groß auffblaſen das woꝛt weydē / meynendt ſie haben den truncken deutſchen
da mit gepꝛediget / die nit mercken ſollen / wie ſie der heyſſe bꝛey ym maul
bꝛennet / die ſelb ſach iſt auch / das Bapſt vñ Romaniſten nit mugen 30
leyden / fꝛag vmb erfoꝛſchung des grunds bepſtlicher gewalt / vnd muß
ergerlich fꝛeuelich / vnd ketzerlich handeln / wer nit an yhꝛe ſchlechten
woꝛtten benugt / nach dem grund fragt / Aber das man fragt / ob got /
got ſey / vnd alle ſein heymlickeit erfoꝛſchet mit vntreglichem fꝛeuel / das
mugē ſie wol leyden / vnd gaht ſie nichts an. Wo her kompt das voꝛ- 35
keret ſpiel? da her / das / wie Chꝛiſtus ſagt Iohan. ix. wer vbel handelt /
der furcht das liecht. wilcher dieb odder reuber hats gerne / das er fleyſſig
erfoꝛſchet werde? Alſo kein boß gewiſſen mag leyden das liecht / aber die
warheit hat daſ liecht lieb / vnnd iſt feynd der nacht / wie Chꝛiſtus auch
da ſelbē ſagt / wer mit der warheit vmbgaht / der kompt anß liecht.   40

---

17 Jo. 10, 12. 8   26. 30 urſach   29 Thiele no. 135   36 Jo.
3, 20   38 erfoꝛſchet A   40 Jo. 3, 21

Nu ſehen wir das die zween ſpꝛuch Chꝛiſti zu Petro gethan / darauff
ſie das bapſtum bawenn / ſtercker widder das bapſtum ſeinn / den kein
andere / vnnd die Romaniſten nichts mugen auffbꝛingen / das ſie nit zu
ſpot mache. Ich wils hie bleyben laſſen / vnd was der elend Romaniſt
5 mehr in ſeinen buchlen ſpeyet farenn laſſen / die weyl ichs voꝛhyn viel mal /
vnnd nw auch etlich ander ym latein haben krefftig vmbſtoſſen. Ich ſinde
nichts dꝛynnen / dan das er die heyligen ſchꝛifft / mit ſeine vnnutzen geyffer
begeyffert / wie ein rotzicht kind / iſt an keine oꝛt ſeiner woꝛt mechtig odder
ſelbvoꝛſtedig.

10 ¶ Szo iſt mein meynung von dem Bapſtum alſo gethan / die weyl
wir ſehen / das der Bapſt iſt vbir alle vnſere Biſchoff / in voller gewalt /
da hyn ehr on gotlichen rad nit iſt kummenn / wie wol ichs nit acht / das
auß ¹ gnedigem / ſondern mehr auß zoꝛnigem rad gotis datzu kummenn ſey / 136 E
der zur plag der welt zuleſſit / das ſich menſchen ſelbs erheben vnd andere
15 vntertrucken. Szo wil ich nit das nemant dem Bapſt widderſtreb /
ſondern gotlichen rad furchte / die ſelb gewalt in ehren habe vnnd trage
mit aller gedult / gleich als ¹ wenn der Turck vber vns were / ſzo kan ſie 322 W
an ſchaden ſein.

Ich ſtreyt aber nur vmb zwey ding / Das erſt / ich wils nit leyden /
20 das menſchen ſollen new articfel des glaubens ſetzen / vnd alle andere
Chꝛiſten in der gantzen welt ſchelten / leſteren vnnd vꝛteylen fur ketzer / ab-
trunige / vnglewbige / allein das ſie nit vnter dem bapſt ſein. Es iſt gnug
das wir den Bapſt laſſen bapſt ſein / iſt nit not das vmb ſeynen willen
werden voꝛleſtert got vnd ſeine heyligen auff erden. Das ander / allis was
25 der bapſt ſetzt / macht vnd thut / wil ich alſo auffnemen das ichs zuuoꝛ
nach der heyligen ſchꝛifft vꝛteyle. Er ſol mir vnter Chꝛiſto bleyben / vnnd
ſich laſſen richtenn / durch die heyligen ſchꝛifft. Nu faren die Romiſchen
buben daher / vnd ſetzen yhn vber Chꝛiſtum / vnd machen auß yhm einen
richter vbir die ſchꝛifft / ſpꝛechen er muge nit yꝛren / vnd allis was yhn
30 nur zu Rom trewmet / ia alles was ſie nur durffen furnehmen / wollen ſie
vns zu articfel des glaubens mache. Dar an nit gnug / wollen ein newe
weyſz des glaubens auffſetzenn / das wir das ſollen glawbenn / das wir leyplich ſehenn / ſzo doch der glaub vonn natur iſt der dinger die niemant ſiht
noch empfindt. wie ſanct Paul² Heb. xi. ſagt / Romiſche vbirkeit vnd. ge-
35 meyne iſt yhe leyplich / vnd ſicht yderman. Vnd da got fur ſey / wo der
Bapſt dahyn keme / ſzo wolt ich frey ſage / das er der rechte Endchꝛiſt
were / dauon alle ſchꝛifft ſaget / wo nw mir diſze zwey bleyben / wil ich
den Bapſt laſſenn / ia helffen ſzo hoch machen als man ymer wil / wo nit /
ſzo ſol er mir widder bapſt / noch Chꝛiſten ¹ ſeinn / wer es nit laſſenn wil / 137 E
40 mach ein abtgot dꝛauſz / ich wil yhn aber nit anbeten.

---

6 Lonicer (ſ. oben ſ. 323) und Joh. Bernhardi aus Feldkirch
(Lemmens ſ. 17 ff.; Kropatscheck, Joh. Dölsch aus Feldkirch, Greifs-
wald 1898, ſ. 8 ff.)   8 kind A   9 verſtündig   34 Hbr. 11, 1

Wber das mocht ich wol leyden / das kunig / furſtē / vnnd aller adel
darꜩu griff / das den buffen von Rom die ſtraß nyder wurd gelegt / die
biſchoff mentel vnnd lehen erauſſen bliebē. Wie kumpt der Romiſche geyꜩ
daꜩu / das er alle vnſerer vetter ſtifftung / biſtumb / lehen zu ſich reyſſet?
wer hat ſolche vnaußſprechliche reuberey yhe gehoret odder geleſenn? haben
wir nit auch leut die yhr durffen / das wir die maultreyber / ſtalknecht /
ia hurn vnnd bubenn zu Rom mit vnſerm armut reych machen muſſenn /
die vns doch nit anders dann ſtock narn halten / vnd darꜩu ſpotten auffs
allerſchmelichſt. Es iſt landruchtig / das die reuſſen haben begeret / vnter
die Romiſchen ſamlung zukommen / da haben die heyligen hyrten zu Rom
die ſelben ſchaff Chꝛiſti alſo geweydet / das ſie ſie nit wolten annehmen /
ſie vorpflichten ſich dan voꝛhynn / ewiger ꜩinß / ich weyß nit wieuil mal
hundert tauſent ducaten / der weyde mochten ſie nit eſſen / vnd bleyben
wie ſie ſein / ſprechen / ſo ſie Chꝛiſtum keuffen ſollen. / wollen ſies ſparenn /
biß ſie fur den hymel kummenn zu yhm ſelb. Alſo thuſtu dw Rote hur
von Babilonien / wie dich ſanct Johannes nennet / machſt auß vnſerm
glauben / ein ſpot fur aller welt / vnd wilt den namen [1] haben / als wolltiſtu
ydermā Chꝛiſten machen. Es iſt zurparmen das kunig / vnnd furſten ſo
ſchlechte andacht habē zu Chꝛiſto / vnd ſein ehre ſie ſo wenig bewegt / das
ſie ſolche grewliche ſchäde der Chꝛiſtēheit laſſen vbirhand nehmen / vnd
ſehen doch das ſie zu Rom nit gedencken / dan nur fur vnnd fur vnſinnig
zuwerden / vnnd allen iamer mehren / das kein hoffnūg nit mehr iſt auff
erdē / dan bey der weltlichē gewalt. Dauō ſo der Romaniſt wider kumpt /
ich mehr ſagē wil / iꜩt ſey es zum anheben gnug geweſen / got helff vns
das wir die augē ein mal auff thun Amē.

Die leſterunge vnd ſchmachwoꝛt / damit mein perſon iſt antaſtet /
wie wol yhr viel ſein / wil ich vnuoꝛant woꝛt meynen lieben Romaniſten
geſchenckt habenn. Sie fechten mich auch nichts an / ich hab mir nie furgenommen / mich an denen zuꝛechen / die mein perſon / mein leben / mein
werck / mein weßen ſchmehenn / ich weyß ſelbs faſt wol / das ich nit lobens
werd bin / das ich aber ſcharffer vnd hiꜩiger byn / vber die ſchꝛifft zuerhalten / wen etlich leyden mugen / ſol mir niemant billich voꝛweyſen / ich
wils auch nit abgahn. Schelte / leſtere / richte / mein perſon vnd mein
leben nur friſch wer do wil / es iſt yhm ſchon voꝛgeben. Aber niemant
warte vonn mir noch huld noch gedult / wer meynenn hern Chꝛiſtum /
durch mich gepꝛediget / vnnd den heyligenn geyſt zu lugenern machen wil.
Es ligt nichts an myr / aber Chꝛiſtus woꝛt / wil ich mit frolichem herꜩen
vnd friſchem mut voꝛantwoꝛten / niemants angeſehen / dar ꜩu mir got einen
frolichen / vnerſchꝛocken geyſt geben hat / den ſie mir nit betruben werdē /
hoff ich ewiglich.

Das ich aber Leypꜩgk habe nennet / ſol niemant achten / das ich die

---

loblich stadt vnd vniuerſitet damit wil in einen ſchympff ſetzenn. Es hat
mich zwungen der auffgeblaſen / hochmutige / ertichte titel diſes Romaniſten /
der ſich rumet / offentlich leſzer der gantzenn heyligē ſchꝛifft zu Leyptzck /
wilche titel die gantz Chꝛiſtenheit yn aller welt nie hat yhr zugeſchꝛybē /
5 vnd das der ſelben ſtadt vnd radt zugeſchꝛieben / vnd wo er ſein affen-
buchle nit het vnß deuß geben / die armen leyenn zuvoꝛgifften / wer er mir
viel zugering angeſehen. Dan das grobe mullers thier kan noch nit ſein
ika ika ſingē / vnnd legt ſich vnberuffen in ſolch ſach / die der Romiſche
ſtul ſelb mit allen Biſchoffen vnd gelereten / in tauſent iaren nit haben
10 mugen außfuren. Ich het auch gedacht / Leyptzck ſolt billich zukoſtlich in
ſeinen augen geweſen ſein / ſolcher loblichenn / berumpten ſtadt / ſeynen
geyffer vnd rotz antzuſchmieren. Aber er leſſit ſich duncken / er ſey nit ein
ſchlechter fritzſch. Ich ſich wol / ſolt ich den ¹ groben kopffen alle yhren   3²4 W
mutwillen geſtatten / wurdend zuletzt auch die bad meyd widder mich
15 ſchꝛeyben. ¹ Ich bit aber / das wer an mich wil / ſich mit der ſchꝛifft ruſte /   139 E
was hilffts das ſich ein armer froſch auffbleſſet / wen er gleich ſolt berſten /
wirt er doch keinem Ochſzen gleich. Ich were gerne auß der ſache / ſo
notigen ſie ſich ſelb hynein / ich hoff got werd vns beyde erhoꝛen / mir
erauß helffen / vnd ſie bꝛynnen laſſenn.

20   Amen.
        Allein got / ſey ehr vnd lob in ewickeit / Amen.

---

        2 ſ. oben ſ. 330 z. 6   6. deutſch   13 Fritz   14 Schade,
Satiren und Pasquille 2, 128, 8. 191, 42. 194, 160   16 die phä-
drische fabel vom frosch und vom ochsen (1, 23) verwendet L. auch z. b.
W. A. 7, 638, 18 ff.; vgl. ferner Wander, Frosch no. 55, 70 f.

An den christlichen Adel deutscher Nation von des christlichen Standes Besserung. 1520.

Ungefähr am 8. juni 1520 schrieb L. an Spalatin: 'Est animus publicam schedam edere ad Carolum et totius Germaniae nobilitatem adversus Romanae curiae tyrannidem et nequitiam' (WABr2,120,13 ff.). Aus 5 diesem flugblatt wurde L.s berühmteste reformatorische schrift. Am 23. juni schickte er sein manuskript mit einem von vornherein zur mitveröffentlichung bestimmten widmungsschreiben zur durchsicht an seinen kollegen Nikolaus von Amsdorf. In diesem schreiben heisst es: 'Ich hab unserm furnehmen nach [vgl. oben: 'Est animus . . .'] zusammen tragenn 10 etlich stuck Christlichs stands besserung belangend, dem Christlichenn Adel deutscher Nation furtzulegen, ob got wolt doch durch den leyen standt seiner kirchen helffen, Seintemal der geistlich stand, dem es billicher geburt, ist gantz unachtsam worden . . . Ich bedenck wol, das myrß nit wirt unvorweyst bleybenn, als vormeß ich mich zu hoch, das ich vor 15 achter, begebner mensch solche hohe unnd grosse stende thar anreden in ßo trefflichen grossen sachen, . . . [Aber ich will] auch ein mal hoffnar werden, . . .' Damit vergleiche man den Transitus untens.384,35— 385,2 :   'Wie wol nu ich zugering bin, stuck furtzulegenn, zu solches grewlichs weßens besserung dienlich, wil ich doch das narn spiel hynauss 20 singen unnd sagen, ßovil mein vorstand vormag, was wol geschehen mocht und solt von weltlicher gewalt odder gemeinen Concilio'. Die ähnlichkeit springt in die augen. Andrerseits nimmt sich das stück von den drei mauern der romanisten 366,3—374,20   recht isoliert aus und ist das folgende — 384,33f. eine anticipation aus dem hauptteil, so dass sich 25 verschiedene wiederholungen einstellen. So drängt sich uns die vermutung auf, dass die abschnitte 366,3—384,34   erst nachträglich (nach dem 23. juni) von L. seinem manuskript eingefügt worden sind und der erwähnte Transitus ursprünglich ein Introitus war[1]. Am 20. juli, 3. und 5. august (WA Br 2, 146, 14ff.; 162,13ff.; 164,13 ff.) stand die aus 30 gabe des büchleins bevor. Am 18. august hatte es Melchior Lotther bereits in 4000 exemplaren ausgegeben, um die die käufer sich rissen. An diesem tage erhielt L. briefe von Lang und Staupitz aus Erfurt, in denen sie baten, die ausgabe zurückzuhalten, es war aber schon zu spät, Lotther wäre durch zurückziehung der exemplare zu sehr geschädigt worden 35 WA Br 2, 167,4ff.;168,12 ff.). Schon nach wenigen tagen bereitete

---

1) dazu stimmt auch folgende beobachtung: 380, 9 ff. erwähnt L. eine verordnung des Strassburger bischofs gegen die immunität des klerus. Aber erst unterm 25. juli bekundete er Spalatin seine absicht, der „Strassburger tragödie" zu gedenken (WABr2,130,20). — Einen 2. nachtrag bilden dann die stücke, um die die 2. auflage vermehrt wurde, s.422ff.

2) der an letzterer stelle genannte Reverendus pater Vicarius ist doch wohl Staupitz. Dass dieser damals bei Lang in Erfurt weilte, beweist der schluss des Melanchthonbriefs CR I no. 85. Vielleicht freilich ist dieser brief näher an das vom 26. bis 28. august in Eisleben tagende Augustinerkapitel heranzurücken. Vgl. jedoch WABr12,168f.5.

Lotther eine 2. auflage vor, die L. mit einigen zusätzen bereicherte (W A
Br 2, 169, 6 f.) vgl. s 422 ff. Diese 'secundaria editio' hat ein zeitgenosse am
19. nov. für 16 ₰ gekauft (W. A. 6, 398 unter B). Die nachdrucker
stürzten sich auf die 1. auflage (A = v. Dommer n:o. 157) und berück-
5 sichtigten nachträglich B bezw. C. So Wolfg. Stöckel in Leipzig (D)[1],
Renatus Beck in Strassburg (F = v. Dommer no. 162[2]), Adam Petri
in Basel (H [= v. Dommer no. 158][3] + M), Joh. Knoblouch in Strassburg
(I = v. Dommer no. 159). Wenn wir scheinbar unserm prinzip (s. oben
s. 16) zuwider nicht die 2. auflage, obgleich sich diese im titel: „Durch
10 yhn selbs gemehret vnd corrigirt" nennt, sondern A wiedergeben, so ge-
schieht das deshalb, weil B, wahrscheinlich sehr eilig gedruckt, im ganzen
einen bedeutend schlechteren text als A aufweist. Nicht nur sind offenbare druckfehler von A (wie 368,5 indelibiles, 399,30 irregulritet,
372,11 kummen) stehen geblieben, es sind auch viele neue (vgl. z. b. 400,
15 39 A irregulritet, B irregulriter) und auslassungen hinzugekommen. Die
wenigen varianten, die als korrekturen des autors gelten können (wie
368,12;387,33;416,3)[4],   haben wir in die anmerkungen aufgenommen,
die drei zusätze am ende nach W. A. abgedruckt.

Ueber den nicht zu überschätzenden einfluss der ermutigungskund-
20 gebungen aus den kreisen der ritterschaft auf Luther[5] (Hutten .[und
Sickingen] an Melanchthon 20. januar und 28. februar, an Luther 4. juni,
Silvester von Schaumberg brieflich an Luther 11. juni und vorher schon
mündlich am 11. mai) vgl. zuletzt Friedr. Kipp, Silv. v. Sch., Leipzig
1911, s. 153 ff.

25   Für alles, wofür in den anmerkungen die erklärung vermisst werden
sollte, verweisen wir auf den kommentar in der ausgabe von K. Benrath,
Halle 1884.

Dem Achtparn vnd wirdigen her

2l, 277 E
6, 404 W

ren / Er Nicolao von Amßdorff / der heyligen schrifft Licentiat vnd Tum-
30 hern zu Wittenberg / meynem besundern gunstigen freundt.

D. Martinus Luther.

¶ Gnad vnd frid gottis zuuor / Achtpar / wirdiger lieber herr vnd
freunt. Die zeit des schweygens ist vorgangen / vnd die zeit zureden ist

---

1) Die drucke N und O (N[b] = v. Dommer no. 161) von Hans
von Erfurt (damals noch nicht in Worms) sollten ursprünglich D ergänzen
(R und K haben die drucker jener zeit oft verwechselt).

2) dass F anfangs auf A zurückgeht, beweisen die gemeinsamen lesarten
368,12;421,1ª—422,3ª   und die lesart von F 370,36 stumme hertzen,.
die sich nur aus dem druckfehler in A stume erklärt.

3) erschien am 13. okt. (Burckhardt-Biedermann, Bonifacius Amer-
bach, Basel 1894, s. 141).

4) dagegen ist z. b. 383,1 eynander verschlimmbesserung von B;
Luther schrieb eynander (oben s. 242, z. 10; vgl. auch s. 312, z. 26).
Vielleicht ist das „Durch yhn selbs corrigirt" überhaupt nur buch-
händlerische spekulation.

5) vgl. Mel. an Lang CR I 212: 'Animabatur enim Noster a quibusdam, quibus utrique multum tribuimus'.

kommen / als Eccleſſ. ſagt / Jch hab vnſerm furnehmen nach / zuſammen
tragenn etlich ſtuck Chriſtlichs ſtands beſſerung belangend / dem Chriſt-
lichenn Adel deutſcher Nation furzulegen / ob got wolt doch durch den
leyen ſtandt ſeiner kirchen helffen. Seintemal der geiſtlich ſtåd / dem es
billicher geburt / iſt gantz vnachtſam worden. Sende das alles ewr wirde 5
daſſelb zurichten / vnnd wo es not iſt / zubeſſern. Jch bedenck wol / das
myrß nit wirt vnuorweyſt bleybenn / als vormeß ich mich zuhoch / das ich
vorachter / begebner menſch / ſolche hohe vnnd groſſe ſtende thar anreden /
in ſo trefflichen groſſen ſachen / als were ſonſt niemant in der welt / dan
Doctor Luther / der ſich des Chriſtenlichen ſtands annehme / vnnd ſo hoch- 10
vorſtendigen leutten radt gebe. Jch laß mein entſchuldigung anſtehen /
vorweyß mirs wer do wil / Jch bin villeicht meinem got vnd der welt /
noch eine torheit ſchuldig / die hab ich mir izt furgenömen / ſo myrs ge-
lingenn mag / redlich zalen / vnd auch ein mal hoffnar werden / gelyngt
mir nit / ſo hab ich doch ein vorteil / darff mir niemant eine kappenn
kauffenn / noch den kamp beſcheren. Es gilt aber / wer dem andern die
278 E ſchellen anknupfft / Jch muß das ſprichwort erfullenn / Was die welt zu's
ſchaffenn hat / da muß ein munch bey ſein / vſt ſolt man yhn dazu malen.
Es hat wol mehr mal / ein nar weyßlich geredt / vnnd viel mal weyſe
leut / groblich genarret. wie Paulus ſagt / wer do wil weyß ſein / der muß 20
405 W ein nar werden. Auch die weyl ich nit allein ein narr /[1] ſondern auch ein
geſchworner Doctor der heyligenn ſchrifft / byn ich fro / das ſich mir die
gelegeheyt gibt meynem eyd / eben in der ſelben narn weyße / gnug zu-
thunn. Jch bit / wollet mich entſchuldigen / bey den meſſig vorſtendigen /
den der vbirhochvorſtendigen gunſt vnd gnad / weyß ich nit zuuordienen / 25
wilch ich ſo offt mit groſſer muhe erſucht / nw fort auch nit mehr haben
noch achtenn wil. Got helff vns / das wir nit vnſer / ſondern allein ſeine
ehre ſuchē Amen. Zu Wittenberg / ym Auguſtiner Cloſter / am abent
S. Johannis baptiſtae. Jm Tauſent funffhundert vnd zwentzigſten Jar.

Der allerdurchleuchtigiſten / Großmechtigiſten Keyſerlichen Maieſtet / vnd 30
Chriſtlichem Adel deutſcher Nation.   D. Martinus Luther.

Gnad vnd ſterck von Got zuuor / Allerdurchleuchtigiſter / gnebigſte /
liebenn herrn. Es iſt nit auß lautter furwitz noch freuel geſchehen /
das ich eyniger armer menſch mich vnterſtanden / fur ewrn hohen wirden

---

1 Prd. 3, 7   8 der ſich der welt begeben, ihr entſagt hat an-
zureden wage   11 unterlaſſe   16 es braucht mich niemand als narren
hinzuſtellen (Thiele no. 392; D. Wb. 5, 105)   17 es kommt aber
darauf an, wer den andern zum narren erklärt (vgl. Thiele no. 56; D.
Wb. 8, 2493 ff. und den titel des bei Schade, Satiren und Pasquille 1,
13 ff. abgedruckten spruchs)   18 'Monachus semper praesens'. Vgl.
Wander, Mönch no. 130, 250, auch Weller no. 2692 (von Joh. Spreter)
19 und es haben wohl vielmals . . .   20 1. Ko. 3, 18   23 doktor-
eid: K. K. 1, 103   33 blossem furwitz   34 einzelner

zu redenn / die not vnd beſchwerůg / die alle ſtend der Chꝛiſtenheit / zuuoꝛ
deutſche landt / dꝛuckt / nit allein mich / ſondern yderman bewegt hat / viel
mal zuſchꝛeyen vnd hulff begerē / hat mich auch itzt zwungē zuſchꝛeyen /
vnnd ruffen / ob got yemand den geyſt gebē wolt / ſeine hand zureychen
5 der elendē Nation. Es iſt offt durch Concilia etwas furgewāt / aber durch
etlicher menſchen liſt / behēdiglich voꝛhyndert vnd ymmer erger woꝛbē /
wilcher tuck vnd boßheit / ich itzt / got ¹ helff mir / durchleuchten gedenck / ₂₇₉ E
auff das ſie erkant / hynfurt nit mehr / ſo hynderlich vñ ſchedlich ſein mochtē.
Got hat vns ein iungs edliß blut zum heubt gebē / damit viel hertzē zu
10 groſer guter hoffnůg erweckt / danebē / wil ſichs zymen / das vnſer datzu
thun / vñ der zeit vñ gnade nutzlich bꝛauchen.

¶ Das erſt / das in diſſer ſache furnehmlich zuthun iſt / das wir vns
yhe furſehen / mit groſſem ernſt / vñ nit etwas anheben / mit voꝛtrawē
groſſer macht odder voꝛnunfft / ob gleich aller welt gewalt vnſer were / dan
15 got mag vnd wils nit leybē / das ein gut werck werde angefangen / in
voꝛtrawen / eygener macht vnd voꝛnůfft. Er ſtoſſet es zu poden / da hilfft
nichts fur / wie ym .xxxiij. pſalm ſtet / Es wirt kein kunig beſtehen / durch
ſeine groſſe macht / vñ kein her durch die groſſe ſeiner ſterck. Vnd auß
dem grund ſoꝛg ich ſey es voꝛtzeytē kummen / das die theuren furſten /
20 keyſer Fridrich der erſt / vnd der ander vnd vil mehr deutſcher keyſer /
ſo iemerlich ſein von den Bepſten mit fuſſen tretten vnd voꝛdꝛuckt / fur
wilchen ſich doch die welt furchtet / Sie haben ¹ ſich villeicht voꝛlaſſen auff ₄₀₆ W
yhre macht / mehr dan auff got / dꝛumb habē ſie muſſen fallen. Vnd was
hat zu vnſern zeiten / den blutſeuffer Julium ſecundum ſo hoch erhaben /
25 dan das ich beſoꝛg / Franckreich / deutſchen vñ Venedige haben auff ſich
ſelb bawet. Es ſchlugen die kinder beniamin zwei vñ viertzig tauſent
Iſraelitē / daꝛvmb das ſie ſich auff yhre ſterck voꝛlieſſenn Iudic. xir.

Das vns auch nit ſo gelinge / mit diſſem edlen blut Carolo / muſſen
wir gewiß ſein / das wir in diſſer ſach nit mit menſchen / ſondern mit
30 den furſten der hellenn handelen / die wol mugen mit krieg vnd blut voꝛ-
giſſen die welt erfullenn / aber ſie laſſen ſich damit nicht vberwinden. Man
muß hie mit einem voꝛtzag leyplicher gewalt / in demutigem voꝛtrawen
gottis / die ſach angreyffen / vnd mit ernſtlichem gebet hulff bey got ſuchenn /
vnd nichts anders in die augen bilden / dan der elendē Chꝛiſtēheit iamer
35 vnd not / vnangeſehen was boß leut voꝛdienet habē / wo das ¹ nit / ſo ſol ₂₈₀ E
ſichs ſpiel wol laſſen anfahenn mit groſſem ſchein / aber wen mann hynein
kumpt / ſollen die boßen geiſt / ein ſolch yrrung zurichten / das die gantz
welt muſt ym blut ſchweben / vnnd dennoch damit nichts außgericht /
dꝛumb laſt vns hie mit furcht gottis vnd weyßlich handelen. Yhe groſſer
40 die gewalt / yhe groſſer vngluck / wo nit in gottis furcht vnnd demut gehandelt wirt. Haben die Bepſte vnd Romer bißher mugen durch teuffels

hulff / die kunig in einander werrē / ſie mugens auch noch wol thun ſo
wir on gottis hulff / mit vnſer macht vñ kunſt farē.

¶ Die Romaniſten haben dꝛey mauren / mit groſſer behendickeit /
vmb ſich zogen / damit ſie ſich bißher beſchutzt / das ſie niemant hat mugenn
refoꝛmierenn / da durch die gantz Chꝛiſtenheit / grewlich gefallen iſt.   5
Zum erſten / wen man hat auff ſie dꝛungen / mit weltlicher gewalt / haben
ſie geſetzt vnd geſagt / weltlich gewalt habe nit recht / vbir ſie / ſondern
widderumb / geyſtlich ſey vbir die weltliche. Zum andern / hat man ſie
mit der heyligē ſchꝛifft wolt ſtraffen / ſetzen ſie da kegē / Es gepur die
ſchꝛifft niemant außtzulegenn / den dem Bapſt. Zum dꝛitten dꝛewet man   10
yhn mit einem Concilio / ſo ertichten ſie / es muge niemant ein Concilium
beruffen den der Bapſt. Alſo haben ſie die dꝛey rutten vns heymlich geſtolen / das ſie mugen vngeſtrafft ſein / vnd ſich in ſicher befeſtung diſer
dꝛeyer maur geſetzt / alle buberey vnd boßheit zutreyben / die wir dan itzt
ſehen / vnd ob ſie ſchon ein Councilium muſten machen / haben ſie doch   15
daſſelb zuuoꝛ mat gemacht / damit / das ſie die furſten zuuoꝛ mit eyden
voꝛpflichten / ſie bleyben zulaſſen / wie ſie ſein. dartzu dem Bapſt vollen gewalt geben vbir alle oꝛdnung des Concilii / alſo das gleich gilt / es ſein
vil Concilia odder kein Concilia / on das ſie vns nur mit laruen vnd
407 W ſpiegelfechten betriegen / ſo gar greulich furchten ſie der haut ¹ fur einē   20
rechtē freyen Concilio. vnd haben damit kunig vnd furſten ſchochter gemacht / das ſie glewben es were widder got / ſo man yhn nit gehoꝛchte
in allen ſolchen ſchalckhafftigē liſtigen ſpugniſſen.

281 E ¹ Nu helff vns got vnd geb vns der Baſaunen eine / do mit die mauren
Hiericho wurden vmbwoꝛffenn / das wir diße ſtroeren vnd papyren mauren   25
auch vmb blaſſen / vnd die Chꝛiſtlichen rutten / ſund zuſtraffenn loß machen /
des teuffels liſt vnd trug an tag zubꝛingē / auff das wir durch ſtraff vns
beſſern / vnnd ſeine huld widder erlangen.

¶ Wollen die erſte maur am erſten angreyffenn.

Man hats erfunden / das Bapſt / Biſchoff / Prieſter / Kloſter volck / wirt   30
der geyſtlich ſtand genent / Furſtē / Hern / handtwercks vnd ackerleut / der
weltlich ſtāb / wilchs gar ein ſeyn Cōment vnd gleyſſen iſt / doch ſol
niemant darub ſchuchter werden / vnnd das auß dem grund. Dan alle
Chꝛiſten / ſein warhafftig geyſtlichs ſtands / vnnd iſt vnter yhn kein vnterſcheyd / denn des ampts halben allein. wie Paulus .i. Coꝛint. xij. ſagt /   35
das wir alle ſumpt eyn Coꝛper ſeinn / doch ein yglich glid ſein eygen werck
hat / damit es den andern dienet / das macht allis / das wir eine tauff /
ein Euangelium / eynen glauben haben / vnnd ſein gleyche Chꝛiſten / den
die tauff / Euangelii vnd glauben / die machen allein geiſtlich vnd Chꝛiſten

3 zu dieſem bilde vgl. K. K. 1, 321   geſchicklichkeit   6 ihnen
zugeſetzt   8 umgekehrt   16 ſ. oben ſ. 281 z. 12 ff.   19 vil Con-
cila A   21. 33 ſchüchtern   23 ſchreckgeſpenſtern   25 Joſ. 6, 20
32 erdichtung   trug   35 1. Ko. 12. 12 ff.   37 kommt alles daher, dass

volck. Das aber der Bapſt odder Biſchoff ſalbet / blatten macht / oꝛdi=
niert / weyhet / anders dan leyen / kleydet / mag einen gleyſner vnd olgoꜩen
machen / macht aber nymmer mehr / ein Chꝛiſten odder geyſtlichen menſchen.
Dem nach ſo werdē wir alleſampt durch die tauff zu pꝛieſtern geweyhet /
5 wie ſanct Peter .i. Pet. ij. ſagt / yhr ſeit ein kuniglich pꝛieſterthum / vnd
ein pꝛieſterlich kunigreych. Vnd Apoc. Du haſt vns gemacht durch dein
blut zu pꝛieſtern vnd kunigē. dan wo nit ein hoher weyhen in vns were /
den der Bapſt odder Biſchoff gibt / ſo wurd nymmer mehr durch Bapſts
vnnd Biſchoff weyhen ein pꝛieſter gemacht / mocht auch noch meſz halten /
10 noch pꝛedigenn / noch abſoluieren.

Dꝛumb iſt des Biſchoffs weyhen nit anders / den als wen er an ſtat
vnd perſon der gantzen ſamlung / eynen auſz dem hauffen nehme / die alle
gleiche gewalt haben / vnd [1] yhm beſtlh / die ſelben gewalt / fur die andern 282 E
auſzzurichten / gleich als wen ꜩehen bꝛuder / kuniges kinder gleich erben /
15 einen erweleten / das erb fur ſie zuregieren / ſie weren yhe alle kunige vnd
gleicher gewalt / vnd doch einē zuregieren befolen wirt. Vnd das ichs
noch klerer ſag / Wen ein heufflin fromer Chꝛiſten leyē wurden gefangen
vnnd in ein wuſteney geſeꜩt / die nit bey ſich hetten einen geweyheten
pꝛieſter von einē Biſchoff / vnnd wurden alda der ſachen eyniſz / erweleten
20 eynen vnter yhn / er were ehlich odder nit / vnd befilhen ym das ampt zu
teuffen / meſz halten / abſoluieren / vnd pꝛedigenn / der wer warhafftig ein
pꝛieſter / als ob yhn alle Biſchoffe vnnd Bepſte [1] hetten geweyhet. Daher 408 W
kumpts / das in der not / ein yglicher teuffen / vnd abſoluieren kan / das
nit muglich were / wen wir nit alle pꝛieſter weren. Solche groſz gnad
25 vnd gewalt der tauff vñ des Chꝛiſtlichen ſtands / haben ſie vns durchs
geyſtlich recht faſt nidergelegt vnd vnbekant gemacht. Auff diſſe weyſze
erweleten voꝛzeyten / die Chꝛiſten auſz dē hauffen yhre Biſchoff vnd pꝛieſter /
die darnach vō andern Biſchoffen wurden beſtetiget / on alles pꝛangen das
iꜩt regirt / Szo wart ſanct Auguſtin / Ambꝛoſius Cypꝛianus Biſchoff.
30 Die weyl der nu die weltlich gewalt / iſt gleych mit vns getaufft /
hat den ſelben glauben vnnd Euangelij / muſſen wir ſie laſſen pꝛieſter vnd
Biſchoff ſein / vnd yr ampt ꜩelen / als ein ampt das da gehoꝛe vñ nuꜩlich
ſey / der Chꝛiſtenlichen gemeyne. Dan was auſz der tauff kꝛochen iſt / das
mag ſich rumen / das es ſchon pꝛieſter Biſchoff vnd Bapſt geweyhet ſey /
35 ob wol nit einem yglichen ꜩympt / ſolch ampt zu vben. Dan weyl wir alle
gleich pꝛieſter ſein / muſz ſich niemant ſelb erfur thun / vnd ſich vnterwinden /
an vnſer bewilligen vnd erwelen / das ꜩuthun / des wir alle gleychen
gewalt haben / Den was gemeyne iſt / mag niemandt on der gemeyne
willen vnd befehle an ſich nehmen. Vnd wo es geſchehe das yemandt
40 erwelet zu ſolchem ampt / vnd durch ſeinen miſzbꝛauch / wurd abgeſeꜩt / ſo

---

2 hier ſpottname für geſalbter prieſter; vgl. oben s. 315, z. 24
5 1. Pt. 2, 9   6 Apk. 5, 10   19 einig   26 zu nichte gemacht
37 ohne

²⁸³E were ehr gleich wie vorhyn. Drumb solt ein priester stand nit ¹ anders
sein in der Christenheit / dan als ein amptman / weil er am ampt ist / geht
er vohr / wo ehr abgesetzt / ist ehr ein bawr odder burger wie die andern.
Also warhafftig ist ein priester nymmer priester / wo er abgesetzt wirt.
Aber nu haben sie ertichet Caracteres indelebiles / vn schwetzē / das ein ⁵
abgesetzter priester / dennoch / etwas anders sey / dan ein schlechter leye.
Ja sie trewmet / Es mug ein priester nymmer mehr anders den priester
odder ein ley werden / das sein alles menschen ertichte rede vnd gesetz.

Szo folget auß dissem / das leye / priester / fursten / bischoff / vnd wie
sie sagen / geistlich vnd weltlich / keynen andern vnterscheyd / ym grund ¹⁰
warlich habē / den des ampts odder wercks halben / vnnd nit des stands
halbenn / dan sie sein alle geystlichs stands warhafftig priester / bischoff / vnd
bepste / aber nit gleichs eynerley wercks / gleich wie auch vnter den priestern
vnd munchen nit eynerley werck ein yglicher hat. Vnnd das ist sanct
Paul Ro. xij. vnd .i. Corint. xij. vnnd Petrus .i. Pet. iij. wie ich droben
gesagt / das wir alle ein corper sein des heubts Jesu Christi / ein yglicher
des andern glidmaß. Christus hat nit zwey noch zweyerley art corper /
einē weltlich den andern geistlich. Ein heubt ist / vnd einen corper hat er.

⁴⁰⁹W   ¹ Gleych wie nw die ßo mann itzt geystlich heyst / odder priester /
bischoff odder bepst / sein von den andern Christen nit weytter noch wirdiger ²⁰
gescheyden / dan das sie das wort gottis vnnd die sacrament sollen handeln /
das ist yhr werck vnnd ampt. Also hat die weltlich vbirkeit / das schwert
vnnd die ruttenn in der hand / die boßen damit zustraffenn / die frummen
zuschutzen. Ein schuster / ein schmid / ein bawr / ein yglicher seyns handtwercks / ampt vnnd werck hat / vnnd doch alle gleich geweyhet priester vnd ²⁵
bischoffe / vnnd ein yglich sol mit seinem ampt odder werck / denn andern
nutzlich vnnd dienstlich sein / das also vielerley werck / alle in eine gemeyn
gerichtet sein / leyp vnd seelen zufoddern / gleich wie die glidmaß des corpers
alle eyns dem andern dienet.

²⁸⁴E   Nu sich / wie Christlich das gesetzt vnd gesagt sey / ¹ weltlich vbir- ³⁰
keit sey nit vber die geystlickeit / sol sie auch nit straffenn. Das ist eben
ßouil gesagt / die handt sol nichts datzu thun / ob das aug groß nodt
leydet / Ists nit vnnaturlich / schweyg vnchristlich / das ein glid dē andern
nit helffen / seinem vorterben nit weren sol? Ja yhe edler das glidmaß
ist / yhe mehr die andern yhm helffen sollē. Drumb sag ich / die weil
weltlich gewalt von got geordnet ist die boßen zustraffen / vnd die frumen ³⁵
zuschutzen / ßo sol man yhr ampt lassen frey gehn vnvorhyndert durch den
gantzen corper der Christenheit / niemants angesehen / sie treff Bapst / Bischoff /
pfaffen / munch / Nonnen / odder was es ist. Wen ßo das gnug were /

2 solange als 5 indelibiles A 7 es könne ein priester nimmermehr etwas
anderes als ein priester,oder ein laie werden   12 gleichs stands B C
13 wia A 15 Rö. 12, 4 ff. 1. Kö. 12, 12 ff. 1. Pt. 2, 9   s. oben
s. 366 z. 36   28 sellen A   33 geschweige

die weltlich gewalt zuhyndern / das ſie geringer iſt vnter den Chriſtlichen
empten / ben der prediger vnd beichtiger ampt / obber geyſtliche ſtand / ßo
ſolt mann auch vorhyndern / ben ſchneydern / ſchuſtern / ſteynmeßenn /
zymmerleutenn / koch / kelnern / bawrn / vnd alle zeitlichen handtwercken /
5 das ſie dem Bapſt / Biſchoffen / Prieſtern / Munchen / kein ſchu / kleider /
hauß / eſſen / trinckē machtē / noch / zynß geben. Leſſit man aber dieſen
leyen yhre werck vnuorhindert / was machen den die Romiſchen ſchreyber /
mit vhren geſetzen / das ſie ſich außzihen auß dem werck weltlicher Chriſtlicher gewalt / das ſie nur frey mugen boß ſein / vnd erfullen was ſanct
10 Peter geſagt hat / Es werden falſch meyſter vnter euch erſtehen / vnd mit
falſchē ertichten wortten mit euch vmbgehen / euch ym ſack zu vorkeuffen.
Drumb ſol weltlich Chriſtlich gewalt yhr ampt oben frey vnuorhyndert /
vnangeſehen obs Bapſt / biſchoff / prieſter ſey dē ſie trifft / wer ſchuldig iſt
der leyde / was geiſtlich recht da widder geſagt hat / iſt lauter ertichtet
15 Romiſch vormeſſenheit. den alſo ſagt ſanct Pauel allē Chriſte / Ein yglicht
ſeele (ich halt des Bapſts auch) ſol vnterthan ſein der vbirkeit / dē ſie
tregt nit vmbſonſt das ſchwert / ſie dienet got damit / zur ſtraff der boſen /
vnd zu lob den frumen. Auch ſanct Petrus / Seyt vnterthan allen menſchlichen ordnügen vmb gottis willen / der es ßo haben wil. Er hats auch 285 E
20 vorkundet / das¹ kummen wurden ſolch menſchē / die die weltlich vbirkeit 410 W
wurden furachtenn .ij Pet. ij. wie dan geſchehenn iſt durch geyſtlich recht.
Alſo meyn ich / diſſe erſte papyr maur lig darnyder / ſeyntemal / weltlich hirſchafft / iſt ein mitglib worden des Chriſtlichen Corpers / vnnd wie
wol ſie ein leyplich werck hat / doch geyſtlichs ſtands iſt / darumb yhr
25 werck ſol frey vnuorhindert gehen / in alle glidmaß des gantzē corpers /
ſtraffen vnd treyben / wo es die ſchuld vordienet obber not foddert / vnangeſehen / Bapſt / Biſchoff / prieſter / ſie drewen obber bannen / wie ſie
wollen. Da her kompts / das die ſchuldigenn prieſter / ßo man ſie in das
weltlich recht vberantwortet / zuuor entſetzt werden prieſterlicher wirden /
30 das doch nit recht were / wo nit zuuor auß gotlicher ordnung das weltlich ſchwert / vbir die ſelben gewalt hette. Es iſt auch zuuiel / das man
ßo hoch ym geyſtlichē recht hebt / der geiſtlichen freyheit / leyp vnnd gutter /
gerad als weren die leyen nit auch ßo geiſtlich gute Chriſten als ſie /
obber als gehorten ſie nichts zur kirche. Warumb iſt dein leyp / leben /
35 gut vnd ehr ßo frey / vnd nit das meyne / ßo wir doch gleich Chriſten ſein /
gleich tauff / glaubenn / geyſt vnd alle ding haben? Wirt ein prieſter erſchlagen ßo ligt ein land ym Interdict / warumb auch nit wen ein bawr
erſchlagen wirt? wo kumpt her ſolchs groß vnterſcheyd / vnter den gleychen
Chriſtenn? allein auß menſchen geſetzen vnd tichten.
40 Es muß auch kein gutter geyſt ſein / der ſolch außzug erfunden /

---

4 weltlichen   8 entziehen der wirkungsſphäre   10 2. Pt. 2, 1. 3
11 euch zu betrügen (Thiele no. 465)   15 Rö. 13, 1 ff.   18 1. Pt. 2, 13
21 2. Pt. 2, 10   40 ausnahme

Luther I

vnd die sund frey vnstrefflich gemacht hat / dan so wir schuldig sein / widder
den boßen geist seine werck vnd wort / zu streytten / vnd yhn vortreyben
wie wir mugen / als vns Christꝰ gepeut vnd seine Apostel. wie kemen wir
dan daẓu / das wir solten stil halten vnd schweygen / wo der Bapst odder
die seynenn / teufelisch wort odder werck furnehmen? Solten wir vmbs   5
menschen willenn / gotlich gepot vnnd warheit lassen nyderlegen / der wir
in der tauff geschworn haben / bey zustehen vnd leyp vnd leben / furwar
wir weren schuldig aller selen die daburch vorlassen vnd vorfuret wurden.

286 E ᐟ Drumb muß das der heubt teuffel selb gesagt haben / das ym geistlichenn
recht stet / Wen der Bapst so schedlich boß were / das er gleich die selenn   10
mit grossen hauffen zum teuffel furet / kund man yhn dennocht nit ab-
seẓen.   Auff diessen vorsluchten / teuffelischen grund bawen sie zu Rom /
vnnd meynen / man sol ehe alle welt zum teuffel lassen faren / den yhrer
buberey widderstreben. wen es gnug were boran / das das einer vber den
andern ist / barumb er nit zustraffen sey / muß kein Christen den andern   15
straffenn.   Seintemal Christus gepeut / ein yglicher sol sich den vntirsten
vnd geringsten halten.

411 I W ᐟ Wo sund ist / da ist schon kein behelff mehr widder die straff / als
auch sanct Gregorius schreybt / das wir wol alle gleich sein / aber die schuldt
mach einen vntherthan dem andern. Nu sehen wir / wie sie mit der Christen-   20
heit vmbgahn. Nemen yhn die freiheit / on alle beweysung auß der
schrifft / mit eygenem freuel die got vn̄ die Apostel haben vnterworffen dē
weltlichē schwert / das zubesorgen ist / es sey des Endtchrists spiel / odder
sein nehster vorlaufft.

¶ Die ander maur / ist noch loßer vnd vntuchtiger das sie allein   25
wollē meister der schrifft sein / ob sie schon yhr leblang nichts brynnen
lernenn / vormessen sich allein der vbirkeit / kauckeln fur vns / mit vnuor-
schamptē wortten / der Bapst mug nit yrren ym glaubenn / er sey boß odder
frum / mugen desselben nit ein buchstaben anẓeygen. Da her kompt es /
das souil keẓerisch vnd vnchristlich / ia vnnaturliche geseẓ stehen ym geist-   30
lichē recht / dauon iẓt nit not zuredenn / Dan die weil sie es achten / der
heylig geist laß sie nit / sie sein so vngeleret vnd boße wie sie kunden /
werden sie kune zuseẓen was sie nur wollen. Vnd wo das were / waẓu
were die heylige schrifft not odder nuẓe? lasset sie vns vorprennenn / vnnd
benugen an denn vngeleretē hern zu Rom / die der heylig geyst / ynnen   35
hat / der doch nit dan frume herẓen mag ynnen habenn. Wen ichs nit
287 E gelesen het / were myrs vngleublich gewesenn / ᐟ das der teuffel solt zu Rom
solch vngeschickt ding furwendenn / vnd anhāg gewinnen.

Doch das wir nit mit wortten widder sie fechtē / wollen wir die
schrifft her bringē. Sanct Paul spricht .i. Corint. iiij. so yemant etwas   40

6 zu nichte machen   10 Decreti pars 1 dist. 40 c. 6 Si Papa
16 Mt. 18, 4   Lc. 9, 48   18 keine ausflucht   19 Regula pastoralis
II, 6 ; MSL.77,34   24 vorläufer   36 stüme A stumme F 401. Ko. 14,30

beſſers offenbar wirt ob ehr ſchon ſitzt / vnd dem andern zuhoꝛet ym gottis
woꝛt / ſo ſol der erſt der do redt / ſtilſchweygen vnd weychen. Was were
diß gebot nutz / ſo allein dem zuglewben were / der do redt odder oben an-
ſitzt. Auch Chꝛiſtus ſagt Johan. vi. das alle Chꝛiſten ſollen geleret werden
5 von got / ſo mag es yhe geſchehen / das der Bapſt vnd die ſeinen boß
ſein / vnnd nit rechte Chꝛiſten ſein / noch von got geleret rechten voꝛſtand
haben. widderumb ein geringer menſch den rechten voꝛſtand haben / warumb
ſolt man yhm den nicht folgenn? hot nit der Bapſt viel mal geyrret? wer
wolt der Chꝛiſtenheit helffenn / ſo der Bapſt yrret / wo nit einem andern
10 mehr dan yhm glaubt wurdt / der die ſchꝛifft fur ſich hette?

Dꝛumb iſts ein freuel ertichte fabel / vnnd mugen auch keinen buchſtaben auffbꝛingen / damit ſie bewerenn / das des Bapſts allein ſey / die
ſchꝛifft außzulegen / odder yhr außlegung zubeſtetigenn / Sie haben yhn die
gewalt ſelbs genomen. Vnd ob ſie furgeben es were ſanct Peter die
15 gewalt gebenn / da yhm die ſchluſſel ſeint geben. Iſts offenbar gnug / das 412 W
die ſchluſſel nit allein ſanct Petro / ſondern der gantzen gemein geben ſeint.
Dartzu die ſchluſſel nit auff die lare odder regiment / ſondern allein auff die
ſunde zupinden odder loſen geoꝛdnet ſein / vnd iſt eytel ertichtet ding / was
ſie anders vnd weytter auß den ſchluſſel yhn zuſchꝛeybenn. Das aber
20 Chꝛiſtus ſagt zu Petro. Ich hab fur dich gebeten das dein glaub nit zur-
gehe / mag ſich nit ſtreckenn auff denn Bapſt / ſeintemal das mehrer teyl
der Bepſt on glauben geweſen ſein / wie ſie ſelb bekennen muſſen / ſo hat
Chꝛiſtus auch nit allein fur Petro gebetten / ſondern auch fur alle Apoſtel
vnd Chꝛiſten. wie er ſagt Johan. xvij. Vatter ich bitte fur ſie / die dw 288 E
25 mir geben haſt / vnnd nit allein fur ſie / ſondern fur alle / die durch yhr woꝛt
glewben in mich / Iſt das nit klar gnug geredt?

Denck dach bey dir ſelb / Sie muſſen bekennen das frume Chꝛiſten
vnter vns ſein / die den rechten glaubē / geyſt / voꝛſtand / woꝛt / vnd meynūg
Chꝛiſti haben / yhe warumb ſolt man den / der ſelben woꝛt vnnd voꝛſtand
30 voꝛwerffen / vnnd dem Bapſt folgen der nit glaubenn noch geyſt hat? were
doch das / den gantzen glauben / vnd die Chꝛiſtenlichen kirche voꝛleugnet.
Item / Es muß yhe nit allein der Bapſt recht haben / ſo der artickel recht
iſt / Ich gleub ein heylige Chꝛiſtliche kirche. odder muſſen alſo beten / Ich
gleub in den bapſt zu Rom / vnd alſo die Chꝛiſtliche kirch / gantz in einē
35 menſchen zihen / wilchs nit anders dan teuffeliſch vnd helliſch yrtumb were.

Wbir das / ſo ſein wir yhe alle prieſter / wie dꝛoben geſagt iſt / alle
einen glaubē / ein Euāgelij / einerley ſacrament habē / wie ſolten wir den nit
auch haben macht / zuſchmecken vnd vꝛteylen / was do recht odder vnrecht
ym glaubenn were. wo bleybt das woꝛt Pauli .i. Coꝛint. ij. Ein geiſt-
40 licher menſch richtet alle ding / vnnd wirt von niemants gerichtet. vnd
.ij. Coꝛint. iiij. wir haben alle eynen geyſt des glaubens / wie ſolten wir

---

4 Jo. 6, 45   20 Lc. 22, 32   24 Jo. 17, 9. .20   36 s. oben
s. 366 z. 33 ff.   39 I. Ko. 2, 15   41 2. Ko. 4, 13

denn nit fulen ßo wol als ein vngleubiger bapſt / was dem glauben eben
odder vneben iſt? Auß dießem allenn vnd vielen andern ſpꝛuchen / ſollen
wir mutig vnd fꝛey werden / vnnd den geyſt der fꝛeyheit (wie yhn Paulus
nennet) nit laſſen mit ertichten woꝛtten der Beyſt abſchꝛecken / ſondern
friſch hynburch / allis was ſie thun odder laſſen / nach vnſerm gleubigen　5
voꝛſtãd der ſchꝛift richten / vnd ſie zwingen zufolgen dem beſſern vnnd nit
yhrem eygen voꝛſtand. Muſte doch voꝛzeytenn Abꝛaham ſeine Sara hoꝛen /
die doch yhm hertter vnterwoꝛffen war / den wir yemant auff erden / ßo
war die eſelynne Balaam auch kluger denn der Pꝛopheta ſelbs / Hat got
da durch ein eſelinne redet gegen einem Pꝛopheten / warumb ſolt er nit　10
289 E noch [1] reden kunnen durch ein frum menſch gegen dem Bapſt? Item ſanct
Paul ſtrafft ſanct Peter als einen yrrigen. Gal. ij. Dꝛumb geburt einem
yglichen Chꝛiſten / das er ſich des glaubẽs annehm / zuuoꝛſtehen vnd voꝛ=
fechten / vnd alle yrtumb zuuoꝛbammen.

413 W 　　¶ Die dꝛitte maur fellet von yhr ſelbs / wo diſſe erſte zwo fallenn /　15
dan wo der bapſt widder die ſchꝛifft handelt / ſein wir ſchuldig der ſchꝛifft
bey zuſtehen / yhn ſtraffen vnd zwingen / nach dem woꝛt Chꝛiſti Math.
xviij. Sündiget dein bꝛuder widder dich / ßo gang hyn vnd ſags yhm
zwiſchen dyr vnnd yhm allein / hoꝛet ehr dich nit / ßo nym noch einen odder
zween zu dir / hoꝛet er die nit / ßo ſag es der gemeyne / hoꝛet er die gemeyne　20
nit / ßo halt yhn als einen heyden. Hie wirt befohlenn einem yglichenn
glid / fur das ander zuſoꝛgenn / wieuil mehr ſollen wir daꝛtzu thun / wo ein
gemeyn regierend gelid vbel handelt / wilchs durch ſeinẽ handel viel ſchaden
vnd ergerniß gibt den andern / ſol ich yhn den voꝛklagen fur der gemeyne /
ßo muß ich ſie ia zuſammenn bꝛingen.　　25

Sie habẽ auch keinen grund der ſchꝛifft / das allein dem Bapſt gepur
ein Concilium zuberuffen odder beſtetigenn / dan allein yhre eygene geſetz /
die nit weytter gelten / dan ſ~o ferne ſie nit ſchedlich ſein der Chꝛiſten=
heit vnd gottis geſetzenn. wo nw der Bapſt ſtreflich iſt / hoꝛen ſolch geſetz
ſchon auff / die weyl es ſchedlich iſt der Chꝛiſtenheit / yhn nit ſtraffen durch　30
ein Concilium.

Szo leßen wir Act. xv. das der Apoſtel Conciliũ nit ſanct Peter hat
beruffen / ſondern alle apoſtel / vnd die elltiſten. wo nw ſanct Peter das
allein het gepurt / were das nit ein Chꝛiſtlich Conciliũ / ſondern ein ketzeriſch
Conciliabulum geweßen. Auch das berumptiſte Concilium Nicenum / hat　35
der Biſchoff zu Rom noch beruffen noch beſtetiget / ſondern der keyſer
Cõſtantinus / vnnd nach yhm viel ander keyßer deſſelben gleichen than / das
doch die allerchꝛiſtlichſten Concilia geweßen ſein. Aber ſolt der bapſt allein
290 E die gewalt haben / ßo muſten ſie alle ketzriſch geweſen ſein. [1] Auch wen ich

---

1 gemäss　　3 2. Ko. 3, 17　　7 Gen. 21, 12　　9 Nu. 22, 28
11 kummen A　　12 Ga. 2, 11 ff.　　18 Mt. 18, 15 ff.　　32 AG. 15, 6
35 Benrath s. 87 Schäfer, L. als Kirchenhistoriker, s. 291 ff. Köhler,
Luther und die Kirchengesch., s. 148 f.

anſehe die Cōcilia die der bapſt gemacht hat / ſind ich nit beſonders das
brynnen iſt außgericht.

Darumb / wa es die not foddert / vnd der bapſt ergerlich der Chriſten=
heit iſt / ſol dartzu thun wer am erſten kan / als ein trew glid des gantzen
5 corpers / das ein recht frey Conciliü werde / wilch niemandt ſo wol vor=
mag als das weltlich ſchwert / ſonderlich die weyl ſie nu auch mitchriſten
ſein / mitprieſter / mitgeyſtlich / mitmechtig in allen dingen / vnd ſol yhre
ampt vnd werck das ſie von got haben vbir yderman / laſſen frey gehē /
wo es not vnd nutz iſt zugehen. Were das nit ein vnnaturlich furnehmen /
10 ſo ein fewr in einer ſtadt auffgienge / vnd yderman ſolt ſtille ſtehenn /
laſſen fur vnnd fur brennen was do brennen mag / allein darumb / das ſie
nit die macht des Burgemeyſters hettenn / odder das fewr villeicht ann
des Burgemeyſters hauß anhube? Iſt nit hie einn yglicher burger ſchuldig
die andern zu bewegen vnnd beruffenn? wie vil mehr ſol das in der geyſt=
15 lichen ſtad Chriſti geſchehen / ſo ein fewr des ergerniß ſich erhebt / es ſey
an des Bapſts regiment odder wo es wolle. Deſſelben gleichen geſchicht
auch ſo die ſeynd eine ſtadt vberfielen / da vorbdienet der ehr vnd danck /
der die andern am erſten auff bringt. warumb ſolt den der nit ehre vor=
dienen / der die helliſchen ſeynd vorkundet / vnd die chriſten erweckt vnd
20 berufft.   414 W

Das ſie aber yhre gewalt rumen / der ſichs nit zyme widdertzu=
fechtenn / iſt gar nichts geredt. Es hat niemant in der Chriſtenheit gewalt /
ſchaden zuthun / odder ſchaden zuweren / vorzietenn. Es iſt kein gewalt in
der kirchen / den nur zur beſſerüg / Drumb wo ſich der Bapſt wolt der
25 gewalt brauchenn / zuwerenn ein frey Conciliü zumachen / damit vorhyndert
wurd die beſſerung der kirchen / ſo ſollen wir yhn vnnd ſeine gewalt nit
anſehen / vnd wo er bannen vnd donnern wurd / ſolt man das furachten /
als eins tollen menſchen furnehmen / vnd yhn / in gottis zuvorſicht /
widderumb bannē vnd treyben / wie man mag / dan ſolch ſeine vormeſſene
30 gewalt iſt nichts / ¹ er hat ſie auch nit / vnd wirt bald mit einem ſpruch   291 E
der ſchrifft nydergelegt / denn Paulus zu den Corinthern ſagt / Got hat
vns gewalt geben / nit zu vorterben / ſondern zubeſſern die chriſtenheit.
Wer wil vber diſſen ſpruch hupffen? des teuffels vnd Endchriſtes gewalt
iſts / die do weret was zur beſſerung dienet der chriſtenheit / darumb yhr
35 gar nit zufolgen / ſondern widdertzuſtehen iſt / mit leyp / gut / vnd allem was
wir vormugenn.

Vnd wo gleich ein wunbertzeichen fur den Bapſt widder die weltlich
gewalt geſchehe / odder yemandt ein plag widderfure / wie etlich mal ſie
rumen geſchehē ſey / ſol man daſſelb nit anders achtē / dan als durch dē
40 teuffel geſchehē / vmb vnſers glaubens zu got gebreche. wie daſſelb Chriſtus
vorkunbigt hat Matt. xxiiij. Es werden kummen in meynem namen

_____

18 mobil macht   31 2. Ko. 10, 8   40 wegen unseres mangels
an glauben zu gott   41 Mt. 24, 24

falſche Chriſtenn vnd falſche propheten / zeychen vnd wunder thun / das
ſie auch die außerweleten mechten vorfuren / vnd ſanct Paul ſagt den
Theſſalonicen. das der Endchriſt werde durch Satanam mechtig ſein / in
falſchen wunderzeychen.

Drumb laſſet vns das feſt haltenn / Chriſtliche gewalt / mag nichts   5
widder Chriſtum. wie ſanct Paul ſagt / wir vormugen nichts widder
Chriſtum / ſondern fur Chriſto zuthun. Thut ſie aber etwas wider
Chriſtum / ſo iſt ſie des Endchriſts vnnd teuffels gewalt / vnd ſolt ſie wunder
vnd plagen regnen vnnd ſchloſſen / wunder vnd plagen beweren nichts /
ſonderlich / in dieſer letzten ergiſten zeit / von wilcher falſche wůder vor=   10
kundet ſein in aller ſchrifft / drumb muſſen wir vns an die wort gottis
halten / mit feſtem glaubē / ſo wirt der teuffel ſeine wunder wol laſſen.

¶ Hie mit / hoff ich / ſol das falſche lugenhafftige ſchrecken / damit
vns nu lange zeit die Romer habenn ſchuchter vnd blod gewiſſen gemacht /
⁴¹⁵W ernyder ¦ liegen. Vnnd das ſie mit vns allen gleich dem ſchwert vnter=   15
worffen ſein / die ſchrifft nit macht haben außzulegen durch lautter gewalt
on kunſt. vnd keinen gewalt habē ein Concilium zuweren / obber noch
²⁹²E yhrem mutwillen pfenden / ¦ vorpflichten / vnnd ſeine freyheit nehmen /
vnnd wo ſie das thun / das ſie warhafftig des Endchriſts vnd teuffels ge=
meinſchafft ſein / nichts vō Chriſto / denn den namen haben.   20

¶ Nu wollen wir ſehenn die ſtuck / die man billich in den Concilien
ſolt handeln / vnd damit Bepſt / Cardinel / Biſchoff / vnd alle gelereten
ſolten billich tag vñ nacht vmbgahn / ſo ſie Chriſtum vnnd ſeine kirch lieb
hetten. wo ſie aber das nit thun / das der hauff vñ das weltlich ſchwert
dartzu thue / vnangeſehen yhr bannen obber donnern / den ein vnrechter ban /   25
iſt beſſer / dann zehen rechte abſolution. vnd ein vnrechte abſolution erger /
ban zehen rechte ban. Darumb laſſit vns auffwachen lieben deutſchen /
vnd got mehr den die menſchen furchten / das wir nit teylhafftig werdenn
aller armen ſeelen / die ſo kleglich durch das ſchendlich teuffeliſch regiment
der Romer / vorloren werden / vnnd teglich mehr vnd mehr der teuffel   30
zunympt / ſo es anders muglich were das ſolch helliſch regiment mocht erger
werden / das ich doch nit begreiffen noch gleuben kan.

Zum erſten / iſts grewlich vnd erſchrecklich antzuſehen / das der vbirſt
in der Chriſtenheit / der ſich Chriſti Vicarium / vnd ſanct Peters nach=
folger rumet / ſo weltlich vnd prechtlich feret / das yhn darinnen kein kunig /   35
kein keyſer mag erlangen vnd gleich werden / vnd in dem / der allerheyligiſt
vnd geyſtlichſt ſich leſſet nennen / weltlicher wetzen iſt / dan die welt ſelber
iſt. Er tregt die dreyfeltig kron / wo die hochſten kunig nur ein kron
tragenn / gleicht ſich das mit dem armen Chriſto vnd ſanct Peter / ſo iſts
ein new gleichen. Man plerret es ſey ketzriſch / wo man bawidder redt /   40
man wil aber auch nit horen / wie vnchriſtlich vnd vngotlich ſolch wetzen

---

3 2. Th. 2, 9 ff.   6 2. Ko. 13, 8   9 wie ſchloſſen herab-
ſenden

ſey / Jch halt aber / wen er betten mit threnen ſolt / fur got / er muſt yhe
ſolch kronen ablegen / die weil vnßer got / keinen hoffart mag leyden. Nu
ſolt ſein ampt nichts anders ſein / dan teglich weynen vnnd beten fur die
Chꝛiſtēheit / vnd ein exempel aller demut furtragē.

5   ¶ Es ſey wie yhm wolle / ſo iſt ein ſolcher pꝛacht ergerlich / vnd der 293 E
bapſt bey ſeiner ſeel ſelickeit ſchuldig yhn abzulegen / darumb das ſanct Paul
ſagt / Enthaltet euch fur allen geperden / die do ergerlich ſein. vnd Roma.
ʒij. wir ſollen guttis furwenden / nit allein fur gottis augen / ſondern auch 416 W
fur allen menſchen. Es were dem Bapſt gnug ein gemeyne biſchofftron /
10 mit kunſt vnd heylickeit / ſolt er groſſer ſein fur andern / vnnd die kron der
hoffart dem Endtchꝛiſt laſſenn / wie da than haben ſeine voꝛfaren fur etlich
hundert iaren. Sie ſpꝛechen / er ſey ein herr der welt / das iſt erlogenn /
den chꝛiſtus / des ſtathalter vnd amptman er ſich rumet / ſpꝛach fur Pilato /
Mein reich iſt nit von diſſer welt. Es kan yhe kein ſtathalter weytter
15 regieren den ſein her / Er iſt auch nit ein ſtathalter des erhebtenn / ſondern
des gekreuʒigten Chꝛiſti / wie Paulus ſagt / Jch hab nichts bey euch wolt
wiſſen den Chꝛiſtum / vnd den ſelbē nur als gecreuʒigten. Vnd Phil. ij.
Alſo ſolt yhr euch achten / wie yhr ſeht in Chꝛiſto / der ſich hat entledigt /
vnd ein knechtiſch geperde an ſich genommen. Item .i. Coꝛint. i. wir
20 pꝛedigen Chꝛiſtum den gecreuʒigtenn. Nw machen ſie den Bapſt / ein ſtat-
helter des erhebten chꝛiſti ym hymel / vnd habe etlich bē teuffel ſo ſtarck
laſſen in yhn regierē / das ſie gehalten / der Bapſt ſey vbir die Engel ym
hymel / vnd yhn zugepietē habe / wilchs ſein eygentlich die rechte werck /
des rechten Endtchꝛiſts.

25   ¶ Zum andern / woʒu iſt das volg nuʒ in der chꝛiſtenheit / das do
heyſſet die Cardinel? das wil ich dyr ſagenn. Welſch vnnd deutſch landt /
haben viel reycher kloſter / ſtifft / lehē vnd pfarr / die hat man nit wiſt baß
gen Rom zubꝛingen / dan das man Cardinal macht / vnnd den ſelben / die
Biſtumb / kloſter / pꝛelaturn ʒueygen gebe / vnd gotis dienſt alſo zu poden
30 ſtieſſe. dꝛumb ſiht man iʒt / das welſchlandt / faſt wuſt iſt / kloſter voꝛſtoꝛet / biſtumb voꝛʒeret / pꝛelaturn vnnd aller kirchen ʒinße gen Rom ʒogen /
Stet voꝛfallen / land vnd leut voꝛtoꝛbē / da kein gottis dienſt nach pꝛedig
mehr gaht. warumb? die Cardinal muſſen die gutter haben / kein Turck 294 E
het welſchlandt ſo mugen voꝛterben vnd gottis dienſt nyderlegenn.

35   Nu welſch landt außgeſogen iſt / kommen ſie ynß deutſch landt /
heben ſeyn ſeuberlich an / aber ſehē wir zu / deutſch landt ſol bald / dem
welſchen gleich werdē / wir habenn ſchon etlich Cardinel / was darynnen
die Romer ſuchen / ſollen die truncken deutſchen nit voꝛſtehen / biß ſie kein
biſtum / kloſter / pfarr / lehen / heller odder pfennig mehr habenn. Der
40 Endtchꝛiſt muß die ſcheʒ der erdē heben / wie es voꝛkundet iſt / Es geht

7 I. Th. 5, 22   Rö. 12, 17   13 Jo. 18, 36   16 I. Ko. 2, 2
17 Phi. 2, 5 ff.   19 I. Ko. 1, 23   40 s. oben s. 327 z. 24

daher / man ſcheumet oben ab vō den biſtumen / kloſtern / vnd lehnē / vñ
weil ſie noch nit alles thurē gar vorſcheinden / wie ſie bē welſchen than
habē / brauchē ſie die weil ſolch heylige behēdickeit / das zehen oder zwentzig
prelaturen zuſammen koppeln / vnd vō einer iglichē ein ierlich ſtuck reyſſenn /
417 W das doch ein ſumma¹ drauß werde. Proebſten zu Wirtzpurg gibt tauſent 5
guldē / die zu Babenburg auch etwas / Mentz / Trier / vnd der mehr / ſo
mocht man ein tauſent gulden obber zehen zuſammen bringen / damit ein
Cardinal ſich einem reychen kunige gleich halte zu Rom.

    Wen wir nu bes gewonen / ſo wollē wir dreyſſig obber viertzig
Cardinel auff einē tag machē / vñ einē gebē den Munchēberg zu Baben- 10
berg / vnd das biſtum zu Wurtzburg dartzu / dran gehengt etlich reyche
pfarn / biß das kirchē vnd ſtet wuſt ſein / vnd darnach ſagen / wir ſein
Chriſti Vicarij / vnd hirten der ſchaff Chriſti. die tollen vollen deutſchen /
muſſens wol leyden.

    Ich rad aber / das mā der Cardinal weniger mache / oder laß ſie bē bapſt 15
vō ſeinē gutte neren / Er were vbrig gnug an .xij. vñ ein yglicher het des
iars tauſent gulden eintzukömē. Wie kommē wir deutſche dartzu / das wir
ſolch / reuberey / ſchinderey / vnſerer guter vō dem bapſt leyden muſſen?
hat das kunigreich zu Fräckreich ſichs erweret / warumb laſſen wir deutſchen
vns alſo narren vnnd effenn? Es were allis treglicher / wen ſie das 20
295 E gut allein vns alſo abſtolen / ¹ die kirchen vorwuſten ſie damit / vnd berauben die ſchaff Chriſti / yhrer frumen hyrtten / vnd legen den dienſt vnnd
wort gottis nyder / vnnd wen ſchon kein Cardinal were / die kirch wurd
dennoch nit vorſincken / ſo thun ſie nichts das zur chriſtenheit dienet / nur
gelt vnnd hadder ſachen vmb die Biſtum vnnd prelaturen treyben ſie / das 25
auch wol ein itzlicher reuber thun kundt.

    ¶ Zum dritten / wen man des bapſts hoff ließ das hüderte teyl
bleyben / vnd thet ab newn vnd newntzig teil / er were dennoch groß gnug /
antwort zugeben / in des glaubens ſachen. Nu aber iſt ein ſolch gewurm
vñ geſchwurm in dem Rom / vnnd alles ſich beyptiſch rumet / das zu Baby- 30
lonien nit ein ſolch wetzen geweſen iſt. Es ſeyn mehr dan drey tauſent
Bapſt ſchreyber allein / wer wil die andern ampt leut zelenn / ſo der ampt
ſouiel ſein / das man ſie kaumet zelen kann. wilche alle auff die ſtifft vnd
lehen deutſchs landts wartten / wie wolff auff die ſchaff. Ich acht das
deutſch landt itzt weit mehr gen Rom gibt dem Bapſt / dan vorzeytenn den 35
keyſern. Ja es meynen etlich das ierlich mehr dan dreymal hundert tauſent
gulden auß deutſch land gen Rom kommen / lauterlich vorgebens vnd vmb
418 W ſonſt / dafur wir nicht dan ſpot ¹ vnd ſchmach erlangen / vnnd wir vorwundern

---

2 vorſcheinden wahrſcheinlich nebenform zu verſchenden == ver-
ſchänden (D. Wb. 12. 1064)   3 liſt W. A. ergänzt nach das: ſie
6 Bamberg   9 uns daran gewöhnen   Leo X. ernannte am 31. juli 1517
31 kardinäle: Paſtor, Geſch. der Päpſte IV 1, 137   10 michaelsberg
16 ihrer wäre übergenug   36 vgl. auch flugſchriften 2, 150   37 völlig

vns noch / das furſtenn / adel / ſtedt / ſtifft / land vnnd leut arm werden /
wir ſolten vns vorwundern / das wir noch zueſſen haben.

Die weyl wir dan hie in das rechte ſpiel kummen / wollen wir ein
wenig ſtil halten / vnd vns ſehen laſſen / wie die deutſchen nit ſo gantz
5 grobe narn ſein / das ſie Romiſche practick gar nichts wiſſen odder vor⸗
ſtehē / Jch klag hie nit / das zu Rom gottis gepot vnd chriſtlich recht vor⸗
acht iſt / dan ſo wol ſtet es izt nit in der Chriſtenheit / ſonderlich zu
Rom / das wir von ſolche hohen dingen klagē mochten. Jch klag auch
nit / das / das naturlich odder weltlich recht vnd vornüfft nichts gilt. Es
10 ligt noch alles tieffer ym grund. Jch klag das ſie yhr eygenn ertichtet
geyſtlich recht nit haltenn / das doch on yhm ſelb / ein lautter tyranney /
gey¹tzerey / vnd zeytlicher pracht iſt / mehr dann ein recht / das wollenn wir 296 E
ſehen.

Es haben vorzeyten deutſche keyſer vnnd furſtenn vorwilligt / dem
15 Bapſt die Annaten auff allen lehenn deutſcher Nation / eintzunehmenn /
das iſt / die helffte der zinß / des erſten Jares / auff einem yglichen lehen:
die vorwilligung aber iſt alſo geſchehen / das der bapſt durch ſolch groß
gelt ſolt ſamlen einen ſchatz / zuſtreytten widder die Turcken vnd vngleubigen /
die Chriſtēheit zuſchutzen / auff das dem adel nit zuſchwer wurd allein zu⸗
20 ſtreittenn / ſondern die prieſterſchafft auch etwas dartzu thet. Solcher gutter /
einfeltiger andacht der deutſchen Nation habē die Bepſte datzu braucht /
das ſie biß her / mehr dan hübert Jar ſolch gelt / eingenomē vnd nu einē
ſchuldigen / vorpflichtē zinß vñ auffſatz / drauß gemacht / vnnd nit allein nichts
geſamlet / ſondern darauff geſtifftet / viel ſtend vnnd empter zu Rom / die
25 damit ierlich / als auß einem erbtzinß zubeſolden. Wen man nw widder
die Turcken ſtreyttenn vorgibt / ſo ſenden ſie erauß botſchafft / gelt zu⸗
ſamlen / viel mal auch ablas herauß ¹ geſchickt / eben mit der ſelben farb / 419 W
widder den Turcken zuſtreytten / meynend / die tollen deutſchē ſollen vnend⸗
lich tobſtocknarn bleybē nur ymer gelt geben / yrem vnaußſprechlichem geytz
30 gnug thun / ob wir gleich offentlich ſehen / das widder Annaten noch ablas
gelt / noch allis ander / einn heller widder den Turcken / ſondern altzumal in
den ſack dē der poben auß iſt / kumpt. Liegen vnnd triegen / ſetzen vnd
machen mit vns bund / der ſie nit ein harbreit zuhalten gedenckenn / das
muß darnach der heylig nam Chriſti vnd ſanct Petri allis than haben.

35 Hie ſolte nw deutſche Nation / Biſchoff vnd Furſten / ſich auch fur
Chriſten leut halten / vnd das volck das yhn befolen iſt / in leyplichen vnnd
geiſtlichen guttern zuregiren vnnd ſchutzenn / fur ſolchen reyſſendenn wolffen
beſchirmen / die ſich vnter den ſchaffs kleydern dar geben / als hyrtten vnd
regierer. Vnd die weil die Annaten ſo ſchimpflich mißprauchet werdenn /
40 auch nit gehalten was vorpunden iſt / yhr landt vnd leut ſo iemerlich / on
allis recht / ſchinden vnd vorterben nit zu laſſenn / ſondern durch ein keyſer⸗ 297

---

16 einkünfte   27 vorspieglung   40 versprochen

lich odder gemeyner Nation geſetz die Annaten herauſſen behalten / odder
widderumb abethun. Dan die weyl ſie nit haltē / was voꝛpunden iſt /
haben ſie auch kein recht zu den Annaten / ſo ſein die Biſchoff vnnd Furſten
ſchuldig / ſolch dieberey vnd reuberey zuſtraffen / odder yhe zuweren / wie
das recht foddert.   5

Darynnen dem Bapſt beyſtehen vnd ſtercken / der villeicht ſolchem
vnfug allein zuſchwach iſt / odder wo er das wolt ſchutzen vnd handhaben /
als einem wolff vnd tyrannen weren vnd widderſtehen / den er kein gewalt
hat / boßes zuthun odder zuvoꝛfechten. Auch ſo man yhe widder die
Turcken wolt ein ſolchenn ſchatz ſamlen / ſolten wir billich der mal eynß 10
witzig werdē vnd mercken / das deutſche Nation / den ſelben baß bewaren
kunde den der Bapſt / ſeyntemal deutſche Nation ſelb volck gnug hat zum
ſtreyt / ſo gelt furhanden iſt. Es iſt mit den Annaten wie mit anderm
manchen Romiſchen furgeben geweſt iſt.

¶ Item darnach iſt geteylet woꝛden das Jar zwiſchen dem Bapſt vnd 15
regierēden biſchoffen / vnd ſtifften / das der bapſt ſechs Monat hat ym iar /
einen vmb den andern / zuuoꝛleyhen die lehen die in ſeinē Monatt voꝛ
fallen / damit faſt alle lehen hynein gen Rom werden getzogen / ſonderlich
die allerbeſten pfrund vnnd digniteten. Vnd wilche ein mal ſo gen Rom
fallenn / die kümen darnach nymmer widder erauß / ob ſie hynfurt nymmer 20
in des Bapſts Monat voꝛfallen / damit den ſtifften viel zukurtz geſchicht /
vnd iſt ein rechte reuberey / die yhr furgenommen hat nichts herauſſenn zu=
420 W laſſen. Darumb | iſt ſie faſt reyff / vñ hoch zeit das man die Bapſt Monat
gar abethue / vnnd allis was dadurch genn Rom kummenn iſt / widder erauß
reyſſe. Den Furſten vnnd Adel ſollen dꝛob ſein / das / das geſtolen gut 25
werd widder geben / die diebe geſtrafft / vnd die yhrs vꝛlaubs mißpꝛauchen /
vꝛlaubs beraubt werden. Helt vnnd gilt es / ſo der Bapſt des andern tags
ſeiner erwelung / regel vnd geſetz macht in ſeiner Cancelley / dadurch vnſer
298 E ſtifft vnd pfrund geraubt werden / da | her kein recht zu hat / ſo ſol es viel
mehr gelten / ſo der keyſer Carolus des andern tags ſeiner kronüg regel 30
vnd geſetz gebe / durch gantz deutſche landt keyn lehen vnnd pfrund mehr
gen Rom laſſen kummen durch des Bapſts Monat / vnd was hynein
kummen iſt / widder frey werde / vnnd von den Romiſchen reuber erloßet /
da zu er recht hat von ampt wegenn ſeynis ſchwerdts.

Nu hat der Romiſch geytz vñ raubſtul / nit mocht der zeit erwartten / 35
das durch bapſt Monat alle lehen hynein kemen / eynis nach dem andern /
ſondern eylet nach ſeinē vnſettigen wanſt / das er ſie alle aufs kurtzſt hynein
reyſſe. Vnd hat vbir die Annaten vnd Monat / ein ſolch fund erdacht /
das die lehen vnd pfrund / noch dꝛeyerley weyſe zu Rom behafft werden.
Zum erſtē / ſo der ein frey pfrund hat / zu Rom odder auff dem wege 40
ſtirbt / die ſelb muß ewig eygen bleyben des Romiſchen (reubiſchen) ſtuls

---

25 darüber wachen   37 unerſättlichen   38 über-hinaus
39 feſtgehalten

solt ich sagen / vnd wollenn ben nach nit reuber heyssen / so solche reuberey
niemāt yhe gehoret noch geleßen hat.

Zum andern / so der ein lehen hat odder vbirkumpt der des Bapst
odder Cardinel gesindt ist / ooder so er zuuoz ein lehen hat / vnd darnach
5 bapsts odder Cardinals gesindt wirt. Nu wer mag des bapsts vnnd der
Cardinel gesind zelen / so der Bapst / wen er nur spazieren reyt / bey drey
oder vier tausent maul reytter vmb sich hat / trotz allen keyßern vnd kunigen.
Den Christ² vnd sanct Peter giengen zufussen / auff das yhre stathalter deste
mehr zupzachten vnd pzangen hetten. Nw hat der gentz weytter sich er-
10 kluget / vnnd schafft / das auch heraussen viel den namen habē / bepstlich gesinds / wie zu Rom / das nur in allen oztten / das bloß schalck hafftig
woztlin / Bapsts gesind / alle lehen an den Romischen stul bzingen vnd
ewiglich hefften. Seynd das [1] nit voz dzießliche teuffelische fundle. Sehen
wir zu / so sol Mentz / Magdeburg / Halberstad / gar feynn gen Rom
15 kummen / vnnd das Cardinalat theur gnug betzalet werdenn. Darnach
wollen wir all deutsche Bischoff Cardinel machenn / das nichts eraussen
bleybe.

Zum dzittenn / wo vmb ein lehen ein hadder sich zu [1] Rom angefangen / wilchs ich acht / fast die gemeynist vnnd grossist straß ist / die
20 pfrunden gen Rom zubzingen. Dan wo hie kein hadder ist / sind man
vntzehlich buffen zu Rom / die hadder auß der erden graben / vnd pfrunden
an greyffenn / wo sie nur wollenn / da manch frum priester seinn pfrund
muß voz lierenn / odder mit einer summa gelts / denn hadder abe kauffenn /
ein zeyt lang. Solch lehen mit hadder recht odder vnrecht / vozhafft /
25 muß auch des Romischē stuls ewig eygen sein. Es were nit wunder /
das got vom hymel schwebel vñ hellisch sewr regnet / vnd Rom in ab-
grundt voz senckt / wie er voztzeytten Zodoma vnd Gomozren thet / was sol
ein Bapst / in der Christenheit / wen man seiner gewalt / nit anders braucht /
dann zu solcher heubt boßheit / vnd er dieselben schutzt vnd handthabt. O
30 edeln fursten vnd hern / wie lāg wolt yhr ewr land vnd leut / solchen
reyssenden wolffen offen vnd frey lassen.

Da nw solch practick nit gnug war / vnd dem gentz die zeit zulanze
wart / alle bistum hynein zureyssen / hot mein lieber gentz doch so viel erfundē / das die bistumb mit namen eraussen / vnd mit dem grund vnd bodenn
35 zu Rom sein. Vnd das also / kein Bischoff mag bestetiget werde / er tauff
dan mit grosser summa gelts das pallium / vnd vozpflichte sich mit grewlichen eyden / zu einem eygenen knecht dē Bapst. Daher kumpts / das kein
Bischoff widder denn Bapst thar handeln / das haben die Romer auch gesucht mit dem eyde / vnd sein also die aller reychsten bistumb / in schuld vñ
40 vozterben kummē. Mentz / hoz ich / gibt. rr. tausent gulden / Das sein mir
yhe Romer / als mich [1] dückt. Sie habens wol voztzeitten setzt ym geytz-

---

10 sich klug ausgedacht   24 festgehalten   26 schwefel   27 Gen.
19, 24 f.   36 zu handeln wagt

lichen recht / das pallium vmb ſonſt zugebenn / des Bapſts geſind wenigern /
habber mindern / dē ſtifften vñ biſchoffen yhre freyheit laſſen / aber das wolt
nit gelt tragen / drumb iſt das blat vmkeret / vnd iſt den biſchoffen vnnd
ſtifften aller gewalt genömen / ſitzen wie die Eiſren / haben widder ampt /
macht / noch werck / ſondern regiernn alle ding / die heubt buben zu Rom / 5
auch ſchier des Cuſters vnnd Glockners ampt / in allen kirchen. alle habber
werden gen Rom getzogenn / thut yderman durchs bapſts gewalt / was
er will.

Was iſt geſchehenn in dieſſem Jare? der Biſchoff zu Straßburg wolt
ſein ſtifft ordenlich regieren vnd reformieren / in gottis dienſt / vnd ſtellet 10
etlich gotlich vñ Chriſtlich artickel dartzu dienlich / Aber meinn lieber bapſt /
vnd der heylige Romiſche ſtul / ſtoſt zu podenn vnd vordampt ſolch heylige /
geiſtlich ordnung gantz mit einander / durch anlangen der prieſterſchafft / das
heyſt die ſchaff Chriſti geweydet / ſo ſol man prieſter widder yhren eygen
biſchoff ſtercken / vnd yhren vngehorſam in gotlichē geſetzen ſchutzen. Solch 15
offentlich gottis ſchmach wirt der Endtchriſt / hoff ich / nit vornehmen. Da
habt yhr den bapſt wie yhr habt gewollet / warumb das? Ey wo einn
kirch wurd reformiert [1] were das einreyſſenn ferlich / das Rom muſt villeicht
auch dran / daruber ſolt man ehe kein prieſter mit dem andern eyniß
bleyben laſſen. vnd wie ſie bißher gewonet / furſten vnnd kunig vneiniß 20
machenn / die welt mit Chriſten blut erfullenn / das yhe nit der Chriſten
eynickeit / dem heyligen Romiſchen ſtuel durch reformiern zuſchaffen gebe.

Bißher habē wir vorſtandē / wie ſie mit den pfreunden handeln / die
vorfallen vnd loß werden. Nu erfellet dem zartten geytz zu wenig loß /
darumb hat er ſein furſichtickeit ertzeygt auch in die lehen / die noch beſſeſſen 25
ſein durch yhre furweßer / das die ſelben auch loß ſein muſſen / ob ſie ſchon
nit loß ſein / vnd das mancherley weyße. Zum erſten / lauret er wo ſette
prebendenn ſein obber Biſtumb / durch einen alten obber krancke obber auch
mit einer ertichten vntuchtickeit beſeſſenn / dem ſelbē gibt der heylige ſtuel /
einen Coadiutor / das iſt / ein mithelffer / on ſeinenn willenn vnnd banck zu 30
gut dem Coadiutor / darumb das ehr des Bapſts geſind iſt / obber gelt
drumb gibt / obber ſonſt mit einem Romiſchenn frondienſt / vordienet hat.
Da muß den abgehn / frey erwelüg des Capittels / obber recht des der die
pfrunde hat zuuorliehen / vnd allis nur gen Rom.

Zum andern heyſſet ein wortlin Commenden / das [1] iſt / wen der Bapſt 35
einem Cardinal obber ſonſt ſeiner eiten / ein reich / ſet Cloſter obber kirchen
befilhet zubehalten / gleich als wen ich dir hundert gulden zubehalten thet.
Diß heyſt das Cloſter nit geben noch vorlephen / auch nit vorſtoren / nach
gotis dienſt abethun / ſondern allein zubehalten thun / nit das erſt bewarē

9 L. an Spalatin 25. juni 1520: 'Argentinenſis tragoediae memor
ero ſatis loco ſuo' (WA BI 2,130,20) ſ. oben ſ. 362 A. 1   13 auf bitten
18 = der einriſs (W. A. 30², 440, z. 13) = gewaltſamer beginn   24 er
ſellet A   nun werden für den geiz zu wenig vakant   34 zuuor liehen A

obber bawen̄ fol / ßondern die perfon außtreyben / die gutter vnd zinß einnehmen / vnnd yrgent einen apoftaten voꝛlauffen munch hynein ſeʒen / der
funff obber ſechs gulden des Jares nympt / vn̄ ſiʒt des tages in der kirchē /
voꝛkaufft den pilgern zeychen vnd bildlin / das wibber ſingen noch leßen
5 daſelb mehr geſchicht. den / wo das hieß Cloſter voꝛſtoꝛen vnnd gottis
dienſt abthun / ßo muſt man denn Bapſt nennen ein voꝛſtoꝛer der Chriſtenheit vnd abetheter / gottis dienſt / den er treybet es furwar mechtig / das
were ein hartte ſpꝛach zu Rom / drumb muß man es nennen / ein Commenden /
obber befehlung das Cloſter zubehalten. Dißer kloſter kan der Bapſt / vier
10 obber mehr in einem Jar zu Commenden machen / da eines mehr den ſechs
tauſent guldern hat einkümen / Alſo mehren ſie zu Rom gottis dienſt / vnd
erhalten die Cloſter / Das lernet ſich in deutſchen landen auch.

　　¶ Zum dꝛitten / ſein etlich lehen / die ſie heyſſenn incompatibilia /
die noch oꝛdnung geyſtlichs rechts / nit mugen mit einander behalten werden.
15 Als do ſein zwo pfarren / zwey biſtumb / vnd der gleichen. Hie dꝛehet
ſich der heylige [1] Romiſche ſtuel vnd geyʒ alßo auß dem geiſtlichen recht / 424 W
das er yhm gloßen machet / die heyſſe / vnio vnd incoꝛpoꝛatio / das iſt /
das er viel incōpatibilia in eynander leybet / das eins des andern glid ſey /
vnd alſo gleich als ein pfreund geacht werden / ßo ſein ſie nymmer in-
20 compatibilia / vnd iſt dem heyligenn geyſtlichē recht geholffen / das es nit
mehr bindet / den alleinn bey benenn / die ſolch gloßen / dem bapſt vnnd
ſeinem Datario nit abekauffenn. Der art iſt auch die vnio / das iſt / voꝛ-
eynigung / das er ſolcher lehen viel zuſammen koppelt / als ein bund holʒ /
vmb wilchs koppels willen / ſie all fur ein lehen gehalten werden. Alßo
25 findt man wol einen Cortiſanen zu Rom / der fur ſich allein xxij. pfarren 302 E
.vij. Pꝛebſteyen vnnd .xliiij. pfreundē darʒu hat. wilchs alles hilfft ſolch
meyſterlich gloß vnnd helt / das nit wibber recht ſey. Was nw Cardinel
vnnd ander pꝛelaten habenn / bedenck ein yglicher ſelbs. Sʒo ſol man den
deutſchen den beuttel reumen / vnd den kuʒel voꝛtreyben.

30　　Der gloßen eine iſt auch / Adminiſtratio / das iſt / das einer neben
ſeinem biſtumb / Abtey / obber dignitet / habe / vnnd allis gut beſiʒe. on
das er den namen nit habe / den allein adminiſtratoꝛ. Den es iſt zu
Rom gnug / das die woꝛtlin ſich wandeln / vnnd nit die that / gleich als /
wen ich leret / die hurwirttyn ſolt burgemeyſterin heyſſen / vnnd doch
35 bleybenn ßo frum als ſie iſt / Solch Romiſch regiment hat ſanct Peter
voꝛkübet / da er ſagt .ij. Pet. ij. Es werden falſche meyſtere kummē /
die in geyʒerey / mit ertichten woꝛttē / vbir euch handelen werden / yhren
gewinſt zutreyben.

　　Es hat auch der liebe Romiſche geyʒ denn pꝛauch erbacht / das man
40 die pfreund vnd lehen voꝛkaufft vnd leyhet / auff ſolchenn voꝛteil / das der
voꝛkeuffer obber handthierer / dꝛauff behelt / denn anfal vnnd zuſpꝛuch /

---

7 abſchaffer　　13 unvereinbar　　15 windet　　36 2. Pt. 2, 3
37 ertlichten A　　41 händler　heimfall　anſpruch

das ſo der beſitzer ſtirbt / das lehen frey widder heym ſterbe dem der es
vorhyn vorkaufft / vorlihen odder vorlaſſenn hat / damit ſie auß den pfreunden
erb gutter gemacht haben / das niemant mehr dartzu kummē kan / den
welchen der vorkauffer daſſelb vorkauffen wil / odder ſein recht daran beſcheydet an ſeinem todt. Daneben ſeynd yhr viel die ein lehen dem andern 5
auffgeben / nur mit dem titel / daran er kein heller empfehet. Es iſt auch
nw alt worden / das einer dem andern ein lehenn auffgibt / mit vorbehalt
etlicher ſummen Jerlichs zynſes / wilchs vorzeitten Simoney war / vnd der
ſtucklin viel mehr / die nit zurtzelen ſein / vn gehn alſo viel ſchēdlicher mit
den pfreunden vmb / denn die heyden vnter dem Creutz mit Chriſtus 10
kleydern.

425 W   [1] Aber allis was bißher geſagt / iſt faſt alt vnd gewonlich wurdē zu
Rom / Noch einis hat der geitz erdacht / das ich hoff ſol das letzt ſeinn
303 E daran ehr erwurg. Der Bapſt hat ein edlis fundlin das heyſſet / [1] Pec-
toralis reſervatio / das iſt / ſeines gemuts furbehalt / et proprius motus / 15
vnnd eygener mutwil der gewalt. Das gehet alßo zu / Wenn einer zu
Rom ein lehenn erlanget / das yhm wirt ſignirt vnnd redlicher weyße zugeſchrieben / wie da der brauch iſt / ſo kumpt den einer der gelt bringet /
odder ſonſt vordienet hat / da nit von zuſagenn iſt / vnd begert daſſelbig
lehen von dem bapſt / Sjo gibt er es yhm / vnd nympts dem andern. 20
Spricht man den er ſey vnrecht / ſo muß der allirheyligiſte vatter ſich ent-
ſchulbigen / das er nit ſo offentlich mit gewalt widder recht handellen geſtrafft werde / vnnd ſpricht / Er hab in ſeinem hertzen vnnd gemut daſſelb
lehen / yhm ſelbs vnd ſeiner vollen gewalt furbehaltenn / ſo er doch ſein
lebtag / zuuor nie dauon gedacht noch gehoret hat / vnd hat nu alßo ein 25
gloßlin funden / das er in eygener perſon / liegen / triegen / vnd yderman
eſſen vnd narrē mag / vnd das allis vnuorſchampt vnd offentlich / vnd wil
dēnoch das heubt der Chriſtennheit ſeinn / leſſit ſich mit offentlichen lugen
den boßen geyſt regieren.

Dißer mutwille vnnd lugenhafftige furbehalt des Bapſts / macht nu 30
zu Rom ein ſolch weßen / das niemant dauon reden kan. Da iſt ein
kauffen / vorkeuffen. wechßeln / tauſchen / rauſchen / liegen / triegen / raubē /
ſtelenn / prachten / hurerey / buberey / auff allerley weyß gottis vorachtüg /
das nit muglich iſt / dēm Endchriſt leſterlicher zuregieren. Es iſt nichts
mit Venedig / Antdorff / Alkayr / gegen dießem Jarmarckt vnd kauffs hādel 35
zu Rom / on das dort doch vornunfft vnd recht gehalten wirt / hie geht
es wie der teuffel ſelbs will. Vnd auß dem meer / fleuſſit nw in alle
welt / gleiche tugent / ſolten ſich ſolch leut nit billich furchten / fur der
reformation / vnd einem freyen Concilio / vnd ehe alle kunig vnd furſten

---

    1 heimfalle   2 überlassen   5 testamentarisch zuweist   6 über-
geben   10 Mt. 27, 35   14 ersticke   17 rite   33 pomp   35 Ant-
werpen, Kairo

in eynander hencken / das yhe nit durch yhr eynickeit / ein Concilium werde.
Wer mag leyden das solch sein buberey an tag komme?

Zu letzt / hat der Bapst zu diссen alle edlen hendeln ein eygen kauff-
hauß auffgericht / das ist / des Datarij hauß zu Rom. Dahyn muſſen alle
5 die kummenn / die ¹ dieſſer weyß nach vmb pfrund handeln / dē 304 E
ſelben muß man ſolch gloßen vnnd handthierung abkauffen / vnd macht erlangenn / ſolch heubtbuberey zutreyben. Es war vortzeytten noch gnedig
zu Rom / da man das recht muſt kauffenn / odder mit gelt nydder drucken.
Aber itzt iſt ſie ſo koſtlich worden / das ſie niemant leſſit buberey treybenn /
10 es muß mit ¹ ſummen vor erkaufft werden. Iſt das nit ein hurhauß vbir 426 W
alle hurhewſer / die yemant erdencken mocht / ſo weyß ich nit was hurhewſer heyßen.

Haſtu nu gelt / in diſſem hauß / ſo kanſtu zu allenn den geſagten
ſtucken kummen / vnd nit allein zu den ſelben / ſondern / allerley wucher
15 wirt hie vmb gelt / redlich / als geſtolen / geraubt gut gerechtfertiget. Hie
werden die gelubt auffgehebet / hie denn munchen freyheit geben auß den
orden zugehenn / hie iſt feylle der ehelich ſtand den geyſtlichen / hie mugenn
hurn kinder ehlich werden / alle vnehre vnd ſchand hie zu wirden kommē /
aller boßer tadel vnnd mal hie zuritter geſchlagen / vnd edel wirt. Hie
20 muß ſich der ehelich ſtand leydenn / der in vorpottē grad / odder ſonſt ein
mangel hat. O wilch ein ſchetzerey vnnd ſchinderey regirt da / das ein
ſcheyn hat / das alle geyſtlich geſetz allein darumb geſetzt ſein / das nur
viel geltſtrick wurdenn / darauß man ſich muß loßen / wer ein Chriſten ſein
ſal. Ia hie wirt der teuffel ein heylig vnd ein got datzu / was hymel vnd
25 erden nit vormag das vormag diß hauß. Es heyſſen Compoſitiones /
freylich compoſitiones / ia confuſiones. O wie ein ſchlechter ſchatz iſt der
zol am Reyn / gegen dieſſem heyligen hauße.

Niemant ſol achten / das ich zuuil ſage / Es iſt allis offentlich / das
ſie ſelb zu Rom muſſen bekennē / es ſey greulicher vnd mehr / den yemant
30 ſagen kunde. Ich hab noch nit / wil auch noch nit rurē die rechte helgrūd
ſuppen / von dē perſonlichen laſtern. Ich rede nur võ gemeynen leufftigē
ſachen / vnd kann ſie dēnoch mit wortte nit erlangen. Es ſolten biſchoff /
prieſterſchafft / vnd zuuor die Doctores der Vniuerſitet / ¹ die darumb be- 305 E
ſoldet ſein / yhrer pflicht nach / hiewidder eintrechtlich geſchriebē vñ ge-
35 ſchrien haben. Ia wend das blat vmb ſo findiſtu es.

Es iſt noch das Valete dahyndenn das muß ich auch geben. Da
nu der vnaußmeßliche geytz / noch nit gnug het / an allen dißen ſchetzenn /
da billich ſich drey mechtige kunige lieſſen an benugen / hebt er nw an
ſolche ſeine hendel / zuuoſetzenn vnnd vorkauffenn / dem Focker zu Augſpurg /
40 das nu biſtumb vnd lehen zuuorleyhen tauſchen / kauffen vnd die lieben

¹ eynander B | in krieg mit einander verwickeln 6 handel 9 ſie = Roma
anſpruchsvoll 12 hurheyſer A 19 makel 30 höllengrundſuppe (= boden-
ſatz) 32 erſchöpfen 35 das gegenteil iſt richtig 36 der beſchluſs übrig

handthierung geyſtlicher gutter treyben / eben auff den rechten ort iſt
kummen / vnd nu auß geyſtlichen vnnd weltlichen gutter / eine handthierüg
427 W worden. Nu mocht ich gerne ein ſo hoch vornunfft horen / die erdenckenn
mocht / was nw hynfurt kunde geſchehn durch denn Romiſchenn geyṭ / das
nit geſchehẽ ſey / es were dan das der Focker ſeine beyde vnnd nw eynigen ⁵
handel auch yemant vorſeṭzt / oder vorkaufft. Jch meyn es ſey anß
ende kümẽ.

Dan was ſie mit ablas / bullen / beichtbrieffen / butterbrieffen / vnd
ander Conſeſſionalibus / haben in allen landen geſtolen / noch ſtelen vnnd
erſchinden / acht ich als flickwerck / vnnd gleich als wen man mit einem ¹⁰
teuffel in die helle wurff. Nit das ſie wenig tragen / den ſich wol dauon
erhaltẽ kund ein mechtiger kunig / ſondern das er gegen die obgeſagten
ſcheṭzfluſſe / kein gleychenn hat. Jch ſchweyg auch noch zur zeit / wo ſolchs
ablas gelt hyn kummen iſt. ein ander mal wil ich darnach fragẽ / den
Campoſtore vnd bel videre / vnd etlich mehr orttẽ / wiſſen wol etwas ¹⁵
drumb.

Die weil den ſolchs teuffeliſch regiment / nit allein ein offentlich
rauberey / triegerey vnd tyranney der helliſchen pfortten iſt / ſondern auch
die Chriſtenheit on leyp vnd ſeel vorterbet. Sein wir hie ſchuldig allẽ
vleiß furzuwenden / ſolch iamer vnd zurſtorung der Chriſtẽheit zuweren. ²⁰
Wollen wir widder die Turcken ſtreytten / ſo laſſet vns hie anheben / da
ſie am allerergiſtenn ſein / hencken wir mit rechte die diebe vnnd kopffen
die reuber / warumb ſolten wir frey laſſen den Romiſchen geyṭ / der der
306 E groſſiſt dieb vnd reuber iſt / ¹ der auff erdẽ kummen iſt / odder kümen mag /
vnd das allis in Chriſtus vnd ſanct Peters heyligẽ namen / wer kanß doch ²⁵
zuleṭzt leyden odder ſchweygen. Es iſt yhe geſtolen vñ geraubt faſt allis
was ehr hat / das iſt yhe nit anders / wilchs auß allen hiſtorienn beweret
wirt. Es hat yhe der Bapſt ſolch groß gutter nit kaufft / das er võ ſeinẽ
officijs mag auffhebẽ bey zehen hundert tauſent Ducaten / on die ob-
genätẽ ſcheṭzgrube vñ ſein land. Szo hats yhm Chriſtus vnd ſanct Peter ³⁰
auch nit auffgeerbet / ſo hats yhm auch niemant geben noch gelihenn /
ſo iſts auch nit erſeſſenn noch erieret. Sag du mir / wo her mag erß
haben? darauß merck was ſie ſuchen vnd meynen / wen ſie legaten erauß
ſendenn / gelt zuſamlen / widder den Turcken.

Wie wol nu ich zugering byn ſtuck furzulegenn / zu ſolches grew- ³⁵
lichs weßens beſſerung dienlich / wil ich doch das narn ſpiel hynauß ſingen /

---

¹ geſchäfte mit   5 vereinigten   8 ſcheine mit der erlaubnis, in
der faſtenzeit butter zu eſſen   13 geldſtröme   15 Campo di fiore
(platz in Rom), vgl. Böcking VII 336 sq.   Belvedere (Halle im vatikani-
ſchen palaſte), von Julius II. erweitert und verſchönt (Paſtor, Gesch. der
päpſte III, 3. u. 4. aufl., s. 776 ff.), vgl. oben s. 145 z. 3   29 be-
amtenſtellen erheben, einnehmen   32 durch verjährung erworben

vnnd sagen souil mein vorstand vormag / was wol geschehen mocht vnd.
solt / von weltlicher gewalt obber gemeinen Concilio.

¶ Zum ersten / das ein yglich Furst / Adel / Stat / in yhren vnterthanen frisch an vorpiet / die Annaten genn Rom zugeben / vnd sie gar
5 abethue / dan¹ der bapst hat den pact brochen / vnnd ein reuberey gemacht 428 W
auß den Annaten / zu schaden vnd schanden gemeyn deutscher Nation / gibt
stt seinen freunden / vorkeufft sie fur groß gelt / vnd stifft officia drauff /
drumb hat er das recht dazu vorloren / vnnd straff vordienet. Szo ist die
weltlich gewalt schuldig / zuschutzen die vnschuldigen / vnd weren das vn-
10 recht. wie sanct Paulus Ro. xiij. leret / vnd sanct Peter .i. Pet. iij. ia
auch das geystlich recht .xvi.q.vij. de filijs. Da her es kummen ist / das
man sagt zum Bapst vnd den seinen Tu ora. Du solt bettē / zum keyser
vnd den seinen Tu protege. Du solt schutzen / zu dē gemeynen man / Tu
labora. Du solt erbeytten. Nit also / das nit ein yglicher / betten /
15 schutzen / erbeytten solt / den es ist allis gepet / geschutzt / geerbeyttet / wer
in seynem werck sich vbet / sondern das einem yglichen sein werck zugeeygent werde.

¹ ¶ Zum andern / die weil der Bapst / mit seinen Romischen prack- 307 E
ticken / commenden / adiutoryen / reseruation / gratijsexpectatiuis / Bapsts
20 Monat / incorporation / vnion / pension / pallijs / Cancelley regelen / vñ der
gleychen buberey / all deutsche stifft / on gewalt vnd recht zu sich reysset /
vnd die selbē zu Rom / frembden die nichts in deutschen landen dafur thun /
gibt vnnd vorkeufft / damit er die ordinarien beraupt yhres rechten / macht
auß den bischoffen nur Cifferen vnd olgotzen / vnd also widder sein' eygen
25 geystlich recht / natur vnd vornunfft handelt / das zu letzt dahyn kummenn /
das die pfreund vnnd lehen / nur groben vngelereten Eseln vnd buben zu
Rom / durch lautter getz vorkaufft werden. frum gelert leut / yhrer vordienst vnd kunst nichts geniessenn / daburch das arm volck deutsch r Nation /
gutter gelereter prelaten / muß mangeln vñ vorterbē / szo sol hie der Christ-
30 lich adel sich gegen yhm setzē / als widder einen gemeynē feynd vnd zu-
storer der Christenheit vmb der armē seelen heyl willen / die durch solch
tyranney vorterbe mussen / setzē / gepietē / vnd vorordenē / das hynfurt kein
lehē mehr gen Rom getzogē / keins mehr drynnen erlangt werde auff keinerley
weyße / sondern widder von der tyrannischen gewalt erauß ruckt / herauffen
35 behalten / vn den Ordinarien yhr recht vñ ampt widderstatten / solch lehen
zuuorordenen / auffs best sie mugen / in deutscher Nation. Vnd wo ein
Curtisan erauß keme / das dē selben ein¹ ernst befel geschehe / abzustehen / 429 W
obber in den Reyn vnnd das nehste wasser zuspringen / vnd den Romischen
ban mit siegel vnd brieffen / zum kalten babe furen / szo wurdenn sie zu
40 Rom mercken / das die deutschē nit alletzeit tol vnd vol sein / sondern auch

---

4 munter darauf los   10 Rö. 13, 4 1. Pt. 2, 14   11 Decreti
P. II quaest. VII c. XXXI Filiis vel nepotibus   18 machenschaften
24 s. oben s. 367, z. 2

ein mal Chꝛiſten woꝛden weren / als die den ſpot vnd ſchmah des heyliget.
namens Chꝛiſti / vnter wilchem ſolch buberey vnd ſeel voꝛterbē geſchicht /
nit mehr zuleyden gedencken / got vnd gotis ehre mehr achten / den der
menſchen gewalt.

    ¶ Zum dꝛitten / das ein keyßerlich aeſetz außgahe / keinen Biſchoff 5
mantel / auch keine beſtetigung yrgent einer digniteten / furt an auß Rom
zuholen / ſondern / das man die oꝛdnung des allerheyligiſten vnd berump-
308 E tiſten Concilij Niceni / widder auffricht / darynnen geſetzt iſt / das ein
Biſchoff ſol beſtetiget werden von dē andern zween nehſten / obber vonn
dem Ertzbiſchoff. wenn der Bapſt ſolch vnd aller Concilia ſtatut wil zu- 10
reyſſen / was iſts nutz das man Concilia habe? obber wer hat yhm die
gewalt geben Concilia ſo zuuoꝛachtē vnd zureyſſen? Sjo mehr thun wir
abe alle Biſchoff / Ertzbiſchoff / Pꝛimaten / machen eytel pfarrer bꝛauß / das
der Bapſt allein ſey vbir ſie / wie er doch itzt iſt / vñ den biſchoffen / ertz-
biſchoffen / pꝛimaten / kein oꝛdenliche gewalt noch ampt leſſit / allis zu ſich 15
reyſſit / vñ yhn nur den namen vnd ledigen titel bleyben leſſit / ſo weit
auch das durch ſein exemption / auch die kloſter Abbt vnd pꝛelaten / der
oꝛdenlichen gewalt der Biſchoff entzoge / vnd damit kein oꝛdnūg in der
chꝛiſtēheit bleybt / darauß dan folgen muß wie erfolget iſt / nachlaß der
ſtraff vñ freyheit vbel zuthun / in aller welt / das ich fur war beſoꝛg / man 20
mug dē bapſt nennē / hominē peccati. Wem kan man ſchult gebē / das
kein zucht / kein ſtraff / kein regiment / kein oꝛdnūg in der Chꝛiſtenheit iſt /
den dem Bapſt / der durch ſolch ſein eygen voꝛmeſſene gewalt / allenn
pꝛelatenn die handt zuſchleuſt / die ruttenn nympt / vnd allen vnterthanen
die handt auffthut / vnd freyheit gibt obber voꝛkeufft. 25

    Doch das ehr nit klag / er werde ſeiner vbirkeit beraubt / ſolt voꝛ-
oꝛdnet werden / das wo die pꝛimaten obber Ertzbiſchoff nit muchten ein
ſach außrichten / obber vnter yhnen ſich ein habber erhub / das als dan das
ſelb dem Bapſt wurd furtrageñ / vnnd nit ein ygliche kleyne ſach / wie
voꝛzeytten geſchach / vnd das hoch berumpt Concilij Nicenū geſetzt hat / 30
was aber on denn Bapſt kan außgericht werden / das ſeine heilickeit nit
mit ſolchen geringen ſachenn beſchweerd werde / ſondern yhres gepets vnd
ſtudiru / vnd ſoꝛgen fur die gātz Chꝛiſtenheit / wie er ſich rumet / wartten
muge. wie die Apoſteln theten Act. vi. vnnd ſagten. Es iſt nit recht /
das wir das woꝛt gottis laſſen / vnd dem tiſch dienen / wir wollen an 35
309 E dem pꝛedigen vnnd gepet hangen / vnnd vbir das werck andere voꝛ-
430 W oꝛdnenn. Aber nw iſt Rom nit anders / den des Euangelij vnd gepets
voꝛachtūg / vnnd tieſch dienſt / das iſt / zeytlich guts / vnnd reymet ſich der
Apoſtel vnd Bapſt regiment zuſammen / wie Chꝛiſtus vnd Lucifer / hymel
vnnd helle / nacht vnnd tag / vnd heyſt doch Chꝛiſti vicarius / vnd der 40
Apoſteln nachfolger.

¶ Zum vierdenn / das vorordnet werd / das keinn weltlich sach gen
Rom gezogen werd / sondern die selbe alle der weltlichen gewalt lassenn /
wie sie selbs setzen in yhren geystlichen rechten / vnd doch nit halten. Denn
des Bapst ampt sol sein / das er der allergelertist in der schrifft / vnnd
5 warhafftig nit mit namen der allerheyligist / regiere die sachen die den
glauben vnd heyliges leben der Christen betreffen / die Primaten vnd Ertzbischoff dazu halten / vnd mit yhn drynnen handeln vñ sorg tragen. wie
sanct Paul. i. Corint. vi. leret / vnd hertiglich strafft / das sie mit weltlichen sache vmbgiengē. Dan es bringt vntreglichen schaden allen landen /
10 das zu Rom solch sachen werden gehandelt / da große kost auff gaht / dazu
die selben richter nit wissen die sytten / recht vnd gewonheit der lande /
das mehr mal / die sachen zwingen vnd zihen noch yhren rechtē vnd opinionen /
damit den parteyen muß vnrecht geschehen.

Dabey / muß man auch vorpieten in allen stifftenn / die grewlich
15 schinderey der Officiel / das sie nit mehr / dan des glaubens sach vnd gutter
sitten sich annemen. was gelt / gut / vnd leyp odder ehre antrifft / den
weltlichen richtern lassen. Darumb sol die weltliche gewalt des bannen
vnd treyben nit gestatten / wo es nit glawben odder guttis lebenn antrifft.
Geystlich gewalt sol[1] geystlich gut regieren / wie das die vornunfft leret / 431 W
20 geystlich gut aber ist nit gelt noch leyplich ding / sondern glaub vnd
gutte werck.

Doch mocht man gonnen / das sach / die do lehē odder pfreund betreffen / fur bischoffen / ertzbischoffen / Primaten gehandelt wurden. Drumb
wo es sein mocht / zuscheydē die hedder vñ krieg / das der primat in
25 Germanien ein gemeyn Consistorium hielte / mit auditoribus / Cantzelern /
der / wie zu Rom / signaturas gratiae vnnd iustitiae regiret / zu wilchem
durch Appellation[1] die sachen in deutschen lande wurden ordenlich bracht 310 E
vnd trieben. wilch man nit / wie zu Rom / mit zufelligē geschencken vnnd
gaben besolten muß / daduch sie gewonten / recht vnnd vnrecht vorkeuffenn /
30 wie sie itzt zu Rom mussen thun / darumb das yhn der Bapst kein solt
gibt / lessit sie sich mit geschencken selbs mesten / dē es ligt yhe zu Rom
niemandt etwas dran / was recht odder vnrecht / sondern was gelt odder
nit gelt ist. sondern mocht das thun von denn Annaten / odder sonst ein
weg erdencken / wie dan wol mugen / die hochvorstendiger vnnd in den
35 sachen baß erfaren den ich bin. Ich wil nur angeregt vnd vrsach zugedencken gebē haben / denen / die do mugen vnd geneygt sein / deutscher
Nation zuhelffen / widderumb Christen vnd frey werden / noch dē elenden /
heydnischen vnd vnchristlichem regiment des Bapsts.

¶ Zum funfften / das keine reseruation mehr gelte / vnd kein lehen
40 mehr behafftet werde zu Rom / es sterbe der besitzer / es sey hadder drob /
odder sey eynß Cardinals odder Bapsts gesind. Vnd das man strenglich

8 1. Ko. 6. 7   10 kosten entstehen   29 sich gewöhnten
32 niemabnt A   33 sondern bis thun: Aber disse mocht man besolden BC
40 festgehalten

voꝛpiete vnd were / das kein Curtiſan auff yrgent ein lehen / habber an-
fahe / die krummen pꝛieſter zu Citirn / tribulyrn / vnd auffs contentirn
treyben. Vnd wo dar vmb aus Rom ein ban oder geiſtlicher zwanck keme /
das man den voꝛachte / als wenn ein dieb yemandt in ban thet / drumb
das man yhn nit wolt ſtelen laſſen. ia man ſolt ſie hart ſtraffen / das ſie 5
des bans vn gotlichs namens ſo leſterlich mißpꝛauchen / yhre reuberey zuſtercken / vnd mit falſchem ertichten dꝛewen / vns treyben wollen dahyn /
das wir ſolch leſterung gotlichs namen / vnd mißpꝛauch Chꝛiſtlicher gewalt /
ſolle leyden vnd loben / vnd vhrer ſchalckheit fur got teilhafftig werden /
ſo wir vhr zuweren fur got ſchuldig ſein. wie ſanct Paul Ro. i. die ſelben 10
ſtrafft / ſie ſein des tods wirdig / das ſie nit allein ſolchs thun / ſondern
auch das ſie voꝛwilligen vnd geſtatten ſolchs zuthun. Zuuoꝛ aber die
lugenhafftige Reſeruatio pectoꝛalis iſt vnleydlich / da durch / die Chꝛiſten-
311 E heit ſo leſterlich vnnd offentlich wirt zur ſchmach vnd ſpot geſetzt / das ¹ yhr
vbirſter / mit offentlichen lugen handelt / vnd vmb das voꝛflucht gut gunſt 15
yederman vnuoꝛſchampt betreugt vnd narret.

   ¶ Zum ſechſten / das auch abthan werden / die caſus reſeruati / die
behalten ſell / damit nit allein viel gelt von denn leutten geſchunden wirt /
132 W ſondern ¹ viel armer gewiſſen von den wuttrichten tyrannen voꝛſtrickt vnd
voꝛwirret / zu vntreglichem ſchaden yhres glaubens zu got. Szonderlich 20
die lecherlichen / kindiſchenn ſel / die ſie auffblaßenn / mit der bulla Cenae
domini / die nit wirdig ſeinn / das mann es teglich ſund nennenn ſolt /
ſchweyg dan / ſo groſſe ſel / die der Bapſt / mit keynem ablas nachleſſit.
als do ſeinn / ſo yemand voꝛhyndert / ein pilgeryn gen Rom / oder bꝛecht
den Turcke weere odder felſcht des Bapſts bꝛieffe. Narrenn ſie vns / mit ſo 25
groben / tollen vnbehenden ſtucken / Sodoma vnd Gomoꝛa vnnd alle ſund /
die widder gottis gebot geſchehen / vnd geſchehen mugen / ſein nit caſus
reſeruati / aber was got nie gepotten hat / vnd ſie ſelb erdacht haben /
das muſſen caſus reſeruati ſein / nur das man niemant hyndere gelt gen
Rom zubꝛingen / das ſie fur de Turcken ſicher in wolluſt leben / vnd mit 30
yhren loßen / vnnutzen bullen vnd bꝛieffe / die welt in yhrer tyranney behalten.

   Solt nu billich ein ſolch wiſſen bey allen pꝛieſtern odder ein offentlich oꝛdenuge ſein / das kein heymliche vnuoꝛklagte ſund / ein furbehalter
ſal iſt. vñ ein yglicher pꝛieſter gewalt hat / allerley ſund zuempienden / wie 35
ſie ymer genennet werden / wo ſie heymlich ſein / auch wider Abt / Biſchoff
noch Bapſt gewalt hat / der eine yhm furzubehalten. vnd wo ſie das
theten / ſo helt vnd gilt es nichts / weren auch dꝛumb zuſtraffen / als die
on befelh / in gottis gericht fallen / vnnd on vꝛſach / die armen vnuoꝛ-
ſtendigen gewiſſen voꝛſtricken vnnd beſchweren. Wo es aber offentlich 40

---

   2 pꝛozeſſieren   9 mitſchuldig   10 Rö· i, 32   15 W. A. ſtreicht
gunſt, aber wohl ſinn: aus liebe zu dem verſl. gut   17 vgl. RE³ 3,752 f.
21 aufbauſchen   25 ſe A   26 ungeſchickten unnatürliche wolluſt   36 ſein A

groſſe ſund ſein / beſonder / widder gottis gebot / da hats wol ein grund /
caſus reſeruatos zuhabenn / doch auch nit zuuiel / auch nit auß eygener gewalt on vꝛſach / Dan Chꝛiſtus hat nit tyrannen / ſondern hyrten in ſeine
kirche geſetzt / wie ſanct Petrus ſagt .i. Pet. vit.

5   ¶ Zum ſiebenden / das der Romiſche ſtuel die officia abthue / das
gewurm vnd ſchwurm zu Rom wenigere / auff das / des Bapſts geſind
muge võ des bapſt eygen gut erneret werden. vnd laß ſeinen hoff / nit
aller kunigen hoff mit pꝛangen vnd koſten vbirtreten. angeſehen / das ſolch
weſen nit allein nie gedienet hat zur ſachen des Chꝛiſtlichen glaubens /
10 ſondern ſie auch da durch vorhondert / am ſtudirn vnd gepet / das ſie ſelbs
faſt nichts mehr wiſſen vom glauben zuſagen. wilchs / ſie gar gꝛoblich beweyſſet haben / in diſſem letzten Romiſchenn Concilio / darinnen vnter
vielen kindiſchenn leychfertigen artickel / auch das geſetzt haben / das des
menſchen ſeel ſey vnſterblich / vnnd ein pꝛieſter yhe ein mal ym Monat /
15 ſein gepet zuſpꝛechen ſchuldig iſt / wil er ſein lehen nit vorlierenn. Was
ſolten die leut / vbir der Chꝛiſtenheit vnd glaubens ſachen richten / die voꝛ
groſſem geytz / gut vnd weltlicher pꝛacht / erſtockt vnd voꝛblend / nw allererſt ſetzen die ſeel ſey vnſterblich / wilch nit ein geringe ſchmach iſt / aller
Chꝛiſteheit / ſo ſchimpflich zu Rom mit dem glauben vmbgahn. Hetten
20 ſie nu weniger gut vnd pꝛangen / ſo mochten ſie paß ſtudieren vnd beetten /
das ſie wirdig vnd tuchtig wurdenn / des glauben ſachen zuhandeln / wie
ſie voꝛzeytten waren / da ſie Biſchoffe vnnd nit kunige aller kunige zuſein
ſich voꝛmaſſen.

     ¶ Zum achten / das die ſchweren / grewlichen eyde auffgehaben
25 wurden / ſo die Biſchoff dem Bapſt zu thun gezwũgen / on allis recht /
damit ſie gleich wie die knecht gefangen werden / wie das vntuchtige /
vngearte capittel / Significaſti / von eygener gewalt vnd groß vnuoꝛſtand
ſetzit. Iſts nit gnug das ſie vnns gut / leyp / vnnd ſeel beſchweren / mit
vielen yhren tollen geſetzen / dadurch den glaubẽ geſchwecht / die Chꝛiſten-
30 heit voꝛterbet / ſie nemen den auch gefangenn die perſon / yhre ampt vnnd
werck / darzu auch die Inueſtitur / die voꝛzeitten der deutſchen keyſer geweſen / vnd in Franckreich vnd etlichen kunigreich noch der kunige ſein.
Darvber ſie mit den keyſern groß krieg vnd hadder gehabt ſo lang biß
das ſie ſie mit frecher gewalt genummen / vnd behalten haben biſßher /
35 gerad als muſten die deutſchen / fur allen Chꝛiſten auff erden / des Bapſts
vnnd Romiſchen ſtules gockel narn ſein / thun vnnd leyden / was ſonſt
niemant leyden noch thun wil. Dieweil den diß ſtuck eytel gewalt vnd
reuberey iſt / zu hyndernniſſe biſchofflicher oꝛdenlicher gewalt / vnnd zu-

---

     4 1. Pt. 5, 3   6 verringern   8 übertreffen   12 Köhler, L.
und die Kg. s. 108 ff., Denifle I², 786⁴, Jos. Schlecht, Kilian Leib, Prior
von Rebdorf, Münster i. W. 1910, s. 28 f.   13 W. A. korr.: leycht-
fertigen, vgl. aber auch oben s. 225 z. 12   27 Decretal. Greg. lib. I
tit. VI cap. IV   36 gaukelnarren

ſchaden der armen ſeelen. Iſt der keyſer mit ſeinem adel ſchuldig / ſolch
tyranney zuweeren vnd ſtraffen.

¶ Zum newnden / das der Bapſt vbir den Keyſer kein gewalt habe /
on das er yhn auff dem altar ſalbe vnnd krone / wie ein Biſchoff einen
Kunig kronet / vnd yhe mit der teuffeliſchen hoffart hynfurt zugelaſſen   5
werde / das der keyſer des bapſts fueſſe kuß / odder zu ſeinen fuſſen ſitze /
odder wie man ſagt / yhm denn ſtegreyff halte / vnd den zaum ſeines maul-
pferds / wen ehr auffſitzt zureytten. Noch viel weniger dē Bapſt hulde
vnd trewe vnterteinickeit ſchwere / wie die beyſte vnuorſchampt furnehmen
zufoddern als hetten ſie recht dartzu. Es iſt das capitel Solite / darynnen   10
bepſtlich gewalt vbir keyſerlich gewalt erhebt wirt / nit einis hellers wert /
vnd alle die ſich drauff grunden odder dafur furchten / die weyl es nit
434 W anders thut / den die heyligen gottis wort [1] zwingt vnd bringt / von yhren
rechten vorſtand / auff yhr eygene trewm / wie ich das antzeigt hab
ym latein.   15

Solch vbirſchwencklichs / vbirhochmutigs / vbirfreuelichs furnehmen
des Bapſts / hat der teuffel erdacht / darunder mit der zeyt / den Endchriſt
eintzufuren / vnd den Bapſt vbir got zurheben / wie dan ſchon viel thun
vnd than haben. Es gepurt nit dem Bapſt / ſich zurheben vbir weltliche
gewalt / den allein in geiſtlichen ampten / als do ſein predigen vnnd ab-   20
ſoluieren / in andern ſtucken ſol er drunder ſein / wie Paulus Roma.
.xiij. vnd .i. Petrus .iij. leren / als ich droben geſagt habe. Er iſt nit ein
ſtathalter Chriſti ym hymel / ſondern allein Chriſti auff erden wandelend
dan Chriſtus ym hymel / in der regierenden form / darff keynis ſtathalters /
ſondern ſitzt / ſihet / thut / weyß vnnd vormag alle ding. Aber ehr darff   25
314 E ſeyn / in der dienendenn [1] form / als er auff erden gieng / mit erbeyttenn /
predigen / leyden vnd ſterben / ſo keren ſie es vmb / nehmen Chriſto die
hymeliſch regierende form / vnnd geben ſie dem Bapſt / laſſen die dienende
form gantz vntergehen. Er ſol ſchier der widderchriſt ſein / den die ſchrifft
heyſſit / Antichriſt / geht doch alle ſein weßen / werck vnnd furnehmen   30
widder Chriſtum / nur Chriſtus weßen vnnd werck zuuortilgen vnd
vorſtoren.

Es iſt auch lecherlich vnd kindiſch / das der Bapſt auß ſolchem vor-
blendten / vorkereten grund ſich rumet in ſeinē Decretal / Paſtoralis / er
ſey des keyſertumbs ein ordenlicher erbe / ſo es ledig ſtunde / wer hat es   35
yhm geben? hats Chriſtus than da er ſagt / die furſteyn der heydenn ſein
hern / yhr aber ſolt nit ſo ſein? Hats yhm ſanct Peter auffgeerbet?
Mich vordreuſſet / das wir ſolch vnuorſchampt / grobe / tolle lugen muſſen
ym geyſtlichen recht leßen vnd leren / datzu fur Chriſtlich lere haltenn / ſo

---

10 Decretal. Greg. lib. I tit. XXXIII cap. VI   15 Resolutio
Lutheriana super propositione XIII de potestate papae (1520), W. A. 2,
217 ff.   22 Rö. 13, 1 1. Pt. 2, 13 f.   33 kindiſch A   34 Clemen-
tinarum lib. II tit. XI cap. II   36 Lc. 22, 25 f.

es doch teuffelisch lugen sein. Wilcher art auch ist / die vngehorete lugen /
De donatione Costantini. Es muß ein besundere plage võ got gewesen
sein / daß souiel vorstendige leut / sich haben lassen bereden solch lugen
auffzunehmen / so sie doch so gar grob vñ vnbehend sein / das mich
5 dunckt / es solt ein trunckenn bawr behender vnd geschickter liegen kunden.
Wie solt bestan bey einem keyserthum zuregieren / predigen / beten /
studiern / vnnd der armen wartten / wilch ampt auffs aller eygentlichst
dem Bapst zustehen / vnnd von Christo mit so grossem ernst auffgelegt /
das er auch vorpot / sie solten nit rock / nit gelt mit sich tragen. Seintemal
10 der kaumend solcher ampt wartten kan / der eyn eynigs hauß regieren muß /
vnnd der bapst wil keysertumb regieren / darzu bapst bleyben. Es haben
die buben erdacht / die vnter des Bapsts namenn gerne ¹ hern weren vbir
die welt / vnd das vorstoret Romisch reich durch den Bapst / vnnd namen
Christi widder auffrichten wie es vorgewesen ist.

15   ¶ Zum zehendenn / das sich der Bapst enthalt / die handt auß der
suppen zihe / sich keynis titels vnterwinde / des kunigreichs zu Neapel vnnd
Sicilien. Er hat ¹ eben so viel recht drann als ich / wil dennoch Lehen- 315 E
herr drober sein. Es ist ein raub vnd gewalt / wie fast alle ander seine
gutter sein / drumb solt yhm der keyser solchs lehens nit gestatten / vnd
20 wo es geschehn were / nit mehr vorwilligen / sondern yhm die Biblien
vnd betbuch dafur anzeygenn / das ehr weltlich hern lasse land vnd leut
regieren / sonderlich die yhm niemant geben hat / vnd er predige vnd bette.

Solch meynung solt auch gehalten werden / vber Bononien / Jmola /
Vincentz / Rauen / vnd allis was der Bapst in der Anconitaner Marck /
25 Romandiol / vnd mehr lender welschis lands / mit gewalt eingenömen /
vnnd mit vnrecht besitzt / dazu widder alle gebot Christi vnd sanct Pauels
sich dreyn menget. den also sagt sanct Paul / Niemant wickelt sich in die
weltliche geschefft / der gotlicher ritterschaff wartten sol / Nu sol der Bapst
das heubt vnd der erste sein / in disser ritterschafft / vnd menget sich mehr
30 in weltlich geschefft / den kein keyser noch kunige / yhe so muß man yhm
erauß helffen / vnd seiner ritterschafft warten lassen. Christus auch des
stathalter ehr sich rumet / wolt noch nie mit weltlichem regiment zuschaffen
haben / so gar / das er zu einem der ein vrteil von yhm vbir seinen bruder
begeret sprach / wer hat mich dir zu einem richter gemacht? Aber d' bapst
35 feret einhin vnberuffen / vnterwindet sich aller dinge / wie ein got / biß das
er selb nit mehr weyß / was Christus sey / des stathalter er sich auffwirfft.

¶ Zum eylfften / das das fußkussen des Bapsts / auch nit mehr geschehe. Es ist ein vnchristlich / ia Endchristlich exempel / das ein armer
sundiger mensch yhm lessit seine fuß kussen / von dem / der hundertmal
40 besser ist den er / geschicht es der gewalt zuerē / warumb thut es der

---

4 ungeschickt   5 können   6 bestehen neben regierungssorgen
9 Mt. 10, 10   23 Bologna   24 Vicenza, Ravenna   25 Romagna
27 2. Ti. 2, 4   34 Lc. 12, 14

Bapſt auch nit den andern / der heyligkeit zueren. Halt ſie gegen ander /
Chriſtum vnd den Bapſt / Chriſtus wuſch ſeinen iungern die fuß vnd
trocknet ſie / vnd die iungern wuſchen ſie yhm noch nie. Der Bapſt als
hoher den Chriſtus keret das vmb / vnnd leſſet es ein groß gnade ſeinn /
yhm ſeine fuſſe zukuſſenn / der doch das billich / ſo es yemand von yhm 5
316 E begeret / mit allem vormugen weren ſolt / wie ſanct [1] Paul vnd Barnabas
436 W die ſich nit wolten laſſen ehren als got / von den zu Lyſtris / [1] ſondern
ſprochē / wir ſein gleich menſchē als yhr. Aber vnſer ſchmeychler habens
ſo hoch bracht / vnd vns einen abtgot gemacht / das niemant ſich ſo furcht
fur got / niemant yhn mit ſolchem geperdenn ehret / als den Bapſt. Das 10
kunnen ſie wol leydē / aber gar nicht / ſo des Bapſts prachten ein harbreit
wurd abbrochē. wen ſie nu Chriſten weeren / vnd gottis ehre lieber hetten
den yhr eygenn / wurd der Bapſt nymmer frolich werden / wo er gwar
wurd / das gottis ehre vorachtet / vnd ſeine eygene erhabenn were / wurd
auch niemant laſſen yhn ehren / biß her vormerckt das gotis ehre wibber 15
erhaben / vnd groſſer den ſein ehre were.

317 E   [11] ¶ Zum zwelfften / das man die walfarten gen Rom abethet /
437 W odder niemant von eygener furwitz odder anbacht wallen lieſſe / er wurd
dan zuuor von ſeinem pfarrer / ſtad / odder virherrn erkant / gnugſam vnd
redlich vrſach haben.   Das ſag ich nit darumb / das walfartē boße ſeyn / 20
ſondern daß ſie zu diſſer zeit vbel geratten / dan ſie zu Rom kein gut
exempel / ſondern eytel ergerniß ſehen. vnnd wie ſie ſelb ein ſprichwort
gemacht haben / Yhe nehr Rom / yhe erger Chriſten / bringē ſie mit ſich /
vorachtung gottis vnd gottis geboten. Man ſagt wer das erſte mal gen
Rom gaht / der ſucht eini ſchalck zum andern mal ſond er yhn / zum 25
dritte [1] bringt er yhn mit erauß. Aber ſie ſein nw ſo geſchickt wordenn /
das ſie die drey reyß auff ein mal außrichten / vnnd haben furwar vns
ſolch ſtucklin auß Rom bracht / es were beſſer / Rom nie geſehen noch
erkandt.

Vnd ob ſchon dieſſe ſach nit were / ſo iſt doch noch da / ein fur= 30
trefflicher. Nemlich die / das die einfeltigen menſchen daburch vorfuret
werden / in einem falſchen wahn / vnd vnvorſtand gotlicher gebot. Dan
ſie meynen / das ſolch wallenn ſey ein koſtlich gut werck / das doch nit
war iſt. Es iſt ein gering gut werck / zu mehr mallen ein boß vorfuriſch
werck / den got hat es nit gepotten. Er hat aber gepotten / das ein man 35
ſeynis weybes vnd kinder wartte / vnd was dem ehlichen ſtandt zugepurt /
318 E babey ſeinem nehſten dienen vnnd helſfenn. Nu geſchicht es / das einer
gen Rom wallet / vorzeret funfftzig hundert / mehr odder weniger / guldenn /
das yhm niemant befolhen hat / vnnd leſſit ſein weyb vnnd kind / odder

1 Baſt A   2 Jo.13,1ff.   7 AG.14,14f.   11 grosstuerei 16 vgl. s.422f.
23 Wander, Rom no. 25   24 vgl. Bebel, Proverbia german. 1508
no. 192 und Fabri de Werdea, Proverbia metrica fol. B viij (Ztschr. f.
deutsche Philologie 30, 139), Wander, Rom no. 72 f.   30 eine vortrefflichere

yhe seinen nehsten daheymen nodt leydē / vnd meynet doch der toricht
mensch / er wol solche vngehorsam vnd vorachtung gotlicher gebot / mit
seinem eygenwilligen wallen schmucken / so es doch ein lautter furwitz /
odder teuffels vorfurung ist. Da haben nu zugeholffen die Bepste mit
5 yhrem falschen / ertichten / nerrischen gulden iaren / damit das volck erregt / vō gottis gebotten gerissen / vnd zu yhrem eygen vorfurischen furnehmen gezogen / vnd eben dasselb angericht / das sie solten vorpotten
haben. Aber es hat gelt tragen / vñ falschen gewalt gesterckt / drumb hats
must fortgahē / es sey widder got / odder der seelen heyl.

10   Solch falsch vorfurischen glauben der einfeltigen Christen / außzu-
rotten / vnd widderumb / einen rechtenn vorstand gutter werck auffzu-
richtenn / solten alle wallefart nydergelegt werden / den es ist kein guttis
nit drynnen / kein gepot / kein gehorsam / sondern vntzehlich vrsach der
sunden / vnnd gottis gebot zuuorachtüg. Daher kummen so viel betler /
15 die durch solch wallen vntzehlich buberey treyben / die betteln on not leren
vñ gewonenn.

     Da kumpt her / frey leben vnnd mehr iamer / die ich itzt nit zelenn
wil. Wer nu wolt wallen odder wallen geloben / solt vorhyn seinem
Pfarrer odder ¹ vbirhern / die vrsach anzeygen / fund sichs das erß thet / 438 W
20 vmb guttis werckis willenn / das das selb gelubt vnnd werck / durch den
pfarrer odder vbirhern / nur frisch mit fussen tretten wurd / als ein teuffelisch gespenst. vnd yhm anzeygt / das gelt vnnd die erbeyt / so zur walffart
gehoret / an gottis gebot vnnd tausentmal besser werck anzulegenn. das
ist / an die seinen / odder seine nehste armenn. Wo erß aber auß fur-
25 witz thet / land vnnd stedt zubesehenn / mag man yhm seynen willen lassenn.
Hat erß aber in der kranckheit gelobet / das man die selben gelubb vor-
piette / vorspreche / vnnd die gottis gebot dagegen emporhebe / das er hynfurt yhm benugenn lasse an dem gelubb in der tauffe ¹ geschehen / gottis gebot zu 319 E
halten. Doch mag man yhm auff das mal / sein gewissen zustillenn / sein
30 nerrisch gelubd lassen auffrichtenn. Niemandt wil die richtige gemeyne
straß gotlicher gebot wandeln / yderman macht yhm selb new weg vnd gelubd / als het er gottis gebot alle volnpracht.

¶ Darnach kummen wir auff den grossenn hauffen / die das viel geloben / vnd das wenig halten. Zurnet nit liebenn hern / ich meyn es war-
35 lich gut / es ist die bittere vnnd susße warheit / vnnd ist / das man yhe
nit mehr bettel Closter bawenn lasse / hilff got / er ist schon viel zuuiel.
Ja wolt got sie werenn alle abe / odder yhe auff zween odder drey ordenn
hauffet. Es hat nichts guts thann / es thut auch nymmer mehr gut /
yrrhe lauffenn auff dem landt. Drumb ist meinn Radt / Man schlag
40 zehen / odder wieuil yhr not ist / auff einen hauffen / vñ mach eynis drauß /

2 mensch A   5 W. A. korr.: yhren   WA 30, 2, 265 ⁸⁶
16 lernen und sich daran gewöhnen   24 neugierde   27 versage
30 W. A. korr. außrichten   36 ihrer   38 gehäuft   39 terminieren

das gnugsam vorsorgt / nit betteln durffe. O es ist hie viel mehr anzu-
sehē / was gemeynem hauffenn zur selickeit not ist / deñ was sanct
Franciscus / Dominicus / Augustinus / odder yhe ein mensch gesetzt hat /
besondern weyl es nit geratten ist / yhrer meynung nach.

　　Vnd das man sie vberhebe / predigens vnnd beychtens / Es were dan　5
das sie von Bischoffen / pfarrenn / gemeyne / odder vbirkeit datzu beruffenn
vnnd begeret wurden. Ist doch auß solchem predigen vnd beychten nit
mehr dan eytel haß vnd neydt zwischen pfaffen vñ munchen / groß ergerniß vnd hynderniß des gemeynē volcks / erwachßen / damit es wirdig
wurdē / vnd wol vordienet auffzuhoren / die weyl sein mag wol gerattē　10
werden. Es hat nit ein vngleich ansehen / das der heylige Romische stuel
solch her / nit vmb sonst gemehret hat / auff das nit die priesterschafft vnd
bistum / seiner tyranney vnzeydig / einmal yhm zustarck wurden / vnd ein
reformation anfiengen / die nit treglich seiner heylickeit were.

　　Dabey solten auch auffgehaben werdenn / so mancherley secten vnd　15
439 W
320 E vnterscheyd eynerley ordens / wilche zuweylenn / vmb gar geringe vrsach
sich erhaben / ¹ vnnd noch viel geringer sich erhalten / mit vnsaglichem haß
vnd neyd gegenander streyttend / so doch nichts deste weniger der Christliche glaub / der on alle solch vnterscheyd wol bestat / auff beyder seytten
vntergaht / vnnd ein gut Christlich leben / nur nach den eußerlichen ge-　20
setzen / werckē vnd weyßen geschetzt vnd gesucht wirt / dauon nit mehr dan
gleyßnerey vnd seelen vorterbē folgen vnd erfunden werdē / wie das fur
augen yderman sicht.

　　Es must auch dem Bapst vorpotten werdē / mehr solcher orden auff-
zusetzen odder bestetigen / ia befolen werden / etlich abezuthun vnd in　25
wenigere zal zuzwingen. Seintemal der glaub Christi / wilcher allein das
heubtgut ist / vnd on eynigerley orden bestet / nit wenig fahre leydet / das
die menschen durch souiel vnd mancherley werck vnd weyßen / leichtlich
vorfuret werden / mehr auff solch werck vnd weyße zuleben / den auff dē
glauben zuachtē. vnd wo nit weyße prelaten in klostern sein / die do mehr　30
den glaubenn / den des ordens gesetz predigen vnnd treyben / da ists nit
muglich / das der orden solt nit schedlich vnnd vorfurisch sein / einfeltigenn
seelen die auff die werck allein achten haben.

　　Nu aber zu vnsern zeitten gefallen sein / fast an allen ortern die
prelaten die den glauben gehabt vnd die orden eingesetzt haben / gleich wie　35
vorzeiten bey den kindern von Jsrael / da die vetter abgangen waren / die
do gottis werck vnd wunder erkennet hatten / so bald anfiengenn yhre
kinder auß vnuorstand gotlicher werck vnd glaubens / abtgotterey / vnnd
eygene menschliche werck auffzurichten. Alßo auch itzt leyder / solch ordē
vnuorstendig worden gotlicher werck vnd glaubens / nur in yhren eygen　40

---

　　4 sich nicht ihrer absicht nach entwickelt hat　　10 es wohl ent-
behrt werden kann　　11 es sieht fast so aus, als ob　　13 überdrüssig

regelen / geſetzen vnnd weyßen ſich iemerlich marteren / muhen vnd er=
beytten / vnnd doch nymmer zu rechtem voꝛſtand eynis geiſtlichen guttis
lebens kummen / wie der Apoſtel .ij. Timot. iij. voꝛkundigt hat vnd ge=
ſagt / Sie haben einen ſchein einis geiſtlichen lebens / vnnd iſt doch nichts
5 dahynndenn / lernen ymmer vnd ymmer / vnd kummē doch nit dahyn / das
ſie wiſſen / was warhafftig geiſtlich leben ſey / ßo were es beſſer / das kein
kloſter da were / wo kein geyſtlicher ¹ voꝛſtendiger ym Chꝛiſtlichen glaubē 321 E
Prelat regieret / den der ſelb mag nit on ſchaden vnd voꝛterben regierē /
vnd ßouiel mehr / ßouiel er heyliger vnd eynis guttenn lebens ſcheynet /
10 in ſeinen eußerlichen wercken.

Es were meynis bedenckens ein nottige oꝛdnung / beßondern zu
vnßern ferlichen zeytten / das ſtifft vnnd kloſter widderumb wurdē auff die
weyße veroꝛdenet / wie ſie waren ym anfang / bey denn Apoſteln vnnd ein
lang zeit hernach / da ſie alle frey waren / einē yderman dꝛynnen zubleyben
15 ßo lang es yhm geluſtet. Dan was ſein ſtifft vnd kloſter anders geweßen /
den Chꝛiſtliche ſchulenn / darynnen man leret / ſchꝛifft vnnd zucht nach
Chꝛiſtlicher weyße / vnnd leut auff erzog / zu regieren vnnd pꝛedigen. wie
wir leßen / das ſanct ¹ Agnes in die ſchule gieng / vnd noch ſehen / in 440 W
etlichenn frawen kloſtern / als zu Quedlinboꝛg vnnd der gleychen / furwar
20 es ſolten alle ſtifft vnd kloſter auch ßo frey ſein / das ſie got mit freyem
willen / vnd nit gezwungen dienſtenn dientenn.

Aber darnach hat man es gefaſſet mit gelubbenn / vnd ein ewig ge=
fenckniß dꝛauß gemacht / das auch die ſelbenn mehr / dann die tauff gelubb
wirt angeſehenn / was aber fur frucht dꝛauß iſt kummen / ſehen / hoꝛen /
25 leßen vnd erfarē wir teglich mehr vnd mehr. Ich acht wol ſolcher mein
radſchlag ſey auffs allertoꝛlichſt angeſehen / da frag ich itzt nit nach. Ich
radt was mich gut dunckt / voꝛwerff wer es wil / ich ſieh wol / wie die
gelubb weꝛden gehaltenn / ßonderlich der keuſcheit / die ßo gemeyn durch
ſolch kloſter wirt / vnd doch vo Chꝛiſto nit gepoten / ßondern faſt wenigen
30 geben wirt. wie er ſelb vnnd ſanct Paul ſagt / Ich wolt gerne yderman
geholffen ſein / vnd nit fangen laſſen Chꝛiſtliche ſeelen durch menſchliche
eygene erfunden weyße vnd geſetz.

¶ Zum viertzehenden / wir ſehen auch wie die pꝛieſterſchafft ge=
fallen / vnd mancher armer pfaff mit weib vnnd kind vberladenn / ſein ge=
35 wiſſenn beſchweret / da doch niemannt zuthut yhnen zuhelffenn / ob yhn
faſt wol zuhelffen were / leſt Bapſt vnnd Biſchoff hie gehen was do geht /
voꝛterben was do voꝛtirbt / Szo wil ich ¹ erretden mein gewiſſenn / vnd 322 E
das maul frey auffthun / eß voꝛdꝛieß Bapſt / Biſchoff / odder wen es wil.
vnd ſag alßo.

40 Das noch Chꝛiſtus vnd der Apoſtel einſetzenn / ein ygliche ſtadt /

---

3 2. Ti. 3, 5. 7   17 auff erzog A   18 Schäfer, L. als Kirchen-
hiſtoriker, s. 235   30 Mt. 19, 11 f. 1. Ko. 7, 7   35 zu thut A

einen pfarrer odder Biſchoff ſol haben / wie klerlich Paulus ſchreybt
Tit. i. vnnd der ſelb pfarrer nit gedrungen on ein ehlich weyb zuleben /
ſonder muge eynis habenn. wie ſanct Paul ſchreybt .i. Timot. iij. vnnd
Tit. i. vnnd ſpricht. Es ſol ein Biſchoff ſein ein man der vnſtrefflich ſey /
vnnd nur eynis ehlichen weybs gemahl / wilchs kindere / gehorſam vnnd   5
zuchtig ſein ⁊c. Den ein Biſchoff vnd pfar iſt ein ding bey ſanct Paul /
wie das auch ſanct Hieronymus beweret. Aber die Biſchoff die itzt ſein /
weyß die ſchrifft nichts vonn / ſondern ſein vonn Chriſtlicher gemeyn /
ordnung geſetzt / das einer vbir viel pfarr regiere.

Alſo lerenn wir auß dem Apoſtel klerlich / das in der Chriſtenheit   10
ſolt alſo zugahenn / das einn yglicke ſtat auß der gemeinn / eynen gelereten frumenn burger erwellet / dem ſelbenn das pfar ampt beſlhe / vnd
vhn vonn der gemeyn erneret / yhm frey wilkver ließ / ehelich zu werdenn
odder nit / der nebenn yhm mehr prieſter odder Dyaconn hette / auch
ehlich odder wie ſie wolten / die den hauffen vnd gemeyn hulffen regieren /   15
mit predigen vnd ſacramenten / wie es den noch bliebē iſt / in der kriechſchē
kirchen. Da ſein nu hernach mals da ſo viel vorfolgung vnd ſtreyttes
war widder die ketzer / viel heyliger vetter[1] geweſen / die ſich freywillig
des ehlichenn ſtands vorzeyhet habenn / auff das ſie deſte baß ſtudiereten
vnd bereyt weren auff alle ſtund / zum tod vnd zum ſtreyt.   20

Da iſt nw der Romiſch ſtuel / auß eygenem freuel dreyn gefallen /
vnd ein gemein gebot drauß gemacht / vorpotten dem prieſter ſtand ehlich
zuſein / das hat yhn der teuffel geheyſſenn. wie ſanct Paulus .i. Timot. iiij.
vorkundigt / Es werden kummen lerer / die teuffels lere bringen vnd vorpieten ehlich zuwerden ⁊c. dadurch leyder ſouiel iamers erſtanden / das nit 25
zurtzelen iſt / vnnd hat dadurch vrſach geben der kriechſien kirchen ſich abzuſondern / vnd vnenblich zwitracht / ſund / ſchand / vñ ergerniß gemehret /
wie dan thut / allis was der teuffel anfahet vnd treybet / was woln wir
nw hie thun?

Ich rad man machs widder frey / vnd laß einem yglichen ſein frey   30
wilkore / ehlich odder nit ehlich zuwerdē. Aber da muſt gar viel ein ander
regiment vnd ordnung der gutter geſchehen / vnnd das gantz geyſtlich recht
zu poden gehen / vnd nit viel lehen gen Rom kummē. Ich beſorg / der
geytz ſey ein vrſach geweßen der elenden / vnkeuſchē keuſcheit / darauß dan
gefolget / das yderman hat wollen pfaff werdē / vnd yderman ſein kind   35
drauff ſtudieren laſſen / nit der meynung / keuſch zuleben / das wol on
pfaffen ſtand geſchehen kund / ſondern ſich mit zeytlicher narung on erbeyt
vnd muhe zurneren / widder das gebot gottis Gen. iij. Du ſolt dein brot

2 Tit. 1, 5   3 1. Ti. 3, 2   Tit. 1, 6 f.   7 ep. 69, 3 (MSL.
22, 656): 'quamquam apud veteres idem Episcopi et Presbyteri fuerint',
Commentariorum in ep. ad Titum lib. cap. 1 (MSL. 26, 562): 'Idem est
ergo presbyter, qui et episcopus, . . .'   19 auf den eheſtand verzichtet
23 1. Tl. 4, 1. 3   38 Gen. 3, 19

essenn ym schweyß deynis angesichts / habenn yhm eine farb angestrichen /
als solt yhr erbeit sein betten vnnd meß halten.

Ich laß hie ansteh̄ Bapst / Bischoff / stifft pfaffen / vnnd munch / die
got nit eingesetzt hat / habenn sie yhn selbs burden auffgelegt / ßo traḡ
5 sie sie auch. Ich wil reden von dem pfarr stand / den got eingesetzt hat /
der ein gemeyn / mit predigen vnnd sacramenten regierenn muß / bei yhnen
wonen / vnd zeytlich hauß halten. den selben solt durch ein Christlich
Concilium nachgelassen werden freyheit / ehlich zuwerden / zuvor meydenn
serlicheit vnd sund. den die weil sie got selb nit vorpunden hat / ßo sol
10 vnd mag sie niemant vorpindenn / ob er gleich ein engel vom hymel were /
schweyg dan bapst / vnd was da gegen ym geistlichen recht gesetzt / sein
lauter fabeln vnd geschwetz.

Weytter rad ich / wer sich hynfurt weyhen lessit zur pfarr odder
auch sonst / das er dem Bischoff / in kein̄ weg gerede / keuscheit zuhalten /
15 vnd halt yhm entgeḡ / das er solch gelubd zufodern / gar kein gewalt
hat / vnd ist ein teuffelisch tyraney solchs zufoddern. Muß man aber
odder wil sagen / wie etlich thun / Quantum fragilitas humana permittit.
ßo deutte ein yeglicher die selben wort frey negatiue / id est / nō promitto
castitatem / den fragilitas [1] humana non permittit caste [1] viuere / sondern
20 allein / angelica fortitubo [2] celestis virt[3] / auff das er ein frey gewissen / on
alle gelubd behalte.

Ich wil nit radten / auch nit weeren / das ßo noch nit weyber haben /
ehlich werden / odder on weyb bleyben / stel das auff ein gemein Christlich ordnung / vnd eynis yglichen bessern vorstand. Aber dem elende
25 hauffen wil ich meynen trewen radt nit bergen / vnd yhren trost nit vor-
haltenn / die do itzt mit weyb vnd kind vbirfallend / in schanden vnnd
schweeren gewissen sitzenn / das man sie ein pfaffenn hure / die kind /
pfaffenn kind schilt / vnd sag das fur mein hoffrecht frey.

Man findt manchen frummen pfarrer / dem sonst niemand kein tadel
30 geben mag / den das er gebrechlich ist / vnnd mit einem weyb zuschanden
worbenn / wilch doch beyde alßo gesynnet sein in yhres hertzen grund /
das sie gerne wolten ymer bey eynander bleyben / in rechter ehlicher trew /
weu sie nur das mocht̄ mit gutten gewissen thunn / ob sie auch gleich die
schand mussenn öffentlich traḡ / die zwey sein gewißlich fur got ehlich
35 Vnd hie sag ich / das wo sie ßo gesonnet sein / vnd also in ein leben
kommen / das sie nur yhr gewissen frisch erredten / er nehm sie zum
ehlichen weyb / behalt sie / vnd leb sonst redlich mit yhr / wie ein ehlich
mann. vnangesehen / ob das der Bapst wil odder nit wil / es sey widder
geystlich odder fleischlich gesetz. Es ligt mehr ann deyner seelen selicheit /
40 den an den tyrannischen / eygengeweltigen / freuelichen gesetzen / die zur

1 schminke   10 Ga. 1, 8   11 geschweige   14 gelobe   17 vgl.
Clemen, Beiträge zur Reformationsgesch. 2, 6   20 allen A   26 W. A.
korr.: ubirfallen   28 als narr, s. oben s. 364, z. 14

felickeit nit not sein / noch von got gepotten. vnd solt eben thun / als die
kinder von Israel / die den Aegiptern stolen yhren vozdienten lohn / obber
wie ein knecht seine boßwilligen hern / seinen vozdienten lohn stule / also
stiel auch dem Bapst dein ehlich weyb vnd kindt.

  Wer den glauben hat solchs zuwagenn / der folge mir nur frisch / 5
ich wil yhn nit vorfuren / hab ich nit gewalt als einn Bapst / so hab ich
doch gewalt als einn Christen / meynem nehsten zuhelffen vnd radten / von
seinen sunden vnd ferlickeiten. Vnnd das nit on grund vnnd vrsach.

^{325 E} ¹ Zum ersten / Es kan yhe nit ein yglicher pfar eynis weybes mangeln /
nit alleinn der gebrechlickeit / sondern viel mehr / des haußhalten halben. 10
Sol er den ein weyb halten / vnd yhm der Bapst das zulessit / doch nit
zur ehe habē. was ist das anders gethan / dan ein man vnd weyb bey
einander allein lassen / vnnd doch vorpieten / sie solten nit fallen / Eben
als stro vnd fewr zusammen legen / vnd vorpieten es sol widder rauchenn
noch brennenn. Zum andern / das der Bapst solchs nit macht hat zu- 15
pietten / als wenig als er macht hat zuuorpieten / essen / trincken / vnd den
naturlichenn außgang / obber feyst werdenn / drumb ists niemandt schuldig
zuhaltenn / vnnd der Bapst schuldig ist aller sund / die dawider geschehen /
aller seelen / die daburch vorlozen sein / aller gewissen / die daburch vorwerret vñ gemartert seinn / das er wol lengist wirdig weere / wer yhn 20
^{443 W} auß ¹ der welt vortrieben hette / so viel elender seelen er mit dem teuffe-
lischen strick erwurgt hat. wie wol ich hoff / das vielen got an yhrem end
gnediger sey geweßen / denn der Bapst an yhrem lebenn. Es ist noch nie
guttis / vnnd wirt nymmer mehr auß dem Bapstum vnd seinen gesetzen /
kummenn. Zum dritten / ob schon des Bapsts gesetz dawidder ist / so 25
doch einn ehlich stand wirt angefangenn widder des Bapsts gesetz / ist
schon sein gesetz auß / vnnd gilt nit mehr / dan gottis gebot / der do gebeut / das man vnd weyb niemant scheyden sol / geht weyt vbir des
Bapsts gesetz / vnnd muß nit gottis gebot / vmb des bepstlichen gebottis
willen zurissen werden vnnd nachbleyben. Wie wol vil toller Juristen 30
mit dem Bapst haben Impedimenta erfunden / vnd daburch vorhyndert /
zurteylet / vorwerret den ehlichenn standt / das gottis gebot ist drob gantz
vntergaungen. Was sol ich viel sagenn / sein doch in dem gantzen geystlichen Bapsts gesetz / nit zwo zeyllen / die einen frummen Christen mochten
vnterweyßen / vnd leyder souiel yrriger vnd ferlicher gesetz / das nit besser 35
weere man mecht ein Rotten hauffen drauß.

  Sprichstu aber / Es sey ergerlich / vnd muß zuuor der Bapst drynnen
^{326 E} dispensieren. Sag ich / was ergerniß ¹ drynnen ist / das sey des Romischen
stuels schuld / der solch gesetz / on recht vnnd widder got gesetzt hat / fur
got vnnd der heyligenn schrifft ist es kein ergerniß. Auch wo der Bapst 40
kan dispensieren vmbs gelt / in seinen geltsuchtigen / tyrannischen ge-

---

2 Ex. 12, 35 f. 9 ygilcher A 14 zu diesem gleichnis vgl. W. A. 10², 515
28 Mt. 19, 6 36 nichts besser wäre als man machte einen flammenstoss daraus

sețenn / so kan auch ein yeglicher Christen vmb gottis vnnd der seelen
selickeit willenn / eben in dem selben dispensierenn.   Dan / Christus hat
vns frey gemacht von allen menschen geseßen / zuuor wo sie widder got
vnnd der seelen selickeit sein. wie Gal. v. vnd .i. Corint. ri. sanct
5 Paulus leret.
    ¶ Zum funfftzehenden / Das ich auch der armen kloster nit vorgeß.
Es hat der boß geyst / der nw alle stend / durch menschen geseß vorwerret
vnd vntreglich gemacht hat / auch etliche Ebte / Ebtissen vnd prelaten besessen / das sie yhrn brudern vnd schwestern also vorstehen / das sie nur
10 bald zur helle faren / vnnd ein elend weßen auch hie furen / wie dan thun
alle teuffels merterer. Nemlich haben sie yhn furbehaltenn in der beicht /
alle odder yhe etliche todsund / die do heymlich seinn / das die kein bruder
dem andern sol auffloßen / bey ban vnnd gehorsam. Nun findet man an
allen ortten nit alle zeit Engel / sondern auch fleysch vnd blut / die ehe
15 alle ban vnd drewen leyden / ehe sie dē prelaten vnd bestimpten beychtigern /
yhr heymlich sund wolten beychtenn / gehn drauff zum sacrament mit
solchen gewissenn / da durch den sie irregulares¹ werden / vnd des iamers 444 W
viel mehr. O blinde hyrttenn / o tolle prelatenn / o reyssend wolffe.
    Hie sag ich / wenn die sund offentlich ist odder bekant / so ists
20 billich das der prelat allein sie straffe / vnd die selben allein vnd kein
andere mag er yhm furbehalten vnd außzihen / der heymlichen hat er keine
gewalt / wens gleich die ergisten sund weeren / die man findet / odder
finden kan. Vnnd wo der prelat die selben außzeugt / so ist er ein Tyran /
hat sein nit recht / greyfft in gottis gericht. Szo radt ich den selbenn
25 kindeln / brudern vnnd schwestern / wollen die vbirsten nit laub geben
zu'beichten die heymlichē sund / wilchem dw wilt / so nym sie selber / vnnd 327 E
klage sie deinem bruder odder schwester / dem odder do du wilt / laß dich
absoluirnn vnd trosten / ganck vnnd thu drauff was du wilt vnnd solt /
gleub nur fest / das du seyst absoluirt / so hat es nit nodt. Vnd den
30 ban / irregularitet / odder was sie mehr drewen / laß dich nit betruben
noch yrre machen / sie gelten nit weytter / den auff die offentlichen / odder
bekannten sunden / so die ymant nit wolt bekennenn / es trifft dich nichts.
Was nympstu dir fur / du blinder prelat / durch dein drewen heymlich sund
zuweren? laß farenn was du nit offentlich erhaltē kanst / das gottis ge-
35 richt vnnd gnade / auch zuschaffen habe mit den beynen. Er hat dir sie
nit so gar in deine hand befolhen / das er sie ganz auß seiner gelassen
habe. Ja du hast das weniger teyl vnter dyr / laß dein statut statut sein /
vnd heb sie nit in den hymel / in gottis gericht.
    ¶ Zum sechtzehendenn / Es weere auch not / das die Jartag / be-
40 genckniß / seelmessen / gar abethann / odder yhe geringert wurdenn.

---

4 Ga. 5, 1   1. Ko. 9, 4 ff.   10, 23   21 ausnehmen   25 erlaubnis   26 Gromer, Die Laienbeichte im Mittelalter, München 1909,
s. 80   30 irreguleritet A

Darumb / das wir offentlich ſehen fur augen / das nit mehr / den ein ſpot
drauß woꝛdē iſt / damit got hochlich erʒurnet wirt / vnd nur auff gelt /
freſſen vnd ſauffen gericht ſein. Was ſolt got fur ein gefallen dꝛynnen
haben / wen die elenden Vigilien vnd Meſſen / ſo iemerlich geſchlappert
werdenn / noch geleßen noch gebettet / vnnd ob ſie ſchon gepettet wurden /   5
doch nit vmb gottis willen auß freyer liebe / ſondern vmb gelts willenn /
vnnd voꝛpflichter ſchuld / volnbꝛacht werden. Nu iſts doch nit muglich
das got einn werck gefalle / odder etwas bey yhm erlange / das nit in
freyer liebe geſchicht. Szo iſts yhe chꝛiſtlich das wir allis abthun / odder
yhe weniger machē / was wir ſehen / in einen mißꝛauch kummen / vnnd   10
got mehr erʒurnet den voꝛſunet. Es were mir lieber / ia got angenehmer
vnd viel beſſer / das ein ſtifft / kirche odder kloſter / alle yhre ierliche meß
vnd vigilien auff einen hauffen nehmen / vnd hielten einen tag / ein rechte
Vigilien vnd Meſſe / mit herʒlichem ernſt / ¹andacht vnnd ¹glauben fur
alle yhre wolthater / dan das ſie yhr tauſent oft tauſent alle Jahr / einem   15
yglichenn eine beſondere hielten on ſolch andacht vnd glauben. O lieben
Chꝛiſten es ligt got nicht an viel / ſondern an wol betten / Ja er voꝛdampt die langen vnnd viel gepeeten Matt. vi. vnnd ſagt / ſie werden
nur mehr peyn damit voꝛdienen. Aber der geyʒ / der got nit kann
trawenn / richtet ſolch weſen an / hat ſoꝛge er muſte hungers ſterben.   20

¶ Zum ſibenʒehenden / Man muſt auch abethun etlich pene odder
ſtraff des geiſtlichen recht / ſonderlich das Interdict / wilch on allenn
ʒweyffel der boß geyſt erdacht hat. Iſt das nit ein teuffeliſch werck / das
man eine ſund beſſern wil / mit vielen vnd groſſern ſunden. Es iſt yhe
groſſer ſund / das man gottis woꝛt vnd dienſt ſchweygt odder niderlegt /   25
den ob einer ʒwenʒig Bepſte het erwurgt auff ein mal / ſchweyg den
einenn pꝛieſter / odder geyſtlich gut behaltenn. Es iſt auch der ʒarten
tugent eine / die yhm geyſtlichenn recht gelernet werden / den das geyſtlich recht heyſſet auch darumb geyſtlich / das es kompt von dem geyſt / nit
vonn dem heyligen geyſt / ſondern von dem boßen geyſt.   30

Den Ban muſt man nit ehr gepꝛauchen / den wo die ſchꝛifft weyßet
ʒupꝛauchen / das iſt / widder die do nit recht glewben / odder in offentlichen ſunden leben / nit vmbs ʒeytlich gut. Aber nw iſts vmbkeret /
gleubt / lebt yderman wie er wil / eben die am meyſtenn / die ander leut
ſchinden vnnd ſchenden mit bannen / vnd alle ban iʒt nur vmbs ʒeytlich   35
gut ganghafftig ſein / wilchs wir auch niemant / den dem heyligen geyſtlichen vnrecht ʒu dancken haben. Dauon ich voꝛhyn ym ſermon weytter
geſagt habe.

Die andern ſtraffen vnd penen / ſuſpenſion / irregularitet / aggraua-
tion / reaggrauation / depoſition / blitʒ / donner / voꝛmaledeyenn / voꝛ-   40
dampnen / vnnd was der ſundle mehr ſein / ſolt man ʒehenn ell tieff be-

graben in die erden / das auch yhr nam vnd gedechtnis nit mehr auff
erben were. Der boß geyst / der durchs geystlich recht ist loß worden /
hat solch grewlich ¹ plage vnnd iamer / in das hymelisch reich der heyligen 320 E
Christenheit bracht / vnnd nit mehr dan seelen vorterben vnnd hyndern
5 dadurch zugericht. das wol mag von yhn vorstanden werdē / das wort
Christi Matthei .xxiij. weh euch schrifftgelereten / yhr habt euch genōmen
die gewalt zuleren / vnd schliesset zu das hymelreich fur den menschē / yhr
geht nit hynein / vnd weret den die hynein gehen.

¶ Zum achtzehendenn / das man alle fest ¹abethet / vnd allein |den
10 Sontag behielt / wolt man aber yhe vnßer frawen / vnd der grossen
heyligen fest haltenn / das sie all auff den Sontag wurden vorlegt / odder
nur des morgens zur Meß gehalten / darnach ließ den gantzen tag / werckel
tag sein. Vrsach / den als nu der mißprauch mit sauffenn / spielenn / mussig gang /
vnnd allerley ¹ sund gaht / so erzurnenn wir mehr Got auff die heiligenn 446 W
15 tag / den auff die andernn. Vnnd sein gantz vmbkeret / das heylig tag nit
heylig / werckel tag / heylig seynn / vnd got noch seinen heyligen nit allein
kein dienst / sondern groß vnehre geschicht / mit den vielen heyligen tagen.
wie wol etlich tolle prelaten meynen / wen sie sanct Otilien / sanct Barbaren / vnd ein yeglicher nach seiner blinden andacht / ein fest macht / hab
20 gar ein gut werck than / so er viel ein bessers thet / wo ehr zu erenn
einem heyligen / auß einē heyligen tag / ein werckel tag macht.

Datzu nympt der gemeyn mann zween leypplichenn schaden / vbir dissen
geystlichen schaden / Das er an seyner erbeyt vorseumpt wirt / datzu mehr
vortzeret dann sonst. Ja auch seinenn leyp schwecht vnnd vngeschickt
25 macht / wie wir das teglich sehen / vnnd doch niemant zubessern gedenckt.
Vnd hie solt man nit achtē / ob der Bapst die fest eingesetzt hat / odder
eine dispensationn vnd vrlaub haben muß / Was widder got ist / vnd den
menschē schedlich an leyp vnd seel. hat nit allein ein yglich gemeyn / radt
odder vbirkeit gewalt abzuthun / vn weeren / on wissen vnd willen / des
30 Bapsts odder Bischoffs. Ja ist auch schuldig bey seiner seelen selickeit /
dasselb zuweren / ob es gleich Bapst vnd ¹ bischoff nit wolten / die doch 330 E
die ersten solten sein / solchs zuweren.

Vnd zuuor solte man die kirchweye gantz außtilgē / seyntemal sie nit
anders sein / dan rechte tabernn / Jarmarckt vnd spiel hoffe worden / nur
35 zur mehrung gotis vnehre vnd der seelen vnselickeit. Es hilfft nit das
man wil aufblaßen / es hab ein gutten anfang / vnnd sey ein gut werck.
Hub doch got sein eygen gesetz auff / das er vom hymel herab geben het /
da es in einn mißprauch vorkeret wart / vnnd keret noch teglich vmb /
was er gesetzt / zupricht was er gemacht hat / vmb desselben vorkereten

---

2 frei   6 Mt. 23, 13   22 über-hinaus, ausser   34 werden A
anstalten, gelegenheiten zu würfel- und kartenspiel   36 aufbauschen

mißpzauchs willenn. wie ym .xvij. pfalm ſtet vonn yhm geſchziebē / du
vozkereſt dich / mit den vozkereten.

¶ Zum neunzehenden / Das die grad odder gelid wurden geendert /
in wilchen der ehlich ſtand wirt vozpotten / als da ſein geſatterſchafften /
der vierd vnd dzitte grad / das wo der Bapſt zu Rom dzynnen mag diſ= 5
penſieren vmbs gelt / vnnd ſchendlichen vozkeufft / das auch daſelbs / mug
ein yglicher pfarrer diſpenſierenn / vmb ſonſt vnnd der ſeelen ſelickeit. Ja
wolt got das allis was man zu Rom muß kauffen / vnd den gelt ſtrick
das geyſtlich geſetz / loßen. das ein yglicher pfarrer das ſelb on gelt mocht
thun vnnd laſſen / als da ſein / ablas / ablaßbzieff / butter bzieff / meßbzieff / 10
vnd was der Cöſeſſionalia odder buberey mehr ſeinn zu Rom / da das
arm volck mit wirt betrogenn vnnd vmbs gelt bzacht / Dan ſo der Bapſt
447 W macht hat / ſein geltſtrick vnd geiſtliche netz [1] (geſetz ſolt ich ſagē) zuuoz=
kauffen vmbs gelt / hat gewißlich ein pfarrer viel mehr gewalt die ſelbenn
zurepſſen / vnd vmb gottis willen mit fuſſen zutretenn / hat er aber das 15
nit gewalt / ſo hat auch der bapſt kein gewalt die ſelb durch ſeinen
ſchendlichen Jarmarckt zuuozkeuffenn.

Dahyn gehozet auch / das die faſten wurdenn frey gelaſſen einē
yderman / vnd allerley ſpeyß frey gemacht wie das Euangelium gibt / dan
ſie ſelb zu Rom der faſten ſpotten / laſſen vns hauſſen ole freſſen / da ſie 20
nit yhr ſchuch mit lieſſen ſchmieren / vozkeuffen vns darnach / freyheit
331 E butter vnd [1] allerley zueſſen. ſo der heylig Apoſtel ſagt / das wir des allis
zuuoz freyheit haben auß dē Euangelio / Aber ſie habenn mit yhrem geyſt
lichenn recht vns gefangen vnnd geſtolenn / auff das wirs mit gelt widder
keuffen muſſen / haben damit ſo blod ſchochter gewiſſen gemacht / das nit 25
gut mehr von der ſelbē freyheit zupzedigen iſt / darumb das ſich das ge=
meynn volck ſo faſt dzynnenn ergert / vnnd achtet fur groſſer ſund butter
eſſen / den liegē / ſchweeren / odder auch vnkeuſcheit treyben. Es iſt doch
menſchenn werck / was menſchen geſetzt habenn / man leg es wo man hyn
wil / vnd enſteht nymmer nichts guts bzauß. 30

¶ Zum zwentzigſtenn / Das die wilden Capellen vnd feltkirchen
wurden zu poden vozſtozet / als da ſein / da die newen walfartē hyn gahen /
Welßnacht / Sternberg / Trier / das Grymtal / vnd itzt Regenſpurg / vnnd
der antzal viel mehr. O wie ſchwer eleud rechenſchafft werden die Biſchoff
muſſen geben / die ſolchs teuffels geſpenſt zulaſſen / vnd genieß dauon 35
empfangen / ſie ſolten die erſtenn ſein / daſſelb zuweeren / ſo meynen ſie es

---

1 Ps. 18, 27   10 ſcheine, die anteil an gewiſſen meſſen ge=
währen   22 1. Ko. 10, 23   25 zagbafte, ſchüchterne   31 kirchen
im freien felde   33 Wilsnack in der Prignitz (RE² 21, 346 ff.), Sternberg in Mecklenburg (K. Schmidt, Das heil. Blut von St. = Volks-
schriften des Vereins für Reformationsgesch. 18), Trier mit dem heil.
Rock (W. A. 30², 297²), Grimmenthal in Meiningen (Flugschriften 1,
135 ff.), Regensburg (Wallfahrt zur Schönen Maria, Flugschriften 1,
166¹⁵)   35 teufelsspuk

fey gotlich heylig ding / fehen nit / das der teuffel folchs treybt / denn
geytz züftercken / falfche ertichte glaubenn auffzurichten / pfarr kirchen zu-
fchwechen / tabernenn vnd hurerey zumehren / vnnutz gelt vnd erbeyt
vozliere / vnd nur das arm volck mit der natzen vmb furen. Hetten fie
5 die fchzifft fzo wol gelefzenn als das vozdampt geyftlich gefetz / fie wiften
den fachen wol zurabten.

Es hilfft auch nit das wüdertzeychen da gefchehe / dan der botze geyft
kann wol wunder thun / wie vnns Chriftus vozkundigt hat Matt. xxiiij.
wen fie den ernft datzu thetten / vnd vozpotten folch wetzen / die wunder
10 folten bald auffhozen / obber weere es võ got / es wurd fich nit hyndern
laffen durch yhr ¹ vozpietten. Vnd wen kein ander zeychenn weere / das 448 W
folchs nit von got fey / were das gnug / das die menfchen / tobend on
voznüfft mit hauffenn / wie das fzhe lauffen / wilchs nit muglich ift auß
got fein / fzo hat auch got nit dauon gepottē / ift kein gehozfam / kein voz-
15 bieft da / dzumb folt man frifch dzeyn greyffen / vnd dem volck weeren.
Den was nit gepotten ift / vnd fich treybt mehr dan gottis gepot / das
ift ¹ gewißlich der teuffel felbs. Auch fzo gefchicht der pfarkirchen nachteil 332 E
dzan / das fie weniger geehret werden. Summa fummarum / Es fein
zeychen einis groffen vnglaubens ym volck / dan wo fie recht gleubtenn /
20 hetten fie alle ding in yhren eygen kirchen / da yhn hynn gepotten ift
zugehen.

Aber was fol ich fagenn / ein yglicher gedenckt nur / wie er ein folch
walfart / in feinem kreytz auffrichte vnd erhalte / gar nichts fozgend / wie
das volck recht glewbe vnnd lebe / die regenten fein wie das volck / ein
25 blind fuert den andern. Ja wo die walfartten nit wollen angehen / hebt
man die heyligen an zurheben / nit den heyligenn zu ehren / die wol an
yhr erhebenn gnug geehret wurden / fondern geleufft vnnd ein gelt bzingen
auffzurichten. Da hilfft nw Bapft vnd Bifchoff zu / hie regnent es Ablas /
da hat mann gelts gnug zu / Aber was got gepotten hat / da ift niemant
30 fozgfeltig / da leufft niemant nah / da hat niemandt gelt zu. Ach das wir
fzo blind fein / vnd dem teuffel in feynen gefpenften nit allein feinen mutwillen laffenn / fondern / auch ftercken / vnnd mehren. Jch wolt man lietz
die lieben heyligenn mit friden / vnnd das arm volck vnuozfuret. Wilcher
geyft hat dem Bapft gewalt geben / die heyligen zurheben? wer fagts yhm
35 ob fie heylig obber nit heylig fein? feinn fzonft nit fund gnug auff erdenn /
man muß got auch vozfuchen / in feyn vrteyl fallen / vnd die lieben heyligen
zu gelt kutzen auff fetzenn.

Drumb rad ich / man laß fich die heyligen felbs erheben. Ja got
allein folt fie erheben / vnd yglicher bleybe in feyner pfarr / da er mehr
40 findt / dan in allenn walkirchen / wen fie gleich alle ein walkirchen weeren.

---

8 Mt. 24, 24   10 AG. 5, 39   16 vorwärtsdringt   25 Mt. 15, 14
27 ein zusammenströmen von wallfahrern   37 geldkäuzen, lockvögeln,
um geldspenden anzuziehen

Hie findt man tauff / ſacrament / przedigt / vnd deinē nehſtē / wilchs groſſer
ding ſein den alle heyligē ym hymel / den ſie alle ſein durchs wozt gottis
vnnd ſacrament geheyliget wozden / die weyl wir den ſolch groſſe ding
vozachten / iſt got in ſeinem zoznigen vzteyl gerecht / das er vozhengt dem
teuffel / der vns hyn vnnd her furet / walfart auffricht / Capellen vnd 5
333 E kirchen anhebt / heyligen [1] erhebung zuricht / vnnd der narn werck mehr /
damit wir / auß rechtem glauben in new falſche mißglauben fahren / gleich
wie er vozzeytenn thet dem volck von Iſrael das er vonn dem tempel zu
Hieruſalem / an vnzehlich oztter vozfuret / doch in gottis namē vnd gutiem
ſchein der heylickeit / dawidder alle Pzophetē pzedigten vnd dzob gemartert 10
wozdē. Aber itzt pzediget niemand dawidder / Es ſolten yhn villeicht
449 W Biſchoff / pabſt / pfaffen vnd munch auch [1] martern. Der art muß itzt auch
Antoninus zu Flozentz / vnd etlich mehr heylig vnd erhaben werden / auff
das yhre heylickeit zum rhum vnd gelt dienen mugen / die ſonſt allein zu
gottis ehre vnnd guttem exempel het gedienet. 15

Vnnd ob ſchon heyligen erheben vozzeytten were gut geweßen / ſo
iſts doch itzt nymmer gut / gleich wie viel ander ding vozzeytten ſein gut
geweßen / vnd doch nw ergerlich vnd ſchedlich / als da ſein feyrtag / kirchen
ſchatz vnd zierden. Den es iſt offenbar / das durch heyligen erhebung nit
gottis ehre noch der Chziſten beſſerung / ſondern gelt vnnd rhum geſucht 20
wirt / das einn kirch wil etwas beſſonders fur der ander ſein vnd haben /
vnnd yhr leyd were / das ein ander des gleychenn hette / vnd yhr foztteyl
gemeyn were / ſo gar hat man geyſtliche gutter zu mißpzauch vnd gewinſt
zeytlicher gutter vozozdenet / in diſſer ergiſten letztenn zeyt / das allis was
got ſelber iſt / muß dem geytz dienen / Auch ſo dienet ſolch foztteyl / nur 25
zur zweyerey ſecten vn hoffart / das ein kirch der andern vngleich / ſich
vnternäder vozachtē vnd erheben / ſo doch alle gotliche gutter / allen gemein vnnd gleich / nur zur eynickeit dienen ſollen / da hat der Bapſt
auch luſt zu / dem leyd weere / das alle Chziſten gleych vnd eynis
weerenn. 30

Hie hozet her / das man abthun ſolt odder vozachten / odder yhe gemeyn machen / aller kirchen freyheit / bullen / vnd was der Bapſt vozkeufft
zu Rom auff ſeynem ſchindleich. Den ſo er Wittenberg / Halle / Venedig
vnd zuvoz ſeinem Rom vozkeufft odder | gibt / Indulta / pziuiley / ablas /
gnade / foztteyl / facultates / warvmb gibt erß nit allen kirchē in gemeyn? 35
334 E Iſt er nit [1] ſchuldig allen Chziſten zuthun vmb ſonſt vnd gottis willē /
allis was ehr vozmag / ia auch ſein blut fur ſie zuvozgiſſen / ſo ſag mir /
warumb gibt er odder vozkeufft / diſer kirchen vnd der ander nit? oder
muß das vozflucht gelt in ſeiner heylickeit augenn ſo ein groß vnterſcheyd
machenn vnter den Chziſtenn / die alle gleich tauff / wozt / glaub / Chziſtum / 40

---

13 am 31. Mai 1523 durch Hadrian VI. kanoniſiert (Paſtor, Geſch.
der Päpſte IV 2, 98)   26 entzweiung   29 einig   33 schindanger

got / vnnd alle ding haben. Wil man vns den aller ding mit sehenden
augen blind machen / vnd mit reyner vornunfft toricht machen? das wir
solchen geytz / buberey / vnd spiegel fechten sollen anbettz. Er ist ein
hyrtte / ia wo du gelt hast / vnnd nit weytter / vnd schemen sich dennoch
5 nit solch buberey mit yhren bullen vnß hyn vnd her furen. Es ist yhn
nur vmb das vorflucht gelt zuthun / vnd sonst nichts mehr.

¹ So rad ich das / so solch narn werck nit wirt abethan / das ein 450 W
yglich frum Christen mensch sein augen aufftu / vnnd laß sich mit den
Romischen bullen / siegel / vnd der gleysserey nit yrrhen / bleyb daheymen /
10 in seiner kirchen / vnd laß yhm sein tauff / Euangeli / glaub / Christum
vnnd got / der an allen ortten gleich ist / das beste sein / vnd den Bapst
bleyben / einen blinden furer der blindenn. Es kan dyr widder Engel
noch Bapst souiel geben / als dyr got in deyner pfar gibt / ia er vorfuret
dich vonn den gotlichen gaben die du vmb sonst hast / auff seine gabz /
15 die du keuffen must / vnd gibt dyr bley vmbs golt / fell vmbs fleisch /
schnur vmb den beutel / wachß vmbs honnig / wort vmbs gut / buchstabz
vmb den geyst / wie du fur augen sihest / vnd wilts dennoch nit merckenn /
soltu auff seinem pergamenn vnnd wachs gen hymel farenn / so wirt dir
der wagenn gar bald zuprechen / vnd du in die helle fallen / nit in gottis
20 namz. Laß dirß nur ein gewiß regel sein / was du vom Bapst keuffen
must / das ist nit gut noch von got / dan waß auß got ist / das wirt nit
allein vmb sonst gebenn / sondern alle welt wirt drumb gestrafft vnd vor=
dampt / das sie es nit hat wolt vmb sonst auffnehmenn / als da ist / das
Euangeli / vnd gotliche werck. Solch vorfurerey habz wir vordienet vmb
25 got / das wir sein heyligis wort / der tauff gnade vorachtet haben. ¹ wie 335 E
sanct Paulus sagt / Got wirt senden / ein krefftige yrrug allen den die die
warheit nit haben auffgenommen zu yhrer selickeit / auff das sie glewben
vnd folgen der lugen vnd buberey / wie sie wirdig sein.

¶ Zum .gi. Es ist wol der grosten not eyne / das alle betteley
30 abthan wurden in aller Christheit / Es solt yhe niemand vnter den
Christen betteln gahn / es were auch ein leychte ordnung drob zumachen /
wen wir den mut vnd ernst dazu thetz. Nemlich das ein yglich stab yhr
arm leut vorsorgt / vnd keynen frembden betler zuliesse / sie hiessen wie sie
wolten / es weren walbruder odder bettel orden. Es kund yhe ein yglich
35 stadt die yhren erneren / vnnd ob sie zu gering were / das man auff den
vmbligzden dorffen auch das volck vormcnet dazu geben / mussen sie doch
sonst souiel landlauffer vnd boser buffen / vnter des betteln name
erneren / so kund man auch wissen / wilche warhafftig arm weren
odder nit.

40   So muste da sein ein vorweßer odder vormund / der alle die armen

1 durchaus   5 auß A   9 glesserey A   12 Mt. 15, 14
15 bleisiegel, pergament   16 hanf- oder seidenschnur, wachssiegel
26 2. Th. 2, 11 ff.   37 buben

kennet / vnd was yhn not were dem Rad odder pfarrer anſagt / odder wie
das auffs beſte mocht voꝛoꝛdnet werden. Es geſchicht / meynis achten /
auff keinē handel ſouiel buberereyen vnd triegereyē / als auff dē bettel / die
do alle leichtlich weren zuuoꝛtreyben. Auch ſo geſchicht dē gemeinen volck
wehe / durch ſo frey gemeyn bettelnn. Ich habs vbirlegt / die funff odder   5
ſechs bettel oꝛden kommen des iaris an einē oꝛt / ein yglicher mehr dan
451 W   ſechs odder ſieben malen / daᴢu¹ die gemeynen betteler / botſchafften / vnd
wallebꝛuder / das ſich die rechnūg funden hat / wie ein ſtab bey ſechᴢig
mal ein iar geſcheᴢt wirt / on was d' weltlichē vbirkeit gepur / auffſeᴢ /
vnd ſcheᴢung geben wirt / vnd der Romiſche ſtuel mit ſeiner war raubet /   10
vnd ſie vnnuᴢlich voꝛᴢehren / das myꝛß der groſten gottis wūder einis iſt /
wie wir doch bleybē mugen / vñ erneret werdē.

336 E   Das aber etlich meynen / es wurden mit der weyße¹ die armen nit
wol voꝛſoꝛgt / vñ nit ſo groſſe ſteynen heuſer vnnd kloſter gepawet / auch
nit ſo reychlich / das glaub ich faſt wol / Iſts doch auch nit not / wer arm   15
wil ſein / ſolt nit reich ſein / wil er aber reich ſein / ſo greiff er mit d'
hand an dē pflug / vñ ſuchs yhm ſelbs auß der erdē. Es iſt gnug das
zimlich die armen voꝛſoꝛgt ſein / da bey ſie nit hungers ſterben noch er-
frieren / Es fugt ſich nit das einer aufs andern erbeit muſſig gehe / reich
ſey / vnd wol lebe / bey einis andern vbel leben / wie iᴢt der voꝛkeret   20
mißpꝛauch gehet. dan ſanct Paul ſagt / wer nit erbeytet / ſol auch nit
eſſen. Es iſt niemand vonn der andernn gutter zulebenn vonn got voꝛoꝛdnet / denn allein denn pꝛedigendeꝛ vnnd regierendenn pꝛieſtern / wie ſanct
Paulus .i. Eoꝛint. iᵹ. vmb yhrer geyſtlichenn erbeyt / wie auch Chꝛiſtus
ſagt zu den Apoſteln / Ein yglicher wircker iſt wirdig ſeynis lonhs.   25

¶ Zum .ᴢij. Es iſt auch zubeſoꝛgenn / das die viel Meſſen / ſo
auff ſtifft vnt kloſter geſtifft ſein / nit allein wenig nuᴢ ſein / ſondern
groſſen ᴢoꝛn gottis erweckē / Derhalbenn es nuᴢlich were / der ſelbenn nicht
mehr ſtifftenn / ſondern der geſtifftenn viel abethun / ſeintemal man ſiht /
wie ſie nur als opffer vnnd gutte werck gehalten werdenn / ſo ſie doch   30
ſacrament ſein / gleich wie die tauff vnnd buß / wilch nit fur anderen /
ſondern allein dem der ſie empfehet nuᴢ ſeynn. Aber nu iſt es eingeriſſen / das Meß fur lebendig vnd todten werden gehalten / alle ding
dꝛauff gegrundt / darumb yhr auch ſouil geſtifft wirt / vnnd ein ſolch
weßenn drauß woꝛden / wie wir ſehē. Doch diᴢ iſt villeicht noch zufriſch   35
vnnd vngehoꝛet ding / ſonderlich denen / die durch ſolcher Meſſen abgang
ſoꝛgenn / es werd yhn yhr handwerg vnd narꝛung nydergelegt / muß ich

    5 Franziskaner, Dominikaner, Augustiner, Karmeliter, Serviten
7 Stationarier „St. Anthoni, des heiligen Geistes, St. Huprechts, St. Cor-
nelius und St. Valentin" (Otto Clemen, Alte Einblattdrucke s. 15 ff.)
9 auflagen   18 genügend   21 2. Th. 3, 10   24 1. Ko. 9, 14
25 Lc. 10, 7   arbeiter   35 zu neu   36 beim abkommen solcher
messen

weytter dauon zusagen sparen / biß das wibder aufftum ¹ rechter vorstand / 452 W
was vnnd wo zu die Meß gut sey.   Es ist leyder nu viel Jar lang /
ein handwerck zeytlicher narůg drauß worden / das ich hynfurt wolt radten /
ehe ein hyrte obber sonst ¹ werckman / ehe ein priester obber munch werden / 337 E
5 er wisse dan vorhyn wol / was meßhalten sey.

   Ich rede aber hie mit nicht / von den alten stifftenn vnnd thumen /
wilch on zweyffel darauff sein gestifft / das / die weyl nit ein yeglich kind
vom Adel / Erbs besitzer vnd regierer sein sol nach deutscher nation sitten /
in den selben stifften mocht vorsorgt werden / vnd al da got frey dienen /
10 studirn / vnd geleret leut werden vnnd machen.   Ich rede von den newen
stifften / die nur auff gepet vnd meßhalten gestifft sein / durch wilcher
exempel / auch die alten / mit gleychem gepet vnd Messen beschweeret
werden / das die selben kein nutz sein / obber gar wenig / wiewol es auch
von gottis gnaden kompt / da sie zu letzt / wie sie wirdig sein / kummen
15 auff die hefen / das ist auff der Choral senger vnd orgel geschrey / vnd
faulle / kalte meß / damit nur / die zeytlichen gesifftẽ zinß erlanget vnnd
vorzehret werdenn.   Ach solch ding solten Bapst / Bischoff / doctores / be=
sehẽ vnd beschreiben / so seynt sie / die es am meysten treyben / lassens
nymmer eynher gahn / was nur gelt bringt / furet nymmer ein blind den
20 ander / das macht der getz vnnd das geystlich recht.

   Es must aber auch nit mehr sein / das einn person / mehr den eine
thumerey vnd pfreund hette / vnnd sich messiges stands benüge liesse / das
neben yhm auch ein ander etwas haben mocht.   Auff das abginge / der
enschuldigung die do sagenn / Sie mussen zu yhres redlichen stands er=
25 haltung mehr den eine haben / man mocht redlichenn stand ßo groß messen /
es wer ein gantz land nit gnug zu seyner enthaltung / ßo leufft der getz
vnd heymliche mißtraw zu got / gar sicher danebẽ her / das es offt wirt
fur nodt des redlichenn stands antzogen / das lautter getz vnd miß=
traw ist.

30   ¶ Zum .xxiij. Die bruderschafften / item ablas / ablas brieff / butter
brieff / meßbrieff / dispensation / vnnd was der dings gleich ist / nur allis
erseufft vnnd vmb bracht / da ist nichts guttis / kan der Bapst dispensiern
mit byr / in putter essenn / Meß horen rc. ßo sol erß dem pfarrer auch
lassen kunden / dem erß ¹ nit macht hat zunehmen.   Ich rede auch von den 338 E
35 bruderschafften / darynnen man ablaß / Meß vnnd gutte werck außteyllet.
Lieber du hast in der tauff ein bruderschafft mit Christo / allen engeln /
heyligen vnd Christen auff erden angefangen / halt die selben vnnd thu yhr
gnug / ßo hastu gnug bruderschafftenn / laß die andern gleyssen wie sie

---

   1 aufschieben   4 handwerker   6 domen   7 das A   15 zur
neige gehen nichts weiter übrig bleibt als)   18 darauf achten und da=
gegen einschreiten   23 damit die entschuldigung derer grundlos würde,
die   24 zu standesgemässem auftreten   34 den pfarrer auch können
lassen

wollenn / ſo ſein ſie gleich wie die zalpfennig gegen die gulden. Wo aber
ein ſolche were / die gelt zuſammen gebe / arme leut zuſpeyßen / oder ſonſt
453 W yemand zuhelffen / die were gut / [1] vnnd het yhr ablas vnd vorbinſt ym
hymel. Aber itzt ſeinn es Collation vnnd ſeufferey drauß wordenn.

    Zuuor ſolt man furiagen auß deutſchen landenn / die bepſtlichen bot- 5
ſchafften / mit yhren faculteten / die ſie vns vmb groß gelt vorkauffen /
das doch lautter buberey iſt / alßo da ſein / da ſie gelt nehmen vnd machen
vnrecht gut / recht / loßenn auff die eyde / gelubd vnnd bundt / zureyſſen
damit vnd lernen zureyſſen trew vnnd glaub / vnterenander zugeſagt /
ſprechen der bapſt habs gewalt. Das heyſſet ſie der boße geyſt reden / 10
vnd vorkeuffen vns ſo teuffliſche lere / nehmē gelt drumb / das ſie vns
ſunden leren vnd zur helle furen.

    Wen kein ander boßer tuck were / der do beweret / das der Bapſt
der recht Endchriſt ſey / ſo weere eben dißes ſtuck gnugſam das zu bewerē. Horeſtu es bapſt nit der allerheyligſt / ſonndernn der aller ſundigſt / 15
das got deynen ſtuel vom hymel auffs ſchireſt zurſtore / vnd in abgrumd
der hell ſenck / wer hat dir gewalt gebenn / dich zurheben vbir deynen
got / das zuprechen vnd loßen das er gepotten hat / vnd die Chriſten /
ſonderlich deutſche Nation / die von edler natur / beſtendig vnnd trew in
allen hiſtorien gelobt ſein / zuleren / vnbeſtedig / meyneydig / vorrether / 20
boßbicht / trewloß ſeinn / Got hat gebottenn / man ſol eyd vnd trew
halten auch denn ſeynden / vnd du vnterwindiſt dich ſolchs gepot zuloßen /
ſetziſt in deynen ketzriſchen / endchriſtiſchen decretalen / du habſt ſein macht /
vnnd leugt durch dein hals vnd fedder der boß Satan / als er noch nie
339 E gelogē hat / zwingſt vnnd dringſt die ſchrifft nach deinem [1] mutwillen. Ach 25
Chriſte mein her ſich erhab / laß her brechenn deinen iungſten tag / vnd
zurſtore des teuffels neſt zu Rom / hie ſitzt der menſch dauon Paulus
geſagt hat / der ſich ſal vbir dich erheben / vnd in deyner kirchen ſitzen /
ſich ſtellen als einenn got / der menſch der ſunden vñ ſun der vordamniß.
was iſt bepſtlich gewalt anders den nur ſund vñ boßheit leren vnd mehrē / 30
nur ſeelē zur vordampniß furen / vnter deinē namen vnd ſcheyn?

    Die kinder von Iſrael muſten vortzeytten haltenn den eyd / den ſie
den Gabaoniten yhren ſeynden vnbewuſt vnd betrogen than hetten. Vnd
der kunig Zedechias muſt iemerlich mit allem volck vorloren werden /
drumb das er dem kunig zu Babylonienn ſeinen eyd brach. Vnnd bey 35
vns vor hundert Iaren / der ſeyne kunig zu Polen vnd Vngern Wladiſlaus /
454 W leyder mit ſo viel [1] ſeynis volcks erſchlagen wart vom Turcken / darvmb
das durch Bepſtliche botſchafft vnd Cardinal er ſich ließ vorfuren / vnd
den ſeligen nutzlichen vortrag vnnd eyd mit dē Turcken gemacht / zureyß.
Der frum keyßer Sigmund het kein gluck mehr nach dem Concilio Con- 40

---

    1 ſpielpfennig   4 feſtmähler   7 als   16 baldigſt   26 ſieh herab
27 2. Th. 2, 3 f. 32 Joſ. 9, 19 f. 34 2. Kö. 24, 20. 25, 4 ff. 37 am 10. nov.
1444 bei Varna 38 Julian Cäſarini (RE[3] 9, 602 f)

stantien / darinnen er brechen ließ die buffen das geleyd / ßo Johan. huß
vnnd Hieronymo geben war / vnd ist aller iamer zwischen Behmen vnnd
vns darauß erfolget. Vnd zu vnsern zeytten / hilff got / was Christlichs
bluts ist vorgoffen / vbir dē eyd vnd pund / den der Bapst Julius zwischen
5 dem keyßer Maximilian vnd kunig Ludwig von Franckreich macht vnnd
wider zureiß. wie mocht ichs als erzelē / was die bepst habē iamer angericht / mit solcher teufflischē vormessenheit / eyd vñ gelubb zwischē grossen
hern zureissen / darauß sie als ein schympff machen vñ gelt dazu nehmen.
Ich hoff der iungst tag sey fur der thur / es kann vnnd mag yhe nit erger
10 werdenn / den es der Romische stuel treybt. Gottis gepot druckt er vnter /
seinn gepot erhebt er druber / ist¹ das nit der Endchrist / ßo sag einn ander 340 E
wer er sein muge. Doch dauon ein ander mal mehr vñ besser.

¶ Zum xxiij. Es ist hoh zeyt / das wir auch einn mal ernstlich
vnd mit warheyt der Behemen sach furnehmen / sie mit vns / vnd vns
15 mit yhnen zuuoreynigen. das ein mal aufffhoren die grewlichenn lesterung /
haß vnd neyd auff beyder seytten. Ich wil meyner torheyt nach der erste
mein gutdunckē furlegen / mit vorbehalt eynß yglichen bessers vorstand.
Zum ersten / mussenn wir warlich die warheit bekennen / vnd vnser rechtfertigen lassen / den Behemen etwas zugebenn. Nemlich / das Johannes
20 huß vnnd Hieronymus von Prag / zu Costniz wider Beystlich / Christlich /
Keyßerlich geleyd vnnd eyd / sein vorprand / damit widder gottis gepot geschehē / vnd die Behemen hoch zu bitterkeyt vorursacht sein / vnnd wie
wol sie solten volkommen gewesen sein / solch schwere vnrecht / vnd gottis
vngehorsam von den vnßern gelitten habē / ßo sein sie doch nit schuldig
25 geweßen / solchs zubilligen / vnd als recht gethan bekennen. Ja sie solten
nach heutigs tags drob lassenn leyb vnnd leben / ehe sie bekennen solten /
das recht sey / keyßerlich / bepstlich / Christlich geleyd brechen / trewloß
dawidder handeln. Darumb wie wol es der Behemen vngedult ist / ßo
ists doch mehr des Bapsts oft der seinen schult / all der iamer / all der
30 yrtumb / vnd seelen vorterben / das seynt dē selben Concilio erfolget ist.

Ich wil hie Johānis huß artickel nit richten / noch sein yrtumb vorfechtenn / wie wol mein vorstand noch nichts yrrigis bey yhm fundenn hat /
vnnd ichs mag frolich glaubenn / das die nichts guttis gericht / noch redlich vordampt haben / die durch yhren trewloßenn handel / Christlich ge-
35 leyd vnd ¹ gottis gebot vbirtrettē / on zweyffel / mehr vom boßen geyst / 455 W
den vom heyligen geyst besessen geweßen seinn. Es wirt niemand drann
zweyffeln / das der heylig geist nit widder gottis gepot handelt / ßo ist
niemandt ßo vnwyssendt / das geleyd vnd trew brechen / sey wider gottis
gepot / ob sie gleich dem teuffel selbs / schweyg einem ketzer were zuge-
40 sagt / ßo ist auch offinbar / das Johan. huß vnd den Behemen solch geleyd

---

8 woraus allem   16 als der erste   19 nachgeben, einräumen
27 trew / loß A   30 seit   31 kritisieren   verteidigen   39 geschweige

341 E iſt zugeſagt vnd nit gehalten / ſondern daruber er vorpꝛennet. ¹ Ich wil
auch Johan. huß keynen heyligen noch Marterer machen / wie etlich
Behemen thun / ob ich gleich bekenne / das yhm vnrecht geſchehen / vnd
ſein buch vnd lere vnrecht vorꝛbampt iſt / dan gottis gericht ſein heymlich
vnnd erſchꝛecklich / die niemant dan er ſelb allein offinbarn vnd außdꝛuckenn   5
ſol.   Das wil ich nur ſagenn / er ſey ein ketzer wie boß er ymer mocht
ſein / ſo hat man yhn mit vnrecht vnd widder got vorꝛpꝛennet / vnd ſol die
Behemen nit dꝛingenn ſolchs zubillichenn / odder wir kummen ſonſt nymmer
mehꝛ zur eynickeit.   Es muß vnns die offentliche warheit eynis machenn /
vnnd nit die eygenſynnickeit.   Es hilfft nit das ſie zu der zeyt haben fur- 10
gewendet / das eynem ketzer ſey nit zuhaltenn das gelend / das iſt eben ſo
viel geſagt / man ſol gottis gepot nit haltenn / auff das man gottis gepot
halte.   Es hat ſie der teuffel toll vnnd toꝛicht gemacht / das ſie nit haben
geſehenn was ſie geredt odder gethan haben.   Gelend halten hat got gepotten / das ſolt man haltenn / ob gleich die welt ſolt vnter gehen / ſchweyg 15
dan ein ketzer loß werden / ſo ſolt man die ketzer mit ſchꝛifften / nit mit
fewr vbirwinden / wie die alten vetter than habenn.   Wen es kunſt were /
mit fewr ketzer vbirwindenn / ſo weren die hencker die geleretiſten doctoꝛes
auff erdenn / durfftenn wir auch nit mehꝛ ſtudierenn / ſondern wilcher den
andern mit gewalt vbirwund / mocht yhn vorꝛpꝛennenn.   20

Zum andern / das Keyßer vnd Furſten hyneyn ſchickten etlich frum
voꝛſtendig Biſchoff vnd geleretenn / bey leyb keinenn Cardinal noch bepſtlich botſchafft / noch ketzermeyſter / den das volck / iſt mehꝛ dan zuuiel vngeleret / in Chꝛiſtlichen ſachen / vnd ſuchen auch nit der ſeelen heyl /
ſondern wie des Bapſts heuchler alle thun / yhꝛ eygen gewalt / nutz vnnd 25
ehre.   Sie ſein auch die heubter geweßen dißes iamers zu Coſtnitz.   Das
die ſelben geſchickten ſolten erkunden bey den Behemen / wie es vmb yhꝛen
glauben ſtund / ob es muglich were / alle yhꝛ ſecten / in eine zubꝛingen.
Hie ſol ſich der Bapſt vmb der ſeelen wille / ein zeyt lang ſeiner vbirkeit
342 E eußern / vnd nach dem ſtatut des allerchꝛiſtlichſtē ¹ Cocili Niceni / den 30
Behemen zulaſſen / einen Ertzbiſchoff zu Pꝛag / auß yhnen ſelbs zurwelen /
wilchen beſtetige der Biſchoff zu Olmutz in Mehꝛen / odder der Biſchoff
zu Gꝛan in Vngern / odder der Biſchoff vonn Gnezen in Polen / oder der
Biſchoff zu Magdeburg in deutſchenn.   Iſt gnug wen er von dißen einen
odder zween beſtetiget wirt / wie zu den zeytten ſanct Cypꝛiani geſchach / 35
156 W vnd der bapſt hat ſolchs keinis zuwerenn / weeret er ¹ es aber / ſo thut
er als ein wolff vnnd tyran / vnd ſol yhm niemant folgen / vnd ſeinen
bannen mit einem widder bannen zuruck tꝛeyben.

Doch ob man ſanct Peters ſtuel zu ehꝛe wil ſolchs thun / mit wiſſen
des bapſts / laß ich geſchehen / ſo ferne / das die Behemen nit einen heller 40
dꝛumb geben / vn̄ ſie der bapſt nit ein harbꝛeit vorꝛpſlichte / vnterwerff mit

---

enden vnnd vorpundniß seiner tyranneyen / wie er andern allen bischoffen
widder got vnd recht thut / wil er nit lassen yhm genugen an der ehre /
das sein gewissenn drumb gefragt wirt / ßo laß man yhn mit seinen enden
rechten / gesetzen vnd tyranneyen ein gut Jar haben / vñ laß gnug sein an
5 der erwelung / vnd das blut aller seelē ßo in ferlickeit bleyben / vbir seinen
halß schreyen / dan niemant sol vnrecht bewilligen / vnd ist gnug der
tyranney die ehre erboten. wen es yhe nit anders mag sein / kan noch
wol des gemeynen volcks erwelung vnd bewilligung / einer tyrannischen
besteitigung gleich gelten / doch hoff ich es sol nit not haben. Es werden
10 yhe zu letz etlich Romer odder frum bischoff vnd geleretē / bepstlich tyranney
mercken vnd weeren.

   Ich wil auch nit radtenn / das man sie zwing / beyder gestalt des
sacraments abzuthun / die weyl dasselb nit vnchristlich noch ketzerisch ist /
ßondern / sie lassenn bleyben wo sie wollenn / in derselben weyße / doch
15 das der new bischoff drob sey / das nit vneynickeit vmb solcher weyße sich
erhebe / sondern sie gutlich vnterweiß / das keinis nit yrtumb sey / gleich
wie nit zwitracht machen sol / das die priester ander weyt sich kleyden
vnnd perden / den die leyenn. Desselben gleichenn ob sie nit ¹ wolten   343 E
Romische geistliche gesetz auffnehmē / sol man sie auch nit dringen / ßondern
20 zum ersten warnehmen / das sie ym glaubē vnd gotlicher schrifft recht wandeln /
den Christenlicher glaub vnnd stand mag wol bestan / on des Bapsts vntreglichenn gesetzen. Ja er mag nit wol bestann / es sey den der Romischenn gesetz weniger odder keine / wir seinn in der tauff frey wordenn /
vnnd allein gotlichenn wortten vnterthann / warumb sol vns einn mensch
25 in seine wort gefangenn nehmenn? wie sanct Paulus sagt / Ir seyt frey
wordenn / werdet yhe nit knecht der menschenn / das ist der / die mit
menschen gesetzen regieren.

   Wen ich wuste das die pighartten keinen yrtumb hetten / ym
sacrament des Altaris / den das sie gleubtē / es sey warhafftig brot vnnd
30 wein naturlich da / doch drunder warhafftig fleysch vnd blut Christi / wolt
ich sie nit vorwerffen / ßondern vnter den Bischoff zu Prage lassen kümen /
den es ist nit ein artickel des glaubēs / das brot vnd wein nit weßenlich
vnd naturlich sey ym sacrament / wilchs ein wahn ist sancti Thome vnnd
des Bapsts / sondern das ist ein artickel des glaubēs / das in dem natur-
35 lichen brot vnd weyn / warhafftig naturlich fleisch vnd blut Christi sey /
ßo solt man duldē beyder ¹ seytten wahn / biß das sie eynis wurdenn / die-   457 W
weyl kein ferlickeit dran ligt / du gleubst das brot da sey odder nit. Den
wir mussen vielerley weyße vnd orden leyden / die on schaden des glaubens
sein. wo sie aber anders gleubten / wolt ich sie lieber draussen wissen / doch
40 sie vnterweyßen die warheit.

---

   3 kümmere man sich nicht um ihn (D. Wb. 4², 2233)   18 ge-
bärden als   25 1. Ko. 7, 23 Ga. 5, 1   28 hussiten   32 nit fehlt
A und in allen alten einzeldrucken   36 einig

Was mehr yrthum vnd zwiſpaltickeit in Behemen erfunden wurd /
ſolt man dulden biß der Ertzbiſchoff widder eingeſeſſen / mit der zeyt den
hauffen widder zuſamenn bꝛecht / in ein eintrechtige lere. Es wil furwar /
nit mit gewalt noch mit tꝛotzenn / noch mit eylen / widder voꝛſamlet
werden. Es muß weylle / vnd ſanfftmutickeit hie ſeinn / Muſte doch 5
Chꝛiſtus ſo lang mit ſeynen iungern vmbgahn / vnd yhren vnglauben
tragenn / biß ſie gleubtenn ſeiner offerſtentniß. Were nur widder ein
344 E oꝛdenlicher Biſchoff vnd regimēt ¹ dꝛynnen on Romiſch tyranneyen / ich
hofft es ſolt ſchier beſſer werden.

Die zeytlichen gutter / die der kirchenn geweſen ſein / ſolten nit auffs 10
ſtrengiſt widder foddert werden / ſondern die weyl wir Chꝛiſten ſein / vnd
ein yglicher dē andern ſchuldig iſt zuhelffen / haben wir wol die macht /
vmb eynickeit willenn / yhnen die ſelben zugeben vnnd laſſen / fur got vnnd
der welt. Dan Chꝛiſtus ſagt / wo zween miteynander eyniß ſein auff
erden / da bin ich in yhrem mittel. Wolt got / wir theten auff beyden 15
ſeytten dazu / vnnd mit bꝛuderlicher demut einer dem andern die hand
reychet / vnd nit auff vnſer gewalt odder recht vns ſtercktē / die lieb iſt
mehr vnnd nottiger / den das Bapſtum zu Rom / wilchs / on lieb / vnd
lieb on Bapſtum ſein mag / Jch wil hie mit das meyne dazu than haben /
hyndert es der Bapſt odder die ſeinen / ſie werden rechenſchafft dꝛumb 20
geben / das ſie wider die lieb gottis / mehr das yhr / den yhrs nehſten
geſucht habē. Es ſolt der Bapſt / ſein Bapſtum / alle ſein gut vſt ehre
voꝛliren / wo er ein ſeel damit mocht erredten / Nu ließ er ehe die welt
vntergahn / ehe er ein harbꝛeyt ſeiner voꝛmeſſenen gewalt ließ abbꝛechen /
vnd wil dennoch der heyligſt ſein. Hie mit bin ich entſchuldigt. 25

¶ Zum .xxv. Die vniuerſiteten doꝛfften auch wol eyner gutten
ſtarken reformation / Jch muß es ſagenn / es voꝛdꝛieß wen es wil. Jſt
doch allis was das bapſtum hat eingeſetzt vnd oꝛdiniert / nur gericht / auff
ſund vnd yrthum zumehrenn / was ſein die Vniuerſiteten / wo ſie nit
anders / dan bißher / voꝛoꝛdnet? den / wie das buch Machabeoꝛum ſagt / 30
Gymnaſia Epheboꝛum et Grece gloꝛie / darynnen ein frey leben gefuret /
wenig der heyligen ſchꝛifft vnd Chꝛiſtlicher glaub geleret wirt / vnd allein
der blind heydniſcher meyſter Ariſtoteles regiert / auch weytter dē Chꝛiſtus.
Hie were nu mein rad / das die bucher Ariſtoteles / Phiſicoꝛum / Meta-
phyſice / de Anima / Ethicoꝛum / wilchs biſher die beſten gehalten / gantz 35
345 E wurden abthan / mit allen andern / die vō ¹ naturlichen dingē ſich rumen /
ſo doch nichts dꝛynnē mag geleret werden / widder vō naturlichen noch
458 W geiſtlichē dingen / dazu ſeine meynung niemant ¹ bißher voꝛſtanden / vnd
mit vnnutzer erbeit / ſtudiern vnd koſt / ſouiel edler zeyt vnd ſeelen / vmb
ſonſt beladen geweſen ſein. Jch darffs ſagen / das ein topffer mehr kunſt 40
hat vō naturlichen dingen / den in denen bucher geſchꝛieben ſtet. Es thut

_____

7 auferſtehung   10 zeytlichen A   14 Mt. 18, 20   25 etſchul-
bigt A   30 2. Makk. 4, 9. 12   40 wiſſen

mir weђe in meinē ђertꝫē / das der voꝛђäpter / ђochmutiger / ſchalckђafftiger
ђeide / mit ſeinen falſchē woꝛttē / ſouiel der beſte Eђꝛiſtē voꝛfuret / vn̄
narret ђat / got ђat vns alſo mit yђm plagt / vmb vnſer ſund willē.

   Leret doch der elend menſch / in ſeinē beſten buch / de Anima / das
5 die ſeel ſterblich ſey / mit dem Coꝛper / wie wol viel / mit voꝛgebenen
woꝛttē yђn ђabē wolt erredten / als ђetten wir nit die ђeylige ſchꝛifft /
darinnen wir vbirreichlich von allen dingen geleret werden / der Ariſtotiles
nit ein kleynſten geruch yђe empfundē ђat / dennoch ђat der tobte ђeyde
vbirwunden / vnd des lebendingen gottis bucher voꝛђyndert / vnnd faſt
10 vntertruckt. das / wen ich ſolchen iamer bedenck / nit anders achtenn mag /
der boβe geiſt / ђab das ſtudiern ђereyn bracht. Deſſelben gleichen / das
buch Eђicoꝛū / erger den kein buch / ſtracks der gnaden gottis / vnd Eђꝛiſt-
lichen tugenden entgegen iſt / das doch auch der beſtenn einis wirt gerechnet. O nur weyt ich ſolchen buchern vō allen Eђꝛiſten / Darff mir
15 niemāt aufflegē / ich rede ʒuuiel / odder voꝛwirff das ich nit wiſſe. Lieber
freund ich weyβ wol was ich rede / Ariſtoteles iſt mir ſo wol bekant / als
dir / vnd deynis gleychen / ich ђab yђn auch geleβen vnnd geђoꝛet / mit
meђrem voꝛſtand / dan ſanct Thomas odder Scotus / des ich mich on
ђoffart rumen / vnd wo es nodt iſt / wol beweyβen kan. Jch acht nit
20 das βouiel ђundert iar lang / βouiel ђoђer voꝛſtand dꝛynnen ſich erœytret
ђaben. Solch einreden fechtenn mich nymmer an / wie ſie wol etwan
tђan ђaben / ſeintemal es am tag iſt / das wol meђr yꝛtumb / meђr
ђundert iar / in der welt vnd vniuerſiteten blieben ſein.

   ¹Das mocht ich gerne leyden / das Ariſtoteles bucher von der Logica / 346 E
25 Rђetoꝛica / Poetica / beђalten / odder ſie in ein andere kurꝛꝫ foꝛm bꝛacht /
nuꝛꝩlich geleβen wurdē / iunge leut ʒuꝩben / wol reden vnd pꝛedigē / aber
die Comment vnd ſecten muſten abetђan / vnnd gleich wie Eiceronis
Rђetoꝛica / on cōment vnd ſectē / βo auch Ariſtoteles logica einfoꝛmig / on
ſolch groβ cōment geleβen werden. Aber iꝩt leret man widder redē noch
30 pꝛedigen brauβ / vnd iſt ganꝩꝫ ein diſputation vnd muderey dꝛauβ woꝛden.
Daneben ђet man nu die ſpꝛachen latiniſch / kriechſch / vnd ђebꝛeiſch / die
mathematice diſciplinen / ђiſtoꝛien / wilchs ich beſtlђ voꝛſtendigern / vnd
ſich ſelb wol geben wurd / βo man mit ernſt nach einer refoꝛmation
trachtet / vnd furwar viel dran gelegen iſt / dan ђie ſol die chꝛiſtlich iugent /
35 vnd vnβer edliſt volck / darinnen die Eђꝛiſtenђeit bleybt / geleret vnd be-
reitet werdē. Darumb ichs acht / das kein bepſtlicher noch keyβerlicher
werck mocht geſcheђenn / dan gutte refoꝛmation der vniuerſitetenn / widderumb
kein teufliſcher erger weſen / den vnrefoꝛmierte vniuerſitetē.

   5 vergeblichen   12 Ethicorn̄ A   15 vorwerfen   20 abgemüht
27 erklärungen und sondermeinungen   30 muderey am befriedigendsten
erklärt bei Benrath s. 109: abmüdung, abmühung, quälerei, vgl. auch
W. A. 9, 802 (Stolz), D. Wb. 6, 2621 (verwirrung)   35 sich erhält

459 W   Die Ertʒte laß ich yhr facultetē reformierē / die Juriſten vn̄
Theologen nym ich fur mich / vnd ſag zum erſten / das es gut were / das
geiſtlich recht von dē erſten buchſtabē / biß an dē letʒtē / wurd ʒugrū̄d auß=
getilget / ſonderlich die Decretalē / es iſt vns vbrig gnug in d' Biblien
geſchʒiebē / wie wir vns in allē dingē halten ſollē / ſo hynderts ſolchs ſtudiern /   5
nur die heyligen ſchʒifft / auch das mehrer teil eittel geitʒ vn̄ hoffart
ſchmeckt / vnd ob ſchon viel guttis drynnen weere / ſolt es dēnoch billich
vntergehen / darumb das der Bapſt alle geiſtlich recht in ſeynis hertʒen
kaſten gefangen hat / das hynfurt eytel vnnutʒ ſtudiern vnnd betrug drynnen
iſt. Heut iſt geyſtlich recht nit das in denn buchern / ſondern was in   10
des bapſts vnd ſeiner ſchmeychler mutwil ſtet. Haſtu eine ſach / ym geiſt=
lichen recht grundet auffs aller beſt / ſo hat der Bapſt druber Scrinium
pectoris / darnach muß ſich lencken alles recht / vnnd die gantʒe welt. Nu
347 E regie'ret daſſelb ſcrinium / vielmal ein bube / vnd der teuffel ſelb / vn̄ leſſit
ſich preyſſen / der heylig geiſt regier es / ſo gaht man vmb mit dem armenn   15
volck Chʒiſti / ſetʒt yhm viel recht / vnd helt keynis / ʒwingt ander ʒu=
haltē / odder mit gelt ʒuloſen.

    Die weyl den der Bapſt vnd die ſeinen / ſelbſt das gantʒ geyſtlich
recht auffgehaben / nit achten / vnnd ſich nur noch yhrem eygen mutwil
halten vbir alle welt / ſollen wir yhn folgen / vnd die bucher auch vor= 20
werffenn / warumb ſolten wir vorgebens drynnen ſtudieren? ſo kunden wir
auch nymmer mehr / des Bapſt mutwil / wilchs nu geyſtlich recht worden
iſt / außlernen. Ey ſo fall es gar dahyn in gottis namen / daß vnß teuffels
namen ſich erhaben hat / vnd ſey kein doctor Decretorum mehr auff erden /
ſondern allein doctores ſcrinij papalis / das ſein / des bapſts heuchler. Man 25
ſagt / das kein ſeyner weltlich regiment yrgend ſey / dan bey dem Turcken /
der doch wider geyſtlich noch weltlich recht hat / ſondern allein ſeinen
Alkoran / ſo muſſen wir bekennen / das nit ſchendlicher regiment iſt / dann
bey vnns / durch geyſtlich vn̄ weltlich recht / das kein ſtand mehr gaht /
naturlicher vornūfft / ſchweyg der heyligē ſchʒifft gemeß.   30

    Das weltlich recht / hilff got / wie iſt das auch einn wildniß worden /
wie wol es viel beſſer / kunſtlicher / redlicher iſt / den das geyſtlich / an
wilchem vbir dē namen / nichts guttis iſt / ſo iſt ſein doch auch viel ʒu=
uiel worden. Furwar / vornunfftige regenten neben der heyligen ſchʒifft /
werenn vbrig recht gnug. wie ſanct Pauel ij. Corint. vi. ſagt. Iſt 35
niemand vnter euch / der do mug ſeinis nehſten ſach richten / das yhr fur
heydniſchen gerichtenn muſſet haddern? Es dunckt mich gleich / das land=
recht vnd land ſitten / den keyſerlichen gemeynen rechten werden fur=
geʒogen / vnd die keyſerlichen nur ʒur not brancht. vnd wolt got / das wie
ein yglich land ſeine eygen art vnd gaben hat / alſo auch mit eygenenn 40
460 W kurtʒen rechten geregiert wurden / wie ſie geregirt ſein geweſen / ehe

---

4 übergenug   13 richten   28 Koran   33 ausser   35 1. Ko. 6, 1

solch recht sein erfunden / vnd noch on sie viel land regirt werden. Die
weytleufftigen vnd fern gesuchten recht / sein nur beschwerung der leut / 348 E
vnd mehr hynderniß den foderung der sachen. Doch / ich hoff / es sey
dise sach / schon von andern baß bedacht vnd angesehen / ban ichs mag
5 anbringen.

Meine lieben Theologen haben sich auß der muhe vnd erbeit ge=
setzt / lassen die Biblien wol rugen / vnnd lessen sententias. Ich meyner
die sententie solten der anfang sein der iungen Theologen / vnd die Biblia
den doctoribus bleyben / so ists vmbkeret / die Biblien ist das erst / die
10 seret mit dem Baccalariat dahin / vnd sententie sein das letzt / die bleyben
mit dem doctorat ewiglich / datzu mit solcher heiliger pflicht / das die
Biblien mag wol lessen der nit priester ist / aber sententias muß ein
priester lessen / vnd kund wol ein ehlich man doctor sein in der Biblien /
als ich sehe / aber gar nit in sentencijs. Was solt vns gluck widder=
15 faren / wen wir so vorkeret handeln / vnd die biblien / das heylig gotis
wort / so enhyndern setzen? Datzu der bapst gepeut mit vielẽ gestrengen
wortten seine gesetz / in den schulen vnd gerichten zulessen vnd prauchen.
Aber das Euāgelij wirt wenig gedacht / also thut man auch / das das
Euangelium in schulen vnnd gerichtenn / wol mussig vnter der banck
20 vm stawb ligt / auff das des Bapsts schedliche gesetz / nur allein regieren
mugen.

So wir den haben den namen vnd titel / das wir lerer der heyligen
schrifft heyssenn / solten wir warlich gezwungen sein / dẽ namen nach / die
heyligen schrifft vnd kein andere leren / wie wol·auch der hochmutige /
25 auffgeblaßner titel zuviel ist / das ein mẽsch sol sich rumen / vnnd kronen
lassen / ein lerer der heyligen schrifft / doch were es zu dulden / wen das
werck den namen bestetiget. Nu aber / so sententias allein hirschen / findt
man mehr heydnische vnd menschliche dunckel / den heylige gewisse lere
der schrifft / in den Theologen. wie wollen wir yhm nu thun? ich weyß
30 hie keinẽ andern radt / den ein demuttig gepet zu ¹ got / das vns der selb / 349 E
Doctores Theologie gebe / Doctores der kunst / der Ertzney / der Rechten /
der Sententias / mugen der bapst / Keyser / vnd Vniuersiteten machen /
aber sey nur gewiß / eynen Doctorn der heyligen schrifft / wirt dir
niemandt machenn / den allein der heylig geyst vom hymel / wie Christus
35 sagt Johan. vi. Sie mussen alle von got selber geleret sein. Nu fragt
der heylig geyst nit nach rodt / brawn panethen / odder was des prangen
ist / auch nit ob einer iung odder alt / ley odder pfaff / munch odder welt=
lich / Junpfraw odder ehlich sey / Ja ehr redt vorzeitten durch ein Eselyn /
widder den Propheten der drauff reyt. Wolt got wir weren sein wirdig /
40 das vns solch doctores gebẽ wurdẽ / sie weren ia leyen oder priester / ehlich oder
iunpfrawẽ / wie wol man nu dẽ heyligẽ geyst zwingẽ wil / in den bapst /

biſchoff / vnd doctoꝛes / ſo doch kein zeychẽ noch ſchein iſt / das er bey
ohnẽ ſey.

461 W　¹Die bucher muſt man auch wenigern / vnd erleſen die beſten / dan
viel bucher machen nit geleret / vil leſen auch nit / ſondern gut ding /
vnnd offt leſenn / wie wenig ſein iſt / das macht geleret in der ſchꝛifft /
vnd frum datzu / Ja es ſolten aller heyligen vetter ſchꝛifft / nur ein zeyt
lang werden geleſenn / da durch in die ſchꝛifft kummen / ſo leſen wir ſie
nur / das wir darinnen bleyben / vnd nymmer in die ſchꝛifft kummen /
damit wir gleich denen ſeyn / die die wege zeychenn anſehen / vnnd wandeln
denn weg dennoch nymmer / Die liebenn vetter habẽ vns wollen in die
ſchꝛifft furen / mit ohrem ſchꝛeyben / ſo furen wir vns damit erauß / ſo
doch allein die ſchꝛifft vnſer weyngart iſt / darynnen wir all ſolten vns
oben vnd erbeyttenn.

　　Fur allen dingenn / ſolt in den hohen vnnd nydern ſchulen / die
furnehmſt vnd gemeyniſt lection ſein / die heylig ſchꝛifft / vnnd den iungen
knaben das Euangelij / Vnd wolt got / ein yglich ſtadt / het auch ein
maydſchulen / darynnen des tags die meydlin ein ſtund das Euangelium
350 E hoꝛetenn / es were zu deutſch odder latiniſch.　Furwar die ſchulen / man
vnnd frawen Cloſter / ſein voꝛzeytten dꝛauff angefangen / gar auß lob=
licher / Chꝛiſtlicher meynung / wie wir leſenn von ſanct Agnes / vnnd
mehr heyligenn / da wurdenn heylige Junpfrawen vnnd marterer / vnnd
ſtund gantz wol in der Chꝛiſtenheit. Aber nu iſt nit mehr / dan betten
vnd ſingen dꝛauß woꝛdenn.　Solt nit billich ein yglich Chꝛiſten menſch /
bey ſeinen newn odder zehen iaren / wiſſen das gantz heylig Euangelium /
da ſein namen vnd leben vnnenn ſtet / Leret doch eine ſpynnerin vnnd
netterynne ohr tochter daſſelb handwerck in iungen iaren / Aber nu
wiſſen das Euangelium / auch die groſſen gelereten pꝛelaten vnd biſchoff
ſelbs nit.

　　O wie vngleich faren wir　mit dem armen iungenn hauffen / der
vns befohlen iſt / zu regiern vnd vnterweyßen / vnd ſchwere rechnung
dafur muß geben werden / das wir ohn das woꝛt gottis nit furlegenn /
geſchicht ohnen / wie Hieremias ſagt Tren. ij. Mein augen ſein voꝛ
weynen mud woꝛden / mein eyngeweyd iſt erſchꝛocken / mein leber iſt auß=
geſchut auff die erdẽ / vmb des voꝛterbens willenn der tochter meynis
volcks. da die iungen vnd kindlin voꝛtoꝛben / auff allen gaſſen der gantzen
ſtadt / ſie ſpꝛochen zu ohren muttern / wo iſt bꝛot vñ wein / vnd voꝛ=
ſchmachten als die voꝛwunten / auff der ſtraſſen der ſtadt / vnd gaben den
geyſt auff / ym ſchoß ohrer mutter. Dieſen elenden iamer ſehen wir nit /
wie itzt auch das iung volck / mitten in der Chꝛiſtenheit voꝛſchmacht / vnd

---

3 Die theologiſche bucher B　vermindern　8 darinnen A　9 weg-
weiſer　20 ſ. oben ſ. 394 z. 18　26 nähterin　32 Klagel. 2, 11 ff.
39 ben?

erbermlich vortirbt / gebrechens halben des Euangelij / das man mit yhnen
ymmer treybenn vnd oben folt.

Wir folten auch / wo die hohen fchulen fleyffig weren in der heyligē
fchrifft / nit dahyn fchickē yderman / wie izt gefchicht / da man nur fragt /
nach der menige / vnnd ein yder wil einen doctor haben / fondern allein
die allergefchicktiften / in den kleynen fchulen vor wol erzogen. daruber /
ein furft oder¹ rabt einer ftadt folt acht haben / vnnd nit zulaffen zu-   462 W
fenden / dan wol gefchickte / wo aber die heylige fchrifft nit regieret / da
rab ich furwar niemand / das er fein kind hyn thue. Es muß vorterbenn /
allis was nit gottis wort on¹ vnterlaß treybt / drumb fehen wir auch /   351 E
was fur volck wirt vnnd ift / in den hohen fchulen / ift niemād fchuld /
den des bapfts / bifchoff vnd prelaten / den folch des iungen volcks nutz
befohlen ift. Dan die hohen fchulen folten erzihen eytel hochvorftendige
leut in der fchrifft / die do mochten / Bifchoff vnnd pfarrer werden / an
der fpizen ftehen / widder die kezer vnnd teuffel / vnd aller welt. Aber
wo findt man das? Ich hab groß forg / die hohen fchulen / fein groffe
pfortten der hellen / fo fie nit emßiglich die heylig fchrifft oben / oft treyben
vnß iunge volck.

Zum .xxvi. Des fey gnug gefagt / von den geyftlichen geprechē /   355 E
man wirt vnd mag yhr mehr findē / wo diße wurden recht angefehen /   465 W
wollen auch der weltlichen einis teylß anzeygē. Zum erften / were hoch
not / ein gemeyn gebot vnd bewilligung deutfcher Nation / widder den
vbirfchwenglichē vbirfluß / vnd koft der kleydūg / dadurch fouiel Adel vnd
reychs¹ volcks vorarmet. Hat doch got vns / wie andern landen gnug   356 E
geben / wolle / har / flachß / vnd allis das zur zymlicher / erlicher kleydung
einē yglichen ftandt redlich dienet / das wir nit bedurfften / fo grewlichē
groffen fchatz / fur feyden / fammet / guldenftuck / vnd was der außlendifchē
wahr ift / fo geudifch vorfchutten. Ich acht / ob fchon der Bapft / mit
feiner vntreglichē fchinderey / vns deutfchen nit beraubet / hetten wir
dēnoch mehr dan zuuiel an dißen heymlichen reubern / den feyden vnd
fammet kremern / Szo fehen wir / das dadurch ein yglicher wil dē andern
gleich fein / vñ damit hoffart vnd neyd vnter vns / wie wir vorbienenn /
erregt vnnd gemehret wirt / wilchs allis vnd viel mehr iamer wol nach   466 W
blieb / fo d' furwitz / vns ließ / an den guttern von got gebe / danckbar-
lich benugen.

Deffelben gleychen were auch not / wenigern fpecirey / das auch der
groffen fchiff einis ift / darynnen das gelt auß deutfchen landen gefuret
wirt. Es wechft vns yhe vō gottis gnaden / mehr effen vnd trincken /
vnd fo koftlich vnd gut / als yrgent einē andern land. Ich wirde hie
villeicht nerrifch vnd vnmuglich dinck furgebē / als wolt ich dē groffen

---

1 weil ihnen das Ev. fehlt   6 allergeſchickiſten A   18 vgl. s. 422—425
23 kostspieligkeit   27 goldschmuck   28 verschwenderisch   34 unterbliebe
36 vermindern

handel / kauffmanſchafft nyder legen. Aber ich thue das meyne / wirts nit
in der gemeyne gepeſſert / ſo beſſer ſich ſelb / wer es thunn wil. Ich
ſihe nit vil gutter ſitten / die yhe in ein land kōmen ſein / durch kauffmanſchafft / vnnd got vorzeitten ſein volck von Iſrael darumb von dem
mehre wonen ließ / vnnd nit viel kauffmanſchafft treybenn.   5
    Aber das groſſiſt vngluck deutſcher Nation / iſt gewißlich der zynß
kauff / wo der nit weere / muſt mancher ſein ſeyden / ſammet / guldenſtuck /
ſpecerey / vnd allerley prangē wol vngekaufft laſſen. Er iſt nit viel vbir
hundert iar geſtanden / vnd hat ſchon faſt alle furſten / ſtifft / ſtet / adel
vnd erben in armut / iamer vnd vorterbē bracht / ſoll er noch hundert iar 10
ſtehen / ſo were es nit muglich / das deutſch land einen pfennig behielte /
wir muſten vns gewißlich vntereinander freſſen / der teuffel hat yhn erdacht / vnnd der Bapſt wehe gethan / mit ſeinem beſtettigē / aller welt.
357 X Darumb bit ich / vnd ruff hie / ſehe ein yglicher ſeine [1] eygen / ſeiner kind
vnnd erben vorterben an / das yhm nit fur der thur / ſondern ſchon ym 15
hauß rumort / vnd thu darzu keyſer / furſten / hern / vnnd ſtedt / das der
kauff nur auffs ſchirſt werde vordampt / vnd hynfurt erweret / vnangeſehen / ob d' bapſt vnd all ſein recht odder vnrecht dawidder ſey / es
ſein lehen odder ſtifft drauff gegrundet. Es iſt beſſer ein lehē in einer
ſtat / mit redlichenn erbguttern odder zinß geſtifft / den hūdert auff den 20
zinßkauff. Ja ein lehen auff dem zinßkauff / erger vnnd ſchwerer iſt / dan
zwenzig auff erbguttern. Furwar es muß der zinßkauff / ein figur vnd
anzeygē ſein / das die welt mit ſchwerē ſunde dē teuffel vorkaufft ſey /
das zugleich / zeytlich vnd geyſtlich gut vns muß geprechē / noch mercken
wir nichts.   25
    Hie muſt man werlich auch den Fuckern / vnd der gleychen geſel-
ſchafften / ein zawm vnß maul legen. Wie iſts muglich / das ſolt gotlich
vnnd recht zugehen / das bey eynis menſchen leben / ſolt auff einen
hauffenn / ſo groſſe kunigtlich gutter bracht werdenn? Ich weyß die
rechnung nit. Aber das vorſtehe ich nit / wie man mit hundert gulden 30
mag die iariß erwerben zwenzig / ia ein gulb oden andern / vnd das allis /
nit auß der erden / odder von dē vihe / da das gut nit in menſchlicher
witz / ſondern in gottis gebenedeyung ſtehet. Ich befilh das den welt-
vorſtendigē / Ich als ein Theologus / hab nit mehr dran zuſtraffen / den
das boße ergerlich anſehen / dauon ſanct Paulus ſagt / Huttet euch fur 35
467 W allen boßen anſehen odder ſcheyn. Das weyß ich wol / das viel [1] gotlicher
weere / acker werck mehren / vnd kauffmäſchafft myndern / vnd die viel
beſſer thun / die der ſchrifft nach / die erbē erbeytten / vnd yhr narūg drauß
ſuchen / wie zu vns vnd allen geſagt iſt / in Adam / vormaledeyet ſey die
erde / wen du drynnen erbeytiſt / ſie ſol dir diſtel vnnd dornen tragen / vnd 40

---

in dem schweyß deynis angesichts soltu essenn dein brot. Es ist noch viel
lanndt / das nit vmbtrieben vnd geehret ist.

   Folget nach der mißprauch fressens vnd sauffens / dauon wir deutschen /
als einem sondern laster / nit ein gut geschrey habē / in frembden landē /
5 wilchem ¹ mit predigen hynfurt nymmer zuratē ist / ßo fast es eingerissen ₃₅₈ E
vnd vberhandt genōmen hat. Es were d' schad am gut das geringst /
wen die folgende laster mord / ehbruch / stellen / gottis vnehre vñ alle vntugent nit folgeten. Es mag das weltlich schwert hie etwas werē / sonst
wirts gehē / wie Christus sagt / das d' iungst tag wirt kūmen / wie ein
10 heymlicher strick / wē sie werdē trinckē vñ essen / freyen vñ bulē / bawē
vñ pflantzē / kauffen vñ vorkauffen wie es dan itzt geht / ßo starck / das ich
furwar hoff / der iungst tag sey fur d' thur / ob man es wol am wenigsten
gedenckt.

   ¶ Zu letzt / ist das nit ein yemerlich ding / das wir Christen / vnter
15 vns sollen haltē freye / gemeyne frawen heußer / ßo wir seynt alle zur
keuscheit getaufft. Ich weyß wol was etlich datzu sagen / vnd nit eynis
volcks gewonheit worden ist / auch schwerlich abzubringen / datzu besser ein
solchs / dan ehlich vnd iunpfraw personen / odder noch ehrlicher zuschanden
machen. Soltē aber hie nit gedēcken weltlich vnd Christlich regimēt /
20 wie man dem selben / nit mit solcher heydnischer weyß mocht furkummen.
Hat das volck von Israel mugen bestehen / on solchen vnfug / wie solt das
Christen volck nit mugen auch ßouiel thunn? Ja wie haltenn sich viel
stedt / merckt / fleck vnd dorffer / on solche heußer / warvmb soltens groß
stedt nit auch haltenn?

25   Ich wil aber damit / vnd andern oben angetzeygten stucken / angesagt
haben / wie viel gutter werck die weltlich obirkeit thun mocht / vnd was
aller obirkeit ampt sein solt / dadurch / ein yglicher lerne / wie schrecklich
es sey / zuregiern vnd oben an sitzen. Was hulffs das ein obirher / ßo
heylig were fur sich selbs / als sanct Peter / wo er nit den vnterthanen /
30 in dissen stucken / fleyssig zuhelffen gedenckt / wirt yhn doch sein obirkeit
vordammen / dan obirkeit ist schuldig der vntertanen bestes zu suchen / wen
aber die obirkeyten drauff decht / wie man das iunge volck ehlich zusammen
brecht / wurde einem yglichen die hoffnung ehlichs stands / fast wol helffen
tragen vnd weeren der anfechtungen. Aber ¹ itzt gaht es das iderman zur ₄₆₈ W
35 pfafferey vñ ¹ muncherer getzogē wirt / vnter wilchē ich besorg / der hundirst ₃₅₉ E
kein ander vrsach hat / den das gesuch der narung / vnd zweyffel ym ehlichen lebē sich erhalten / drumb sein sie zuuor wild gnug / vnnd wollen
(wie man sagt) außbubenn / ßo sichs viel mehr hynein bubet / wie die erfarung weyßet. Ich befind das sprichwort warhafftig / das vorzweyffeln
40 machet das mehrer teyl munch vnnd pfaffen / drumb gaht vnd staht es
auch / wie wir sehen.

      2 umgepflügt und beackert   7 stehlen   9 Lc. 21, 34 f.   20 zu-
vorkommen, es verhindern   39 Denifle I², s. 35

15*

Ich wil aber radten trewlich / vmb vieler ſund / die groblich ein-
reyſſen / zu meyden / das widder knab noch meydlin / ſich zur keuſcheit
obber geyſtlichem leben vorpinde / vor dreyſſig iaren. Es iſt auch ein
ſondere gnad / wie ſanct Paul ſagt. Darumb wilchen got nit ſonderlich
datzu dringt / laß ſein geyſtlich werden vnd gelobē anſtehenn. Ja weytter 5
ſag ich / wen du got ſo wenig trawiſt / das du dich nit mugiſt ym ehlichen
ſtandt erneren / vnd allein vmb deſſelben mißtrawen / wilt geyſtlich werden /
ſo bit ich dich ſelb fur dein eygen ſeele / du woltiſt ia nit geyſtlich
werden / ſondern werde ehe ein bawr / oder was du magiſt / dan wo ein-
feltig traw zu got ſeinn muß / in zeitlicher narung zuerlangenn / da muß 10
freylich zehenfeltiges trawen ſein / in geyſtlichem ſtande zubleyben. Trawiſtu
nit / das dich got muge neren zeytlich / wie wiltu ym trawenn / das er
dich erhalte geyſtlich? Ach der vnglaub vnd mißtraw / vorterbet all ding /
furet vns in alle iamer / wie wir in allen ſtenden ſehen. Es were wol
viel von dem elenden weßen zuſagen / die iugent hat niemand der fur ſie 15
ſorget. Es geht ydes hyn / wie es geht / vnd ſein yhn die vbirkeyten
eben ſo viel nutz / als weren ſie nichts / ſo doch das ſolt die furnehmſt
ſorg des Bapſts / Biſchoff / herſchafftenn / vnd Concilia ſein. Sie wollen
fern vnd weyt regieren / vnnd doch kein nutz ſein. O wie ſeltzam wilt-
pret wirt / vmb diſſer ſachen willen / ſein ein herr vnnd vberer / ym 20
hymel / ob er ſchon got ſelb / hundert kirchen bawet / vſt alle todten
auffweckt.

360 E   Das ſey diß mal gnug / ¹ Ich acht auch wol / das ich hoch geſungen
hab / viel dings furgeben / das vnmuglich werd angeſehen / viel ſtuck zu
ſcharff angriffen / wie ſol ich ym aber thun? Ich bin es ſchuldig zuſagē / 25
küd ich / ſo wolt ich auch alſo thunn. Es iſt mir lieber die welt zurne
mit mir / dē gtt / man wirt mir yhe nit mehr / den das leben kunden
nehmenn. Ich hab bißher / viel mal frid angepotten / meynen widder-
ſachern / aber als ich ſehe / got hat mich durch ſie zwungenn / das maul
469 W ymer weytter auffzuthun / vnd yhnē / weyl ſie vnmuſſig ¹ ſein / zureden / 30
bellen / ſchreyen vnd ſchreybē gnug gebē. Wolan / ich weyß noch ein
lidlen von Rom vnnd von yhnen / iucket ſie das ohr / ich wils yhn auch
ſingē / vnd die notten auffs hochſt ſtymmenn / vorſtehſt mich wol liebes
Rom / was ich meyne.

Auch hab ich mein ſchreyben / viel mal auff erkentniß vnd vorhor 35
erbotten / das allis nit geholffenn / wie wol auch ich weyß / ſo mein ſach
recht iſt / das ſie auff erden muß vordampt / vnd allein vo Chriſto ym
hymel gerechtfertiget werden / den das iſt die gantz ſchrifft / das der
Chriſten vnd Chriſtenheit ſach / allein von got muß gericht werden / iſt
auch noch nie eine / vo menſchē auff erden gerechtfertigt / ſondern / iſt 40

---

4 I.Ko.7,7 5 unterlass 8 geyſtlich A 10 vertrauen 19 Wander, Fürſt
no.(3 1. 61) 83, Flugſchriften 3,103 f. ¹⁰⁴ 22 vgl. s. 425 30 nichts zu tun
haben 32 De captivitate Babylonica ecclesiae (unten s. 426 ff.)

altzeit widderpart zu groß vnd starck gewesen. Es ist auch mein aller
groste sorg vnd furcht / das mein sach mocht vnuoꝛdampt bleyben / daran
ich gewißlich erkennet / das sie gotte nach nit gefalle. Darumb / laß nur
frisch eynher gahn / es sey Bapst / Bischoff / pfaff / munch / odder ge-
5 lereten / sie sein das rechte volck / die do sollenn die warheit voꝛfolgen /
wie sie altzeit than haben. Got geb vns allen einen Chꝛistlichē voꝛstand /
vnd sonderlich dem Chꝛistlichen Adel deutscher Nation / einenn rechtenn
geystlichen mut / der armen kirchen das beste zuthun /
A M E N.

Die 2. aufl. (s. oben s. 363) weist folgende drei zusätze auf:

1) Zu oben s. 392, z. 16 (W. A. 6, 436, z. 10 ff.):

Der selben groß ergerlichen hoffart ist auch das ein heßlich stuck /
das der Bapst yhm nit lessit benugenn / das er reytten odder farenn muge /
sondern / ob er wol starck und gesund ist / sich von menschen als ein abtgot
mit unerhorter pracht tragen lessit. Lieber wie reymet sich doch solch
5* Luciferische hoffart mit Chꝛisto / der zufussen gangen ist / und alle seine
Aposteln? Wo ist ein weltlicher kunig gewesen / der so weltlich und
prechtig yhe gefaren hat / als der feret / der ein heubt sein wil aller der /
die weltlich pracht vorschmahen und fliehen sollen / das ist / der Christen?
Nit / das uns das fast sol bewegen an yhm selbs / sondern das wir billich
10* gottis zorn furchten sollen / so wir solcher hoffart schmeychlen und unsern
vordrieß nit mercken lassen. Es ist gnug / das der bapst also tobet und
narret. Es ist aber zuuiel / so wir das billichen und vorgunnen.

Dan wilch Christen hertz mag odder sol das mit lust sehen / das der
Bapst / wen er sich wil lassen communiciern / stille sitzt als ein gnad Jungher /
15* und lessit yhm das sacrament von einem knienden gebeugten Cardinal mit
einem gulden rohr reychen / gerad als were das heylig sacrament nit wirdig /
das ein bapst / ein armer / stinckender sunder / auffstund / seinem Got ein ehr
thet / so doch alle andere Christenn / die viel heyliger seinn den der aller-
heyligiste vatter der bapst / mit aller ehrbietung dasselb empfahenn? was
20* were es wunder / das uns got allesampt plagt / das wir solche unehre
gottis leydenn und loben in unsern prelaten / und solcher seiner vordampten
hoffart uns teylhafftig machen durch unßer schweygen odder schmeychlen?

Also geht es auch / wen er das sacrament in der procession umbtregt /
yhn muß man tragen / aber das sacrament stet fur yhm wie ein kandel
25* weynß auff dem tisch: kurtzlich / Christus gilt nichts zu Rom / der bapst
gilts allesampt / und wollen uns dennoch bringen umnd bedrewenn / wir
sollen solch Endchristliche tabbel billichen / preyssen und ehren / widder got

4* Flugschriften 3, 25¹⁹   7* ebenda 2, 150⁶   9* sehr   11* ärger
12* gutheissen   14* gnädiger junker   19* ehrerbietung   24* känn-
chen   27* makel

und alle Chriſtliche lere. Helff nu got einem freyen Concilio / das es den
Bapſt lere / wie er auch ein menſch ſey / unnd nit mehr dan got / wie er
ſich unterſtehet zu ſein.

2) Zu oben s. 417, z. 18 (W. A. 6, 462, z. 12 ff.):

Zum ꜩꜩvi. Jch weyß wol / das der Romiſche hauffe wirt furwenden
unnd hoch auffblaßenn / wie der Bapſt habe das heylige Romiſche reich von
dem kriechſchen keyſer genummen / unnd an die Deutſchenn bracht / fur wilch
ehre und wolthat er billich unterthenickeit / danck und alles gut an den
Deutſchen vordienet und erlanget haben ſol. Derhalben ſie villeicht allerley ₅*
furnehmen / ſie zureformieren / ſich unterwindenn werden / in den wind zu-
ſchlahen und nichts laſſen anſehen / dan ſolchs Romiſchs reychs begabungen.
Auß dießem grund haben ſie bißher manchen theuren keyſer ſo mutwillig
und ubirmutig vorfolget und vordruckt / das jamer iſt zuſagen / und mit der
ſelben behendickeit ſich ſelb zu ubirhern gemacht aller weltlicher gewalt ₁₀*
und ubirkeit widder das heylig Evangely / darumb ich auch davon reden muß.

Es iſt on zweyffel / das das recht Romiſch reych / davon die ſchrifft
der propheten Numeri ꜩiiij. und Daniel vorkundet haben / lengiſt vorſtoret
und ein end hat / wie Balaam Numeri ꜩiiij. klar vorkundigt hat / da er
ſprach ‘Es werden die Romer kummen und die Juden vorſtoren / und ₁₅*
darnach werden ſie auch unter gehen’ / und das iſt geſchehen durch die
Gettas / Sonderlich aber / das des Turcken reich iſt angangen bey tauſent
jaren / und iſt alſo mit der zeit abegefallen Aſia und Affrica / darnach
Francia / Hiſpania / zuletzt Venedig auff kummen / und nichts mehr zu Rom
blieben von der vorigen gewalt. ₂₀*

Da nu der Bapſt die Kriechen unnd den keyſer zu Conſtantinopel /
der erblich Romiſcher keyſer war / nit mocht nach ſeinem mutwillen zwingen /
hat er ein ſolchs fundlin erdacht / yhn deſſelben reychs und namens berauben /
und den Deutſchen / die zu der zeyt ſtreytbar und guttis geſchrey reich
waren / zuwenden / damit ſie des Romiſchen reychs gewalt unter ſich brechten / ₂₅*
463 W und von ¹yhren henden zulehen gienge. Und iſt auch alßo geſchehen: dem
keyſer zu Conſtantinopel iſts genummen / und uns Deutſchen der nam und
titel deſſelben zugeſchrieben / ſein damit des Bapſts knecht wurden / und iſt
nu ein ander Romiſch reich / das der bapſt hat auff die Deutſchen bawet /
den jhenes / das erſt iſt langis / wie geſagt / untergangen. ₃₀*

Alßo hat nu der Romiſch ſtuel ſeinen mutwillen / Rom eingenummen /
den deutſchen keyſer erauß trieben / und mit eyden vorpflicht / nit ynnen zu
Rom zuwonen. Sal Romiſcher keyſer ſein / und dennoch Rom nit ynnen
haben / dartzu alletzeit ynß bapſts und der ſeinen mutwillen hangen und
weben / das wir den namen haben / und ſie das land und ſtedt / den ſie ₃₅*

2* betonen   6* verſuche   7* beachten   10* geſchicklichkeit
15* Nu. 24, 24   17* Goten (vgl. Horawitz-Hartfelder, Briefwechsel des
Beatus Rhenanus s. 380. 402 f.)   24* reich an gutem ruf   30* längst

altzeit unßer eynfeltickeit mißpraucht haben zu yhrem ubirmut und tyranney /
und heyssen uns tolle Deutschen / die sich essen und narren lassen wie sie
wollen.

Nu wolan / got dem herrn ists ein klein ding / reych und furstenthum
5 hyn und her werffen / Er ist ßo mild der selben / das er zuweylen einem
boßen buffen ein kunigreich gibt und nympts einem frumen / zu weylen
durch vorreterey boser / untrewer menschen / zuweylen durch erben / wie wir
das leßen in dem kunigreich Persen lands / Kriechen und fast allen reychen /
und Daniel ij. und iiij. sagt 'Er wonet ym hymel / der ubir alle ding
10 hirschet / und er allein ist / der die kunigreich vorsetzt / hyn und her wirfft
und macht'. Darumb wie niemant kan das fur groß achten / das yhm ein reich
wirt zuteyllet / sonderlich ßo er ein Christen ist / so mugen wir Deutschen
auch nit hoch faren / das uns ein new Romisch reich ist zugewendet / den
es ist fur seinen augen ein schlechte gabe / die er den aller untuchtigsten das
15 mehrmal gibt / wie Daniel iiij. sagt 'Alle / die auff erden wonen / seynd fur
seinen augen als das nichts ist / und er hat gewalt in allen reychen der
menschen / sie zugeben wilchem er wil'.

Wie wol nu der Bapst mit gewalt und unrecht das Romisch reych
odder des Romischen reychs namen hat dem rechten keyßer geraubet unnd
20 uns Deutschenn zugewendet / ßo ists doch gewiß / das got die Bapsts boß=
heit hyrynnen hat gepraucht / deutscher Nation ein solch reich zugeben /
und noch fall des ersten Romischen reychs ein anders / das itzt steht /
auffzurichten. Und wie wol wir der Bepste boßheit hyrynnen nit ursach
geben / noch yhre falsch gesuch und meynung vorstandenn / haben wir doch
25 durch Bepstische tucke und schalckeyt mit untzehlichem blut vorgissenn /
mit unterdruckung unßer freyheit / mit zusatz und raub aller unßer gutter /
sonderlich der kirchen und pfreunden / mit duldenn unseglicher triegerey
unnd schmach solch reych leyder altzu thewr betzalet. Wir haben des reychs
namenn / aber der Bapst hat unßer gut / ehre / leyb / leben / seele und allis /
30 was wir haben. ßo sol man die Deutschen teuschen / unnd mit teuschen
teuschenn: das haben die Bepst gesucht / das sie gerne keyßer weren ge=
west / und do sie das nit haben mocht schickenn / haben sie sich doch uber
die keyßer gesetzt.

'Die weyl den durch gottis geschick und boßer menschen gesuch / on ⁴⁶⁴ W
35 unßer schult / das reych uns geben ist / wil ich nit raten / dasselb faren
zulassen / ßondern in gotis forcht / ßo lang es yhm gefelt / redlich regiernn.
Den / wie gesagt / es ligt yhm nichts dran / wo einn reych her kumpt /
ehr wils dennoch regiert habenn. Habens die Bepst unredlich andern ge=
nummen / ßo habenn wirß doch nit unredlich gewunnenn. Es ist uns
40 durch boßwillige menschen auß gottis willen gebenn / den selben wir mehr
ansehenn / den der Bepste falsche meynung / die sie darynnen gehabt / selbs

---

5 freigebig mit denselben   9 Da. 2, 21. 4, 14   13 hoffärtig
sein   15 Da. 4, 32   24 absicht

keyßer und mehr den keyßer zu ſeyn / und uns nur mit dem namen eſſen
und ſpottenn. Der kunig zu Babylonien hatte ſein reych auch mit rauben
unnd gewalt genummenn / dennoch wolte got daſſelb geregiret haben durch
die heyligen furſten Daniel / Anania / Aſaria / Miſael: viel mehr wil er
von den Chriſten deutſchen furſtenn biſzes reych geregirt habenn / es habs 5
der Bapſt geſtolen odder geraubt / odder vonn news an gemacht. Es iſt
alles gottis ordnung / wilch ehe iſt geſchehen / den wir drumb habenn
gewiſt.

     Derhalben mag ſich der Bapſt und die ſeynen nit rumen / das ſie
deutſcher Nation haben groß gut than mit vorleyhen diſzes Romiſchen 10
reyches: Zum erſtenn darumb / das ſie nichts gutis uns darynnen gonnet
haben / ſondern haben unſer einfeltickeit daryn miſzprauſcht / yhren ubirmut
widder den rechten Romiſchen keyſer zu Conſtantinopel zuſtercken / dem der
Bapſt ſolchs genommen hat widder got und recht / das er kein gewalt
hatte. Zum andern / das der Bapſt dadurch nit uns / ſondernn yhm ſelbs 15
das keyßertumb zueygenn geſuchr hat / yhm zu unterwerffenn all unßer
gewalt / freyheit / gut / leyb unnd ſeele / unnd durch unß (wo es got nit
het gewehret) alle welt / wie das klerlich in ſeinem Decretaln er ſelb erzelet / und mit manchen boßen tucken an vielen deutſchen keyßern vorſucht hat. Alſo ſein wir Deutſchen hubſch deutſch geleret: da wir vor= 20
meynet hern zu werden / ſein wir der aller liſtigiſten tyrannen knecht
worden / haben den namen / titel unnd wapen des keyßerthumbs / aber
den ſchatz / gewalt / recht und freyheit des ſelben hat der Bapſt / ßo friſt
der Bapſt den kern / ßo ſpielen wir mit den ledigen ſchalen.

     Szo helff uns got / der ſolch reich (wie geſagt) uns durch liſtige 25
tyrannen hat zugeworffen und zu regieren befolen / das wir auch dem namen /
titel und wapen folge thun / unnd unſer freyheit errebten / die Romer ein
mal laſſen ſehen / was wir durch ſie von got empfangen haben. Rumen
ſie ſich / ſie haben uns ein keyßertumb zugewendet / wolan / ßo ſey es alſo /
laß ja ſeinn / ſo geb der Bapſt her Rom und allis / was er hat vom 30
keyſertum / laß unſer land frey von ſeinen untreglichen ſchetzen unnd ſchinden /
geb widder unßer freyheit / gewalt / gut / ehre / leyb und ſeele / und laß
ein keyßertumb ſein / wie einem keyßertumb gepurt / auff das ſeinen wortten
und furgeben gnug geſchehe.

     Wil er aber das nit thun / was ſpiegelficht er denn mit ſeinen falſchen 35
ertichten wortten und geſpugniſſen? iſt ſein nit gnug geweßen durch ßoviel
465 W   hundert jar / die edle Nation ßo groblich mit der naßen umb zufuren / on
alles auffhorenn? Es folget nit / das der Bapſt ſolt ubir den keyßer ſein /
darumb das er yhn kronet odder macht. dan der prophet ſanct Samuel
ſalbet und kronet den konig Saul und David auß gotlichem befelh / und 40
war doch yhn unterthan. Unnd der prophet Natan ſalbet den kunig

---

6 erneuert   14 beß? (ſ. oben ſ. 415 z. 18)   24 leeren   36 ſ.
oben ſ. 366 z. 23   37 Thiele no. 394

Salomon / war darumb nit ubir ŷhn geſetzt. Item. ſanct Eliſeus ließ ſeiner
knecht einen ſalben den kunig Jhehu von Iſrael / dennocht blieben ſie
unter ŷhm gehorſam. Unnd iſt noch nie geſchehenn in aller welt / das der
ubir den kunig weere / der ŷhn weŷhet obber kronet / dan allein durch den
5 eŷnigen Bapſt.

  Nu leſſit ehr ſich ſelb dreŷ Cardinel kronenn zum Bapſt / die unter
ŷhm ſein / und iſt doch nicht beſte weniger ubir ſie / warumb ſolt ehr den
widder ſein eŷgenn Exempel und aller welt und ſchrifft ubung unnd lere
ſich ubir weltlichen gewalt obber keŷſertumb erheben / allein darumb / das
10 er ŷhn kronet obber weŷhet? Es iſt gnug das er ubir ŷhn iſt in got=
lichen ſachen / das iſt in predigen / leren und ſacrament reŷchenn / in wilchen
auch ein ŷglicher Biſchoff unnd pfarrer ubir ŷderman iſt / gleich wie ſanct
Ambroſius in dem ſtuel ubir denn keŷſer Theodoſius / und der prophet
Natan ubir David / und Samuel ubir Saul. Darumb laſt den deutſchenn
15 keŷſer recht unnd freŷ keŷſer ſeinn / unnd ſeine gewalt noch ſchwerdt nit
nŷderdrucken durch ſolch blind furgebenn Bepſtlicher heuchler / als ſoltenn
ſie außgetzogenn ubir das ſchwerdt regieren in allen dingenn.

  3) Zu oben s. 420, z. 22 (W. A. 6, 468, z. 28 ff.):

  Das ſeŷ ditz mal gnug: dan was der weltlichen gewalt und dem
Adel zuthun ſeŷ / hab ich meŷns dunckens gnugſam geſagt ŷm buchlen
von den guten wercken / dan ſie leben auch unnd regieren / das es wol
beſſer tuchte / doch iſt kein gleychen weltlicher unnd geŷſtlicher mißpreuche /
5* wie ich da ſelb antzeŷgt habe.

---

6 Wurm, Die Papſtwahl. Ihre Geſchichte und Gebräuche, Köln
1902, s. 127   13 'cum ex cathedra loquitur' (gegen W. A. 6, 465¹)
17 ausnahmsweise   4* taugte   5* oben I 282, z. 14 ff.

De captivitate Babylonica ecclesiae praeludium. 1520.

L.s 'Praeludium' wurde veranlasst durch Alfelds 'Tractatus de communione sub utraque specie' (widmung von 23. juni 1520, Lemmens s. 45 f.), von dem Luther am 22. juli an Spalatin schrieb: 'Lipsensis asinus in me novum rugitum blasphemiis refertum edidit' (WA Br2,1 47, 19), und durch die schrift eines in Mailand geborenen und in verschiedenen studienanstalten der lombardischen kongregation als lehrer der theologie wirkenden dominikaners Isidoro Isolani, betitelt: 'Revocatio [passivisch] Martini Lutherii Augustiniani ad sanctam sedem' und datiert: Cremona, 20. nov. 1519 (ZKG 32, 49 ff.), von der L. am 3. aug. 1520 kenntnis verrät (WA Br2,162,8ff.). Am 5. aug. bekundete L. die absicht, nicht speziell Alfeld zu entgegnen, sondern bei der gelegenheit eine allgemeine gehaltene Streitschrift zu veröffentlichen, das otterngezüchte noch mehr zu reizen (an Spalatin, WA Br2,164,17 f.). Am 31. aug. nennt er den titel der schrift, beklagend, dass der druck so langsam von statten gehe: 'De captivitate ecclesiae parum excusum est, videbimus tamen' (an Spalatin,   WA Br2,179,9 f.). Auf den 6. okt. kündigt er dann das erscheinen der schrift an (an Spalatin 3. okt., WA Br2,191,29f.). Ueber Hermann Tulich, dem Luther sie gewidmet, vgl., soweit er hier in betracht kommt, ausser der W. A. 6, 487 zitierten Lit. noch bes. ZKG 18, 404 f.

Wir reproduzieren W. A. 6, 489 A (druck von Melchior Lotther in Wittenberg) und verweisen auf die ausgezeichnete übersetzung der schrift von Kawerau (L.s Werke für das christl. Haus 2, 379 ff.).

DE CAPTIVITATE BABYLONICA ECCLESIAE

Praeludium Martini Lutheri.

IHESVS.

Martinus Lutherus Augustinianus
Hermanno Tulichio suo Salutem.

Velim, nolim, cogor indies eruditior fieri, tot tantisque magistris certatim me urgentibus et exercentibus. De indulgentiis ante duos annos scripsi, sed sic, ut me nunc mirum in modum poeniteat editi libelli. Haerebam enim id temporis magna quadam superstitione Romanae tyrannidis,

---

33 die Resolutiones (oben s. 16 ff.)

unde et indulgentias non penitus reiiciendas esse censebam,
quas tanto hominum consensu cernebam comprobari. Nec
mirum, quia solus tum uoluebam hoc saxum. At postea,
beneficio Syluestri et fratrum adiutus, qui strenue illas tutati
5 sunt, intellexi, eas aliud non esse quam meras adulatorum
Romanorum imposturas, quibus et fidem dei et pecunias
hominum perderent. Atque utinam a Bibliopolis queam
impetrare, et omnibus, qui legerunt, persuadere, ut uniuersos
libellos meos de indulgentiis exurant, et pro omnibus, quae de
10 eis scripsi, hanc propositionem apprehendant:

INDVLGENTIAE SVNT ADVLATORVM ROMANORVM
NEQVICIAE.

Post haec, Eccius et Emser cum coniuratis suis de primatu
Papae me erudire coeperunt, Atque hic etiam, ne hominibus
15 tam doctis ingratus sim, | confiteor me ualde promouisse eorum 498 W
opera. Nempe, cum Papatum negassem diuini, admisi esse
humani iuris. Sed ut audiui et legi subtilissimas subtilitates
istorum Trossulorum, quibus suum Idolum fabre | statuunt (est 17 E
enim mihi ingenium in his rebus non usquequaque indocile),
20 scio nunc et certus sum, Papatum esse regnum Babylonis, et
potentiam Nimroth robusti uenatoris. Proinde et hic, ut amicis
meis omnia prosperrime cedant, oro librarios, oro lectores,
ut iis, quae super hac re edidi, exustis hanc propositionem
teneant:

25 PAPATVS EST ROBVSTA VENATIO ROMANI
EPISCOPI.

Probatur ex rationibus Eccianis, Emseranis et Lipsensis
Lectoris Biblici.

¶ Nunc de utriusque speciei communione mihi scnola
30 luditur, et de nonnullis aliis maximis rebus; hic labor est, ne
et hos frustra Cratippos meos audiam. Scripsit quidam frater
Cremonensis Italus reuocationem Martini Lutheri ad sanctam
sedem, Hoc est, qua non ego (ut uerba sonant), sed qua ipse
me reuocat (sic enim Itali hodie incipiunt latinisare). Scripsit
35 in me de utraque specie sacramenti frater alius Lipsensis
Germanus, lector ille, ut nosti, totius Canonis Biblici, facturus

---

3 sisyphusarbeit   4 Prierias (K. K. 1, 189 ff.) und seine ordens-
brüder (ZKG. 32, 34 ff.)   18 Stutzer   21 Gen. 10, 18 ff.   28 Alfeld (vgl. oben s. 330, z. 6. 347, z. 10)   31 Cr. peripatetischer philosoph
zu Athen, lehrer von Ciceros sohn   32 s. einleitung   35 Alfeld

428 De captivitate Babylonica

(ut audio) adhuc maiora et mira mirabilia. Italus sane cautus
nomen suum obticuit, forte exemplum Caietani et Syluestri
ueritus. Lipsensis contra, sicut decet strenuum et ferocem
Germanum, multis tituli uersibus nomen suum, uitam suam,
sanctitatem suam, scientiam suam, officium suum, gloriam suam, 5
honorem suum, pene et Calopodia sua celebrauit. Hic procul
dubio non mediocria discam, quandoquidem ad ipsum filium
dei scribitur nuncupatoria Epistola. tam familiares sunt hi
sancti Christo regnanti in coelis. Deinde tres mihi picae hic
uidentur loqui, una, bene latina, altera, melius graeca, tertia, 10
optime Haebraica. Quid hic mihi, Hermanne mi, agendum
putas aliud, quam, ut aures arrigam? Res Lipsiae agitur per
obseruantiam sanctae Crucis.

    Hactenus ego stultus sensi, pulchrum fore, si pro laicis
utraque species sacramenti porrigenda statueretur Concilio 15
generali. Hanc sententiam frater plus quam doctissimus
correcturus dicit, Neque praeceptum esse, neque consultum,
18 E siue a Christo, siue ⌐ Apostolis, ut utraque species porrigatur
laicis, Ideoque Ecclesiae relictum iuditio, quid hic faciendum
omittendumue sit, cui necesse sit obedire. Haec ille. 20
499 W   ⌐ Rogas forte, quae intemperiae hominem agitent, aut contra
quem scribat, cum ego non damnarim unius speciei usum, et
Ecclesiae iudicio reliquerim, utriusque usum statuendum. Id
quod et ipse conatur asserere, eo ipso contra me pugnaturus.
Respondeo, id genus disputandi omnibus familiare esse, qui 25
contra Lutherum scribunt, ut hoc asserant quod impugnant,
aut fingant quod impugnent. Sic Syluester, sic Eccius, sic
Emser, sic Colonienses quoque et Louanienses, a quorum
ingenio si hic frater recessisset, contra Lutherum non
scripsisset. 30
    Sed accidit huic homini aliquid prae caeteris foelicius.
Cum enim esset probaturus, neque praeceptum, neque consultum, sed arbitrio Ecclesiae relictum utrius speciei usum,
inducit scripturas, quibus probet, praecepto Christi esse unam
pro laicis statutam speciem. Vt sic uerum sit, nouo hoc 35

---

    6 eig. schusterleisten, hier: holzschuhe (vgl. oben s. 326, z. 20)
8 Lemmens, Alfeld s. 46 f. 103 f.   9 pica = plaudertasche Petr. 37, 7.
Vgl. aber auch Horawitz-Hartfelder s. 241,   sowie W A   T R
no. 5098 und Flugschriften III 53, 9 ff.   13 die
sächs. Provinz vom hl. kreuze war 1518 aus den norddeutschen observanten-
klöstern gebildet worden (Lemmens, Aus ungedruckten Franziskanerbriefen
des 16. Jahrh., Münster i. W. 1911, s. 48)   14 oben s. 196, z. 28 ff
17 Tractatus Bᵃ f. D 4ᵃ. Gᵃ. Giijᵃ.   28 K. K. 1, 266. 298

scripturae Interprete, unam speciem non praeceptam, et simul
praeceptam esse a Christo. Huius genere disputationis nouae,
scis, ut Lipsenses isti Dialectici peculiariter utantur. Nonne
et Emser, cum priore suo libello profiteretur, sese candide de
5 me loqui, et a me conuictus de teterrima inuidia foedisque
mendaciis, in posteriore me confutaturus, utrunque plane
confitetur, et nigro et candido animo sese scripsisse? Bonus
scilicet uir, ut nosti.

Sed audi nostrum speciosum speciatorem, apud quem
10 idem est, arbitrium Ecclesiae, et praeceptum Christi, Rursus,
idem praeceptum Christi, et non praeceptum Christi, qua
dexteritate probet, unam tantum speciem laicis, praecepto
Christi, id est, arbitrio Ecclesiae, dandam. Literis enim maiusculis
signat in hunc modum: FVNDAMENTVM INFALLIBILE.
15 Deinde, tractat c. vi. Iohan. incredibili sapientia, ubi Christus
de pane coeli et pane uitae, qui est ipse, loquitur. quae uerba,
homo doctissimus, non modo ad sacramentum altaris trahit,
uerum et hoc facit, ut, quia Christus dixerat: Ego ¹ sum panis 19 E
uiuus, et non: Ego sum calix uiuus, concludat, non nisi unam
20 speciem sacramenti pro laicis eo loco institutam. Quod uero
sequitur: Caro mea uere est cibus, et sanguis meus vere est
potus, Item: Nisi manducaueritis carnem filii hominis, et
biberitis eius sanguinem, cum pro utraque specie uideretur
fraterno cerebro inuicte contra unam pugnare, Hui quam
25 foeliciter et docte eludit, in hunc modum, Quod Christus his
uerbis aliud non uoluit, quam, qui unam speciem acciperet,
sub eadem utrunque, carnem et sanguinem, acciperet. Haec
ille, pro fundamento suo infallibili tam digne sancta coelestique
obseruantia structurae.
30 ¹ Ex isto nunc disce et tu queso mecum, Christum c. vi. 500 W
Iohan. praecipere unam speciem, sic tamen, ut hoc ipsum
praecipere sit id, quod relinqui arbitrio Ecclesiae. Ad hec,
Christum in eodem capitulo loqui duntaxat de laicis, non de
presbyteris. Nam ad hos non pertinet panis uiuus de celo,
35 id est, una species sacramenti, sed forte panis mortis de inferno.
Iam, quid de diaconibus et hypodiaconibus fiet? qui neque
laici sunt, neque sacerdotes. hos oportet, hoc eximio autore,
neque una, neque utraque specie uti. Intelligis, mi Tulichi,
morem tractandae scripturae obseruanticum et nouum. Sed

4 brief an Zack vom 13. aug. 1519 (K. K. 1, 259 f.)   6 A
Venatione Luteriana Assertio (K. K. 1, 262)   14 Alfeld, Tractatus
B^b   15 ebenda Biij^a f. B 4^b. Cij^a. Ciij^b. D^b. Diij^a. F 4^af.   18 Jo. 6,
35. 41. 51   21 v. 55   22 v. 53

et hoc disces, Christum Iohan. vi. de sacramento eucharistiae
loqui, cum ipse doceat, se loqui de fide incarnati uerbi,
dicens: Hoc est opus dei, ut credatis in eum quem ille misit.
Verum huic Lipsensi Bibliorum professori hoc donandum
est, ut e quolibet scripturae loco probet quodlibet. Est enim 5
Theologus Anaxagoricus, immo Aristotelicus, cui nomina et
uerba transposita eadem et omnia significant. Sic enim aptat
scripturae testimonia, per totum librum, ut, si uelit probare,
Christum esse in sacramento, ausit incipere: Lectio libri
Apocalypsis beati Iohannis Apostoli; quam enim hoc uerbum 10
apte diceretur, tam sua dicuntur omnia, et existimat homo
prudens, copia allegatorum se hanc suam maniam ornaturum.

Praetereo caetera, ne te enecem sentina huius graueolen-
20 E tissimae cloacae. In fine Paulum .i. Co'rint. xi. adducit, qui
accepisse a domino se et tradidisse Corinthiis et panis et 15
calicis usum dicit. Hic iterum noster speciator, sicut ubique
scripturas egregie tractans, docet, Paulum ibidem permisisse
utranque speciem, non tradidisse. Quaeris, unde probet? E
capite suo, sicut et illud Iohan. vi. Nam hunc lectorem non
decet rationem reddere eorum quae dicit, cum sit de pro- 20
fessione eorum, qui uisionibus suis omnia probant et docent.
Docemur ergo et hic, Apostolum eo loci non ad uniuersos
Corinthios scripsisse, sed ad laicos tantum, ideo sacerdotibus
illic nihil permisisse, sed priuatos esse uniuerso sacramento.
Deinde, quod noua grammatica 'Accepi a domino' idem sit, 25
quod: permissum est a domino. Et 'tradidi uoLis' id est:
permisi uobis. Hoc rogo insigniter nota. Nam, hinc non
modo Ecclesiae, sed cuilibet passim nebuloni licebit, hoc
magistro, permissionem facere ex uniuersis praeceptis, institutis,
ordinationibus Christi et Apostolorum.   30

Video itaque, hominem hunc, angelo Satanae agitatum,
et eos qui colludunt, hoc quaerere, ut per me nomen aucupentur
in mundo, quasi digni fuerint cum Luthero congredi. sed
frustrabitur eos spes sua, et contempti non nominabuntur a
me imperpetuum. Vna hac contentus ero responsione ad 35
uniuersos eorum libros. Quod si digni sunt, quos Christus
50:1 W ad sanam ¹ mentem reducat, oro, ut id faciat misericordia sua.
si digni non sunt, precor, ut non cessent scribere tales libros,
et hostes ueritatis, ut non alios mereantur legere. Vulgo et
uere dicitur: Hoc scio pro certo, quod, si cum stercore certo, 40

3 Jo. 6, 29   13 stinkend   14 Tractatus Giij* 1. Ko. 11, 23
21 spott über die seraphsvision des hl. Franz?   31 2. Ko. 12, 7
40 vgl. W. A. 7, 265, z. 4 f.

Vinco uel uincor, semper ego maculor. Deinde, quia uideo,
illis otium et chartas abundare, dabo operam, ut negotium
scribendi habeant copiosum. Praecurram enim, ut, dum glorio-
sissimi uictores de una aliqua mea haeresi (ut eis uidetur)
5 triumphant, ego interim nouam moliar. Cupio enim et ego
hos insignes bellorum duces multis titulis ornari. Itaque, dum
illi murmurant, a me laudari utriusque speciei communionem,
et in maxima ista seque dignissima | re foelicissime occupantur, 21 E
Ego procedam, et iam conabor ostendere, omnes esse impios,
10 qui utriusque speciei communionem laicis denegant. Quod
ut commodius faciam, praeludam de captiuitate Ecclesiae
Romanae, suo tempore daturus plurima, ubi Papistae doctissimi
hunc librum superauerint.

Hoc autem facio, ne, si pius aliquis lector mihi fuerit
15 obuius, offendatur stercoribus istis a me tractatis, et iuste
queratur, sese nihil legere, quod aut ingenium colat et erudiat,
aut saltem occasionem det eruditis cogitationibus. Scis enim,
quam iniquo animo ferant amici, me occupari istorum hominum
sordidis strophis, quas ipsa lectione dicunt abunde confutari,
20 a me uero meliora expectari, quae Satan per eos tentet
impedire. Horum consilia tandem statutum est sequi, et
rixandi inuehendique negotium crabronibus istis relinquere

De illo Italo, fratre Cremonensi, nihil dicam, Quod homo
simplex et Idiota aliquot locis rhetoricis me conatur ad
25 sanctam sedem reuocare, a qua nondum me recessisse mihi
conscius sum, nec ullus commonstrauit. Agit enim potissimum
locis illis ridiculis, quod gratia professionis meae, et Imperii
ad Germanos translati, debeam commoueri. Videturque omnino
non tam mei reuocationem, quam laudes Gallorum et Romani
30 Pontificis scribere uoluisse. cui permittendum est, ut hoc
qualicunque opusculo obsequium suum testetur. nec meretur
dure tractari, cum nulla malitia uideatur agi, nec erudite confutari, cum mera inscitia et imperitia nugetur omnia.

¶ PRINCIPIO, neganda mihi sunt septem sacramenta,
35 et tantum tria pro tempore ponenda, Baptismus, Poenitentia,
Panis, et haec omnia esse per Romanam curiam nobis in
miserabilem captiuitatem ducta, Ecclesiamque sua tota libertate
spoliatam. Quanquam, si usu scripturae loqui uelim, non nisi
unum sacramentum habeam, et tria signa sacramentalia, de
40 quo latius suo tempore. | Nunc de sacramento panis, omnium 502 W
primo.

---

24 Revocatio eiij[b] ff.

22 E   Dicam itaque, quid et in hoc sacramenti mini|sterio
meditatus promouerim. Nam, quo tempore sermonem de
Eucharistia edebam, in usu communi haerebam, nihil de
Papae siue iure siue iniuria sollicitus. At nunc, prouocatus
et exercitatus, immo, per uim raptus in hanc harenam, dabo 5
libere, quae sentio. Rideant siue plorent Papistae, uel uniuersi
in unum.

¶ PRIMVM, c. vi Iohannis in totum est seponendum,
ut quod nec syllaba quidem de sacramento loquitur, non
modo, quod sacramentum nondum esset institutum, sed multo 10
magis, quod ipsa sermonis et sententiarum consequentia de
fide (ut dixi) incarnati uerbi Christum loqui clare ostendunt.
Dicit enim: uerba mea spiritus et uita sunt, ostendens se de
manducatione spirituali loqui, qua qui comedit, uiuit, cum
Iudaei de carnali eum intelligerent, ideoque litigarent. At 15
nulla manducatio uiuificat, nisi fidei. haec enim est uere
spiritualis et uiua manducatio. Sicut et Augustinus dicit: ut
quid paras uentrem et dentem? crede, et manducasti. Sacramentalis enim non uiuificat, cum multi manducent indigne
ut non possit de sacramento intelligi hoc loco locutus.   20

Sunt sane quidam his uerbis ad sacramentum docendum
abusi, ut et Decretalis dudum, et multi alii. Sed aliud est,
abusiue scripturas, aliud legitime intelligere, alioquin, cum dicit:
Nisi manducaueritis carnem meam, et biberitis sanguinem
meum, non habebitis uitam, omnes infantes, omnes infirmos, 25
omnes absentes, aut quoquo modo impeditos, a sacramentali
manducatione damnaret, quacunque fide praestarent, si sacramentalem manducationem ibi praecepisset. Sic Augustinus li. ii.
contra Iulianum ex Innocentio probat, etiam infantes, citra
sacramentum, manducare carnem, et bibere sanguinem Christi, 30
id est, eadem fide Ecclesiae communicare. Sit ergo rata haec
sententia, c. vi. Iohannis nihil ad rem facere. Vnde et alias
scripsi, Boemos non posse pro utraque specie tuenda huic
loco fideliter inniti.

23 E   ¦ Duo itaque sunt loci, qui de hac re clarissime tractant, 35
Scriptura Euangelica in caena domini, Et Paulus .i. Corint. xi.
Quos uideamus. Consonant enim sibi Mattheus, Marcus, et
Lucas, Christum dedisse discipulis omnibus totum sacra-
mentum, Et Paulum utranque tradidisse partem certum est,

───────────────

3 oben s. 196 ff.   12 oben s. 430, z. 2   13 Jo. 6, 63   17 oben
s. 196, z. 32   22 Decretal. Greg. lib. III tit. XLI cap. 17 Cum Marthae
29 c. 36 (MSL. 44, 699 sq.)   32 verklärung etlicher artikel W. A. 6,
80, z. 11 ff.

ita, ut nullus tam impudentis frontis unquam fuerit, qui aliud
diceret. His adde, quod Mattheus refert, non de pane Christum
dixisse: manducate ex hoc omnes, sed de calice: bibite ex
hoc omnes. Et Marcus item non dicit: manducauerunt omnes,
5 sed biberunt ex eo, omnes, uterque uniuersitatis notam | ad ₅₀₃ W
calicem, non ad panem ponens, quasi spiritus futurum hoc
schisma praeuiderit, quod calicis communionem prohiberet
aliquibus, quem Christus omnibus uoluerit esse communem.
Quanta putas furia in nos insanirent, si uocabulum 'omnes'
10 ad panem, et non ad calicem positum inuenissent, nullum
nobis prorsus effugium relinquerent, clamarent, haereticos
decernerent, schismaticos damnarent. At cùm a nostra parte
stet contra ipsos, nullo sinunt sese claudi syllogismo, homines
liberrimi arbitrii, etiam in iis, quae dei sunt, mutandis, remutandis,
15 et omnibus confundendis.

Sed finge me ex aduerso stare, et dominos meos papistas
interrogare. Totum sacramentum, seu utraque species, in coena
domini, aut datum est solis presbyteris aut simul laicis. Si
solis presbyteris (id enim uolunt), iam nullo modo licet ullam
20 speciem dari laicis: non enim temere dandum est, cui Christus
prima institutione non dedit. Alioquin, si unam Christi institutionem permittimus mutari, iam uniuersas eius leges fecimus
irritas, et quilibet audebit dicere, se non ligari ulla eius lege
aut institutione. Vna enim indiuidua tollit in scripturis maxime
25 uniuersalem. Si simul et laicis, iam ineuitabiliter sequitur,
laicis non debere negari utranque speciem. Quod si de|negetur ₂₄ E
dari petentibus, impie et contra Christi factum exemplum et
institutionem agitur.

Ego fateor, ista me ratione, mihi inuicta, superatum nec
30 legisse, nec audiuisse, nec inuenisse, quid contra dicam, Cum
hic Christi uerbum et exemplum stet firmissime, ubi non
permittendo, sed praecipiendo dicit: Bibite ex eo omnes. Si
enim omnibus bibendum est, et illud non possit solis presbyteris
dictum intelligi, certe impium est, laicos petentes ab eo arceri,
35 etiam si angelus de coelo hoc faceret. Nam, quod dicunt,
Ecclesiae arbitrio relictum esse, distribuendam utram speciem,
sine ratione dicitur, sine autoritate producitur, et eadem facilitate
contemnitur, qua probatur. nec contra aduersarium aliquid
facit, qui uerbum et factum Christi nobis opponit, quare uerbo
40 Christi est referiendus, at hoc non habemus.

Si autem utra species potest negari laicis, poterit eis et

---

2 Mt. 26, 27   4 Mc. 14, 23   35 Ga. 1, 8

pars baptismi et poenitentiae tolli, eodem arbitrio Ecclesiae,
cum ubique sit par ratio et potestas. Quare, sicut totus baptismus, totaque absolutio, ita totum sacramentum panis est
omnibus laicis dandum, si petant. Satis autem miror, eos
asserere, presbyteris nullo modo licere, in missa unam speciem   5
accipere, sub peccato mortali, nulla alia causa, nisi quod (ut
omnes unanimiter dicunt) utraque species sit unum plenum
sacramentum, quod non debeat diuidi.   Dicant ergo mihi
quaeso, cur laicis licet diuidi, et solis eis non dari integrum
sacramentum? Nonne suomet testimonio confitentur, aut·laicis 10
dandam utranque speciem, aut una specie non dari eis
504 W legittimum sacramentum? ᴵ Quomodo in presbyteris non est
sacramentum plenum una species, et in laicis est plenum?
Quid mihi arbitrium Ecclesiae et potestas Papae hic iactatur?
Non per haec soluuntur uerba dei, et testimonia ueritatis.   15

Vltra sequitur, si uini speciem potest Ecclesia tollere laicis,
potest et panis speciem tollere, ergo poterit totum sacramentum
altaris laicis tollere, et Christi institutionem penitus in eis
euacuare. Sed qua rogo autoritate? Si autem non potest panem
25 E ᴵ aut utrunque tollere, nec uinum potest. nec potest haberi, quod 20
hic dici potest aduersatio, cum eandem in utra, quae in utraque
specie, potestatem esse oporteat, si non in utraque, nec in
utra.   Opto audire, quid hic adulatores Romani uelint dicere.

Sed quod maxime omnium urget, penitusque me concludit,
Christus dicit: Hic est sanguis meus, qui pro uobis, et pro   25
multis effundetur, in remissionem peccatorum. Hic clarissime
uides, sanguinem dari omnibus, pro quorum peccatis fusus
est. Quis uero audeat dicere, pro laicis non esse fusum? An
non uides, quos alloquitur dans calicem? Nonne omnibus dat?
Nonne pro omnibus fusum dicit? pro uobis (inquit), esto   30
sint ii sacerdotes, et pro multis, ii non possunt esse sacerdotes,
et tamen dicit: Bibite ex eo omnes. Vellem et ego hic nugari
facile, et uerbis meis illudere uerba Christi, ut meus nugator
facit. Sed scripturis redarguendi sunt, qui scripturis nituntur
contra nos.   Haec sunt, quae me prohibuerunt Boemos   35
damnare, qui, siue sint mali siue boni, certe uerbum et factum
Christi habent pro se, nos autem neutrum, sed tantum inane
illud hominum commentum: Ecclesia sic ordinauit, cum non
Ecclesia, sed tyranni Ecclesiarum, citra consensum Ecclesiae
(id est, populi dei), ista ordinarint.   40

---

21 gegenrede   25 Mt. 26, 28   32 v. 27   33 Alfeld

Obsecro autem, quae est necessitas? quae religio? quae
utilitas? laicis negari utranque speciem, id est, signum uisibile,
quando omnes concedunt eis rem sacramenti, sine signo? si
rem concedunt, quae maior est, cur signum, quod minus est,
5 non concedunt? In omni enim sacramento signum, inquantum
signum, incomparabiliter minus est quam res ipsa. Quid ergo
prohibet, inquam, minus dari, quando maius datur, nisi quod
mihi hac permissione irati dei uidetur contigisse, ut esset
occasio schismatis in Ecclesia, qua significaretur, nos re sacra-
10 menti iam dudum amissa, propter signum, et id quod minus
est, contra rem maximam et solam pugnare, sicuti quidam
pro cerimoniis pugnant contra charitatem. immo, ceptum uidetur
hoc monstrum eo tempore, quo pro diuitiis mundi cepimus
contra | Christianam charitatem insanire, ut deus ostenderet hoc 26 E
15 terrifico signo, nos signa maioris ducere, quam | res ipsas. Quae 505 W
peruersitas, si baptisando concedas fidem dari baptismi, neges
autem signum fidei eiusdem, id est, aquam?

Vltimo, stat inuictus Paulus, omnium obstruens ora
.i. Corint. ii: Ego accepi a domino, quod et tradidi uobis.
20 Non dicit, ut e suo cerebro frater mentitur: permisi uobis.
Nec est uerum, propter contentionem illorum utranque speciem
donasse. Primo, quod textus ipse indicat, non de utraque
specie fuisse contentionem, sed de contemptu et inuidia
abundantium et egentium, ut clarus est textus, dicens: Alter
25 esurit, alter ebrius est, et confunditis eos qui non habent.
Deinde, quod non loquitur de prima sua traditione. non enim
dicit: accipio a domino et do uobis, sed: accepi et tradidi,
scilicet in initio praedicationis, longe ante hanc contentionem,
significans utranque speciem eis tradidisse, quod tradidisse
30 est praecepisse, sicut alibi utitur eodem uerbo. Nihil ergo
sunt, quae fraternalis fumus hic de permissione, sine scripturis,
sine ratione, sine causa conglomerat. Aduersarii non querunt,
quid ipse somniet, sed quid scriptura in his iudicet, ex qua
nec apicem potest producere pro suo somnio, cum illi tanta
35 fulmina pro sua fide proferant.

Surgite ergo hic uniuersi adulatores Papae in unum, satagite,
defendite uos ab impietate, tyrannide, laesa maiestate Euangelii,
iniuria fraterni opprobrii, qui haereticos iactatis eos, qui non
secundum merum capitis uestri somnium, contra tam patentes
40 et potentes scripturas sapiunt. Si utri sunt haeretici et

---

19 1. Ko. 11, 23   20 Alfeld, Tractatus Giij*   31 fumus
= dummes geschwätz Plaut. most. 4, 2, 10

schismatici nominandi, non Boemi, non Graeci (quia Euangeliis
nituntur), sed uos Romani estis haeretici, et impii schismatici.
qui solo uestro figmento praesumitis, contra euidentes dei
scripturas. Eluite haec uiri.

Quid uero magis ridiculum, et fraterno isto capite dignius   5
dici potuit, quam Apostolum particulari Ecclesiae, scilicet
Corinthiorum, ista scripsisse et permisisse, non autem uni-
27 E uersali? unde haec ¹ probat? Ex solito penu, nempe, proprio
et impio capite. cum uniuersalis Ecclesia Epistolam hanc pro
se acceptat, legit, sequitur in omnibus, cur non etiam in hac 10
parte? Quod si demus unam Epistolam aliquam Pauli, aut
unum alicuius locum, non ad uniuersalem Ecclesiam pertinere,
iam euacuata est tota Pauli autoritas. Corinthii enim dicent,
ea quae de fide ad Romanos docet, non ad se pertinere.
Quid blasphemius et insanius hac insania fingi possit? Absit, 15
506 W ¹ absit, ut ullus apex in toto Paulo sit, quem non debeat imitari
et seruare tota uniuersalis Ecclesia. Non sic senserunt patres
usque in haec tempora periculosa, in quibus praedixit Paulus
futuros esse blasphemos et caecos et insensatos   Quorum
unus hic frater, uel primus est.   20

Sed demus insaniam hanc intolerabilem, Si particulari
Ecclesiae permisit Paulus, recte ergo Graeci, recte Boemi
faciunt, etiam te autore, sunt enim particulares Ecclesiae. quare
satis est eos non agere contra Paulum, saltem permittentem.
Porro, Paulus permittere non potuit aliquid contra Christi 25
institutum. Oppono igitur, Roma, tibi et omnibus tuis adu-
latoribus hos Christi et Pauli sermones, pro Graecis et Boemis,
nec poteris uno pilo monstrare, potestatem tibi esse datam
haec mutandi, multo minus alios propter tuam praesumptionem
neglectam haereticos criminandi. sed tu digna es, impietatis 30
et tyrannidis crimine accusari.

Ad haec legimus in Cypriano, qui unus contra omnes
Romanistas satis potens est, qui lib. v. sermone de lapsis
testatur, multis in Ecclesia illa usum fuisse laicis, etiam pueris,
utranque speciem, immo corpus domini in manu dari, ut per 35
multa exempla docet. Inter caetera e uulgo quosdam sic
increpat: Et quod non statim domini corpus inquinatis manibus
accipiat, aut ore polluto domini sanguinem bibat, sacerdotibus
sacrilegus irascitur. Vides, hic de laicis eum loqui, sacrilegis,
qui a sacerdotibus corpus et sanguinem accipere uoluerunt. 40
Habes hic, adulator miser, quod gannias? dic et hunc sanctum

---

8 vorratskammer   18 2. Ti. 3, 2   32 oben s. 321, z. 30

martyrem, unum in Ecclesia apostolico spiritu | doctorem, esse 28 E
haereticum, et in particulari Ecclesia permissione usum.

Recenset ibidem historiam, se teste ac presente factam,
ubi diaconum calicem infanti puellae dedisse, immo reluctanti
5 eidem infudisse sanguinem domini apertissime scribit. Idem
de sancto Donato legitur, cuius calicem fractum, O miser
adulator, quam frigide eludit: fractum (inquit) calicem lego,
sanguinem datum non lego. Quid mirum? qui in sacris
scripturis intelligit, quod uult, etiam in historiis legat, quod
10 uult. Sed nunquid per hoc stabilitur arbitrium Ecclesiae, aut
confutantur haeretici? Verum haec abunde satis; non enim,
ut illi responderem, haec coepi, qui dignus non est responsione,
sed, ut rei ueritatem aperirem.

Concludo itaque, Negare utranque speciem laicis, esse
15 impium, et tyrannicum, nec in manu ullius angeli, nedum Papae
et Concilii cuiuscunque. nec | moror Concilium Constantiense, 507 W
cuius autoritas si ualet, cur non ualet et Basiliense, quod
contra statuit, Boemis licere utranque speciem suscipere, quod
multa disputatione illic obtentum est, ut extantes annales, et
20 literae Concilii probant. quod Adulator iste ignorans adducit
pro suo somnio, adeo prudenter omnia tractat.

¶ Prima ergo captiuitas huius sacramenti est, quo ad
eius substantiam, seu integritatem, quam nobis abstulit Romana
tyrannis, Non quod peccent in Christum, qui una specie
25 utuntur, cum Christus non preceperit ulla uti, sed arbitrio
cuiuslibet reliquit dicens: Quotiescunque haec feceritis, in mei
memoriam facietis, Sed quod illi peccant, qui hoc arbitrio
uolentibus uti prohibent utranque dari. culpa non est in laicis,
sed sacerdotibus. Sacramentum non est sacerdotum, sed
30 omnium, nec domini sunt sacerdotes, sed ministri, debentes
reddere utranque speciem petentibus, quotiescunque petierint.
Quod si hoc ius rapuerint laicis et ui negauerint, tyranni sunt,
laici sine culpa, uel una uel utraque carent, | fide interim 29 E
seruandi, et desyderio integri sacramenti. Sicut baptismum
35 et absolutionem debent petenti, tanquam ius habenti, ipsi
ministri; quod si non dederint, petens plenum habet fidei suae
meritum, ipsi coram Christo serui nequam accusabuntur. Sicut
olim in Eremo sancti patres in multis annis non communi-
cauerunt ulla specie sacramenti.

40   Itaque non hoc ago, ut ui rapiatur utraque species,

---

3 Tractatus Gᵃ   4 *diaconus* A   10 *stabilitet* A   17 Köhler,
L. und die Kirchengesch., s. 115. 119 f.   27 *Sea* A

quasi necessitate praecepti ad eam cogamur, Sed conscientiam
instruo, ut patiatur quisque tyrannidem Romanam, sciens sibi
raptum per uim ius suum in sacramento, propter peccatum
suum. tantum hoc uolo, ne quis Romanam tyrannidem iustificet,
quasi recte fecerit, unam speciem laicis prohibens, sed detestemur   5
eam, nec consentiamus ei, tamen feramus eam, non aliter, ac
si apud Turcam essemus captiui, ubi neutra specie liceret uti.
Hoc est, quod dixi mihi pulchrum uideri, si generalis Concilii
statuto ista captiuitas solueretur, et nobis Christiana illa libertas
e manibus Romani tyranni restitueretur, et cuique suum   10
arbitrium petendi utendique relinqueretur, sicut in baptismo
et poenitentia relinquitur. At nunc cogit singulis annis unam
speciem accipi eadem tyrannide, adeo extincta est libertas
nobis a Christo donata, sic meruit impia nostra ingratitudo.

508 W | ¶ Altera captiuitas eiusdem sacramenti mitior est, quod ad   15
conscientiam spectat, sed quam multo omnium periculosissimum
sit tangere, nedum damnare.   Hic Viglephista, et sexcentis
nominibus haereticus ero.   Quid tum? postquam Romanus
Episcopus Episcopus esse desiit, et tyrannus factus est, non
formido eius uniuersa decreta, cuius scio non esse potestatem,   20
articulos nouos fidei condendi, nec Concilii quidem generalis.
Dedit mihi quondam, cum Theologiam scholasticam haurirem,
occasionem cogitandi D. Card. Camera. libro sententiarum
quarto, acutissime disputans, multo probabilius esse, et minus
superfluorum miraculorum poni, si in altari uerus panis,   25
uerumque uinum, non autem sola accidentia esse astruerentur,

30 E | nisi Ecclesia determinasset contrarium.   Postea uidens, quae
esset Ecclesia, quae hoc determinasset, nempe Thomistica,
hoc est, Aristotelica, audacior factus sum, et qui inter saxum
et sacrum haerebam, tandem stabiliui conscientiam meam   30
sententia priore, Esse uidelicet uerum panem uerumque
uinum, in quibus Christi uera caro uerusque sanguis non
aliter nec minus sit, quam illi sub accidentibus suis ponunt.
quod feci, quia uidi, Thomistarum opiniones, siue probentur a
Papa, siue a Concilio, manere opiniones, nec fieri articulos   35
fidei, etiam si angelus de coelo aliud statueret.   Nam, quod
sine scripturis asseritur, aut reuelatione probata, opinari licet,
credi non est necesse.   Haec autem opinio Thomae adeo
sine scripturis et ratione fluctuat, ut nec philosophiam, nec
dialecticam suam nouisse mihi uideatur.   Longe enim aliter   40

---

23 Pierre d'Ailly   29 Erasmus, Adagia: Inter sacrum et saxum:
dici solitum in eos, qui perplexi ad extremum periculum rediguntur
36 Ga. 1, 8

Aristoteles de accidentibus et subiecto, quam sanctus Thomas
loquitur. ut mihi dolendum uideatur pro tanto uiro, qui
opiniones in rebus fidei non modo ex Aristotele tradere, sed
et super eum, quem non intellexit, conatus est stabilire.
5 infoelicissimi fundamenti infoelicissima structura!

Permitto itaque, qui uolet utranque opinionem tenere,
hoc solum nunc ago, ut scrupulos conscientiarum de medio
tollam, ne quis se reum haereseos metuat, si in altari uerum
panem, uerumque uinum esse crediderit. Sed liberum esse
10 sibi sciat, citra periculum salutis, alterutrum imaginari, opinari
et credere, cum sit hic nulla necessitas fidei. Ego tamen
meam nunc prosequor sententiam. Primum, nolo eos audire,
nec tantilli facere, qui clamaturi sunt, hoc esse Viglephisticum,
Hussiticum, haereticum, et contra Ecclesiae determinationem,
15 cum hoc non faciant nisi ii, quos multis modis haereticos esse
conuici in re indulgentiarum, lib. arb. et gratia dei, operibus
bonis et peccatis etc., ut, si Viglephus semel fuit haereticus,
ipsi decies haeretici sint, et pulchrum sit ab haereticis et
peruersis sophistis culpari et criminari, ¹ quibus placuisse summa 509 W
20 impietas est.   Praeterea, quod suas sententias non alia re
probare, nec contrarias alia ratione improbare pos¦sunt, quam 31 E
dicendo: hoc est Viglephisticum, Hussiticum, haereticum. Hoc
enim elumbe in summa semper natat saliua, atque aliud nihil,
ubi, si petas scripturam, dicunt: Nos sic sentimus, et Ecclesia
25 (id est, nos ipsi) sic determinauit; adeo homines reprobi
circa fidem et incredibiles nobis sua phantasmata, autoritate
ecclesiae, pro articulis fidei audent proponere.

Est autem meae sententiae ratio magna. imprimis illa,
quod uerbis diuinis non est ulla facienda uis, neque per
30 hominem, neque per angelum, sed, quantum fieri potest, in
simplicissima significatione seruanda sunt, et nisi manifesta
circumstantia cogat, extra grammaticam et propriam accipienda
non sunt, ne detur aduersariis occasio, uniuersam scripturam
eludendi. Quo consilio recte Origenes olim repudiatus est,
35 quod ligna et omnia, quae de paradiso scribuntur, grammatica
locutione contempta, in allegorias uerterit, cum hinc possit
duci, ligna non esse creata a deo. Ita et hic, cum Euangelistae
clare scribant, Christum accepisse panem ac benedixisse, et
actuum liber et Paulus Apostolus panem deinceps appellent,
40 uerum oportet intelligi panem, uerumque uinum, sicut uerum

---

23 „denn diese lahme rede sitzt ihnen beständig auf der zungen-
spitze" (Kawerau)   34 Schäfer, s. 249f.

calicem. non enim calicem transsubstantiari etiam ipsi dicunt. Transsubstantiationem uero, potestate diuina factam, cum non sit necesse poni, pro figmento humanae opinionis haberi, quia nulla scriptura, nulla ratione nititur, ut uidebimus.

Absurda est ergo et noua uerborum impositio, panem 5 pro specie uel accidentibus panis, uinum pro specie uel accidentibus uini accipi. Cur non et omnia alia pro speciebus et accidentibus accipiunt? Quod si caetera omnia constarent, non tamen liceret, uerba dei sic eleuare, et cum tanta iniuria suis significationibus exinaniri. 10

Sed et Ecclesia ultra mille ducentos annos recte credidit, nec usquam nec unquam de ista transsubstantiatione (portentoso scilicet uocabulo et somnio) meminerunt sancti patres, donec 3² E cepit Aristotelis simulata philosophia in Ecclesia grassari, in istis trecentis nouissimis annis, in quibus et alia multa perperam 15 sunt determinata. quale est, Essentiam diuinam nec generari nec generare, Animam esse formam substantialem corporis humani, et iis similia, quae nullis prorsus asseruntur rationibus aut causis, ut ipsemet confitetur Card. Camera.

Dicent fortassis, periculum Idolatriae cogere, ut non sit 20 panis et uinum uere. Ridiculum hoc ualde, cum subtilem philosophiam de substantia et accidentibus laici nunquam 510 W cognouerint, nec, si docerentur, capere possint, et idem sit periculum, saluis accidentibus, quae uident, quod in substantia, quam non uident. Si enim accidentia non adorant, sed 25 latentem ibi Christum, cur adorarent panem, quem non uident?

Cur autem non possit Christus corpus suum intra substantiam panis continere, sicut in accidentibus? Ecce ignis et ferrum, duae substantiae, sic miscentur in ferro ignito, ut quaelibet pars sit ferrum et ignis. Cur non multo magis 30 corpus gloriosum Christi sic in omni parte substantiae panis esse possit?

Quid facient? Christus ex utero matris natus creditur illeso. Dicant et hic, carnem illam uirginis interim fuisse annihilatam, seu, ut aptius dici uolunt, transsubstantiatam, ut 35 Christus, in accidentibus eius inuolutus, tandem per accidentia prodiret. Idem dicendum erit de ianua clausa et ostio monumenti clauso, per quae illesa intrauit et exiuit. Sed hinc nata est Babylonia illa philosophiae istius de quantitate continua distincta a substantia, donec eo uentum sit, ut 40 ignorent et ipsi, quae sint accidentia, et quae substantia. Nam,

---

11 zum folg. vgl. Denifle I², 612 f.   29 zu diesem bilde vgl.
W. A. 11, 487   37 Jo. 20, 26

quis certo monstrauit unquam, calorem, colorem, frigus, lucem,
pondus, figuras, esse accidentia? Denique accidentibus illis
in altari coacti sunt fingere nouum esse ac creari a deo,
propter Aristotelem, qui dicit, Accidentis esse est inesse. Et
5 infinita monstra, quibus omnibus essent liberi, si simpliciter
panem ibi esse uerum sinerent. Et plane gaudeo, saltem apud
uulgum relictam esse simplicem fidem sacramenti huius. Nam,
ut non ¹ capiunt, ita nec disputant, an accidentia ibi sint sine 33 E
substantia, sed simplici fide Christi corpus et sanguinem
10 ueraciter ibi contineri credunt, dato ociosis illis negotio, de
eo, quod continet, disputandi.

At dicent forte, Ex Aristotele doceri, subiectum et praedicatum propositionis affirmatiuae debere pro eodem supponere,
seu (ut bestiae ipsius uerba ponam ex vi. metaphysicorum):
15 Ad affirmatiuam requiritur extremorum compositio, quam
illi exponunt pro eodem suppositionem. Quare, dum dico:
hoc est corpus meum, subiectum non posse pro pane
supponere, sed pro corpore Christi.

Quid hic dicemus? quando Aristotelem et humanas
20 doctrinas facimus tam sublimium et diuinarum rerum censores?
Cur non explosa ista curiositate, in uerbis Christi simpliciter
haeremus, parati ignorare, quicquid ibi fiat, contentique
uerum corpus Christi uirtute uerborum illic adesse? An est
necesse, modos operationis diuinae omnino comprehendere?

25 Verum, quid ad Aristotelem dicunt? Qui subiectum
omnibus praedicamentis accidentium tribuit, licet substantiam
uelit esse primum subiectum. Vnde apud eum hoc album,
hoc magnum, hoc aliquid sunt subiecta, de ¹ quibus aliquid 511 W
praedicatur. Quae si uera sunt, Quaero: si ideo est trans-
30 substantiatio ponenda, ne corpus Christi de pane uerificetur,
cur non etiam ponitur transaccidentatio, ne corpus Christi
de accidente affirmetur? Nam, idem periculum manet, si per
subiectum intelligat quis: hoc album, uel hoc rotundum est
corpus meum. et qua ratione transsubstantiatio ponitur, ponenda
35 est et transaccidentatio, propter suppositionem istam extremorum
pro eodem.

Si autem, intellectu excedens, eximis accidens, ut non
uelis subiectum pro eo supponere, cum dicis: Hoc est corpus
meum, cur non eadem facilitate transcendis substantiam panis?
40 ut et illam uelis non accipi per subiectum, ut non minus in
substantia quam accidente sit 'hoc corpus meum', praesertim,

---

3 *accreari* A   33 die Hostie

cum diuinum illud sit opus uirtutis omnipotentis, quae tantum
et taliter in substantia, quantum et qualiter in accidente potest
operari?

34 E | Sed ne nimium philosophemur, Nonne Christus uidetur
huic curiositati pulchre occurrisse, cum non de uino dixerit. 5
hoc est sanguis meus, sed: hic est sanguis meus? Et multo
clarius, cum calicis miscet nomen, dicens: Hic calix noui
testamenti, in meo sanguine. Nonne uidetur nos uoluisse in
simplici fide continere, tantum ut crederemus sanguinem suum
esse in calice? Ego sane, si non possum consequi, quo modo 10
panis sit corpus Christi, captiuabo tamen intellectum meum
in obsequium Christi, et uerbis eius simpliciter inhaerens,
credo firmiter, non modo corpus Christi esse in pane, sed
panem esse corpus Christi. Sic enim me seruabunt uerba,
ubi dicit: Accepit panem, gratias agens, fregit et dixit: Accipite, 15
manducate, hoc (id est, hic panis, quem acceperat et fregerat)
est corpus meum. Et Paulus: Nonne panis quem frangimus
participatio corporis Christi est? Non dicit: in pane est, sed:
ipse panis est participatio corporis Christi. Quid, si Philosophia haec non capit? Maior est spiritussanctus quam 20
Aristoteles. Nunquid capit transsubstantiationem illorum, cum
et ipsi fateantur, hic uniuersam philosophiam ruere? Quod
autem in graeco et latino pronomen 'hoc'' ad corpus refertur,
facit similitudo generis, sed in hebraeo, ubi neutrum genus
non est, refertur ad panem, ut sic liceat dicere: Hic est corpus 25
meum, quod et ipse usus loquendi et sensus communis probat,
subiectum scilicet esse monstratiuum panis, et non corporis,
dum dicit: Hoc est corpus meum, das ist meyn leyp, id est,
iste panis est corpus meum.

     Sicut ergo in Christo res se habet, ita et in sacramento. 30
Non enim ad corporalem inhabitationem diuinitatis necesse
est transsubstanciari humanam naturam, ut diuinitas sub
accidentibus humanae naturae teneatur. Sed integra utraque
natura uere dicitur: Hic homo est deus, hic deus est homo.
Quod et si philosophia non capit, fides tamen capit. Et maior 35
35 E est uerbi dei autoritas, quam nostri ingenii | capacitas. Ita in
sacramento, ut uerum corpus, uerusque sanguis sit, non est
necesse, panem et uinum transsubstantiari, ut Christus sub
512 W accidentibus teneatur. sed utroque simul manente, | uere dicitur:
hic panis est corpus meum, hoc uinum est sanguis meus, et 40
econtra. Sic interim sapiam, pro honore sanctorum uerborum

---

       6 Mt. 26, 28   7 1. Ko. 11, 25   15 v. 23 f.   17 10, 16
28 Mt. 26, 26

dei, quibus per humanas ratiunculas non patiar uim fieri, et
ea in alienas significationes torqueri. permitto tamen aliis
opinionem alteram sequi, quae in decretali firmiter statuitur
Modo non urgeant, suas opiniones (ut dixi) pro articulis fidei
5 a nobis acceptari.

¶ Tertia captiuitas eiusdem sacramenti Est longe im-
piissimus ille abusus, quo' factum est, ut fere nihil sit hodie
in Ecclesia receptius ac magis persuasum, quam Missam esse
opus bonum et sacrificium. Qui abusus deinde inundauit
10 infinitos alios abusus, donec fide sacramenti penitus extincta
meras nundinas, cauponationes, et quaestuarios quosdam con-
tractus, e diuino sacramento fecerint. Hinc participationes,
fraternitates, suffragia, merita, anniuersaria, memoriae, et id
genus negotiorum in Ecclesia uenduntur, emuntur, paciscuntur,
15 componuntur, pendetque in his uniuersa alimonia sacerdotum
et monachorum.

Rem arduam, et quam forte sit impossibile conuelli,
aggredior, ut quae tanto saeculorum usu firmata, omniumque
consensu probata, sic insederit, ut necesse sit maiorem partem
20 librorum, qui hodie regnant, et pene uniuersam Ecclesiarum
faciem tolli et mutari, penitusque aliud genus cerimoniarum
induci, seu potius reduci. Sed Christus meus uiuit, et maiori
cura uerbum dei oportet obseruare, quam omnium hominum
et angelorum intelligentias. Ego mea uice fungar, rem ipsam
25 in lucem producturus, gratisque, sicut accepi, ueritatem, sineque
inuidia communicaturus. caeterum quisque suae salutis rationem
habeat; incredulitatis suae et ignoratae ueritatis culpam in me
ne ullus torquere possit, coram iudice Christo, fideliter operam
dabo.

30 ¶ PRINCIPIO, ut ad ueram liberamque huius sacramenti 36 E
scientiam tuto et foeliciter perueniamus, curandum est ante
omnia, ut omnibus iis sepositis, quae ad institutionem huius
sacramenti primitiuam et simplicem humanis studiis et
feruoribus sunt addita, Qualia sunt, uestes, ornamenta, cantus,
35 preces, organa, lucernae, et uniuersa illa uisibilium rerum
pompa, ad ipsam solam et puram Christi institutionem oculos
et animum uertamus, nec nobis aliud proponamus, quam
ipsum uerbum Christi, quo instituit et perfecit ac nobis com-
mendauit sacramentum. Nam in eo uerbo et prorsus nullo
40 alio sita est uis, natura, et tota substantia Missae. Caetera
omnia sunt humana studia, uerbo Christi accessoria, sine

---

3 s. oben s. 432, z. 22   25 Mt. 10, 8

quibus missa optime potest haberi et subsistere. Verba autem
Christi, quibus sacramentum hoc instituit, sunt haec:

Caenantibus autem eis, accepit Ihesus panem et benedixit
ac fregit, deditque discipulis suis et ait: Accipite et manducate,
5¹³ W ¹ hoc est corpus meum, quod pro uobis tradetur. Et accipiens 5
calicem gratias egit et dedit illis dicens: Bibite ex hoc omnes,
Hic est calix nouum testamentum in meo sanguine, qui pro
uobis et pro multis effundetur in remissionem peccatorum.
Hoc facite in meam commemorationem.

Quae uerba et Apostolus .i. Corint. xi. tradit et latius 10
explicat, quibus nos oportet niti, et super ea aedificari, ceu
supra firmam petram, si non uolumus omni uento doctrinae
circumferri, sicut hactenus circunlati sumus, per impias doctrinas
hominum auersantium ueritatem. Nihil enim in his omissum,
quod ad integritatem, usum, et fructum huius sacramenti 15
pertinet, nihilque positum, quod superfluum, et non necessarium
sit nobis nosse. Qui enim omissis his uerbis, de Missa uel
meditatur uel docet, monstra impietatis docebit, ut factum est
per eos, qui opus operatum et sacrificium ex eo fecerunt.

37 E   ¹ Stet ergo primum et infallibiliter, Missam seu sacramentum 20
altaris, esse testamentum Christi, quod moriens post se reliquit,
distribuendum suis fidelibus. Sic enim habent eius uerba:
Hic calix nouum testamentum, in meo sanguine. Stet inquam
ista ueritas, ut fundamentum immobile, super quod omnia
struemus, quae dicenda sunt. hoc enim uidebis, ut subuertemus 25
omnes hominum impietates, in hoc dulcissimum sacramentum
inuectas. Verax ergo Christus uere dicit, Hoc esse nouum
testamentum in sanguine suo, pro nobis fuso. Non frustra
haec inculco, res est non parua, et imis sensibus reponenda.

¶ Quaeramus ergo, quid sit testamentum, et simul 30
habebimus, quid sit missa, quis usus, quis fructus, quis abusus
eius. Testamentum absque dubio Est promissio morituri, qua
nuncupat haereditatem suam, et instituit haeredes. Inuoluit
itaque testamentum primo mortem testatoris, deinde haereditatis
promissionem, et haeredis nuncupationem. Sic enim Paulus 35
Ro. iiii. et Gal. iii. et .iiii. et Heb. ix. diffuse testamentum
tractat. Quod et in uerbis istis Christi clare uidemus. Mortem
suam Christus testatur, dum dicit: Hoc est corpus meum,
quod tradetur, Hic sanguis meus, qui effundetur. Haereditatem nuncupat et designat, cum dicit: In remissionem 40
peccatorum. Haeredes autem instituit, cum dicit: pro uobis

---

3 Mt. 26, 26 ff.   12 Eph. 4, 14   14 Tit. 1, 14

et pro multis, id est, qui acceptant et credunt promissioni testatoris. fides enim hic haeredes facit, ut uidebimus.

Vides ergo, quod Missa (quam uocamus) sit promissio remissionis peccatorum, a deo nobis facta, et talis promissio, quae per mortem filii dei firmata sit. Nam promissio et testamentum non differunt alio, quam quod testamentum simul inuoluit mortem promissoris. Et testator idem est, quod mori¦turus promissor, promissor autem uicturus (ut sic 514 W dicam) testator. Hoc testamentum Christi praefiguratum est in omnibus promissionibus dei, ab initio mundi. immo, omnes promissiones antiquae in ista noua futura in Christo promissione ualuerunt, quicquid ualuerunt, in eaque pependerunt. Inde usitatissima sunt illa in ¦ scripturis uerba, pactum, foedus, 38 E testamentum domini. Quibus significabatur deus olim mori-turus. Nam, ubi testamentum est, mors testatoris intercedat necesse est. Heb. .x. Deus autem testatus est, ideo necesse fuit eum mori. mori autem non potuit, nisi esset homo. ita in eodem testamenti uocabulo compendiosissime et incarnatio et mors Christi comprehensa est.

Ex quibus iam sua sponte patet, quis sit usus et abusus Missae, quae digna uel indigna praeparatio. Si enim promissio est, ut dictum est, nullis operibus, nullis uiribus, nullis meritis ad eam acceditur, sed sola fide. Vbi enim est uerbum promittentis dei, ibi necessaria est fides acceptantis hominis, ut clarum sit, initium salutis nostrae esse fidem, quae pendeat in uerbo promittentis dei, qui citra omne nostrum studium, gratuita et immerita misericordia nos praeuenit, et offert promissionis suae uerbum. Misit enim uerbum suum et sic sanauit eos. Non autem accepit opus nostrum et sic saluauit nos. Verbum dei omnium primum est, quod sequitur fides, fidem charitas, Charitas deinde facit omne bonum opus, quia non operatur malum, immo est plenitudo legis. Nec alia uia potest homo cum deo, aut conuenire, aut agere, quam per fidem. id est, ut non homo suis operibus ullis, sed deus sua promissione sit autor salutis. ut omnia pendeant, portentur, seruenturque in uerbo uirtutis suae, quo genuit nos, ut essemus initium aliquod creaturae eius.

Sic Adae post lapsum erigendo dedit hanc promissionem, dicens ad serpentem: Inimicitias ponam inter te et mulierem, inter semen tuum et semen illius, Ipsa conteret caput tuum, et

---

16 Hbr. 9, 16   28 Ps. 107, 20   32 Rö. 13, 10   36 Hbr.
1, 3 Ja. 1, 18   39 Gen. 3, 15

tu insidiaberis calcaneo illius. In hoc promissionis uerbo Adam
cum suis tanquam in gremio dei portatus est, et fide illius
seruatus, expectans longanimiter mulierem, quae conteret
caput serpentis, sicut deus promisit. Et in hac fide et ex-
pectatione etiam mortuus est, ignarus, quando et qualis esset 5
39 E futura, futu|ram tamen non diffidens. Nam talis promissio,
cum sit ueritas dei, etiam in inferno seruat credentes, et ex-
pectantes eam. Post hanc secuta est promissio alia facta Noe,
usque ad Abraham, dato pro signo foederis arcu nubium,
cuius fide ipse et posteri eius propitium deum inuenerunt. 10
515 W Post hunc, Abrahae promisit benedictionem [|] omnium gentium,
in semine eius. Et hic est sinus Abrahae, in quem recepti
sunt posteri eius. Deinde, Mosi et filiis Israel, praecipue
Dauid, apertissimam de Christo promissionem dedit, quo
reuelauit tandem, quae fuerit priscis facta promissio. 15

Sic uentum est ad promissionem omnium perfectissimam
noui testamenti, in qua apertis uerbis uita et salus gratuito
promittuntur, et credentibus promissioni donantur. Et insigni
nota discernit hoc testamentum a ueteri, dum dicit: Nouum
testamentum. Vetus enim testamentum, per Mosen datum, 20
erat promissio, non remissionis peccatorum, seu aeternarum
rerum, sed temporalium, nempe, terrae Canaan, per quam
nemo renouabatur spiritu, ad haereditatem coelestem capes-
sendam. unde et irrationalem pecudem in figura Christi
oportebat occidi, in cuius sanguine idem testamentum con- 25
firmabatur, ut, qualis sanguis, tale testamentum, qualis hostia,
talis promissio. At hic dicit: Testamentum nouum in meo,
non alieno, sed proprio sanguine, quo gratia per spiritum,
in remissionem peccatorum, ad haereditatem capiendam pro-
mittitur. 30

Est itaque Missa, secundum substantiam suam, proprie
nihil aliud, quam uerba Christi praedicta: Accipite et manducate etc. ac si dicat: Ecce o homo peccator et damnatus,
ex mera gratuitaque charitate, qua diligo te, sic uolente misericordiarum patre, his uerbis promitto tibi, ante omne meritum 35
et uotum tuum, remissionem omnium peccatorum tuorum, et
uitam aeternam. Et ut certissimus de hac mea promissione
irreuocabili sis, corpus meum tradam, et sanguinem fundam,
morte ipsa hanc promissionem confirmaturus, et utrunque tibi
in signum et memoriale eiusdem promissionis relicturus. Quod 40

12 Lc. 16, 22   24 *capescendam* A   34 2. Ko. 1, 3

cum ¹ frequentaueris, mei memor sis, hanc meam in te charitatem ₄₀ E
et largitatem praedices et laudes, et gratias agas.

Ex quibus uides, ad Missam digne habendam, aliud non
requiri quam fidem, quae huic promissioni fideliter nitatur,
5 Christum in his suis uerbis ueracem credat, et sibi haec
immensa bona esse donata, non dubitet. Ad hanc fidem mox
sequetur sua sponte dulcissimus affectus cordis, quo dilatatur
et impinguatur spiritus hominis (haec est charitas, per spiritum
sanctum in fide Christi donata), ut in Christum, tam largum
10 et benignum testatorem, rapiatur, fiatque penitus alius et
nouus homo. Quis enim non dulciter lachrymetur, immo
prae gaudio in Christum pene exanimetur, si credat fide
indubitata, hanc Christi promissionem inaestimabilem ad se
pertinere? Quomodo ¹ non diliget tantum benefactorem, qui 516 W
15 indigno et longe alia merito tantas diuitias et haereditatem
hanc aeternam praeueniens offert, promittit, et donat?

Quo circa una et sola miseria nostra, quod multas Missas
in orbe habemus, et nulli uel pauci has promissiones et
diuitias propositas agnoscimus, consyderamus, et apprehendimus,
20 Cum reuera in missa aliud agi non oporteat maiori, immo
unico studio, quam ut haec uerba, has promissiones Christi,
quae uere sunt ipsa Missa, ante oculos uersaremus, meditaremur
et ruminaremus, quo fidem in ea exerceremus, nutriremus,
augeremus, et roboraremus, hac quottidiana commemoratione.
25 hoc est enim quod praecipit, dicens: Hoc facite in meam
commemorationem, hoc ipsum agere deberet Euangelista, ut
promissionem istam populo fideliter inculcaret, et commendaret
ad prouocandam fidem eorum in eandem. At nunc, quota
pars nouit missam esse promissionem Christi? (ut taceam
30 impios fabulatores, qui humanas traditiones uice tantae promissionis docent) Quod si etiam haec uerba Christi docent,
non tamen nomine promissionis aut testamenti, ac per hoc
non ad obtinendam fidem, docent.

Quin, quod deploramus, in hac captiuitate, omni ¹ studio ₄₁ E
35 cauetur hodie, ne uerba illa Christi ullus laicus audiat, quasi
sacratiora, quam ut uulgo tradi debeant. Sic enim insanimus,
et uerba consecrationis (ut uocant) nobis sacerdotibus solis
arrogamus occulte dicenda, sic tamen, ut ne nobis quidem
prosint, cum nec ipsi ea ut promissiones ɛeu testamentum
10 habeamus ad fidem nutriendam, sed nescio qua superstitione
et impia opinione ea reueremur potius, quam eis credimus.
Qua miseria nostra quid alius Satan in nobis operatur, quam
ut nihil de missa in Ecclesia reliquum faciat, curet tamen

interim omnes angulos orbis missis plenos esse, hoc est, abusionibus et irrisionibus testamenti dei, grauissimisque idolatriae peccatis mundum assidue magis ac magis onerari ad damnationem maiorem augendam. Quod enim idolatriae peccatum grauius esse potest, quam promissionibus dei 5 peruersa opinione abuti, et fidem in easdem, uel negligere, uel extinguere?

Neque enim deus (ut dixi) aliter cum hominibus unquam egit aut agit. quam uerbo promissionis. Rursus, nec nos cum deo unquam agere aliter possumus, quam fide in uerbum 10 promissionis eius. Opera ille nihil curat, nec eis indiget, quibus potius erga homines et cum hominibus et nobisipsis agimus. Indiget autem, ut uerax in suis promissis a nobis habeatur, talisque longanimiter sustineatur, ac sic fide, spe et charitate colatur. Quo fit, ut gloriam suam in nobis obtineat, 15 dum non nobis currentibus, sed ipso miserente, promittente, donante, omnia bona accipimus et habemus. Ecce hic est 517 W | uerus cultus dei et latria, quam in missa debemus persoluere. Sed quum promissionis uerba non traduntur, quae fidei exercitatio haberi potest? At sine fide quis sperat? quis 20 amat? sine fide, spe, et charitate quae latria? Non est itaque dubium, uniuersos hodie sacerdotes et monachos cum Episcopis et omnibus suis maioribus esse idolatras, in statu periculosissimo agentes, ob hanc missae seu sacramenti, seu promissionis dei ignorantiam, abusionem, irrisionem. 25

42 E   Quilibet enim facile intelligit, quod haec duo | sunt simul necessaria, promissio et fides. sine promissione enim credi nihil potest, sine fide autem promissio inutilis est, cum per fidem stabiliatur et impleatur. Ex quibus itidem facile quiuus colligit, Missam, cum sit aliud nihil quam promissio, hac fide 30 sola adiri et frequentari. sine qua, quicquid precularum, prae-paratoriorum, operum, signorum, gestuum affertur, irritabula sunt impietatis magis quam officia pietatis, cum fere fiat, ut his paratis existiment sese legitime altaria accedere, et reuera non fuerint ullo tempore uel opere magis inepti, propter 35 infidelitatem quam secum afferunt. Quantos passim uideas et quotidie sacrificulos, qui, si uel inepte uestiti, uel illotis manibus, uel inter precandum titubantes quid leuiuscule errauerint, ingenti sese miseri crimine reos faciunt. At, quod missam ipsam, id est, diuinam promissionem, neque obseruant, neque 40 credunt, prorsus ne tantillum quidem habent conscientiae.

---

4 Mt. 23, 14   8 s. oben s. 445, z. 32ff.   16 Rö. 9, 16   32 reizmittel

O indigna religio nostro saeculo, omnium impiissimo et ingratissimo!

Praeparatio itaque digna et usus legitime non est, nisi fides, qua creditur Missae, id est, diuinae promissioni. Quo-
5 circa, accessurus ad altare, siue sacramentum accepturus, caueat, ne uacuus appareat in conspectu domini dei. Vacuus autem erit, si fidem non habuerit in Missam seu testamentum hoc nouum. Qua impietate quid posset grauius committere in diuinam ueritatem? quam hac incredulitate sua, quantum est
10 in se, mendacem arguit, et uane promittentem. Tutissimum itaque fuerit, ad Missam non alio animo accedere, quam si ad audiendam quamlibet aliam promissionem dei uelis accedere. hoc est, ut paratus sis, non multa operari et afferre, sed omnia credere et accipere, quae tibi illic promittuntur, seu
15 promissa pronunciantur, per ministerium sacerdotis Hoc animo si non ueneris, caue accesseris, in iudicium, sine dubio, accedes.

Recte itaque dixi, totam uirtutem Missae consistere in uerbis Christi, quibus testatur, remissionem peccatorum donari
20 omnibus, qui credunt, corpus eius tradi, et sanguinem eius fundi, pro se. Atque | ob hanc rem, nulla re magis opus esse 43 E auditurus Missam, quam ut ipsa uerba sedulo et plena fide meditentur. quod nisi fecerint, frustra omnia alia fecerint. Hoc sane uerum est, in omni promissione sua deus fere solitus est
25 adiicere signum aliquod, | ceu monumentum, ceu memoriale 518 W promissionis suae, quo fidelius seruaretur, et efficatius moneret. Sic in promissione Noe data, de non perdenda terra alio diluuio, dedit arcum suum in nubibus, quo dixit, sese recordaturum foederis sui. Et Abrahae, post promissionem
30 haereditatis in semine suo, dedit circumcisionem in signaculum iustitiae fidei. Sic Gedeoni dedit uellus aridum et roridum, ad firmandam promissionem suam super uincendis Madianitis. Sic Achas per Esaiam obtulit signum, pro uincendo rege Syriae et Samariae, quo promissioni suae fidem in eo firmaret. Talia
35 multa legimus signa promissionum dei in scripturis.

Sic et in Missa, hac omnium principe promissione, adiecit signum memoriale tantae promissionis, suum ipsius corpus et suum ipsius sanguinem, in pane et uino, sicut dicit: Hoc facite in meam commemorationem. Sic in Baptismo, uerbis pro-
40 missionis adiicit signum mersionis in aquam. Ex quibus

6 Ex. 23, 15 34, 20   16 1. Ko. 11, 29   18 s. oben s. 443,
z. 39 ff.   27 Gen. 9, 15   29 Gen. 17, 10 ff.   31 Ri. 6, 36 ff.
33 Jes. 7, 10 ff.   38 1. Ko. 11, 24 f.

intelligimus, in qualibet promissione dei duo proponi, uerbum
et signum, ut uerbum intelligamus esse testamentum, signum
uero esse sacramentum. ut in Missa, uerbum Christi est
testamentum, panis et uinum sunt sacramentum. Atque ut
maior uis sita est in uerbo quam signo, ita maior in testamento 5
quam sacramento, Quia potest homo uerbum seu testamentum
habere et eo uti, absque signo seu sacramento. Crede, inquit
Aug., et manducasti. Sed cui creditur, nisi uerbo promittentis?
Ita possum quotidie, immo omni hora, Missam habere, dum,
quoties uoluero, possum uerba Christi mihi proponere, et fidem 10
meam in illis alere et roborare. hoc est reuera, spiritualiter
manducare et bibere.

   Hic uides, quid et quantum Theologi sententiarii in hac
re praestiterint. Primum, id quod summum et capitale est,
44 E nempe, testamentum et uerbum promis|sionis, nullus eorum 15
tractat, atque ita fidem et totam missae uirtutem nobis
obliterarunt. Deinde, alteram eius partem, scilicet signum
seu sacramentum, solum uersant, sed ita, ut nec in hac fidem
doceant, sed suas praeparationes, et opera operata, participationes et fructus, missam, donec in profundum uenerint, 20
et de transsubstantiatione, aliisque infinitis metaphysicis nugis,
nugarentur, et scientiam uerumque usum, tam testamenti quam
sacramenti, cum uniuersa fide abolerent facerentque, ut populus
Christi (ut propheta dicit) obliuisceretur dei sui diebus innumeris.
Tu uero, sine alios percensere uarios fructus auditae missae, 25
et animum tuum huc intende, ut cum Propheta dicas et
credas, hic tibi a deo paratam esse mensam coram te, aduersus
omnes qui tribulant te, in qua pascatur et pinguescat fides
tua. Non autem pascitur fides tua, nisi promissionis diuinae
uerbo. Homo enim non in solo pane uiuit, sed in omni uerbo 30
quod procedit de ore dei. Quare, in missa ante omnia uerbi
519 W promissionis te obseruatorem esse curiosissimum | oportet,
tanquam opulentissimi conuiuii, omnimodae pascuae et sanctae
refectionis tuae, ut hoc prae omnibus maximi facias, plurimum
in id confidas, et firmissime in eo haereas, etiam per mortem 35
et omnia peccata. Quod si feceris, non solum stillas istas, et
minutias fructuum missae, quas quidam etiam superstitiose
finxerunt, sed ipsum fontem principalem uitae, obtinebis, fidem
scilicet uerbi, ex qua omne bonum fluit, sicut Iohan. iiii. dicit:
Qui in me credit, de uentre eius fluent aquae uiuae. Item: 40

---

      8 s. oben s. 197, z. 1   24 Jer. 2, 32   26 Ps. 23, 5   30 Dt.
8, 3   39 Jo. 7, 38 (vgl. oben s. 309, z. 14 ff.)   40 Jo. 4, 14

Qui biberit ex aqua, quam ego dabo, fiet in eo fons aquae uiuae, salientis in uitam aeternam.

Iam duo sunt, quae solent nos tentare, ne fructus missae percipiamus. Alterum est, nos esse peccatores et indignos 5 prae nimia uilitate rebus tantis. Alterum, etiam si digni essemus, magnitudo tamen rerum tanta est, ut natura pusillanimis non audeat ea petere aut sperare. Nam, remissionem peccatorum 45 B et aeternam uitam, quis non stupescat potius quam optet, si digne pensetur magnitudo bonorum, quae per ea ueniunt? 10 habere scilicet deum patrem, esse filium, haeredem omnium bonorum dei. Aduersus hanc geminam pusillanimitatem, oportet, ut uerbum Christi apprehendas, ipsumque multo fortius intuearis, quam has cogitationes infirmitatis tuae. Magna enim sunt opera domini, exquisita in omnes uoluntates eius, 15 qui potens est dare, supra quam petimus aut intelligimus. Nisi enim superarent nostram dignitatem, nostram capacitatem, nostrum denique omnem sensum, diuina non essent. Sic et Christus nos animat dicens: Nolite timere, pusillus grex, placuit enim patri uestro, dare uobis regnum. Haec ipsa enim 20 exuberantia inconprehensibilis dei, in nos per Christum effusa, facit, ut eum rursus super omnia ardentissime diligamus, summa fiducia in eum feramur, omnia contemnamus, prompti simus omnia pro eo pati. unde et recte fons dilectionis hoc sacramentum est appellatum.

25 In qua re, exemplum tibi sume ex hominibus. Si enim cuiquam mendico, aut etiam indigno et malo seruo, legaret ditissimus dominus mille aureos, certe cum fiducia eos postularet et acciperet, nec indignitatis suae, nec magnitudinis testamenti habita ratione. Quod si quis ei resistens obiiceret indignitatem 30 suam, et magnitudinem testamenti, quid putas dicturus est? scilicet: 'quid ad te? non ego merito meo, nec iure ullo proprio accipio quod accipio; Scio me indignum, et maiora accipere, quam merear, immo, contraria merui, sed iure testamenti et alienae bonitatis, peto quod peto; si illi non fuit indignum 35 tanta tam indigno legare, cur ego propter indignitatem meam contemnam acceptare? quin hac ipsa causa magis amplector gratuitam et alienam gratiam, qua ego sum indignior.' Eadem cogitatione armari oportet et | cuiusque conscientiam, aduersus 520 W omnes scrupulos et morsus suos, ad hanc Christi promissionem 40 indubitata fide obtinendam, | summopere cauendo, ne fiducia 46

---

14 Ps. 111, 2   15 Eph. 3, 20   18 Lc. 12, 32   25 vgl·
oben s. 307 z. 18 ff.

16*

confessionis, orationis, praeparationis quisquam accedat, sed
his omnibus desperatis, in superba fidutia promittentis Christi.
Quia, ut dictum est satis, uerbum promissionis hic solum
regnare debet, in fide pura, quae est unica et sola sufficiens
praeparatio.   5

Videmus ex his, quam grandi ira dei factum sit, ut uerba
testamenti huius nos caelarint impii doctores, atque per hoc
ipsum fidem extinxerunt, quantum in eis fuit. Iam pronum
est uidere, quid ad fidem extinctam sequi fuit necesse. Nempe,
superstitiones operum impiissimas. Vbi enim fides occidit, et 10
uerbum fidei obmutescit, ibi mox surgunt opera in locum eius,
et traditiones operum. Quibus ceu captiuitate Babylonica
translati sumus de terra nostra, captis omnibus desyderabilibus
nostris. Ita de missa contigit, quae impiorum hominum doctrina
mutata est in opus bonum, quod ipsi uocant opus operatum, 15
quo apud deum sese omnia praesumunt posse. Inde processum
est ad extremum insaniae, ut, quia Missam ex ui operis
operati ualere mentiti sunt, adiecerunt, eam non minus utilem
esse caeteris, etiam si ipsi impio sacrifico noxia sit. atque in
hanc harenam fundauerunt suas applicationes, participationes, 20
et fraternitates, anniuersaria, et id genus infinita lucri et
quaestus negotia.

Contra has laruas, quia ualidae sunt et multae penitusque
insederunt, nisi constantissima cura obseruaueris, quid sit
Missa, et praecedentium fortiter memineris, uix subsistes. 25
Audisti enim, Missam aliud non esse, quam promissionem
diuinam seu testamentum Christi, sacramento corporis et
sanguinis sui commendatum. quod si uerum est, intelligis, Non
posse ipsum esse opus ullo modo, nec quicquam in ipso fieri,
nec alio studio a quoquam tractari, quam sola fide; fides 30
autem non est opus, sed magistra et uita operum. Quis enim
est uspiam tam insanus, ut promissionem acceptam, aut
testamentum donatum, uocet opus bonum, quod suo testatori
faciat accipiens? Quis est haeres, qui patri suo testatori
47 E existimet benefacere, dum instrumenta testamenti cum haere- 35
ditate testata accipit? Quae est ergo impia temeritas nostra,
ut diuinum testamentum accepturi ueniamus, ut bonum opus
ei facturi? Est ne ista ignorantia testamenti et captiuitas
tanti sacramenti omnibus lachrymis superior? ubi de acceptis
grati esse debemus, uenimus superbi daturi accipienda, irridentes, 40
inaudita peruersitate, donatoris misericordiam, dum hoc dona-

---

13 „nachdem man all unser kostbares gut uns genommen hat" (Kaw.)

mus ut opus, quod accipimus ut donum. ut testator iam non
suorum largitor bonorum, sed nostrorum sit acceptor. Ve
impietati isti.

Quis uero unquam fuit tam demens, ut baptismum duceret
5 esse bonum opus? aut baptisandus crederet, sese opus facere,
quod pro se et aliis deo ¹ offerret et communicaret? Si ergo ₅₂₁ W
in uno aliquo sacramento et testamento nullum est opus
bonum communicabile aliis, nec in Missa erit, cum et ipsa
non sit nisi testamentum et sacramentum. Vnde manifestus
10 et impius error est, Missam pro peccatis, pro satisfactionibus,
pro defunctis, aut quibuscunque necessitatibus suis aut aliorum
offerre seu applicare. Quod facillime intelligis esse euidentissime
uerum, si firmiter teneas, Missam esse promissionem diuinam, quae
nulli prodesse, nulli applicari, nulli suffragari, nulli communicari
15 potest, nisi ipsi credenti soli propria fide. Quis enim promissionem
dei, quae uniuscuiusque singulatim exigit fidem, potest pro
alio acceptare aut applicare? Nunquid possum alteri promissionem dei dare, etiam non credenti? aut possum pro alio
credere? aut possum facere, ut alius credat? At haec fieri
20 oportet, si Missam possum aliis applicare et communicare,
cum in Missa non sint nisi ista duo, promissio diuina, et fides
humana, quae accipiat, quod illa promittit. Quod si uerum
est, potero etiam pro aliis audire Euangelium et credere,
potero pro alio baptisari, potero pro alio absolui a peccatis,
25 potero et pro alio communicare de altaris sacramento, potero,
ut et illorum sacramenta percenseam, pro alio ducere uxorem,
pro alio fieri sacerdos, pro alio confirmari, pro alio inungi.

¹ Denique, cur Abraham non pro omnibus Iudaeis credidit? ⁴⁸ E
cur exigitur a Iudaeis singulis fides, in eandem promissionem
30 Abrahae creditam? Stet ergo insuperabilis ueritas: ubi promissio diuina est, ibi unusquisque pro se stat, sua fides exigitur,
quisque pro se rationem reddet, et suum onus portabit, sicut
dicit Marci ult.: Qui crediderit et baptisatus fuerit, saluus
erit, qui autem non crediderit, condemnabitur. Ita et Missam
35 unusquisque tantum sibi potest utilem facere, fide propria,
et pro nullis prorsus communicare. Sicut sacerdos nulli pro
alio potest sacramentum ministrare, sed cuilibet seorsum idem
sacramentum ministrat. Sunt enim sacerdotes consecrando et
ministrando ministri nostri, per quos non offerimus bonum
40 opus, aut communicamus actiue, sed per eos promissiones et
signum accipimus, et communicamur passiue, id quod in laicis
hactenus permansit. Nam hi non dicuntur bonum facere,
sed accipere. Sacerdotes uero abierunt in impietates suas,

facto sibi bono opere, quod communicent et offerant ex sacramento et testamento dei, quo bonum acceptum oportuit.

Sed dices: Quid? Nunquid subuertes omnium Ecclesiarum et Monasteriorum usum et sensum, quibus per tot saecula inualuerunt, fundatis super Missam anniuersariis, suffragiis, applicationibus, communicationibus etc. hoc est, pinguissimis redditibus? Respondeo: Hoc est, quod de captiuitate Ecclesiae scribere me compulit, Sic enim uenerabile testamentum dei in impiissimi quaestus seruitutem coactum est, per impiorum hominum opiniones ¹ et traditiones, qui omisso uerbo dei sui cordis nobis cogitationes proposuerunt, et orbem seduxerunt. Quid mihi de multitudine et magnitudine errantium? Fortior omnium est ueritas. Si potes Christum negare, qui docet, Missam esse testamentum et sacramentum, uolo illos iustificare. Deinde, si potes dicere, eum facere opus bonum, qui recipit beneficium testamenti, aut utitur in hoc ipsum sacramento promissionis, uolo mea libens damnare. cum autem neutrum possis, quid dubitas, contempta turba ad ¹ malum eunte, dare gloriam deo, et ueritatem eius confiteri? Esse scilicet hodie sacerdotes omnes in sententia peruersa, quicunque Missam pro opere ducunt, quo succurrant suis aut aliorum, siue mortuorum, siue uiuorum, necessitatibus. Inaudita et stupenda dico, Sed Missam si intuearis, quid sit, uera me esse locutum cognosces. Hoc fecit illa nimia securitas, qua iram dei in nos grassantem non intelleximus.

Hoc autem facile admitto, Orationes, quas ad missam percipiendam congregati còram deo effundimus, esse bona opera, seu beneficia, quae nobis mutuo impartimus, applicamus et communicamus, et pro inuicem offerimus, Sicut Iacobus nos docet, orare pro inuicem, ut saluemur. Et Paulus. i. Timot. ii. praecipit fieri obsecrationes, orationes, postulationes, pro omnibus hominibus, pro regibus et omnibus, qui in sublimitate sunt constituti. Haec enim non sunt missa, sed opera missae, si tamen opera uocari debent, orationes cordis et oris, quia fiunt ex fide in sacramento percepta uel aucta. Non enim Missa uel promissio dei impletur orando, sed solum credendo. Credentes autem oramus et quodlibet opus bonum facimus. Sed quis sacerdotum hoc nomine sacrificat, ut solas orationes arbitretur sese offerre? Omnes imaginantur sese offerre ipsum Christum deo patri, tanquam hostiam sufficientissimam, et bonum opus facere omnibus, quibus proponunt prodesse, quia con-

fidunt in opere operati, quod orationi non tribuunt. Sic
paulatim errore crescente, id quod orationum est, tribuerunt
sacramento, Et quod recipere beneficium debent, id ob-
tulerunt deo.

5   Quare acute discernendum est, inter testamentum sacra-
mentumque ipsum, et inter orationes, quas simul oramus, Nec
id solum, sed scire quoque oportet, orationes prorsus nihil
ualere, nec oranti ipsi, nec iis pro quibus orantur, nisi primum
testamentum fide perceptum sit, ut fides oret, quae sola
10 exauditur, sicut Iacobus .i. c. docet. adeo longe ¦ aliud est 50 E
oratio quam Missa. orationem possum extendere in quotquot
uoluero, Missam nemo accipit, nisi qui per seipsum credit,
et tantum quantum credit, nec potest dari, siue deo siue
hominibus, Sed solus deus per ministerium sacerdotis dat eam
15 hominibus, ¦ qui accipiunt eam fide sola, sine ullis operibus 523 W
aut meritis. Neque enim ullus audeat tantum insanire, ut
dicat bonum opus facere eum, qui pauper et indigens uenit,
accepturus de manu diuitis beneficium. At missa (ut dixi)
beneficium est promissionis diuinae, per manum sacerdotum
20 omnibus hominibus exhibitum.

Est ergo certum, Missam non esse opus aliis communicabile, sed obiectum (ut dicitur) fidei, propriae cuiusque alendae
et roborandae. Iam et alterum scandalum amouendum est,
quod multo grandius est et speciosissimum. Id est, quod
25 Missa creditur passim esse sacrificium, quod offertur deo. In
quam opinionem et uerba Canonis sonare uidentur, ubi dicitur:
haec dona, haec munera, haec sancta sacrificia, Et infra:
hanc oblationem. Item, clarissime postulatur, ut acceptum sit
sacrificium, sicut sacrificium Abel etc. Inde Christus hostia
30 altaris dicitur. Accedunt his dicta sanctorum patrum, tot
exempla, tantusque usus per orbem constanter obseruatus.

His omnibus, quia pertinacissime insederunt, oportet con-
stantissime opponere uerba et exemplum Christi. Nisi enim
Missam obtinuerimus esse promissionem Christi, seu testa-
35 mentum, ut uerba clare sonant, totum Euangelium et uniuersum
solatium amittimus. Nihil contra haec uerba permittamus
praeualere, etiam si angelus de coelo aliud docuerit, Nihil
enim de opere uel sacrificio in illis continetur. Deinde et
exemplum Christi pro nobis stat, Non enim Christus in caena
40 nouissima, cum institueret hoc sacramentum et conderet testamentum, ipsum obtulit deo patri, aut ut opus bonum pro

10 Ja. 1, 6f.   18 oben s. 444, z. 20 ff.   37 Ga. 1, 8

aliis perfecit, sed in mensa sedens, singulis idem testamentum
proposuit, et signum exhibuit. Iam Missa, quanto uicinior et
51 E similior primae omnium Missae, | quam Christus in caena fecit,
tanto Christianior. At Missa Christi fuit simplicissima, sine
ulla uestium, gestuum, cantuum, aliarumque cerimonarium 5
pompa, ubi si necesse fuisset eam offerri ut sacrifitium, non
plene eam instituisset.

Non quod calumniari debeat ullus uniuersam Ecclesiam,
quae multis aliis ritibis et cerimoniis Missam ornauit et
ampliauit, sed hoc uolumus, ne quis cerimoniarum specie 10
falsus, ac multitudine pompae impeditus, simplicitatem Missae
amittat, et reuera transsubstantiationem quandam colat, si
amissa substantia simplici Missae in accidentibus multiplicibus
pompae haereat. Nam, quicquid ultra uerbum et exemplum
Christi accessit, accidens Missae est, quorum quodlibet non 15
alio loco ducere debemus, quam quo loco nunc ducimus
Monstrantias (quas uocant) et pallia altaris, quibus ipsa hostia
continetur. Quare, sicut repugnat, testamentum distribui, seu
promissionem accipere, et sacrificare sacrificium, Ita repugnat
524 W Missam esse sacrificium, cum | illam recipiamus, hoc uero demus. 20
idem autem simul recipi et offerri non potest, nec ab eodem
simul dari et acceptari. Non magis certe, quam oratio et
impetrata res queunt idem esse, nec idem sit orare et orata
accipere.

Quid ergo dicemus ad Canonem et autoritates patrum? 25
Primum respondeo: Si nihil habetur, quod dicatur, tutius est,
omnia negare, quam Missam concedere opus aut sacrificium
esse, ne uerbum Christi negemus, fidem simul cum Missa
pessundantes. Tamen, quo seruemus et eos, Dicemus, ex
Apostolo .i. Corint. xi. nos doceri, solitos fuisse fideles Christi 30
ad Missam congregatos secum afferre cibum et potum, quas
collectas uocabant, quae distribuerentur in omnes egentes,
exemplo Apostolorum act. iiii. e quibus sumebatur id, quod
consecrabatur panis et uini, pro sacramento. Et quia haec
omnia sanctificabantur per uerbum et orationem ritu hebraico, 35
quo leuabantur sursum, ut in Mose legimus, relicta sunt uerba
et ritus leuandi seu offerendi, abolito iam dudum usu con-
52 E ferendi et colligendi ea quae | offerrentur seu leuarentur. Sic
Ezechias Esa. xxxvii. Iubet Esaiam leuare orationem in conspectu dei pro reliquiis. Et psal.: Extollite manus uestras 40

17 RE³ 1, 395, z. 20 ff.   30 1. Ko. 11, 20 f.   33 AG. 4,
34 f.   36 Le. 8, 27   39 Jes. 37, 4   40 Ps. 134, 2

in sancta. Item: Ad te leuabo manus meas. i. Timot. ii.:
Leuantes puras manus in omni loco. Quare uocabula sacri-
ficii seu oblationis referri debent non ad sacramentum et
testamentum, sed ad collectas ipsas. Vnde et reliquum est
5 uocabulum collectae pro precibus in Missa dictis.

Idem facit, quod sacerdos mox consecrato pane et calice
eleuat eundem, quo non sese offerre aliquid deo ostendit,
cum nullo uerbo tum meminerit hostiae seu oblationis. Sed
est et idipsum uel reliquum ritus hebraici, quo leuabantur,
10 quae cum gratiarum actionibus accepta deo referebantur, Vel
admonitio nostri, quo prouocemur ad fidem testamenti huius,
quod tum uerbis Christi protulit et exhibuit, ut simul et signum
eiusdem ostendat, et oblatio panis proprie respondeat huic
demonstratiuo: Hoc est corpus meum, nosque circumstantes
15 ceu alloquatur hoc ipso signo, Sic oblatio calicis proprie
respondeat huic demonstratiuo: Hic calix noui testamenti etc.
Fidem enim in nobis sacerdos excitare debet, ipso eleuandi
ritu. Atque utinam, ut in oculis nostris manifeste eleuat
signum seu sacramentum, ita simul auribus nostris aperta
20 altaque uoce pronunciaret et uerbum seu testamentum, idque
in qualibet populorum lingua, quo fides exercitaretur efficatius.
Cur enim liceat Graece et latine et hebraice Missam perficere,
et non etiam Alemanice aut alia quacunque lingua?

Quocirca, obseruent sese sacerdotes, hoc perdito peri-
25 culosissimoque saeculo, qui sacrificant: Primum, ut uerba
Canonis maioris et minoris cum collectis, quae aperte nimis
sacrificium sonant, dirigant non ad sacramentum, sed uel ad
ipsum panem et uinum consecrandum, uel ad orationes suas.
| Panis enim et uinum antea offeruntur ad benedicendum, ut 525 W
30 per | uerbum et orationem sanctificentur. Postquam autem 53 E
benedictus et consecratus est, iam non offertur, sed accipitur
dono a deo. Et in hoc negotio cogitet, Euangelium esse
praeferendum omnibus Canonibus et collectis, per homines
compositis, Euangelium autem non sinit Missam esse sacri-
35 ficium, ut audisti.

Deinde, publice Missam perficiens, praestituat sibi non
aliud facere, quam se et alios communicare per Missam, simul
tamen orationes suas pro se et aliis offerre, cauens, ne Missam
offerre praesumat. Qui uero priuatim missas parat, praestituat
40 sibi, ut seipsum communicet. Prorsus, nihil differt nec plus
facit missa priuata, quam simplex cuiusque laici de manu

---

1 Ps. 63, 5   1. Ti. 2, 8

sacerdotis sumpta communio, exceptis orationibus, et quod sibiipsi consecrat et ministrat. Re ipsa missae et sacramenti omnes sumus aequales, sacerdotes et laici.

Quod si postulatur ab aliis uotiuas (quas uocant) celebrare, caueat, ne mercedem accipiat pro missa aut praesumat ullam 5 uotiuam sacrificare, sed studeat hoc totum ad orationes referre, quas siue pro defunctis, siue uiuentibus offerat, sic cogitans: 'Ecce ibo et mihi soli sacramentum suscipiam, sed inter suscipiendum pro illo et illo orabo', sic, ut orationis, non Missae mercedem pro uictu et amictu recipiat. Nec moueat, quod 10 totus orbis contrarium et sensum et usum habeat. Euangelium certissimum habes, quo fretus facile contemnes hominum sensus et opiniones. Quod si, me contemnens, pergas Missam offerre, non solas orationes, scito me fuisse monitorem tibi fidelem, et in die iudicii excusatum, tuum portabis ipse peccatum. 15 Dixi, quae tibi dicere tenebar frater fratri in salutem, tibi proderunt seruata, tibi nocebunt neglecta. Quod si aliqui etiam damnarint haec, illud Pauli respondeo: Mali uero homines et seductores proficient in peius, errantes, et in errorem mittentes. 20

54 E   Ex isto nunc facile illud quiuis intelligit, quod | usitatissimum ex Grego. dicitur, Missam mali sacerdotis non minoris ducendam, quam boni cuiuscunque, Nec sancti Petri meliorem fuisse, quam Iudae traditoris, si sacrificassent. Hoc enim operculo suas impietates quidam uelant, et hinc distinctionem 25 operis operati, et operis operantis inuenerunt, quo secure ipsi male uiuere, et aliis tamen benefacere praesumerent. Verum, Gregorius recte dicit, at illi peruerse eum intelligunt. Verissimum est enim, per impios sacerdotes non minus de testamento et sacramento dari et accipi, quam per quosque sanctissimos. 30 Quis enim dubitat, Euangelium praedicari per impios? At missa est pars Euangelii, immo summa et compendium Euangelii. Quid est enim uniuersum Euangelium, quam bonum nuntium remissionis peccatorum? At quicquid de remissione peccatorum et misericordia dei latissime et copiosissime dici 35

526 W potest, breuiter est in uerbo testamenti comprehensum. | Vnde et conciones populares aliud esse non deberent, quam expositiones Missae, id est, declarationes promissionis diuinae huius testamenti, hoc enim esset fidem docere, et uere Ecclesiam aedificare. At, qui nunc missam exponunt, in 40 allegoriis humanarum cerimoniarum ludunt et illudunt.

---

4 Franz, Die Messe im deutschen Mittelalter, s. 115 ff.   18 2. Ti. 3, 13   22 vgl. RE² 12, 681, z. 32 ff.

Igitur, sicut impius potest baptisare, id est, uerbum promissionis et signum aquae super baptisandum ferre, ita potest et
promissionem huius sacramenti proferre et ministrare uescentibus,
et simul ipse uesci, sicut Iudas traditor in coena domini,
5 manet tamen semper idem sacramentum et testamentum,
quod in credente operatur suum opus, in incredulo operatur
alienum opus. Verum in offerendo longe aliud agitur. Cum
enim non Missa, sed orationes offerantur deo, clarum est,
oblationes impii sacerdotis nihil ualere. Sed (ut idem Grego.
10 ait) cum is, qui indignus est, ad deprecandum mittitur, animus
iudicis ad deterius prouocatur. Non ergo sunt confundenda
illa duo, Missa et oratio, sacramentum et opus, testamentum
et sacrificium, quia alterum uenit a deo ad nos per ministerium
sacerdotis, et exigit fidem, Alterum procedit a fide | nostra 55 E
15 ad deum per sacerdotem, et exigit exauditionem. Illud
descendit, hoc ascendit. ideo, illud non requirit necessario
dignum et pium ministrum, hoc uero requirit, quia deus
peccatores non exaudit, qui nouit per malos benefacere, sed
nullius mali acceptat opus, sicut monstrauit in Cayn, et
20 Prouer. xv. dicitur: Victimae impiorum abominabiles domino.
Roma. xiiii. Omne, quod non est ex fide, peccatum est.

Vt autem finem huius primae partis faciamus, reliqua pro-
ducturi, ubi impugnator insurrexerit, Concludimus ex omnibus
his, quibus nam Missa sit parata, et qui digne communicent.
25 Nempe, soli ii, qui tristes, afflictas, perturbatas, confusas et
erroneas habent conscientias. Nam, uerbum diuinae promissionis huius sacramenti cum exhibeat peccatorum remissionem, secure accedit, quicunque peccatorum suorum uexatur
siue morsu, siue titillatione. Est enim testamentum hoc Christi
30 medicina unica praeteritorum, praesentium, et futurorum
peccatorum. modo indubitata fide ei adhaeseris, et credideris
tibi gratuito dari id, quod uerba testamenti sonant. Quod si
non credideris, nusquam, nunquam, nullis operibus, nullis
studiis, conscientiam poteris pacare. Fides enim sola est pax
35 conscientiae, infidelitas autem sola turbatio conscientiae.

DE SACRAMENTO BAPTISMI.

¶ Benedictus deus et pater domini nostri Iesu Christi,
qui secundum diuitias misericordiae suae saltem hoc unicum
sacramentum seruauit in Ecclesia sua, illibatum et inconta-
40 minatum a constitutionibus hominum, liberumque fecit omnibus

---

19 Gen. 4, 5   20 Pr. 15, 8   21 Rö. 14, 23   36 Eph. 1, 3. 7

gentibus, omniumque hominum ordinibus. nec passus est, et
ipsum teterrimis quaestus et impiissimis superstitionum portentis
opprimi, eo scilicet consilio usus, quod paruulos, qui auaritiae
527 W et superstitionis ¹ capaces non sunt, eo uoluit initiari, et
simplicissima fide uerbi sui sanctificari, quibus et potissimum 5
hodie prodest baptismus.   Nam, si adultis et maioribus
56 E donandum esset hoc sacramentum, non uidetur po¹tuisse et
eius perseuerari uirtus et gloria, prae tyrannide Auaritiae et
superstitionis, quae omnia diuina nobis supplantauit. Inuenisset
sine dubio et hic prudentia carnis suas praeparationes et 10
dignitates, deinde reseruationes, restrictiones, et si qua sunt
similia rhetia pecuniarum, quibus aqua non uilior, quam nunc
membranae, uenderetur.
     Verum, ubi uirtutem Baptismi in paruulis non potuit
Satan extinguere, praeualuit tamen, ut in omnibus adultis 15
extingueret, ut tam fere nemo sit, qui sese baptisatum recordetur,
nedum glorietur, tot repertis aliis uiis remittendorum peccatorum,
et in coelum ueniendi. prebuit his opinionibus occasionem
uerbum illud periculosum diui Hieronymi, siue male positum,
siue male intellectum, quo poenitentiam appellat secundam 20
post naufragium tabulam, quasi baptismus non sit poenitentia.
Hinc enim, ubi in peccatum lapsi fuerint, de prima tabula
seu naue desperantes uelut amissa, secundae tantum incipiunt
niti et fidere tabulae, id est, poenitentiae.   Hinc nata sunt
uotorum, religionum, operum, satisfactionum, peregrinationum, 25
indulgentiarum, sectarum infinita illa onera, et de iis, maria
illa librorum, quaestionum, opinionum, traditionum humanarum,
quas totus mundus iam non capit, ut incomparabiliter peius
habet Ecclesiam dei ea tyrannis, quam unquam habuit
synagogam aut ullam nationem sub coelo.   30
     At pontificum erat, haec omnia tollere, et Christianos
omni cura ad synceritatem baptismi reuocare, quo intelligerent,
quid essent, et quid facere Christianos oporteat.   Verum
unum est hodie eorum offitium, populos quam longissime
abducere a baptismo, et diluuio tyrannidis suae omnes 35
immergere, et facere, ut populus Christi (sicut Propheta ait)
obliuiscatur eius imperpetuum. O infoelices omnes, qui hodie
pontificum nomine censentur, qui non modo nihil sciunt nec
faciunt, quod Pontifices decet, sed ignorant quoque, quid scire
et facere eos oporteat.   Et implent illud Esaie. lvi. Speculatores 40
57 E eius caeci omnes, nescierunt uniuersi, ipsi pastores igno¹rauerunt

---

20 ep. 130, 9 (MSL. 22, 1115)   36 Jer. 2, 32   40 Jes. 56, 10

intelligentiam, omnes declinauerunt in uiam suam, unusquisque ad auaritiam suam etc.

¶ Primum itaque in Baptisimo obseruanda est diuina promissio, quae dicit: Qui crediderit et baptisatus fuerit, 5 saluus erit, Quae promissio praeferenda est incomparabiliter uniuersis pompis operum, uotorum, religionum, et quicquid humanitus est introductum, Nam in hac pendet uniuersa salus nostra, sic autem est obseruanda, ut fidem exerceamus in ea, prorsus non dubitantes, nos esse saluos, postquam sumus 10 baptisati. Nam, nisi haec assit aut paretur fides, nihil prodest baptismus, immo obest, non solum tum, cum | suscipitur, 528 W sed toto post tempore uitae. incredulitas enim eiusmodi mendacem arguit promissionem diuinam, quod est summum omnium peccatorum. Hoc exercitium fidei si apprehenderimus, 15 statim intelligemus, quam arduum sit credere promissioni huic diuinae. Humana enim imbecillitas, peccatorum suorum sibi conscia, difficillime omnium credit se esse saluam aut saluandam, et tamen, nisi id credat, saluari non poterit, quia non credit ueritati diuinae promittenti salutem.

20 Haec erat praedicatio sedulo inculcanda populo, assidue recantanda ista promissio, semper repetendus baptismus, iugiter excitanda, fouendaque fides. Sicut enim, semel super nos lata diuina hac promissione, usque ad mortem ueritas eius perseuerat, ita fides in eandem nunquam debet intermitti, sed usque ad 25 mortem ali et roborari perpetua memoria promissionis eiusdem in baptismo nobis factae. Quare, dum a peccatis resurgimus siue poenitemus, non facimus aliud, quam quod ad baptismi uirtutem et fidem, unde cecideramus, reuertimur, et ad promissionem tunc factam redimus, quam per peccatum deseru30 eramus. Semper enim manet ueritas promissionis semel factae, nos extenta manu susceptura reuersos. Atque id, ni fallor, uolunt, qui obscure dicunt, Baptismum esse primum et fundamentum omnium sacramentorum, sine quo nullum queat aliorum obtineri.

35 Proinde non parum profuerit, si poenitens primo | omnium 58 E baptismi sui memoriam apprehendat, et promissionis diuinae, quam deseruit, cum fidutia recordatus, eandem confiteatur domino, gaudens se tantum adhuc in praesidio habere salutis, quod baptisatus sit, detestansque suam impiam ingratitudinem, 40 quod a fide et ueritate eiusdem defecerit. Mire enim cor eius confortabitur, et ad spem misericordiae animabitur, si

---

4 Mc. 16, 16

consyderet, diuinam promissionem sibi factam, quam impossibile
est mentiri, adhuc integram et non mutatam, nec mutabilem
ullis peccatis esse, sicut Paulus dicit .ii. Timot. ii.: si non
credimus, ille fidelis permanet, seipsum negare non potest.
Haec, inquam, ueritas dei eum seruabit, ita ut, si caetera omnia 5
ruant, haec tamen eum credita non derelinquet. Habet enim
per hanc, quod insultanti aduersario opponat, habet, quod
turbantibus peccatis conscientiam obiiciat, habet, quod horrori
mortis et iudicii respondeat. Habet denique, quod uniuersis
tentationibus solatium sit. Nempe, hanc unam ueritatem, 10
dicens: Deus est uerax in promissionibus suis, cuius signum
in baptismo suscepi, Si deus pro me, quis contra me?

Si enim filii Israel, ad poenitentiam reuersuri, primo
omnium exitum de Aegypto memorabant, et hac memoria
ad deum, qui eduxerat eos, reuertebantur, quae memoria 15
529 W et hoc ipsum praesidium eis toties a Mose inculcatur, | et a
Dauid repetitur, quanto magis nos nostrum de Aegypto nostra
exitum debemus memorare, et eius memoria redire ad eum,
qui nos eduxit, per lauacrum regenerationis nouae, cuius
memoria in hoc ipsum nobis commendata est? Id quod 20
omnium comodissime fieri in sacramento panis et uini potest.
Sic enim olim tria ista sacramenta, poenitentia, baptismus,
panis, simul eodem offitio frequentabantur, et alterum alterum
iuuabat. Ita legitur de quadam sancta uirgine, quae, quoties
tentabatur, non nisi Baptismo suo repugnabat, dicens breuissime: 25
Christiana sum, Intellexit enim hostis statim uirtutem baptismi
59 E et fidei, | quae in ueritate dei promittentis pendebat, et fugit
ab ea.

Ita uides, quam diues sit homo Christianus siue baptisatus,
qui etiam uolens non potest perdere salutem suam quantis- 30
cunque peccatis, nisi nolit credere. Nulla enim peccata eum
possunt damnare, nisi sola incredulitas. caetera omnia, si
redeat uel stet fides in promissionem diuinam baptisato factam,
in momento absorbentur, per eandem fidem, immo ueritatem
dei, quia seipsum negare non potest, si tu eum confessus 35
fueris, et promittenti fideliter adhaeseris. Contritio autem et
peccatorum confessio, deinde et satisfactio, et omnia illa
hominum excogitata studia, subito te deserent, et infoeliciorem
reddent, si oblitus ueritatis huius diuinae, in ipsis tete distenderis.
Vanitas enim uanitatum et afflictio spiritus est, quicquid extra 40
fidem ueritatis dei laborat.

---

3 2. Ti. 2, 13   11 Ps. 33, 4   12 Rö. 8, 31   19 Tit. 3, 5
24 Blandina (RE² 3, 250)?

Simul uides, quam periculosum immo falsum sit, opinari, poenitentiam esse secundam tabulam post naufragium, et quam perniciosus sit error, putare, per peccatum excidisse uim baptismi, et nauem hanc esse illisam. Manet illa una, solida,
5 et inuicta nauis, nec unquam dissoluitur in ullas tabulas, in qua omnes uehuntur, qui ad portum salutis uehuntur, quae est ueritas dei in sacramentis promittens. Hoc sane fit, ut multi e naue temere in mare prosiliant et pereant; hi sunt, qui deserta promissionis fide, in peccatum sese praecipitant.
10 Verum, nauis ipsa permanet et transit integra cursu suo, quod si qua gratia ad nauem reuerti potest, nulla tabula, sed solida ipsa naue feretur ad uitam; hic est, qui ad promissionem dei stabilem et manentem per fidem reuertitur. Vnde Petrus .i. Pet. i. arguit eos qui peccant, quod obliuionem accipiant
15 purgationis ueterum delictorum suorum, sine dubio ingratitudinem accepti baptismi, et impietatem infidelitatis eorum taxans.

Quid ergo prodest, de baptismo tam multa scribere, et hanc fidem promissionis non docere? omnia sacramenta ad
20 fidem alendam sunt instituta, | et hanc ipsam adeo non tangunt, 60 E ut etiam asserant, impii homines, non debere | hominem esse 530 W certum de remissione peccatorum, seu gratia sacramentorum, qua impietate orbem totum dementant, et sacramentum baptismi, in quo stat prima gloria conscientiae nostrae, funditus
25 extinguunt nedum captiuant, interim insanientes in miseras animas, suis contritionibus, anxiis confessionibus, circunstantiis, satisfactionibus, operibus, et id genus infinitis nugis. Esto ergo prudens lector, immo contemptor Magistri sententiarum libro quarto, cum omnibus suis scribentibus, qui tantum de
30 materia et forma sacramentorum scribunt, dum optime scribunt, id est, mortuam et occidentem literam sacramentorum tractant. Caeterum, spiritum, uitam et usum, id est, promissionis diuinae ueritatem et nostram fidem, prorsus intactas relinquunt.

Vide itaque, ne te fallant operum pompae, et humanarum
35 traditionum fallatiae, ut ueritati diuinae et fidei tuae non facias iniuriam. A fide sacramentorum tibi incipiendum est, sine ullis operibus, si saluus fieri uoles, fidem autem ipsa sequentur opera, tantum ne uilem habeas fidem, quae opus est omnium operum excellentissimum et arduissimum, quo solo,
40 etiam si caeteris omnibus carere cogereris, seruaberis. Est enim opus dei, non hominis, sicut Paulus docet. Caetera

---

nobiscum et per nos operatur, hoc unicum in nobis, et sine
nobis operatur.

Ex his perspicue discernere possumus, quid inter ministrum
hominem, et autorem deum intersit, in baptisando. Homo
enim baptisat et non baptisat, Baptisat, quia perficit opus, 5
dum mergit baptisandum; Non baptisat, quia non fungitur in
eo opere sua autoritate, sed uice dei. Vnde oportet nos
baptismum de manu hominis non aliter suscipere, quam si
ipse Christus, immo ipse deus, nos suis propriis manibus
baptisaret. Non enim hominis est, sed Christi et dei baptismus, 10
quem recipimus, per manum hominis. Sicut quelibet alia
creatura, qua utimur per manum alterius, non est nisi dei.
Caue ergo sic discernas baptismum, ut externum homini,
61 E | internum deo tribuas, utrunque soli deo tribue, nec conferentis
personam aliam, quam instrumentum uicarium dei accipe, per 15
quod dominus in coelo sedens, te in aquam suis manibus
propriis mergit. et remissionem peccatorum promittit in terris,
uoce hominis tibi loquens per os ministri sui.

Hoc et ipsa uerba tibi dicunt, cum dicit: Ego baptiso
te in nomine patris et filii et spiritus sancti Amen. Non 20
dicit: Ego baptiso te in nomine meo, quasi dicat: id quod
facio, non mea autoritate, sed uice et nomine dei facio, ut
non aliter habeas, quam si ipse dominus uisibiliter fecisset.
autor et minister diuersi sunt, sed opus idem utriusque, immo
531 W solius autoris, per | ministerium meum. Sic enim ego arbitror, 25
'In nomine' referre personam autoris, ut non tantum sit, nomen
domini praetendere et inuocare in opere, sed ipsum opus
tanquam alienum alterius nomine et uice implere. Quo tropo
Matt. xxiiii. Christus dicit: Multi uenient in nomine meo, Et
Ro. i.: per quem accepimus gratiam et Apostolatum ad 30
obediendum fidei in omnibus pro nomine eius.

Hanc sententiam ego libentissime sequor, quod sit
plenissimum solacii et efficax fidei adiutorium, nosse se esse
baptisatum, non ab homine, sed ab ipsa trinitate per hominem,
qui nomine eius rem gerat apud nos. Quo cessat illa ociosa 35
contentio, qua de forma baptismi (quam appellant ipsa uerba)
litigant, Graecis dicentibus: Baptisetur seruus Christi, Latinis:
Ego baptiso. Item, alii rigidissime nugantes, damnant sic dici:
Ego baptiso te in nomine Iesu Christi, quo ritu certum est
Apostolos baptisasse, ut in actis apostolicis legimus, uoluntque 40

29 Mt. 24, 5   30 Rö. 1, 5   38 die giltigkeit der taufe bloss
„im namen jesu" leugnet Alexander von Hales, während Petrus Lombardus sie behauptet (RE³ 19, 412)

nullam aliam deinceps ualere quam istam: Ego baptiso te in
nomine patris et filii et spiritus sancti Amen. Sed frustra
contendunt, nihil enim probant, sua somnia duntaxat asserunt.
Quocunque modo tradatur baptismus, modo non in nomine
5 hominis, sed in nomine domini tradatur, uere saluum facit,
immo non dubitem, si quis in nomine domini suscipiat, etiam
si impius minister non det in nomine domini, uere ¹ baptisatum 62 E
esse in nomine domini. Non enim in conferentis tantum,
quantum in suscipientis fide uel usu, sita est uirtus baptismi.
10 Sicut legitur exemplum de quodam Mimo, per iocum baptisato.
Istas et similes disputationum et quaestionum angustias fecerunt
nobis ii, qui fidei nihil, operibus autem ritibusque omnia
tribuerunt, cum soli fidei omnia et nihil ritibus debeamus,
quae nos facit liberos spiritu, ab omnibus istis scrupulis et
15 opinionibus.

¶ Alterum, quod ad baptismum pertinet, est signum seu
sacramentum, quod est ipsa mersio in aquam, unde et nomen
habet. Nam baptiso graece, mergo latine, et baptisma mersio
est. Dictum est enim, iuxta promissiones diuinas dari et signa,
20 quae id figurent, quod uerba significant, seu, ut recentiores
dicunt, sacramentum efficaciter significat, quod quale sit
uidebimus. Arbitrati sunt quam plurimi, esse aliquam uirtutem
occultam spiritualem, in uerbo et aqua, quae operetur in
anima recipientis gratiam dei. His alii contradicentes statuunt,
25 nihil esse uirtutis in sacramentis, sed gratiam a solo deo dari,
qui assistit ex pacto sacramentis a se institutis. Omnes
tamen in hoc concedunt, sacramenta esse efficatia signa gratiae,
ad quod hoc unico mouentur argumento, Non uideri alioqui,
qua ratione nouae legis sacramenta praestarent uetustis, si
30 solum significarent. Et hinc impulsi sunt tantum tribuere
sacramentis nouae legis, ut prodesse ea statuerent etiam iis,
qui in ¹ peccatis mortalibus sunt, nec requiri fidem aut gratiam, 532 W
sed sufficere, non posuisse obicem, hoc est, actuale propositum
denuo peccandi.

35 Haec autem, quia sunt impia et infidelia, contra fidem
et naturam sacramentorum pugnantia, diligenter sunt cauenda
et fugienda. Error enim est, sacramenta nouae legis differri
a sacramentis ueteris legis, penes efficatiam significationis,
utraque aequaliter significabant. Idem enim deus, qui nos
40 nunc per baptismum et panem saluat, saluauit Abel per

---

sacrifitium, Noe per arcum, Abraham per circumcisionem,
et alios omnes per sua signa. Nihil itaque differt sacramentum
63 E ueteris et nouae legis, quo | ad significationem, modo ueterem
legem appelles, quicquid in patriarchis et aliis patribus tempore
legis operatus est deus. Nam ea signa, quae in patriarchis 5
et patribus facta sunt, longe sunt discernenda a figuris legalibus,
quas Moses in lege sua instituit, quales sunt ritus sacerdotales,
in uestibus, uasis, cibis, domibus et similibus, ab his enim non
modo longissime differunt nouae legis sacramenta, sed et ipsa
signa, quae pro tempore deus patribus dedit in lege uiuentibus, 10
quale fuit Gedeonis in uellere, Manue in sacrifitio, quale et
Isaias obtulit Achas, Isa. vii. in iis enim simul promittebatur
aliquid, quo fides in deum exigebatur.

In hoc ergo differunt legales figurae a signis nouis et
uetustis, quod legales figurae non habent annexum uerbum 15
promissionis, quod fidem exigat, unde non sunt signa iustificationis, quia non sunt sacramenta fidei, quae sola iustificant,
sed sunt sacramenta operis tantum. Tota enim eorum uis et
natura erat opus, non fides. Qui enim ea faciebat, implebat
ea, etiam sine fide operans. At nostra et patrum signa seu 20
sacramenta habent annexum uerbum promissionis, quod fidem
exigit, et nullo opere alio impleri potest, ideo sunt signa seu
sacramenta iustificationis, quia sunt sacramenta iustificantis
fidei et non operis, unde et tota eorum efficatia est ipsa
fides, non operatio. Qui enim eis credit, is implet ea, etiam 25
si nihil operetur. Inde prouerbium illud: Non sacramentum,
sed fides sacramenti iustificat. Sic circuncisio non iustificauit
Abraham et semen eius, et tamen Apostolus eam appellat
signaculum iustitiae fidei, Quia fides in promissionem, cui
iuncta fuit circuncisio, iustificabat et implebat id, quod circuncisio 30
significabat. Fides enim fuit circuncisio prepucii cordis in
spiritu, quam figurabat circuncisio carnis in litera. Sic sacrificium Abel plane non eum iustificabat, sed fides, qua se deo
totum obtulit, quam sacrificium externum figurabat.

64 E | Ita baptismus neminem iustificat, nec ulli prodest, sed 35
fides in uerbum promissionis, cui additur baptismus, haec enim
533 W iustificat, et implet id, quod | baptismus significat, Fides enim
est submersio ueteris hominis et emersio noui hominis. Quare
fieri non potest, ut sacramenta noua differant ab antiquis
sacramentis, Habent enim aeque promissiones diuinas et eundem 40

---

11 Ri. 6, 36 ff.   13, 19 f.   12 Jes. 7, 10 ff.   28 Rö. 4, 11
31 Dt. 10, 16 Jer. 4, 4

spiritum fidei, licet a figuris antiquis incomparabiliter differant,
propter uerbum promissionis, quod est medium unicum et
efficacissimum differentiae. Sicut et nunc pompa uestium,
locorum, ciborum et infinitarum ceremoniarum sine dubio
5 figurat egregia in spiritu implenda, et tamen, quia nullum adest
eis uerbum diuinae promissionis, nulla ratione cum signis
baptismi et panis conferri possunt, nec iustificant aut prosunt
ullo modo, cum impletio eorum sit ipse usus seu opus eorum
sine fide; dum enim fiunt, seu aguntur, implentur. Sicut et
10 Apostolus Colos. ii. de eis dicit: quae omnia ipso pereunt
usu, iuxta praecepta et doctrinas hominum etc. At sacramenta
non implentur dum fiunt, sed dum creduntur.

Ita nec uerum esse potest, sacramentis inesse uim efficacem
iustificationis, seu esse ea signa efficatia gratiae. Haec enim
15 omnia dicuntur in iacturam fidei, ex ignorantia promissionis
diuinae, nisi hoc modo efficatia dixeris, quod, si assit fides
indubitata, certissime et efficacissime gratiam conferant. At
non hoc modo efficatiam illis tribui, probat, quod ea prodesse
dicunt omnibus etiam impiis et incredulis, modo non ponant
20 obicem, quasi ipsa incredulitas non sit omnium obstinatissimus
et hostilissimus obex gratiae, adeo ex sacramento praeceptum,
ex fide opus facere moliti sunt. Nam, si dat gratiam mihi
sacramentum, quia suscipio, iam uere ex opere meo, non ex fide
gratiam obtineo, nec promissionem in sacramento apprehendo,
25 sed solum signum institutum et praeceptum a deo. ita clare
uides, quam nihil sacramenta intellecta sunt sententionariis
Theologis, quod nec fidei nec promissionis ullam in sacramentis rationem habue'rint, tantum in signo et usu signi 65 E
herentes, et ex fide in opus, ex uerbo in signum nos rapientes,
30 qua re (ut dixi) sacramenta non modo captiuauerunt, sed
penitus, quod in eis fuit, aboleuerunt.

Nos ergo aperientes oculum discamus, magis uerbum
quam signum, magis fidem quam opus seu usum signi obseruare,
Scientes, ubicunque est promissio diuina, ibi requiri fidem,
35 Esseque utrunque tam necessarium, ut neutrum sine utro
efficax esse possit. Neque enim credi potest, nisi assit promissio, nec promissio stabilitur, nisi credatur, ambae uero, si
mutuae sint, faciunt ueram et certissimam efficatiam sacramentis. Quare efficatiam sacramenti citra promissionem et
40 fidem querere, est frustra niti et damnationem inuenire. Sic
Christus: qui crediderit et baptisatus fuerit, saluus erit, qui

non crediderit, condemnabitur. Quo monstrat, fidem in sacra-
534 W mento adeo ¹ necessariam, ut etiam sine sacramento seruare
possit, ideo noluit adiicere: Qui non crediderit et non baptisatus
fuerit.

Significat itaque baptismus duo, mortem et resurrectionem, 5
hoc est, plenariam consumatamque iustificationem. Quod enim
minister puerum immergit in aquam, mortem significat, quod
autem rursum educit, uitam significat. Ita Paulus Ro. vi.
exponit: Consepulti enim sumus Christo per baptismum in
mortem, ut, quemadmodum Christus resurrexit ex mortuis, per 10
gloriam patris, ita et nos in nouitate uitae ambulemus. Hanc
mortem et resurrectionem appellamus nouam creaturam, re-
generationem, et spiritualem natiuitatem, quam non oportet
allegorice tantum intelligi, de morte peccati et uita gratiae,
sicut multi solent, sed de uera morte et resurrectione. Non 15
enim baptismus significatio ficta est, Neque peccatum moritur,
neque gratia surgit plene, donec corpus peccati, quod gerimus
in hac uita, destruatur, ut ibidem Apostolus dicit. Nam donec
in carne sumus, desyderia carnis mouent et mouentur. Quare,
dum incipimus credere, simul incipimus mori huic mundo, et 20
66 E uiuere deo in futura uita, ut ¹ fides uere sit mors et resur-
rectio, hoc est, spiritualis ille baptismus, quo immergimur et
emergimus.

Quod ergo baptismo tribuitur ablutio a peccatis, uere
quidem tribuitur, sed lentior et mollior est significatio, quam 25
ut baptismum exprimat, qui potius mortis et resurrectionis
symbolum est. Hac ratione motus uellem baptisandos penitus
in aquam immergi, sicut sonat uocabulum et signat mysterium,
non quod necessarium arbitrer, sed quod pulchrum foret, rei
tam perfectae et plenae signum quoque plenum et perfectum 30
dari, sicut et institutum est sine dubio a Christo. Peccator
enim non tam ablui quam mori debet, ut totus renouetur in
aliam creaturam, et ut morti ac resurrectioni Christi respondeat,
cui per baptismum commoritur et corresurgit. Licet enim
possis Christum dicere ablutum a mortalitate, dum mortuus 35
est et resurrexit, segnius tamen dixeris, quam si in totum
mutatum et renouatum dixeris; ita ardentius est, per baptismum
nos significari omnibus modis mori et resurgere in aeternam
uitam, quam ablui a peccatis.

Hic iterum uides, Baptismi sacramentum, etiam quo ad 40
signum, non esse momentaneum aliquod negotium, sed perpetuum.

---

8 Rö. 6, 4   18 Rö. 6, 6   27 vgl. oben s. 185, z. 12 ff.

Licet enim usus eius subito transeat, tamen res ipsa significata
durat usque ad mortem, immo resurrectionem in nouissimo
die. Quam diu enim uiuimus, semper id agimus, quod baptismus
significat, id est, morimur et resurgimus, Morimur inquam non
5 tantum affectu et spiritualiter, quo peccatis et uanitatibus
mundi renunciamus, sed reuera, uitam hanc corporalem incipimus relinquere, et futuram uitam apprehendere, ut sit realis
(quod dicunt) et corporalis quoque transitus ex hoc mundo
ad patrem.

10 ⊢ Quare nobis cauendum est ab iis, qui baptismi uim eo 535 W
redegerunt tenuitatis et paruitatis, ut gratiam in eo dicant
quidem infundi, sed postea per peccatum effundi, tum alia
uia, ac iam quasi baptismo penitus irrito facto, ad coelum
eundum. Non sic tu arbitrabere, sed intelliges eam esse
15 baptismi significationem, qua moriaris et uiuas; ideo non posse
⊢ te siue per poenitentiam, siue per quancunque aliam uiam 67 E
redire, nisi ad uim baptismi, ac denuo illud facere, quod
baptisatus es ut faceres, quodque baptismus tuus significabat.
Nunquam fit baptismus irritus, donec desperans redire ad
20 salutem nolueris. aberrare quidem poteris ad tempus a signo,
sed non ideo irritum est signum. Ita semel es baptisatus sacra-
mentaliter, sed semper baptisandus fide, semper moriendum,
semperque uiuendum. Baptismus totum corpus absorbuit, et
rursus edidit; ita res baptismi totam uitam tuam cum corpore
25 et anima absorbere debet, et reddere in nouissimo die, indutam
stola claritatis et immortalitatis. itaque nunquam sine baptismi
tam signo quam re ipsa sumus, immo semper sumus bapti-
sandi magis ac magis, donec signum perfecte impleamus in
nouissimo die.

30 Intelligis ergo, quicquid in hac uita gerimus, quod ad
mortificationem carnis et uiuificationem spiritus ualet, ad
baptismum pertinere, et quo breuius a uita absoluimur, eo
citius baptismum nostrum impleamus, et quo atrociora patimur,
-eo foelicius baptismo respondeamus, ideoque Ecclesiam tunc
35 fuisse foelicissimam, quando martyres mortificabantur omni
die, et aestimabantur sicut oues occisionis; tunc enim regnabat
in Ecclesia uirtus baptismi, pleno imperio, quam hodie ignoramus
etiam, prae multitudine operum et doctrinarum humanarum.
Quicquid enim uiuimus, Baptismus esse debet, et signum seu
40 sacramentum baptismi implere, cum a caeteris omnibus liberati
uni tantum baptismo simus addicti, id est, morti et resurrectioni.

---

35 Ps. 44, 23. Rö. 8, 36

Hanc gloriam libertatis nostrae, et hanc scientiam baptismi
esse hodie captiuam, cui possumus referre acceptum, quam
uni tyrannidi Romani pontificis? qui, ut pastorem primum
decet, unus omnium maxime debuit esse praedicator et
assertor huius libertatis et scientiae, sicut Paulus .ii. Corint. iiii. 5
dicit: Sic nos existimet homo, sicut ministros Christi et dispensatores mysteriorum seu sacramentorum dei, ipse solum
id agit, ut suis decretis et iuribus opprimat, et in potestatis
68 E suae tyrannidem captiuos | illaqueet. Obsecro, quo iure (ut
non dicam, quam impie et damnabiliter haec mysteria omittat 10
docere) Papa super nos constituit leges? Quis dedit ei
536 W potestatem, | captiuandae huius nostrae libertatis, per baptismum
nobis donatae? Vnum (ut dixi) nobis in tota uita agendum
est propositum, ut baptisemur, id est, mortificemur, et uiuamus
per fidem Christi, quam et unice doctam oportuit, maxime 15
a summo pastore.   At nunc, tacita fide, infinitis legibus
operum et ceremoniarum extincta est Ecclesia, ablata uirtus
et scientia baptismi, impedita fides Christi.

Dico itaque: neque Papa, neque Episcopus, neque ullus
hominum, habet ius unius syllabae constituendae super 20
Christianum hominem, nisi id fiat eiusdem consensu. Quicquid aliter fit, tyrannico spiritu fit. ideo orationes, ieiunia,
donationes, et quaecunque tandem Papa in uniuersis suis
decretis tam multis quam iniquis statuit et exigit, Prorsus
nullo iure exigit et statuit, peccatque in libertatem Ecclesiae, 25
toties quoties aliquid horum attentauerit. Hinc factum est,
ut Ecclesiastici hodierni strenui quidem sint tutores libertatis
Ecclesiasticae, id est, lapidum, lignorum, agrorum et censuum
(sic enim hodie Ecclesiastica sunt idem quod spiritualia), sed
eisdem fictis uerbis ueram Ecclesiae libertatem non modo 30
captiuent, sed pessundent penitus, etiam plus quam Turca,
contra Apostolum, qui dicit: Nolite fieri serui hominum. Hoc
enim uere est hominum seruos fieri, statutis et tyrannicis
eorum legibus subiici.

Adiuuant hanc impiam et perditam tyrannidem discipuli 35
Papae, huc torquentes et deprauantes illud Christi: Qui uos
audit, me audit. Magnis enim buccis hoc inflant uerbum
pro suis traditionibus; cum Christus hoc dixerit Apostolis
euntibus praedicare Euangelium, et ad Euangelium tantum
referri debeat, ipsi omisso Euangelio suis tantum fabulis id 40

---

2 „auf wessen rechnung können wir das setzen" (Kaw.)   5 1. Ko.
4, 1   32 1. Ko. 7, 23   36 L.. 10, 16

aptant. Dicit enim Iohan. x. Oues meae uocem meam audiunt,
alienorum autem uocem non audiunt. ideo et relictum ^I est ὸς E
Euangelium, ut uocem Christi sonarent Pontifices, at ipsi suas
uoces sonant, audiri denique uolunt. Apostolus quoque dicit
5 sese missum esse, non baptisare, sed Euangelisare, itaque nemo
est obnoxius pontificis traditionibus, nec oportet eum audiri,
nisi dum Euangelium et Christum docet, nec aliud ipse docere
debet quam fidem liberrimam. cum autem Christus dicat: Qui
uos audit, me audit, Cur non Papa quoque audit alios? non
10 enim soli Petro dicit: qui te audit. Denique, ubi est uera
fides, ibi et uerbum fidei esse necessarium est. Cur ergo
Papa infidelis non audit quandoque seruum suum fidelem
habentem uerbum fidei? Caecitas, Caecitas in Pontificibus
regnat.

15 Alii uero multo impudentiores ex illo Matt. xvi. Papae
arrogant potestatem legum condendarum: Quodcunque ligaueris
etc. cum ibi Christus de peccatis ligandis et remittendis agat,
non de Ecclesia tota captiuanda et legibus opprimenda. ita
omnia agit ista tyrannis fictis suis uerbis, tortis per uim ac
20 deprauatis uerbis dei. Hoc sane confiteor, Esse tyrannidem
istam maledictam ferendam Christianis, sicut quamlibet aliam 537 W
uiolentiam huius mundi, iuxta illud Christi: Qui te percusserit
in maxillam dexteram, prebe ei et alteram, sed hoc quaeror,
quod impii pontifices se id iure posse et facere iactant, et rei
25 Christianae sese consulere hac Babylone sua praesumunt,
hanc ipsam opinionem omnibus persuadentes. Si enim conscientia impietatis et tyrannidis ea facerent, aut nos pateremur
uim eorum, inter ea securi numeraremus, quae ad mortificandam
uitam hanc, et implendum baptismum ualent, integra nobis
30 relicta conscientia gloriandi de iniuria illata. At nunc uolunt
sic conscientiam libertatis nostrae illaqueari, ut credamus bene
a se geri, quae gerunt, nec licere ea reprehendi aut inique
gesta quaerulari, et cum sint lupi, uideri uolunt pastores, cum
sint Antichristi, uolunt honorari pro Christo. pro hac duntaxat 70 E
35 clamo libertate et conscientia, clamoque fidenter:

Christianis nihil ullo iure posse imponi legum, siue ab
hominibus siue ab angelis, nisi quantum uolunt, liberi enim
sumus ab omnibus. Quod si quae imponuntur, sic ferenda
sunt, ut libertatis conscientia salua sit, quae sciat et certo
40 affirmet, iniuriam sibi fieri, quam cum gloria ferat, ita cauens,

---

ne iustificet tyrannum, ut ne murmuret contra tyrannidem.
Quis enim est (ait Petrus), qui uobis noceat, si bonum emulati
fueritis? omnia cooperantur electis in bonum. Attamen quia
hanc baptismi gloriam et libertatis Christianae foelicitatem
pauci nouerunt, nec prae tyrannide Papae nosse possunt, ipse 5
me hic expedio, et conscientiam meam redimo, compellans
Papam et omnes papistas, Quod nisi sua iura et traditiones
sustulerint, et ecclesiis Christi libertatem suam restituerint,
eamque doceri fecerint, reos esse eos omnium animarum, quae
hac misera captiuitate pereunt, Esseque papatum aliud reuera 10
nihil, quam regnum Babylonis et ueri Antichristi. Quis enim
est homo peccati et filius perditionis, quam is, qui suis doctrinis
ac statutis peccata et perditionem animarum auget in Ecclesia,
sedens tamen in Ecclesia sicut deus?   At hoc totum abunde
impleuit tyrannis papalis, iam a multis saeculis, quae fidem 15
extinxit, sacramenta obscurauit, Euangelium oppressit, suas
autem non modo impias et sacrilegas, uerum etiam barbaras
et indoctissimas leges imperauit, et sine fine multiplicauit.

   Vide ergo miseriam captiuitatis nostrae: Quomodo sedeat
sola ciuitas plena populo, et facta sit uidua domina gentium, 20
princeps prouintiarum sub tributo. Non est qui consoletur
eam, etiam amici eius spreuerunt eam etc. Tot ordines, tot
ritus, tot sectae, tot professiones, tot studia, tot opera sunt,
quibus hodie Christiani occupantur, ut obliuiscantur baptismi
sui, et nemo prae harum locustarum, erucarum, bruchorum 25
₇₁ E multitudine meminisse ¹ possit, sese esse baptisatum aut quid
₅₃₈ W in baptismo consecutus sit. Decebat enim ¹ nos esse, sicut
paruuli baptisati, qui nullis studiis, nullisque operibus occupati,
in omnia sunt liberi, solius gloria baptismi sui securi et salui.
Sumus enim et ipsi paruuli, in Christo assidue baptisati.   30

   Opponetur forsitan iis, quae dicta sunt, baptismus
paruulorum, qui promissionem dei non capiant, nec fidem
baptismi habere possunt, ideoque aut non requiri fidem, aut
paruulos frustra baptisari. Hic dico, quod omnes dicunt, fide
aliena paruulis succurri, illorum, qui offerunt eos. Sicut enim 35
uerbum dei potens est, dum sonat, etiam impii cor immutare,
quod non minus est surdum et incapax, quam ullus paruulus,
ita per orationem Ecclesiae offerentis et credentis, cui omnia
possibilia sunt, et paruulus fide infusa mutatur, mundatur, et
renouatur.   Nec dubitarem, etiam adultum impium, eadem 40

   2 1. Pt. 3, 13   3 Rö. 8, 28   12 2. Th. 2, 3   14 v. 4
19 Klagel. 1, 1 f.   25 Joe. 1, 5   eruca Kohlraupe, bruchus eine un-
geflügelte heuschreckenart   38 Mt. 19, 26

Ecclesia orante et offerente, posse in quouis sacramento mutari, sicut de paralytico Euangelico legimus, aliena fide sanato. Atque hac ratione libens admitterem, sacramenta nouae legis esse efficatia ad dandam gratiam, non modo non 5 ponentibus, sed etiam obstinatissime ponentibus obicem. Quid enim fides Ecclesiae et oratio fidei non tolleret, cum Paulum Apostolum Stephanus hac ui conuertisse credatur? At tunc sacramenta non sua, sed fidei uirtute faciunt quod faciunt, sine qua nihil prorsus faciunt, ut dixi.

10 Queritur etiam adhuc, an paruulus nondum natus possit, porrecta ex utero manu uel pede, baptisari. Hic nihil temere iudico, meamque ignorantiam confiteor, Nec scio, an id satis sit, quod pro fundamento habent, Esse uidelicet animam in qualibet parte corporis totam. Non enim anima, sed corpus 15 baptisatur aqua externe. Sed nec hoc iudico, quod dicunt, renasci eum non posse, qui natus nondum sit, et si uehementer urgeat. ideo magisterio spiritus haec relinquo, interim sinens quenque suo sensu abundare.

¹ Vnum hic addo, quod utinam cunctis queam persuadere, ⁷² E 20 id est, ut uota prorsus omnia tollerentur aut uitarentur, siue sint religionum, siue peregrinationum, siue quoruncunque operum, maneremusque in libertate religiosissima et operosissima baptismi. Dici non potest, quantum detrahat baptismo et obscuret scientiam libertatis Christianae opinio illa uotorum 25 plus nimio celebris, ut interim taceam infanda etiam eaque infinita pericula animarum, quae uouendi ista libido, inconsultaque temeritas quotidie auget. O impiissimi pontifices et infoelicissimi pastores, qui secure stertitis, et in uestris cupiditatibus lasciuitis, et nihil compatimini super ista contritione 30 Ioseph pessima et periculosissima.

Oportuit hic generali edicto, uel tollere uota, illa praesertim perpetua, et ad baptismi uota cunctos reuocare, uel diligenter monere, ne quis temere ¹ uoueret, nullum inuitare, immo difficiles 539 W tardosque esse ad uota permittenda. Abunde enim uouimus 35 in baptismo, et plus quam possimus implere, sat negocii habituri, si huic uni intenderimus. At nunc mare et aridam circuimus, ut multos proselytas faciamus, mundum sacerdotibus, monachis, monialibus implemus, et hos omnes perpetuis uotis incarceramus. Hic inuenias, qui disputent et statuant, opus 40 intra uotum esse prestancius opere extra et citra uotum, et

2 Mt. 9, 1 ff.   7 AG. 7, 57 ff.   10 vgl. WA Bı6, 97 f.   29 Am.
6, 6   37 Mt. 23, 15

nescio quantis premiis in coelo aliis praeferendum, Pharisei
caeci et impii, qui ex operum magnitudine et multitudine
aliaue qualitate metiuntur iustitiam et sanctitatem, quae ex
sola fide apud deum mensuratur, apud quem nulla est differentia operum, nisi quanta est fidei differentia.   5

Faciunt hac bucca sua homines impii suis inuentionibus
opinionem, et opera hominum inflant, ad alliciendum stolidum
uulgus, quod specie operum fere ducitur, in magnam iacturam
fidei, obliuionem baptismi, iniuriam libertatis Christianae. cum
enim uotum sit lex quaedam et exactio, necessario, multiplicatis 10
uotis, leges et opera multiplicantur, quibus multiplicatis fides
extinguitur, et baptismi libertas captiuatur.   Hiis blandiciis
73 E impiis non contenti, addunt | alii, Ingressum religionis esse
uelut nouum baptisma, quod deinceps licet tocies renouari,
quoties ab integro propositum religionis renouatur. ita uotarii 15
isti sibi solis iustitiam, salutem, gloriam tribuerunt, Baptisatis
prorsus nihil reliquerunt, quo possint eis conferri.   Iam
Romanus pontifex, superstitionum omnium fons et autor,
magnificis bullis et indultis has uiuendi rationes confirmat,
approbat, ornat, Baptismum uero nemo uel memoria dignatur. 20
Atque iis pompis speciosis (ut dixi) sequacem populum Christi
in quascunque uolent symplegadas pellunt, ut, ingrati suo
baptismo, praesumant meliora suis operibus prestare, quam
alii sua fide.

Quare et deus rursus cum peruersis peruersus, ulturus 25
ingratitudinem et superbiam uotariorum, facit, ut uota sua non
seruent, aut cum ingenti labore seruent, maneantque in eis
immersi, nunquam fidei et baptismi gratiam cognoscentes, et,
cum non sit creditus cum deo spiritus eorum, perseuerent in
hypocrisi sua inperpetuum, et tandem ludibrio sint toti mundo, 30
semper iustitiam sectando, et ad Iustitiam nunquam perueniendo,
ut impleant illud Isaie .ii: Et terra repleta est Idolis.

Ego sane non prohibuerim nec repugnauerim, si quis
priuatim arbitrio suo quippiam uelit uouere, ne uota penitus
contemnam aut damnem, sed publicum uitae genus hinc 35
statui et confirmari, omnino dissuaserim.   Sufficit cuique
uouendi priuata licentia periculo suo, publicam uero com-
mendari rationem uiuendi in uotis uouendis, arbitror perni-
540 W ciosum esse Ecclesiae et | animabus simplicibus. Primum, quod
non parum Christianae uitae repugnet, in hoc, quod uotum 40

---

13 Denifle I², 220 ff. und dazu Nik. Paulus, Histor. Jahrb. 1906,
510 ff.   25 Ps. 18, 27   32 Jes. 2, 8

est lex quaedam cerimonialis et humana traditio seu presumptio, a qua Ecclesia per baptismum liberata est. Christianus enim nulli legi addictus est, nisi diuinae. Deinde, quod non habeat exemplum in scripturis, praecipue castitatis, obedientiae, pauper-
5 tatis perpetuae uotum. Quod autem e scripturis exemplum non habet, periculosum est, nulli prorsus suadendum, multo minus pro uulgari et publico uiuendi genere statuendum, et si cuilibet ¹ audere suo periculo, quod uoluerit, sit permittendum. 74 E
Opera enim quaedam spiritus in paucis operatur, quae in
10 exemplum aut uiuendi modum nequaquam sunt uocanda.

Sed et uehementer metuo, ne uotiuae istae uiuendi rationes religiosorum sint de numero earum, de quibus Apostolus praedixit: Erunt docentes in hypocrisi mendatium, prohibentes nubere et abstinere a cibis, quos deus creauit ad percipiendum
15 cum gratiarum actione. Nec mihi quisquam obiecerit sanctum Bern., Franciscum, Dominicum et similes religionum uel autores, uel auctores. Terribilis et mirabilis est deus in consiliis suis super filios hominum. potuit Danielem, Ananiam, Azariam, Misael in Babylonici regni (id est, in media impietate) ad-
20 ministratione seruare sanctos, cur non potuisset et hos in periculoso uitae genere sanctificare, aut singulari opere spiritus gubernare, quod tamen exemplum aliis fieri nollet. Et certum est, nullum illorum, per uota sua et religionem fuisse saluatum, sed per fidem solam, in qua omnes saluantur, contra quam
25 maxime omnium pugnant speciosae illae seruitutes uotorum.

Sed abundet hic sensu quisque suo, Ego quod cepi prosequar; cum pro libertate Ecclesiae et gloria baptismi nunc loquar, in medium consulere debeo, quod spiritu magistro intellexero. Quare consulo, Primum magnatibus Ecclesiarum,
30 ut omnia ista uota seu uitas uotariorum tollant, uel non probent et extollant, Aut, si hoc non fecerint, suadeo omnibus, qui uolunt securius salui fieri, ut sibi ab omnibus uotis, prae-sertim magnis et perpetuis, temperent, maxime adolescentes et iuuenes. Hoc consulo primum ideo, quod hoc uitae genus,
35 ut dixi, nullum habet in scripturis testimonium et exemplum, sed solis hominum pontificum bullis, et uere bullis est inflatum. Deinde, quod procliue sit in hypocrisim, propter suam speciem et singularitatem, unde nascitur superbia et contemptus com-munis Christianae ¹ uitae. Atque si nulla alia esset causa eadem 75 E
40 uota tollendi, haec una satis haberet ponderis, Quod per ipsa

12 *eorum* A   13 1. Ti. 4, 2 f.   16 „ordensstifter oder ordensmehrer" (Kaw.)   18 Da. 1, 6 ff.   36 bulla = auch wasserblase (W A Br 2, 207 ⁴, Theolog. Stud. u. Krit. 1909, 304⁸, Clemen, Einblattdrucke s. 51 u. ö.)

fidei et baptismo detrahitur, et opera magnificantur, quae
sine pernicie magnificari non possunt. Nam, inter multa milia
uix est unus, qui non magis opera in religionibus suspiciat
quam fidem, qua insania et sese mutuo praeferunt, tanquam
strictiores et laxiores, ut uocant.   5

541 W   Quare ego nulli suadeo, immo omnibus dissuadeo ingressum cuiuscunque religionis aut sacerdocii, nisi sit ea
scientia praemunitus, ut intelligat, opera quantumlibet sacra et
ardua religiosorum et sacerdotum in oculis dei prorsus nihil
distare ab operibus rustici in agro laborantis, aut mulieris in 10
domo sua curantis, sed sola fide omnia apud eum mensurari,
sicut Hiere. v. dicit: Domine, oculi tui respiciunt fidem,
Ecclesi. xxxii: In omni opere tuo crede ex fide animae tuae,
haec enim est conseruatio mandatorum dei, immo frequentius
contingere, ut gratius sit ancillae aut serui domesticum et uile 15
opus, quam omnia ieiunia et opera religiosi et sacerdotis, ob
fidei defectum. Cum ergo probabile sit, uota hodie non nisi
ad operum ualere iactantiam et praesumptionem, metuendum
est, nusquam minus de fide et Ecclesia esse, quam in sacerdotibus, monachis, et Episcopis, et eos ipsos esse reuera 20
gentiles seu hypocritas, qui se Ecclesiam, aut cor Ecclesiae,
item spirituales et rectores Ecclesiae arbitrantur, cum sint nihil
minus, Et hunc esse uere populum transmigrationis, in quibus
captiua sunt omnia, quae nobis in baptismo libera donata
sunt, relicto populo terrae paupere et modico, qui, uelut 25
coniugatis contingit, uiles in oculis illorum apparent.

¶ Ex his duos insignes errores Romani pontificis
cognoscimus. Prior, quod dispensat in uotis, facitque id, quasi
solus prae omnibus Christianis habeat autoritatem, tanta est
hominum impiorum temeritas et audacia. Si enim uotum 30
dispensari potest, quilibet frater cum proximo et ipse secum
dispensare potest; sin dispensare proximus non potest, nullo
iure Papa potest. Vnde enim habet hanc autoritatem? Ex

76 E clauibus? At heae omnibus communes sunt, et super peccata
duntaxat ualent, Matt. xviii. Cum autem et ipsi fateantur, 35
uota esse iuris diuini, quid miseras fallit et perdit animas
dispensans in iure diuino, quod est indispensabile? Blatterat
quidem tit. de uot. et uoti redem. se posse mutare uota, sicut
olim in lege primogenitum asini mutabatur oue, quasi idem
sit primogenitum asini et uotum, quod tam constanter ubique 40

---

12 Jer. 5, 3   13 Si. 32, 27   23 Ps. 64, 1 vg.   35 Mt. 18.
15 ff.   38 Decretal. Greg. lib. III tit. XXXIV cap. VII   39 Ex
13, 13

exigit reddi, aut, si dominus in lege sua ouem pro asino
statuat mutari, mox etiam homo Papa, in lege non sua, sed
eiusdem dei, eandem habeat potestatem. Non Papa hanc
decretalem fecit, sed asinus pro Papa mutatus, sic insigniter
5 et delyrus et impius est.

Posterior, quod rursus decernit, matrimonium dirimi, si
alter, altero etiam inuito, monasterium ingrediatur, nondum
consumato matrimonio. Obsecro, Quis satan haec inspirat
Papae portenta? deus praecipit homini seruari fidem, et
10 ueritatem inuicem custodire. deinde, de suo quenque facere
| bonum. odit enim rapinam in holocaustum, ut per Isaiam 542 W
dicit. At coniunx alter alteri per pactum fidem debet, nec
suus est, quam nullo iure potest dissoluere, et quicquid de se
facit, de rapina facit, altero inuito. Aut quare non etiam hac
15 regula, qui aere alieno premitur, religionem intrat et suscipitur,
ut a debitis liberetur, ut fidem liceat negare? Caeci, caeci!
Quid est maius? fides a deo praecepta, an uotum per
hominem excogitatum et electum? Tu es pastor animarum,
Papà? et uos estis doctores sacrae Theologiae, qui haec
20 docetis? Qua enim causa sic docetis? Nempe, quod uotum
meliore opere quam coniugium ornastis, sed non fidem, quae
sola magnificat omnia, sed opera magnificatis, quae nihil
sunt coram deo, aut omnia aequalia, quantum ad meritum
attinet.

25 Ego itaque non dubito, in uotis, si recta sunt, neque
homines neque angelos posse dispensare. Sed hic non sum
plane mihi ipsi persuasus, an ea sub uoto cadant omnia, quae
hodie uouentur. Quale est illud mire ridiculum et stultum,
quod parentes uouent prolem uel nondum natam uel infantem
30 ad religionem | seu perpetuam castitatem, immo hoc sub nullo 77 E
uoto cadere certum est, et uidetur esse quaedam irrisio dei,
dum ea uouent, quae nullo modo in sua sunt potestate. Ad
religiosos uenio, quorum tria uota, quo magis consydero, eo
minus intelligo, mirorque, unde inoleuerit ista uotorum exactio.
35 iam hoc multo minus intelligo, quo aetatis anno uoueri
possunt, ut legitima sint et ualeant. In hoc placet conuenisse
omnes, ante annos pubertatis nihil ualere uota eorum, licet
magnam partem puerorum hic fallant, ignaram tam suae
aetatis, quam rei quam uouent, non enim obseruant in sus-
40 cipiendis annos pubertatis, tum professos dira conscientia, quasi
consensu postea secuto, captiuos tenent et deuorant, quasi

---

4 Papstesel? Köhler s. 222 f., K. K. 1, 646   11 Jes. 61, 8

uotum, quod irritum fuit, tandem ratum fiat succedentibus annis.

At mihi stultum uidetur, ab aliis praestitui terminum legitimi uoti alterius, qui sibi ipsis non possunt praestituere. Nec uideo, cur ualeat uotum decimo octauo anno factum, et non 5 decimo aut duodecimo. Nec satisfacit, quod decimo octauo sentit homo carnem suam. Quid, si uix uicesimo aut tricesimo senciat? aut fortius tricesimo quam uicesimo senciat? Aut cur non diffinitur aeque terminus paupertati et obedientiae? Sed quod tempus dabis, quo se auarum et superbum sentiat, 10 cum etiam spiritualissimi hos affectus uix deprehendant? Ergo nunquam erit ullum uotum certum et legitimum, nisi donec spirituales facti fuerimus, et uotis iam non eguerimus. Vides itaque res istas incertas et periculosissimas esse, unde salutare consilium foret, has sublimes uiuendi rationes, uotis liberas, 15 soli spiritui relinquere, sicut olim fuerunt, et nequaquam in ₅₄₃ W genus quoddam perpetuae uitae mutandas esse. ¦ Verum haec interim de Baptismo et libertate eius satis. Suo forte uenient tempore uota latius tractanda, ut sunt reuera tractatu uehementer necessaria.   20

DE SACRAMENTO POENITENTIAE.

¶ TERTIO LOCO de poenitentiae sacramento dicendum, ₇₈ E in qua re, editis iam tractatulis et disputationibus, satis multos offendi, et quid in ea sentirem abunde exposui. Nunc breuiter repetenda, pro tyrannide reuelanda, quae non parcius hic 25 grassatur, quam in sacramento panis. In his enim duobus sacramentis quia lucrum et questus locum habent, incredibili negotio insaniuit auaritia pastorum in oues Christi, quanquam, ut iam de uotis uidimus, et baptismus, ut auaritiae seruiretur, misere occubuit in adultis.   30

Primum huius sacramenti et capitale malum est, quod sacramentum ipsum in totum aboleuerunt, ne uestigio quidem eius relicto. Nam cum et ipsum, sicut et alia duo, constet uerbo promissionis diuinae et fide nostra, utrunque subuerterunt. Nam uerbum promissionis, ubi Christus dicit Matt. xvi. Quod- 35 cunque ligaueris etc., Et xviii. Quodcunque ligaueritis etc., Et Iohan. ult. Quorum remiseritis peccata, remittuntur eis etc., quibus prouocatur fides poenitentium, pro remissione peccatorum impetranda, suae tyrannidi aptauerunt. Vniuersis enim suis libris, studiis, sermonibus, non hoc egerunt, ut docerent, quid 40

Christianis in his uerbis promissum esset, quid credere deberent,
et quantum consolationis haberent, sed quam late, longe,
profunde ipsi potentia et uiolentia tyrannisarent, donec quidam
et angelis in coelo ceperint mandare, et iactent incredibili et
5 furentissima impietate, se coelestis et terreni imperii iura in his.
accepisse, atque in coelis etiam ligandi potestatem habere.
ita prorsus nihil de fide salutari populi, sed de potestate
tyrannica Pontificum omnia blatterant, cum Christus nihil de
potestate, sed de fide omnia agat.

10   Non enim imperia, non potestates, non dominationes, sed
ministeria in Ecclesia sua constituit, sicut ex Apostolo didicimus,
dicente: Sic nos existimet homo ut ministros Christi et dispensatores mysteriorum dei. Quare, sicut ibi, cum dicit: Quicunque crediderit et baptisatus fuerit, saluus erit, fidem
15 prouocauit baptisandorum, ut hoc promissio¦nis uerbo homo 79 E
certus sit, si baptisaretur credens, salutem sese consecuturum,
ubi nihil prorsus potestatis tributum, sed ministerium duntaxat
baptisantium institutum sit, Ita hic, cum dicit: Quodcunque
ligaueris etc. fidem prouocat poenitentis, ut hoc promissionis
20 uerbo certus sit, si solueretur credens, uere solutum se esse
in coelo, ubi plane nihil potestatis, sed ministerium tangitur
absoluentis.   Et satis mirum est, quid acciderit caecis illis et
arrogantibus hominibus, ut ¹ ex promissione baptismali non 544 W
etiam sibi tyrannidem arrogarint, aut, si hinc non arrogant,
25 cur in poenitentiali promissione id praesumpserint, cum utrobique sit par ministerium, similis promissio, eadem sacramenti
ratio, ut non possis negare, si Baptismus non soli Petro debetur,
etiam claues impia tyrannide soli Papae arrogari.

     Ita cum dicit: Accipite, hoc est corpus meum, quod pro
30 uobis tradetur, Hic est calix in sanguine meo etc. fidem
prouocat manducantium, ut his uerbis per fidem firmata conscientia, certi sint, sese remissionem peccatorum accipere, si
manducauerint.   Nec hic aliquid potestatis sonat, sed solum
ministerium.   Sed baptismi promissio utcunque uel infantibus
35 permansit, panis et calicis promissio extincta, in auaritiae
seruitutem migrauit, et ex fide opus, ex testamento sacrifitium
natum est, Poenitentiae promissio abiit in tyrannidem uiolen-
tissimam, et imperium plus quam temporale statuendum.

     Non hoc contenta Babylonia nostra fidem quoque adeo
40 extinxit, ut impudenti fronte eam negaret necessariam esse in

---

3 ff. anspielung auf eine kaum echte bulle Clemens' VI. (Köhler, L.
und die Kg., s. 206 und W. A. 30², 282⁷. 30², 316 ,14f.) 12 1. Ko. 4, 1

480   De captivitate Babylonica

sacramento isto, immo Antichristica impietate definiret haeresim
esse, si fidem necessariam quis esse assereret. Quid amplius
potuit tyrannis ista facere, et non fecit? Vere super flumina
Babylonis sedemus et flemus, dum recordamur tui, Zion, In
salicibus in medio eius suspendimus organa nostra. Maledicat 5
dominus steriles istas salices fluminum istorum, Amen. Ob-
literatis itaque ac subuersis promissione et fide, uideamus,
80 E quid ¹ substituerint in locum earum. Tres partes dederunt
poenitentiae, Contritionem, confessionem, satisfactionem, sed
sic, ut in singulis, si quid boni inesset, tollerent, et in eisdem 10
quoque suam libidinem et tyrannidem constituerent.

PRINCIPIO, Contritionem sic docuerunt, ut eam fide
promissionis priorem facerent, et longe uiliorem, ut quae non
esset fidei opus, sed meritum, immo non memorantur eam.
Sic enim operibus inhaeserunt et exemplis scripturarum, in 15
quibus leguntur multi ueniam consecuti propter cordis contritionem et humilitatem, sed non aduertunt fidem, quae contritionem et dolorem cordis operata est, sicut de Niniuitis
Ionae .ii. scribitur : Et crediderunt uiri Niniuitae in domino
et predicauerunt ieiunium etc.   His audatiores et peiores 20
finxerunt quandam attritionem, quae uirtute clauium (quam
ignorant) fieret contritio, eam donant impiis et incredulis, ut
sic uniuersa contritio aboleretur.   O iram dei insustentabilem,
haeccine in Ecclesia Christi doceri!   Sic securi et fide et
545 W opere eius abolito, in doctrinis et opinionibus ¹ hominum in- 25
cedimus, immo perimus.   Magna res est cor contritum, nec
nisi ardentis in promissionem et comminationem diuinam fidei,
quae ueritatem dei immobilem intuita, tremefacit, exterret et
sic conterit conscientiam, rursus exaltat et solatur seruatque
contritam,   ut ueritas comminationis sit causa contritionis, 30
ueritas promissionis sit solacii, si credatur, et hac fide homo
mereatur peccatorum remissionem.   Proinde fides ante omnia
docenda et prouocanda est, fide autem obtenta, contritio et
consolatio ineuitabili sequela sua sponte uenient.

Quare, et si non nihil docent, qui ex peccatorum suorum 35
(ut uocant) collectu et conspectu contritionem parandam
docent, periculose tamen et peruerse docent, dum non ante
principia et causas docent contritionis, nempe, diuinae comminationis et promissionis ueritatem immobilem ad fidem
prouocandam, ut intelligant, multo maiori negotio sibi ueritatem 40

3 Ps. 137, 1   19 Jon. 3, 5   21 „galgenreue"; vgl. aber Nik. Paulus,
Tetzel s. 109 ff.; Zeitschr. f. kathol. Theol. 23, 48 ff.; 28, 1 ff., 410 ff., 449 ff.,
682 ff.; L. Pfleger, Wissenschaftl. Beil. zur Germania 1910 no. 45—47.

¹ diuinam esse spectandam, unde humilientur et exaltentur, quam 81 E
peccatorum suorum turbam, quae si citra ueritatem dei
spectentur, potius refricabunt et augebunt peccati desyderium
quam contritionem parent. Taceo hic insuperabile cahos
5 laboris, quod nobis imposuerunt, scilicet, ut omnium peccatorum
formemus contritionem, cum hoc sit impossibile et minorem
partem peccatorum scire possimus, denique et bona opera
inueniantur esse peccata, iuxta illud psal. cxlii: Non intres
in iuditium cum seruo tuo, quia non iustificabitur in conspectu
10 tuo omnis uiuens. Satis enim est, si ea doleamus peccata,
quae praesente conscientia mordent, et facili prospectu memoriae
cognoscuntur. Nam, qui sic affectus est, absque dubio paratus
est de omnibus dolere et timere, dolebitque ac timebit, ubi
in futurum reuelata fuerint.

15   Caue ergo in contritionem tuam confidas, aut dolori tuo
tribuas remissionem peccatorum. Non respicit te propter
haec deus, sed propter fidem, qua minis et promissis eius
credidisti, quae operata est dolorem eiusmodi. ac per hoc
non diligentiae peccatorum collectrici, sed ueritati dei et fidei
20 nostrae debetur, quicquid boni in poenitentia fuerit. Caetera
omnia sunt opera et fructus, quae sua sponte sequuntur, et
bonum hominem non faciunt, sed a bono iam per fidem
ueritatis dei facto fiunt. Sic fumus ascendit in ira eius, quia
iratus montes conturbat et succendit, ut psal. xvii. dicitur.
25 prior est terror comminationis, qui succendit impios, hanc
fides acceptans fumat contritionis nebulam etc.

       Contritio tamen minus tyrannidi et quaestui, sed in totum
impietati et doctrinis pestilentibus. patuit. Confessio uero et
satisfactio, egregiae officinae factae sunt lucri et potentiae. De
30 confessione prius. ¹ Non est dubium, confessionem peccatorum 546 W
esse necessariam et diuinitus mandatam Matt. iii. Baptisabantur
a Iohanne in Iordane confitentes peccata sua. i. Iohan. i. Si
confessi fuerimus peccata noˡstra, fidelis est et iustus, qui remittat 82
nobis peccata nostra, Si dixerimus, quia non peccauimus,
35 mendacem eum facimus, et uerbum eius in nobis non est.
Si enim sanctis non licet negare peccatum suum, quanto
magis publicis aut magnis peccatis obnoxios oportet confiteri.
Sed omnium efficacissime Mat. xviii. instituta confessio probatur,
ubi Christus docet fratrem peccantem corripiendum, prodendum,
40 accusandum, et si non audierit, excommunicandum. Tunc

---

8 Ps. 143, 2   23 Ps. 18, 8 f.   31 Mt. 3, 6   32 1. Jo. 1, 9 f.
37 *minus* A   38 Mt. 18, 15 ff.

enim audiet, quando agnoscet et confitebitur peccatum suum,
correptioni caedens.

Occulta autem confessio, quae modo celebratur, et si
probari ex scriptura non possit, miro modo tamen placet, et
utilis imo necessaria est, nec uellem eam non esse, immo
gaudeo eam esse in Ecclesia Christi, cum sit ipsa afflictis
conscientiis unicum remedium. Siquidem, detecta fratri nostro
conscientia et malo, quod latebat, familiariter reuelato, uerbum
solacii recipimus ex ore fratris a deo prolatum, quod fide
suscipientes, pacatos nos facimus in misericordia dei per
fratrem nobis loquentis. Hoc solum detestor, Esse eam confessionem in tyrannidem et exactionem pontificum redactam.
Nam et occulta sibi reseruant, deinde nominatis a se con-
fessoribus reuelari mandant, ad uexandas scilicet hominum
conscientias, solum pontificantes, officiis ueris pontificum prorsus
(quae sunt Euangelisare, et pauperes curare) contemptis. Quin
ea potissimum reseruant sibi impii tyranni, quae minoris sunt
momenti, magna uero passim relinquunt uulgo sacerdotum,
Qualia sunt ridicula illa et conficta in Bulla coenae domini,
immo, quo sit manifestior peruersitatis impietas, ea, quae contra
cultum dei, fidem et prima praecepta sunt, non modo non
reseruant, sed et docent et probant, qualia sunt discursus
illi peregrinationum, cultus peruersi sanctorum, mendaces
legendae sanctorum, uaria fidutia et exercitia operum et cerimoniarum, quibus omnibus fides dei extinguitur et Idolatria
83 E fouetur, sicut est dies haec, | ut pontifices hodie alios non
habeamus, quam quales olim Hieroboam in Dan et Bersabee
constituit, uitulorum aureorum ministros, ut qui legem dei,
fidem et quicquid ad pascendas oues Christi pertinet, ignorantes, sua tantum inuenta populis in timore et potestate
inculcant.

Ego etsi uiolentiam istam reseruatorum ferendam esse
suadeo, sicut et uniuersas omnium tyrannides ferre iubet
Christus, et his exactoribus parendum esse docet, tamen ius
547 W reseruandi eos habere, nego neque credo, quod nec uno | apice
aut iota possunt probare, ego autem contrarium probo, Primum.
Si Christus Matt. xviii. de publicis peccatis dicit, nos esse
lucratos animam fratris, si correptus nos audierit, nec prodendum
Ecclesiae, nisi audire noluerit, et ita inter fratres peccatum
emendari potest, quanto magis de occultis uerum erit, ipsum

---

19 s. oben s. 388, z. 20 ff.   26 „wie es denn heutzutage so
steht, dass . . .“ (Kaw.)   27 1. Kö. 12, 26 ff.   37 Mt. 18, 15 ff.

tolli, si fratri frater sponte confessus fuerit, ut non sit necesse,
Ecclesiae, id est, praelato aut sacerdoti (ut ipsi garriunt, inter-
pretantes) idipsum prodere? In quam sententiam et aliam
habemus Christi autoritatem dicentis ibidem: Quodcunque
5 ligaueritis super terram, ligatum erit et in coelis, et quodcunque
solueritis super terram, solutum erit et in coelis. Hoc enim
omnibus et singulis Christianis dictum est. ubi et iterum in
idem dicit: Rursum dico uobis, Si duo ex uobis consenserint
super terram, de omni re, quancunque petierint, fiet illis a
10 patre meo, qui est in coelis. At frater fratri occulta sua
pandens et ueniam petens, certe cum fratre super terram
consentit, in ueritate, quae Christus est. De quo adhuc
clarius ibidem praedicta confirmans, dicit: Amen enim dico
uobis, ubi fuerint duo aut tres in nomine meo congregati, in
15 medio eorum sum ego.

Proinde, ego non dubito eum esse a peccatis suis occultis
absolutum, quisquis siue sponte confessus, siue correptus,
ueniam petierit et emendauerit, coram quouis priuatim fratre,
quicquid contra haec insanierit pontificum uiolentia, quando
20 Christus et manifesta dedit absoluere cuilibet suo fideli. Adde
et ratiunculam: Si occultorum ualeret reser|uatio ulla, ut, nisi 84 E
eis remissis, non esset salus, maxime illa impedirent salutem,
quae supra memoraui, ipsa etiam bona opera et idolatriae,
quas a pontificibus docemur hodie; quod si haec non impediunt
25 grauissima, quanto minus et illa stultissime reseruantur leuiora?
Verum, ignorantia et caecitas pastorum, operantur haec portenta
in Ecclesia. Quare, ego principes istos Babylonis et Episcopos
Bethauen monerem, sibi temperent a reseruandis casibus
quibuscunque. Deinde, de occultis audiendae confessionis
30 facultatem permittant liberrimam omnibus fratribus et sororibus,
ut peccator, cui uŏluerit, suum peccatum reuelet, ueniam et
solatium, id est, uerbum Christi ex ore proximi petiturus.
Nihil enim agunt his suis temeritatibus, quam ut conscientias
infirmorum sine causa illaqueent, suam tyrannidem impiam
35 stabiliant, et e peccatis ac perditione fratrum auaritiam suam
pascant. sic enim sanguine animarum contaminant manus suas,
et filii deuorantur a parentibus, et Ephraim deuorant Iudam,
et Syria Israelem toto ore, ut Isaias dicit.

His malis adiecerunt circumstantias, item matres, filias,
40 sorores, affines, ramos, fructus peccatorum, excogitata scilicet
per acutissimos et ociosissimos | homines etiam in peccatis 548 W

arbore quadam consanguinitatis et affinitatis, tam foecunda est
impietas et inscitia. Abiit enim ista cogitatio, cuiuscunque
nebulonis fuerit, in publicam legem, sicut et multa alia. Sic
enim super Ecclesiam Christi uigilant pastores, ut, quicquid
uel somniauerint superstitionis aut operis noui deuotarii illi   5
stultissimi, mox proditum ornent etiam indulgentiis, et muniant
bullis, tantum abest, ut inhibeant et populo dei synceram
fidem et libertatem custodiant. Quid enim libertati et tyrannidi
Babyloniae? At ego, quicquid est circumstantiarum, consuluerim
penitus contemnere. Apud Christianos una est circumstantia, 10
quae est, peccasse fratrem.   Nulla enim persona fraternitati
85 E Christianae compa¦randa est, nec aliquid aliud facit obseruatio
locorum, temporum, dierum, personarum, et si qua alia est
inflatura superstitiosa, quam ut magnificet ea, quae nihil sunt,
in iniuriam eorum, quae omnia sunt, quasi quid grauius aut 15
maius esse possit fraternitatis Christianae gloria. ita affigunt nos
locis et diebus et personis, ut uilescat fraterni nominis opinio,
et pro libertate captiuitatem seruiamus, nos, quibus omnes dies,
loci, personae, et quicquid externum est, aequalia sunt.

    Satisfactionem quam indigne tractarint, abunde dixi in 20
causis indulgentiarum, qua egregie sunt abusi, ad perdendos
Christianos in corpore et anima. Primum eam sic docuerunt,
ut populus ueram satisfactionem non intelligeret unquam,
quae est innouatio uitae. Deinde, sic instant, et necessariam
faciunt, ut fidei in Christum non relinquant locum, miserrime 25
excarnificatis eo scrupulo conscientiis, alio currente ad Romam,
alio huc, alio illuc, illo in Carthusiam, illo in alium locum,
alio uirgis se flagellante, alio corpus suum uigiliis et ieiuniis
occidente, omnibus uno furore dicentibus: Ecce hic et hic est
Christus, et regnum dei, quod intra nos est, cum obseruatione 30
uenturum putantibus. Quae monstra tibi debemus, Romana
sedes, et tuis homicidis legibus et ritibus, quibus mundum
totum eo perdidisti, ut arbitrentur sese posse deo per opera
pro peccatis satisfacere, cui sola fide cordis contriti satisfit,
quam tu his tumultibus non solum taceri facis, sed opprimis 35
etiam, tantum ut habeat sanguisuga tua insatiabilis, quibus
dicat: affer, affer, et peccata uendat.
    Processerunt ex his quidam ad eas desperationis machinas
animabus parandas, ut statuerent, omnia peccata denuo esse
repetenda confitenti, pro quibus iniuncta satisfactio esset 40
neglecta.   Et quid non auderent, qui in hoc nati fuerunt, ut

nihil non decies captiuarent? Porro, quanta quaeso pars | ea 549 W
est imbuta opinione, se esse in statu salutis, et pro | peccatis 86 E
satisfacere, si preculas a sacerdote impositas uocetenus mur-
murauerit? etiam si interim ne cogitet quidem uitae rationem
5 emendare. Vno enim momento contritionis et confessionis
mutatam esse uitam credunt, superesse uero tantum, ut satis-
faciant pro praeteritis peccatis. Quomodo aliter saperent, qui
aliud non docentur? Nihil hic de mortificatione carnis
cogitatur, nihil ualet exemplum Christi, qui adulteram absoluens
10 dixit: Vade et amplius noli peccare, crucem scilicet carnis
mortificandae ei imponens. Huic peruersitati dedit occasionem
non modicam, quod peccantes absoluimus ante satisfactionem
impletam, qua fit, ut magis solliciti sint de implenda satisfactione, quae durat, quam de contritione, quam transisse
15 inter confitendum credunt, cum econtra Absolutionem oporteat
esse, sicut erat in primitiua Ecclesia, posteriorem, satisfactione
impleta, quo fiebat, ut opere cessante, postea magis in fide
et nouitate uitae exercerentur. Verum, de iis satis repetitum
esto, quae super indulgentiis latius dixi, atque haec in totum
20 de tribus istis sacramentis interim retulisse satis sit, quae tam
multis et noxiis libris, sententiariis et iuridicis, tractantur et
non tractantur. superest, de reliquis quoque sacramentis aliquid
tentare, ne sine causa uidear ea reiecisse.

DE CONFIRMATIONE.

25 Mirum est, quid in mentem illis uenerit, ut sacramentum
confirmationis facerent ex impositione manuum, qua legimus
Christum paruulos tetigisse, Apostolos dedisse spiritum sanctum,
ordinasse presbyteros, et infirmos curasse, ut ad Timot. scribit
Apostolus: Nemini manus cito imposueris. Cur non ex sacra-
30 mento panis etiam Confirmationem fecerunt, quando scriptum
est act. ix: Et cum accepisset cibum confortatus est, Et
psal. ciii: | Et panis cor hominis confirmet, ut sic confirmatio 87 E
tria complectatur sacramenta, panem, ordinem et ipsam confirmationem? Si autem sacramentum est, quicquid Apostoli
35 fecerunt, cur non magis praedicationem fecerunt sacramentum?

Non haec dico, quod damnem sacramenta septem, sed
quod e scripturis ea probari negem. Atque utinam esset in
Ecclesia talis manuum impositio, qualis erat Apostolorum
tempore, siue eam confirmationem siue curationem appellare

---

10 Jo. 8, 11   27 Mc. 9, 36. 10, 16 AG. 8, 17. 19, 6   28 AG. 6, 6
Mc. 16, 18   29 I. Ti. 5, 22   31 AG. 9, 19   32 Ps. 104, 15

uellemus. At nunc nihil eius relictum est, nisi quantum ipsi
excogitauimus, pro ornandis officiis Episcoporum, ne penitus
sint sine opere in Ecclesia. Postquam enim sacramenta illa
negotiosa una cum uerbo aliis inferioribus, ut uiliora, reliquerunt
550 W (nempe, quod, quicquid diuina instituit | maiestas, hominibus 5
oporteat esse contemptum), iustum fuit, ut facile aliquod, quod
tam delicatis et magnis heroibus non esset molestum, inueniremus
et nequaquam ceu uile inferioribus committeremus. Nam quod
humana statuit sapientia, oportet ut hominibus sit honoratum.
Ita, quales sunt sacerdotes, tale habeant ministerium et offitium. 10
Nam Episcopus non euangelisans, nec animas curans, quid
est, nisi Idolum in mundo, habens nomen et figuram Episcopi?
Nos autem pro hac uice sacramenta diuinitus instituta quaerimus, inter quae ut Confirmationem numeremus, nullam in-
uenimus causam. Ad sacramenti enim constitutionem ante omnia 15
requiritur uerbum diuinae promissionis, quo fides exerceatur.
At nihil legimus Christum uspiam de confirmatione promisisse,
licet ipse multis imposuerit manus, et Marci ult. inter signa
ponat: Manus egris imponent, et bene habebunt. at haec nemo
sacramento, sicut nec potest, aptauit. Quare satis est, pro ritu 20
quodam Ecclesiastico seu cerimonia sacramentali confirmationem
habere, similem caeteris cerimoniis consecrandae aquae, aliarumque rerum. Nam si omnis alia creatura sanctificatur per
uerbum et orationem, cur non multo magis hominem liceat
sanctificari eisdem, quae tamen, quia promissionem diuinam 25
88 E non | habent, sacramenta fidei dici non possunt. Neque enim
salutem operantur At sacramenta seruant credentes promissioni diuinae.

DE MATRIMONIO.

Matrimonium non solum sine ulla scriptura pro sacra- 30
mento censetur, uerum eisdem traditionibus, quibus sacramentum esse iactatur, merum ludibrium factum est. de quo
aliquid uideamus. Diximus, in omni sacramento haberi uerbum
promissionis diuinae, cui credi oporteat ab eo, qui signum
suscipit, nec solum signum posse sacramentum esse. Nusquam 35
autem legitur, aliquid gratiae dei accepturum, quisquis uxorem
duxerit. Quin nec signum est diuinitus institutum in Matrimonio. Nec enim uspiam legitur a deo institutum, ut aliquid
significaret, licet omnia, quae uisibiliter geruntur, possint
intelligi figurae et allegoriae rerum inuisibilium. At figura 40

---

18 Mc. 16, 18   23 1. Ti. 4, 4 f.

aut allegoria non sunt sacramenta, ut nos de sacramentis loquimur.

Deinde, cum matrimonium fuerit ab initio mundi, et apud infideles adhuc permaneat, nullae subsunt rationes, ut 5 sacramentum nouae legis et solius Ecclesiae possit dici. Non minus enim erant Matrimonia patrum sancta quam nostra, nec minus uera infidelium quam fidelium, nec tamen in eis ponunt sacramentum. Ad haec sunt apud fideles quoque impii coniuges, ¹ quibusuis gentibus peiores, cur hic sacramentum 551 W 10 dici debet, et non apud gentiles? An de baptismo et Ecclesia sic nugabimur, ut, sicut quidam delyrant, Imperium temporale non esse nisi in Ecclesia, ita matrimonium non esse sacramentum nisi in Ecclesia dicamus? puerilia sunt haec et ridicula, per quae nostram inscitiam et temeritatem infidelibus 15 risui exponimus.

At dicent: Apostolus dicit, Ephe. v: Erunt duo in carne una, Sacramentum hoc magnum est, Tu ne ergo tam euidenti Apostoli uerbo contradices? Respondeo, et hoc argumentum esse magnae oscitantiae et indiligentis inconsultaeque lectionis. 20 Non enim ¹ habet uniuersa scriptura sancta hoc nomen sacra- 89 E mentum in ea significatione, qua noster usus, sed in contraria. Vbique enim significat non signum rei sacrae, sed rem sacram, secretam et absconditam. Sic Paulus .ii. Corint. iiii: Sic nos existimet homo ut ministros Christi et dispensatores mysteriorum 25 dei, id est, sacramentorum. Vbi enim nos habemus sacra- mentum, in graeco mysterium ponitur, quod aliquando transfert interpres, aliquando dimittit graecam uocem, unde et hic in graeco dicitur: Erunt duo in carne una, mysterium hoc magnum est. Quae res fuit occasio, ut sacramentum nouae legis 30 intelligerent, longe aliud facturi, si mysterium legissent, ut in graeco est.

Sic .i. Timot. iii. Christum ipsum uocat sacramentum dicens: Et manifeste magnum sacramentum (id est, mysterium) est, quod manifestatum est in carne, iustificatum est in spiritu, 35 apparuit angelis, praedicatum est gentibus, creditum est mundo, assumptum est in gloria. Cur non et hinc octauum nouae legis hauserunt sacramentum, cum tam claram haberent autori- tatem Pauli? Aut si hic se continuerunt, ubi oportunissime potuerunt copiosi esse in sacramentis inueniendis, cur illic ita 40 luxuriant? scilicet ignorantia tam rerum quam uerborum eos fefellit, qui in solo uerborum sono, immo opinionibus suis

---

16 Eph. 5, 31 f.   23 1. Ko. 4, 1   32 1. Ti. 3, 16

haeserunt. Cum enim semel sacramentum pro signo accepissent humano arbitrio, mox sine omni iuditio et scrupulo signum ex eo fecerunt, ubicunque in sacris literis legerunt. Quales uerborum significationes et humanas consuetudines et alias in literas sacras inuexerunt, easque in sua somnia transformauerunt, 5 quodlibet ex quolibet facientes. Sic perpetuo desipiunt in uerbis illis: opus bonum, opus malum, peccatum, gratia, iustitia, uirtus, et fere quicquid est capitalium rerum et uerborum. omnibus enim his utuntur suo arbitrio, ex hominum scriptis assumpto, in perniciem et ueritatis dei et salutis nostrae.   10

90 E   Igitur sacramentum et mysterium apud Paulum est ipsa
      sapientia spiritus abscondita in mysterio, ¹ ut .i. Corint. ii. dicit,
552 W quae est Christus, qui ¹ ob id ipsum etiam non cognoscitur
      principibus huius mundi, unde et eum crucifixerunt, et adhuc
      manet eis stultitia, scandalum, lapis offensionis, et signum cui 15
      contradicitur. Horum mysteriorum dispensatores uocat prae-
      dicatores, quia praedicant Christum, uirtutem et sapientiam dei,
      sed ita, ut, nisi credas, non comprehendas. ideo sacramentum
      mysterium secretaque res est, quae uerbis indicatur, sed fide
      cordis capitur. Tale est, quod prasente loco dicitur: Erunt 20
      duo in carne una, Sacramentum hoc magnum est, quod illi
      de matrimonio dictum putant, cum ipse Paulus ea uerba de
      Christo et Ecclesia induxerit, et seipsum clare exposuerit
      dicens: Ego autem dico in Christo et Ecclesia. Ecce quam
      concordant Paulus et illi, Paulus sacramentum magnum in 25
      Christo et Ecclesia se praedicare dicit, illi uero in masculo
      et femina praedicant. Si sic licet in sacris literis libidinari,
      quid mirum, si quodlibet in ea uel centum sacramenta licet
      inuenire?

      Christus itaque et Ecclesia mysterium, id est, res secreta 30
      est et magna, quae figurari quidem per matrimonium ceu
      reali quadam allegoria potuit et debuit, sed Matrimonium non
      hinc sacramentum dici debuit. Coeli sunt figura Apostolorum,
      ut psal. xviii. dicitur, Et sol Christi, aquae populorum, sed
      non ideo sacramenta sunt. Vbique enim deest et institutio et 35
      promissio diuina, quae integrant sacramentum. unde Paulus
      Ephe. v. uerba illa de matrimonio Gen. ii. dicta uel proprio
      spiritu ad Christum trahit, uel generali sententia etiam spirituale
      matrimonium Christi in eo traditum docet dicens: Sicut
      Christus fouet Ecclesiam, quia membra sumus corporis eius, 40

---

      12 1. Ko. 2, 7   15 1. Ko. 1, 23   Rö. 9, 33   Lc. 2, 34
34 Ps. 19, 2 ff.

de carne eius et de ossibus eius, propter hoc relinquet homo
patrem et matrem suam, et adherebit uxori suae, et erunt
duo in carne una, Sacramentum hoc magnum est, Ego dico
in Christo et Ecclesia. Vides ut hunc totum textum de
5 Christo uelit a se dictum, et de industria lectorem monet,
ut sacra¹mentum in Christo et Ecclesia intelligat, non in 91 E
matrimonio.

Fateor quidem et in ueteri lege fuisse sacramentum
poenitentiae, immo ab initio mundi. Verum promissio noua
10 poenitentiae, et donatio clauium nouae legis propria est. Sicut
enim pro circuncisione baptismum, ita pro sacrificiis aut aliis
signis poenitentiae nunc claues habemus. Diximus enim
superius, Eundem deum pro diuersis temporibus diuersas
promissiones, diuersaque signa dedisse, pro remittendis peccatis,
15 et saluandis hominibus, eandem tamen gratiam omnes accepisse.
Sicut .ii. Corint. iiii. dicit: Habentes eundem spiritum fidei,
et nos credimus, propter quod et loquimur. Et .i. Corint. x.
|patres nostri omnes manducauerunt eandem escam spiritalem, 553 W
et eundem potum spiritalem biberunt. Biberunt autem de
20 spiritali consequente eos petra, petra autem erat Christus. Ita
Heb. xi. Omnes hi defuncti sunt, non acceptis promissionibus,
deo melius aliquid pro nobis prouidente, ne sine nobis con-
summarentur. Christus enim heri et hodie et in saecula, ipse
caput Ecclesiae suae ab initio ad finem usque mundi. Diuersa
25 igitur signa, sed eadem omnium fides. Siquidem sine fide
impossibile est placere deo, qua et Abel placuit, Heb. xi.

Sit ergo Matrimonium figura Christi et Ecclesiae, sacramentum autem non diuinitus institutum, sed ab hominibus
in Ecclesia inuentum, ignorantia tam rei quam uerbi abductis.
30 Quae cum fidei nihil obsit, ferenda in Charitate est, sicut et
multa alia humana studia infirmitatis et ignorantiae in Ecclesia
tolerantur, donec fidei et diuinis literis non obsunt. Verum
pro firmitate et syncaeritate fidei et scripturae nunc agimus,
Ne, si quid in sacris literis et fidei nostrae articulis contineri
35 affirmauerimus, et postea conuicti, non contineri, ludibrio
nostram fidem exponamus, et ignorantes rerum propriarum
inuenti, scandalo simus aduersariis et infirmis, immo, ne
scripturae sanctae autoritatem eleuemus. Longissime enim
discernenda |sunt, ea, quae diuinitus in sacris literis tradita 92 E
40

8 „der folgende absatz stört den zusammenhang und scheint durch
ein versehen hierher gekommen zu sein" (W. A.) 16 2. Ko. 4, 13
17 1. Ko. 10, 1 ff. 21 Hbr. 11, 39 f. 26 Hbr. 11, 4

sunt, ab iis, qúae per homines in Ecclesia, quantalibet sanctitate
doctrinaque praepolleant, sunt inuenta.

¶ Hactenus de ipso matrimonio. Quid autem dicemus de
impiis legibus hominum, quibus hoc uitae genus, diuinitus
institutum, est irretitum, sursum ac deorsum iactatum? Deus 5
bone, horror est intendere in temeritatem Romanensium tyran-
norum, adeo pro libidine sua dirimentium, rursum cogentium
Matrimonia. Obsecro, an datum est eorum libidini hominum
genus non nisi ad illudendum et quoquo modo abutendum
et pro pecuniis funestis quodlibet ex eo faciendum?   10

Vagatur passim non paruae opinionis liber ex colluuie
omnium humanarum traditionum ceu sentina quadam collectus
et confusus, qui summa Angelica inscribitur, cum uerius sit
summa plus quam diabolica, in quo inter infinita portenta,
quibus confessores instrui putantur, dum perniciosissime con- 15
funduntur, decem et octo matrimonii impedimenta numerantur,
quae si aequo et libero fidei oculo inspexeris, uidebis esse
554 W de numero eorum, de | quibus Apostolus praedixit: Erunt
attendentes spiritibus daemoniorum, in hypocrisi loquentium
mendacium, prohibencium nubere. Quid est prohibere nuptias, 20
si hoc non est prohibere, tot impedimenta fingere et laqueos
ponere, ne coeant, aut si coierint, dissoluere matrimonia?
Quis dedit hominibus hanc potestatem? Esto, fuerint sancti
et pio zelo ducti, quid meam libertatem uexat aliena sanctitas?
quid me captiuat alienus zelus? Sit sanctus et zelotes, quisquis 25
uolet, et quantum uolet, modo alteri non noceat, et libertatem
mihi non rapiat.

93 E | Verum gaudeo istis dedecorosis legibus suam tandem
contigisse gloriam. Nempe, earum benefitio, hodie Romanenses
facti sunt nundinatores. Quid enim uendunt? uuluas et 30
ueretra. Merx scilicet dignissima mercatoribus istis, prae
auaritia et impietate plusquam sordidissimis et obscoenissimis.
Nihil enim est impedimentorum hodie, quod intercedente
mammona non fiat legitimum, ut leges istae hominum non
alia causa uideantur natae, nisi ut aliquando essent auaris 35
hominibus rapacibusque Nimbrotis rhetia pecuniarum et laquei
animarum, staretque in Ecclesia dei loco sancto Abominatio
ista, quae uenderet hominibus publice utriusque sexus pudibunda,
seu (ut scriptura uocat) ignominias et turpitudines, quas tamen

---

5 „verstrickt und zu einem spielball gemacht worden ist" (Kaw.)
13 über die Summa angelica des Angelus de Clavassio vgl. ZKG. 27,
296 ff., auch Flugschriften 2, 175[18]   18 1. Ti. 4, ¹ ff.   37 Mt. 24, 15
39 Le. 18, 6 ff.

antea per uim legum suarum rapuissent. O digna pontificibus
nostris negotiatio, quam pro Euangelii ministerio, quod prae
auaritia et ambitione contemnunt, summo cum dedecore et
turpitudine in sensum reprobum dati, exercerent.
5   Sed quid dicam aut faciam? Si singula persequar,
immodicus erit sermo. Confusissima enim sunt omnia, ut
nescias unde exordiaris, quo procedas, et ubi consistas. Hoc
scio, nullam rem publicam legibus foeliciter administrari. Si
enim prudens fuerit Magistratus, ductu naturae omnia foelicius
10 administrabit quam legibus. si prudens non fuerit, legibus nihil
promouebit nisi malum, cum nesciat eis uti, nec eas pro
tempore moderare. ideo in rebus publicis magis curandum
est, ut boni et prudentes uiri praesint, quam ut leges ferantur,
ipsi enim erunt optimae leges, omnem uarietatem casuum uiuaci
15 aequitate iudicaturi. Quod si assit eruditio diuinae legis, cum
prudentia naturali, plane superfluum et noxium est scriptas
leges habere. Super omnia autem Charitas nullis prorsus
legibus indiget.
        Dico tamen, et quod in me est facio, Monens et rogans
20 omnes ¹ sacerdotes et fratres, si uiderint aliquod impedimentum, 94 E
in quo Papa potest dispen¹sare, et quod non est in scriptura 555 W
expressum, ut prorsus ea omnia matrimonia confirment, quae
contra Ecclesiasticas uel pontificias leges quoquo modo fuerint
contracta. Arment autem se lege diuina dicente: Quod deus
25 coniunxit, homo non separet. Coniunctio enim uiri et mulieris
est iuris diuini, quae tenet, quocunque modo contra leges
hominum contigerit, debentque leges hominum ei cedere, sine
ullo scrupulo. Si enim homo relinquit patrem et matrem, et
adhaeret uxori suae, quanto magis conculcabit friuolas et
30 iniquas leges hominum, ut adhereat uxori suae? Et Papa,
uel Episcopus, uel officialis, si dissoluerit aliquod matrimonium,
contra legem humanam contractum, Antichristus est, et uiolator
naturae, et reus lesae maiestatis diuinae, quia stat sententia:
Quod deus coniunxit, homo non separet.
35   Adde his, quod homo non habuit ius leges tales condendi,
et Christianis per Christum libertas donata est super omnes
leges hominum, maxime ubi lex diuina intercedit, Sicut dicit
Marci .ii. Dominus est filius hominis, etiam sabbati, Et non
homo propter sabbatum, sed sabbatum propter hominem
40 factum est. Deinde, quod tales leges praedamnatae sunt per
Paulum, ubi prohibentes nubere futuros esse praedixit. Quare

3 decore A   4 Rö. I, 28   24 Mt. 19, 6   38 Mc. 2, 28. 27
41 I. Ti. 4. 3

hic cedere debet rigor ille impedimentorum ex affinitate, spirituali aut legali cognatione, et consanguinitate, quantum permittunt literae sacrae, in quibus tantum secundus gradus consanguinitatis prohibitus est, ut scribitur Leuitici .xviii. ubi duodecim personae prohibentur, quae sunt, Mater, Nouerca, 5 Soror naturalis, soror legitima ex utro parente, Neptis, Amita, Matertera, Nurus, uxor fratris, Soror uxoris, priuigna, uxor

95 E | patrui. In quibus non nisi primus gradus affinitatis et secundus consanguinitatis prohibetur, non tamen uniuersaliter, ut clarum est intuenti, nam fratris aut sororis filia uel neptis non 10 numeratur prohibita, cum tamen sit in gradu secundo. Quare, si quando matrimonium extra hos gradus contractum fuerit, cum nulli alii legantur a deo usquam prohibiti, nullo modo debet dissolui propter leges hominum, cum matrimonium ipsum diuinitus institutum sit incomparabiliter legibus superius, ita 15 ut non ipsum propter leges, sed leges propter ipsum debeant merito dirumpi.

Ita debent istae nugae compaternitatum, commaternitatum, confraternitatum, consororitatum, et confilietatum prorsus extingui contracto matrimonio. Quis enim istam cognationem 20 spiritualem inuenit, nisi superstitio humana? Si non licet baptisanti aut leuanti baptisatam aut leuatam ducere, cur licet Christiano Christianam ducere? An est maior cognatio ista

556 W ex ceremoniis | seu signo sacramenti contracta, quam quae ex re ipsa sacramenti? An non Christianus est frater Christianae 25 sororis? An non baptisatus baptisatae spiritualis frater? Quid insanimus? Quid, siquis uxorem suam erudiat Euangelio et fide Christi, factus hoc ipso uere pater eius in Christo, an non liceat uxorem eius manere? An Paulo non licuisset puellam ex Corinthiis ducere, quos omnes in Christo genuisse 30 se iactat? Vide itaque, quam sit libertas Christiana per caecitatem humanae superstitionis oppressa.

Iam multo uanior est cognatio legalis, et tamen hanc etiam super ius diuinum matrimonii extulerunt. Nec huic impedimento consenserim, quod uocant religionis disparilitatem, 35 ut nec simpliciter, nec sub conditione conuertendi ad fidem liceat ducere non baptisatam. Quis hoc prohibuit? deus an homo? Quis hominibus potestatem fecit prohibendi sic nubere? Spiritus scilicet mendatium in hypocrisi loquentes,

96 E ut Paulus dicit. De quibus illud | dicere oportet: Narrauerunt 40

---

      2 verwandtschaft durch patenschaft oder adoption   30 1. Ko.
4, 15   39 1. Ti. 4, 1 ff.   40 Ps. 119, 85

mihi iniqu fabulationes, sed non ut lex tua. Duxit Patritius
gentilis Monicam matrem sancti Augustini Christianam, Cur
non hodie liceat idem? Idem rigor stultitiae, immo impietatis
est Impedimentum criminis, scilicet, ubi quis duxerit prius
5 pollutam adulterio, aut machinatus fuerit in mortem alterius
coniugis, quo cum superstite contrahere possit. Obsecro, unde
iste rigor hominum in homines, qualem nec deus unquam
exegit? An ignorare se simulant, Batschab uxorem Vriae
utroque crimine impleto, id est, praepollutam adulterio et
10 occiso uiro, tamen ductam a Dauid sanctissimo uiro? Si
lex diuina haec fecit, quid faciunt homines tyranni in suos
conseruos?

Censetur et impedimentum, quod uocant ligaminis, hoc
est, si quis alteri sit alligatus per sponsalia. Hic concludunt,
15 si posteriorem quis cognouerit, prioris cessare sponsalia. Quod
plane non capio. Ego arbitror, eum esse iam non sui iuris,
qui uni sese addixerit, ac per hoc prohibente iure diuino
debere priori non cognitae, etiam si posteriorem cognouerit;
dare enim non potuit, quod non habuit, sed fefellit eam,
20 commisitque uerum adulterium. Quod autem aliud illis uisum
est, fecit, quod copulam carnis plus attenderunt, quam diuinum
mandatum, quo priori fidem pollicitus debet semper seruare.
Qui enim dare uult, de suo dare debet. Et deus prohibet,
ne quis fratrem suum circumueniat in ullo negotio, quod
25 seruandum est ultra et supra omnes omnium hominum
traditiones. Ita credo, non posse talem salua conscientia cum
secunda cohabitare, et hoc impedimentum esse omnino con-
uertendum. Si enim uotum religionis facit alienum, cur non
etiam fides data et accepta, | cum haec sit praecepti et fructus 557 W
30 spiritus Gal. v, illud autem arbitrii humani? Et si licet uxori
uirum repetere, uoto facto religionis non obstante, cur non
liceat sponsae repetere sponsum suum, etiam secuta copula
cum altera? Sed et superius diximus, non licere uouere
religionem ei, qui fidem dedit puellae, sed est debitor ducendae,
35 quia debitor est fidei seruandae, quam | nulla traditione hominum 97 E
licet deserere, quia praecepta est a deo. Multo magis hic ita
fiet, ut fidem priori seruet, cum posteriori non nisi mendaci
corde dare potuerit, ac per hoc non dederit, sed fefellerit
proximam suam contra deum. Quare erroris impedimentum
40 hic locum habet, qui facit, ut posterioris nuptiae nihil sint.

---

23 prohibeat A 1. Th. 4, 6   30 Ga. 5, 22   33 oben s. 477,
z. 8 ff.

Impedimentum ordinis quoque merum est hominum
commentum, praesertim cum garriant, eo dirimi etiam contractum, semper suas traditiones super dei mandata exaltantes.
Ego quidem de sacerdotii ordine non iudico, qualis hodie est,
sed uideo Paulum iubere, Episcopum unius uxoris uirum esse,   5
ideo non posse dirimi matrimonium diaconi, sacerdotis,
Episcopi, seu cuiuscunque ordinis. quanquam hoc genus sacerdotum et eos ordines non nouerit Paulus, quos hodie habemus.
Pereant itaque maledictae iste hominum traditiones, quae non
nisi ad multiplicanda pericula, peccata, mala, in Ecclesia   10
introierunt. Est ergo inter sacerdotem et uxorem uerum .et
inseparabile matrimonium, mandatis diuinis probatum. Quid,
si impii homines illud prohibeant aut dirimant, mera tyrannide
sua? Esto, sit illicitum apud homines, licitum tamen est apud
deum, cuius mandatum, si contra hominum pugnet mandata,   15
est praeferendum.

Aeque commentum est impedimentum illud publicae
honestatis, quo dirimuntur contracta. Vrit me audax ista
impietas tam prompta ad separandum, quod deus coniunxit,
ut Antichristum in ea cognoscas, quae aduersatur omnibus,   20
quae Christus fecit et docuit. Quae rogo est causa, ut sponsi
praemortui nullus consanguineus usque ad quartum gradum
possit ducere sponsam? Non est hoc publicae honestatis
iustitia, sed inscitia. Cur non in populo Israel, optimis ac
diuinis legibus instituto, erat ista publicae honestatis iustitia?   25
sed etiam praecepto dei proximus cogebatur, uxorem proximi
98 E relictam | ducere. An oportet populum libertatis Christianae
rigidioribus legibus onerare, quam populum seruitutis legalis?
Et ut finem faciam istorum figmentorum magis quam impedimentorum, Dico, mihi adhuc nullum apparere impedimentum,   30
quod contractum iure dirimat, nisi impotentiam cognoscendae
coniugis, ignorantiam iam contracti, et uotum castitatis. De
558 W uoto | tamen ita sum incertus usque hodie, ut ignorem, quo
tempore sit censendum ualere, sicut et supra dixi in baptismi
sacramento. Disce ergo in hoc uno matrimonio, quam in-   35
foeliciter et perdite omnia sint confusa, impedita, irretita, et
periculis subiecta, per pestilentes, indoctas, impiasque traditiones
hominum, quaecunque in Ecclesia geruntur, ut nulla remedii
spes sit, nisi reuocato libertatis Euangelio, secundum ipsum,
extinctis semel omnibus omnium hominum legibus, omnia   40
iudicemus et regamus. Amen.

---

5 1. Ti. 3, 2   26 Dt. 25, 5   34 oben s. 477. z. 35 f.

¶ De impotentia itaque sexus dicendum, quo possit
facilius consuli animabus periculo laborantibus, Hoc tamen
praemisso, quod ea, quae de impedimentis dixi, dicta uolo
post matrimonium contractum, ne talibus ullum dirimatur.
5 Caeterum de contrahendo breuiter dixerim, quod supra dixi:
Quod si urgeat amor iuuentutis, et quaeuis alia necessitas,
propter quam dispensat Papa, dispenset etiam quilibet frater
cum fratre, aut ipse cum seipso, rapta per hoc consilium uxore
de manu tyrannicarum legum, utcunque poterit. Vtquid enim
10 mea libertas tollitur aliena superstitione et ignorantia? Aut
si pro pecunia Papa dispensat, cur non ipse pro meae salutis
comoditate mecum aut cum fratre dispensem? Statuit leges
Papa? sibi statuat, mea salua libertate, uel occulte surrepta.
Videamus itaque de impotentia.
15   Quaero casum eiusmodi: Si mulier impotenti nupta uiro
nec possit, nec uelit forte, tot testimoniis¹ et strepitibus, quot 99 E
iura exigunt, iudicialiter impotentiam uiri probare, uelit tamen
prolem habere, aut non possit continere, Et ego consuluissem,
ut diuortium a uiro impetret, ad nubendum alteri, contenta,
20 quod ipsius et mariti conscientia et experientia abunde testes
sunt impotentiae illius, Vir autem nolit, Tum ego ultra
consulam, ut cum consensu uiri (cum iam non sit maritus,
sed simplex et solutus cohabitator) misceatur alteri uel fratri
mariti, occulto tamen matrimonio, et proles imputetur putatiuo
25 (ut dicunt) patri. An haec mulier salua sit et in statu salutis?
Respondeo ego, quod sic, Quia error et ignorantia uirilis
impotentiae hic impedit matrimonium, et tyrannis legum non
admittit diuortium, et mulier libera est per legem diuinam,
nec cogi potest ad continentiam. Quare uir debet concedere
30 eius iuri, et alteri permittere uxorem, quam specietenus habet.
    Vlterius, si uir nollet consentire, nec diuidi uellet, ante-
quam permitterem eam uri aut adulterari, consulerem, ut
contracto cum alio matrimonio aufugeret in locum ignotum
et remotum. Quid enim aliud possit consuli laboranti assiduo
35 libidinis periculo? Scio autem quosdam mouere, quod proles
huius occulti matrimonii iniquus haeres sit putatiui patris. Sed
si¹ consensu mariti fiat, iniquus non erit. Si autem ignorante 559 W
aut nolente fiat, iudicet hic Christiana et libera ratio, immo
charitas, uter utri maius damnum inferat. Vxor haereditatem
40 alienat, at maritus fefellit uxorem eamque toto suo corpore
totaque uita fraudat; an non maius peccet uir, corpus et uitam
uxori perdens, quam mulier, res tantum temporales uiri
alienans? Patiatur ergo uel diuortium, aut ferat alienos

haeredes, qui sua culpa innocentem puellam fefellit, et uita
pariter ac corporis usu toto fraudauit, insuper occasionem
pene intolerabilem adulterandi dedit, ponatur utrunque in
aequa lance. Certe omni iure fraus in fraudantem recidere
debet, et damnum recompensare tenetur, qui dedit. Quid ₅
enim differt talis maritus ab eo, qui uxorem alicuius capti-
100 E uam tenet cum marito? ¹ Nonne talis tyrannus uxorem et filios
et maritum alere cogitur, aut liberos dimittere? Cur ergo et
hic non ita fiat? Ita ego arbitror, uirum debere cogi, aut
ad diuortium, aut ad alienum haeredem alendum, Sic charitas ₁₀
iudicabit sine dubio. In quo casu uxoris haeredem non alio
affectu alet impotens iam et non maritus, quam si uxorem
aegrotantem aut alio incomodo affectam totis et grauibus
expensis foueret. sua enim, non uxoris culpa, eo incomodo
laborat uxor. Haec pro mea uirili, ad informandas conscientias ₁₅
scrupulosas retulerim, cupiens afflictis meis fratribus in ista
captiuitate qualicunque solatio succurrere.

    De diuortio etiam uersatur quaestio, an licitum sit. Ego
quidem ita detestor diuortium, ut digamiam malim quam
diuortium, sed an liceat, ipse non audeo definire. Christus ₂₀
ipse princeps pastorum Mat. v. dicit: Siquis dimiserit uxorem
suam, excepta fornicationis causa, facit eam adulterari, Et qui
dimissam duxerit, adulterat. Concedit ergo Christus diuortium,
in causa fornicationis duntaxat. Quare errare Papam necesse
est, quoties diuortium facit aliis causis, nec statim se tutum ₂₅
arbitrari debet ullus, qui pontificia illa temeritate uerius quam
potestate dispensationem obtinuerit. Sed hoc admiror magis,
cur caelibem esse cogant hominem, qui diuortio separatus est
a coniuge sua, nec aliam ducere permittant. Si enim Christus
diuortium concedit in causa fornicationis, et neminem cogit ₃₀
esse celibem, et Paulus magis uelit, nos nubere quam uri,
uidetur omnino admittere, ut in locum repudiatae aliam ducat.
Quae res utinam plane discussa et certa esset, ut posset
consuli infinitis periculis eorum, qui sine culpa sua hodie
celibes esse coguntur, Hoc est, quorum uxores uel mariti ₃₅
101 E auffugiunt, et coniugem relinquunt, decennio uel nun\quam
reuersuri. Vrget me et male habet hic casus, quottidianis
560 W ¹ exemplis, siue id singulari nequitia Satanae, siue neglectu
uerbi dei contingit.

    Ego sane, qui solus contra omnes statuere in hac re ₄₀
nihil possum, uehementer optarem, saltem illud .i. Corint. vii.

---

21 Mt. 5, 32   31 1. Ko. 7, 9   41 1. Ko. 7, 15

huc aptari: Quod si infidelis discedit, discedat; Non enim
seruituti subiectus est frater aut soror in eiusmodi. Hic
Apostolus discedentem infidelem concedit dimitti, et fideli
liberum facit alterum accipere. Cur non idem ualeat, si fidelis,
5 hoc est, nomine fidelis, re ipsa aeque infidelis, coniugem
deserat, praesertim nunquam reuersurus? Ego sane nihil
discriminis utrinque deprehendere possum. Credo autem, si
Apostoli tempore discessor infidelis reuersus denuo aut fidelis
factus aut fideli cohabitare pollicitus fuisset, admissus non
10 fuisset, sed et ipsi alteram ducendi potestas facta fuisset.
Tamen in iis nihil definio (ut dixi) quanquam nihil magis
optem esse definitum, cum nihil magis me et multos mecum
uexet hodie. Sola autoritate Papae aut Episcoporum hic
diffiniri nihil uolo, sed, si duo eruditi et boni uiri in nomine
15 Christi consentirent, et in spiritu Christi pronunciarent, eorum
ego iuditium praeferrem etiam Conciliis, qualia nunc solent
cogi, tantum numero et autoritate citra eruditionem et sancti-
moniam iactata. Suspendo ergo hic organum meum, donec
conferat mecum alius melior.

20 DE ORDINE.

Hoc sacramentum Ecclesia Christi ignorat, inuentumque
est ab Ecclesia Papae. non enim solum nullam habet promissionem gratiae, ullibi positam, sed ne uerbo quidem eius
meminit totum nouum testamentum. Ridiculum autem est
25 asserere pro sacramento dei, quod a deo institutum nusquam
potest monstrari. Non quod damnandum censeam | eum ritum 102 E
per tanta saecula celebratum, sed quod in rebus sacris nolim
humana commenta fingi, nec iiceat astruere aliquod diuinitus
ordinatum, quod diuinitus ordinatum non est, ne ridiculi simus
30 aduersario, conandumque sit, ut certa et pura nobis sint
omnia, clarisque scripturis firmata, quae pro articulis fidei
iactamus, id quod in praesenti sacramento praestare ne tantillum
quidem possumus.

Nec habet Ecclesia potestatem, nouas promissiones gratiae
35 diuinas statuere, sicut quidam garriunt, quod non minoris
sit autoritatis, quicquid ab Ecclesia, quam quod a . deo
statuitur, cum regatur spiritu sancto. Ecclesia enim nascitur
uerbo promissionis per fidem, eodemque alitur et seruatur.
hoc est, ipsa per promissiones dei constituitur, non promissio

---

6 *disserat* A   18 „darum leg ich hier mein saitenspiel bei
seite" (Kaw.). Vgl. Ps. 137, 2 und 'Praeludium'.

dei per ipsam. Verbum dei enim supra Ecclesiam est in-
561 W comparabiliter, in quo nihil statuere, ordinare, facere, sed
tantum statui, ordinari, fieri habet, tanquam creatura. Quis
enim suum parentem gignit? quis suum autorem prior constituit? Hoc sane habet Ecclesia, quod potest discernere 5
uerbum dei a uerbis hominum, sicut Augustinus confitetur se
Euangelio credidisse, motum autoritate Ecclesiae, quae hoc
esse Euangelium praedicabat, non quod ideo sit super Euangelium, Alioquin esset et super deum, cui creditur, quia
Ecclesia hunc esse deum praedicat, Sed, sicut alibi dicit Aug., 10
Veritate ipsa sic capitur anima, ut per eam de omnibus
certissime iudicare possit, sed ueritatem iudicare non possit,
dicere autem cogatur infallibili certitudine, hanc esse ueritatem.
Exempli gratia, Mens infallibili certitudine pronunciat .iii. et
.vii. esse decem, et tamen rationem reddere non potest, cur 15
id uerum sit, cum negare non possit uerum esse, capta scilicet
ipsa et iudice veritate iudicata magis quam iudicans. Talis
est et in Ecclesia sensus, illustrante spiritu, in iudicandis et
approbandis doctrinis, quem demonstrare non potest, et tamen
certissimum habet. Sicut enim apud philosophos de com- 20
munibus conceptionibus nemo iudicat, sed omnes per eas
103 E iudicantur, ita apud nos de sensu spiritus est, | qui iudicat
omnes, et a nemine iudicatur, ut Apostolus ait.

   Verum haec alias. Sit itaque certum, Ecclesiam non
posse promittere gratiam, quod solius dei est, quare nec 25
instituere sacramentum. Quod si quam maxime posset, non
tamen statim sequeretur, ordinem esse sacramentum. Quis
enim scit, quae sit Ecclesia habens spiritum, cum in statuendis
his soli et pauci Episcopi aut docti adesse soleant? quos
possibile est non esse de Ecclesia, et omnes errare, sicut 30
saepius errauerunt Concilia, praesertim Constantiense, quod
omnium impiissime errauit. Id enim solum est fideliter probatum, quod ab uniuersali Ecclesia, non tantum Romana,
approbatur. Quare permitto, ordinem esse quendam ritum
Ecclesiasticum, quales multi alii quoque per Ecclesiasticos 35
patres sunt introducti, ut consecratio uasorum, domorum,
uestium, aquae, salis, candelarum, herbarum, uini et similium,
in quibus omnibus nemo ponit sacramentum esse, nec ulla
in eis est promissio; ita ungere manus uiri, radi uerticem, et
jd genus alia fieri, non est sacramentum dari, cum nihil eis 40

---

6 Contra epistolam Manichaei 5, 6 (MSL. 42, 176)   10 De
trinitate 9, 6, 10 (MSL. 8, 966)   20 „über die allgemeinbegriffe"
(Kaw.)   23 1. Ko. 2, 15   31 Köhler, L. und die Kg. s. 178 ff.

promittatur, sed tantum ad officia quaedam, ceu uasa et instrumenta, parentur.

At dices: Quid ad Dionysium dices, qui sex enumerat
sacramenta, inter quae et ordinem ponit, in Ecclesiastica
5 Hierarchia? Respondeo: Scio hunc solum autorem haberi ex
antiquis pro septenario sacramentorum, licet matrimonio
omisso, senarium tantum dederit. Nihil enim prorsus in
reliquis ¹ patribus de istis sacramentis legimus, Nec sacramenti 56₂ W
nomine censuerunt, quoties de iis rebus loquuti sunt. Recens
10 enim est inuentio sacramentorum, Atque mihi (ut magis
temerarius sim) in totum displicet, tantum tribui, quisquis
fuerit, Dionysio illi, cum ferme nihil in eo sit solidae eruditionis.
Nam ea, quae in coelesti hierarchia de angelis comminiscitur,
in quo libro sic sudarunt curiosa et superstitiosa ingenia, ¹ qua 104 E
15 rogo autoritate aut ratione probat? Nonne omnia sunt illius
meditata, ac prope somniis simillima, si libere legas et iudices?
In Theologia uero mystica, quam sic inflant ignorantissimi
quidam Theologistae, etiam perniciosissimus est, plus platonisans
quam Christianisans, ita ut nollem, fidelem animum his libris
20 operam dare uel minimam. Christum ibi adeo non disces, ut,
si etiam scias, amittas. Expertus loquor. Paulum potius
audiamus, ut Iesum Christum, et hunc crucifixum, discamus.
Haec est enim uia, uita et ueritas, haec scala, per quam
uenitur ad patrem. Sicut dicit: Nemo uenit ad patrem nisi
25 per me.

Ita in Ecclesiastica hierarchia, quid facit, nisi quod ritus
quosdam Ecclesiasticos describit, ludens allegoriis suis, quas
non probat? quale apud nos fecit, qui librum edidit, qui
rationale diuinorum dicitur. ociosorum hominum sunt ista
30 studia allegoriarum. An putas mihi difficile esse in qualibet
re creata allegoriis ludere? Nonne Bonauentura artes liberales
allegorice duxit ad Theologiam? Denique, Gerson Donatum
minorem fecit mysticum Theologum. Mihi non fuerit operosum
meliorem hierarchiam scribere, quam Dionisii sit, cum ille
35 Papam, Cardinales, Archiepiscopos ignorarit, et Episcopum
fecerit supremum. Et quis tam tenuis ingenii, qui allegoriis
non queat periclitari? Nollem ego Theologum allegoriis

---

3 Dionysius Areopagita, vgl. Köhler s. 294   9 vgl. RE³ 17,
359, z. 26 ff.   22 I. Ko. 2, 2   23 Jo. 14, 6 *quem* A   28 Wil-
helm Durandus d. ä. † 1296 (RE³ 21, 298)   31 De reductione artium
ad theologiam (Kaw. z. d. St., Köhler s. 338, RE³ 3, 284)   32 Do-
natus moralisatus s. per allegoriam traductus (Kaw. z. d. St., Köhler
s. 343)

operam dare, donec consumatus legitimo scripturae simplicique
sensu fuerit, alioquin, sicut Origeni contigit, non citra periculum
theologissabit.

Non ergo continuo sacramentum esse debet, quia Dionysius
aliquid describit. alioqui, cur non etiam sacramentum faciunt, 5
quam ibidem describit processionem, quae usque hodie perseuerat? Quin tot erunt illorum sacramenta, quot aucti sunt
in Ecclesia ritus et cerimoniae. Huic tamen tam debili
fundamento nixi, Caracteres effinxerunt, quos huic suo sacramento tribuerent, qui imprimerentur ordinatis indelebiles. Vnde 10
quaeso tales cogitationes? qua autoritate? qua ratione sta-
biliuntur? Non, | quod nolimus eos | esse liberos ad fingendum,
dicendum, asserendum, quicquid uel libuerit, sed nostram
quoque libertatem asserimus, ne ius sibi ipsis arrogent, ex
cogitationibus suis articulos fidei faciendi, sicut hactenus prae- 15
sumpserunt. Satis est, nos pro concordia eorum ritibus et
studiis attemperare, sed cogi tanquam necessariis ad salutem,
quae necessaria non sunt, nolumus. dimittant ipsi tyrannidis
suae exactionem, et nos exhibebimus liberum eorum sensui
obsequium, ut sic in pace mutua inuicem agamus. Turpe 20
enim est et iniquiter seruile, Christianum hominem, qui liber
est, aliis quam coelestibus ac diuinis subiectum esse traditionibus.

Post hoc apprehendunt extremum roboris sui. Nempe
quod Christus in coena dixit: Hoc facite in meam comme- 25
morationem. Ecce hic inquiunt: Christus eos ordinauit in
sacerdotes. Hinc inter caetera et hoc duxerunt, solis sacerdotibus utranque speciem esse dandam. Denique, quiduis hinc
suxerunt, ut qui liberum arbitrium sibi arrogarint, e uerbis
Christi ubilibet dictis quodlibet asserere. Sed est hoc uerba 30
dei interpretari? Responde quaeso! Christus hic nihil promittit,
sed tantum praecipit, fieri istud in sui memoriam. Cur non
concludunt, et ibi esse ordinatos sacerdotes, ubi imponens
offitium uerbi et baptismatis dixit: Ite in orbem uniuersum,
et praedicate Euangelium omni creaturae, Baptisantes eos in 35
nomine etc. cum sacerdotum sit proprium praedicare et baptisare?
Deinde, cum hodie sacerdotis uel primarium opus sit, et (ut
dicunt) indispensabile, legere horas Canonicas, cur non ibi
ordinis sacramentum conceperunt, ubi Christus orare praecepit,
ut aliis locis multis, ita praecipue in orto, ne intrarent in 40

106 E
563 W

---

6 „die prozession mit der leiche zum gottesacker ist gemeint" (Kaw.)
10 *indelibiles* A   25 1. Ko. 11, 24   34 Mt. 28, 19   40 Mt.
26 41

tentationem? Nisi hic elabantur, quod non sit praeceptum
orare, sufficit enim legere horas Canonicas, ut sic sacerdotale
illud opus nusquam e scripturis probetur, ac per hoc istud
sacerdotium orationale non sit ex deo, sicut uere non est.
5   Quis uero patrum antiquorum asseruit, his uerbis ordinatos
esse sacerdotes? Vnde ergo ista intelligentia noua? scilicet,
quod hac arte quesitum ¹ est, ut seminarium discordiae im- 106 E
placabilis haberetur, quo clerici et laici plus discernerentur
quam coelum et terra, ad incredibilem baptismalis gratiae
10 iniuriam, et Euangelicae communionis confusionem. Siquidem,
hinc cepit tyrannis ista detestabilis clericorum in laicos, qua
fiducia corporalis unctionis, quo manus eorum consecrantur,
deinde rasurae et uestium, non modo caeteris laicis Christianis,
qui spiritu sancto uncti sunt, sese praeferunt, sed ferme ut
15 canes indignos, qui cum eis in Ecclesia numerantur, habeant.
Hinc quiduis ¹ mandare, exigere, minari, urgere, premere audent. 564 W
Summa, sacramentum ordinis pulcherrima machina fuit et est,
ad stabilienda uniuersa portenta, quae hactenus facta sunt, et
adhuc fiunt in Ecclesia. Hic periit fraternitas Christiana, hic
20 ex pastoribus lupi, ex seruis tyranni, ex Ecclesiasticis plus
quam mundani facti sunt.
    Qui si cogerentur admittere, nos omnes esse aequaliter
sacerdotes, quotquot baptisati sumus, sicut reuera sumus,
illisque solum ministerium nostro tamen consensu commissum,
25 scirent simul, nullum eis esse super nos ius imperii, nisi
quantum nos sponte nostra admitteremus. Sic enim .i. Pet. ii.
dicitur: Vos estis genus electum, regale sacerdotium, et sacerdotale regnum. Quare omnes sumus sacerdotes, quotquot
Christiani sumus. Sacerdotes uero quos uocamus, ministri
30 sunt ex nobis electi, qui nostro nomine omnia faciant. Et
sacerdotium aliud nihil est, quam ministerium. Sic .ii. Corint. iiii.:
Sic nos existimet homo sicut ministros Christi, et dispensatores
mysteriorum dei.
    Ex quibus fit, ut is, qui non praedicat uerbum, ad hoc
35 ipsum per Ecclesiam uocatus, nequaquam sit sacerdos, Et
sacramentum ordinis aliud esse non possit, quam ritus quidam
eligendi Concionatoris in Ecclesia. Sic enim per Malachiam .ii.
definit sacerdotem: Labia sacerdotis custodiunt scientiam, et
legem ex ore eius requirent, quia angelus domini exercituum
40 ¹ est. Certus ergo sis, qui non est angelus domini exercituum, 107 E
aut ad aliud quam ad angelatum (ut sic dixerim) uocatur,

sacerdos prorsus non sit, Sicut Oseae .iiii. dicit: Quia tu repulisti
scientiam, repellam te et ego, ne sacerdotio fungaris mihi.
Inde enim et pastores dicuntur, quod pascere, id est, docere
debeant. Quare, eos, qui tantum ad horas Canonicas legendas,
et Missas offerendas ordinantur, esse quidem papisticos, sed   5
non Christianos sacerdotes, quia non modo non praedicant,
sed nec uocantur ad praedicandum; immo, hoc ipsum agitur,
ut sit sacerdotium eiusmodi alius quidam status ab offitio
praedicandi. Itaque, horales et Missales sunt sacerdotes, id
est, Idola quaedam uiua, nomen sacerdotii habentia, cum   10
sint nihil minus, quales sacerdotes Hieroboam in Bethauen
ordinauit de infima fece plebis, non de genere Leuitico.

Vide igitur, quorsum migrarit gloria Ecclesiae: repleta est
omnis terra sacerdotibus, Episcopis, Cardinalibus et Clero,
565 W quorum tamen (quantum ad ¹ offitium spectat) nullus praedicat,   15
nisi denuo alia uocatione, ultra ordinem sacramentalem uocetur,
sed abunde sùo sacramento se satisfacere putat, si battologiam
legendarum precum emurmuret et missas celebret, Deinde
eas ipsas horas nunquam oret, aut si oret, pro se oret, Atque
missas suas (quae summa est peruersitas) ceu sacrifitium offerat   20
(cum missa sit usus sacramenti), ut perspicuum sit, ordinem,
qui, uelut sacramentum, hoc hominum genus in clericos ordinat,
esse uere, mere, omninoque figmentum ex hominibus natum,
nihil de re Ecclesiastica, de sacerdotio, de ministerio uerbi,
de sacramentis intelligentibus, ut, quale est sacramentum, tales   25
et habeat sacerdotes. Quibus erroribus et caecitatibus id
accessit maioris captiuitatis: quo se latius a caeteris Christianis,
tanquam prophanis, secernerent, se ipsos, sicut Galli, Cybelis
sacerdotes, castrauerunt, et celibatu onerarunt simulatissimo.

Nec satis erat hypocrisi et operationi erroris huius,   30
digamiam prohibere, hoc est, ne quis duas uxores haberet
108 E simul, ut in lege fiebat, (id enim di¹gamiam significare scimus)
sed digamiam interpretati sunt, si quis duas successiue uirgines
duxisset, aut semel uiduam. immo, sanctissima ista sanctitas
huius sacrosacratissimi sacramenti tantum ualet, ut nec sacer-   35
dotari possit, qui uirginem duxerit, uiuente eadem uxore. ac
ut summum fastigium sanctitatis attingat, etiam is arcetur a
sacerdotio, qui ignorans, et merae infoelicitatis casu corruptam
uirginem duxerit. At si sexcentas meretrices polluerit, aut
matronas ac uirgines quaslibet constuprarit, aut etiam Ganymedes   40
multos aluerit, nihil impedimenti fuerit, uel Episcopum, uel

Cardinalem, uel Papam eum fieri. Tum illud Apostoli: unius
uxoris uir, sic interpretari oportet, id est: unius Ecclesiae
praelatus. inde incompatibilia manarunt benefitia, nisi Papa,
dispensator magnificus, uni tres, uiginti, centum uxores, id
5 est, Ecclesias copulare uoluerit, pecunia uel gratia corruptus,
hoc est, pia charitate motus, et Ecclesiarum sollicitudine
districtus.

   O dignos Pontifices hoc uenerabili sacramento ordinis!
O principes, non catholicarum Ecclesiarum, sed Satanicarum
10 synagogarum, immo tenebrarum! Libet hic cum Isaia clamare:
O uiri illusores, qui dominamini super populum meum, qui
est in Hierusalem. Et illud Amos .vi.: Ve uobis, qui opulenti
estis in Zion, et confiditis in monte Samariae, optimates,
capita populorum, ingredientes pompatice domum Israel etc.
15 O ignominiam Ecclesiae dei, quam ex his monstris sacer-
dotalibus contrahit! Vbi sunt Episcopi aut | sacerdotes, qui 566 W
sciant Euangelium, nedum praedicent? utquid ergo sese iactant
sacerdotes? cur aliis Christianis, tanquam laicis sanctiores et
meliores et potentiores haberi uolunt? horas legere, ad quos
20 idiotas non pertinet? seu (ut Apostolus ait) ad lingua loquentes?
Horas autem orare, ad monachos, Eremitas, priuatosque
homines, et eos laicos, pertinet. Sacerdotis munus est praedicare, quod nisi fecerit, sic est sacerdos, sicut homo pictus
est homo. An Episcopum faciat, ordinare tales sacerdotes
25 battologos? An Ecclesias et campanas consecrare? An
pueros confirmare? Non. Haec uel diaconus | uel laicus 109 E
quilibet faceret. Ministerium uerbi facit sacerdotem et Episcopum.

   Fugite ergo, meo consilio, quicunque tuto uiuere uultis,
30 fugite, iuuenes, nec istis sacris initiamini, nisi aut Euangelisare
uolueritis, aut nisi uos hoc ordinis sacramento nihilo laicis
meliores factos credere potestis. Non enim horas legere
aliquid est. Deinde, missam offerre, sacramentum percipere
est. Quid ergo in uobis manet, quod non in quouis laico
35 maneat? Rasura et uestis? Miserum sacerdotem, qui rasura
et ueste constat! An oleum digitis uestris infusum? At
Christianus quilibet oleo sancti spiritus unctus et sanctificatus
est corpore et anima, et olim sacramentum manibus tractabat,
non minus quam nunc sacerdotes faciunt, licet nostra super-
40 stitio laicis nunc magnum reatum iniiciat, si uel calicem

---

1 I. Ti. 3, 2   10 Jes. 28, 14   12 Am. 6, 1   20 I. Ko.
14, 23   25 *battalogos* A

nudum aut corporale tetigerit. Nec Moniali quidem sanctae
uirgini liceat lauare pallas altaris et lintheamina sacra. Vide
per deum, sacrosanctam ordinis huius sanctitatem, quantum
profecerit. futurum spero, ut nec altare liceat attingere laicis,
nisi dum nummos obtulerint. Ego pene dirumpor, cogitans 5
has impiissimas hominum temeratissimorum tyrannides, tam
nugacibus et puerilibus nugis libertatem et gloriam Christianae
religionis illudentium et pessundantium.

    Esto itaque certus, et sese agnoscat, quicunque se Chri-
stianum esse cognouerit, omnes nos aequaliter esse sacerdotes, 10
hoc est, eandem in uerbo et sacramento quocunque habere
potestatem.   Verum, non licere quenquam hac ipsa uti, nisi
consensu communitatis, aut uocatione maioris.   Quod enim
omnium est communiter, nullus singulariter potest sibi arro-
gare, donec uocetur. Ac per hoc ordinis sacramentum, si 15
quicquam est, esse nihil aliud, quam ritum quendam uocandi
alicuius in ministerium Ecclesiasticum.   Deinde, sacerdotium
proprie esse non nisi ministerium uerbi, uerbi inquam, non
legis, sed Euangelii. Diaconiam uero esse ministerium, non
legendi Euangelii aut Epistolae, ut hodie usus habet, sed opes 20
Ecclesiae distribuendi pauperibus, ut sacerdotes leuentur onere

110 E
567 W rerum temporalium, et ᔆ orationi ac uerbo liberius instent. ᔆ Hoc
enim consilio legimus Act. v. Diaconos institutos. atque ita
eum, qui uel ignorat. uel non praedicat Euangelium, non
modo non esse sacerdotem uel Episcopum, sed pestem quan- 25
dam Ecclesiae, qui sub titulo falso sacerdotis et Episcopi, ceu
sub pelle ouina, Euangelium opprimat, et lupum in Ecclesia
agat. Quare, ii sacerdotes et Episcopi, quibus hodie referta
est Ecclesia, nisi alia ratione salutem suam operentur, hoc
est, nisi agnoscant, sese nec sacerdotes nec Episcopos esse, 30
doleantque se nomen gerere, cuius opus aut nesciunt, aut
non possunt implere, sicque orationibus et lachrymis suae
hypocrysis miseram sortem deplorent, uere sunt populus
perditionis aeternae, ac de eis illud Isaiae. v. uerificabitur:
Captiuus ductus est populus meus, eo quod non habuerit 35
scientiam, et nobiles eius interierunt fame, et multitudo eius
siti exaruit, propterea dilatauit infernus animam suam, et
aperuit os suum absque ullo termino. Et descendent fortes
eius, et populus eius, et sublimes eius, et gloriosi eius in
eum. O uerbum horrendum nostro seculo, quo tanta uoragine 40
absorbentur Christiani.

---

   2 *uigini* A   23 AG. 6, 4   34 Jes. 5, 13 f.

Quantum ergo e scripturis docemur, cum ministerium
sit id, quod nos sacerdotium uocamus, Prorsus non uideo,
qua ratione rursus nequeat laicus fieri, semel sacerdos factus,
cum a laico nihil differat, nisi ministerio, A ministerio autem
5 deponi adeo non sit impossibile, ut passim ea etiam nunc
celebretur uindicta in culpabiles sacerdotes, dum aut suspen-
duntur temporaliter, aut perpetuo priuantur officio suo. Nam
commentum illud Caracteris indelebilis iam olim irrisum est.
Concedo, ut Caracterem hunc Papa imprimat, ignorante
10 Christo, sitque hoc ipso sacerdos eo consecratus non tam
Christi quam Papae perpetuus seruus et captiuus, sicut est
dies haec. Caeterum, nisi fallor, si ruat hoc sacramentum et
commentum aliquando, uix subsistet ipse Papatus cum suis
characteribus, redibitque ad nos laeta libertas, qua nos omnes
15 aequales esse quocunque iure intelligemus, et excusso tyran|nidis 111 E
iugo, sciemus, quod, qui Christianus est, Christum habet, qui
Christum habet, omnia, quae Christi sunt, habet, omnia potens,
de quo plura et robustius, ubi ista amicis meis papistis displi-
cere sensero.

20 ## DE SACRAMENTO EXTREMAE VNCTIONIS.

Huic ungendorum infirmorum ritui duas additiones sese
dignas addiderunt Theologi nostri. Vnam, quod sacramentum appellant. Alteram, quod extremam faciunt, sitque
nunc sacramentum extremae unctionis, quae, nisi in extremo
25 uitae agentibus periculo, dari non debeat. forte (ut sunt arguti
Dialectici) relatiuam fecerunt ad unctionem primam baptismi,
et sequentes | duas confirmationis et ordinis. Verum habent 568 W
hic, quod in os mihi retundant. Nempe, quod autoritate
Iacobi Apostoli hic promissio et signum sit, quibus ego sacra-
30 mentum constitui hactenus dixi. Dicit enim: Si infirmatur
quis in uobis, inducat presbyteros Ecclesiae, et orent super
eum, ungentes eum oleo in nomine domini, Et oratio fidei
saluabit infirmum, et alleuiabit eum dominus, et, si in peccatis
sit, remittentur ei. Ecce, inquiunt, promissio remissionis pecca-
35 torum, et signum olei.

Ego autem dico: si uspiam delyratum est, hoc loco praecipue delyratum est. Omitto enim, quod hanc Epistolam
non esse Apostoli Iacobi nec apostolico spiritu dignam multi
ualde probabiliter asserant, licet consuetudine autoritatem,

---

8 *indelibilis* A   17 Phi. 4, 13   30 Ja. 5, 14 f.   38 vgl.
Barge, Karlstadt 1 (1905), s. 197 f.

cuiuscunque sit, obtinuerit. Tamen, si etiam esset Apostoli
Iacobi, dicerem, non licere Apostolum sua autoritate sacramentum instituere, id est, diuinam promissionem cum adiuncto
signo dare. Hoc enim ad Christum solum pertinebat. Sic
Paulus sese accepisse a domino dicit sacramentum Eucharistiae, 5
et missum non ut baptisset, sed ut Euangelisset. Nusquam
autem legitur in Euangelio unctionis istius extremae sacramentum. Sed missa faciamus et ista. Apostoli, siue quis-
112 E quis fuerit Epistolae autor, ipsa uideamus uerba, | et simul
uidebimus, quam nihil ea obseruarint ii, qui sacramenta 10
auxerunt.

Primum, Si uerum putant et seruandum, quod Apostolus
dicit, qua autoritate mutant et resistunt? Cur faciunt ipsi
extremam et singularem unctionem ex ea, quam Apostolus
uoluit esse generalem? Neque enim Apostolus Extremam 15
esse uoluit et solum morituris dandam. Sed absolute dicit:
Si quis infirmatur, non dicit: Si quis moritur. Neque enim
curo, quid Dionysii Ecclesiastica hierarchia hic sapiat, ipsa
Apostoli uerba aperta sunt, quibus et ille et isti pariter
nituntur, et tamen non sequuntur, ut appareat, eos non 20
autoritate ulla, sed suo arbitrio, ex uerbis Apostoli male
intellectis, sacramentum et unctionem extremam fecisse, cum
iniuria caeterorum infirmorum, quibus ui propria abstulerunt
ungendi beneficium ab Apostolo statutum.

Sed illud pulchrius, Quod promissio Apostoli expresse 25
dicit: Oratio fidei saluabit infirmum, et alleuiabit eum dominus
etc. Vide, Apostolus in hoc ungi et orari praecipit, ut
infirmus sanetur et alleuietur, hoc est, non moriatur, nec sit
extrema unctio, quod et usque hodie probant preces inter
ungendum dictae, quae infirmum restitui petunt. Illi contra 30
dicunt, non esse dandam unctionem, nisi discessuris, hoc est,
ut non sanentur et alleuientur. Nisi res ista esset seria, quis
risum queat tenere, super tam bellis, aptis et sanis Apostoli-
corum uerborum glossis? Nonne hic aperte deprehenditur
569 W | insipientia Sophistica, quae, ut hoc loco, ita multis aliis hoc 35
affirmat, quod negat scriptura, hoc negat, quod illa affirmat?
Quin igitur gratias agimus tam eximiis magistris nostris?
Recte igitur dixi, nusquam insignius esse delyratum ab illis,
quam hoc loco.

---

5 1. Ko. 11, 23   6 1. Ko. 1, 17   18 s. oben s. 499, z. 3
25 vgl. Jos. Kern, Ztschr. f. kathol. Theol. 30, 597 ff. und Flugschriften
2, 141, z. 9 ff. 195, z. 28 ff. (Kettenbach)

Vlterius, si unctio ista sacramentum est, debet sine dubio esse (ut dicunt) efficax signum eius quod signat et promittit. At sanitatem et restitutionem infirmi promittit, ut stant aperta uerba. Oratio fidei saluabit infirmum, et alleuiabit eum dominus.
5 Quis autem non uidet hanc promissionem in paucis, immo nullis impleri? Inter mille enim uix unus resti'tuitur, idque 113 E nemo sacramento, sed naturae uel medicinae benefitio fieri putat, nam sacramento contrariam uim tribuunt. Quid ergo dicemus? Aut Apostolus hac promissione mentitur, aut
10 unctio ista sacramentum non erit. Promissio enim sacramentalis certa est, At haec in maiori parte fallit. Quin, ut iterum Theologorum istorum prudentiam et uigilantiam cognoscamus, ideo extremam esse uolunt unctionem, ne stet ista promissio, hoc est, ne sacramentum sit sacramentum. Si
15 enim extrema est, non sanat, sed cedit infirmitati, Si autem sanat, extrema esse non debet. Ita fit, horum Magistrorum interpretatione, ut Iacobus intelligatur sibi ipsi contradixisse, et, ne sacramentum institueret, sacramentum instituisse, dum ideo extremam uolunt unctionem, ut non sit uerum, Sanari
20 per eam infirmum, quod ille statuit. Si hoc non est insanire, rogo quid est insanire?

Contingit his illud Apostoli .i. Timot. i.: Volentes esse legis doctores, cum ignorent quid loquantur, aut de quibus affirment. Sic omnia citra iudicium legunt et sequuntur.
25 Eadem enim oscitantia, et confessionem auricularem ex hoc Apostolo hauserunt, dicente: Confitemini alterutrum peccata uestra. Sed nec hoc seruant isti, quod Apostolus iubet presbyteros Ecclesiae induci, et super infirmum orari. Vix unus sacerdotulus nunc mittitur, cum Apostolus uelit multos adesse,
30 non propter unctionem, sed propter orationem. unde dicit: Oratio fidei saluabit infirmum etc. quanquam incertum est mihi, an sacerdotes uelit intelligi, cum dicat 'presbyteros', id est, seniores. Neque enim continuo sacerdos aut minister est, qui senior est, quo suspicari possis, Apostolum uoluisse,
35 ut seniores et grauiores in Ecclesia uisitarent infirmum, qui opus misericordiae facientes, et in fide orantes eum sanarent. quanquam negari non possit, Ecclesias olim a senioribus fuisse rectas, absque istis ordinationibus et consecrationibus, propter aetatem, et longum rerum usum, in hoc
40 electis.

---

22 1. Ti. 1, 7   26 Ja. 5, 16

Quare, hanc unctionem eandem ego esse arbitror, quae
114 E Marci .vi. de Apostolis scribitur: Et unge¦bant oleo multos
570 W aegrotos et sanabant, ritum ¦ scilicet quendam primitiuae
Ecclesiae, quo miracula faciebant super infirmis, qui iam
dudum defecit, quemadmodum et Marci ultimo: Christus donat 5
credentibus, ut serpentes tollant, et super aegros manus ponant
etc: Ex quibus uerbis, mirum est, quod non etiam sacramenta fecerint, cum sint similis uirtutis et promissionis, cum
uerbis his Iacobi. Non ergo sacramentum est Extrema ista,
id est, ficta unctio, sed consilium Iacobi, quo possit, qui uelit, 10
uti, sumptum ac relictum ex Euangelio Marci .vi. ut dixi.
Neque enim credo, datum infirmis quibusuis, cum Ecclesiae
gloria sit infirmitas, et mors lucrum, Sed his tantum, qui
impatientius et rudi fide infirmitatem ferrent. Quos ideo
reliquit dominus, ut in eis miracula et uirtus fidei emi- 15
nerent.

Et hoc ipsum caute ac de industria Iacobus prouidit,
dum promissionem sanitatis et remissionis peccatorum non
tribuit unctioni, sed orationi fidei. Sic enim dicit: Et oratio
fidei saluabit infirmum, et alleuiabit eum dominus, et, si in 20
peccatis fuerit, remittentur ei. Sacramentum enim non exigit
orationem aut fidem ministri, cum impius etiam baptiset et
consecret, absque oratione, Sed nititur in sola promissione et
institutione dei, exigens fidem suscipientis. In nostrae autem
extremae unctionis hodiernae usu, ubi est oratio fidei? Quis 25
ea fide orat super infirmum, ut non haesitet eum restitui?
Nam talem orationem fidei Iacobus hic describit, de qua et
in principio dixerat: Postulet autem in fide nihil haesitans.
Et Christus: Quaecunque petieritis, credite, quia accipietis, et
'fiet uobis.   30

Prorsus non est dubium, si hodie quoque talis oratio
fieret, super infirmum, id est, a senioribus, grauioribus, et
sanctis uiris, plena fide, sanari quotquot uellemus. Fides enim
quid non posset? At nos, fide hac neglecta (quam maxime
exigit haec Apostoli autoritas), deinde quoduis sacerdotum 35
115 E uulgus per presbyteros, uiros scilicet aetate et fide ¦ praestantes,
intelligimus. Deinde Extremam e quotidiana aut libera
unctione facimus, tandem effectum promissae ab Apostolo
sanitatis non solum non impetramus, sed etiam contrario
effectu euacuamus. Nihilo tamen minus iactamus, nostrum 40
sacramentum, immo figmentum, hac Apostoli sententia,

plusquam per bis diapason repugnante, fundari et probari.
O Theologos!

Igitur hoc unctionis extremae nostrum sacramentum non
damno, sed hoc esse, quod ab Apostolo Iacobo praescribitur,
5 constanter nego, cum nec forma, nec usus, nec uirtus, nec
finis eius cum nostro consentiat. Numerabimus tamen ipsum
inter ea sacramenta, quae nos constituimus, ut sunt salis et
aquae consecratio et aspersio. Neque enim negare possumus,
Creaturam quamlibet per uerbum et orationem sanctificari,
10 quod Apostolus Paulus nos docet, ita non negamus per ex-
tremam unctionem dari remissionem et pacem. | non, quia 571 W
sacramentum sit diuinitus institutum, sed quia suscipiens ita
credit sibi fieri. Fides enim suscipientis non errat, quantumlibet minister erret. Si enim ioco baptisans aut absoluens,
15 hoc est, non absoluens (quantum ad ministrum pertinet)
reuera absoluit et baptisat, si credat baptisandus et absol-
uendus, quanto magis ungens extrema unctione pacificat,
etiam si reuera non pacificet, si ministerium spectes, cum
nullum sit ibi sacramentum. fides enim uncti etiam hoc
20 accipit, quod conferens, aut non potuit, aut non uoluit dare.
Sufficit enim uncto uerbum audire et credere. quicquid enim
credimus nos accepturos esse, id reuera accipimus, quicquid
agat, non agat, simulet aut iocetur minister. Stat enim Christi
sententia: Credenti omnia possibilia sunt. Et iterum: Fiat tibi
25 sicut credidisti. Verum Sophistae nostri de hac fide nihil in
sacramentis tractant, sed in uirtutibus ipsis sacramentorum
totis studiis nugantur, semper discentes et nunquam ad
scientiam ueritatis peruenientes.

Profuit tamen, hanc unctionem factam esse extremam,
30 quia hoc benefitio minime omnium uexata | ac subiecta est 116 E
tyrannidi et quaestui, relicta scilicet hac una misericordia
morituris, ut libere possint inungi, etiam non confessi nec
communicati. Quae si permansisset quotidiana, praesertim, si
et infirmos sanasset, etiam si peccata non tulisset, quos putas
35 orbes terrarum non haberent hodie Pontifices, qui unius
poenitentiae sacramento et clauibus, ac ordinis sacramento,
tanti euaserunt Imperatores et principes? At nunc foeliciter
habet, quod, sicut orationem fidei contemnunt, ita nullum

---

1 Erasmus, Adagia: Δὶς διὰ πασῶν (Lucianus): Id est, Bis per
omnia. Hoc adagio discrimen ingens ac longissimum intervallum significabant. Unde, quae pugnantissima inter sese viderentur totoque dissi-
derent genere, ea bis per omnia inter se discrepare dicebant. W A Br I,
17 4⁵⁵ 10 1. Ti. 4, 4 f.   24 Mc. 9, 23 Mt. 8, 13

infirmum sanant, et e uetere ritu nouum sibi finxerunt sacramentum.

¶ Haec de quattuor istis sacramentis nunc satis fuerint, quae scio, quam sint displicitura iis, qui numerum et usum sacramentorum non e scripturis sacris, sed e Romana sede 5 putant petendos esse. Quasi Romana sedes sacramenta ista dederit, ac non potius acceperit e scholis uniuersitatum, quibus et omnia, quae habet, sine controuersia debet. Neque enim staret tyrannis papistica tanta, nisi tantum accepisset ab uniuersitatibus, cum uix fuerit inter celebres Episcopatus alius 10 quispiam, qui minus habuerit eruditorum Pontificum. Vi, dolo ac superstitione tantum caeteris hactenus praeualuit. Qui enim ante mille annos in ea sede sederunt, tanto interuallo ab iis, qui interim creuerunt, distant, ut, aut illos, aut hos cogaris negare Romanos pontifices.   15

Sunt praeterea nonnulla alia, quae inter sacràmenta uideantur censeri posse. Nempe omnia illa, quibus facta est 572 W promissio diuina. | Qualia sunt Oratio, Verbum, Crux. Nam Christus orantibus promisit exauditionem in multis locis, praesertim Luce .xi. ubi parabolis multis ad orandum nos 20 inuitat. Et de uerbo: Beati qui audiunt uerbum dei et custodiunt illud. Quis autem percenseat, quoties tribulatis, patientibus, humiliatis promittat adiutorium et gloriam? immo quis enumeret omnes dei promissiones? cum tota scriptura hoc agat, ut nos ad fidem prouocet, hinc praeceptis et minis 25 urgens, illinc promissionibus et consolationibus inuitans. Siquidem omnia, quae scripta sunt, aut praecepta, aut promissa 117 E sunt, praecepta humiliant superbos exactio|nibus suis, promissa exaltant humiliatos remissionibus suis.

Proprie tamen ea sacramenta uocari uisum est, quae 30 annexis signis promissa sunt. Caetera, quia signis alligata non sunt, nuda promissa sunt. Quo fit, ut, si rigide loqui uolumus, tantum duo sunt in Ecclesia dei sacramenta, Baptismus et panis, cum in his solis et institutum diuinitus signum et promissionem remissionis peccatorum uideamus. 35 Nam poenitentiae sacramentum, quod ego his duobus accensui, signo uisibili et diuinitus instituto caret, et aliud non esse dixi, quam uiam ac reditum ad baptismum. Sed nec scholastici dicere possunt, suam diffinitionem posse conuenire poenitentiae, qui et ipsi sacramento signum uisibile asscribunt, 40 quod formam ingerat sensibus eius rei, quam inuisibiliter

20 Lc. 11, 5 ff.   21 Lc. 11, 28   36 oben s. 431, z. 35
38 s. 461, z. 26 ff.

operatur. At poenitentia seu absolutio tale signum nullum habet, quare et ipsi cogentur propria diffinitione, aut negare poenitentiam esse sacramentum, et sic numerum eorum imminuere, aut aliam sacramentorum afferre definitionem.

5 Baptismus autem, quem toti uitae tribuimus, Recte pro omnibus sacramentis satis erit, quibus in uita uti debeamus. Panis autem uere morientium et excedentium sacramentum, Siquidem in eo transitum Christi ex hoc mundo memoramur, ut ipsum imitemur. et sic distribuamus haec duo sacramenta,
10 ut baptismus initio et totius uitae cursui, panis autem termino et morti deputetur, Atque Christianus utroque exerceatur in hoc corpusculo, donec plene baptisatus et roboratus, transeat ex hoc mundo, natus in aeternam nouam uitam, manducaturus cum Christo in regno patris sui, sicut in coena
15 promisit dicens: Amen dico uobis, Amodo non bibam de hoc genimine uitis, donec impleatur in regno dei. ut aperte uideatur sacramentum panis ad futuram uitam acceptandam instituisse. Tunc enim re utriusque sacramenti impleta, cessabit baptismus et panis.

20 � ¶ Finem hic faciam huius praeludii, quod piis omnibus, 118 E qui synceram scripturae intelligentiam germanumque sacramentorum usum desyderant � nosse, libens et gaudens offero. 573 W Est enim non parui momenti donum, nosse ea quae nobis data sunt, ut .i. Corint. ii. dicitur, et qua ratione donatis uti
25 oporteat. Hoc enim spiritus iudicio instructi, non fallaciter innitemur iis, quae secus habent. Has duas res, cum nobis Theologi nostri nusquam dederint, quin uelut data opera obscurarint, ego, si non dedi, certe id effeci, ne obscurarem, et aliis occasionem prebui, meliora cogitandi. Conatus meus
30 saltem fuit, ut exhiberem utrunque. Non tamen omnia possumus omnes. Impiis uero, et qui pro diuinis sua nobis pertinaci tyrannide inculcant, fidens et liber ista obtrudo, nihil moratus indoctam ferociam, quanquam et ipsis optem sanum sensum, et eorum studia non contemnam, sed tantum
35 a legitimis ac uere Christianis discernam.

Auditum enim audio, paratas esse denuo in me Bullas, et diras Papisticas, quibus ad reuocationem urgear, aut haereticus declarer. Quae si uera sunt, hunc libellum uolo partem esse reuocationis meae futurae, ne suam tyrannidem
40 frustra inflatam querantur; reliquam partem propediem editurus sum talem, Christo propitio, qualem hactenus non

uiderit, nec audierit Romana sedes, obedientiam meam abunde
testaturus, In nomine domnini nostri Iesu Christi, Amen.

> Hostis Herodes impie,
> Christum uenire quid times?
> Non arripit mortalia,
> Qui regna dat coelestia.

---

2 die 8. strophe aus des Cölius Sedulius Hymnus acrostichis totam
vitam Christi continens (A solis ortus cardine) aus dem 5. jahrh.; die
strophen 8, 9, 11, 13 hatten sich schon vor L.s zeiten als ein für sich
bestehendes Epiphaniaslied davon losgelöst. Am 12. dez. 1541 hat L.
sie verdeutscht:·Was fürchtst du, Feind Herodes, sehr. Vgl. O. Albrecht,
Theol. Studien und Kritiken 1912, 287 ff. sowie W. Lucke in WA 35,
26 7 ff.(der Text ebda s. 470 f.)

www.ingramcontent.com/pod-product-compliance
Lightning Source LLC
Chambersburg PA
CBHW020146090426
42734CB00008B/715